U0945803

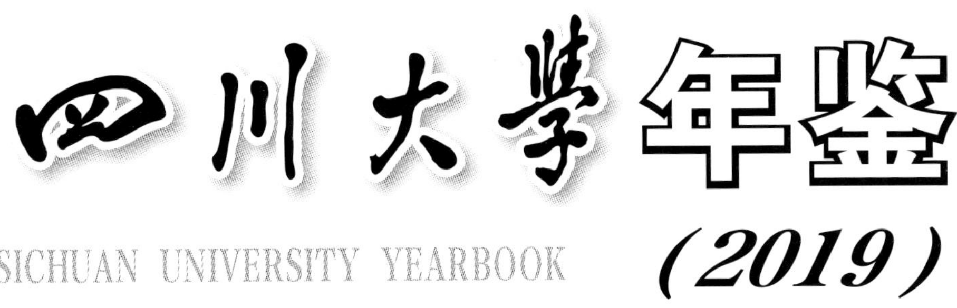

四川大學年鉴

SICHUAN UNIVERSITY YEARBOOK

（2019）

四川大学党委办公室
四川大学校长办公室 编

四川大学出版社

项目策划：李思莹
责任编辑：李金兰
责任校对：周　颖
封面设计：墨创文化
责任印制：王　炜

图书在版编目（CIP）数据

四川大学年鉴．2019 / 四川大学党委办公室，四川大学校长办公室编．— 成都：四川大学出版社，2020.12

ISBN 978-7-5690-4078-4

Ⅰ．①四… Ⅱ．①四… ②四… Ⅲ．①四川大学－2019－年鉴 Ⅳ．①G649.287.11-54

中国版本图书馆 CIP 数据核字（2020）第 261567 号

书名　四川大学年鉴（2019）
SICHUAN DAXUE NIANJIAN（2019）

编　者	四川大学党委办公室　四川大学校长办公室
出　版	四川大学出版社
地　址	成都市一环路南一段 24 号（610065）
发　行	四川大学出版社
书　号	ISBN 978-7-5690-4078-4
印前制作	四川胜翔数码印务设计有限公司
印　刷	郫县犀浦印刷厂
成品尺寸	185mm×260mm
插　页	10
印　张	32.25
字　数	801 千字
版　次	2020 年 12 月第 1 版
印　次	2020 年 12 月第 1 次印刷
定　价	50.00 元

◆ 读者邮购本书，请与本社发行科联系。
电话：(028)85408408/(028)85401670/
(028)86408023　邮政编码：610065
◆ 本社图书如有印装质量问题，请寄回出版社调换。
◆ 网址：http://press.scu.edu.cn

四川大学出版社
微信公众号

2019年，四川大学扎实开展“不忘初心、牢记使命”主题教育。9月12日，学校举行主题教育动员大会。

2月22日，四川大学召开2019年度工作布置会、第四届教代会暨第三届工代会第三次会议。

3月25日，四川大学聘任周志成院士为空天科学与工程学院院长和四川大学特聘院士。

3月28日，四川大学举行“马识途文学奖学金”捐赠仪式。

4月10日，四川大学与布里斯托大学签署谅解备忘录。

4月18日，四川大学召开新时代本科教育改革与发展大讨论工作部署会。

5月5日，四川大学召开学习贯彻习近平总书记在纪念五四运动100周年大会上的重要讲话精神座谈会。

5月11日，全国人大常委会副委员长陈竺到四川大学考察。

5月23—24日，中俄“长江—伏尔加河”地方合作理事会第三次会议及第二届“长江—伏尔加河”高校联盟论坛在俄罗斯切博克萨雷市举行，四川大学作为“长江—伏尔加河”高校联盟中方牵头单位受邀出席。

6月14日，四川大学举行“党的建设”学科点研究生西部中国研修计划揭牌仪式。

6月30日，四川大学“2019国际课程周”开幕。

8月4日，四川大学与厦门市签订战略合作协议，合作共建四川大学华西厦门医院、四川大学华西医学厦门研究院。

9月12日，四川大学召开“双一流”建设中期自评专家咨询会。

9月29日，“我和我的祖国”四川大学庆祝中华人民共和国成立70周年升国旗仪式在学校望江校区体育中心广场、华西校区逸夫楼前、江安校区青春广场同时举行。

9月22日，四川大学宜宾园区正式开园。

9月29日，四川大学博物馆群项目正式开工。

9月29日，四川大学成立了促进医工结合的“三中心、一平台”和新工科的“工业互联网研究中心”。

10月15日，校党委书记王建国一行到甘洛县开展慰问活动和定点扶贫工作调研。

10月15日，校长李言荣一行到岳池县开展慰问活动和定点扶贫工作调研。

10月25日，四川大学举办高峰学科建设工作会，大力推进“十个一流”和“12个一流学科（群）”的建设。

11月14日，是四川大学校友、著名红岩英烈江竹筠（江姐）牺牲70周年纪念日，学校举行“江姐纪念馆”开馆暨“四川大学革命英烈事迹陈列馆”揭牌仪式。

11月20日，四川大学召开校领导班子学习贯彻党的十九届四中全会精神专题（扩大）会。

11月29日，新经济的技术交叉与转化中心项目正式启动。

12月27日，成都前沿医学中心研究极大楼项目正式开工。

四川大学谢和平院士受邀参加2019年教师节暨全国教育系统先进集体和先进个人表彰大会，并作为国家级教学成果奖获奖者代表作大会发言。

四川大学聘任学校道教与宗教文化研究所詹石窗教授（左）、历史文化学院霍巍教授（右）为四川大学杰出教授。

2019年度国家科学技术奖励大会召开，四川大学共获得5项国家科技奖，其中牵头3项（国家自然科学二等奖2项、国家技术发明二等奖1项），参与2项（国家科技进步一等奖1项，国家科技进步二等奖1项）。

四川大学冯小明院士荣获2019年度何梁何利基金“科学与技术进步奖”化学奖。

四川大学化学学院刘小华教授（左四）荣获第十五届“中国青年女科学家奖”。

https://www.nature.com/articles/d42473-019-00073-z

natureresearch

Devices, implants, and materials for bone and tissue regeneration are transforming medical options for people after disease or injury. The National Engineering Research Center for Biomaterials (NERCB) at Sichuan University is a world leader in this interdisciplinary field.

Biomaterial engineering is a burgeoning interdisciplinary science, combining material sciences, biology, medicine, and engineering. Established in 1999, NERCB was the first institute dedicated to the field, and has quickly grown into a cross-disciplinary team of more than 100 faculty and staff, including globally renowned experts. It specializes in tissue and function regeneration and reconstruction, and medical implants. Its results are published in high-quality international journals, widely patented, and recognized by national science and technology awards.

Pioneering bone materials

Nature官网以《生物材料研究的世界引领者》为题报道四川大学国家生物医学材料工程技术研究中心取得的前沿科研成果。

四川大学在第五届中国“互联网+”大学生创新创业大赛全国总决赛中获得全国金奖2项、银奖4项，连续五年荣获“先进集体奖”，首次获得“青年红色筑梦之旅”赛道“先进集体奖”。

四川大学水利水电学院2016级博士研究生刘燚（左）获评“第十四届中国大学生年度人物”称号。

四川大学公共管理学院2017级本科生王雅繁在WTA（国际女子职业网联）墨西哥阿卡普尔科公开赛女单决赛中获得单打冠军。

四川大学化学工程学院2017级硕士研究生、第十八届研究生支教团成员罗杰荣获共青团中央授予的“全国向上向善好青年”称号。

2019年，四川大学进一步推进“大川视界”大学生海外访学计划等各类海外访学交流项目，出国（境）学习交流学生人数达到3695人次。

目　录

重要文件

学科与师资队伍建设篇

人才培养篇

科学研究与科技产业篇

医疗卫生篇

合作与交流篇

党的建设篇

大学生思想政治工作篇

办学条件保障及公共服务体系篇

学院篇

附　录

重要文件

重要讲话

在四川大学第四届教代会暨第三届工代会第三次会议上的讲话

校党委书记　王建国

2 月 22 日

（根据录音整理）

同志们：

刚才言荣校长代表学校做了一个很好的工作报告，全面回顾总结了学校 2018 年的工作，安排部署了 2019 年的工作。简单地说就是两句话，2018 年怎么看，2019 年怎么干。讲到 2018 年怎么看，校长用了“四件大事、七个方面的重要进展”作了概括。应该说过去的一年，在党中央的正确领导下，在中央有关部门和四川省委省政府的领导支持下，在学校党委的统一领导下，我们紧紧依靠全校各级党组织，广大共产党员和全校师生员工戮力同心、奋力拼搏，工作上取得了很多进展，亮点多多，在人才培养、科学研究、社会服务、文化传承创新、国际交流合作等大学的功能方面都实现了重大突破。我们用的是“突破”这个词，就不是一般的进展。这些成绩的取得，是全校师生员工奋力拼搏的结果，成绩来之不易。在这里我要代表学校向为四川大学“两个伟大”辛勤工作的全校师生员工、向为学校改革发展稳定给予支持和帮助的广大海内外校友，表示崇高的敬意和衷心的感谢！

2018 年已经过去了，2019 年是一个比较特殊的年份，我们将迎来中华人民共和国成立 70 周年。在研究部署 2019 年工作的时候，我们要特别研究分析 2019 年学校改革发展稳定面临的国际国内、校内校外形势是什么样的？要认真分析和把握的 2019 年形势有什么新的特点？我觉得，有两个方面的形势对于我们学校工作具有特别重要的意义，需要我们认真加以研究和思考。一方面，2019 年是我们国家的大事喜事之年，也是很多敏感时间节点之年，所以必须要把坚持底线思维防范和化解风险的意识，作为我们考虑学校 2019 年工作的重要因素。另一方面，高等学校之间的交流竞争，特别是“双一流”大学之间的竞争愈发激烈，“双一流”建设已经进入到第一轮的中期考评阶段。川大能否在这一轮的竞争中胜出，关乎我们学校未来的发展，这也是我们在谋划 2019 年工作的时候需要特别予以考虑的因素。所以今天借此机会，我想给各位同志们分析一下我们当前面临的形势。

从第一个方面的形势看，中国现在已经大踏步地走进了世界舞台的中央，经济总量已稳居世界第2位，并在努力全面的赶超世界第一大国。我记得两年前的党代会报告，我们提出过这句话“中国正在迈向世界舞台的中央”，当时还有同事觉得这句话是不是说的太早了。但是两年后的今天，大家看到我们国家发展已经引起有的国家不高兴，甚至采取各种方式企图阻断我们的发展。所以我们必须认真学习领会习近平总书记今年1月21日在省部级主要领导干部坚持底线思维着力防范化解重大风险专题研讨班开班式上的重要讲话精神。习总书记在开年之初就向全党提出了要有清醒的防范化解风险的意识，要有底线思维的意识，深刻分析了2019年我们国家可能面临的政治、意识形态、经济、科技、社会、外部环境、党的建设等领域的重大风险，并提出了防范化解风险的应对之策。学校党委在寒假之前包括昨天的党委全委会上，认真学习了习近平总书记的重要讲话精神，分析研判了学校在2019年可能面临的风险与挑战。历史经验表明，全国的稳定，高校起着重要的作用。过去30年来，我们国家持续保持了总体稳定的态势，其中高校在维护社会和谐稳定方面发挥了举足轻重的不可替代的作用。特别是今年，是新中国成立70周年，但同时也有很多敏感的时间节点。面临更加复杂的国际国内环境下，更需要我们坚定底线思维，把维护稳定作为今年的一项重要工作。

另一个方面的新形势，就是“双一流”建设进入了更加激烈的竞争大局。五年一轮的评估、动态调整是“双一流”建设的基本原则，今年要进入第一轮的五年建设的中期评估阶段。川大的一流学科能否继续保持发展，能否增加新的一流学科，是我们必须面对的一项重大任务。第五轮学科评估也即将开始，关键是要在第四轮16个A类学科的基础上继续保持和增加A类学科的数量。所以学校最近两年一直在谋划，首先保持A类学科的总量要有提升，同时要加大工作力度、加大经费投入，重点支持3～5个有可能经过跳一跳达到A+学科的创新发展。在这一轮的一流学科建设中，不进则退，慢进也是退，因为其他学校也在发展，如果我们的发展速度比人家还要慢，那我们就是退步。总之，2019年我们面临着第一轮“双一流”建设的中期评估，也面临着第五轮学科评估的双重压力，这是我们在研究今年工作的时候要考虑的一个重要因素。

根据以上形势分析，学校党委提出了2019年的工作要点。简单概括，就是要做好三项重点工作，完成六方面重要任务。三项重要工作：一是深入学习贯彻习近平新时代中国特色社会主义思想和党的十九大精神，做好庆祝新中国成立70周年活动；二是全面加快推进世界一流大学建设，着力提升学校核心竞争力；三是深化体制机制改革，加快构建一流大学高效运行管理体制机制。六方面重要任务：一是打造川大人才培养“升级版”，培养德智体美劳全面发展的社会主义建设者和接班人；二是加大力度实施人才强校战略，建设一流师资队伍；三是进一步扩大开放办学，深化高端国际交流合作与港澳台工作；四是健全医教协同机制，推进华西医学整体迈向世界一流；五是真情服务师生员工，全心全意为师生员工办实事；六是切实加强学校党的建设和思想政治工作，确保校园和谐稳定，以事业发展的优异成绩迎接新中国成立70周年。这就是2019

年怎么干。要落实 2019 年的各项工作，要靠包括我们今天在座的四川大学的所有教职员工共同努力。明确了干什么和怎么干，还有用什么样的精神状态来干。做好 2019 年的各项工作，说两个字就是“落实”，三个字“再落实”，七个字“落实落实再落实”。

分析学校近年的发展，我们认为我们推进工作的思路应该是对的，如果路径不对、思路不对，学校也不会取得刚才校长讲到的那么多的亮点和突破。既然我们的路径和思路是对的，那么我们就要适应新的形势，也就是刚才我给同志们讲到的 2019 年我们面临的两个新的形势——稳定的形势、发展的形势，围绕学校“十三五”规划、第八次党代会确定的五年目标任务、世界一流大学建设实施方案，确定工作任务，一张蓝图干到底，落实落实再落实。要把 2019 年的各项任务做好落实好，我想从四个方面提一些要求，与大家共勉。

第一，抓落实要有更高的政治站位。我们的高校是党领导的高校，四川大学作为中管高校，党中央高度重视，也提出了明确要求。所以去年民主生活会校班子同志就认识到，作为中管高校领导，要有更高的政治站位，更好地树牢“四个意识”，坚定“四个自信”，做到“两个维护”，把党中央的决策部署紧密结合我们川大的实际贯彻落实好，在川大落地生根。希望我们川大的所有干部、党员和教职员工提高政治站位，以此作为我们做好 2019 年工作、狠抓落实的第一位要求。

第二，抓落实要有求真务实的工作作风。校院两级领导干部担负着重大的责任，我们每一位同志都要有使命感、有情怀，要真正的想做一点事、做成事、做一流的事，需要有昂扬向上、求真务实的精神状态，切忌搞形式主义和官僚主义那一套，切忌蜻蜓点水、走马观花。这就要求校院两级领导要扑下身子到一线去，到学生班级、宿舍去，到教研室、实验室去，关心了解帮助同学和老师，着力解决他们在学习工作生活上遇到的各种新情况、新问题。去年民主生活会，学校领导班子征求到了 169 条师生员工的意见，我们做了一个创新，把 169 条意见分别按照可以办的、创造条件可以办的和目前暂时不能办的三类进行分类，其中暂时不能办理的只有 7 项，其他 162 项都是可以做的，或者是创造条件可以做的，很多问题是我们师生员工多年呼吁反映的问题。这次我们下定决心把 169 条意见全面纳入台账，明确了分管的校领导、负责的部处，明确了具体的工作任务和完成时限。今年我们要推动领导干部到学生中去、到一线去，关心我们的师生、了解基层的情况，求真务实、真抓实干，推动 2019 年确定的各项任务落地生根。

第三，抓落实要有担当有为的精神状态。这个精神状态很重要。大家都注意到了 2018 年度民主生活会，重点要求围绕思想政治、工作作风和精神状态三个方面来对照检查。这一方面说明在这三个方面还有不足，另一方面更说明在新的一年要以更好的思想政治素质、更好的工作作风、更好的精神状态来推动各项工作。虽然川大的良好政治生态已经形成并巩固发展，但是与学校“两个伟大”的建设需要相比，从校级领导到学院领导到学术带头人恐怕在认识上都还有不足，特别在本领上都存在恐慌，那么应该怎么办？一个就是学习学习再学习，一个就是不断地在工作实践当中锻炼提高。为了激励大家担当有为、干事创业，学校健全激励保障机制。去年年终考核中，学校做出了一个新的规定，也采取了新的措施，对在学校事业发展中做出突出贡献的几个部门专门设立了单项奖给予奖励，这就是既要兼顾公平也要重奖有功之臣。总之，大家要有担当，有作为。

第四，抓落实要有清醒的风险防范意识。刚才我给大家分析了国际国内形势，也分析了我们学校面临的风险点。我们要深刻学习把握习近平总书记在省部级主要领导干部专题研讨班上的重要讲话精神，牢固树立底线思维，牢固树立风险防范意识。特别对于我们这么一个超大规模的学校，在想问题、做事情、做决策的过程中都要谋定而后动，这样我们的事业才可能稳中求进，才可能不走弯路、不折腾。同时，我们特别要坚持底线思维，增强忧患意识，高度警惕、注意防止现在常说的“黑天鹅”“灰犀牛”事件的发生。希望我们川大的各级党组织、广大共产党员和全校师生员工自觉的担负起维护校园和谐稳定的这项重大责任，在攻坚克难中推动学校事业发展稳中求进、行稳致远。

这次会议既是学校2019年度工作布置会，也是2019年度“双代会”。借此机会，我也对工会工作强调一下。工会工作是党治国理政的一项经常性、基础性工作，善于通过工会组织群众、凝聚人心是我们党的一大创举和一大优势。学校各级工会组织要深入学习贯彻习近平总书记关于群团工作的重要讲话和指示精神，紧紧围绕增强“政治性、先进性、群众性”，推进改革创新，加强自身建设，切实承担起引导教职员工听党话、跟党走的政治任务，把广大教职员工最广泛最紧密地团结在党的周围，组织动员广大教职工走在前面、干在实处，为做好2019年的各项工作奋发努力。同时，也希望参加“双代会”的各位代表牢记嘱托和期望，认真履职，不断提升素质能力，特别是要当表率、做示范，带好头，团结和凝聚广大教职员工，把教职员工的智慧和力量转换为做好2019年学校工作的实际行动。

同志们，完成今年的目标任务，使命光荣，任务艰巨，责任重大。让我们高举中国特色社会主义伟大旗帜，坚持以习近平新时代中国特色社会主义思想为指导，深入贯彻党的十九大和十九届二中、三中全会精神，全面落实全国教育大会精神，坚定信心，稳中求进，同心同德，持续奋斗，努力完成2019年的各项工作任务，以优异的成绩迎接新中国成立70周年！

在四川大学第四届教代会暨第三届工代会第三次会议上的工作报告

——在四川大学2019年"双代会"2019年度工作布置会材料上的讲话

校长　李言荣

（2019年2月22日）

各位代表，同志们：

现在，我代表学校向大家作工作报告。报告共分两个部分：一是2018年工作简要回顾；二是2019年工作部署。

一、2018年工作简要回顾

2018年是改革开放40周年，也是学校全面深化改革、加快推进"两个伟大"的关键之年。在学校党委的正确领导下，我们深入学习贯彻习近平新时代中国特色社会主义思想和党的十九大、十九届二中、三中全会精神，认真贯彻落实全国教育大会精神，全面加强党的建设，落实立德树人根本任务，深化管理体制机制改革，抢抓机遇、奋发作为，学校各项事业呈现良好发展态势。

回顾过去一年，我们重点推进了4件大事。

一是中国特色、川大风格世界一流大学建设迈入新征程。学校在2018年新年伊始就召开了世界一流大学建设推进大会，发布《四川大学世界一流大学建设实施方案》，与12个一流学科、19个超前部署学科首席科学家签订目标责任书。我们坚持"文优、理进、工改、医强"的建设路径，实施"医学+""信息+"双引擎交叉行动计划，进一步提升了学科建设水平和国际影响力。学校发展质量稳步提升，在最新自然指数（Nature Index）排名中，位列全球高校第55位。

二是一流本科教育川大实践实现新跨越。新时代全国高等学校本科教育工作会议在学校成功召开，人才培养川大经验得到了教育部和兄弟高校广泛认可。学校"以课堂教学改革为突破口的一流本科教育川大实践"获得国家级教学成果特等奖，实现四川高校特等奖零的突破。顺利完成教育部本科教学审核评估工作，专家组对学校本科教学和人才培养工作成绩给予了充分肯定，也提出了中肯的意见建议，学校及时制定了《本科教学工作审核评估整改方案》。

三是省市校合作发展再谱新篇章。省委书记彭清华到校考察调研指导工作并对学校给予高度评价，强调全力支持学校建设发展。实现全省市州实地走访全覆盖，与阿坝州、攀枝花市、自贡市签署了校地战略合作协议或框架协议。持续推进校地战略合作资金项目，合作资金总规模达到5亿元。与省委宣传部、省委政法委分别共建了中华文化研究院、法学院。与成都市共建前沿医学研究中心、面向新经济的技术交叉与转化中心和开放型人文·自然博物馆群，并与成都市成功举办"'蓉'归故里·四川大学校友返校日"活动，形成学校世界一流大学建设与成都国家中心城市建设互相支撑、协同推进的良好格局。

四是以实际行动庆祝改革开放40周年。召开学习习近平总书记在庆祝改革开放40周年大会上重要讲话精神座谈会，认真学习领会习近平总书记重要讲话精神。举办系列主题展览、征文活动、学术研讨会和文艺汇演等，充分宣传展示改革开放40年来特别是党的十八大以来学校发展光辉历程、历史巨变与辉煌成就。全面推动校院两级管理体制改革，建立了《校院两级管理体制改革实施意见》及人事、财务、人才培养及学科建设、公共资源配置改革"1+4"的制度体系，有效调动了学院办学的积极性和主动性，目前改革正在稳步推进中。

在抓好4件大事的基础上，学校各项事业都取得了重要进展。

第一，持续深入学习贯彻习近平新时代中国特色社会主义思想和党的十九大精神，全面从严治党纵深推进。扎实推进习近平新时代中国特色社会主义思想和党的十九大精神学习、宣传、研究、阐释和"三进"工作，开展宣讲活动200余场，出版《中国特色社会主义发展新时代新理论研究》等理论专著，召开纪念马克思诞辰200周年学术研讨会。巩固深化中央巡视整改成果，出台学校《贯彻落实中央八项规定精神及实施细则的实施办法》，持之以恒加强作风建设。学校启动首轮巡察工作，完成对6个二级党组织的巡察。牢牢把握宣传思想和意识形态工作领导权主动权，建立意识形态工作巡察制度，对20家二级单位开展专项巡察。组织统一战线开展纪念中共中央发布"五一口号"70周年系列活动，做好政治引领。

第二，在全面落实立德树人根本任务方面。传承弘扬学校红色基因和革命传统，开展"校友江竹筠烈士纪念展"，启动"传承弘扬江姐精神 做新时代红色传人"主题教育活动。深入推进"探究式—小班化"教学、全过程学业评价、非标准答案考试改革，全面提升学业挑战度。荣获国家级教学成果特等奖1项、一等奖2项、二等奖3项。首次评选出"卓越教学奖"特等奖。获第四届中国"互联网+"大学生创新创业大赛全国总决赛金奖3项、银奖2项，金奖数列全国第3位。大力推进研究生国际化培养，资助600余名研究生参加国际学术会议或短期学术交流。本科生生源质量进一步提升，文理科录取提档线对应位次较2017年上升的省（自治区、直辖市）分别达到23个和18个。截至2018年11月30日，毕业生总人数15000余人，总就业率为96%。

第三，在高水平师资队伍建设方面。学校持续强化教师思想政治和师德师风建设，深入开展"弘扬爱国奋斗精神，建功立业新时代"活动，举办优秀青年人才专题研修班、海归学者国情研习班等，切实把师德师风建设贯穿教师职业生涯全过程。出台了《四川大学杰出教授（文科）增选工作暂行办法》并启动增选工作。启动了学校"双百人才工程"，入选"准国字号"人才104人，新增"国字号"人才76人（其中"四青"人才41人）。选派107名优秀青年教师赴国外世界一流名校访学或短期培训学习。

第四，在学科建设和科研工作方面。学校积极推进学位授权点合格评估和动态调整，对102个学位授权点开展诊断式评估，撤销6个学位授权点。临床医学进入ESI世界前1‰，学校前1‰学科数达到3

个；同时，免疫学、环境科学/生态学 2 个学科首次进入 ESI 前 1%，学校前 1% 学科数达到 17 个、并列全国高校第 7 位。全年到校科研总经费 21.6 亿元。获准国家自然科学基金项目 503 项、列全国高校第 10 位，直接经费 4.04 亿元、列全国高校第 9 位。国家社科基金年度项目立项总数 68 项、其中重点项目数 11 项，均列全国高校第 1 位。学校牵头的国家重大文化工程《中华续道藏》编纂项目正式启动，科研经费 1.5 亿元。学校 6 项成果获国家科学技术奖，其中牵头 4 项（自然科学二等奖 2 项、技术发明二等奖 2 项），牵头的通用项目获奖数位列全国高校第 6 位。获未来科学大奖和何梁何利基金奖各 1 项。SCI 收录论文 4600 余篇、列全国高校第 5 位。华西医院蝉联自然指数全国医疗机构综合排名第 1 位（全球第 38 位）。1 篇研究报告入选《国家高端智库报告》并获得中央领导同志批示。“疾病分子网络前沿科学中心”获教育部批准立项。中华文化研究院入选首批全国高校中华优秀传统文化传承基地。

第五，在服务国家和区域高质量发展方面。学校华西医院连续 9 年名列“中国最佳医院排行榜”综合排名全国第 2 位。华西第二医院锦江院区正式开诊。与省内 72 家基层医疗机构共建了首个区域性儿科专科联盟。华西医院牵头筹建的中国国际应急医疗队（四川）通过世卫组织认证，成为全球首支非军方 III 类国际应急医疗队（Type 3 EMT）。学校定点帮扶甘洛县、岳池县等工作在国家和四川省首次考核中双双获“好”的评价。与西藏大学签署了对口支援协议。顺利开展纪念汶川地震十周年系列活动。

第六，在国际交流合作与港澳台工作方面。成功举办第 7 届“国际课程周（UIP）”，开设全英文国际课程 204 门，受益学生约 2 万人次。启动“大川视界”大学生海外访学计划，全年累计出国（境）访学学生 2184 人次。顺利接待德国总统施泰因迈尔等国外来访嘉宾 2100 余人。继续实施“一带一路”来华留学生奖学金项目，891 名学生通过该项目来校留学。全年新招收港澳台侨学生 108 名，来华留学生规模达到 3851 人次。

第七，在强化办学支撑保障条件方面。为学生发放各级各类奖助学金超过 5 亿元。校医院成立师生健康服务办公室，开通师生就医转诊学校 4 所附属医院的绿色通道。新增仪器设备超过 2 万台（套）、总值近 5 亿元。提高公房使用效益，为重点学科调配科研用房 7312 平方米。建成江安校区第三学生食堂及素质教育中心、卓越工程师教学训练中心等 12 个项目，完成生命科学学院周边景观改造工程、江安东园片区及长城路沿线景观改造工程。学校在建和新建的教学科研用房及学生宿舍项目约 37 万平米。改造教师公寓 235 套（间）。开通校园巴士，为师生出行提供更加安全优质的服务。推进“校园天网”三期工程建设，实现江安校区学生宿舍人脸识别系统全覆盖，确保了校园安全稳定。

2018 年，在压力和付出中，我们走过了收获满满的一年。凡是过去，皆为序章。我们也要清醒地认识到，对照建设世界一流大学的高标准，对照师生及广大校友的殷切希望，我们的工作标准还有待提高，我们的视野还要进一步拓宽，我们的精神状态还要进一步提升。在建设世界一流大学的道路上，我们的差距还很大，面对的问题还不少，还有很长的路要走。我们一定要以勇于担当的精神加快发展，以更加坚定的意志推动改革，奋力推进世界一流大学建设步伐，努力实现双一流建设质量和水平的整体提升。

二、2019 年工作部署

2019 年是深入学习贯彻习近平新时代中国特色社会主义思想和党的十九大精神的重要一年，是新中国成立 70 周年，是全面贯彻全国教育大会部署落实之年，也是学校加快推进“两个伟大”的关键之年。在充分讨论和集思广益的基础上，学校提出今年的工作总体要求是：以习近平新时代中国特色社会主义思想为指导，深入学习贯彻党的十九大及历次全会精神，深入学习贯彻全国教育大会精神，增强“四个意识”，坚定“四个自信”，做到“两个维护”，坚持党对学校工作的全面领导，坚持稳中求进工作总基调，坚持发展为第一要务，坚持深化体制机制改革，坚持一张蓝图绘到底，坚持突出重点办大事，坚持狠抓落实，振奋精神、凝心聚力、开拓进取，全面加快推进学校“两个伟大”，以新的优异成绩迎接新中国成立 70 周年。

今年学校建设发展任务十分繁重，我们要统筹兼顾、突出重点，全面推进 3 项重点工作，完成 6 项重要任务。

一是深入学习贯彻习近平新时代中国特色社会主义思想和党的十九大精神，做好庆祝新中国成立 70 周年活动。我们将认真学习贯彻习近平新时代中国特色社会主义思想和党的十九大及十九届历次全会精神、全国教育大会精神等纳入中心组学习、专题研讨、组织生活、干部培训及师生政治学习的重要内容，出版系列专题丛书，设立研究课题，深化理论阐释。加强“马克思主义理论与中国特色社会主义创新”学科群建设，推动习近平新时代中国特色社会主义思想进教材、进课堂、进头脑。按照中央统一部署，扎实开展“不忘初心、牢记使命”主题教育，举办庆祝新中国成立 70 周年系列活动。在师生员工中深入开展爱国主义教育、理想信念教育，筑牢信仰根基。召开专题座谈会和学术研讨会，出版系列学术理论专著，进一步推动马克思主义理论创新。创作优秀校园文艺作品，举办专题展览和系列成就展，充分宣传展示新中国成立以来国家、高等教育事业和学校改革发展的重要成就，进一步激发师生员工的爱国热情和报国行动。

二是全面加快推进世界一流大学建设，着力提升学校核心竞争力。加快推动教育部、四川省签署共同推进四川大学世界一流大学建设协议，全面落实市校合作协议，推动部省市共建世界一流大学。全面落实《四川大学世界一流大学建设方案》及实施方案，系统梳理建设任务推进情况，考察重点学科和超前部署学科建设情况，认真做好世界一流大学建设中期动态考核准备工作。坚持“文优、理进、工改、医强”建设思路，加强学科内涵建设。实施工科振兴计划，加快发展新工科。以“医学+”“信息+”为重点，着力建设若干多学科交叉平台。优化学科专业布局，构建学科建设资源动态配置机制。全面推进优势学科跃升计划，培育更多顶尖和优势学科，力争在第五轮学科评估中取得好成绩。围绕“方向—人才—项目—平台—成果”创新链，精心组织各类科研成果推荐、奖项申报和平台构建，力争建大团队、立大项目、出大成果、获大奖励，进一步提升科学研究水平。推进重大文化工程《中华续道藏》《儒藏》《巴蜀全书》编纂出版工作，传承创新中华优秀传统文化。加强“一带一路”研究院和中国南亚研究中心等高端新型智库建设，进一步提高咨政服务水平。

三是深化管理体制机制改革，加快构建一流大学高效运行机制。全面深化校院两级管理体制改革，推进落实人事管理、财务管理、人才培养及学科建设、公共资源配置等重点改革任务，充分调动学院发展动力和活力，真正朝着“院系办大学”方向努力。启动学校机构改革，优化调整机关职能部门及其内设科室和岗位。研究、探索和建立集学校发展、规划、运行、评估、资源配置等功能为一体的综合发展规划部门，统筹人财物核心资源，提升发展规划与执行、资源统筹配置与动态评估的水平，强化校级层面的整体谋划、规划和统筹能力，使人财物核心资源得到更好整合、资源效用得到充分发挥。反对“五唯”，强化代表作评价机制，建立健全以创新能力、质量、贡献为导向的多元学术评价体系，形成并实施有利于人才潜心研究和创新的评价机制。

我们在做好 3 项重要工作的基础上，还要全面落实好 6 项重要任务。

第一，打造川大本科教育的“升级版”，培养德智体美劳全面发展的社会主义建设者和接班人。实施新时代立德树人工程和传承弘扬红色基因工程，培养又红又专、能够担当民族复兴大任的时代新人。围绕“办最好的本科教育，打造川大本科教育‘升级版’”，深入开展本科教育思想大讨论，努力把学校文理工医多学科齐全优势汇聚到本科人才培养当中，并利用好现代网络技术培养学生深度学习和思考能力。认真做好本科审核评估反馈意见整改工作，不断巩固和拓展学校一流本科建设成果。实施教学质量提升计划，全面建成小班化智慧教室，提高考研率、出国率、直博率，大力提升学生深造率，继续有效提高生源质量。以提高质量为核心持续深化研究生培养机制改革，全面推行博士生“申请—考核制”。深化创新创业教育改革，完成国家“双创”示范基地建设验收。做好毕业生就业指导服务工作，教育引导毕业生服务国家战略，输送更多毕业生到重点地区、重大工程、重大项目、重要领域就业。

第二，加大力度实施人才强校战略，建设一流师资队伍。加强教师思想政治工作和党建工作，增强对青年人才的政治引领。深入实施师德师风建设工程，把高校教师职业准则要求融入到教师管理各环节。打造教师荣誉体系，大力树立和宣传优秀教师先进典型，促进广大教职工爱岗敬业、潜心育人。加大力度继续推进“双百人才工程”，争取更多专家学者入选国家级人才计划。做好文科杰出教授增选工作。持续举办海外推介会、全球青年学者论坛等，加大高层次人才引育力度。探索学校管理干部“双线晋升”，拓展管理人员发展通道，努力建设一支政治过硬、业务精湛、作风优良的高素质管理队伍。

第三，进一步扩大开放办学，深化高端国际交流合作与港澳台工作。推进与国外高水平大学、顶尖科研机构的实质性合作，加强与“一带一路”沿线国家高校的交流合作，提升国际交流合作水平。进一步提升国际课程周质量，加大“大川视界”大学生海外访学计划的实施力度，推送更多毕业生到国际组织实习任职。启动中层干部海外学习计划，推动更多管理干部到世界一流大学培训交流。积极拓展“一带一路”沿线国家和地区招生点，鼓励学院根据学科优势自主招收和培养外国留学生，优化留学生结构，提高留学生层次。持续做好港澳台交流项目和招生工作，加强在校港澳台侨生的教育管理。

第四，健全医教协同机制，大力推进华西医学迈进一流行列。深化医学教育综合改革，促进医教协同，加快建设一流医学学科、培育一流医学人才、提升医学创新与服务能力。推动教育部、国家卫健委、四川省共建四川大学华西医学，在医学人才培养、科学研究、经费投入等方面给予政策倾斜，更好地服务区域和全国卫生与健康事业发展。推进省市校共建“一心、一谷、一环”新医学高地，优化环华西智慧医谷的空间布局和产业提升。积极申报筹建国家医学中心，加快推进转化医学国家重大科技基础设施（四川）项目建设，做好创新药物研发集成攻关大平台的筹建工作，做好疾病分子网络前沿科学中心建设工作，统筹推进天府国际医疗中心、西南质子中心建设，积极筹建“西南医学中心”，打造综合实力国内领先、国际一流的高端医疗服务中心，形成产学研用为一体的一流医学高地，推进华西医学整体迈进一流行列，为办最好的医科奠定基础。

第五，真情服务师生员工，全心全意为师生办好实事。推进望江和华西校区幼儿园改扩建工程，积极推进江安校区幼儿园筹建工作，为教职工子女入园创造更加良好的条件。推进校医院改扩建工程，在校医院建立华西医院体检分中心，使华西优质医疗资源惠及更多师生员工。推进智慧校园建设，实现校内信息整合共享，让数据“多跑路”，师生“少跑腿”。加强校园环境改造和周边环境综合治理，加快推进转化医学重大科技基础设施、多学科交叉融合平台及艺术教育中心等在建项目的建设进度，开工建设先进材料大楼、江安学生宿舍等新建项目。进一步改善青年教师住房条件，稳妥做好与文里教职工住宅选购工作，设立困难师生员工互助基金，进一步增强师生的获得感、幸福感、安全感。

第六，全面加强学校党的建设，确保校园持续和谐稳定。坚持把党的政治建设放在首位，树牢“四个意识”，坚定“四个自信”，坚决做到“两个维护”，坚决贯彻落实中央的决策部署。加强党对学校工作的全面领导，坚持和完善党委领导下的校长负责制。严格落实意识形态工作责任制，强化阵地管理，把牢意识形态工作的领导权。落实《学院党政联席会议制度的实施办法》，抓好“支部建设年”各项任务，全面加强基层党组织建设。完善关心关爱干部制度，激励广大干部锐意进取、敢闯敢干。持之以恒正风肃纪，持续深化巡视整改，全面深化校内巡察工作，推动全面从严治党走向深入。深刻认识和准确把握形势，坚持底线思维，增强忧患意识，完善综合防控体系，提高风险防控能力，着力防范化解各类风险，确保校园持续安全和谐稳定。

各位代表，同志们，船到中流浪更急、人到半山路更陡，在建设中国特色、川大风格的世界一流大学道路上不断取得重大进展，是我们这代川大人的历史重任。无论你现在走在大路还是小路，只有实干才有出路；不管你现在处在上游还是下游，只有走到前列才能一流。我们相信，在学校党委的正确领导下，只要我们汇聚全体川大人智慧、凝聚全体川大人力量，砥砺前行敢于担当、敬业勤勉狠抓落实、开拓进取奋发有为，就一定能够肩负起时代赋予我们的使命和责任、就一定能够续写川大世界一流大学建设新的篇章、就一定能够以优异成绩迎接新中国成立70周年！

谢谢大家！

坚持稳中求进 勇于自我革命 奋力夺取学校全面从严治党更大战略性成果

——在四川大学2019年全面从严治党工作会上的讲话

校党委书记 王建国

2019年3月22日

同志们：

2018年，我们坚持以习近平新时代中国特色社会主义思想为指导，认真贯彻党的十九大及十九届二中、三中全会精神，全面落实十九届中央纪委二次全会、全国教育系统全面从严治党工作视频会、四川省纪委十一届二次全会决策部署，坚持以政治建设为统领，努力拓展落实中央八项规定精神和巡视整改成果，持续加强党的纪律建设，着力正风肃纪反腐，不断巩固风清气正的校园政治生态，全面从严治党开创新局面、取得新成效。

这一年，我们一以贯之在强基固本、导航铸魂上下功夫。深入学习贯彻习近平新时代中国特色社会主义思想和党的十九大精神，坚持用“四个意识”导航，用“四个自信”强基，用“两个维护”铸魂，把党的政治建设贯穿于教学、科研、社会服务等各项工作。通过校院两级中心组学习、党支部组织生活、师生政治学习、干部培训等，推动全校理论学习蔚然成风。开展宣讲200余场，设立研究项目和课题108项，出版理论专著，召开纪念马克思诞辰200周年学术研讨会，通过打造名师示范课堂等方式，切实做好党的创新理论“三进”工作。加强宣传思想工作，压紧压实意识形态工作责任，牢牢掌握宣传思想和意识形态工作领导权和主动权。一年来，学校党员干部和师生员工“四个意识”不断增强，“四个自信”牢固树立，“两个维护”坚定有力。

这一年，我们一以贯之在正风肃纪、惩治腐败上下功夫。锲而不舍加强作风建设，出台学校贯彻落实中央八项规定精神及其实施细则的实施办法，修订7个配套制度，防止“四风”问题反弹回潮。大兴调查研究之风，出台领导干部密切联系师生员工加强调查研究工作制度，深入基层、深入一线开展调研，积极回应和解决了一批师生关切的问题。定期开展中央巡视整改情况监督检查，强化跟踪问效，确保整改落实到位。对中央巡视组移交的72件次干部问题线索和个人诉求的处置工作进行梳理复查。召开警示教育大会，用身边事身边人警示党员干部和师生员工。坚持无禁区、全覆盖、零容忍，持续保持惩治腐败高压态势。一年来，学校风清气正的政治生态持续向好。

这一年，我们一以贯之在建章立制、落实责任上下功夫。修订学校《关于坚持和完善党委领导下的校长负责制的实施办法》，加强党对学校工作的全面领导，进一步夯实了党委发挥领导核心作用的制度基础；修订《学院党政联席会议制度实施办法》，完善院级党组织领导运行机制，切实强化学校基层党委的政治核心作用；

认真执行《中国共产党支部工作条例》，狠抓党支部规范化建设，召开党支部书记抓党建示范述职会，有力推动党支部战斗堡垒作用发挥。通过制度建设，切实锻造起全面从严治党从学校党委到学院党委再到基层党支部强有力的组织链条。召开全面从严治党年度会，明确责任分工，强化监督问责。全面启动校内巡察，开展对6个单位党组织的巡察工作，有效夯实了学校各级党组织管党治党政治责任。一年来，学校全面从严治党不断向纵深发展，向基层延伸。

这一年，我们一以贯之在凝心聚力、推动发展上下功夫。秉持发展是第一要务，民心是最大的政治的理念，把全面从严治党作为凝聚党心民心，聚集磅礴力量，推动事业发展的重要途径。开展了“我的初心，我的使命，我的一流”为主题的党风廉政宣传教育月活动，教育引导党员干部和师生员工坚定理想信念，争创一流业绩。落实中央《关于进一步激励广大干部新时代新担当新作为的意见》，准确把握“三个区分开来”，建立容错纠错机制，最大限度地激励和保护党员干部、广大师生推进改革、干事创业的积极性和创造性。坚决抵制诬告乱告行为，为27名受到错告诬告的干部澄清正名。一年来，学校管党治党和事业发展均取得长足进步，千帆竞发的干事创业氛围正在形成。

同时，我们也要清醒认识到，与中央的厚望和要求相比、与师生员工和社会大众的期待和期盼相比、与保障世界一流大学建设的任务和需要相比，学校全面从严治党还存在不少问题。在今年教育系统全面从严治党工作视频会上，陈宝生部长列举了教育系统党的领导和建设存在的问题，这些问题在学校一些党组织和党员干部中不同程度地存在着。除此之外，学校全面从严治党还存在三个“不充分、不平衡”：一是在理论武装上，一方面学习贯彻习近平新时代中国特色社会主义思想和党的十九大精神还不充分，需要从整体上着力深化，另一方面学懂、弄通、做实三个方面不平衡，总体呈现学懂比弄通做得好，弄通比做实做得好。二是在落实责任上，一方面全面从严治党政治责任的落实还不充分，需要从整体上着力深化，另一方面在学校、学院和系所三个层面落实不平衡，总体呈现学校比学院做得好，学院比系所做得好，当然二级学院（单位）之间也存在不平衡。三是在正风反腐上，一方面学校对腐败问题的系统防范和治理还不充分，需要从整体上着力深化，另一方面在推进不敢腐、不能腐、不想腐三项工作间存在不平衡，总体呈现推进不敢腐比推进不能腐做得好，推进不能腐比推进不想腐做得好。这些问题的存在，既与全面从严治党的形势要求不相符合，也是实现学校“两个伟大”奋斗目标、建设世界一流大学的绊脚石，从根本上解决这些问题需要进行自我革命。

2019年是新中国成立70周年、“五四”运动100周年，大事多喜事多，敏感节点多，同时我们还面临美国制造贸易摩擦等外部挑战。国际国内形势越是复杂，越需要加强党的建设，越需要全面从严治党，越需要做到“两个维护”，保证全党在思想上政治上行动上高度统一，凝聚起无坚不摧的力量，有效应对风险和挑战。我们必须站在中央政治和国家大局的高度认识坚持党的领导、加强党的建设的重大意义，坚持稳中求进，勇于自我革命，狠抓贯彻落实，不断推进学校全面从严治党、党风廉政建设和反腐败各项工作向纵深发展。

一、在强化理论武装上狠抓落实

进一步强化思想理论武装，把深入学习习近平新时代中国特色社会主义思想和党的十九大精神作为首要政治任务，在学懂弄通做实上同时发力，在结合实际创造性落实上取得实效，着力解决第一个“不充分、不平衡”。

一是抓好深化。发挥学校人才、智力和学科方面的优势，以开展“不忘初心、牢记使命”主题教育为契机，通过推动知名专家讲授习近平新时代中国特色社会主义思想、加强“马克思主义理论与中国特色社会主义创新”学科群建设，发挥学校习近平新时代中国特色社会主义思想研究中心等学术机构作用，设立习近平新时代中国特色社会主义思想研究课题等方式，不断深化对习近平新时代中国特色社会主义思想的学习宣传和理论阐释，做到学深悟透。

二是抓好消化。学习习近平新时代中国特色社会主义思想，必须做到融会贯通、透彻理解，不能囫囵吞枣、不求甚解。中央政治局委员、中央纪委副书记、国家监委主任杨晓渡同志对如何学习总书记重要思想有一个很透彻的理解，他认为要经历三个阶段：第一阶段是认真学习、通读原文，这是大家都在认真做的；第二个阶段是入脑入心、遵照执行，就是基本上记住，能够按照精神和要求认真去做；第三个阶段是融会贯通、正确运用，就是通过学习消化，知其然也知其所以然，真正成为思想和行动指南。我们不能仅仅停留在第一个阶段，要切实做到第二个阶段，努力追求第三个阶段。

三是抓好转化。善于学习就是善于进步，我们不是为了学习而学习，而是要武装头脑、指导实践、推动工作，要把学习过程转化为提高党性觉悟的过程，转化为增强“四个意识”，坚定“四个自信”，做好“两个维护”的过程，转化为加强党的领导、党的建设和全面从严治党的强大动力，转化为推进党风廉政建设和反腐败工作取得新成效的坚强决心和坚定信心。

二、在加强政治建设上狠抓落实

政治建设是党的根本性建设。管党治党上的“宽松软”根子上是政治上的“宽松软”。我们要坚决贯彻中央最近出台的《关于加强党的政治建设的意见》，始终把政治建设放在首位。

一是严肃政治纪律和政治规矩。保证全党服从中央、维护党中央权威和集中统一领导是政治建设的首要任务，严肃政治纪律和政治规矩最重要的一条就是要深入查找落实“两个维护”存在的温差、落差和偏差，“两个维护”本质上就是维护人民群众的根本利益，它是具体的，不是抽象的口号。我们要坚决反对一切削弱、歪曲、否定党的领导和社会主义制度的言行，对“七个有之”问题保持高度警觉，严肃查处政治上离心离德、思想上蜕化变质、组织上拉帮结派、行动上阳奉阴违等问题。要认真执行《中国共产党重大事项请示报告条例》，完善学校请示报告制度，自觉同党中央保持高度一致。要严格落实意识形态工作责任制，进一步强化授课纪律，加强阵地管理，确保意识形态安全。

二是力戒形式主义、官僚主义。中央纪委三次全会强调，要以党的政治建设为统领，坚决破除形式主义、官僚主义。学校在落实中央八项规定精神、推进作风建设方面，还存在会议多、发文多、考核多、深入基层调研少“三多一少”的突出问题。这里面有没有工作不实和在师生员工利益问题上不维护、不作为的问题，值得我们反省。今年，我们要按照中央整治形式主义官僚主义的决策部署，进一步改进会风文风，文件能精简的坚决精简、活动能合并的切实合并、会议能套开的尽量套开，加强计划管理和监督实施，做深做实“基层减负年”，着力解决基层单位普遍反映的检查多、评比多、过度留痕等问题，让基层单位腾出精力、清静办学。要深入教学科研、管理服务、医疗卫生一线和学生班级寝室，解决一批制约学校事业发展、影响师生职工生活的实际问题。要紧盯对中央、教育部和学校重大决策部署不敬畏、不在乎、喊口号、装样子的错误表现，对表态多调门高、应景造势、敷衍塞责、出工不出力、任务不落地等问题，进行严肃查处问责、指名道姓通报。要把力戒形式主义官僚主义情况，列入领导班子民主生活会的重要内容，作为谈心谈话、干部考核考察、述责述廉、巡察整改的重要内容，强化日常监督，做到老问题不反弹，新问题早防范。

三是打造风清气正的校园政治生态。严格执行《关于新形势下党内政治生活的若干准则》，切实提升“三会一课”等党内组织生活质量，倡导清清爽爽的同志关系、健健康康的师生关系、规规矩矩的上下级关系。学校各级党员领导干部要主动对标对表、校准偏差，发挥“头雁效应”。当前，我们正在进行科级干部选拔任用工作，正确的用人导向，对打造风清气正的政治生态至关重要。习近平总书记深刻指出，“对干部最大的激励是正确用人导向，用好一个人能激励一大片。”我们要落实新时代党的组织路线，坚持好干部的用人标准，把政治标准放在第一位，政治标准不过关，再大的能耐都不用，以正确的用人导向，清正风气，营造良好的校园政治生态。

三、在做强党内监督上狠抓落实

习近平总书记指出，对我们党而言，党内监督是第一位的监督，党内监督有力有效，其他监督才能发挥作用。我们要落实中管高校纪检体制改革举措，做深做细纪委专责监督，深入推进校内巡察，加强党委对党组织和党员干部的监督。

一是深化纪检体制改革。去年中央出台《关于深化中央纪委国家监委派驻机构改革的意见》，对我们中管高校纪检体制提出了改革要求，主要是三个方面：一是提升了对中管高校的监督层级，由中央纪委国家监委直接监督学校党委落实全面从严治党主体责任。二是明确了中管高校纪委的领导体制和管理机制，学校纪委接受学校党委和四川省纪委的双重领导，落实“两为主”要求。今后，学校纪委书记人选提名和考察以中央纪委会同教育部党组为主，实行交流任职。三是明确了中管高校纪委的基本职责。这次改革明确要求高校纪委要在更高水平上深化“三转”，要求高校纪检监察部门进一步退出与履行党内专责无关的事项，切实履行好监督执纪问责和协助职责，特别是要把监督作为基本职责、第一职责，坚决做好政治监督，强化日常监督。这一改革体现了以习近平同志为核心的党中央对高等教育事业的殷切关怀、对中管高校全面从严治党的高度重视，我们要把这项改革的决策部署落实到位。

二是深入推进校内巡察工作。巡视巡察是党内监督的一项重大的战略性制度安排。第一轮巡察工作成效显著，第二轮巡察工作正在开展。关于巡察工作，我想强调三点：第一，巡视巡察既是上级党组织对下级党组织的政治监督，也是发现优秀干部，培养锻造干部的有效途径；既是对被巡察单位党的领导、党的建设、全面从严治党的全面政治体检，也是对所有参与巡察工作党员干部政治忠诚、担当精神、纪律意识、能力素质的深入考察。被巡察单位一定要提高政治站位，增强自觉接受监督的意识，坚决支持、主动配合巡察工作。被抽调承担巡察任务的同志，要努力成为巡察的行家里手，坚决扛起责任，不负学校重托，不辱巡察使命。第二，巡察工作要紧盯中央巡视意见的整改落实情况，对被巡察单位落实巡视整改情况进行再检查、再督导，对已经整改完成的任务进行复查，防止反弹回潮，对长期坚持的任务要定期监督检查，确保落地见效。结合工作实际，探索开展对中央巡视整改重点牵头单位推进整改情况的专项巡察，着力构建学校巡视巡察上下联动监督网。第三，切实做好巡察意见的整改落实。习近平总书记多次强调，巡视发现问题的目的是解决问题，发现问题不整改，比不巡视的效果还坏，做好巡视“后半篇文章”关键要在整改上发力。在听取十九届中央第一轮巡视汇报时，总书记更是强调，巡视反馈了，整改不落实，就是对党不忠诚，整改抓不好要严肃问责。这里我套用现在流行的一句话提醒大家，“任务千万条、整改第一条，整改不落实、问责两行泪”，一定要立行立改、即知即改、全面整改，切实做好巡察“后半篇文章”。

四、在推进腐败治理上狠抓落实

一体推进不敢腐、不能腐、不想腐，有效打通内在联系，在保持高压态势不放松的基础上，狠抓监督、教育和制度建设，切实解决不敢腐、不能腐、不想腐“不充分、不平衡”问题，巩固发展反腐败斗争压倒性胜利。

一是坚持零容忍查处腐败巩固不敢腐。突出“关键少数”，重点查处党的十八大以来不收敛、不收手，问题线索反映集中、群众反映强烈，政治问题和经济问题交织，现在重要岗位且可能还要提拔使用的领导干部。坚持靶向治疗，严肃查处招生就业、科研经费、基建工程、招标采购、校办企业、附属医院等重点领域的腐败问题。聚焦微腐败，师生群众高度关注什么问题、强烈反映什么问题，就围绕什么问题，加大查处问责力度，特别是针对当前问题突出的师德师风、学术不端、考试招生等，发现一起、查处一起、问责一起，绝不姑息。

二是坚持建制度遏制腐败巩固不能腐。针对前面提到的廉政风险突出领域，一个领域一个领域地开展调查研究，一项一项地摸清底数，掌握这些领域究竟存在哪些廉政风险和问题，突出的表现形式是什么，采取什么措施可以有效防控制，有哪些管理和制度上的漏洞。在深入调研基础上，进一步优化内控机制，完善制度措施，扎紧制度笼子，巩固和深化不能腐的态势和局面。

三是坚持抓教育建立防线巩固不想腐。开展经常性纪律教育，将学习党纪国法作为党校培训、干部培训、中心组学习和党支部、教职工理论学习的必修课。发挥先进典型引领示范和反面典型警示教育作用，加大通报曝光力度，以身边事身边人开展警示教育。加强党性锻炼和理想信念宗旨教育，不断提高党员干部和师生员工的政治觉悟和思想觉悟，让清廉做人、廉洁做事成为思想自觉和行为习惯，从内心深处筑牢思想防线，自觉拒绝和抵制腐败。

四是旗帜鲜明保护干部和教职工担当作为。坚持严管和厚爱结合，纪律和约束并重，准确把握“三个区分开来”，激励和保护党员干部和师生员工推进改革、干事创业的积极性、创造性。严肃查处诬告乱告行为，及时为受到不实举报的党员干部澄清正名，为干事者撑腰、为担当者担当。

五、在落实政治责任上狠抓落实

今年是教育系统的“支部建设年”，我们要以此为契机，加强基层党组织特别是党支部建设，压紧压实“两个责任”，着力推动全面从严治党、党风廉政建设向基层一线延伸。

一是不断强化基层党支部职能作用。我们要依据《中国共产党支部工作条例（试行）》，推进党支部标准化、规范化建设，提高党支部的组织力、感召力、引领力和执行力。实施好党建“对标争先”建设计划，推进教职工党支部书记“双带头人”培育工程，不断强化教职工党支部在政治引领、规范组织生活、团结凝聚师生和促进学校中心工作等方面的主体作用。切实加强和规范学生党员教育培养和发展工作，发挥学生党建在组织育人中的龙头作用。要比照教育直属机关党组织书记抓党建述职评议考核办法，按照“晒单子、开方子、动刀子、养身子、迈步子”的要求，加强机关党委及其所属支部建设，把机关所属党支部建设得更加坚强有力、更加富有感召力和执行力，为全校党支部建设做出表率。

二是压紧压实“两个责任”。牵住责任落实“牛鼻子”。今天我们召开全面从严治党工作会后，学校全面从严治党的年度任务就明确了，关键是校院两级党委、纪委要扛起管党治党政治责任，推动主体责任、监督责任贯通协调、形成合力，抓好落实。对落实“两个责任”不力，抓全面从严治党工作不好，造成不良影响的，要严肃问责，通报曝光，用严肃问责倒逼责任落实，推动全面从严治党、党风廉政建设和反腐败工作向基层一线延伸。

同志们，长期以来，学校纪委和校院两级纪检监察干部，忠实履行党章赋予的职责，勇于担当、敢于斗争、勤勉工作，为学校党的建设、全面从严治党和打造风清气正的校园政治生态做出了重要贡献，实践证明是一支值得信赖、值得依靠的政治和纪律部队。学校各级党政领导班子和干部要旗帜鲜明支持纪检监察工作，特别是要落实中央的新部署新要求，支持他们进一步“三转”，让他们有更多精力聚焦主责主业，干好监督执纪问责工作。学校将进一步优化学校纪委内设机构，充实工作力量，选齐配强学校纪委和纪检监察部门领导班子和工作人员。校院两级纪委和纪检干部要切实加强自身建设，着力提高政治能力、强化责任担当，全面提升业务水平和履职能力，打造一支政治过硬、本领高强、勇于担当、作风优良的纪检监察铁军。

借这个机会，我也向党员领导干部提点要求，希望大家认真领会、切实做好“四个带头”：带头执行党中央、教育部和学校的各项决策部署；带头坚持民主集中制和“三重一大”集体决策制度；带头接受党内外的监督；带头永葆清廉政治本色。

同志们，全面从严治党永远在路上，让我们在党中央的坚强领导下，以习近平新时代中国特色社会主义思想为指导，全面贯彻党的十九大和全国教育大会精神，不忘初心、牢记使命，攻坚克难、狠抓落实，把握稳中求进工作总基调，以自我革命的精神和勇气，奋力夺取全面从严治党的更大胜利，为早日实现学校“两个伟大”奋斗目标提供坚强保证，以优异的工作成绩迎接新中国成立70周年。

在四川大学新时代本科教育改革与发展大讨论工作部署会上的讲话

校长　李言荣

2019 年 4 月 18 日

（根据录音整理）

老师们、同学们：

今天这个会很重要，大家可以看出来。第一，我还是第一次看张林副校长这么西装革履，说明他是很重视的。昨天晚上大概九、十点钟的样子，我路过他办公室，发现他还在改今天的 PPT。第二，今天是建国书记亲自主持会议，张林副校长作报告，这是很少见的。第三，今天这个会我们这里是主会场，还有几个分会场，包括江安和华西分会场，还有学生代表参加，可惜没有把他们的现场画面投影到旁边，我们也可以看到他们在认真听没有。

同时，今天这个会实际上是学校年初确定的今年“3+6”项重点工作中的一项，所以我们今年上半年必须要推进。实际上，张林副校长他们从去年本科教学审核评估以后就想开这个会，就在紧锣密鼓地策划。因为一般都是这样一个规律，本科教学审核评估 10 年一次，每个学校评估一结束就在开始谋划第二个 10 年学校的本科教育到底怎么搞。像清华就是每四年一次全校大讨论、每两年一次工作会。所以，我觉得这个会不仅仅是我们今年“3+6”项重点工作的一项重要内容，而是一个工作启动会，就是要启动为期半年的本科教育大讨论。

另外，张林副校长今天的这个报告我和书记也反复看过、改过，我们班子大家也集体讨论过。实际上，他讲的 4 个方面是非常全的，特别是第 3 个方面里面包括了 6 项关键内容，每项关键内容里面都有存在的问题（也就是为什么要抓这一条），然后怎么抓，抓了过后可能有什么好处。6 项内容每一条都很丰富、很全面，待会儿建国书记还会提具体的要求，我就不说了。我就在张林副校长所作的报告的基础上，从我的理解再来抓重点，我们川大未来 5 年、10 年甚至更长时间本科人才培养、本科教育工作到底哪些是纲举目张的、是关键中的关键。

我就讲 5 个方面：第一个，到底国内外对一流本科教育是一个怎样的认识，标准是什么。大家都在说办一流本科教育，没有学校说要办二流本科教育，到底一流本科教育的标准是什么。第二个，在新时代我们川大面向未来的本科人才培养的目标、定位、思路和主要任务到底是什么。去年本科教学审核评估过后，我们现在就是一个新起点、新阶段。第三个，我们有了明确的培养目标之后，体现我们人才培养目标最关键的就是核心课程体系。没有核心课程体系的课程建设都是东拼西凑的，有了就不一样了，也就是说，学生只要进到川大来了，他就像是进了一个“泡菜坛子”，4 年过后一拎出来他就有这个特质。这就是靠核心课程体系，而不是靠几十门、几百门课程，靠多少个学时去堆积的。这些核心课程体系的课必须都是“金课”，上课的都是好老师，那是耽误不得学生的。有些课大家是可以都去上、甚至轮流上的，但是核心课程体系的课那不能是“水课”，不是每个老师都可以上得了的。第四个，我们除了狠抓 45 分钟课堂这个人才培养主阵地以外，其实人才培养在大学里面，对于十七八岁、二十岁左右的年轻人来说，第二课堂是非常关键的，它关系到学生能力的培养和综合素质的提高。所以，第二课堂该怎么丰富活跃，你怎么培养、怎么抓、抓什么。我们开会时经常讲，人才培养不只是教务处的事，本科人才培养更不只是教务处的事，而是全校育人、全员育人，特别是我们要跟学工一起、包括跟研究生贯通起来抓，整个学校尤其是学工队伍辅导员是抓第二课堂的主力军、也是生力军。第五个，就是在我们前面四个问题的基础上，怎样进一步形成新时代川大的一流本科教育。现在哪个都说自己是一流，到底川大下一步本科人才培养的特色和优势是什么，我们与别人不同的在哪里？过去几年，可以说川大做得非常有特色，我们川大的各位老师、一届一届的领导都抓得非常好，所以才成为了教育部本科人才培养的标杆学校，去年以谢校长为带头人又获得了国家教学成果特等奖。所以我们开玩笑说，实际上今天这个会，就是讨论在特等奖之后，我们下一步的本科教育该怎么办，既然已经把我们推到非常高的位置了，川大再出发还要形成什么特色、还有什么与人家不同的，但我们也不是为了追求不同而不同。我就讲这五个问题，会前我跟建国书记说，大概张林副校长讲 50 分钟，我讲半小时，书记讲十多分钟。当然我们不能要求书记讲多长，他讲半小时也是挺好的。

第一，就是到底一流的本科教育和本科人才培养的标准是什么。关于一流的标准，大家都是各说各话，这样那样都对，每个人的解释都不一样。实际上简单来说，一流本科教育的标准就是看你培养的人才是不是一流的，如果你培养的出口是一流的人才，那当然你的本科教育就是一流的，简单说就是这样。那么我们衡量什么是一流的人才呢，你培养的人才是一流、二流、三流，国内外都有不同看法，但是国际上基本一致的看法是学生要思想好、能力强、身心健康、知识广。国外也要讲思想好，也不是只有中国讲，中国更加讲又红又专，我们怎么培养出又红又专的人。实际上，我们在思想品质、在知识广博、在身心健康上，每个学校大同小异。但中国大学跟国外大学相比，实际上最大的差距就是我们的能力培养这一块不太行。我们说，一个学生在成长过程中能力培养主要就是三个过程：第一个，人一生下来到幼儿园，七、八岁之前首先要培养独立生活能力，幼儿园要教他要自己穿衣服、自己吃饭、自己洗脸，这都是独立生活的能力。第二个，独立思考能力就是从中、小学开始培养的。老师说做作业要自己做，不要抄别人的，要独立思考。在家里面，我们很多家长要把很多事情都给小孩讲，让他自己做判断，和家长一起讨论，这都是独立思考能力培养的过程。第三个，大学最重要是培养独立研究能力。其实一所一流大学，学生出来最重要的就是他独立研究能力很强、研究性很强，不是人云亦云，能够经过深度学习、深度思考之后，有独立研究的能力。我们不管他出去做什么工作，做学问、做管理还是做经济，他都是研究型的，这个人就不得了了，不同的学校走出去的学生，他的独立研究能力是不一样的。在大学里面，学生独立研究能力的培养一方面是通过科研，学生进来后早一点从事科研，来培养学生的研究能力，另一方面就是论文与写作的训练，学生通过不断的写作，他的研究能力和深度学习能力就会提高。国外都是这样抓的，比如北大、清华的课程设置基本上是按美国 MIT、哈佛大学和哥伦比亚大学这套体系下来的，都是培养学生的独立研究能力。那么，我们说独立研究能力为什么这么重要，因为它是人的创新能力当中最基本的素质，你没有独立研究能力哪里有创新能力呢？所以，往往人们说，这个大学是不是一流的，就看这个大学能不能原创知识，如果能够原创，就是一流大学；能够及时跟踪和模仿别人的，就是二流大学；如果跟踪、模仿都很吃力，或者干脆算了，那就是三流大学。所以，我们一流大学培养一流人才的标准，必须走到培养学生原创能力的这条路上来。以上是我讲的第一点。

第二，川大人才培养的目标、定位和主要任务。川大的人才培养到目前阶段，要思考我们下一阶段的人才培养目标、定位和主要任务到底是什么？刚才，张林副校长分析的都非常好，我们去年下半年接受本科教学评估之前，还用的是以前的人才培养目标。因为人才培养目标是最重要的，社会上看我们大学的人才培养，就是看我们的人才培养目标，是培养实用型人才，还是精英人才，或者是其他什么类型的人才。去年以前，我们川大的人才培养目标概括来讲就是“四个具有”，即培养具有深厚人文底蕴、扎实专业知识、强烈创新意识、宽广国际视野的国家栋梁和社会精英。后来，学校要接受本科教学评估工作，我们反复讨论后，把人才培养目标改为“五个具有”，加上了秉承海纳百川校训，致力于促进人的全面发展，充分体现出了川大多学科的气质。对于学校的人才培养目标，所有关心川大的人都是会去看的，社会上的人要看，校内的师生们也要看，考生和家长也会想到底川大要把学生培养成什么样的人？

面向未来，我们的人才培养工作要把握好两个维度：一是要看未来 20～30 年，一流大学培养的人才到底应该是什么样的人才。川大目前处在国内高校的第一方阵，我们要以此来倒推自身的人才培养目标对不对。如果仅仅是培养大众化的人才，显然不是国内第一方阵高校的人才培养目标，我们培养的人才肯定是要成为引领性人才才行。二是借“他山之石”。我们要主动去看国内外一流高校的人才培养目标。比如国内的清华大学，国外的 MIT 等，我举一个 MIT 的例子，MIT 每一次人才培养的大讨论，都会使整个学校“洗心革面、焕然一新”，都会给学校发展带来大的触动。MIT 是 1861 年创办的，起初就是一个技工学校，人才培养目标哪里有现在那么高大上，它早期就是为了培养机械师、化学分析师、土木工程师等实用型人才。到了 1894 年，美国的 GDP 开始超过了英国，这个时候美国国内有人就认为，以后不能再这样继续办大学，但都还没有引起足够重视，真正引起美国国内重视是在 1928 年之后。经过一战后，美国的 GDP 开始超过了整个欧洲的总和，这时美国开始要在全世界做“老大”了，但还都是经济总量数字上的“老大”。这个时候，包括 MIT、加州理工、佐治亚理工等高校都开始反思，不能再继续只培养实用型人才，而是开始推动理科和工科交叉融合，这样培养的学生才能有创新能力，才能走得更远。这些大学原来的人才培养目标就是把就业作为最高目标，就是为了让学生有份职业，没有考虑太多创新能力。到了二战结束后的1945年，美国正式戴上了“世界警察”的袖标，成为世界上名副其实的“老大”。这个时候，美国的大学又开始思考，美国要引导、引领世界的发展，就必须培养引领性人才和领袖人才，就要把文科和社会科学加上，所以，MIT的人文学院作为第三个学院在这个阶段才成立了，1947年后美国其他高校都开始跟MIT学了。实际上，高校的发展是与国家发展的阶段相结合的，一所大学和它的人才培养都不是空想应该是怎么样的，而是要根据整个民族和国家的崛起来调整的。对于我们国家来说，这个阶段的目标就是未来一、二十年要实现教育强国的目标。那么在这个大目标下，川大肯定要走在前面。所以，我们要根据以上这两点，来思考川大本科人才培养的定位、思路和主要举措是什么。

第三，川大的核心课程体系建设。我们有了培养目标，如何去实现呢？关键就是核心课程体系建设。核心课程体系不分文、理、工、医哪个学院和哪个专业，只要学生考进川大，就要有这个“烙印”，这就是川大的通识课程，包括人文通识课程和专业通识课程，我们要把这些课程一门一门建设好，这就是核心课程体系，然后再加上文理工医的模块，也就是新工科、新医科、新文科的模块，因为核心课程体系不外乎就是人文、社会科学、音乐艺术，还有自然科学等四大部分。一般来说没有新理科的提法，因为理科是往纵深走，本身不存在新和旧，有新文科、新工科，没有新理科，就像我们说的有总工程师，但是没有总科学家，哪个人敢当总科学家哦，你能把所有科学都管完了吗？学生走到川大来就像掉进了泡菜坛子一样，他身上就会有这样一股味道，就会有这样一个基本的素质、基本的修养，就像一个知识分子、就像一个文人、就像一个受过高等教育、受过川大教育的学生。

此外，课外的活动包括我们大川视界对学生视野的开拓、国际竞争力包括刚才张林副校长讲的全球胜任力的提升，也是有着重要作用的。第二课堂怎么活跃，包括怎么让学生能够志存高远，在这方面我们有短板，总的来说我们川大学生的人生规划偏弱，不像一个排在国内前几名的高校的学生应该有的志向、目标和追求。当然，我们川大本科教育也是有特点的，去年本科教学评估的时候，专家组组长程建平给我们讲了一个小故事，他讲有一个学生在川大读了本科过后再到清华读研究生，读完了就问他川大和清华的教育，你更喜欢哪个？他说还是喜欢川大的，因为川大的教育更加自由，更加宽容，更加多维度地评价学生，更多以鼓励学生为主，而清华可能更多的就是一个标准。我们听了之后还是很高兴的。

最后一点，就是川大的本科教育怎么办才能更有特色。关于怎么凝练我们本科教育的特色，我们在上次本科教学评估的时候总结了四个方面的内容，多学科交叉应该是川大最该抓的，还要深度挖掘；还有川大的探究式—小班化教学，全国500多所高校都来考察学习，那不是浪得虚名的，人家一说出来都是很肯定的；还有我们的双创工作、教师激励机制等等。实际上，最本质、最核心的还是多学科交叉，这个是我们最应该继续抓的。不只是交叉，关键是要多学科交叉融合，只有融合了学生才有气质，因为多学科交叉如果只多学了几门课是不一定有效果的，主要是要能够融合。

最后，我们大家一定要高度重视本科教育，本科人才培养是要有情怀的，由于时间关系我就不细说了。其实研究型大学培养出来的学生就是要能解决“从 0 到 1”的问题，否则都是解决“从 1 到 2、2 到 3、3 到 4”的问题，那个用处不大。对本科教育和本科人才培养，我们各个学院的书记、院长一定要亲自抓、一定要班子一起抓。学校刚刚成立了教指委，这是非常及时的，教指委要按文、理、工、医分版块来抓，各个学院要按纵向来抓，各个专业都要对标一流本科专业来讨论、来理思路，显然这不是由几个老师自由讨论就抓得了的，一定要学院班子静下心来，组织教授们逐一梳理分析才行，然后我们会根据大家讨论的情况，由学校教务部门再来汇总，最后我们党委会形成一个未来四川大学本科人才培养的指导意见，学校行政会形成一个四川大学未来本科人才培养的实施办法或实施细则。这样就基本上靠谱了。

其实，大家可以看看清华的做法，本科审核评估完了就开会，去年是第 25 次本科教育大讨论，4 年前的那次会他们认为是开得成功的，开得成功主要有两点，第一点就是把清华的人才培养目标凝练为三个方面：就是价值塑造、能力培养和知识传授，第一次把知识传授从前面的排序调整到了第三位，把价值塑造放在了第一位、能力培养放在第二位。第二点是大家都觉得清华第一次把写作与沟通作为核心课程，原来叫写作课，我仔细研究过是哥伦比亚大学在 1919 年第一个把写作课设置为核心课程，后来不断往里面加上历史、人文、音乐、艺术、自然科学，今年刚好是哥伦比亚大学抓核心课程 100 周年，学校要抓核心课程，其他课程都由学院去抓，学校主要是要守住核心课程。实际上沟通能力很重要，现在很多独生子女沟通能力不太行，所以把这个加上去，我觉得非常好。然后清华另外加了一门游泳课，他们把游泳课作为学生毕业的必修课，主要是促进学生的身心健康，实际上我知道游泳课也是哥伦比亚大学好多年前就开始抓的。所以，我们中国的大学尤其是我们川大就是要向好大学，甚至向国外的好大学多学习。

谢谢大家！

不忘初心　牢记使命
奋力把学校“两个伟大”推向前进

——在四川大学“不忘初心、牢记使命”主题教育动员大会上的讲话

校党委书记　王建国

（2019 年 9 月 12 日）

同志们：

党的十九大决定，以县处级以上领导干部为重点，在全党开展“不忘初心、牢记使命”主题教育。今年 5 月 31 日，党中央召开了“不忘初心、牢记使命”主题教育工作会议，习近平总书记发表重要讲话，向全党发出了动员令，为开展好主题教育提供了根本遵循。上学期，学校召开党委常委会和党委理论学习中心组学习会，传达了中央“不忘初心、牢记使命”主题教育工作会议精神，成立筹备工作领导小组和办公室，进行了前期研究和谋划；利用暑期先开展自学，举办了校领导班子暑期读书班等。9 月 7 日，中央召开“不忘初心、牢记使命”主题教育第一批总结暨第二批部署会议，对包括中管高校在内的第二批单位主题教育工作进行了安排部署。今天，我们召开学校“不忘初心、牢记使命”主题教育动员大会，主要任务是按照中央要求，对学校开展主题教育进行动员，进一步调动全体党员干部的主动性、积极性，扎实推进主题教育各项工作在四川大学开展好、落实好。一会儿，王瑞生同志还要代表中央主题教育第二指导组讲话，我们要认真贯彻落实。

下面，结合学校工作实际，我就开展好“不忘初心、牢记使命”主题教育讲三点意见。

一、深刻认识开展主题教育的重大意义，切实增强政治责任感和使命感

党中央决定在全党开展“不忘初心、牢记使命”主题教育，是以习近平同志为核心的党中央统揽伟大斗争、伟大工程、伟大事业、伟大梦想作出的重大部署，对统筹推进“五位一体”总体布局、协调推进“四个全面”战略布局，决胜全面建成小康社会、夺取新时代中国特色社会主义伟大胜利，实现中华民族伟大复兴的中国梦，具有重大而深远的意义。关于开展“不忘初心、牢记使命”主题教育的重大意义，习近平总书记在 5 月 31 日中央主题教育工作会议上用四个“迫切需要”进行了深刻阐述，他强调开展主题教育是用新时代中国特色社会主义思想武装全党的迫切需要，是推进新时代党的建设的迫切需要，是保持党同人民群众血肉联系的迫切需要，是实现党的十九大确定的目标任务的迫切需要。这四个“迫切需要”高度体现了开展此次主题教育的紧迫性、必要性和重要性。

通过近年来的集中教育和学习教育，我们四川大学党员干部的工作作风和工作状态明显转变，在推动学校党的建设新的伟大工程和建设中国特色、世界一流大学

新的伟大事业（简称“两个伟大”）中取得了突破性进展，学校总体发展势头良好。但我们也要清醒地看到，对标党中央的要求和人民的期望，对标立德树人的根本任务，对标建设中国特色、世界一流大学的要求，我们在全面加强党的建设、加强干部队伍建设等方面仍有很多不足，我们的工作仍有很大差距，比如，少数党员干部在理论学习上没有往深里走、往心里走、往实里走，还有蜻蜓点水、一知半解、脱离实际等问题；有的党员干部改革创新、奋发进取、担当作为的干事创业精神还有待进一步提升，推动学校改革发展的劲头还不够；思想不纯、政治不纯、组织不纯、作风不纯、形式主义、官僚主义、违反八项规定精神等突出问题在一定程度存在；个别党员干部宗旨意识还不强，为师生服务、解决师生员工关注的热点难点问题不实在、不上心、不尽力；具有国际竞争力的创新人才培养体系还需完善；高端人才匮乏的局面还尚未根本改变；多学科综合优势和潜力还未充分发挥，世界一流学科数量偏少；具有国内外重大影响的原始创新和标志性成果较少，对经济社会发展的贡献度还不够显著；超大型综合大学高效管理体制机制还需健全完善，等等。同时，我们还要深刻认识到，当前国际国内形势复杂多变，不稳定性不确定性更加突出，高等学校为党育才、为国育人的要求更高，大学之间的竞争日趋激烈，学校党的建设和改革发展稳定的各项工作十分繁重。面对复杂形势，既要有发展的信心，也要有忧患的意识，决不能因为成绩而懈怠，决不能因为困难而退缩。复杂形势面前，唯有不忘初心，才能知根知本、坚定信仰；繁重任务面前，唯有牢记使命，才能知重扛重、砥砺前行。

党中央部署开展“不忘初心、牢记使命”主题教育，为我们不断进行自我革命，锤炼忠诚干净担当的政治品格，在斗争和考验中加快推进学校“两个伟大”，提供了难得机遇和治本良方。搞好学校主题教育，对于用习近平新时代中国特色社会主义思想统一全党思想和行动，引导学校党员干部自觉增强“四个意识”、坚定“四个自信”、做到“两个维护”，具有十分重要的意义；对于认真贯彻新时代党的建设总要求，同一切影响党的先进性、弱化党的纯洁性的问题作坚决斗争，推动全面从严治党向基层延伸，促进学校各级党组织全面进步全面过硬，具有十分重要的意义；对于践行以人民为中心的发展思想，把宗旨意识、服务意识根植于思想中，体现到学校各项工作中去，不断厚植党执政的阶级基础和群众基础，具有十分重要的意义；对于引导全校党员干部发扬革命传统和优良作风，勇担责任使命，焕发干事创业的精气神，贯彻落实党中央重大决策部署和习近平总书记重要指示批示精神，把党的十九大确定的目标任务落到实处，加快学校“双一流”建设，具有十分重要的意义。

全校党员干部要深入学习贯彻习近平总书记关于开展“不忘初心、牢记使命”主题教育的重要讲话和指示精神，深刻领会开展“不忘初心、牢记使命”主题教育的重大意义，充分认识开展主题教育的紧迫性和重要性，把思想和行动统一到习近平总书记重要讲话精神和中央的部署要求上来，切实增强开展好主题教育的思想自觉、政治自觉和行动自觉，把主题教育谋划好组织好实施好，以实实在在的举措确保主题教育取得实效。

二、准确把握总要求、目标任务、重点措施，紧密结合学校实际开展好主题教育

我们高校是第二批开展主题教育的单位，从9月份开始，到11月底基本结束。主题教育在全体党员中开展，以县处级以上领导干部为重点。习近平总书记对主题教育高度重视，亲自擘画设计、亲自动员部署、亲自领导推动，亲自出席主题教育工作会议和主持召开中央政治局会议、中央政治局第十五次集体学习、中央全面深化改革委员会第九次会议并发表重要讲话，深入内蒙古、甘肃调研指导主题教育，先后17次作出重要指示批示，为在全党开展主题教育指明了努力方向、提供了根本遵循。我们要准确把握习近平总书记重要讲话和指示精神，准确把握党中央的部署要求，认真学习借鉴第一批主题教育的有效做法和成功经验，注重坚持标准要求，注重分级分类指导，注重解决实际问题，注重开门搞教育，注重反对形式主义、官僚主义，紧密结合学校实际，按照“聚焦主线、统筹推进、分类指导、着力重点、注重实效”的工作原则，扎扎实实把学校主题教育开展好。

（一）准确把握主题教育的总要求

习近平总书记指出，“守初心、担使命，找差距、抓落实”的总要求，是根据新时代党的建设任务、针对党内存在的突出问题、结合这次主题教育的特点提出来的，是一个相互联系的整体，要全面把握，贯穿主题教育全过程。对我们四川大学的党员干部来说，守初心就是要牢记全心全意为人民服务的根本宗旨，扎根西部、服务国家，矢志不渝把学校建设成具有“中国特色、川大风格”的世界一流大学；担使命就是要牢记我们党肩负的实现中华民族伟大复兴的历史使命，勇于担当负责，积极主动作为，培养德智体美劳全面发展的社会主义建设者和接班人；找差距就是要对照习近平新时代中国特色社会主义思想和党中央的决策部署，对照党章党规，对照师生员工期待，对照先进典型、身边榜样，深刻检视剖析，有的放矢进行整改；抓落实就是要把习近平新时代中国特色社会主义思想转化为推进学校改革发展稳定和党的建设各项工作的实际行动，推动党中央决策部署在学校落地生根，推动解决师生员工反映强烈的突出问题。

当前，学校正向着建设具有中国特色、川大风格的世界一流大学目标坚实迈进。在建设世界一流大学的进程中，要深入理解我们共产党人的初心和使命，清醒认识我们作为党员干部存在的差距；要把“守初心、担使命，找差距、抓落实”的四项总要求自始至终贯穿于主题教育全过程，确保主题教育方向正确、任务落地。

（二）牢牢把握主题教育的目标任务

习近平总书记强调，开展这次主题教育，根本任务是深入学习贯彻新时代中国特色社会主义思想，锤炼忠诚干净担当的政治品格，团结带领全国各族人民为实现伟大梦想共同奋斗。具体目标是理论学习有收获、思想政治受洗礼、干事创业敢担当、为民服务解难题、清正廉洁作表率。这五项目标任务，体现了党对新时代党员干部思想、政治、作风、能力、廉政方面的基本要求。我们要坚持标准，严格要求，努力达到这次主题教育明确的目标任务。

一是在“通”字上下功夫，确保理论学习有收获。习近平总书记指出，理论学习有收获重点是教育引导广大党员干部在原有学习的基础上取得新进步，加深对新时代中国特色社会主义思想和党中央大政

方针的理解，学深悟透、融会贯通，增强贯彻落实的自觉性和坚定性，提高运用党的创新理论指导实践、推动工作的能力。全校党员干部要更加坚定自觉地学思践悟习近平新时代中国特色社会主义思想的重大意义、科学体系、丰富内涵，切实把理论学习同研究解决学校改革发展稳定的突出问题和党的建设面临的紧迫问题结合起来，同个人的思想实际和工作实际结合起来，运用党的创新理论武装头脑、指导实践、推动工作。

二是在“信”字上下功夫，确保思想政治受洗礼。习近平总书记指出，思想政治受洗礼重点是教育引导广大党员干部坚定对马克思主义的信仰、对中国特色社会主义的信念，传承红色基因，增强“四个意识”、坚定“四个自信”、做到“两个维护”，自觉在思想上政治上行动上同党中央保持高度一致，始终忠诚于党、忠诚于人民、忠诚于马克思主义。全校党员干部要更加自觉地把思想政治建设摆在首位，坚定理想信念，树牢“四个意识”、坚定“四个自信”、做到“两个维护”，坚决把忠诚于党、忠诚于人民、忠诚于马克思主义落实到具体思想和行动中。

三是在“实”字上下功夫，确保干事创业敢担当。习近平总书记指出，干事创业敢担当重点是教育引导广大党员干部以强烈的政治责任感和历史使命感，保持只争朝夕、奋发有为的奋斗姿态和越是艰险越向前的斗争精神，以钉钉子精神抓工作落实，努力创造经得起实践、人民、历史检验的实绩。全校党员干部要充分发挥先锋模范作用，勇于直面矛盾，增强斗争精神，开拓进取，攻坚克难，认真贯彻落实党的十九大精神和党中央决策部署，带领全校师生在推进学校“两个伟大”上有更大的作为。

四是在“情”字上下功夫，确保为民服务解难题。习近平总书记指出，为民服务解难题重点是教育引导广大党员干部坚守人民立场，树立以人民为中心的发展理念，增进同人民群众的感情，自觉同人民想在一起、干在一起，着力解决群众的操心事、烦心事，以为民谋利、为民尽责的实际成效取信于民。全校党员干部要围绕坚持以人民为中心的发展思想，更加坚定自觉地贯彻群众观点和群众路线，把人民对美好生活的向往作为奋斗目标，着力解决师生员工的“急难愁盼”，更好地保障和改善民生，不断增强师生的获得感、幸福感、安全感。

五是在“严”字上下功夫，确保清正廉洁作表率。习近平总书记指出，清正廉洁作表率重点是教育引导广大党员干部保持为民务实清廉的政治本色，自觉同特权思想和特权现象作斗争，坚决预防和反对腐败，清清白白为官、干干净净做事、老老实实做人。全校党员干部要保持为民务实清廉的政治本色，警钟长鸣，知敬畏、存戒惧、守底线，依法用权、廉洁用权，不断巩固和发展风清气正的良好校园政治生态。

（三）认真落实主题教育的重点措施

这次主题教育不划阶段、不分环节。在推进过程中，我们要把学和做结合起来，把查和改贯通起来，推动学习教育、调查研究、检视问题、整改落实这四项重点措施贯穿主题教育全过程，并结合实际，创造性开展工作，做到每月有重点，每周有安排；做到规定动作不走样、具体举措不漏项，努力取得最好教育成效。

一是扎实抓好学习教育，推动学习贯彻习近平新时代中国特色社会主义思想往深里走、往心里走、往实里走。习近平新时代中国特色社会主义思想是当代中国马克思主义、21世纪的马克思主义，是全党全国人民为实现中华民族伟大复兴而奋斗的行动指南，是经过实践检验、富有实践伟力的强大思想武器。全校党员干部要紧扣根本任务，把学懂弄通做实习近平新时代中国特色社会主义思想作为重中之重，坚持读原著、学原文、悟原理，自觉对表对标，及时校准偏差。要充分发挥校院两级党委理论学习中心组的"头雁"作用，通过个人自学、集中学习研讨、专题讲座等形式，重点学习党的十九大报告和党章党规、《习近平关于"不忘初心、牢记使命"重要论述选编》《习近平新时代中国特色社会主义思想学习纲要》《习近平总书记关于教育的重要论述摘编》等规定书目，学习党史、新中国史，认真学习贯彻习近平总书记对四川工作系列重要指示精神，及时跟进学习习近平总书记最新重要讲话精神，坚持通读精读，系统学、深入学，带着问题学、立足实践学。要认真开展理想信念教育、革命传统教育、形势政策教育、先进典型教育和廉政警示教育，确保习近平新时代中国特色社会主义思想入心入脑，切实提高党员干部运用党的创新理论成果武装头脑、指导实践、推动工作的能力。

为了确保学习教育成效，我们要制定学校领导班子主题教育集中学习研讨工作方案，初步确定按照党的建设、双一流建设、立德树人等专题开展学习研讨。各基层党委也要按照要求制定集中学习研讨方案，明确学习内容，形成学习书单，逐篇认真研读。要优化学习方式，综合运用自学导学、专题读书班、实践教育等多种形式，提升学习效果。对于习近平总书记关于高等教育的重要论述，既要知其然，也要知其所以然，从而达到提高能力、推动工作的目的。

二是认真开展调查研究，在理论联系实际的过程中找准解决问题的办法措施。习近平总书记指出，调查研究是谋事之基、成事之道。近年来，我们按照习近平总书记的指示要求，大兴调查研究之风，取得了良好的调研实效。随着形势的不断变化，随着学校改革的不断深入，我们面临着许多新任务和新挑战，迫切需要进一步加强调查研究，把存在的矛盾困难搞准、搞透，拿出破解难题的实招、硬招，把各项工作做实、做好。

我们要按照中央的部署要求，结合学校实际，制定学校领导班子调查研究工作方案，重点围绕为党育人、为国育才，突出党的政治建设，紧扣立德树人的根本任务，聚焦贯彻落实习近平新时代中国特色社会主义思想和习近平总书记关于教育工作的重要讲话精神和指示精神、健全全员全过程全方位育人的体制机制、加强思想政治工作和思政课建设、解决学校改革发展稳定中的关键性问题等开展调研。校内各单位领导班子和党员干部都要按照要求，紧紧围绕贯彻落实习近平新时代中国特色社会主义思想、习近平总书记重要指示批示精神和党中央的决策部署，围绕解决本单位党的建设面临的紧迫问题，围绕学校改革发展稳定和本单位存在的突出问题，围绕师生员工反映强烈的热点难点问题等进行调研，坚持边调研边学习边检视整改，在理论联系实际的过程中寻找解决问题的办法措施，使调研的过程成为加深对党的创新理论领悟的过程，成为保持同人民群众血肉联系的过程，成为推动学校事业发展的过程。

在调查研究中，要坚持问题导向，不能为了调研而调研，不搞走马观花、蜻蜓点水，要注重深度，保证质量。要多到教学科研、管理服务、医疗卫生一线中去，多到师生员工中去，多到困难和矛盾多的地方去，真正把身子沉下去，一竿子插到底，把情况摸清楚，把症结问题分析透，察实情、出实招、见实效。在此基础上，校院两级党员干部要按照要求讲好专题党课，重点是要讲学习习近平新时代中国特色社会主义思想特别是习近平总书记关于“不忘初心、牢记使命”重要论述的学习体会，讲悟初心、担使命的感悟，讲存在的差距和不足，讲指导实践、推动改进工作的思路和举措。

三是深刻检视问题，把问题找准查实、把根源剖深析透，为整改落实提供精确靶向。习近平总书记指出，要教育党员干部以刀刃向内的自我革命精神，广泛听取意见，认真检视反思，明确努力方向和改进措施，切实把问题解决好。我们要对照习近平新时代中国特色社会主义思想和党中央决策部署，对照党章党规，对照师生员工期待，对照先进典型、身边榜样，结合调查研究，通过自己找、师生提、集体议、上级点等方式，广泛听取师生员工对领导班子和领导干部存在突出问题的反映，对改进作风、改进工作的意见建议。要坚持问题导向、刀刃向内，从一开始就奔着问题去，真正把自己摆进去、把职责摆进去、把工作摆进去，重点查找在增强“四个意识”、坚定“四个自信”、做到“两个维护”方面存在哪些差距；在知敬畏、存戒惧、守纪律、守底线方面存在哪些差距；在群众观点、群众立场、群众感情、服务群众方面存在哪些差距；在思想觉悟、能力素质、道德修养、作风形象方面存在哪些差距，从而达到深刻检视反思、增强党性修养的目的。

四是切实抓好整改落实，全面推进学校“两个伟大”建设，增强师生员工获得感幸福感。习近平总书记强调，要把“改”字贯穿始终，立查立改、即知即改，能够当下改的，明确时限和要求，按期整改到位；一时解决不了的，要盯住不放，通过不断深化认识、增强自觉，明确阶段目标，持续整改。按照中央关于主题教育专项整治工作的要求和中央关于开展第二批主题教育的指导意见精神，重点对8个方面进行专项整治：一是整治对贯彻落实习近平新时代中国特色社会主义思想和党中央决策部署置若罔闻、应付了事、弄虚作假、阳奉阴违的问题；二是整治干事创业精气神不够，患得患失，不担当不作为的问题；三是整治违反中央八项规定精神的突出问题；四是整治形式主义、官僚主义，层层加重基层负担，文山会海突出，督促检查考核过多过频的问题；五是整治领导干部配偶、子女及其配偶违规经商办企业，甚至利用职权或者职务影响为其经商办企业谋取非法利益的问题；六是整治侵害群众利益的问题，维护好师生员工和群众的合法利益；七是整治基层党组织软弱涣散的问题，全面增强基层党组织的政治功能和组织力；八是整治对黄赌毒和黑恶势力听之任之甚至充当保护伞的问题。同时，要结合学校实际，着力整改党委领导下的校长负责制、基层党组织建设、教师队伍建设、意识形态工作、学生社团工作中存在的突出问题；持续深化中央巡视整改等整改任务。

我们要以直面问题的勇气和勇于担当的精神，全面深入地进行整改。要在广泛征求意见和自查自纠的基础上，建立台账，形成问题、措施、责任清单，规定完成时限，明确责任到事到人，做到件件有着落、事事有回音，确保整改工作不缺项不漏项。要坚持目标导向，认真执行问题整改销号制度，以钉钉子精神狠抓落实，克服敷衍和被动应付的心态，对在主题教育期间能够解决的，要立查立改、即知即改；对一时解决不了的，要制定阶段目标，盯住不放，持续整改，做到问题不解决不松劲、解决不彻底不放手、群众不认可不罢休。

主题教育结束前，校院两级领导班子要召开领导班子专题民主生活会。会前，要深入谈心交心，用好学习调研成果，把问题找准找实找具体，把思想谈通；会上，要以自我革命的勇气和斗争精神，红脸出汗，严肃开展批评和自我批评；会后，要将专题民主生活会情况和整改情况在一定范围内通报，接受监督检验。

主题教育结束后，我们要及时做好评估总结工作。从党员领导干部自身素质提升、解决问题成效、群众评价反映等方面，客观评估主题教育的效果。要建立长效机制，坚持边实践边总结，及时将主题教育中形成的好经验好做法用制度形式运用好、坚持好。

（四）按照中央要求，认真做实基层党支部的学习教育和检视整改

这次主题教育，要以党支部为单位，结合“两学一做”学习教育常态化制度化，依托“三会一课”、主题党日等，认真组织好校内处级以上领导干部之外的党员参加主题教育。要把学习贯彻习近平新时代中国特色社会主义思想作为根本任务，全面把握守初心、担使命，找差距、抓落实的总要求，教育引导广大党员以彻底的自我革命精神解决违背初心和使命的各种问题，努力实现主题教育的目标任务。

一是抓好学习教育。包括学习《习近平关于“不忘初心、牢记使命”论述摘编》等，学校对基层党委书记和院长开展培训，对 1000 名党支部书记进行轮训，交流学习体会，党支部书记带头讲专题党课等。

二是认真检视整改。组织党员对照党章，对照《廉洁自律准则》《党内政治生活若干准则》《纪律处分条例》，对照群众提出的意见建议等，查找差距和不足，并进行整改；各党支部要组织党员参加 1 次志愿服务，为身边群众至少办 1 件实事好事，以实际行动践行初心和使命；对后进党支部要及时进行整顿等。

三是创新方式方法。要针对学校各类党员实际，采取生动鲜活、喜闻乐见、易于接受的方式，用好案例教育、微信公众号、微视频，增强主题教育的吸引力和凝聚力。利用好校内外红色资源，特别是学校江姐纪念展馆和舞台剧《江姐在川大》，开展革命传统教育。

四是做好专题组织生活会和民主评议党员工作。主题教育结束前，党支部通过结合谈心谈话、听取意见建议、批评与自我批评等方式，以“不忘初心、牢记使命”为主题召开一次专题组织生活会，开展民主评议党员。要根据会前和会中收集到的意见建议，党支部委员会要制定整改措施，党员要作出整改承诺。

三、加强组织领导，确保“不忘初心、牢记使命”主题教育有序有力开展

“不忘初心、牢记使命”主题教育时间紧、任务重、要求高，我们一定要以高度的政治责任感和使命感，严格按照中央要求，把各项工作组织好、落实好，确保主题教育取得实效。

一是强化领导责任。学校“不忘初心、牢记使命”主题教育在中央第二指导组的指导下开展，学校成立了“不忘初心、牢记使命”主题教育领导小组和工作机构，由我任组长，李言荣校长和曹萍、志坚、郭勇同志任副组长，成员由党办、校办、组织部、宣传部、纪委办等部门主

要负责人组成，办公室设在组织部，负责日常工作。学校领导班子成员要切实提高政治站位、强化使命担当，率先垂范，从自身抓起，带动分管领域和联系学院党员干部扎实开展主题教育。学校二级单位也要成立领导机构，各级党组织书记要担负起第一责任人职责，班子成员要认真履行“一岗双责”，以上率下、示范带头，同时担负好领导指导责任。各党支部书记既要当好参与者、又要做好组织者，充分发挥党支部战斗堡垒作用，引导全体党员“守初心、担使命，找差距、抓落实”。

二是强化督促指导。学校主题教育领导小组组建了8个主题教育指导组，对二级单位主题教育开展情况进行督促指导。各指导组要提高政治站位，增强做好指导督导工作的责任感使命感。要认真履职尽责，沉到相应的基层党委、党支部和一线，对基层单位开展主题教育进行督促指导，及时发现和解决苗头性、倾向性、潜在性问题，高质量完成指导督导工作任务。要坚持从严从实，对开展不力的要及时批评提醒，出现偏差的要及时纠正，推动学校主题教育善始善终、善作善成。各基层党委（总支）要加强对所属党支部和广大党员开展主题教育的督促指导，确保主题教育取得实效。

三是强化工作作风。要把主题教育同落实当前改革发展稳定的各项任务结合起来，同抓好学校中心工作结合起来，切实防止“两张皮”。要严格落实中央有关要求，以好的作风开展主题教育，把力戒形式主义、官僚主义作为这次主题教育的重要内容，把主题教育同落实“基层减负年”的各项要求结合起来。学习教育不对写读书笔记、心得体会等提出硬性要求，要将注重实际效果、解决实质问题作为衡量主题教育质量的重要指征，对主题教育中可能出现的问题，各级党组织要提前预判，有效防范。

四是强化舆论宣传。要充分发挥学校宣传思想文化工作优势，加强正面宣传和舆论引导，深入宣传习近平总书记关于主题教育的重要讲话和重要指示批示精神，深入宣传党中央部署要求，及时反映学校主题教育进展情况和实际成效，宣传党员干部身边可信可学的先进典型，用身边事教育身边人，为主题教育营造良好氛围，带动全校师生员工牢记跟党走的初心、勇担新时代的责任使命，形成推动学校“两个伟大”的强大合力。

同志们，一分部署，九分落实。我们要更加紧密地团结在以习近平同志为核心的党中央周围，坚持以习近平新时代中国特色社会主义思想为指导，坚决贯彻党中央的决策部署，以对党的教育事业高度负责的态度，按照抓思想认识到位、抓检视问题到位、抓整改落实到位、抓组织领导到位“四个到位”的要求，扎扎实实搞好主题教育，不忘初心、牢记使命，努力培养德智体美劳全面发展的社会主义建设者和接班人，全面加快推进学校“两个伟大”，以优异成绩庆祝新中国成立70周年，为实现中华民族伟大复兴的中国梦而努力奋斗！

在四川大学新时代本科教育改革与发展大讨论总结会暨2019年度本科教育工作会上的讲话

校长　李言荣

2019年12月27日

老师们、同志们、同学们：大家好！

今天，非常高兴我们川大一年一度的本科教育工作总结和表彰大会又隆重召开了，但这次大会与往年不大相同，除了我们传统的隆重表彰以外，更是对我们已经开展了半年多的本科教育改革发展大讨论的一个全面总结，面向未来推动学校本科教育升级再出发。在这里，我首先代表建国书记和班子成员感谢老师们一年来为学校发展特别是为本科人才培养工作所做出的重要贡献，感谢全校师生员工对这次本科大讨论的参与、支持和做出的贡献，祝贺获得“卓越教学奖”等系列教育教学大奖的40名优秀老师，以及20个本科教学先进单位和单项工作先进集体，同时，也希望大家能向他们学习，把更多的时间、精力、爱心放到学生身上、放到人才培养上、放到教学工作上，真正做到立德树人，努力培养更多的优秀人才。

刚才石老师、为民院长、王院长、洪院长和王红老师先后做了发言，大家讲得都很好，我自己也很受启发。梁校长重点就这次本科教育大讨论的主要情况进行了总结，讲得很全面，我都同意。刚才我注意到，在半年多的时间里，我们教务口牵头一共组织开展了123场讨论交流，尤其是经过反复研究最终形成了一个“1+13”的新时代川大本科教育的升级版，也就是现在大家手里都已经拿到的《新时代本科教育改革与发展指导意见》和配套的13个具体实施方案。可以说，我们通过这场大讨论，进一步解放了思想、凝聚了共识，使广大师生对学校新时代人才培养的目标有了新的认识，进一步明确了未来本科教育的重点任务，也更加坚定了我们办特色鲜明的本科教育的信心和决心。

下面，我主要想讲两点：一个是怎么看我们的培养目标，二是方案实施过程中有几方面还想特别强调一下。

第一，关于怎么看我们的培养目标

大家知道，现在我们川大的人才培养特别是本科人才培养，已经有了很好的基础、也形成了一些特色，可以说，本科教育已经成为学校的一张名片。去年6月，教育部在学校召开了新时代全国高校本科教育工作会，之后又获得了国家教学成果特等奖，到目前为止已经有700多所兄弟高校来校调研，这周我就已经接待了两所部队的高水平大学，都是校长带着10多个部门来调研的，所以可以说我们的本科教育已经得到了教育部和兄弟院校的广泛认可。看起来我们好像已经做得都不错了，那为什么我们还要讨论和出台这样一个本科教育的升级版呢？其实，一方面来自需求的牵引，我们常说未来二三十年是中华民族伟大复兴的关键时期，在这一过程中不仅需要千千万万党和国家各项事业的建设者，更需要一大批各行各业的创新型人才，需要成千上万在世界舞台去竞争、去表演、去引领的精英人才。那么，我们就要更好去地适应新时代对人才培养的需求，要为国家、为民族源源不断地培养一批又一批又红又专的能够担当民族复兴大任的时代新人，这是我们大学、特别是川大这样的超级综合性大学为国家的担当和使命。另一方面就是问题导向。大家可能还记得，去年教育部本科教学评估反馈意见时，专家组对我们的工作高度肯定，同时也指出了我们存在的一些问题和不足，所以我们就要针对这些问题进行整改，补齐我们在人才培养上的短板，评估一结束我们就布置开展了大讨论，谋划第二个十年学校的本科教育到底怎么搞。

刚才，大家都拿到了学校制定的指导意见和具体的实施方案，梁校长也已经作了一个比较全面的说明，每一条的内涵都很丰富，“五个具有”的人才培养目标和27条重点任务也很清楚（培养具有崇高理想信念、深厚人文底蕴、扎实专业知识、强烈创新意识、宽广国际视野的国家栋梁和社会精英），这里我特别就我们川大本科人才培养的目标做些强调。

一是关于“厚通识、宽视野、多交叉”。这3个词、9个字是我们在充分考虑了学校实际和人才培养定位的基础上提出来的，也是最能体现川大本科人才培养的优势和特色的，需要我们在“五个具有”的基础上进一步聚焦和加强的。

1. 厚通识。其实，我们可以看到，凡是好大学的本科生培养都是非常强化通识教育的，而研究生才是重在专业教育、是奔着培养成为专家而去的，好大学的本科生教育则更强调塑造兴趣广泛、人格完整、科学思辨的通识人才，而不是把本科生直接培养成专家，理工医科的学生要不断加强自身的人文修养，而文科学生要进一步加强自然科学素养。比如，前两年斯坦福大学就对本科生的通识教育进行了全面改革，探索出一种跨学科的通识教育模式，他们把通识教育的课程划分成4个领域包括写作与修辞、口语交流、思维与行事方法和问题思考等方面。从包括斯坦福在内的这些国内外知名高校的经验我们就可以看出，通识教育的目的是什么？我认为大概有三点：一是培养学生具备正确的价值观和健全的人格，二是培养学生的国际竞争力和引领能力，三是培养学生具有文理兼备的知识结构和学科交叉融合的能力。我们要实现这个目标关键就是要建设一批高水平的通识课程，所以我们提出要进一步强化现有的五大通识教育模块，尤其是要加强学生表达、交流、写作、研究以及跨学科合作的内容，着力培养学生的人文底蕴、家国情怀、科学精神和领导能力。

2. 宽视野。我几次与学生座谈都有一点共同的感受就是川大的确帮助学生打开了视野，但打开得还比较晚，尤其是国际视野打开得还不够。其实一个人视野的广度就决定了他优秀的程度，而大学是开阔视野的最佳时机，尽可能的多打开些视野，尤其是国际视野，使他们不仅可以往深处走，也可以向宽处行，甚至还敢游走于交叉跨界的边缘上。一方面就是通过让更多的学生尤其是本科生参加UIP请进来和“大川视界”走出去，另一方面是通过多学科的交叉融合打开专业学科的边界。

3. 多交叉。关于怎么凝练我们本科教育的特色，我们在上次本科教学评估的时候总结了四个方面的内容，这次本科教育大讨论过程中大家也都在集思广益，其实川大的特色有很多，其中最鲜明的就是文理工医学科齐全、发展比较均衡，所以我们最应把多学科交叉的特色和优势投射到本科人才培养上。其实，我们提出多交叉的目的就是使我们的学生不仅具有扎实的专业知识，更要具备多学科的知识面和学科视野，以及探索未来的潜质、能力。当然，多交叉并不是简单地把不同的学科专业堆砌在一起，而是需要融在一起形成一个有机的整体，才能发挥系统性的价值和作用。所以，我们支持开设一批学科交叉课程，打造基于复杂问题的高水平交叉教学团队，尤其是建设“人文艺术＋”“经济＋”“数学＋”“信息＋”“医学＋”等交叉复合专业，让学生得到跨学科专业的知识积累、思维训练、素养强化和协作能力的提升。

二是关于川大的独特气质对学生的影响。在这次大讨论开幕时我曾经讲过，我们的学生只要进到川大来了，他就像是进了一个“泡菜坛子”，4 年过后一拎出来就应该有川大的特质、带着川大的味道。那么川大的特质究竟是什么呢？今天，是我到川大工作的两年零一天，我一直在总结我们川大在 123 年办学历史中所形成的独特气质，那就是一种开放、包容、厚重、大气的文化特质，我们应该把这种特质投射到、融入到人才培养当中，让川大培养的学生毕业五年以后、十年以后，别人也能认出这个学生就是川大培养出来的，是不同于其他学校的学生的。真正让我们的学生能在川大这种文化特质的熏陶和感悟中，谈吐气质与众不同，真正打上川大的烙印，能够成为每一个川大学子的人生底色。

第二，在方案实施过程中要特别强调的几方面

其实，指导意见中已经明确了 27 项重点任务，但我们常说，举一纲而万目张，解一卷而众篇明。所以，我们要纲举目张、突出重点、抓住关键。在这里，我再重点强调 4 个方面。

一是要进一步落实立德树人的根本任务。我们常说，成才必先成人，育人必先育心。这也是我们人才培养目标中提出的“第一个具有”，就是要培养学生具有坚定的理想信念，要志存高远。所以，我们要进一步加大实施“全课程核心价值观”教育的力度，在实现知识传授和能力培养的同时，突出价值引领和品格塑造，尤其是要进一步发挥学校深厚的人文底蕴优势，用好丰富的红色资源，形成具有川大特色的红色文化教育机制，同时进一步深化思政课程和课程思政建设，打造德智体美劳“五育并举”的高质量的人才培养体系，着力培养“又红又专”的时代新人。

二是要加大力度实施跨学科一贯通式培养，真正把学校学科齐全的特点转化成人才培养的亮点，建立一个文理工医学科专业交叉融合、本硕博培养体系贯通的新模式，这个模式包括四个层次：第一是实现学生跨学科修读通识课程、跨专业选修课程的全覆盖，第二是实现半数以上的学生修读“信息＋”“医学＋”等跨学科课程，第三是面向新工科、新医科和新文科的要求，培养拿到双学士学位的复合型创新人才，第四是拓宽学生本硕博贯通培养的路径。同时，要进一步加强拔尖创新人才培养，着力实施数、理、化、生、文、史、哲、经、计算机、基础医学等 10 个学科的“拔尖人才培养 2.0 计划”，打造卓越引领性人才培养的升级版。

三是要进一步培养学生深度学习能力。其实随着现代信息技术的发展，使我们获取知识的渠道更加多元、方式更加便捷，但碎片化的信息也容易让人处于一种浅学习状态、习惯于浅思维模式。所以，在人才培养中我们要基于现代网络信息技术着力培养学生的深度学习和深度思考能力。前段时间我看到一个研究结果讲，深度学习主要由三个因素组成，也就是获取高质量知识、深度缝合新知识、输出成果去讲授，实际上这是一个从被动学习到主动学习、从浅学习到深度学习，再到深度思考的过程。所以，我们要通过新技术促使学生全心投入参与性强、挑战性高、基于真实问题解决的主动学习，引导和指导学生去思考从 0 到 1 的问题，去触摸问题的底部、洞悉事物的本质。当然，第二课堂的辩论赛除了训练学生的逻辑性以外，也是培养学生深度思考能力的一个重要途径。

四是要全面推进一流专业和一流课程建设。前面我讲要培养川大学生的独特气质，关键就是靠核心课程体系，而不是靠几十门、几百门课程，靠多少个学时去堆积的。这些核心课程体系的课必须都是“金课”，上课的都是好老师，那是耽误不得学生的。所以，在 13 个具体实施方案中专门有一流专业和一流课程建设方案，就是要推进教材、教法、教研、课程的协同创新，打造一批有影响力的通识教育核心课程，重点建设一批有示范性的公共基础课、学科基础课和专业核心课。

老师们、同志们、同学们，这次本科教育改革发展大讨论就要闭幕了，但我们对办最好本科的思考和实践却久久为功。我们一定要坚持以习近平新时代中国特色社会主义思想为指引，围绕学校“两个伟大”目标的实现，始终坚守立德树人的初心和使命，深入推进本科教育教学改革，不断提升本科人才培养质量，努力建设川大风格、中国特色、世界一流的高水平人才培养体系！

谢谢大家！

学校工作计划、总结

四川大学2019年工作要点

（川大委〔2019〕18号）

2019年是深入学习贯彻习近平新时代中国特色社会主义思想和党的十九大精神的重要一年，是中华人民共和国成立70周年，是全面贯彻全国教育大会部署的落实之年，也是学校落实第八次党代会奋斗目标、加快推进“两个伟大”的关键之年。2019年学校工作的总体要求是：以习近平新时代中国特色社会主义思想为指导，深入学习贯彻党的十九大及历次全会精神，深入学习贯彻全国教育大会精神，增强“四个意识”，坚定“四个自信”，做到“两个维护”，坚持党对学校工作的全面领导，坚持稳中求进工作总基调，坚持发展为第一要务，坚持深化体制机制改革，坚持一张蓝图绘到底，坚持突出重点办大事，坚持狠抓落实，振奋精神、凝心聚力、开拓进取，全面加快推进学校“两个伟大”，以新的优异成绩迎接新中国成立70周年。

一、全面加快推进世界一流大学建设，着力提升学校核心竞争力

1. 加快推动部省市共建世界一流大学。加快推动教育部、四川省签署共同推进四川大学世界一流大学建设协议。加快推动教育部、国家卫健委、四川省共建四川大学华西医学。全面落实市校合作协议，加快推进前沿医学研究中心、面向新经济的技术交叉与转化中心、开放型人文·自然博物馆群等三大项目建设。

2. 加快推进世界一流大学建设。全面落实《四川大学世界一流大学建设方案》及实施方案，召开学校世界一流大学建设阶段性工作总结推进会，梳理总结“十个一流”重点任务推进情况，确保各项建设任务落到实处、取得实效。进一步落实学院领导班子任期目标责任制、学科首席科学家负责制，重点考察已签约12个重点学科（群）、19个超前部署学科的建设情况，进一步压紧压实责任，确保高质量、高水平完成目标任务。认真做好世界一流大学建设A类高校中期动态考核准备工作。

3. 加快推进世界一流学科建设。坚持“文优、理进、工改、医强”的建设思路，加强学科内涵建设，重点打造全国顶尖、国际一流水平的优势学科。全面深化工程教育改革，加快建设发展新工科，实施工科振兴计划，改造升级传统工科专业，发展新兴工科专业，培养适应和引领新一轮科技革命和产业变革的卓越工程科技人才。以“医学+”“信息+”为重点，着力建设若干多学科交叉平台。优化学科专业布局，构建学科建设资源动态配置机制。全面推进优势学科跃升计划，培育更多顶尖和优势学科，力争在第五轮学科评估中取得好成绩。

4. 推进一流医学建设。深化医学教育综合改革，促进医教协同，加快建设一流医学学科、培育一流医学人才、提升医学创新与服务能力。积极申报筹建“国家医学中心（西南中心）”，加快推进转化医学国家重大科技基础设施（四川）项目建设，做好创新药物研发集成攻关大平台筹建工作，做好疾病分子网络前沿科学中心建设工作，统筹推进天府国际医疗中心、西南质子中心建设，打造综合实力国内领先、国际一流的医学高地，推进华西医学整体率先迈进世界一流行列。

5. 加快提升科学研究水平。围绕国家急需的关键领域和重点领域，整合优势力量开展协同创新，推进核心技术自主创新。深入实施基础研究珠峰计划。做好各类研究基地申报、建设、培育及迎评验收工作。加强科研平台建设，扎实推进综合减灾国家研究中心、高选择性合成国家重点实验室、小分子药物精准化国家技术创新中心等的申报工作。积极申报国家科技重大专项、“科技创新－2030 重大项目”、国家重点研发计划等，实现国家自然科学基金及省市科技项目持续增长。实施学校《科学技术奖励办法（修订）》《科技奖励种子培育项目》，进一步加强成果推荐和报奖工作，积极组织申报 2019 年度各类科技奖项。修订《四川大学 SCI 论文分级方案》。落实《四川大学科技成果转化行动计划》，加快科技成果落地转化。

6. 大力繁荣发展哲学社会科学。全面落实《四川大学繁荣发展哲学社会科学的若干意见》《四川大学杰出教授（文科）增选工作暂行办法》，做好杰出教授（文科）增选工作。召开 2019 年学校哲学社会科学大会。实施马克思主义理论研究和建设工程，加强全国重点马克思主义学院建设，不断完善马克思主义学科体系。以“四川大学中华文化研究院”为平台，推进儒释道深度融合，推进重大文化工程《巴蜀全书》《中华续道藏》编纂工作，传承创新中华优秀传统文化。加强“一带一路”研究院建设，加强中国南亚研究中心等高端新型智库建设，完善和规范智库成果评价标准和流程，提高咨政服务水平。落实学校《哲学社会科学研究奖励办法》，组织申报国家社科基金项目等各类项目。增强哲学社会科学国际影响力，参加“中欧高级别人文交流对话机制会议”和教育部欧盟“中国日”活动，发挥海外孔子学院等平台作用，积极传播中华文化。

二、坚持立德树人根本任务，培养德智体美劳全面发展的社会主义建设者和接班人

7. 提升学生思想政治素质。贯彻落实全国教育大会精神，实施新时代立德树人工程，构建一体化育人工作体系，全面统筹办学治校各领域、教育教学各环节、人才培养各方面的育人资源和育人力量，着力在坚定理想信念、厚植爱国主义情怀、加强品德修养、增长知识见识、培养奋斗精神、增强综合素质六个方面下功夫。培育和践行社会主义核心价值观，实施传承弘扬红色基因工程，建设江姐荣誉班，培养又红又专、能够担当民族复兴大任的时代新人。深入实施思想政治工作质量提升工程，创新推动网络思政工作，完善“三全育人”体制机制。充分发挥思想政治理论课主渠道作用，加快学科体系和教材体系建设，使各类课程与思政课形成协同效应。加强辅导员队伍和学生骨干队伍建设，落实《四川大学辅导员队伍建设实施办法》，深入推进研究生党员学长计划；推动学生会、研究生会和学生社团改革，制定《四川大学关于加强学生基层组织建设的实施办法》，加强学生班团组织建设，加强学生骨干队伍建设，夯实学生思政工作基础。

8. 以庆祝新中国成立70周年为契机，深入开展爱国主义和理想信念教育。按照中央部署，举办学校庆祝新中国成立70周年系列活动，在师生员工中深入开展爱国主义教育、理想信念教育，筑牢信仰根基。召开庆祝新中国成立70周年座谈会，学习贯彻中央领导同志重要讲话精神，共话新中国成立70年的发展与变化，激发师生员工的爱国热情和报国行动。举办庆祝新中国成立70周年学术研讨会，围绕新中国成立70年经验和成就、习近平新时代中国特色社会主义思想等，进一步推动马克思主义理论创新。开展主题征文活动，描绘新中国成立以来党和国家取得的辉煌成就，讲述新中国成立70年亲身经历的生活变迁和奋斗故事。开展微视频作品大赛活动，生动展示伟大变革和辉煌成果，精彩呈现新征程中展现出来的新气象新精神。举行大学生主题演讲、朗诵比赛等活动，展现当代大学生理想信念和精神面貌，激励大学生砥砺奋进新时代。完善校史展览内容，举办庆祝新中国成立70周年主题展览，大力弘扬中国共产党领导、中国特色社会主义制度的优越性。利用学校网站、微博、微信等新媒体平台，开展网上主题宣传教育活动，增强广大师生员工的自信心和自豪感。

9. 加快办最好的本科教育。以落实全国本科教育工作会议精神为抓手，落实好“新时代高教40条”，加快实现“四个回归”，制定振兴本科专项行动计划和行动方案，做好本科审核评估反馈意见整改工作，不断巩固和拓展学校一流本科建设成果。继续大力提升生源质量，加大一流拔尖人才的选拔力度。落实教育部“六卓越一拔尖计划”2.0，升级卓越系列计划和基础学科拔尖人才培养，加大学生国际联合培养力度，完善更高水平的人才培养体系。实施教学质量提升计划，落实教育部一流专业和一流课程“双万计划”，调整优化本科专业，新增“马克思主义理论”本科专业并招生，建设一批国家水准、国际领先的线下、线上“金课”，全面建成小班化智慧教室，提高考研率、直博率、出国率。加强与行业部门、企业、社会共建实践基地，强化美育教育与劳动教育，实施大学生终生体育计划，实现德智体美劳全面发展。深化创新创业教育改革，以“互联网+”大学生创新创业大赛为抓手，强化“双创”实践教育，完成国家“双创”示范基地建设验收。做好2019届毕业生就业指导服务工作，教育引导毕业生服务国家战略，输送更多毕业生到重点地区、重大工程、重大项目、重要领域就业，促进毕业生多渠道就业创业，实现更充分和更高质量就业。

10. 提升研究生培养质量。全面推行博士生“申请－考核制”。深入实施“研究生课程建设项目”，打造一批水平高、效果好的研究生精品在线课程，促进优质教育资源的应用与共享。以提高质量为核心持续深化研究生培养机制改革，加大与高水平科研院所联合培养博士研究生力度。全面落实研究生导师“七导”。进一步深化工程类专业学位研究生培养模式改革，完善工程类技术人才培养体系。推进研究生教育国际化，将国际交流资助范围逐步扩大到硕士研究生，推进本硕贯通、本硕博贯通的国际化双学位项目，开展研究生教育管理人员国际化培训。

三、坚持把教师队伍建设作为基础工作，建设一流师资队伍

11. 全面加强师德师风建设。不断加强教师思想政治工作和党建工作，努力建设一支品德高尚、学术卓越、教学优秀的高素质教师队伍。深入实施师德师风建设工程，开展《新时代高校教师职业行为十项准则》学习教育活动，把准则要求融入到教师教育管理的各环节。通过开展各类报告讲座、教育培训、社会实践等，加强对高层次人才及教职工的思想引领和政治吸纳。坚持把师德师风作为评价教师队伍素质的第一标准，在选聘、晋升和考核中实施“一票否决”，将严格的制度规定和日常教育督导相结合，突出全员全方位全过程的师德养成。成立学校师德建设与监督委员会，出台《四川大学师德失范行为及处理办法》，以零容忍的态度严肃惩处师德失范行为，推动师德师风建设常态化、长效化。打造教师荣誉体系，持续开展“卓越教学奖”“无私奉献标兵”等评选表彰活动，大力树立和宣传优秀教师先进典型，促进广大教职工爱岗敬业、潜心育人。

12. 着力打造一流人才队伍。实施《四川大学领军人才培育计划》，继续推进“四川大学双百人才工程”遴选工作，力争有更多人才入选国家人才计划。持续举办海外推介会、全球青年学者论坛等，加大高层次人才引进力度。继续大力建设专职科研队伍，鼓励围绕“医学+”“信息+”组建科研团队。加大优秀青年人才的支持力度，着力改善青年人才成长环境。完善职称、职员评聘标准，探索建立学校管理干部“双线晋升”制度，及时出台“双线晋升”办法，拓展管理人员发展通道，强化管理干部的培训培养，努力建设一支政治过硬、业务精湛、作风优良的高素质管理队伍。

四、坚持深化教育改革创新，进一步推进学校体制机制改革

13. 全面深化校院两级管理体制改革。深入学习贯彻习近平总书记在庆祝改革开放 40 周年大会上的重要讲话精神，召开全面深化校院两级管理体制改革推进大会，认真梳理总结试点改革推进情况，在试点基础上全面推开和深化校院两级管理体制改革，进一步推进财务管理、人事管理、人才培养及学科建设、公共资源配置等重点改革任务的落实。

14. 启动学校机构改革。出台学校机构改革方案，按照总量控制、精简高效的原则，优化调整机关职能部门及其内设科室和岗位。成立学校战略规划部，加强学校整体战略规划。制定科级干部岗位设置及选拔任用实施办法，将科级管理岗位设置进一步向学院倾斜，实现机关队伍精干、学院队伍充实。

15. 优化学科专业布局。根据教育部学科专业调整指导意见，研究制定学校院系设置方案、学科优化方案和专业调整方案，分批优化调整学院设置、学科布局和专业设置，构建学科建设资源动态配置机制，建立助推一批优势学科优先发展的保障机制，推进学科专业布局优化调整，进一步加强学科专业内涵建设。

16. 改革学术评价体系。坚决反对“五唯”，不断完善人才评价和科研评价体系，强化代表作评价机制，减少量化指标和投入型指标，更加注重科研成果产出和质量，建立健全以创新能力、质量、贡献为导向的多元学术评价体系，从根本上改革评价指挥棒问题，形成并实施有利于人才潜心研究和创新的评价机制。

五、加强医疗卫生和社会服务工作，提高服务国家和地方高质量发展水平

17. 高水平服务国家战略和地方发展。全面推进与四川各市州的战略合作，加快推进深地科学研究创新基地、综合减灾国家研究中心等重大科技创新平台的合作共建，全方位、高水平服务四川高质量发展。落实好与成都市的战略合作协议，继续推进与武侯区共建“环川大知识经济圈”，推进与双流区的合作共建工作。推进一流的国家级干部教育培训高校基地和继续教育基地建设。加大力度，扎实做好对甘洛县、岳池县的定点扶贫工作。开展好对口支援西藏大学等工作。

18. 提供一流医疗卫生服务。系统推进国家紧急医学救援综合基地建设。推进省市校共建“一心、一谷、一环”新医学高地，优化环华西智慧医谷的空间布局和产业提升。全面整合华西各附属医院的互联网医院资源和微信智慧医院平台，打造集在线挂号、支付、复诊为一体的华西互联网医院便捷就医体系。启动华西医院锦江院区及华西第二医院锦江院区二期工程建设。建立华西二院“一干”“多支”“众叶”为一体的妇幼医疗服务与管理体系。以国家口腔疾病临床医学中心建设为抓手，探索口腔专科联盟建设工作。做好华西第四医院职业病防治综合楼开业筹备工作，提高应对突发公共卫生事件及灾害事故的应急反应能力和医疗紧急救援水平。深入打造医学援疆、援藏、援外扶贫的华西医学品牌。筹备四川大学华西医学110周年庆典活动。

六、进一步扩大对外开放，深化高端国际交流合作与港澳台工作

19. 加强高端国际交流与合作。推进与国外高水平大学、顶尖科研机构的实质性合作，通过联合培养或师生交流互换、科研合作攻关、共建实验室等，提升交流合作水平。推进中德国际学院（双校区）合作共建，加快推进中外合作办学。举办好中印关系国际研讨会、中俄“长江——伏尔加河”高校联盟智库论坛等高水平国际学术会议和论坛，加强与“一带一路”沿线国家高校的交流合作。围绕“双一流”建设，加强海外人才引进力度。进一步提升“国际课程周”质量，进一步加大“大川视界”大学生海外访学计划的实施力度，推送毕业生到国际组织实习任职。落实好中层干部海外对口交流计划，加大管理干部到世界一流大学培训交流力度，提升干部参与国际事务能力。

20. 做好港澳台工作。持续做好港澳台交流项目，进一步落实中央惠台、惠港政策，做好港澳台学生专项奖学金的评选工作。做好港澳台学生的招生工作，加强在校港澳台学生的教育管理服务。

21. 提高留学生培养质量。发挥“一带一路”来华留学生奖学金作用，积极拓展“一带一路”沿线国家和地区招生点，优化留学生结构，提高留学生层次。鼓励学院根据学科优势自主招收和培养留学生，发挥学院办学主体作用。完善来华留学生数据库，整合学生申请、入学、学籍和日常管理等信息。

七、坚持以人民为中心的思想，全心全意依靠教职工办学，切实增强师生员工的获得感幸福感安全感

22. 加强校园民主建设。依法落实师生办学主体地位，进一步完善“双代会”制度，充分发挥教职工代表大会、工会、学生会、研究生会和师生员工代表等在民主管理和民主监督中的作用。加强统一战线工作，强化对党外人士的思想政治引领，拓展民主党派、无党派人士和统战团体发挥作用的渠道，团结党外人士推动学校改革发展。关爱离退休老同志的生活和健康，加大对特殊困难离退休老同志的帮扶力度。继续发挥好关工委、新四军研究会等老年工作平台的作用。

23. 提升校园基础建设水平和公共服务能力。进一步推进校园建设总体规划落地落实。加快江安校区多学科交叉融合平台及艺术教育中心、多学科交叉研究创新大楼等项目建设。全力推进匹兹堡学院大楼·现代工学互动教学中心、先进材料科研大楼、江安校区学生宿舍、江安游泳馆等项目开工建设。加强一流实验室、分析测试中心、图书馆、博物馆、档案馆、出版社、学报等的建设与管理。做好校园环境综合治理及住改商专项整治工作，继续推进校园环境改造提升工程。全面推进校办企业及后勤管理体制机制改革，进一步提高公共服务质量水平。

24. 坚持为师生员工办实事。2019年，学校将重点办好以下实事：推进老校区幼儿园改扩建工程，积极推进筹建江安校区幼儿园，为教职工子女入园创造更加良好的条件。设立困难师生员工帮扶基金，推进校医院改扩建工程，在校医院建立华西医院体检分中心，提升校医院临床诊疗能力，构建华西优质医疗资源惠及师生员工的校园医疗服务机制。推进智慧校园建设，实现校内信息和数据资源整合共享，加快江安校区网络升级，升级OA系统，提升办公信息化服务水平。加强人脸识别系统等智能化门禁建设，完成望江校区、华西校区地下停车场管理服务招投标，在江安校区试行共享电动自行车，持续改善校园环境。继续改善青年教师住房条件，推进川大农林村产权证办理，稳妥做好与文里教职工住宅选购工作，进一步增强师生的获得感幸福感安全感。

八、全面加强党的建设，推进全面从严治党向纵深发展

25. 深入学习贯彻习近平新时代中国特色社会主义思想。学懂弄通做实习近平新时代中国特色社会主义思想，继续将学习贯彻习近平新时代中国特色社会主义思想和党的十九大及十九届历次全会精神等纳入校院两级中心组学习、干部培训、党支部组织生活及教职工政治学习重要内容，推进知名专家讲授习近平新时代中国特色社会主义思想。发挥四川大学习近平新时代中国特色社会主义思想研究中心等“1+3”研究机构作用，设立2019年习近平新时代中国特色社会主义思想研究课题，深化理论研究阐释。按照中央统一部署，扎实开展“不忘初心、牢记使命”主题教育；深入推进“两学一做”学习教育常态化制度化。

26. 坚持把党的政治建设放在首位。深入学习贯彻《中共中央关于加强党的政治建设的意见》，加强党对学校工作的全面领导，坚决贯彻落实中央决策部署，教育引导党员干部和师生员工增强“四个意识”，坚定“四个自信”，以高度政治自觉坚定践行“两个维护”，确保中央的决策部署在学校落地生根。严格贯彻执行《关于新形势下党内政治生活的若干准则》《中国共产党重大事项请示报告条例》，完善请示报告制度，特别是要主动向党中央和中组部、教育部、四川省委等上级组织报告工作，自觉在政治立场、政治方向、政治原则、政治道路上同党中央保持高度一致。严格落实意识形态工作责任制，加强意识形态工作联动机制建设，定期召开学校意识形态与安全稳定工作会，加强意识形态工作研判，持续做好意识形态工作内审内巡，严格执行追责问责制，强化各类思想文化阵地管理，净化网络空间，坚决抵御宗教渗透，把牢意识形态工作的领导权和话语权。

27. 加强基层党组织和干部队伍建

设。2019年是“支部建设年”，要以提升组织力为重点、突出政治功能，统筹推进基层党组织建设，坚持学校党委、学院党委（总支、直属支部）、基层党支部、党员“四位一体”。坚持和完善党委领导下的校长负责制。落实《四川大学学院党政联席会议制度实施办法》。根据《中国共产党支部工作条例》，修订完善《学生党支部工作实施办法》《教师党支部工作实施办法》。持续开展党支部“三分类三升级”活动。深入实施教师党支部“双带头人”培育工程，2019年实现全覆盖。贯彻落实新修订的《中国共产党发展党员工作细则》，注重在青年教师特别是学术带头人和学术骨干中发展党员。推进学校处级以上党员领导干部联系党支部和青年教师工作。坚持党管干部原则，出台优秀年轻干部培养实施办法，开展部分空缺中层岗位领导人员选任工作。加强干部培训，教育引导干部担当作为、干事创业。充分发挥考核评价的激励鞭策作用，持续做好领导干部试用期满考核、日常考核、年度岗位考核、年度绩效考核、任期目标责任中期考核等工作。加强干部监督管理，做好干部人事档案管理、个人有关事项报告、因私出国（境）管理、兼职兼薪管理、提醒函询诫勉等工作。完善关心关爱干部制度，健全容错纠错机制，为敢于担当的干部撑腰鼓劲，激励广大干部始终保持锐意进取、敢闯敢干的奋斗姿态。

28. 强化作风建设和反腐败工作。加强对贯彻落实中央八项规定精神实施细则及其配套制度落实情况的监督检查，把监督检查作为重点任务和经常性工作，持续开展执行中央八项规定及实施细则精神“回头看”工作，紧盯“四风”问题新动向，着力治理形式主义、官僚主义问题，继续盯住享乐主义和奢靡之风，坚决反对特权主义和特权思想，持之以恒正风肃纪。坚决防止以会议贯彻会议、以文件落实文件的情况，严肃查处贯彻中央和上级精神表态多调门高、行动少落实差、“走过场”“做虚功”的行为。结合开展校内巡察，进一步整合统筹各职能部门的专项检查考核工作，优化和减少考核评价指标，对能合并检查考核的进行合并，既把各项责任压紧压实，又继续为基层单位“减负”，坚决防止检查过多过滥的突出问题。制定《校领导班子2019年度调研方案》，深入基层密切联系群众，大兴调查研究之风，加大到教学科研、管理服务、医疗卫生一线和师生员工中的调研力度，加大到困难单位调研、解决问题的力度；在学校工作部署中，始终把师生利益摆在至高无上的地位，更加积极回应师生普遍关注关心的问题。持续深化巡视整改，巩固整改成果。做好首轮校内巡察意见反馈和整改工作，总结工作经验，健全校内巡察工作体制机制，完善巡视巡察整改和成果运用体系，全面深化校内巡察工作，巩固发展良好的校园政治生态。结合“不忘初心、牢记使命”主题教育，开展党风廉政教育宣传月活动，强化党章党规党纪教育。深化运用监督执纪“四种形态”，聚焦解决“七个有之”问题，强化日常监督执纪问责。深入推进反腐败工作，针对突出问题开展专项整治，坚决查处重点领域和关键环节的腐败问题，坚决查处发生在师生群众身边的“微腐败”问题。制定学校《2019年全面从严治党工作要点》，召开学校全面从严治党大会，通过责任分解、“签字背书”及约谈提醒制度等，进一步夯实党风廉政建设“两个责任”和全面从严治党政治责任，严肃追责问责，不断推进全面从严治党走向深入。

29. 维护校园安全和谐稳定。把维护

校园安全和谐稳定作为2019年学校工作的“重中之重”，深刻认识和准确把握外部环境的深刻变化和学校改革发展稳定面临的新情况新问题新挑战，坚持底线思维，增强忧患意识，提高防控能力，着力防范化解重大风险，维护校园和谐稳定。完善校园安全稳定综合防控体系，完善警校联防联动机制，推进“校园天网”三期工程建设，加强校园消防安全工作和反恐防范工作，加大对重点场所、重点环节、重点部位的隐患排查，建设平安川大。认真贯彻落实国家保密工作要求，积极开展安全保密工作培训及宣传教育，做好保密归口管理工作。推进校园网络态势监控系统建设，完善网络安全事件应急预案，严把重要时间节点，坚持24小时网络舆情监测制度，严格落实网络安全责任制，确保校园安全和谐稳定。

四川大学2019年工作总结

（川大委〔2020〕10号）

2019年，学校坚持以习近平新时代中国特色社会主义思想为指导，深入学习贯彻党的十九大及历次全会精神，聚焦落实立德树人根本任务，深化管理体制机制改革，重点推进了3项工作，取得了6项重要进展，学校党建和事业融合共进，核心竞争力显著增强，“两个伟大”建设步伐全面加快。

2019年，学校重点推进了3项工作。

一、深入学习贯彻习近平新时代中国特色社会主义思想和党的十九大精神，扎实开展“不忘初心、牢记使命”主题教育和庆祝中华人民共和国成立70周年活动

（一）深入学习贯彻习近平新时代中国特色社会主义思想和党的十九大精神

学校深入学习贯彻习近平新时代中国特色社会主义思想和党的十九大及历次全会精神，组织召开15次校党委理论中心组学习会、学习贯彻习近平总书记在学校思想政治理论课教师座谈会上的重要讲话精神专题学习会、学习贯彻习近平总书记在纪念五四运动100周年大会上的重要讲话精神座谈会等，切实增强“四个意识”、坚定“四个自信”、做到“两个维护”。召开了领导班子学习贯彻党的十九届四中全会精神专题（扩大）会，成立了学习贯彻党的十九届四中全会精神宣讲团，组织开展近50场学习宣讲活动。深入推进习近平新时代中国特色社会主义思想宣传、研究和阐释，举办人文社科专家推进习近平新时代中国特色社会主义思想“三进”系列讲座6期。设立习近平新时代中国特色社会主义思想研究课题32项。加强“学习强国”平台建设，推动师生学习贯彻习近平新时代中国特色社会主义思想往深里走、往心里走、往实里走。

（二）扎实开展“不忘初心、牢记使命”主题教育

成立了主题教育领导小组和办公室，构建了学校党委、基层党委（总支）、党支部“三级联动”统筹推进体系。召开了“不忘初心、牢记使命”主题教育动员大

会。制定了《关于开展“不忘初心、牢记使命”主题教育的实施方案》，坚持将学习教育、调查研究、检视问题、整改落实有机融合、贯穿始终。扎实抓好学习教育，构建了“原原本本学、集中研讨学、融会贯通学”学习教育体系，制定了《领导班子“不忘初心、牢记使命”主题教育集中学习研讨方案》，举办了学校领导班子主题教育集中学习研讨会、中层正职领导干部主题教育专题研讨班。认真开展调查研究，制定了《领导班子“不忘初心、牢记使命”主题教育调研方案》，校领导班子成员带领13个工作组深入基层调研，召开各类调研座谈会100余场、收集意见建议342条，召开了校领导班子调研成果交流会，党员领导干部讲授专题党课370余场。深刻检视问题，校院两级领导班子成员通过自己找、师生提、集体议、上级点等多种方式充分听取师生意见建议，召开了学校领导班子专题民主生活会。切实抓好整改落实，成立了主题教育专项整治和着力整改专门工作组，制定了《“不忘初心、牢记使命”主题教育专项整治和着力整改工作方案》，明确责任主体、进度时限，实行清单式管理、项目化推进，截至目前，52条整改措施已全部完成。通过开展主题教育，学校党的建设和事业发展全面推进，师生员工获得感幸福感显著提升。人民日报、新华社、中央电视台、光明日报等多家中央媒体对学校主题教育有关经验做法及工作成效进行了报道。

（三）认真组织庆祝中华人民共和国成立70周年活动

制定了《四川大学关于组织开展庆祝中华人民共和国成立70周年系列主题活动的通知》，明确提出开展10类18项重点活动。开设了庆祝中华人民共和国成立70周年网络专栏，开展了“我和我的祖国”快闪视频活动、“青春为祖国歌唱”拉歌活动，被中央电视台、微言教育等广泛报道。以高扬爱国主义为主旋律的“放飞梦想”四川大学青春歌会经中央电视台等播出后，社会反响热烈。举行了庆祝中华人民共和国成立70周年升国旗仪式，激发广大师生爱国热情。举办了庆祝中华人民共和国成立70周年主题征文、网络及新媒体原创作品大赛、“中华诵”师生经典诵读大赛、大学生艺术专场展演、教职工合唱比赛等活动，创作了《我们都是追梦人》《征程》主题MV等优秀校园文艺作品，以优秀文艺活动和作品影响师生、感染师生、教育师生。举办了中华人民共和国成立70周年四川大学发展建设成就展，充分展示中华人民共和国成立70年来国家、高等教育事业和学校改革发展的重要成就。

二、加快推进“双一流”建设，学校核心竞争力显著提升

（一）扎实推进世界一流大学建设

教育部四川省签署共建四川大学等8所“双一流”建设高校协议。彭清华书记、尹力省长来校调研博物馆群规划建设情况；尹力省长来校作形势报告并调研指导学校“双一流”建设工作，对学校及华西医学的建设发展给予肯定。扎实开展“双一流”建设中期自评工作，编制了“双一流”建设中期自评方案、中期自评报告，组织召开了“双一流”建设中期建设专项自评会、中期专家咨询会，专家组对学校“双一流”建设给予高度肯定。按照学校世界一流大学建设方案、实施方案及重大战略规划与决策，新启动建设8个专项、延续建设23个专项。

（二）深入推进学科内涵发展

坚定落实“文优、理进、工改、医强”的建设思路和路径，大力推进文理工

医学科内涵发展。召开高峰学科建设工作会，制定高峰学科建设方案，遴选出6个高峰学科重点建设。启动建设4个超前部署学科。启动文科国家级科研平台提升、准国家级研究平台培育和新文科学派建设计划，成立古文字与先秦史研究中心，着力打造名师大家云集、学术流派齐鸣的一流文科。启动理科提升计划，重点支持原创基础研究、高端国际合作和新特色方向建设。加快推进新工科发展，启动建设泛在电力物联网研究中心、互联化工研究中心、智慧水利研究中心、工程科学计算与数据分析中心等“3+1”工业互联网研究中心。成立材料基因工程研究中心、能源互联网联合研究中心、医疗器械监管科学研究院。推进学科优化调整，制定了学科结构优化调整方案，对9个学位授权点进行优化调整。获批成为学位授权自主审核单位，获批4种工程博士专业学位授权类别、7种工程硕士专业学位类别。开展第五轮学科评估准备工作，编写了学科评估研究资料汇编等材料，为学科评估奠定良好基础。

（三）学校核心竞争力显著提升

全年到校科研总经费27.6亿元。学校5项成果获国家科学技术奖，其中牵头自然科学奖二等奖2项、技术发明奖二等奖1项，牵头获国家奖总数列全国高校第10位。获高校科学研究优秀成果奖一等奖5项，列全国高校第4位，获四川省科技成果奖一等奖11项。获准国家自然科学基金项目539项、直接经费3.8亿元，项目获准数列全国高校第9、经费数列全国高校第10。获准国家社科基金项目55项，立项数继续保持全国高校第1位。新增国家级科研基地“麻醉转化医学国家地方联合工程研究中心”“铸牢中华民族共同体意识研究基地”。入选教育部认定的首批高校科技成果转化和技术转移基地。多项高水平研究成果在《自然》《科学》等系列期刊发表。启动了世界第一部《甲骨文字典》的修订工作。推进杰出教授（文科）增选工作，推选出杰出教授（文科）2人。新增何梁何利基金“科学与技术进步奖”获得者1人。新增“长江学者奖励计划”特聘教授5人、列全国高校第4位，“长江学者奖励计划”青年学者8人。新增国家杰出青年科学基金获得者5人、列全国高校第9位，国家优秀青年科学基金获得者9人。新增国家“万人计划”科技创新领军人才6人、国家教学名师1人、青年拔尖人才4人。

（四）服务地方经济社会发展取得新成效

扎实推进深地科学研究创新基地、综合减灾国家研究中心、中华文化研究院等12项四川省和学校合作重点项目。四川大学宜宾园区正式开园。全面落实与成都市共建世界一流大学合作协议，与成都市共建的前沿医学研究中心、技术交叉与转化中心以及大型综合博物馆正式开工建设。与四川省水利厅、应急管理厅、泸州市、宜宾市、达州市、遂宁市、国网四川省电力公司等签署战略合作协议，新设校地合作资金2亿元，总规模超过6亿元。扎实推进定点帮扶甘洛县、岳池县工作，组织教职工赴甘洛县、岳池县开展调研636人次，确定帮扶项目79项，投入帮扶资金413万元；举办帮扶培训班31期，培训干部和专业技术人员1908人；新选派5名干部赴甘洛县挂职、1名干部赴岳池县挂职；帮助甘洛县、岳池县完成产业发展规划编制，引入3个高附加值种植项目，以产业帮扶带动群众增收。学校定点帮扶的甘洛县和岳池县石板坡村顺利通过“脱贫摘帽”省级考核。

三、深化管理体制机制改革，构建高效运行机制

（一）启动学校机关及业务单位机构设置调整

成立机关及业务单位机构设置调整工作小组及办公室。按照“有利于加强党的全面领导、有利于推进中国特色世界一流大学建设、有利于大型综合性大学管理”原则，制定了《四川大学机关及业务单位机构设置调整方案》，调整机构设置、优化职能配置、提高效率效能，推进学校治理体系和治理能力现代化。

（二）持续深化校院两级管理体制改革

召开校院两级管理体制改革部署会，总结改革试点情况、部署改革推进工作。截至目前，已完成学院（中心、所）2019年人员经费总额核定；建立人才工作目标责任制，将引育高层次人才成效纳入学院年度目标考核体系；推进副高级专业技术职务评审权下放，推荐优秀教师晋升副高级专业技术职务255人。制定了《四川大学2020年度预算编制实施细则》，将人员经费、学生教育经费和部分专项经费、学院自筹经费等统一纳入学院预算；扩大学院经费支配权和统筹使用权，学院可自主调控人员费、自主编制综合财务预算。制定了《自主遴选硕士研究生导师实施办法》，充分发挥学位评定分委员会在硕士研究生导师遴选过程中的作用。招投标与采购中心正式运行；修订《采购管理办法》，制定了《分散采购管理办法》，优化采购流程；制定了《关于优化科研经费采购工作的通知》《使用科研经费自行采购仪器设备等合同管理办法》，放宽科研经费采购仪器设备权限，落实科研管理自主权。

2019年，学校在重点推进3项工作的同时，取得了6项重要进展。

一、加强党建和思想政治工作，确保校园持续和谐稳定

（一）基层党组织和干部队伍建设工作持续加强

修订《中层领导人员选拔任用工作实施办法（试行）》，制定《关于进一步激励广大干部新时代新担当新作为的实施办法》，建立健全选人用人制度体系。制定《新时代四川大学优秀年轻干部队伍建设规划及实施办法》，加大对优秀年轻干部的培养和使用。修订《教职工党支部工作实施办法》《学生党支部工作实施办法》，加强基层党组织建设。制定《干部教育培训实施方案（2018—2022年）》。制定《党务行政管理研究系列专业技术职务评审办法（试行）》，推进党务行政管理研究人员职务职级“双线”晋升。与四川省委组织部签署《关于加强培养四川大学华西医院高层次医学领导人才的合作协议》。推进学院（医院）、机关部处及业务实体单位科级机构设置和科级干部选拔任用工作，完成540余个科级干部岗位的选拔任用。加快实施中层领导干部海外学习计划，组织选拔77名中层领导干部分期分批赴美国加州大学欧文分校、明尼苏达大学开展海外交流学习。选派27名干部参加“1＋N”对口支援、援疆援藏、博士服务团、省党外干部实践锻炼等挂职项目。华西临床医学院（华西医院）党委荣获新时代高校“全国党建工作标杆院系”，经济学院经济系党支部荣获“全国党建工作样板支部”。

（二）意识形态及安全稳定工作扎实推进

完善意识形态工作研判机制，召开安全稳定与意识形态工作领导小组会、专题会等15次，专题研究部署意识形态工作。

组织报送中宣部舆情稿件150多篇，其中48篇被采纳。推动意识形态内审内巡与校内巡察工作相结合，将意识形态工作责任制落实情况作为校内巡察重点内容。成立了突发事件应急处置工作领导小组，制定了《突发事件应急处置预案》及16个专项应急预案。加强宣传思想文化阵地管理和网络舆情监控的分析研判及处置，制定了《网络安全工作责任制实施细则》，修订了《网络舆情事件应急预案》。持续加强学术讲座、论坛、报告会等活动的审批和过程监管，压实二级单位意识形态管理责任。构建了“地与校、警与校、校与校”联防联动机制，强化重点场所、重点环节、重点部位的安全隐患排查，确保校园持续和谐稳定。

（三）全面从严治党向纵深发展

制定了《四川大学党委2019年全面从严治党工作要点》，召开了年度全面从严治党工作会。加强对《四川大学贯彻落实中央八项规定精神及实施细则的实施办法》及系列配套制度贯彻执行情况的监督检查。制定了《深化中央巡视重点领域、突出问题整改任务》，明确26项深化整改任务及时间表和路线图。为405名中层干部建立廉政档案，针对干部任期审计、提拔任用、推优评奖等开展廉洁审查2516人次。完成二级单位主要负责人经济责任审计42项。结合重点部位关键环节廉政风险防控、党员干部苗头性问题，约谈提醒、谈话函询相关责任单位领导班子和领导人员55人次。为17名受到错告诬告的干部澄清正名。扎实做好中央纪委到校开展纪检体制改革专项调研，相关工作得到高度肯定。统筹推进四轮校内巡察，覆盖24个二级单位，初步形成一套符合巡察要求、具有川大特点、实践行之有效的巡察工作体制机制。召开了首次学校巡察工作会议，对巡察工作进行阶段性总结。

（四）思想政治工作稳步开展

制定了《四川大学贯彻落实习近平总书记在学校思想政治理论课上重要讲话精神工作方案》《四川大学“新时代思想政治理论课创优行动”工作方案》，加强思想政治理论课教师队伍建设，推动思想政治理论课改革创新。坚持将思想政治素质摆在师资队伍建设的首要位置，贯穿人才引进、发展、考核全过程。加强“课程思政”建设，实施“思政+”计划，讲好中国故事、红色故事、川大故事、专业故事。深入推进传承弘扬红色基因工程，江姐纪念馆暨四川大学革命英烈事迹陈列馆正式揭牌，师生自编自导自演了大型原创舞台剧《江姐在川大》，开设了“川大英烈”文化课程，举办了红色文化专题论坛“竹筠论坛”12期，开展了“传承弘扬江姐精神、培养新时代红色传人”系列教育实践活动。不断完善德智体美劳全面发展学生教育培养体系，持续开展新年交响音乐会、新年晚会及日常艺术美育教育活动，健全学生劳动教育机制。“国企领导上讲台、国企骨干担任校外辅导员”活动在校举行。组织召开了“最美奋斗者”其美多吉同志先进事迹报告会、“时代楷模”八步沙林场“六老汉”三代人治沙造林先进群体事迹报告会。

（五）统战群团工作扎实推进

加强党外人士推荐培养工作，推荐党外干部52人。各民主党派和统战团体提交提案、报告和建议164项，获市级以上奖励集体32项、个人89次。改革完善“双代会”制度，首次与学校年度工作布置会同筹备、同召开、同落实，“双代会”代表和学校中层干部“双参加”“双列席”。召开了第三十一次学生代表大会、第三十二次研究生代表大会，深入推进学生会、研究生会、学生社团改革。

二、坚持立德树人根本任务，打造川大本科教育升级版

（一）深入开展“新时代本科教育改革与发展大讨论”

召开了新时代本科教育改革与发展大讨论工作部署会，总结本科教育成绩、分析本科教育现状、部署大讨论工作。组织开展了“打造中国金课”研讨会、通识教育课程建设与教学研讨会、教材建设与选用研讨会、课堂教学质量综合评价研讨会等系列研讨会123场，进一步明确了本科人才培养目标，凝聚了“办一流本科、建一流专业、育一流人才”共识 。制定了《新时代本科教育改革与发展大讨论指导意见》及13个实施方案，更加聚焦和强化“厚通识、宽视野、多交叉”，真正让120多年学校形成的“开放、包容、厚重、大气”的文化特质成为每一个川大学子的人生底色。

（二）本科教育教学取得新成绩

深入推进教育部本科教学工作审核评估反馈意见整改工作，高质量完成各项整改任务，形成了《四川大学本科教学工作审核评估整改工作报告》。持续推进本科专业结构优化调整，将131个本科专业优化调整为103个专业，新增人工智能和马克思主义理论2个专业。实施一流本科专业建设“双万计划”，33个本科专业入选首批国家级一流本科专业建设点、13个本科专业入选首批四川省一流本科专业建设点。新增在线开放课程51门、总数达128门，引入一流大学优质课程80门，新开设“创新创业型”和“实践应用型”课程274门，启动首批30门跨学科通识核心课程建设，打造“线上+线下”“理论+实践”混合式“金课”。设立“玉章书院”，首批330名新生、32名驻院导师入驻书院。开设了“工程力学+软件”“世界史+外语”跨专业本科实验班，推进拔尖创新人才交叉培养、融合发展。举办了第三届“探究式—小班化”教学竞赛，升级改造107间教室，实现智慧教室改造全覆盖，有力推动课堂教学改革向深度发展。拔尖创新人才培养成效显著，“基础学科拔尖学生培养计划”试验班和“双特生”深造率均达100%，吴玉章学院深造率达93.5%，匹兹堡学院首届毕业生深造率达90.8%。学生竞争力显著增强，荣获第五届中国“互联网+”大学生创新创业大赛金奖2项、银奖4项，金奖总数达12项、位列全国高校第3位；荣获全国高校人工智能创新大赛特等奖1项、一等奖1项；荣获第十六届“挑战杯”全国大学生课外学术科技作品竞赛二等奖4项；荣获第二十届全国机器人锦标赛一等奖7项。

（三）研究生教育教学改革稳步推进

制定了《博士研究生招生工作实施办法》，全面推行博士研究生“申请—考核制”。制定了《研究生入学考试自命题工作管理办法》《研究生招生专业目录编制工作管理办法》，修订了《硕士研究生中期考核管理办法》，加强研究生招生和培养制度体系建设。实施研究生教育教学改革研究项目和课程思政建设项目，101个项目获准立项。持续推进博士研究生国（境）外短期访学基金项目和国际学术交流基金项目，475名优秀博士研究生获得资助；推进“国家建设高水平大学公派研究生出国项目”，209名优秀研究生获得资助。加强研究生学位论文质量管理，制定了《博士学位论文质量监督管理办法》，突出过程管理，强化责任追究；坚持博士学位论文盲审全覆盖，按照不低于10%的比例对硕士学位论文进行抽检盲审。

（四）招生和就业工作扎实开展

强化分省分地区招生宣传学院负责制，完善多元化、常态化招生宣传工作机制，持续推进招生宣传工作线上与线下、传统媒体与新媒体、公众媒体与学校媒体“三结合”。2019年本科录取平均分高出当地重点线120分以上的省（市、区）理科有20个、文科有5个；理科录取位次为该省（市、区）考生前3%的有14个、前5%的有26个；文科录取位次为该省（市、区）考生前1%的有17个、前5%的有27个。

持续推进“四大就业引领计划”，制定了《关于加强国际组织人才培养推送工作的实施办法》《关于进一步加强和改进选调生工作的实施办法》。搭建高质量就业平台，促进毕业生更高质量就业，举办各类招聘会2144场，进校招聘单位4546家。截至2019年11月30日，2019届毕业生15257人，总就业率达92.64%，其中到大型骨干企业、党政机关、高校科研单位、重点医疗机构等单位就业人数占比近80%，到西部就业人数占比64.36%，签约定向选调生490人。

三、深入推进人才强校战略，人才队伍建设取得重要进展

（一）师德师风建设持续加强

完善师德师风建设工作机制，成立了四川大学师德建设与监督委员会，校内各基层党委成立了师德建设与监督工作小组。制定了《教职工师德失范行为处理办法（试行）》，明确界定了教职工师德失范行为，规范了师德失范行为调查和处理程序。加强优秀教师先进典型的选树工作，通过学校主页、微信、微博等平台宣传20余位先进典型，教育引导广大教职工爱岗敬业、潜心育人。中央电视台科教频道《人物》栏目以《立德树人·项楚》为题专题报道项楚教授优秀事迹。

（二）师资队伍建设取得重要进展

持续推进“双百人才工程”，新增“国字号”人才71人、准“国字号”人才103人。设立了1亿元的“川大－五粮液高端人才基金”。举办了第五届全球青年学者论坛，200多名海内外杰出青年学者参会。组织开展了美国、新加坡等专场海外推介会以及“环球青友会”“熊猫茶馆”等系列引才活动。加大高端外籍教师引进力度，引进欧洲科学院院士特里斯·西蒙等高端外籍教授12人。加大青年教师的培育力度，选派21名优秀青年教师赴哈佛大学、牛津大学等世界名校访学，31名博士后获得第十二批中国博士后科学基金资助、位列全国高校第4位。优化专业技术人员职称评聘流程，构建同行专家代表作网上评议平台，提升专业技术职务评审的高效性和规范性。

四、扎实推进国际交流合作，国际化办学水平稳步提升

（一）高端国际合作与对外交流取得新成绩

赴新加坡国立大学、日本早稻田大学、韩国国立首尔大学等亚洲高校调研，拓展与亚洲一流大学合作。与剑桥大学、牛津大学、加州大学洛杉矶分校等世界名校签署合作协议59个，举办中印高级别二轨对话会、中印校长论坛、中英高峰合作暨先进材料论坛、成都精准医学国际论坛等高端国际会议44个，接待来访团组409个。学校代表团赴俄罗斯参加中国长江中上游地区和俄罗斯伏尔加河沿岸联邦区地方合作理事会第三次会议及第二届中俄“长江—伏尔加河”高校联盟论坛。

（二）学生国际交流取得显著成效

加快推进“大川视界”大学生海外访学计划等各类海外访学交流项目，出国

（境）学习交流学生人数达到3695人次。举办了第八届“国际课程周”活动，邀请来自31个国家和地区、144所世界一流大学的173名外籍教师，开设全英文国际课程207门。来华留学生总数为4030人，其中学历生2212人。“一带一路”来华留学生奖学金规模和影响力持续扩大，779名学生通过该项目来校留学。完善留学生教育管理制度体系，加强留学生教育管理和服务。

（三）港澳台学生教育管理服务稳步提升

接待港澳台人士来访132批、1241人次，其中港澳台师生来校交流访问121批、464人次。派出港澳台交流生121人，接收台湾交换生91人。获批教育部“香港与内地高校师生交流计划项目”11个、356位师生参与，获批教育部对台项目2个、94位师生参与。

五、办最好的医科，推进华西医学整体迈入一流

（一）推进华西医学整体迈入一流

制定实施了《华西医学整体迈入一流行动方案》，谋划部署推进“医工融合”大医学发展、振兴医学基础学科、建设创新药物集成攻关大平台等重点平台、推进华西品牌输出、开展华西国际合作等6大举措。启动建设基于5G的医学服务转化平台、“医学+信息”中心、“医学+制造”中心、“医学+材料”中心等“1平台+3中心”。与中国移动（成都）产业研究院、中国移动四川公司签署《共建5G+智慧医疗合作协议》，重点围绕影像云、病理云等建设基于5G的医学转化应用平台。发布了全球首个基于5G的智慧医疗应用行业专网及“5G+MEC”医疗行业解决方案。与厦门市签署战略合作协议，正式开工建设华西厦门医院（研究院），以“医院+研究院”模式，推进华西医学服务国家战略、开放办学。深入推进“1+3+N医学学科工程”，建设了7个“医学+”交叉学科平台，设立了护理学科建设联合基金。《国际口腔科学杂志（英文版）》《华西口腔医学杂志》《信号转导与靶向治疗》入选中国科技期刊卓越行动计划。

（二）推进华西医学大项目和大平台建设

创新药物集成攻关大平台建设方案通过教育部组织的专家论证，已获准建设。制定了国家医学中心和国家区域医疗中心创建工作方案，重点推动华西医院创建国家创伤医学中心、国家呼吸区域医疗中心、国家癌症区域医疗中心、国家心血管病区域医疗中心、国家精神区域医疗中心、国家神经疾病区域中心，华西第二医院创建国家儿童区域医疗中心，华西口腔医院创建国家口腔医学中心，目前国家创伤医学中心、国家儿童区域医疗中心、国家口腔医学中心已通过专家组现场评审。疾病分子网络前沿科学中心通过教育部中期检查。转化医学国家重大科技基础设施大楼进入主体施工阶段，制定了《转化医学国家重大科技基础设施（四川）项目仪器设备购置管理办法（试行）》，完成7800万元设备采购工作。

（三）医疗卫生与健康服务成绩显著

4所附属医院完成门急诊1023.65万人次，出院患者30.83万人次，各类手术18.87万台次。华西网络医院总数达843家，远程教学培训72.55万人次，远程疑难病例会诊6751例次。积极参与宜宾长宁地震、内江资中地震医疗救援，选派40多名应急救援人员和专家组赴地震灾区开展医疗救援工作。新领办甘孜州人民医院、雅安市人民医院、宜宾市第二人民医院、眉山市人民医院、双流区第一人民医院等，与天府新区共建华西天府医院。推进“一院对一系”精准对口支援西藏大学医学院工作，签订对口支援西藏大学医学院协议。“搭建医疗扶贫彩虹桥，救助儿童先心病患者”项目获评为教育部第四届直属高校精准扶贫精准脱贫十大典型项目。华西医院连续10年位列“中国医院排行榜”综合排名第2位、连续6年位列“中国医院科技量值”综合榜第1位，华西口腔医院连续6年位列“中国医院科技量值”口腔医学专科榜第1位。

六、办学治校水平稳步提升，校园环境更美丽

（一）推进校园环境改造提升工程

积极开展校园总体建设规划调研论证，校园总体建设规划修编方案通过学校论证，大大增强校园规划建设的前瞻性、时代性和功效性。完成望江校区北门及弘毅路敏行路片区、望江校区西门片区、望江校区东门片区等区域道路改造及绿化景观提升项目，完成江安校区绿道改造一期及环道部分行道树更换项目，改造面积超过10万平方米；启动华西校区道路升级改造项目。

（二）办学支撑保障条件进一步强化

江安校区学生宿舍22组团、多学科研究创新大楼等11个项目竣工，新增建筑面积约5万平方米。先进材料科研大楼、匹兹堡学院·现代工学互动教学中心大楼等一批新建项目顺利推进。华西学生宿舍获得教育部立项批复。完成江安校区主校园土地不动产权证办理工作。科学配置科研用房，为重点学科配置科研教学用房5411平方米。新增开放共享大型仪器设备168台（套）、总数达1264台（套），新增设备建账17371台（套）、总值4.17亿元。新增纸质图书5.3万种、11.4万册，新增文献数据库20种；修复馆藏孤本《藏区手绘地图》等各类特色文献105册件；国内第一家省级方志馆高校分馆“天府文库——四川方志馆川大分馆”正式开馆。扎实推进学校所属企业体制改革工作，完成企业改制78家，其中清理关闭56家、脱钩剥离16家、改制划转6家。“四川大学·武侯区协同创新创业孵化器”通过成都市“科技创业苗圃”认定。加强校园信息化建设，新增无线接入点1445个；持续加强云平台建设，初步建成共享数据资源平台，实现数据资源统一管理和共享。

（三）校庆和校友会及基金会工作稳步推进

举办了“2019川大校友话新经济”、全球校友创业家联谊会第二届理事会暨四川大学全球会长秘书长会等200余场校庆活动，5000余名校友参加。成立了大纽约校友会、湖南创联校友会、内蒙古校友会、河南医科校友联谊会。推出电子校友卡，为校友提供一站式服务。完成2018年度基金会年检工作，获得财政部、国家税务总局和民政部联合审核确认的第一批税前扣除资格。

（四）为师生办实事取得新成绩

设立“困难师生员工帮扶基金”，57名师生员工获得帮扶。建成省内高校首家智慧快递服务中心，引入寄件机、智能终端无人出库机、云监控等智能设备，有效改善校园环境、提升快递服务效率和师生满意度。推进校内公共区域卫生间“暖手工程”，安装热水器300余台，让师生享受更加温馨服务。推进望江校区校医院扩建工程，新增医疗用房1380平方米，大大改善校内医疗卫生硬件设施。推进望江校区幼儿园扩建工程，为教职工子女入园提供良好条件。推进教职工老旧住宅小区业主自主增设电梯工作，实现学校已售老旧小区业主自主增设电梯工作零的突破。在江安校区引入电动校园交通车服务，为师生提供便捷校园交通服务。完成“与文里”新建住房选购。完成农林村住宅小区大产权办理。望江校医院开通机动车驾驶员体检服务。正式启用望江校区地下停车场，完成望江校区基础教学楼停车场智能门禁系统改造。

学科与师资队伍建设篇

学科建设

一、全面落实《四川大学世界一流大学建设方案》及实施方案，加快推进“中国特色、川大风格”的世界一流大学建设

（一）完成学校“双一流”建设年度进展总结暨年度考核工作

结合学校“双一流”建设年度进展总结工作的部署，完成了“双一流”建设年度进展总结暨年度考核工作。对照《四川大学世界一流大学建设方案》《四川大学世界一流大学实施方案》中各专项的实施方案以及 2018 年“引导专项”预算项目中的各建设专项，对 2018 年“双一流”建设进展进行梳理总结；组织已签约正式建设的“12+19”个一流学科，对照与学校签订的《目标责任书》，对 2018 年的学科建设进展进行了全面的总结和年度考核。按照教育部文件要求，编制了《四川大学“双一流”建设 2018 年度进展报告》，并上报教育部。

（二）召开“四川大学 2018 年‘双一流’建设推进暨科研工作总结会”

总结了过去一年学校“双一流”建设进展情况，对 2018 年学校“双一流”建设取得的成绩进行了肯定；介绍了 2019 年“双一流”建设重点工作思路，为全面做好新一年的世界一流大学建设工作凝心聚力、振奋精神、鼓舞干劲，以加快建成中国特色、川大风格的世界一流大学。

（三）圆满完成教育部“双一流”建设中期自评工作

按照教育部《关于开展“双一流”建设中期自评工作的通知》（教研司〔2019〕5 号）文件精神，严格对照《四川大学世界一流大学建设方案》（以下简称《建设方案》）《四川大学世界一流大学实施方案》（以下简称《实施方案》）中各专项的实施方案，以及“引导专项”预算项目中的各建设专项，对四川大学“双一流”建设进展进行梳理总结，并按照教育部要求进行自我评估，组织编制了《四川大学“双一流”建设中期自评报告》并上报教育部。

（四）继续深入推进“十个一流”建设

根据《建设方案》和《实施方案》，除一流学科建设以外，学校共规划了 67 个建设专项。2019 年度，按照《建设方案》《实施方案》及学校重大战略规划与决策，延续建设 2018 年的 23 个建设专项，同时另外新启动了 8 个建设专项，并在科学规划的基础上精心组织，做好各项管理和服务工作，确保各专项建设任务按照计划顺利推进。

（五）继续大力推进一流学科建设工作

按照学校建设与世界一流大学相适应的一流学科体系的规划和部署，继续深入推进 12 个重点建设学科（群）和 19 个超前部署学科的建设。结合学校重点推进“医学＋”“信息＋”的建设思路，按照“成熟一个启动一个”的原则，新启动建设“艾滋病防控综合研究平台”“智慧法

治”“山地考古”“塑料先进制造加工”等超前部署学科。

（六）稳步推进“双一流”引导专项建设工作

加强专项经费管理，修订完善了《四川大学建设世界一流大学（学科）和特色发展引导专项资金管理与使用细则（试行）》，按照“注重绩效、动态调整”的原则进行专项资金的分配、使用和管理，顺利完成年度“双一流”引导专项资金的执行。

根据教育部部署，在全校范围内启动了2020年度“引导专项”资金项目申报工作，并按照申报要求组织各单位和学科对2020年度要购置的大型科研仪器（200万以上）进行联合评议。

（七）完成重大专项采购工作

完成学校“引导专项”经费及配套经费采购工作。其中完成了校内快速采购项目449项（包括单一来源采购、公开招标、网上比选和网上竞价），采购进行中项目38项；完成了政府采购委托代理机构的委托招标29项，采购进行中项目9项；完成自行采购项目29项。共完成了20658.6万元的采购。

二、集中优势，突出特色，积极推进学科建设工作

（一）召开高峰学科建设工作会，全面推进高峰学科建设

为加快“中国特色、川大风格”的世界一流大学的建设步伐，构建并完善与之相适应的一流学科体系，助推学校建设学科高峰，组织召开“高峰学科建设工作会”。会议上学校与各高峰学科负责人就高峰学科建设进行了沟通与讨论，一致认同将高峰学科建设作为重中之重，全面落实“四川大学高峰学科建设方案”，争取涌现一批学科高峰，尽早实现“学科整体水平大幅提升，涌现一批世界一流学科”的建设目标。

（二）分学科门类召开学科建设工作会，做好第五轮学科评估准备工作

为推进学校一流学科建设，提升学科核心竞争力，组织召开了文、理、工、医学科建设会。会上，“双一流”办汇报了我校各学科上海软科排名情况和教育部第五轮学科评估最新工作方案等内容，各学科负责人则梳理了近四年的学科建设工作情况，认真对标分析了各自学科取得的建设成效和比较优势，重点查找了学科建设中存在的问题和短板，为各个学科下一步学科建设工作指明了方向。

（三）编制工科改革发展计划，落实学校“工改”的建设安排

为落实学校“工改”的建设安排，大幅提升工科学科整体水平，加快构建与世界一流大学相适应的一流工科学科体系，提升工科内涵建设，编制《四川大学工科改革发展的相关思考》。以建设一系列“新工科研究中心”、拓展现有工科院系学科发展为抓手，推动川大工科向新工科转型，更好地服务国家重大需求和区域经济发展，力求在解决国家“卡脖子”关键技术问题、重大原创性成果与成果转化等方面做出“川大贡献”。

（四）积极推进学科优化调整工作

出台《学科结构优化调整方案》，统筹考虑国家战略需求、社会经济发展的需要和学校学科的总体规划布局等方面因素，结合我校学科发展的实际情况，提出“优化调整学科”名单和“监测发展学科”名单。经学位授权点建设单位申请，学位评定分委员会和校学位评定委员会审批同意，优化调整教育学、心理学、系统科学、冶金工程、建筑学、纺织科学与工程、食品科学与工程、风景园林学、农业

资源与环境9个学位授权点。

（五）成功增列为学位授权自主审核单位

2019年国务院学位委员会下发《国务院学位委员会关于下达2019年增列的学位授权自主审核单位名单的通知》（学位〔2019〕16号），我校成为国家公布的第二批学位授权自主审核高校。根据本授权，学校可根据国家战略发展与人才培养的需求，优化学科布局，自主新增博士硕士学位点、新兴交叉学位点，亦可自主撤销博士硕士学位点，从而适应学校建设世界一流大学的总体目标要求，贯彻落实十九大关于实现高等教育内涵式发展的要求。按照国务院学位委员会办公室关于学位授权自主审核备案工作的最新要求，修订了《四川大学学位授权审核实施办法（试行）》和《四川大学学科建设与发展规划（2017—2021）》等，并草拟了《四川大学学位授权自主审核工作方案》。

（六）顺利获批4种工程博士专业学位授权类别、7种工程硕士专业学位类别

根据《国务院学位委员会关于下达工程硕士、博士专业学位授权点对应调整名单的通知》（学位〔2019〕5号），我校获批电子信息、材料与化工、资源与环境、生物与医药4种工程博士专业学位类别，同时获批电子信息、机械、材料与化工、资源与环境、能源动力、土木水利、生物与医药7种工程硕士专业学位类别。工程专业学位类别授权顺利获批，有力地支撑我校工程高层次人才培养的质量和规模，助推我校“新工科”的发展。

（七）学校学科水平不断增强，进步明显

2019年自然指数年度排行榜中我校位列全球高校第46位，较2018年上升35位；化学学科表现强势，位列全球高校第8位。2019年11月科睿唯安公司发布的最新ESI数据显示，我校进入ESI前1%学科领域数17个，在“双一流”高校中并列第7位，进入ESI前1‰学科领域数为3个，在“双一流”高校中排并列第10位。

（八）部分学院名称优化调整

针对目前存在的学科体量过大、学科结构不够合理、学科资源分散等问题，以强化学科内涵建设，集中资源尽早实现“学科整体水平大幅提升，涌现一批世界一流学科”的建设目标，加快推进我校学科结构的优化调整工作。通过健全学科良性动态调整机制，形成科学合理、动态调整的学科布局，构建并完善与世界一流大学相适应的一流学科体系。物理科学与技术学院（核科学与工程技术学院）改为“物理学院”；制造科学与工程学院改为“机械工程学院”；电气信息学院改为“电气工程学院”；轻纺与食品学院（亚太服装学院）改为“轻工科学与工程学院”；新成立哲学系（学院级）。

三、加强“双一流”建设研究，提高决策参考水平

（一）编印12期《“双一流”工作专报》

《四川大学学科“填平补齐”研究报告》《2018年一流大学建设高校“双一流”建设进展分析报告》《四川大学学院年度发展评估报告（2018年）》等工作专报受到学校主要领导以及各学院、兄弟部门的充分肯定，对校内学科建设持续产生参考作用。

（二）推进学科状态数据库建设相关工作

收集、整理校内外相关核心指标数据，编写《四川大学学科状态基本信息（2019年版）》，内容主要包括学科状态及

外部评估最新数据，以及我校与国内 42 所“双一流”建设高校在学科建设、人才数量、投入经费、科研情况、外部排名等方面进行比较。及时把学科建设与评估相关核心数据需求反馈至各职能部处，逐步建立学科状态数据库。

（三）持续开展“双一流”建设研究，特别是学科评估研究工作

详细整理了第四轮学科评估相关资料，搜集第五轮学科评估相关资料，编写了《第五轮学科评估相关研究资料汇编》《第五轮学科评估指标体系预测及对策》《第五轮学科评估重要数据》；承担教育部学位中心的“第五轮学科评估专项指标内涵及数据填报标准”的研究工作，并主办了相关专题会议；承办了“中国学位与研究生教育学会评估委员会第六届三次全体委员会议”，受到评估委员会好评。

（四）增强效能，不断提升国际声誉

加强“双一流”英文网站建设。开展“四川大学‘双一流’建设英文网站建设及川大文化国际化语言表述”研究项目，不断丰富内涵。“双一流”英文网站作为软环境实力的体现，为高校提升自身形象和国际影响力、加强对外交流合作搭建了主要平台。

（五）编写《四川大学学院年度发展评估报告》

编写完成《四川大学学院年度发展评估报告（2018 年）》，继续修订和完善“学院年度发展评估指标体系”，启动学校学科型院系学科建设、师资队伍、人才培养、科学研究、国际化的数据收集与整理工作。

（以上资料由发展规划处简丽提供）

师资队伍建设

一、概况

截至 2019 年 12 月 31 日，学校有两院院士 16 人，特聘院士 31 人，四川大学杰出教授 7 人，国家“万人计划”领军人才 29 人，国家“万人计划”青年拔尖人才 9 人，国家杰出青年基金获得者 52 人，国家优秀青年基金获得者 56 人，高等学校教学名师奖获得者 10 人，国家“973”项目首席科学家 7 人 9 项，国家“973”青年科学家专项首席科学家 1 人 1 项，国家社科基金重大招标（委托）项目首席专家 45 人 50 项，国家百千万人才工程人选 32 人（含原人事部“新世纪百千万人才工程”国家级人选）。

2019 年进站博士后 410 人，出站 90 名，在站博士后 1324 人。截至 2019 年 12 月，学校共有博士后科研流动站 39 个。

2019 年顺利完成了专业技术职务评审工作。通过评审，2019 年新聘正高级专业技术职务共 115 人，新聘副高级专业技术职务共 199 人，新聘中级专业技术职务共 8 人，新聘初级专业技术职务共 3 人。

2019 年，人事处相继完成了 2018 年度全校五至十级职员岗的评审工作，共 7

人通过职员五级岗评审，18 人通过职员六级岗评审；2 名现任正处级干部、7 名现任副处级干部分别申请对应职员五、六级岗，通过学校审定。另有 85 人通过各单位七至十级岗评审，并报学校备案。2019 年度全校职员评聘工作自 2019 年 9 月启动，新增专职辅导员 201 人和华西医院（华西临床医学院）编制内管理人员 80 人首次申报职员评聘，并首次对五、六级职员岗位候选人申报信息增加了在校园信息门户网站公示的环节。2020 年 1 月 15 日，经个人申报、单位推荐和分组评议，学校管理岗 11 人、华西医院（华西临床医学院）4 人、专职辅导员 5 人通过了职员五级岗分组评议。职员六级岗的申报信息及附件材料审核工作正在进行，其余七至十级岗的评审工作也将于 2020 年内完成。

2019 年，我校教学科研岗新进教师 469 人，其中引进 96 人，专职博士后 303 人，外籍 17 人。新进教师中具有博士学位的共 469 人，占 100%；男教师 287 人，占 61.2%；女教师 182 人，占 38.8%；学缘结构为本校的共 157 人，占 33.5%；外校 312 人，占 66.5%。

实施优秀青年人才国际名校名师培养计划，2019 年优秀青年教师名师名校访学计划（第十六批、十七批），经本人申请、专家推荐、学校审议，根据学科与师资队伍建设需要，共计确定了 21 名拟访学青年教师。国家留学基金 1∶1 项目派出 23 名青年教师出国访学，共划拨经费 206 万元；实施了优秀青年教师短期海外访学交流计划，2019 年派出 80 名教师赴美国哈佛大学（33 人）、英国剑桥大学（29 人）、德国克劳斯塔尔工业大学（18 人）短期交流，开展多层次、宽领域的国际交流与合作的契机，学习借鉴国际上先进的教育理念和教育经验，促进我校教育改革发展。借此培养大批具有国际视野、能够参与国际竞争的国际化人才。2019 年 7 月共派 482 名新进教师参加高校新进教师职业技能培训。积极推进新进青年教师“双证”“双身份”上岗制度，组织各学院 180 余名青年教师参加四川大学教师教学能力提升培训；组织实施教师资格认定工作，为 378 名教师办理教师资格证书。2019 年用于青年教师培养经费共 1442 万元。

2019 年共有 46 人参加了“海归人才国情校情研习班”，29 名教师参加了“青年教师学术能力提升”培训项目，187 人参加了“新晋研究生导师研修培训班”，169 人次参与“新时代高校管理理念及行政能力培训班”“办公自动化精品班”“实用英语技能综合班”的培训。

二、两院院士（按当选年度或来校时间排序）

涂铭旌 中国工程院院士，1928 年 11 月 15 日出生于原四川省巴县，教授，金属材料专家。1951 年毕业于同济大学机械系，1955 年北京钢铁学院金属材料系研究生毕业，1995 年当选为中国工程院院士。曾任第一届全国金属材料及热处理专业教学指导委员会主任委员，国家自然科学基金委员会材料学科评审组成员，国务院学位委员会“冶金与材料”学科评议组成员。1984 年被评为“国家有突出贡献中青年专家”。1991 年被收入《二十世纪中国名人辞典》。长期从事金属材料、强度与断裂的研究，特别是在发挥金属材料强度潜力的理论与应用，综合强化，耐寒高强钢的低温脆断规律、机理、判据及安全评价，以及重大机械装备失效分析等方面的研究中成绩显著。1988 年前，在西安交通大学获国家自然科学三等奖、国家科技进步三等奖各一项，省、部级成果奖 10 项；1988 年后，在四川大学致力于稀土功能材料及纳米材料的研究与应用，再获国家科技进步二等奖一项、省部级科技进步奖多项，发表论文 300 余篇。编写《钢的热处理》《机械零件失效分析与预防》《材料创造发明学》《科技竞争谋略 36 法》《辩证思维与科技谋略》5 本专著，培养博士、硕士研究生 100 余名。

高洁 中国工程院院士，研究员，1937 年 6 月生，山东济南人，中共党员，北京大学本科毕业，博士生导师。凝聚态物理学者，量子物理计量专家。现任四川大学物理科学与技术学院教授、中国测试技术研究院名誉院长、四川省物理学会理事长。曾当选为国际计量委员会（CIPM）委员（1993—2008）（该委员会为米制公约组织最高学术机构，由 48 个会员国政府代表无记名投票选举出的 18 名委员）。长期从事量子物理计量与凝聚态物理研究，特别是在 mK 级低温、特斯拉级磁场强度极端物理条件下，研究电子的量子输运。1968 年负责完成“硅钢片交流损耗和磁特性标准测量”，成为我国最早的硅钢片磁特性国家标准。1978—1985 年负责完成“以超导约瑟夫森效应保持和监督国家电压基准”。1993 年底作为联合课题组长，完成了“约瑟夫森结阵列电压基准”。2000 年负责建立“中国测试技术研究院/四川大学量子计量标准联合实验室”以及“低维与介观物理实验室”。先后获得全国科学大会奖、两次国家科学技术进步奖二等奖，“国家有突出贡献中青年专家”“全国先进工作者”称号。1987 年 10 月至 1990 年 10 月在美国国家标准局（NIST）进行客座研究，曾获得美国商务部 NIST 优秀访问学者奖状。1988 年获“国家有突出贡献中青年专家”称号。

谢和平 中国工程院院士，1956 年 1 月生，湖南双峰人，中共党员，中国矿业大学获本科、硕士、博士学位，教授，博士生导师。国务院学位委员会委员。中共十七届中央候补委员，十二届全国人大代表。曾任原煤炭工业部科技教育司司长、中国矿业大学校长、四川大学校长等职务，现任四川省科协主席、国家奖学金评审委员会主任委员、第二届全国工程硕士专业学位教育指导委员会副主任委员等职务，兼任 *Geomechanics and Geoengineering: an international Journal*、《力学学报》、《岩土工程学报》等 10 余种学术刊物荣誉主编、编委。获国家自然科学奖二等奖、三等奖和国家科学技术进步二等奖、三等奖 4 项国家级奖，以及孙越崎能源大奖、何梁何利基金科技进步奖和省部级二等以上奖励多项。被美国、英国、德国、波兰等国外著名大学聘为客座教授及客座研究员，被授予德国克劳斯塔尔工业大学荣誉博士学位、中国香港理工大学荣誉博士学位、英国诺丁汉大学荣誉博士学位、牛津大学圣艾德蒙学院“牛津大学圣艾德蒙 Fellow”学术称号、摩尔多瓦科学院“高级荣誉院士”奖章。致力于矿山工程力学的理论与应用研究，开拓了分形岩石力学研究新领域，率先组织开展了灾害环境下重大工程安全性的基础研究以及深部煤炭开发中煤与瓦斯共采理论研究，组织研究并提出了煤炭开发新理念即科学开采和科学产能。近年来，在深地科学探索领域，包括深地固体资源流态化开采、中低温地热发电、深地医学等领域提出了创新性理念与构想，并在绿色能源、低碳技术与 CO_2 矿化及综合利用技术领域进行了深入探索，取得了重要进展。成果集中体现在《岩石混凝土损伤力学》《FRACTAL IN ROCK MECHANICS》《深部开采基础理论与工程实践》等 6 本中英文专著、200 余篇论文及有关工程实践中，成果被 SCI 收录 200 多篇、引用 1000 余次，EI 收录 100 多篇。

魏于全 中国科学院院士，1959 年生，四川南江人，中共党员，华西医科大学本科、硕士，日本京都大学医学博士，教授，博士生导师。原四川大学副校长，华西医院临床肿瘤中心主任与生物治疗国家重点实验室主任，中国医药生物技术协会理事长，国家生物治疗协同创新中心负责人，国家综合性新药研究开发技术大平台负责人，*Signal Transduction and Targeted Therapy* 共同主编、*Human Gene Therapy* 副主编、*Current Molecular Medicine* 副主编、*Current Cancer Drug Targets* 负责亚洲地区的编委，Scientific Reports 编委等。科技部“973”项目首席科学家，国家自然科学基金创新研究群体负责人，国家“百千万人才工程”第一、二层次人选，“十五”“863”生物与农业技术领域生物工程技术主题专家组组长，“十二五”“863”生物与医学领域生物技术药物主题专家组成员、原中华医学会副会长、教育部科学技术委员会生物医学学部常务副主任。主要从事肿瘤的生物治疗的基础研究、关键技术开发、产品研发及临床治疗等，有关肿瘤微环境、免疫治疗、基因治疗与靶向药物等相关研究成果已在多种国际杂志上发表 SCI 论文 300 多篇。发现了阻断 Hsp70 表达，可诱导癌细胞凋亡。

林祥棣 中国工程院院士，1934 年生，江苏南通人，1956 年毕业于浙江大学光学仪器专业，1997 年当选为中国工程院院士。林祥棣院士是我国光学和光电跟踪测量系统工程研究的主要开拓者之一，我国知名的光学技术与仪器工程专家和学科带头人，获国家科学技术进步奖特等奖，光华工程科技奖二等奖，中科院科技进步一、二、三等奖共 7 次。曾先后担任中国科学院光电技术研究所副所长、中科院成都分院院长、西南科技大学校长，以及中国光学学会常务理事、副秘书长、四川省光学学会理事长、中国宇航学会测控专委会副主任等职，并任四川省政协常委、四川省政协科技委副主任、四川省科技顾问团副主任。

周寿桓 中国工程院院士。1937 年 4 月生，四川成都人，中国科技大学本科毕业，教授，博士生导师。美国纽约市立大学高级访问学者。现任工信部电子科技委常委，固体激光国家重点实验室学术委员会主任，中国电子学会量子电子学与光电子学分会名誉主任，《激光与红外》杂志主编，《中国激光》杂志副主编。曾任总装科技委兼职委员，全国光辐射安全和激光设备标准化技术委员会名誉主任、顾问，中国电子学会量子电子学与光电子学分会秘书长、主任委员，国际 IEEE 高级会员。“973”项目、国家自然科学基金重大项目、985 工程项目首席科学家。从事固体激光工程及应用研究，在高平均功率高光束质量激光、全固态激光、非线性频率变换等研究和应用领域取得重要成果，是我国最早开展 DPSSL 研究的学者之一。国内最先将非稳腔用于 Nd：YAG 激光器，开拓非稳腔、VRM 腔、VWRM 腔激光器，设计定型并发展成高可靠、高功率、高光束质量激光器产品。率先实现 230 nm～1390 nm 的可调谐激光输出、研制成功跑道视程激光探测仪、气象激光雷达、激光水下探测试验系统等。2005 年在国际上首次提出一种新概念激光（掺杂纳米晶激光），2012 年观察到激光输出，是国际首创。2013 年国内首次突破万瓦级高亮度激光关键技术。曾获电子工业部科技成果奖一等奖（第一完成人）、国家科学技术进步奖二等奖（第二完成人）、国家发明奖二等奖（第一完成人）等国家及省部级一、二、三等奖 21 次，获光华科技基金二等奖。主编“现代激光技术及应用丛书”一套，获授权发明专利 30 多项，发表论文 200 多篇。

张兴栋 中国工程院院士，1938 年 4 月生，四川南充人，1960 年毕业于四川大学固体物理专业本科，材料科学与工程专家，2014 年当选美国国家工程院外籍院士。现任四川大学教授，国家药监局医疗器械分类技术委执委主任委员、国际生物材料科学与工程学会联合会主席等；曾任四川大学分析测试中心主任、国家生物医学材料工程技术研究中心主任、中国生物材料学会理事长等。长期从事生物材料研究及开发工作，是国际著名的生物材料专家。开创了我国生物活性人工骨研究，对促进我国生物活性人工骨和植入体跨入国际先进水平做出了重要贡献。于国际率先发现了生物材料的骨诱导作用，建立理论雏形，首创新一代人工骨——骨诱导人工骨，取证生产并推广临床应用；提出组织诱导性生物材料，既无生命的生物材料通过自身优化设计可诱导再生有生命的机体组织或器官，开拓了生物材料研究的新方向。多次参与并组织国家生物研究及产业化规划的制定工作；长期从事促进国际生物材料发展的专业服务，是我国生物材料科学技术开拓者和国际生物材料界领袖之一。先后获多项国家省部级和国际奖励。20 世纪 70 年代，从事超硬材料立方氮化硼及其机加工工具以及高强度人造金刚石硬地层超深井钻头研发，获全国科学大会四项奖，研究组获全国先进科研集体殊荣。

石碧 中国工程院院士，1958 年 6 月出生，四川成都人。四川大学获学士、硕士学位，四川大学—英国谢菲尔德大学联合培养博士，研究员，博士生导师。现任四川大学制革清洁技术国家工程实验室主任，兼任教育部高等学校教学指导委员会轻工类专业教学指导委员会主任。曾任国际皮革工艺师和化学家协会联合会（IULTCS）主席（2009—2011）、国务院学位委员会轻工技术与工程学科评议组召集人。曾获“全国模范教师（2004）”称号、全国五一劳动奖章（2008）、国际皮革科技界最高荣誉奖 IULTCS Merit Award（2015）等荣誉。主要从事制革化学、制革清洁技术、皮胶原高值转化利用研究。指导获硕士学位研究生 35 人、获博士学位研究生 32 人、出站博士后 14 人。研究成果“橡椀栲胶分子降解—金属络合制造鞣剂”获 1993 年国家技术发明二等奖，“无铬少铬鞣法生产高档山羊服装革”获 2000 年国家科技进步二等奖，“制革清洁生产关键技术”获 2006 年教育部技术发明一等奖，“基于酶作用的制革污染物源头控制技术及关键酶制剂创制”获 2015 年度国家技术发明二等奖。申请和获得国家发明专利 17 项，已应用实施了 9 项。以第一作者或通讯作者发表论文 200 余篇（其中 SCI 和 EI 收录 149 篇），出版专著和教材 5 部。

李安民 中国科学院院士，1946 年 9 月生，四川大竹人，九三学社社员，北京大学获学士、硕士学位，德国柏林技术大学博士，教授，博士生导师。曾任教育部科技委员会学部委员、中国数学会副理事长、四川省数学会副理事长以及数学学报（中、外文版）、德国期刊 *Results in Math.* 编委。曾任九三学社中央委员、九三学社四川省常委、四川省政协常委。

曾获“国家有突出贡献中青年专家”“全国优秀教师”称号，曾获国家自然科学奖三等奖、国家教委科技进步一等奖、香港求是科技基金会首届“杰出青年学者奖”、教育部提名国家自然科学一等奖等。长期从事整体微分几何、辛几何、辛拓扑的科学研究工作。先后主持和承担国家自然基金重点项目、教育部博士点基金项目、国家科委937核心数学项目等，在国内外重要刊物上发表论文60余篇，在德国出版专著2部，在世界科学出版社出版专著1部。研究成果被广泛引用。

侯朝焕 中国科学院院士，1995年当选中国科学院院士，1936年生，四川自贡人，北京大学物理系本科，中共党员，信号处理和声学专家。现任中国科学院声学所研究员、博士生导师、中国声学学会名誉理事长，历任中科院信息技术学部副主任、中国声学学会理事长、国家自然科学基金委信息技术科学部主任、中国科学院微电子战略指导委员会主任、国家自然科学基金委系统芯片重大研究计划专家组组长等职。曾经被授予“全国先进工作者”“国家有突出贡献中青年专家”“中央直属机关优秀党员”等荣誉称号。在声学和信息处理领域成果卓越，于20世纪60年代在水声工程研究中主持研制“水声信号起伏统计特性测量系统”，推动了水声信号场和混响-噪声场统计特性的研究；20世纪70年代提出了“相移多波束基阵信号处理系统”并完成总体设计；20世纪80年代主持完成了“智能型水声信号处理系统”研制以及13.2亿次DSP-1阵列信号处理机研制。在国内率先开展VLSI信号处理研究，将信号处理和集成电路设计融合发展。1993年完成快速傅立叶变换FFT、波束形成DBF和QRD-RLS递推滤波等信号处理专用芯片的研制，达到当时的国际领先水平。1999年作为项目首席科学家主持国家973项目“面向功能可重组结构的DSP&CPU芯片及其软件的基础研究”。2009年，积极倡导国家自然科学基金委启动了单芯片系统集成SOC重大科学计划，担任专家组组长，开展SOC的关键科学问题研究，促进我国在SOC领域快速发展，并与国际SOC芯片技术同步发展。先后完成12项国家重大项目，其中三项获国家发明奖，一项获国家科技进步二等奖，一项获国防科技进步一等奖，四项获中科院科技进步奖（含中科院特等奖一项）、一项获中科院杰出成就奖。发表论文200多篇。

冯小明 中国科学院院士，1963年生，四川武胜人，致公党党员，中国科学院化学研究所博士，教授，博士生导师。2001年入选教育部跨世纪优秀人才培养计划；2007年入选人事部“新世纪百千万人才工程”国家级人选。2010年国家自然科学基金委创新研究群体学术带头人；以第一完成人获2009年教育部自然科学奖一等奖和2012年国家自然科学奖二等奖；获中国化学会2007年“有机合成创造奖”和2016年“手性化学奖”；“获2009年全国优秀教师”和“四川省模范教师”、“2011年全国优秀博士学位论文指导教师”荣誉称号。担任4个国内刊物编委或顾问编委和6个国际刊物*Advisory Board*成员。主要针对不对称合成中发展新型优势手性催化剂、新反应和新策略等核心问题进行系统深入的研究。以廉价易得的氨基酸为原料，设计合成多种新型手性配体和催化剂，获得了具有原创性和特色的优势手性催化剂，实现了一些重要不对称反应，如第一例不对称催化α-取代重氮酯与醛的反应，被国外人名反应专著冠名为Roskamp-Feng反应，为一些重要生理活性手性化合物的合成提供有效方法。部分催化剂已成为商品化试剂销售，被国内外多个课题组和公司成功应用。现已在 Acc. Chem. Res.，Chem. Rev.，J. Am. Chem. Soc.，Angew. Chem. Int. Ed.，Chem. Sci.，等刊物上发表论文 300 多篇，授权中国发明专利 4 项。研究成果入选“2011 年中国高等学校十大科技进展”、中科院 2012《科学发展报告》和《国家自然科学基金资助项目优秀成果选编》。

朱清时 中国科学院院士。1946 年生，四川成都人，中共党员。中国科技大学近代物理专业毕业，教授。曾担任中国科学技术大学第七任校长、南方科技大学创校校长。第三世界科学院院士。曾在美国加州大学、美国布鲁克海文实验室、加拿大国家研究院、法国巴黎大学等做访问学者、客座科学家、客座教授，并作为英国皇家学会客座研究员在剑桥、牛津和诺丁汉大学工作。就任中科大校长期间，致力于规划和组织学校面向 21 世纪建设一流大学，卓有成效地推进学校教学、科研、管理和后勤服务等各项事业的改革与发展。在受聘南科大学校长期间，创新地推出“先行先试，自主招生，自授学位，自颁文凭”的办学模式，成为备受关注的中国教育改革风云人物。在激光光谱学方面取得了国际一流的研究成果。发展了一种先进的激光诱导荧光光谱技术，拓展了用光谱来鉴别同分异构分子的有效方法，受到国际学术界的重视。在分子高振动态的实验和理论研究中，证明局域模振动模式，推动了分子光谱的发展并为选键化学提供了依据，结合分子内传能解释了 STM 实验中的一些新现象。开展了对单分子化学的研究，并在这一国际上最新重大领域中取得了一系列国内外瞩目的成绩。

王玉忠 中国工程院院士，1961 年 6 月出生，山东威海人，中共党员。青岛大学学士学位，四川大学硕士、博士学位，教授，博士生导师。创建了环保型高分子材料国家地方联合工程实验室、新型防火阻燃材料开发与应用国家地方联合工程研究中心、环境与火安全高分子材料省部共建协同创新中心、教育部环境友好高分子材料工程研究中心及相应领域的四川省国际合作研究基地（国际联合研究中心）等国家与省部级研究平台。担任 *Engineering*、*Polymer Degradation and Stability*、*Journal of Applied Polymer Science*、*Journal of Fire Sciences* 等 9 个 SCI 刊编委。全国优秀科技工作者，教育部跨世纪优秀人才计划、四川省学术和技术带头人，获得何梁何利基金科技进步奖、四川省科技杰出贡献奖、第五届（2004）光华工程科技奖青年奖、宝钢教育奖优秀教师奖、四川省“优秀研究生指导教师”称号、四川大学首届“最受学生欢迎教师奖”和首届“产学研合作杰出贡献奖”的最高奖等。主要从事高分子材料的功能化与高性能化研究，特别是在阻燃材料、生物基与生物降解高分子材料及高分子材料循环利用等研究领域，取得了系统的理论和应用成果，有效解决了制约相关行业发展的一些关键技术。截至 2019 年，发表 SCI 论文 560 余篇，近 10 年 SCI 他引 1.5 万余次，邀请英文专著章节和综述 13 篇章，出版专著/教材/手册 6 部，两项基础研究成果入编《国家自然科学基金资助项目优秀成果选编》；获授权发明专利 120 余件；获 13 项国家和省部级科技成果奖，其中，作为第一完成人获国家自然科学奖二等奖、国家技术发明奖二等奖和国家科学技术进步奖二等奖各 1

项，教育部和四川省一等奖6项。获得四川省教学成果一等奖1项、省级精品课一门。

陈芬儿 中国工程院院士，四川大学双聘院士，1958年4月生，江西崇仁人。四川大学获硕士、博士学位，教授，博士生导师。2004年至今任瑞士罗氏（现DSM）公司首位华人技术顾问（国际合作），兼任教育部高等学校化学及化工科学教育指导委员会委员；中国药学会药物化学专业委员会委员，上海市药学会药物化学专业委员会委员、主任委员；上海市药物合成工艺过程工程技术研究中心技术委员会副主任委员；曾任复旦—帝斯曼（DSM）合成方法与手性技术联合实验室主任（国际合作）。*Chinese Chemical Letters* 副主编、中国药学（英文版）杂志副主编、*Anticancer Drugs Discovery*、*Drug Discoveries & Therapeutics*、*Current Medicinal Chemistry*、药学学报等10余个国内外著名杂志编委等。长期从事药物分子设计学、有机化学的研究，主要研究方向：基于计算机辅助和药物作用机制的新药发现、天然产物的化学全合成研究、有机小分子不对称催化反应的应用研究、手性药物与手性技术的研究、药物合成创新工艺的研究等。取得了大量具有理论意义和重大应用价值的学术成果。研究成果曾获2005年国家技术发明奖二等奖；该项目获2007年国家科学技术进步奖二等奖。

王琪 中国工程院院士，女，1949年出生，四川自贡人。毕业于四川大学高分子材料专业，获工学学士（1982年1月）、硕士（1984年6月）、博士（1989年6月）学位。1989年12月—1992年3月在加拿大Laval大学高分子科学工程中心攻读博士后。现任四川大学教授，博士生导师，国际聚合物加工学会中国代表，《高分子材料科学与工程》期刊主编，中国塑料加工工业协会专家委员会副主任，中国材料研究学会理事，中国化学会理事等。曾任高分子材料工程国家重点实验室主任（1998—2009），四川大学“985”工程“高分子与特种功能材料”科技创新平台首席科学家（2004—2014）等。主要从事塑料加工新装备新技术新原理的研究和工程化应用，如固相力化学加工，塑料管旋转挤出加工，聚乙烯醇热塑加工和熔融纺丝，高值高效回收利用废弃塑料橡胶，制备无卤阻燃塑料和泡沫塑料，聚合物基微纳米功能复合材料微型加工和3D打印加工等。主持承担国家863项目、973课题、国家自然科学基金重点项目、仪器基金项目、国际合作重点项目及与国内外企业合作等多项科研项目。研究成果获国家技术发明奖二等奖1项，中国专利奖金奖1项，省部级一等奖3项、二等奖3项等；获授权中国发明专利45项，发表学术期刊论文380余篇。指导博士研究生52名，硕士研究生90名。

李言荣 1961年7月生，中国工程院院士。现任四川大学校长。第十三届全国政协委员。曾任电子科技大学校长。长期从事电子材料与元器件的教学和科研工作，曾获国家技术发明奖二等奖3项。主要围绕电子薄膜材料技术与微波器件、传感器件和集成电子器件等的应用开展研究工作。

程京 四川大学双聘院士，2009年当选中国工程院院士，1963年出生，安徽安庆人，国际欧亚科学院院士。1983年毕业于上海铁道大学（同济大学）电气工程系。1992年获英国史查克莱大学司法生物学博士学位。现任清华大学医学院生物医学工程系及医学系统生物学研究中心教授、博导，生物芯片北京国家工程研究中心主任。任 *Human Mutation* 杂志通讯编辑、*IET Nanobiotechnology* 杂志编委和 *Journal of the Association for Laboratory Automation* 杂志科学顾问，全国生物芯片标准化技术委员会主任委员、中国医药生物技术协会生物芯片分会主任委员、中国仪器仪表学会医疗仪器专业委员会主任委员、中国高科技产业化研究会生物医药产业化工作委员会主任委员、中国医院协会临床检验专业分子诊断技术与质量管理分会主任委员、国务院学位委员会生物医学工程组第七届学科评议组召集人、发改委国家生物产业发展咨询委员会专家、战略性新兴产业发展专家咨询委员会委员。主要从事 DNA 芯片、蛋白芯片、细胞芯片和芯片缩微实验室的研究开发和在健康管理、疾病诊断、食品安全检测、药物开发中的应用研究，以及依托互联网大数据和人工智能的大健康管理产品和服务平台。主持研制了生物芯片类产品及配套仪器共 70 余项，获国内外发明专利共 252 项，获中国医疗器械注册证 58 项，欧盟 CE 证书 37 个，获批临床诊断类生物芯片行业标准 7 项、国家标准 14 项。主编中英文著作各 4 部，在 *Nature Biotechnology* 等杂志上发表 SCI 论文 143 篇，SCI 他引 9000 余次。曾荣获国家技术发明奖二等奖两次、谈家桢生命科学成就奖、何梁何利基金科学与技术创新奖、中国工程院光华工程科技奖、杰出工程师奖和“中国科学年度新闻人物”等奖励和荣誉。

王成善 地质学家，1951 年 11 月生，黑龙江哈尔滨人。1981 年毕业于成都地质学院（现成都理工大学）并获硕士学位。2013 年当选为中国科学院院士。中国地质大学（北京）教授。曾任成都理工大学校长。主要从事沉积学等方面的研究和教学工作。在白垩纪古环境与古气候、构造隆升与沉积响应和含油气盆地分析方面取得了系统性和创新性成果，提出了白垩纪大洋红层和富氧作用（事件）原创性观点，并建立了青藏高原中部率先隆起的“原西藏高原”隆升新模式，对青藏高原含油气盆地进行了系统的分析和油气资源评价。曾获得“李四光地质科学奖”“全国先进工作者”“全国五一劳动奖章”“全国优秀教师”“美国地质学会会士”等奖项和荣誉称号。

三、特聘院士（按学校聘任时间排序）

何德全 中国工程院院士，1933 年生，在国家安全部从事信息技术与信息安全领域研究，1994 年当选为中国工程院院士。曾获国家发明奖二等奖 1 项，国家科学技术进步奖三等奖 1 项，作为第一完成人获部省级科技进步奖 10 项。

沈昌祥 中国工程院院士，长期进行计算机信息系统安全性研究和开发，先后完成重大科研和工程项目 20 多项，在信息保密和网络安全等多项领域取得突破性进展，达到国际先进水平。曾获国家科技进步一等奖 2 项、二等奖 2 项、三等奖 3 项，获军队科技进步奖十几项。著有《实时系统软件设计初步》专著。在国内外发表有影响论文 20 余篇。1995 年 5 月当选为中国工程院院士。

周仲义 中国工程院院士，长期从事信号与信息处理研究工作，曾创造性地解决本专业领域关键性技术课题和重大技术难题，曾获国家科学技术进步奖一等奖 1 项、国家科学技术进步奖三等奖 2 项。现为原总参谋部第三部研究员。

刘宝珺 中国工程院院士，沉积地质学家。1931 年出生，1956 年毕业于北京地质学院岩石学专业研究生班。从事教学及科研 40 余年，在沉积学、地理学、全球变化等方面是我国先驱者及学术带头人，公开发表中英文论文百余篇，专著 15 部，其学术观点被广泛引用，在国外有一定影响。主编过我国第一部沉积学及岩相古地理学专业教材（统编教材），1986 年被选为“国家级有突出贡献中青年专家，”享受政府特殊津贴。1989 年获第一届李四光地质科学奖，1996 年在第 30 届国际地质大会上获斯潘迪亚罗夫奖（100 年来第 20 位、我国第一位获奖者），1997 年获“全国优秀科技工作者”称号。

马志明 中国科学院院士，四川成都人。1978 年毕业于重庆师范学院数学系。1981 年获中国科学技术大学研究生院数学硕士学位。1984 年获中国科学院应用数学研究所数学博士学位。1999 年当选为第三世界科学院院士。中国科学院数学与系统科学研究院应用数学研究所研究员，中国数学会副理事长。主要从事概率论与随机分析方面的研究，在狄氏型与马氏过程、维纳空间容度理论、Feynman-Kac 半群、薛定锷方程、随机线性泛函、无处 Radon 光滑测度环空间的对数 Sobolev 不等式等研究中获多项国际领先的或国际先进的成果。突破“局部紧”及“正则”两大限制所提出的拟正则狄氏型新数学框架，解决了该领域存在 20 年之久的难题，该数学框架是研究奇异问题与无穷维问题的有力数学工具，并已在许多领域得到日益增长的应用。1995 年当选为中国科学院院士。

樊代明 中国工程院院士，现任第四军医大学全军消化病研究所所长，1978 年毕业于第三军医大学军医系。承担国家“973”“863”等攻关项目的课题，承担国家自然科学基金重点课题及国家杰出青年基金课题，发表论文 181 篇，其中英文 40 篇，获国家科技进步二等奖、三等奖各 1 项，国家发明三等奖 1 项，省部级科技进步一等奖 3 项。担任中华医学会理事等全国性学术职务 12 个，其中包括国务院学位委员会学科评议组成员、国家自然科学基金委学科评议组组长、国家新药审评委员会委员、中华内科学会常委等，担任 21 本专业杂志编委，11 种杂志的副主编。

金鉴明 中国工程院院士，1932 年生。环境生态学专家。浙江省杭州人。1955 年毕业于上海复旦大学，1960 年毕业于苏联彼得格勒大学获副博士学位。国家环境保护总局研究员。在环境工程学科领域中做出了重大贡献和富有创造性的成就。生物多样性保护研究、物种移地、就地保护工程和自然保护区设计、建设工程等领域的开拓者和奠基者之一。在生态定量化的研究和应用、广西花坪银杉自然保护区定位站研究、辽宁蛇岛保护区的建设、麋鹿回归大自然的遗传生态工程设计等方面都取得突破性的进展，其成果具有开创性、创导性、应用性和操作性。1997 年当选为中国工程院院士。

黄志镗 中国科学院院士，1951 年毕业于同济大学化学系。中国科学院化学研究所研究员。20 世纪 50 年代从事有机硅化合物和有机硅高分子的研究。20 世纪 60 年代起从事酚醛树脂、环氧树脂等增强塑料及耐高温高分子的研究，为防热材料的发展做出了贡献。在交联型聚酰亚胺和合成三嗪交联的新型耐高温高分子上都有创新。20 世纪 80 年代起进行杂环化学的研究，系统研究杂环烯酮缩胺的合成及反应，合成了 1000 个以上的新杂环化合物，与国内外有关研究单位协作进行生物活性试验，以筛选药物及农药。其后又开展环芳烃化学的研究，在合成和包合性能等方面皆取得有意义的结果。1991 年当选为中国科学院院士（学部委员）。

白以龙 中国科学院院士，力学家。1940 年 12 月生，1963 年毕业于中国科学技术大学。1991 年当选为中国科学院学部委员，中国科学院力学研究所研究员。他突破国际惯用的最大应力经验描述，建立了关于热塑剪切模型方程及变形局部演化等一系列新结论，被称之为“白模型”“白判据”。创立了亚微秒尖力脉冲技术；建立了微损伤的非平衡统计演化的理论和实验基础，取得了突出成果。现任中国科学院力学研究所学术委员会主任、非线性力学国家重点实验室主任，中国力学学会理事长，国家自然科学基金委员会数理学部主任等职。主要研究方向：统计细观损伤力学和变形损伤局部化；材料的细—微观结构和宏观力学性能；固体的冲击动力学；复杂现象的不确定性和预测。

刘盛纲 中国科学院院士，1955 年毕业于南京工学院无线电系。电子科技大学教授，四川大学特聘教授，中国电子学会副理事长，中国真空电子学会会长；曾任电子科技大学校长。刘院士在电子回旋脉塞、自由电子激光与高功率微波、微波电子学及微波等离子体电子学、生物电子学等领域做出了开创性、奠基性的工作，是我国该领域的先驱者。他曾获国家自然科学三等奖、四等奖，国家技术发明三等奖。1980 年当选为中国科学院学部委员。1999 年度陈嘉庚信息科学奖等。2001 年荣获国家高科技 863 突出个人贡献奖。2003 年，国际 K. J. BUTTON 奖获得者。

魏复盛 中国工程院院士，环境化学、环境监测专家。1938 年 11 月生，1964 年毕业于中国科技大学化学系，1985 年到中国环境监测总站工作，曾任副站长、总工程师、研究员。中国环境科学学会副理事长，全国环境监测专业委员会主任，第十届全国人大常委会委员。1985 年领导和组织了全国监测分析方法的研究、验证和统一及标准化工作。负责组织并承担国家科技部一系列重大攻关课题，取得了具有国际先进水平的重大科研成果。近十余年负责承担了多项中美科技合作课题。曾获国家科学技术进步奖二等奖 2 次，获部级科技二等奖 2 次、三等奖 1 次。编著或组织编写的专著 10 余部。在国内外学术刊物上发表论文 170 余篇。主要研究方向：环境化学、环境监测技术、环境污染与健康等。

蔡吉人 中国工程院院士，长期从事信息处理研究工作，在信息压缩、转换、传输等方面做出卓著成绩，主持过 10 多个重大科研项目的研究工作，主持审查过 30 多个设计方案，是我国信息安全领域的主要学术带头人，担任国家重点基础研究发展规划项目“信息与网络安全体系研究”首席科学家。曾获国家科学技术进步奖二等奖 4 项，多次获国家、省部级其他奖励，发表学术论文和研究报告 30 余篇。

张亚平 中国科学院院士，分子进化生物学和保护遗传学家。1965 年生于云南昭通，原籍四川资中。1986 年毕业于复旦大学生物系，1991 年获中国科学院昆明动物研究所博士学位。现任中国科学院昆明动物研究所研究员、副所长，云南大学教授。从事灵长类、食肉类等一系列动物类群的研究，澄清了这些类群系统与演化中的一些重要问题。以线粒体基因组作为主要遗传标记研究东亚人群的遗传多样性，揭示了东亚人群进化的一些规律，并阐述了我国一些民族的演化历程。系统研究了野生动物和家养动物的遗传多样性，发现遗传多样性贫乏与物种濒危之间没有必然的对应关系，证明东亚是家养动物驯化的重要区域。在脊椎动物中首次发现微进化时间范围内 DNA 异速进化的现象。对基因起源进化的研究，揭示了一些新基因的形成和基因的变异在生物适应进化中的意义。2003 年当选为中国科学院院士。

刘昌孝 中国工程院院士，1965 年北京医学院药学专业毕业，1986—1987 年在瑞典 Lund Draw 研究所做访问学者，从事手性药物的动力学研究，2003 年 12 月当选为中国工程院院士。现任天津药物研究院新药评价研究中心主任，中国药理学代谢委员会主任。出版了国内第一本《药物代谢动力学》专著，创建了国内第一个药物动力学实验室，第一个将药物代谢动力学用于我国的新药鉴定和评价，发表了国内第一篇应用 HPLC 研究药物动力学的论文。获得过 27 项目次的省级以上科技成果奖励和国际学术成果奖励。2000 年获得首届香港紫荆花医学成就奖。

许祖彦 中国工程院院士，四川省邛崃人。2001 年 12 月当选为中国工程院院士。1963 中国科学技术大学技术物理系毕业。中科院物理所研究员，四川大学特聘教授。许院士主要从事可调谐激光，全固态激光和超快激光的理论和应用研究。在有机染料可调谐激光技术研究上获国家科技进步二等奖一项，中科院科技进步二等奖二项，信息产业部科技进步二等奖一项；在非线性光学和光参量宽调谐激光研究上获国家发明二等奖一项，中科院科技进步一等奖一项；大功率全固态激光研究也取得多项国内外领先成果和发明；超快激光研究方面在国内首创全固态飞秒光源和国际领先宽调谐飞秒激光器等。

马洪琪 中国工程院院士，1967 年毕业于清华大学水利系，历任水电十四局技术员、副总工程师、总工程师、局长兼总工程师、澜沧江水电开发有限公司总工程师。2001 年当选为中国工程院院士。受聘为四川大学兼职教授、博士生导师。马洪琪院士先后参加并负责了鲁布革、漫湾、广州抽水蓄能、天荒坪、大朝山、黄河小浪底、长江三峡澜沧江小湾等大型电站工程的建设。他总结并完善了地下工程施工技术，提出了加快大型洞室群施工的平面多工序立体多层次的施工方法，为复杂洞室群的施工规划和组织提供了导则。他总结了高压长斜井快速施工方法，研制的 XHM 型斜井滑模填补了我国此项技术空白，属世界领先水平。岩锚吊车梁施工技术、无钢衬高压钢筋混凝土岔管施工技术，达到世界先进水平。他认真探索项目法施工科学管理获得成功。他参与的广蓄电站一期工程的关键技术研究和实践获国家科学技术进步奖二等奖，工程施工质量获中国建设工程鲁班奖。他认真探索项目法施工科学管理，为我国水电事业改革做出贡献。其间，他获得国家级和省部级科技进步奖 10 项、国家专利 1 项，中国建设工程优质工程奖 8 项、国家鲁班奖 1 项、科学管理成果奖 1 项，被评为“国家有突出贡献专家” “中国优秀企业经营者”，获全国五一劳动奖章。

吴以成 中国工程院院士，长期从事无机非线性光学晶体材料研究，在新型非线性光学材料探索、晶体生长及非线性光学特性研究、晶体结构与非线性光学性能相互关系等领域取得了突出成绩，共发表论文 100 余篇，获中国发明专利授权 12 项、美国发明专利授权 3 项、日本发明专利授权 2 项，是“新型非线性光学晶体 LBO”的第二发明人、“新型非线性光学晶体 CBO”的第一发明人、“新型非线性光学晶体 LCB”的第一发明人。曾获得国家教委、国务院学位委员会颁发的“做出突出贡献的中国博士学位获得者”称号、国家发明一等奖（排名第二）、中国科学院科技进步一等奖（排名第二）、光华科技基金奖一等奖、福建省王丹萍科学奖二等奖等奖励。

管华诗 中国工程院院士，我国著名食品及海洋药物、生物学家，中国海洋大学前任校长，山东省科协主席，教育部轻工与食品学科教职委主任。管华诗院士长期从事海洋生物资源的综合开发利用及海洋药物与食品工程的教学和科研工作，开创了我国海洋药物新研究领域，已获授权国内外发明专利 13 项，申请并受理国家发明专利 27 项。已指导培养博士 26 名、硕士 25 名。先后获全国科技大会奖，农业部科技进步二等奖，山东省科技进步一、二等奖、国家科学技术进步奖三等奖，国家教委科技进步奖二等奖，美国世界成就奖，山东省最高科学技术奖等。

李焯芬 中国工程院院士，工程与技术科学基础学科（岩土工程、地质工程）专家。1945 年生于广东省中山市，1972 年毕业于加拿大西安大略大学，获博士学位。曾任加拿大安大略水电土木建筑部主任，现任中国香港大学副校长、香港工程科学院院长。参与并主持了加拿大多座大型火、水和核电站的地质论证、环境评价和土建工程，为解决复杂地质条件下建设大型工程的岩土问题，如大坝安全、核废料处理、核电站抗震等，取得新的进展；主持了多项地质灾害防治和工程科研工作；对香港地区暴雨触发滑坡和风化土破坏机制有重要理论创新；支持国内建设，对三峡、大亚湾等工程做了大量咨询；培养年青人才，贡献突出。在工程实践和理论研究中做出了重大贡献，对国际学科发展有重要影响，荣获香港工程科学院和加拿大工程院（CAE）院士的称号，2003 年当选为中国工程院院士。

柴之芳 中国科学院院士，放射化学家，中国科学院高能物理研究所研究员。1964 毕业于复旦大学物理二系放射化学专业。1980—1982 年获洪堡基金资助，在德国科隆大学从事核技术的应用研究。其后，曾在美国 Purdue 大学、法国 Strassburg 核研究中心、荷兰 Delft 大学、ECN 能源研究中心、东京都立大学等地短期工作。2007 年当选为中国科学院院士。长期致力于核分析方法学的发展，并将其应用于一些交叉学科中。建立了铂族元素放射化学中子活化方法，发现了一些与生物灭绝事件有关的地质界线铂族元素丰度特征及其多种化学种态，丰富和发展了地外撞击理论；倡导并建立了分子—中子活化方法，实现了细胞、亚细胞及分子水平的多种微量元素化学种态的研究。建立并应用多种核分析方法研究金属组学、环境毒理学、纳米安全性，和核爆炸现场快中子谱等。共发表论文 300 余篇，其中 SCI 收录 200 余篇，中文著作 6 本，英文 3 本，国际会议特邀报告 30 多次。现为国际纯粹与应用化学联合会（IUPAC）的 Titular 委员、国际原子能机构（IAEA）的顾问，以及其他 5 个国际学术组织的委员或顾问。曾获全国科学大会奖、国家科学技术进步奖二等奖、中科院自然科学一等奖等国家级和部委级奖 7 项。2005 年获国际放射分析化学和核化学领域的最高奖——George von Hevesy 奖。

袁道先 中国科学院院士、博士生导师，中国地质大学、华中科技大学、桂林工学院兼职教授，享受国务院颁发的政府特殊津贴。我国地质学、岩溶地质学学科带头人之一，国际知名水文地质学专家，为我国水文地质、工程地质、岩溶环境地质的研究做出了重大贡献。20世纪50年代，袁道先就承接了拉萨第一座水电站从勘察、设计到施工建成的全部地质工作，还查勘了雅鲁藏布江和贵州乌江沿线的水能资源，做了黄河三门峡坝址的勘探工作。分别在联合国教科文组织国际地质对比计划IGCP 299项目（1990—1994）、IGCP 379项目（1995—1999）和IGCP 448项目（2000—2004）中当选为国际工作组主席。在水文地质学、环境地质、地球化学、岩溶学方面做出了创造性贡献，在国内外重要学术刊物上发表论文共40余篇，出版专著（译著等）4部。1996年，被国际水文地质学家协会授予主席奖(该奖是该协会的最高奖，每年只授予一位国际知名学者)。被1997年，全国科协授予“优秀科技工作者”称号。

黎乐民 中国科学院院士，化学家。1959年北京大学技术物理系毕业，1965年该校技术物理系研究生毕业。北京大学化学与分子工程学院教授、博士生导师、院学术委员会主任、理学部和校学术委员会委员；兼任《稀土材料化学及应用》国家重点实验室学术委员会主任、《理论与计算化学》国家重点实验室学术委员会主任、《中国科学》（B辑：化学）执行副主编、《高等学校化学学报》副主编、《中国化学快报》副主编等学术职务。早年主要从事核燃料络合物化学和萃取化学研究，开展溶液中络合物的化学平衡、平衡常数测定方法、平衡常数与络合物组成及结构的关系等方面的实验与理论研究，以及核分析化学、同位素化学分离和核废液处理等方面的工作。1977年以后主要从事量子化学和理论无机化学研究。与他人合作，在同系线性规律、双层点电荷配位场模型、分子中的原子与原子轨道、振动力常数计算方法、某些麻醉镇痛剂的构效关系等方面取得有特色的成果；系统研究稀土化合物的电子结构和成键特征，以及相对论效应产生的影响，阐明了这类化合物稳定性变化规律的微观机制；发展了四分量、两分量和标量相对论以及非相对论的高精度密度泛函计算方法和程序等。迄今发表学术论文近200篇，研究成果“应用量子化学—成键规律和稀土化合物的电子结构”获得1987年国家自然科学奖二等奖，还获得过部委省级科技成果奖多项。

张恭庆 北京大学教授，中国科学院院士、第三世界科学院院士，主要从事非线性分析领域的研究。在非线性泛函分析及非线性偏微分方程理论研究中获得国际领先成果，特别是他建立和发展了孤立临界点无穷维Morse成果，把几种不同的临界点定理纳入了一个新的统一的理论框架，由此又发现了好几个新的重要的临界定理，运用这一理论，得到了一批重要理论成果。此外，发展了集值映射拓扑度和不可微泛函的临界点理论，解决了一批有实际应用的非线性偏微分方程的自由边界问题。先后获得国家自然科学奖三等奖和二等奖、陈省身数学奖、第三世界科学院数学奖、何梁何利基金科学技术进步奖、教育部高等学校教学名师奖。他曾任中国数学会理事长，是我国早期在世界数学家大会上做45分钟应邀报告的少数几个杰出数学家之一。

姜伯驹 北京大学教授，中国科学院院士，第三世界科学院院士。在不动点理论中Nielsen数的计算方面取得突破性进展，所创的方法在国外称为“姜子群”“姜空间”。运用低维拓扑学的理论和方法，全面解答了已有半个世纪之久的Nielsen不动点猜想，并开拓了Nielsen式的周期点理论。曾任科技部“973计划”《核心数学中的前沿问题》项目的首席科学家，先后获国家自然科学奖三等奖和二等奖、陈省身数学奖、何梁何利基金科学技术进步奖、华罗庚数学奖、中华全国总工会授予的全国五一劳动奖章、教育部颁发的“高等学校教学名师奖”，是我国杰出的数学家和教育家。

王浩 中国工程院院士、中国水科院水资源所所长、教授级高工，长期从事水文水资源研究，在流域水循环过程模拟、水资源评价、水资源规划、水资源配置和调度、生态需水理论及其计算方法、水价理论与实践、水资源管理以及节水型社会建设等方面取得了一系列成果。曾主持完成国家项目及其他部门和地方项目数十项，世行、亚行以及其他国际合作项目多项。发表学术论文200余篇，出版专著20余部，其中《西北地区水资源合理配置与承载能力研究》一书分别获得“国家优秀图书奖”和“河南省优秀图书荣誉奖”。获得国家科学技术进步奖二等奖5项，省部级奖励10项。2004年荣获中央国家机关“五一劳动奖章”；2006年被评为“全国杰出专业技术人才”；2009年被评为“全国水利系统奉献水利先进个人”。

陈永川 中国科学院院士，1964年出生，四川南充人。1984年获四川大学计算机软件学士学位；1987年赴美国麻省理工学院学习；1991年获应用数学博士学位，同年被美国洛斯阿拉莫斯国家实验室授予奥本海默研究员奖。现任天津市第十二届政协副主席，九三学社中央常委、市委会主委，南开大学副校长。主要研究领域包括经典组合数学，代数组合学，组合数学在生物、物理和金融领域的应用等。构造的“Schroder trees”的计数算法是组合数学中最漂亮的算法之一；建立的指数型结构的上下文无关文法的计数模型被公认为“陈氏文法”。先后获得了美国李氏基金会学术成就奖、联合国教科文组织贾乌德·侯赛因青年科学家奖、教育部科学技术进步奖一等奖、中国青年五四奖章、中国青年科技奖、第十三届陈省身数学奖等奖项。

袁亚湘 中国科学院院士，1960年出生于湖南资兴。18岁考上湘潭大学，1982年3月—1982年11月在中国科学院研究生院就读研究生，师从冯康教授。1982年11月起在剑桥大学应用数学与理论物理系攻读博士，师从M.J.D. POWELL教授。1986年获博士学位。现任中国科学院数学与系统科学研究院研究员。在非线性优化计算方法及其理论方面，取得了一系列的重要成果。贡献主要集中在信赖域法，拟牛顿法和共轭梯度法三个方面。在信赖域法算法设计和收敛性分析方面所做的工作是开创性的，特别是对于非光滑优化信赖域方法的研究得出了一系列重要的收敛性定理，给出了超线性收敛的充分必要条件。曾获首届“FOX”奖二等奖、首届冯康科学计算奖、中国青年科学家奖、北京市科技进步一等奖、国家自然科学二等奖、并荣获“国家有突出贡献中青年专家”“全国优秀科技工作者”以及“中国十大杰出青年”等称号。

鄂维南 中国科学院院士，生于1963年。1982年获得中国科技大学学士学位，1985年在黄鸿慈教授指导下获得中科院计算数学所硕士学位，1989年在著名应用数学家Bjorn Engquist教授指导下获得美国加州大学洛杉矶分校博士学位。现任普林斯顿大学数学系和应用数学及计算数学研究所教授。研究领域包括数学、力学和理论物理的诸多方向，并均有重要的发现和贡献。他的研究把数学模型、分析和计算美妙地结合起来，并能对现实世界的重要现象提供新的见解。1996

年获得美国青年科学家与工程师总统奖，1999年获得冯康科学计算奖，2003年获第五届国际工业与应用数学家大会科拉兹奖（Collatz Prize）。

杨永斌 中国工程院院士，1954年8月出生，福建省金门县人，工程力学专家。1976年毕业于台湾大学，1984年获美国康乃尔大学博士学位。2007年当选为奥地利国家科学院院士。2009年当选为中国工程院院士。历任台湾大学土木工程系副教授，台湾大学土木工程系主任，台湾大学工学院院长，台湾云林科技大学校长等。现任台湾大学特聘教授、中华工程教育学会理事长以及两个国际期刊 *IJSSD* 和 *IMMIJ* 主编。同时为湖南大学土木工程学院客座教授、南京工业大学客座教授。专长研究领域：结构非线性理论、桥梁动力理论、和列车波动传播分析法。

谭建荣 1954年10月出生，浙江湖州人，机械工程专家。工学硕士，理学博士，浙江大学求是特聘教授，博士生导师，2007年当选为中国工程院院士。现任浙江大学机械工程及自动化系主任、浙江大学流体动力与机电系统国家重点实验室学术委员会副主任、浙江大学CAD&CG国家重点实验室副主任、浙江大学工程与计算机图形学研究所所长。主要从事机械设计及理论、计算机辅助设计与图形学、数字化设计与制造等领域的研究。2018年起担任四川大学特聘院士。

四、四川大学杰出教授

项楚 四川大学杰出教授，1940年出生。我国著名的敦煌学家、文献学家、语言学家、佛教学家和文学史家。浙江永嘉县人，1962年于南开大学中文系毕业后考取四川大学中国文学史专业研究生，师从庞石帚教授攻治六朝唐宋文学。1980年调入四川大学任教。现为教育部社会科学委员会委员，国家古籍整理出版规划领导小组成员；教育部人文社科重点研究基地四川大学中国俗文化研究所名誉所长，四川大学中国文化研究院院长，中国古典文献学（国家重点学科）、中国古代文学、汉语言文字学三个学科的学术带头人和博士生导师。具有深厚的国学根底，熟读佛经和四部典籍，精于校勘考据，擅长融会贯通，在研究中熔语言、文献、文学、宗教于一炉，形成了独具的治学特色。对敦煌学的研究折服了自诩“敦煌学在外国”的外国学者，为祖国赢得了荣誉。著有《敦煌文学丛考》《王梵志诗校注》《寒山诗注》《敦煌变文选注》《柱马屋存稿》等多部专著，发表学术论文百余篇。曾获中国社科院青年语言学家奖一等奖，教育部首届、第二届和第五届人文社科优秀成果一等奖，首届思勉学术原创奖。2017年被授予“四川省社会科学杰出贡献专家”荣誉称号。

游志胜 四川大学杰出教授，1945年9月生，四川成都人，博士生导师。四川大学国防科技研究院副院长，国家空管高级顾问，国家空管自动化系统技术重点实验室学术委员会副主任，视觉合成图形图像技术国防重点学科实验室学术委员会副主任。长期从事计算机应用技术、图形图像处理技术、空管技术、视觉合成技术、实时软件工程研究。主持了在航空管制、航空安全、图形图像技术等方面多项国家和军队急需的重大工程装备的研制。先后获国家科学技术进步奖一等奖1项、二等奖3项，省部级一等奖4项，均排名第一。1997年被人事部授予“国家有突出贡献中青年专家”称号，2002年获“全国五一劳动奖章”，2005年被评为“全国先进工作者”，2006年获何梁何利基金科技进步奖，2017年获“全国创新争先奖”。牵头组建成立了“国家空管自动化系统技术重点实验室”“视觉合成图形图像技术国防重点学科实验室”和“现代交通管理系统教育部工程研究中心”，承担国家、军队和部省级重大项目20余项，在国际国内发表论文100余篇，其中SCI、EI检索60余篇。

罗志田 1952年生于重庆，1977年考入四川大学历史系，1981年毕业后到四川师范大学历史系，历任助教、讲师，1986年留学美国，获新墨西哥大学硕士学位，普林斯顿大学博士学位。1994年至今任四川大学历史文化学院教授、博士生导师，文科杰出教授，研究方向主要为中国近代文化史、中外关系史。著作有《再造文明的尝试：胡适传（1891—1929）》《民族主义与近代中国思想》《权势转移：近代中国的思想、社会与学术》《乱世潜流：民族主义与民国政治》《国家与学术：清末民初关于“国学”的思想论争》《裂变中的传承：20世纪前期的中国文化与学术》《近代中国史学十论》《激变时代的文化与政治：从新文化运动到北伐》《变动时代的文化履迹》《近代读书人的思想世界与治学取向》等。

曹顺庆 欧洲科学与艺术院院士，四川大学杰出教授。1954年2月生于贵阳，1980年毕业于复旦大学，同年考上四川大学研究生，1983年获硕士学位，1987年获博士学位。曾任四川大学文学与新闻学院院长，博士生导师，国家级重点学科比较文学与世界文学学科带头人，教育部跨世纪优秀人才，霍英东教师基金获得者，做出突出贡献的中国博士学位获得者，享受国务院政府特殊津贴，四川省学术带头人，“双一流”学科建设首席科学家，国家级教学名师，国务院学位委员会学科评议组成员，国家社科基金评委，国家教材委员会委员，教育部“马工程”首席专家，教育部本科教学评估工作专家委员会委员，教育部教学指导委员会中文学科副主任委员；中国比较文学学会前任会长，中国古代文学理论学会副会长，中国中外文论学会副会长，四川省社会科学界联合会副主席；为美国康乃尔大学、哈佛大学和我国香港中文大学访问学者；我国台湾南华大学、佛光大学、淡江大学客座教授。比较文学国家级教学团队负责人，比较文学国家级精品课程负责人；主持国家社科基金重点项目“中外文学发展比较研究”等多个项目，担任“十五”“211”重点项目“中外文学与俗文化”负责人；多次获国家级优秀教学成果奖、教育部人文社科奖及四川省政府社科一、二、三等奖。《文学评论》编委、《中国比较文学》编委、英文刊物 *Comparative Literature*: *East & West* 主编。出版了《比较文学变异学》(*The Variation Theory of Comparative Literature*)《中西比较诗学》《中外比较文论史》《比较文学史》《中国文化与文论》《两汉文论译注》《东方文论选》《比较文学新开拓》《中国古代文论话语》《中外文学跨文化比较》《比较文学论》《比较文学学科理论研究》《世界文学发展比较史》《比较文学学》等著作20多部，发表学术论文百余篇。

钟本和 1937年11月出生，女，四川达州人。任化工学院杰出教授、博士生导师。长期从事磷复肥、磷化工教学科研工作。负责完成的“料浆法制磷铵”新工艺、创造性地解决了我国大量中品位磷矿长期不能生产高效复肥磷铵的难题，成为该领域的开拓者。经过20余年的研究和攻关，完成了该工艺的基础研究、模试、中试。3万吨/年工业试验和装置技术国产化、大型化，并在全国推广。已形成具有中国特色的20—30万吨/年装置的成套先进技术，成为我国高浓度磷复肥生产的主导技术路线。被原国家计委列为“六·五”以来我国科技战线的八大成果之一[计科1988（570）号文]。主持完成的“6万吨/年料浆法磷铵”，被国家计委列为全国“八·五”攻关突出的五项重大成果之一；主持完成的15万吨/年多项关键技术的“九·五”攻关获得重大经济效益。2007年全国产量达900余万吨，占磷铵总产量60%以上。近十年还主持完成国家发改委和科技部下达的“生活垃圾制有机复合磷肥10万吨/年工业性试验”及对磷化工行业技术进步、产量升级换代具有重大意义的、低能耗、低成本制高纯度湿法磷酸净化新工艺，完成了1万吨/年、5万吨/年工业试验并在全国推广。在上述领域取得多项重大成果、获多项奖励，其中以第一完成人获国家科技进步一、二等奖各1项，部省级特等奖1项，一等奖2项，二等奖4项。先后被评为省、市劳动模范，“有突出贡献中青年专家”，1991年享受国务院政府特殊津贴；四川省委、省政府科技重奖，省优秀共产党员。国家“六·五”“七·五”“八·五”科技攻关先进个人，全国高校先进科技工作者，首届“亿利达”科技奖，首届四川大学“五粮液校企合作贡献奖”。近年来获2015年全国赵永镐创新成就奖，2017年被评为“全国高校黄大年式教师团队”，2018年获何梁何利基金科学与技术进步奖，及侯德榜化工科学技术奖。合作出版专著4本，在国内外主要刊物发表论文200余篇，并获多项发明专利。为四川省学术和技术带头人。原中国磷肥协会常务理事、中国磷肥专家组副组长；硫酸协会理事；全国化工硫酸和磷肥设计中心理事；中国化工学会化肥专业委员会委员；无机盐行业磷酸盐专家组成员，《磷肥与复肥》特约编委，《硫磷设计与粉体工程》编委，《化肥工业》编委，《无机盐工业》编委，《腐殖酸》编委。

詹石窗 四川大学杰出教授，我国著名的道教学研究专家、宗教学家、易经研究专家、国务院政府特殊津贴专家。1954年9月生于福建省厦门市。1982年获厦门大学哲学学士学位，1986年获四川大学宗教学研究所哲学硕士学位，1996年获四川大学宗教学研究所哲学博士学位；1998年，韩国大真大学为表彰其突出的学术贡献，特别授予教育学名誉博士学位。曾任福建师范大学易学研究所教授、厦门大学闽江学者特聘教授、厦门大学人文学院副院长；现任四川大学老子研究院院长、四川大学道教与宗教文化研究所博士生导师、全国学术百强杂志《宗教学研究》主编、英文版杂志《道家研究前沿》（*Frontiers of Daoist Studies*）主编、《道学研究》杂志主编、国家社会科学基金学科评审专家、老子道学文化研究会副会长、华夏老子学研究联合会副会长、国家“十三五规划”文化重大工程《中华续道藏》首席专家等职。先后主持教育部哲学社会科学重大课题攻关项目“百年道学精华集成”（首席专家）、国家社会科学基金重大项目“百年道家与道教研究著作提要集成”（首席专家）等十多个课题。主要著作有《道教文学史》《易学与道教符号揭秘》《道教文化十五讲》《中国道教思想史》（副主编）等30余部，组织编纂《国学新知文库》等多系列大型学术丛书，在《中国社会科学》《哲学研究》等海内外学术刊物发表《朱熹与〈周易〉先天学关系考论》等学术论文260多篇。论著先后获得省部级奖15项，其中一等奖5项，二等奖5项，全国高校人文社会科学优秀成果奖3项。有两部著作入选“国家社科基金成果文库”，一部著作入选国家规划办“中华学术著作外译”项目。在学术研究领域以道教与易经关系、道教文学研究见长。个人专著《道教与女性》《道教文化十五讲》《中国宗教思想通论》先后被译为外文，在国外出版。

霍巍 四川大学杰出教授。1957年2月出生，在四川大学获得学士（1982）、硕士（1985）和博士（1998）学位。四川大学历史文化学院考古系教授、博士生导师；四川大学历史文化学院院长、四川大学博物馆馆长、教育部人文社会科学重点研究基地四川大学中国藏学研究所所长。学术兼职：香港城市大学客座教授，国际日本文化研究中心客座教授，吉林大学中国边疆考古中心学术委员会委员、客座教授，中国社会科学院考古研究所中国文明研究中心客座研究员，西藏大学客座教授，四川美术学院客座教授等。兼任四川省历史学会副会长、四川省博物馆学会副理事长、中国考古学会理事、四川省委、省政府决策咨询委员会委员等。2011年被教育部聘为历史学教学指导委员会委员，2013年被国家社科规划办聘为国家社科基金评委，2015年受聘为第七届国务院学科评议组成员，并任考古学召集人之一。长期从事中国考古学的教学与研究工作，主要研究领域为汉唐考古、西南考古、西藏考古、文物学与艺术史、中外文化交流、博物馆学等。曾多次在日本、美国、德国等应邀参加国际学术会议并作大会发言。先后在国内权威学术期刊《考古学报》《民族研究》《世界宗教研究》《文物》《考古》《中国藏学》以及国际著名学术刊物《东方学报》等发表论文近百篇，出版《西藏古代墓葬制度史》、《西藏西部佛教文明》《战国秦汉时期中国西南的对外文化交流》《西藏皮央·东嘎考古报告》《吐蕃时代：考古新发现及其研究》《考古发现与西藏文明史第一卷：史前时代》等学术著作多部。其学术成果先后荣获教育部人文社会科学成果二等奖，吴玉章社会科学优秀成果奖，四川省哲学社会科学成果一、二等奖，全国青年哲学社会科学优秀成果奖二等奖，两次获得四川省优秀教学成果一等奖，两次荣获宝钢优秀教师奖，2017年荣获中国藏学研究最高奖“珠峰奖”一等奖、第七届吴玉章哲学社会科学优秀成果奖。2000年入选教育部“跨世纪优秀人才”，2007年被评为享受国务院政府特殊津贴专家，2009年被教育部、人事部评为“全国模范教师”。主讲的《考古学与文明史》2013年入选“国家级视频教学精品课程”；主讲的《考古学导论》被评为“四川省级精品课程”，并两次荣获四川省教学一等奖。

表1 2019年新聘正高级专业技术职务人员名单

序号	单位	姓名	性别	最高学位（历）	聘任职务
1	经济学院	顾婧	女	博士	研究员
2	经济学院	贾男	女	博士	教授
3	经济学院	贾立	女	博士	教授
4	文学与新闻学院	刘颖	女	博士	教授

续表1

序号	单位	姓名	性别	最高学位（历）	聘任职务
5	文学与新闻学院	徐沛	男	博士	教授
6	文学与新闻学院	白冰	男	博士	教授
7	外国语学院	杨光	男	博士	教授
8	艺术学院	李明	男	博士	教授
9	历史文化学院	刘君	女	博士	教授
10	历史文化学院	鲍成志	男	博士	教授
11	古籍整理研究所	吴洪泽	男	博士	研究员
12	公共管理学院	刘磊	男	博士	教授
13	公共管理学院	梁中和	男	博士	教授
14	公共管理学院	陈志远	男	博士	教授
15	公共管理学院	李强彬	男	博士	教授
16	道教与宗教文化研究所	王大伟	男	博士	研究员
17	道教与宗教文化研究所	查常平	男	博士	研究员
18	商学院	王杜娟	女	博士	教授
19	商学院	张欣莉	女	博士	教授
20	马克思主义学院	张洪松	男	博士	教授
21	马克思主义学院	李辽宁	男	博士	教授
22	马克思主义学院	冯兵	男	博士	教授
23	体育学院	李姗姗	女	博士	教授
24	数学学院	贺巧琳	女	博士	教授
25	物理学院	林兴德	男	博士	教授
26	化学学院	李峰	男	博士	教授
27	化学学院	祝良芳	女	博士	教授
28	化学学院	李立新	男	博士	教授
29	化学学院	谢均	女	博士	教授（思政）
30	生命科学学院	张胜	男	博士	教授
31	生命科学学院	张安云	男	博士	教授
32	电子信息学院	汪莎	女	博士	研究员
33	电子信息学院	李小伟	男	博士	研究员
34	原子核科学技术研究所	昂然	男	博士	研究员

续表1

序号	单位	姓名	性别	最高学位（历）	聘任职务
35	原子核科学技术研究所	杨吉军	男	博士	研究员
36	材料科学与工程学院	李军	男	博士	研究员
37	机械工程学院	李翔龙	男	博士	教授
38	电气工程学院	韩芳	女	博士	教授（思政）
39	计算机学院（软件学院）	彭玺	男	博士	教授
40	计算机学院（软件学院）	刘艳丽	女	博士	教授
41	建筑与环境学院	范海冬	男	博士	教授
42	建筑与环境学院	余江	女	博士	研究员
43	水利水电学院	徐奴文	男	博士	研究员
44	化学工程学院	汪伟	男	博士	教授
45	化学工程学院	吉俊懿	男	博士	教授
46	化学工程学院	赵强	男	博士	教授
47	轻工科学与工程学院	郭荣辉	女	博士	教授
48	轻工科学与工程学院	吴重德	男	博士	教授
49	高分子科学与工程学院	白红伟	男	博士	教授
50	高分子科学与工程学院	孙树东	男	博士	教授
51	国家生物医学材料工程技术研究中心	李莉	女	博士	研究员
52	国家生物医学材料工程技术研究中心	周长春	男	博士	研究员
53	空天科学与工程学院	蒲伟	男	博士	研究员
54	空天科学与工程学院	鄢定祥	男	博士	研究员
55	华西临床医学院（华西医院）	姜昊	男	博士	教授
56	华西临床医学院（华西医院）	彭勇	男	博士	教授
57	华西临床医学院（华西医院）	赵旭东	男	博士	研究员
58	华西临床医学院（华西医院）	周西坤	男	博士	研究员
59	华西临床医学院（华西医院）	黄石书	男	博士	研究员
60	华西临床医学院（华西医院）	马潞	男	博士	研究员
61	华西临床医学院（华西医院）	薛建新	男	博士	研究员
62	华西临床医学院（华西医院）	叶丰	男	博士	教授
63	华西临床医学院（华西医院）	洪桢	女	博士	教授
64	华西临床医学院（华西医院）	刘杰	男	博士	研究员

续表1

序号	单位	姓名	性别	最高学位（历）	聘任职务
65	华西临床医学院（华西医院）	肖凯	男	博士	研究员
66	华西临床医学院（华西医院）	沈宏	男	硕士	主任医师
67	华西临床医学院（华西医院）	陈果	女	博士	主任医师
68	华西临床医学院（华西医院）	黄蕤	女	博士	主任医师
69	华西临床医学院（华西医院）	王椿	女	博士	主任医师
70	华西临床医学院（华西医院）	谢筱琪	女	博士	主任医师
71	华西临床医学院（华西医院）	曹丹	女	博士	主任医师
72	华西临床医学院（华西医院）	杨小东	男	博士	主任医师
73	华西临床医学院（华西医院）	李志辉	男	博士	主任医师
74	华西临床医学院（华西医院）	万美华	女	博士	主任医师
75	华西临床医学院（华西医院）	贺勇	男	博士	主任医师
76	华西临床医学院（华西医院）	李茜	女	博士	主任医师
77	华西临床医学院（华西医院）	张虎	男	博士	主任医师
78	华西临床医学院（华西医院）	勾红峰	女	博士	主任医师
79	华西临床医学院（华西医院）	吕小岩	女	博士	主任医师
80	华西临床医学院（华西医院）	郭佳	女	博士	主任医师
81	华西临床医学院（华西医院）	陈飞	男	博士	主任医师
82	华西临床医学院（华西医院）	郭波	男	博士	主任医师
83	华西临床医学院（华西医院）	李峻	女	博士	主任医师
84	华西临床医学院（华西医院）	王存	男	博士	主任医师
85	华西临床医学院（华西医院）	邓伟	男	博士	主任医师
86	华西临床医学院（华西医院）	方进博	女	博士	主任护师
87	华西临床医学院（华西医院）	印义琼	女	本科	主任护师
88	华西临床医学院（华西医院）	尹维佳	女	本科	主任护师
89	华西临床医学院（华西医院）	龚姝	女	硕士	主任护师
90	华西临床医学院（华西医院）	谷波	女	硕士	主任护师
91	华西临床医学院（华西医院）	陈捷	女	博士	主任技师
92	华西临床医学院（华西医院）	杨永红	女	博士	主任技师
93	华西第二医院	母得志	男	博士	教授
94	华西第二医院	姚强	男	博士	主任医师

续表1

序号	单位	姓名	性别	最高学位（历）	聘任职务
95	华西第二医院	吴瑾	女	博士	主任医师
96	华西第二医院	罗林丽	女	博士	主任医师
97	华西第二医院	周晖	女	博士	主任医师
98	华西第二医院	周淑	女	博士	主任医师
99	华西第二医院	袁粒星	女	硕士	主任技师
100	华西口腔医学院（华西口腔医院）	赵行	男	博士	研究员
101	华西口腔医学院（华西口腔医院）	李春洁	男	博士	教授
102	华西口腔医学院（华西口腔医院）	彭强	男	博士	研究员
103	华西口腔医学院（华西口腔医院）	李敬	女	博士	研究员
104	华西口腔医学院（华西口腔医院）	廖王	男	博士	教授
105	华西口腔医学院（华西口腔医院）	刘钧	男	博士	教授
106	华西口腔医学院（华西口腔医院）	高原	男	博士	主任医师
107	华西公共卫生学院	刘振谧	女	博士	研究员
108	华西公共卫生学院	刘丹萍	女	博士	教授
109	生物治疗国家重点实验室	练仲	男	博士	研究员
110	生物治疗国家重点实验室	逯光文	男	博士	研究员
111	生物治疗国家重点实验室	邵振华	男	博士	研究员
112	生物治疗国家重点实验室	王玮	男	博士	研究员
113	生物治疗国家重点实验室	傅湘辉	男	博士	教授
114	国际关系学院	丁忠毅	男	博士	教授
115	信息管理中心	许春	男	博士	正高级工程师

表2　2019年博士后进站人员名单

编号	姓名	性别	流动站	招收类型
1	范颖	男	环境科学与工程	流动站自主招收
2	苏乃川	男	口腔医学	流动站自主招收
3	于抗抗	女	生物学	流动站自主招收
4	张珮	女	生态学	流动站自主招收
5	林丽君	女	力学	省级联合：成都大学
6	谭斯颖	男	中国语言文学	流动站自主招收

续表2

编号	姓名	性别	流动站	招收类型
7	钟玥	女	临床医学	流动站自主招收
8	孙光曦	男	基础医学	流动站自主招收
9	钟金晶	女	基础医学	流动站自主招收
10	沈国华	男	临床医学	流动站自主招收
11	石汝峰	男	临床医学	流动站自主招收
12	杨云	男	生物医学工程	流动站自主招收
13	陈文杰	男	生物学	流动站自主招收
14	胡渝珠	女	临床医学	流动站自主招收
15	谢锦伟	男	临床医学	流动站自主招收
16	王钊	男	中国史	流动站自主招收
17	温俊杰	男	世界史	流动站自主招收
18	廖宇	男	光学工程	流动站自主招收
19	张勇	男	临床医学	流动站自主招收
20	王晶	女	临床医学	流动站自主招收
21	李春红	女	生物医学工程	流动站自主招收
22	张学磊	男	生物医学工程	流动站自主招收
23	熊熙	男	信息与通信工程	流动站自主招收
24	赵小波	男	药学	省级联合：四川海蓉药业有限公司
25	邱爽	女	新闻传播学	流动站自主招收
26	肖霄	男	轻工技术与工程	流动站自主招收
27	龙勇	男	信息与通信工程	联合培养：重庆金美通信有限责任公司
28	张晓阳	男	临床医学	流动站自主招收
29	胡桓睿	男	临床医学	流动站自主招收
30	要文青	女	基础医学	流动站自主招收
31	张颖异	女	临床医学	流动站自主招收
32	陈子航	男	基础医学	流动站自主招收
33	刘灿	男	材料科学与工程	流动站自主招收
34	徐珏	女	公共卫生与预防医学	流动站自主招收
35	方婧环	女	临床医学	流动站自主招收
36	眭晓林	男	光学工程	流动站自主招收
37	张维汉	男	临床医学	流动站自主招收

续表2

编号	姓名	性别	流动站	招收类型
38	张雨萌	女	公共卫生与预防医学	流动站自主招收
39	张渝俊	男	临床医学	流动站自主招收
40	石彦立	男	物理学	流动站自主招收
41	王辉	男	力学	联合培养：久立集团股份有限公司
42	张皓	女	生物医学工程	流动站自主招收
43	索朗旺杰	男	考古学	流动站自主招收
44	刘洋	男	土木工程	流动站自主招收
45	梅竹	女	土木工程	流动站自主招收
46	兰洁	女	基础医学	流动站自主招收
47	刘坤	男	中国语言文新	流动站自主招收
48	王远铭	男	土木工程	流动站自主招收
49	杨鹍飞	男	法学	流动站自主招收
50	陶枳言	女	临床医学	流动站自主招收
51	张猛	男	物理学	流动站自主招收
52	翟祎星	男	生物学	流动站自主招收
53	杨林	男	轻工技术与工程	流动站自主招收
54	陈晓琴	女	生物医学工程	流动站自主招收
55	胡钦胜	男	临床医学	流动站自主招收
56	牟茂淋	女	物理学	流动站自主招收
57	石涛	男	考古学	流动站自主招收
58	王韬	男	生物学	流动站自主招收
59	马生贵	男	环境科学与工程	流动站自主招收
60	李小意	女	生物学	流动站自主招收
61	戴卉	女	化学工程与技术	流动站自主招收
62	薛俊鹏	男	光学工程	流动站自主招收
63	潘帆	男	信息与通信工程	流动站自主招收
64	周泽航	男	科学科学与工程	流动站自主招收
65	张远冬	女	药学	流动站自主招收
66	周凯	男	生物医学工程	流动站自主招收
67	邓恒	男	生物学	流动站自主招收
68	LI YU NIU	男	考古学	流动站自主招收

续表2

编号	姓名	性别	流动站	招收类型
69	周生态	男	材料科学与工程	流动站自主招收
70	周锟	男	公共卫生与预防医学	流动站自主招收
71	李冠雄	男	机械工程	流动站自主招收
72	贾二鹏	男	水利工程	流动站自主招收
73	王紫静	女	临床医学	流动站自主招收
74	陈菲	女	力学	流动站自主招收
75	罗珺	女	生物医学工程	流动站自主招收
76	吴江华	男	公共管理	流动站自主招收
77	杨洁	女	管理科学与工程	流动站自主招收
78	姜婷	女	工商管理	流动站自主招收
79	万旭升	男	土木工程	流动站自主招收
80	于雪莉	女	临床医学	流动站自主招收
81	陈默	男	中国史	流动站自主招收
82	赵黎君	女	临床医学	流动站自主招收
83	向杰	男	管理科学与工程	流动站自主招收
84	朱江	女	工商管理	流动站自主招收
85	张春乐	男	临床医学	流动站自主招收
86	李红梅	女	土木工程	流动站自主招收
87	程璐	女	临床医学	流动站自主招收
88	晏玉玲	女	临床医学	流动站自主招收
89	王幸	男	临床医学	流动站自主招收
90	曹德宏	男	临床医学	流动站自主招收
91	张凯	男	土木工程	联合培养：深圳大学
92	何亚荣	女	临床医学	流动站自主招收
93	杨红柳	女	临床医学	流动站自主招收
94	李东旭	男	临床医学	流动站自主招收
95	王清毅	男	管理科学与工程	流动站自主招收
96	李雯雯	女	公共卫生与预防医学	流动站自主招收
97	张鹏飞	男	临床医学	流动站自主招收
98	邵国林	男	管理科学与工程	流动站自主招收
99	周黎行	女	临床医学	流动站自主招收

续表2

编号	姓名	性别	流动站	招收类型
100	黎艳红	女	临床医学	流动站自主招收
101	邵国林	男	管理科学与工程	联合培养：阿里巴巴（中国）有限公司
102	易伶潞	女	临床医学	流动站自主招收
103	魏远隆	男	轻工技术与工程	流动站自主招收
104	董建辉	男	土木工程	流动站自主招收
105	肖春	男	生物学	流动站自主招收
106	张燕姿	女	临床医学	流动站自主招收
107	庞学海	男	药学	联合培养：成都苑东生物制药股份有限公司
108	胡畔	女	公共管理	流动站自主招收
109	于萌	女	世界史	流动站自主招收
110	王小泽	男	临床医学	流动站自主招收
111	唐凡	男	临床医学	流动站自主招收
112	高兰阳	女	临床医学	流动站自主招收
113	李怡坚	男	临床医学	流动站自主招收
114	张万华	女	临床医学	流动站自主招收
115	且志宇	男	中国语言文学	联合培养：新华文轩出版传媒股份有限公司
116	母波	男	基础医学	流动站自主招收
117	杨佼佼	男	口腔医学	流动站自主招收
118	李二龙	男	机械工程	流动站自主招收
119	周永召	男	临床医学	流动站自主招收
120	王海军	男	中国语言文学	流动站自主招收
121	邢文婷	女	工商管理	流动站自主招收
122	陈治超	男	药学	流动站自主招收
123	罗耀	男	临床医学	流动站自主招收
124	王林飞	男	中国语言文学	流动站自主招收
125	姜中涛	男	材料科学与工程	流动站自主招收
126	曾锐	男	生物医学工程	流动站自主招收
127	刘昌海	男	临床医学	流动站自主招收
128	张舒婷	女	临床医学	流动站自主招收
129	刘悦	女	药学	省级联合：成都大学
130	李青竹	男	生物医学工程	省级联合：成都大学

续表2

编号	姓名	性别	流动站	招收类型
131	陈超	男	环境科学与工程	流动站自主招收
132	张骏	男	世界史	流动站自主招收
133	卫志美	女	化学	流动站自主招收
134	万春林	男	理论经济学	流动站自主招收
135	刘月秋	女	生物学	流动站自主招收
136	赵萌	女	管理科学与工程	流动站自主招收
137	蔺聪聪	女	临床医学	流动站自主招收
138	车人杰	男	中国史	流动站自主招收
139	周洋	女	环境科学与工程	流动站自主招收
140	张磊	男	生态学	流动站自主招收
141	杨锐	男	工商管理	联合培养：新华文轩出版传媒股份有限公司
142	杨桓	男	公共管理	流动站自主招收
143	蒋兴妮	女	数学	流动站自主招收
144	李懿	女	临床医学	流动站自主招收
145	郭熠	女	材料科学与工程	流动站自主招收
146	赵思远	男	土木工程	流动站自主招收
147	罗鹏	男	管理科学与工程	流动站自主招收
148	李晓晶	女	临床医学	流动站自主招收
149	刘新浩	男	临床医学	流动站自主招收
150	吕永军	男	化学	流动站自主招收
151	骆伟	男	药学	联合培养：四川科伦药业股份有限公司
152	任云	男	药学	联合培养：四川科伦药业股份有限公司
153	殷志刚	男	环境科学与工程	联合培养：四川省有色科技集团有限责任公司
154	尹江亮	男	化学	派出项目招收
155	赵天宝	男	化学	联合培养：宜宾天原集团股份有限公司
156	刘文玥	女	临床医学	联合培养：华西海圻医药科技有限公司
157	魏倩	女	临床医学	联合培养：华西海圻医药科技有限公司
158	何黎黎	女	生物医学工程	流动站自主招收
159	田东	男	材料科学与工程	流动站自主招收
160	刘文能	男	公共卫生与预防医学	流动站自主招收
161	陈月红	女	临床医学	流动站自主招收

续表2

编号	姓名	性别	流动站	招收类型
162	李庆兵	男	临床医学	流动站自主招收
163	程林	男	临床医学	流动站自主招收
164	李青音	女	材料科学与工程	流动站自主招收
165	石刚	男	生物学	流动站自主招收
166	贺雅文	女	工商管理	流动站自主招收
167	徐绯	男	生物学	流动站自主招收
168	阎峻	男	法学	流动站自主招收
169	兰平	女	水利工程	流动站自主招收
170	刘瑞云	女	世界史	流动站自主招收
171	傅超	女	工商管理	联合培养：红蜻蜓鞋业股份有限公司
172	赵雪	女	中国语言文学	流动站自主招收
173	石达顿珠	男	中国史	流动站自主招收
174	林健	男	管理科学与工程	流动站自主招收
175	杨少波	男	机械工程	联合培养：重庆长安汽车股份有限公司
176	付娆	女	理论经济学	流动站自主招收
177	朱一林	男	力学	流动站自主招收
178	曹杨	女	公共管理	流动站自主招收
179	万闰兰	女	基础医学	流动站自主招收
180	张楠	女	理论经济学	省级联合：中铁信托有限责任公司
181	石晓烽	男	理论经济学	省级联合：中铁信托有限责任公司
182	何秀静	女	生物学	流动站自主招收
183	潘成	女	临床医学	流动站自主招收
184	贾琛霞	女	环境科学与工程	省级联合：四川建筑职业技术学院
185	张鹏	男	机械工程	流动站自主招收
186	刘蕴	女	机械工程	省级联合：夹江水工机械有限公司
187	阴雯	女	生物学	流动站自主招收
188	徐嘉麒	男	化学	博新计划招收
189	王颖晋	男	土木工程	联合培养：深圳大学
190	刘飞	男	土木工程	联合培养：深圳大学
191	周昌台	男	土木工程	联合培养：深圳大学
192	赵乐	男	土木工程	联合培养：深圳大学

续表2

编号	姓名	性别	流动站	招收类型
193	刘彦君	女	理论经济学	流动站自主招收
194	苏超	男	临床医学	流动站自主招收
195	周琛	女	公共卫生与预防医学	博新计划招收
196	陈方方	女	化学	流动站自主招收
197	霍省瑞	女	中国史	流动站自主招收
198	何莹	女	临床医学	流动站自主招收
199	陈佳亮	男	土木工程	联合培养：深圳大学
200	王宁	女	基础医学	博新计划招收
201	王德年	男	临床医学	博新计划招收
202	张雪艳	女	临床医学	流动站自主招收
203	何晓光	男	数学	博新计划招收
204	徐若诗	女	口腔医学	博新计划招收
205	纪森	男	生物医学工程	流动站自主招收
206	于博	男	化学	流动站自主招收
207	黄华东	男	材料科学与工程	省级联合：成都川路塑胶集团有限公司
208	杨彪	男	生态学	联合培养：成都大熊猫繁育研究基地
209	鲁凌云	女	临床医学	流动站自主招收
210	黎一鸣	男	生物学	流动站自主招收
211	王波	男	临床医学	流动站自主招收
212	张梦蛟	女	药学	流动站自主招收
213	靳菲	女	工商管理	流动站自主招收
214	孟凡钦	男	信息与通信工程	流动站自主招收
215	范露容	女	管理科学与工程	流动站自主招收
216	王栋	男	土木工程	流动站自主招收
217	吴邦刚	男	工商管理	流动站自主招收
218	胡芝爱	女	口腔医学	流动站自主招收
219	尹贝	女	口腔医学	流动站自主招收
220	衡正光	男	材料科学与工程	博新计划招收
221	高西萍	男	材料科学与工程	联合培养：深圳市新纶科技股份有限公司
222	吉笑盈	女	材料科学与工程	联合培养：四川中烟工业有限责任公司
223	刘瑶	女	口腔医学	流动站自主招收

续表2

编号	姓名	性别	流动站	招收类型
224	蒙明梅	女	口腔医学	流动站自主招收
225	薛超然	男	口腔医学	流动站自主招收
226	李沛霖	女	口腔医学	流动站自主招收
227	谭学莲	女	口腔医学	流动站自主招收
228	江宇辰	男	口腔医学	流动站自主招收
229	张卓远	男	口腔医学	流动站自主招收
230	张雪峰	男	口腔医学	流动站自主招收
231	刘江	男	口腔医学	流动站自主招收
232	李贝贝	男	计算机科学与技术	流动站自主招收
233	孙美灵	女	临床医学	流动站自主招收
234	芦慧芬	女	临床医学	流动站自主招收
235	周磊	男	力学	流动站自主招收
236	王邦达	男	环境科学与工程	流动站自主招收
237	黄波	男	口腔医学	流动站自主招收
238	黄方洋	男	临床医学	流动站自主招收
239	白明茹	女	口腔医学	流动站自主招收
240	李明亮	男	临床医学	流动站自主招收
241	解瑶	女	临床医学	流动站自主招收
242	李君丽	女	临床医学	流动站自主招收
243	周辛璇	女	口腔医学	流动站自主招收
244	林浩	男	材料科学与工程	流动站自主招收
245	肖铭	男	计算机科学与技术	流动站自主招收
246	陈婧瑶	女	临床医学	流动站自主招收
247	欧阳月姣	女	中国语言文学	流动站自主招收
248	葛黎明	男	化学工程与技术	流动站自主招收
249	刘浩	男	临床医学	流动站自主招收
250	钟晨	女	工商管理	流动站自主招收
251	纪杰城	男	临床医学	流动站自主招收
252	郭雨晨	男	口腔医学	流动站自主招收
253	成福义	女	临床医学	流动站自主招收
254	谌霞灿	女	特种医学	流动站自主招收

续表2

编号	姓名	性别	流动站	招收类型
255	刘佶鑫	男	哲学	流动站自主招收
256	巫轲	男	临床医学	流动站自主招收
257	张集海	男	材料科学与工程	流动站自主招收
258	余斌	男	管理科学与工程	流动站自主招收
259	贾小玥	女	口腔医学	流动站自主招收
260	姜振宇	男	中国语言文学	流动站自主招收
261	祝梓翔	男	理论经济学	流动站自主招收
262	张定坤	男	临床医学	流动站自主招收
263	李晓玲	女	临床医学	流动站自主招收
264	张海浪	男	理论经济学	流动站自主招收
265	李劲超	男	化学工程与技术	流动站自主招收
266	杨博	男	临床医学	流动站自主招收
267	莫春横	男	基础医学	流动站自主招收
268	刘博文	男	化学工程与技术	流动站自主招收
269	王焱超	男	临床医学	流动站自主招收
270	李小雪	女	基础医学	流动站自主招收
271	张捷	男	材料科学与工程	流动站自主招收
272	龙西亭	男	土木工程	联合培养：深圳大学
273	赵又瑾	女	临床医学	流动站自主招收
274	索学玲	女	临床医学	流动站自主招收
275	张文静	男	临床医学	流动站自主招收
276	缪辉	男	生物学	流动站自主招收
277	胡贝	男	生物学	流动站自主招收
278	何坚	男	化学工程与技术	流动站自主招收
279	陈锐奇	男	临床医学	流动站自主招收
280	沈曦	女	公共卫生与预防医学	流动站自主招收
281	宋海凤	女	生态学	流动站自主招收
282	吴亚辉	男	临床医学	流动站自主招收
283	熊恬园	女	临床医学	流动站自主招收
284	孙国皓	男	信息与通信工程	流动站自主招收
285	杨双桥	男	材料科学与工程	流动站自主招收

续表2

编号	姓名	性别	流动站	招收类型
286	李飞泽	男	物理学	流动站自主招收
287	林小军	男	公共卫生与预防医学	流动站自主招收
288	张东东	男	生物医学工程	流动站自主招收
289	陈楚	女	公共卫生与预防医学	流动站自主招收
290	赵龙	男	水利工程	流动站自主招收
291	刘勇	男	生物医学工程	流动站自主招收
292	肖风来	男	临床医学	流动站自主招收
293	李倩倩	女	临床医学	流动站自主招收
294	张艳娜	女	临床医学	流动站自主招收
295	胡静	女	化学	流动站自主招收
296	董媛香	女	管理科学与工程	流动站自主招收
297	王超	男	光学工程	联合培养：苏州长光华芯光电技术有限公司
298	谢罗峰	男	机械工程	流动站自主招收
299	黎勇	男	基础医学	流动站自主招收
300	刘智	男	水利工程	联合培养：江西省水利科学研究院
301	王丽云	女	影像医学与核医学	流动站自主招收
302	王钰	女	新闻传播学	流动站自主招收
303	牛富增	男	光学工程	省级联合：成都千嘉科技有限公司
304	常关羽	男	光学工程	省级联合：成都千嘉科技有限公司
305	李祎铭	女	临床医学	流动站自主招收
306	魏然	女	临床医学	流动站自主招收
307	陈薇	女	理论经济学	流动站自主招收
308	任胜强	男	材料科学与工程	流动站自主招收
309	谭戈	男	临床医学	流动站自主招收
310	向茜	女	临床医学	流动站自主招收
311	张曜耀	男	生物学	流动站自主招收
312	郈阳	男	临床医学	流动站自主招收
313	黄何平	女	信息与通信工程	流动站自主招收
314	刘书云	女	生物学	流动站自主招收
315	付腾	男	材料科学与工程	流动站自主招收
316	徐瑞璋	男	生物医学工程	流动站自主招收

续表2

编号	姓名	性别	流动站	招收类型
317	苟敏	女	环境科学与工程	联合培养：泸州老窖集团有限公司
318	张崇辉	男	管理科学与工程	流动站自主招收
319	邱琰	女	基础医学	流动站自主招收
320	房圆晨	女	管理科学与工程	流动站自主招收
321	朱思忆	男	临床医学	流动站自主招收
322	邱实	男	临床医学	流动站自主招收
323	任建君	女	临床医学	流动站自主招收
324	吉桂宜	女	临床医学	流动站自主招收
325	徐馨	女	临床医学	流动站自主招收
326	饶文辉	男	化学	流动站自主招收
327	伊亚婷	女	口腔医学	流动站自主招收
328	周寅	女	临床医学	流动站自主招收
329	门可	男	临床医学	流动站自主招收
330	赖钦准	男	临床医学	流动站自主招收
331	谢坤林	男	临床医学	流动站自主招收
332	刘怡欣	男	临床医学	流动站自主招收
333	贾鹏	男	网络空间安全	流动站自主招收
334	洪浩	女	临床医学	流动站自主招收
335	王贤帝	男	临床医学	流动站自主招收
336	黄开银	男	数学	流动站自主招收
337	徐芒芒	女	临床医学	流动站自主招收
338	陈虹旭	男	临床医学	流动站自主招收
339	何沛松	男	网络空间安全	流动站自主招收
340	唐虎	男	材料科学与工程	联合培养：广东德冠包装材料有限公司
341	杨阳	女	临床医学	流动站自主招收
342	石明松	男	生物医学工程	流动站自主招收
343	肖刻	男	临床医学	流动站自主招收
344	陈东萍	女	管理科学与工程	流动站自主招收
345	黄蓉双	女	临床医学	流动站自主招收
346	张益	男	信息与通信工程	流动站自主招收
347	陵廷贤	男	临床医学	流动站自主招收

续表2

编号	姓名	性别	流动站	招收类型
348	陈燕	女	生物学	流动站自主招收
349	罗宽宽	女	工商管理	流动站自主招收
350	高慧	女	临床医学	流动站自主招收
351	杨丽	女	环境科学与工程	联合培养：宜宾天原集团股份有限公司
352	赵中国	男	材料科学与工程	联合培养：贵州轮胎
353	谭博仁	男	理论经济学	联合培养：重庆银行
354	虞天成	男	光学工程	联合培养：苏州长光华芯光电技术有限公司
355	郭坤	男	生物医学工程	流动站自主招收
356	杨洋	女	中国语言文学	流动站自主招收
357	孙巍	男	材料科学与工程	流动站自主招收
358	刘应乐	男	化学	联合培养：宜宾天原集团股份有限公司
359	揭惠	女	基础医学	流动站自主招收
360	李晓慧	女	网络空间安全	流动站自主招收
361	蒋静文	女	生物学	流动站自主招收
362	陈玲敏	女	临床医学	流动站自主招收
363	罗贞	女	理论经济学	联合培养：重庆银行
364	徐婷婷	女	环境科学与工程	流动站自主招收
365	韩文博	男	中国史	流动站自主招收
366	罗维鹏	男	法学	流动站自主招收
367	户明星	男	生物学	流动站自主招收
368	张蜀鑫	男	临床医学	流动站自主招收
369	李媛	女	特种医学	流动站自主招收
370	白云金	男	临床医学	流动站自主招收
371	贺腊梅	女	世界史	流动站自主招收
372	张雅敏	女	基础医学	流动站自主招收
373	谢艳	女	临床医学	流动站自主招收
374	夏安杰	男	基础医学	流动站自主招收
375	宋佩颖	女	药学	省级联合：四川省食品药品检验检测院
376	王海川	男	基础医学	流动站自主招收
377	何金蕾	女	特种医学	流动站自主招收
378	刘梦佳	女	世界史	流动站自主招收

续表2

编号	姓名	性别	流动站	招收类型
379	林桂凤	女	基础医学	流动站自主招收
380	袁馨	女	生物医学工程	流动站自主招收
381	刘馨	女	临床医学	流动站自主招收
382	宋娟	女	临床医学	流动站自主招收
383	刘芃芃	女	临床医学	流动站自主招收
384	刘小伟	男	临床医学	流动站自主招收
385	程旭	女	口腔医学	流动站自主招收
386	张子昕	女	生物学	流动站自主招收
387	张韵秋	女	生物学	流动站自主招收
388	武迪蒙	男	生物医学工程	流动站自主招收
389	于凌昱	女	临床医学	流动站自主招收
390	郭冰	女	公共卫生与预防医学	流动站自主招收
391	高蕊	女	临床医学	流动站自主招收
392	周洁	女	临床医学	流动站自主招收
393	代水平	女	临床医学	流动站自主招收
394	熊保健	男	基础医学	流动站自主招收
395	马敏	女	临床医学	流动站自主招收
396	王兵	男	药学	联合培养：四川海思科制药有限公司
397	王志刚	男	药学	联合培养：四川海思科制药有限公司
398	龚小波	男	环境科学与工程	流动站自主招收
399	甘卫刚	男	临床医学	流动站自主招收
400	杨琦	女	生物医学工程	流动站自主招收
401	王利团	女	计算机科学与技术	流动站自主招收
402	刘德民	男	水利工程	联合培养：中国东方电气集团有限公司
403	胥一尘	男	口腔医学	流动站自主招收
404	周兴龙	男	基础医学	流动站自主招收
405	张思远	女	口腔医学	流动站自主招收
406	周斌	男	临床医学	流动站自主招收
407	廖行	女	临床医学	流动站自主招收
408	黎彦博	女	临床医学	流动站自主招收
409	吴莨铭	女	临床医学	流动站自主招收
410	付国强	男	机械工程	流动站自主招收

表 3　2019 年博士后情况（单位：人）

<table>
<tr><td rowspan="3">进站</td><td rowspan="3">410</td><td>统招统分</td><td>283</td></tr>
<tr><td>自筹经费</td><td>78</td></tr>
<tr><td>企业联合</td><td>49</td></tr>
<tr><td rowspan="3">在站</td><td>2017 年</td><td colspan="2">800</td></tr>
<tr><td>2018 年</td><td colspan="2">1018</td></tr>
<tr><td>2019 年</td><td colspan="2">1324</td></tr>
<tr><td rowspan="3">出站</td><td>2017 年</td><td colspan="2">96</td></tr>
<tr><td>2018 年</td><td colspan="2">73</td></tr>
<tr><td>2019 年</td><td colspan="2">90</td></tr>
</table>

（以上资料由人事处岳华、徐书婕提供）

人才培养篇

本科生教育

一、招生

2019 年我校进一步深化本科招生改革，制定了 2021 年 8 省（市）选考科目方案。强化分省分地区招生宣传学院负责制，加强招生宣传组和名师宣讲团建设，夯实多元化、全员化、常态化招生宣传工作机制，推进招生宣传线上与线下、传统媒体与新媒体、公众媒体与学校媒体“三结合”。

本科生源质量稳步提升。2019 年录取本科新生 9019 名，录取平均分高出当地重点线 120 分以上的省（市、区）理科有 20 个，文科有 5 个；理科录取位次为该省考生前 3%的省达到 14 个，前 5%的省达到 26 个；文科录取位次为该省考生前 1%的省达到 17 个，前 5%的省达到 27 个。

表 1　四川大学 2019 年本科招生专业目录

学院名称	专业名称	科类	授予学位	学制	学费	备注	辨色受限情况
艺术学院	美术学	艺术类	艺术学学士	四年	9600	具体要求及录取规则请查阅《四川大学 2019 年美术、编导类本科招生简章（美术类、广播电视编导专业）》	色觉异常Ⅱ考生受限
	绘画	艺术类	艺术学学士	四年	10000		色觉异常Ⅱ考生受限
	视觉传达设计	艺术类	艺术学学士	四年	10000		色觉异常Ⅱ考生受限
	环境设计	艺术类	艺术学学士	四年	10000		色觉异常Ⅱ考生受限
	动画	艺术类	艺术学学士	四年	9600		色觉异常Ⅱ考生受限
	中国画	艺术类	艺术学学士	四年	10000		色觉异常Ⅱ考生受限
	书法学	艺术类	艺术学学士	四年	7200		
	广播电视编导	艺术类	艺术学学士	四年	12000		
	音乐表演（声乐）	艺术类	艺术学学士	四年	12000	具体要求及录取规则请查阅《四川大学 2019 年表演类本科招生简章［舞蹈表演、音乐表演（声乐）专业］》	
	舞蹈表演	艺术类	艺术学学士	四年	12000		
经济学院	金融学类	理工类	经济学学士	四年	4440	含金融学、金融工程	
	经济学类	文理兼收	经济学学士	四年	4440	含国际经济与贸易、经济学、国民经济管理、财政学	
国际关系学院	国际政治	文理兼收	法学学士	四年	4440		
法学院	法学	文理兼收	法学学士	四年	4440		

续表1

学院名称	专业名称	科类	授予学位	学制	学费	备注	辨色受限情况
文学与新闻学院	汉语言文学（基地班）	文史类	文学学士	四年	4440		
	中国语言文学类	文理兼收	文学学士	四年	4440	含汉语言文学、汉语国际教育	
	新闻传播学类	文理兼收	文学学士	四年	4440	含新闻学、广播电视学、广告学、编辑出版学、网络与新媒体	
外国语学院	英语	文理兼收	文学学士	四年	4440	外语类专业要求英语或本专业语种考生报考，高考外语成绩未达到满分的75%的考生需慎重报考。	
	日语	文理兼收	文学学士	四年	4440		
	俄语	文理兼收	文学学士	四年	4440		
	法语	文理兼收	文学学士	四年	4440		
	西班牙语	文理兼收	文学学士	四年	4440		
历史文化学院（旅游学院）	历史学（基地班）	文史类	历史学学士	四年	4440	川渝两地按照基地班录取，其他省份按照历史学类录取，进校后经过选拔进入基地班学习	
	历史学类	文理兼收	历史学学士	四年	4440	含历史学、考古学、文物与博物馆学	
	旅游管理类	文理兼收	管理学学士	四年	4440	含旅游管理、会展经济与管理	
哲学系	哲学	文理兼收	哲学学士	四年	4440		
公共管理学院	公共管理类	文理兼收	管理学学士	四年	4440	含行政管理、劳动与社会保障、土地资源管理	单色不能辨认考生受限
	图书情报与档案管理类	文理兼收	管理学学士	四年	4440	含档案学、信息资源管理	单色不能辨认考生受限
	社会工作	文史类	法学学士	四年	4440		
商学院	会计学（ACCA方向）	文理兼收	管理学学士	四年	4440	1. 除正常学费及住宿费以外，需另交ACCA专项培训费7600元/人·年（不包括ACCA注册费、全球统一考试费、教材费、ACCA年费等）；2. 高考外语成绩未达到满分的85%且数学成绩未达到满分的75%的考生需慎重报考；3. 不进行调剂录取	
	工业工程	理工类	工学学士	四年	4920		单色不能辨认考生受限
	工商管理类	文理兼收	管理学学士	四年	4440	含市场营销、财务管理、人力资源管理	

续表1

学院名称	专业名称	科类	授予学位	学制	学费	备注	辨色受限情况
马克思主义学院	马克思主义理论	文理兼收	法学学士	四年	4440		
数学学院	数学与应用数学（基地班）	理工类	理学学士	四年	4920		
	数学与应用数学（数学经济创新班）	理工类	理学学士	四年	4920	3、4年级将转往经济学院学习	
	数学类	理工类	理学学士	四年	4920	含信息与计算科学、统计学、数学与应用数学	
物理学院	物理学类	理工类	理学学士	四年	4920	含物理学（基地班）、物理学	
	核工程与核技术	理工类	工学学士	四年	4920		
	微电子科学与工程	理工类	工学学士	四年	4920		
化学学院	化学类	理工类	理学学士	四年	4920	含化学、应用化学、化学（基地班）	色觉异常考生受限
生命科学学院	生物科学类	理工类	理学学士	四年	4920	含生物科学、生态学、生物科学（计算生物学）。其中生物科学含国家基础学科拔尖人才培养试验计划、国家生物学人才培养基地、国家生命科学与技术人才培养基地	色觉异常考生受限
电子信息学院	电子信息类	理工类	工学学士	四年	4920	含电子信息工程、光电信息科学与工程、通信工程	
高分子科学与工程学院	高分子材料与工程	理工类	工学学士	四年	4920		色觉异常考生受限
材料科学与工程学院	材料类	理工类	工学学士	四年	4920	含材料科学与工程、新能源材料与器件	色觉异常Ⅱ考生受限
	生物医学工程	理工类	工学学士	四年	4920		色觉异常考生受限
机械工程学院	机械类	理工类	工学学士	四年	4920	含机械设计制造及其自动化、测控技术与仪器、材料成型及控制工程	
电气工程学院	电气工程及其自动化	理工类	工学学士	四年	4920		
	自动化	理工类	工学学士	四年	4920		

续表1

学院名称	专业名称	科类	授予学位	学制	学费	备注	辨色受限情况
计算机学院	计算机类	理工类	工学学士	四年	4920	含计算机科学与技术、物联网工程、人工智能	计算机科学与技术，单色不能辨认考生受限
建筑与环境学院	环境工程	理工类	工学学士	四年	4920		色觉异常考生受限
	建筑学	理工类	工学学士	五年	6600		
	土木工程	理工类	工学学士	四年	4920		
	工程力学	理工类	工学学士	四年	4920		
水利水电学院	水利类	理工类	工学学士	四年	4920	含水利水电工程、水文与水资源工程、农业水利工程、能源与动力工程	
化学工程学院	工科试验班（绿色化工与生物医药）	理工类	工学学士	四年	4920	含化学工程与工艺、制药工程、生物工程	色觉异常考生受限
	工科试验班（动力装备与安全）	理工类	工学学士	四年	4920	含过程装备与控制工程	色觉异常考生受限
轻工科学与工程学院	轻工类	理工类	工学学士	四年	4920	含轻化工程、食品科学与工程、生物工程（轻工生物）	色觉异常考生受限
	服装与服饰设计	艺术类	艺术学学士	四年	10000	认可生源地相应专业类别的省级统考成绩，具体要求及录取规则请查阅《四川大学2019年美术、编导类本科招生简章（美术类、广播电视编导专业）》	色觉异常Ⅱ考生受限
软件学院	软件工程	理工类	工学学士	四年	9960		
网络空间安全学院	网络空间安全	理工类	工学学士	四年	4920		
华西基础医学与法医学院	基础医学（基地班）	理工类	医学学士	五年	4920		色觉异常考生受限
	法医学	理工类	医学学士	五年	4920		色觉异常考生受限

续表1

学院名称	专业名称	科类	授予学位	学制	学费	备注	辨色受限情况
华西临床医学院	临床医学（五年制）	理工类	医学学士	五年	6000		色觉异常考生受限
	临床医学（八年制）	理工类	医学博士	八年	6000	临床医学（八年制）中20名从非医学门类专业招生培养2年后择优选取	色觉异常考生受限
	护理学	理工类	理学学士	四年	4920	护理学分为护理学、助产士等2个专业方向，设置单独的投档单位，进校后不转专业	色觉异常考生受限
	医学技术类	理工类	理学学士	四年	4920	含医学检验技术、医学影像技术、眼视光学、康复治疗学，其中：医学影像技术分为医学影像技术、放射治疗技术、超声医学技术等3个专业方向；康复治疗学分为物理治疗、作业治疗、呼吸治疗、听力学与言语康复等4个专业方向	色觉异常考生受限
华西口腔医学院	口腔医学（五年制）	理工类	医学学士	五年	6000	1. 建议习惯左手做事（俗称左撇子）的考生谨慎报考；2. 从当年毕业的五年制毕业生中择优录取40名进入口腔医学（5＋3）人才培养计划	色觉异常考生受限
	临床医学（口腔）（八年制）	理工类	医学博士	八年	6000	建议习惯左手做事（俗称左撇子）的考生谨慎报考	色觉异常考生受限
	口腔医学技术	理工类	理学学士	四年	4920		色觉异常考生受限
华西公共卫生学院	预防医学	理工类	医学学士	五年	4920		色觉异常考生受限
	食品卫生与营养学	理工类	理学学士	四年	4920		色觉异常考生受限
	卫生检验与检疫	理工类	理学学士	四年	4920		色觉异常考生受限
华西药学院	药学	理工类	理学学士	四年	4920		色觉异常考生受限
	临床药学	理工类	理学学士	五年	4920		色觉异常考生受限

续表1

学院名称	专业名称	科类	授予学位	学制	学费	备注	辨色受限情况
四川大学匹兹堡学院	工业工程（中外合作办学）	理工类	工学学士	四年	65000	入校后只允许在本学院内进行专业调整	
	机械设计制造及其自动化（中外合作办学）	理工类	工学学士	四年	65000	入校后只允许在本学院内进行专业调整	
	材料科学与工程（中外合作办学）	理工类	工学学士	四年	65000	入校后只允许在本学院内进行专业调整	
空天科学与工程学院	航空航天类	理工类	工学学士	四年	4920	含航空航天工程、飞行器控制与信息工程	

注：1. 我校按照教育部、国家卫健委、中国残疾人联合会印发的《普通高等学校招生体检工作指导意见》执行，辨色受限情况栏目中标注了“色觉异常”的专业为色盲、色弱考生不予录取，标注了“色觉异常Ⅱ”为色盲考生不予录取，标注了“单色不能辨认”为单色不能辨认考生不予录取。
2. 少数民族预科班：6600元/生·年。
3. 国防科研试验部队预科班：12000元/生·年。
4. 口腔医学（5+3）人才培养计划：口腔医学（五年制）优秀者可进入“5+3”一体化培养，达到口腔医学专业硕士学位培养计划要求者可申请获得口腔医学专业硕士学位。
5. 四川省收费政策如有调整，收费标准将以四川省发改委新文件为准。

表2　四川大学2019年在全国本科分省分科类招生情况统计表

项目＼省份		北京	天津	河北	山西	内蒙古	辽宁	吉林	黑龙江	上海	江苏	浙江	安徽	福建	江西	山东	河南
理科	一本线	527	400	502	507	477	512	530	477	403	345	595	496	493	522	443	502
	提档线	633	636	633	596	600	636	623	604	559	390	649	624	600	618	630	624
	最高分	665	684	672	644	659	669	668	667	569	403	688	643	642	652	665	665
	最低分	633	636	633	596	600	629	586	604	552	390	649	624	600	618	630	624
	平均分	640	651	640	605	627	634	630	624	556	391	656	627	614	622	638	628
文科	一本线	559	428	549	542	522	564	544	500		339		550	550	558	503	536
	提档线	621	592	638	594	626	629	605	595		382		621	608	615	613	615
	最高分	631	598	650	605	630	633	609	607		388		625	614	620	626	622
	最低分	621	592	638	594	626	629	605	595		382		621	608	615	613	612
	平均分	624	595	641	598	628	631	607	600		384		623	611	616	617	617

续表 2

项目	省份	湖北	湖南	广东	广西	海南	重庆	四川	贵州	云南	陕西	甘肃	青海	宁夏	新疆	西藏（汉）	西藏（藏）
理科	一本线	505	500	390	509	539	525	547	470	535	468	470	407	457	450	425	325
	提档线	621	610	588	630	720	624	649	603	637	622	596	553	583	595	631	428
	最高分	647	666	647	676	774	682	702	663	690	669	650	616	597	645	655	443
	最低分	621	610	588	630	720	624	649	597	637	622	596	553	583	595	631	428
	平均分	623	617	597	639	737	636	659	617	646	632	602	568	588	604	639.6	435
文科	一本线	542	553	455	521	593	545	540	542	560	518	519	488	538	510	420	350
	提档线	606	622	603	610	774	619	614	634	633	632	606	583	620	599	601	416
	最高分	624	629	613	624	786	628	632	647	645	649	617	593	620	610	601	416
	最低分	606	622	603	610	774	619	612	621	633	632	606	583	620	599	601	416
	平均分	610	625	607	614	780	623	618	637	638	637	612	587	620	602	601	416

备注：1. 上海市、浙江省实施综合改革，不分文理；2. 上海提档线：专业组 1 为 559 分，专业组 2 为 552 分，专业组 3 为 553 分，专业组 4 为 542 分。

（以上资料由招生办公室王燕提供）

二、培养

1. 推进一流专业建设和“卓越—拔尖计划”

口腔医学等 46 个专业获批国家级/省级一流本科专业建设点，其中国家级 33 个。新增“人工智能”“马克思主义理论”新专业。推进 7 个专业认证/评估，通过专业认证总数 22 个。开设“未来大讲堂”两讲；“基础学科拔尖学生培养计划 2.0”将学科专业覆盖面从数理化生计扩展到基础文科和医科共 10 个专业。设立玉章书院，首批 330 名新生、32 名驻院导师入驻书院。依托强势科研平台建设大师领衔的交叉创新班 5 个。

2. 构筑“金课”体系提高课堂挑战度

成立通识教育课程建设专家委员会和工作小组，定向打造通识教育核心课程 31 门。开设“人文大讲堂”7 讲；打造“线上+线下”“理论+实践”混合式“金课”，推荐《西方经济学》等 31 门课程申报国家级/省级精品在线开放课程，其中国家级 17 门；新上线 56 门在线开放课程，总数达 133 门课程在“爱课程网”等平台开课，选课人数超过 300 万人。引入“军事理论”等 238 门次一流大学优质课程。邀请行业精英等开设“航空制造业创新实践”等 274 门“创新创业型”“实践应用型”课程。“马工程”教材选用率 100%。

3. 夯实实践教学与双创教育

投入 400 余万专项经费启动虚拟仿真实验教学项目建设，投入 910 万元实习专项补充经费；投入经费 650 万元支持立项大创项目 1800 项，覆盖学生 7331 人次。新建邛崃市人民法院等实习基地 17 个。成立“川大—华为未来技术学院”。出台《四川大学“中国‘互联网+’大学生创新创业大赛”参赛管理办法》，校内外双导师开展创新创业集训营矩阵式课堂 130 余场；举办“2019 年四川省人社厅、教育厅创业指导进校园活动”“四川大学创新创业实践营走进新天府”。顺利完成财政部对我校国家双创示范基地绩效考核评估，与南京大学双创示范基地展开互评、互学互鉴。

4. 拓展国际化教育和国内高校访学

选派交换生2263名参加国（境）外交换、“大川视界”等项目；为学生搭建海外实习实训平台，参加国际会议、赴非洲及“一带一路”沿线国家开展义工服务等。投入234.2万奖励890位国际语言能力优秀的学生。邀请168名外教参与“国际课程周”（UIP）开设204门全英语国际课程，邀请留学生580人，组织32学院开展38个国际交流营项目，2万余学生受益。接收对口支援高校西北民大30名学生来校参加UIP。与川渝通识教育联盟高校合作，派出交换生3名，接受交换生10名；选派1人赴山东大学学习，接受14人来我校学习；选派3名学生赴南航参加“3＋1”项目。

5. 强化管理全力保障教学质量

开学第一周教务处所有人员沉入教学楼、课堂，全面了解教学情况，及时解决问题，服务师生；处班子、校督导听课近800门次、视频督导每天抽查约200门次。891名学生转专业到心仪的专业学习，预警帮扶学生727人。持续推进全过程化考核—非标准答案考试改革，制定《四川大学关于加强“学业挑战度”的指导意见》，出版《卓越学术引领思维变革》系列丛书。研究生助教配备由公共基础课扩展至部分专业课程及选修课程，2534人次研究生助教参与1131门、3689门次课程的辅助教学。完善本科教学基本状态数据库，发布了《四川大学2018—2019学年本科教学质量报告》。

6. 人才培养成效显著

第五届中国“互联网＋”大赛国赛获“2金4银4铜”，五届共获12金，金奖总数位列全国第三，连续五届获主赛道“先进集体奖”；学科竞赛参赛学生1.6万余人次，荣获省级及以上学科竞赛奖1800余项。本科生发表论文425篇，其中SCI/EI/CSSCI论文143篇，核心期刊论文82篇，参与获得授权专利76项。吴玉章学院169名毕业生，深造率为93.5%，11名同学进入摩根士丹利、阿里云等国际名企工作；“基础学科拔尖学生培养计划”和“双特生”深造率100%。

【强化立德树人，课程思政与思政课程同向同行】持续推行“全课程核心价值观”教育，深入挖掘各门课程的育人元素，推进课程思政与思政课程同向同行。选树10%的“课程思政”榜样课程引领人才培养。以学院年度目标任务压实“课程思政”榜样教师/课程遴选，通过督导、同行、领导听课，“您的课堂 我的成长”学生征文活动和教师申报相结合等多渠道发掘“课程思政”典型。召开“以学为中心的教育——课程思政的理念与实践”研讨会，汇聚来自全国的420余位同行分享交流相关思路、案例和经验，反响热烈。

【开展大讨论，推进本科教育改革与发展升级再出发】2019年4月18日召开以“立德树人 深化改革 面向未来 推动川大本科教育升级再出发”为主题的“四川大学新时代本科教育改革与发展大讨论工作部署会”。全校组织大讨论123场次。历时半年，全校师生凝聚共识，2019年12月27日，隆重召开了以“坚守立德树人初心 开启最好本科教育新征程”为主题的“本科教育改革与发展大讨论总结会暨2019年本科教育工作会”，出台了《新时代本科教育改革与发展大讨论指导意见》及13个实施方案，坚持立德树人，更加聚焦和强化“厚通识、宽视野、多交叉”，真正让一百二十多年学校形成的“开放、包容、厚重、大气”的文化特质成为每一个川大学子的人生底色，让“志存高远、追求卓越”的精神品质成为每一个川大学子的人生境界。

【对标专家意见，落实审核评估整改】提出具体工作任务 39 条，制定了《贯彻落实〈四川大学本科教学工作审核评估专家反馈意见〉整改任务分解表》，12 月召开专家反馈意见整改任务总结验收会。根据全校各单位的整改落实情况形成《四川大学本科教学工作审核评估整改工作报告》，报送教育部评估中心。

【做实做细，深入推进教师发展与培训】通过新教师教学能力提升培训、“青年教师教学成长营”“教师国际学术沟通能力提升项目”等对职业生涯各阶段针对性的培训；持续开展新教师“双证”上讲台、“教师发展学院定制”等系列品牌活动。以不同类型智慧教室的教学创新为主题，开展第三届“探究式—小班化”教学竞赛，36 名教师成为示范教师。出台《四川大学基层教学组织建设工作实施办法》，健全基层教学组织 326 个，开展基层教学组织活动 1000 余次。

【升级改造，实现智慧教室全覆盖】升级改造 107 间教室和 1000 余平方米公共空间，将综合楼 C 座走廊的两侧改建为纯白玻璃涂鸦墙，全方位打造 9 类 510 间智慧教室、5100 平方米公共空间，实现智能化、互动型、学术殿堂式智慧教学环境全覆盖，有效支撑了“探究式—小班化”教学。

【发挥示范作用，与高教同行分享交流】校长李言荣院士、相关教学管理干部和教学改革优秀教师应邀到国家行政学院、南开大学、国防科技大学等高校和“2019 高等教育国际论坛年会”、全军院校长集训班等做专题报告逾百次；国家教育行政学院第 56 期高校中青年干部培训班、“新时代高等教育领导力专题研修班”代表以及北京大学、南京大学等 400 余所高校来校考察调研，高度肯定川大本科教育教学改革理念先进、推进举措切实可行、具备很强的推广价值。

【重视激励，表彰本科教育先进单位和个人】表彰“本科教学工作先进单位”10 个、“单项工作先进集体奖”10 个；“探究式—小班化”教学质量优秀奖等先进个人 1465 人次，其中，15 人荣获“第五届五粮春优秀青年教师奖”、16 人荣获“第五届星火校友奖教金”、9 人荣获“第六届卓越教学奖”。

表 3　2018 年本科教学工作先进单位（10 个）

华西临床医学院	水利水电学院
商学院	华西公共卫生学院
生命科学学院	数学学院
华西基础医学与法医学院	文学与新闻学院
建筑与环境学院	华西口腔医学院

表 4　2018 年本科教学单项工作先进奖（10 个）

奖项	学院
公共课教学贡献奖	马克思主义学院

续表4

奖项	学院
教学改革与成果贡献奖	华西临床医学院
课程建设先进单位	商学院
大学生创新创业活动先进单位	华西临床医学院
大学生学科竞赛先进单位	计算机学院
“卓越工程师教育培养计划”先进单位	水利水电学院
“基础学科拔尖学生培养试验计划”先进单位	生命科学学院
教学运行管理先进单位	华西口腔医学院
全英语授课专业建设贡献奖	软件学院
教师教学能力发展贡献奖	华西临床医学院

表5　2018年“探究式—小班化”教学质量优秀奖（262名）

学院	姓名
艺术学院	刘少培、焦阳、许春林、王涛、孙林、李翔、吕金光、朱沙、陶安萍
经济学院	闫雪凌、崔传涛、赵智、陈显娟
法学院	周鑫、陈实、刘畅、王有粮、袁嘉、成凯、徐蓉
文学与新闻学院	曾元祥、王长林、杜晓莉、何剑平、肖娅曼
外国语学院	林东涛、赵星植、赵玥、周江蓉、张平、曹明伦、敖敏、池济敏、崔梦田、马文颖、夏婉璐、钟昉、龚娟、黄星、邓晓凌、吴玲玲、汤平、张秦、李晓虹、李一楠
历史文化学院（旅游学院）	陈波、钱云、邹薇、罗明志、鲁力
马克思主义学院	魏泳安、罗静、张洪松、张践、羊绍武
国际关系学院	沈影、陈长宁
数学学院	张树果、彭联刚、贺巧琳、张起帆、李洪旭
物理学院	黄铭敏、王忠海、白春林、殷曰、傅子文、周源、贺言
化学学院	郑成斌、张骥、童冬梅、郑学丽、郑保战
生命科学学院	兰利琼、魏炜、吴传芳、赵建、白洁、李静、邹方东、杨军、王海燕
电子信息学院	周艳萍、张弘、严斌宇、朱铧丞、王树同、陈文静、王君、杨火木、李玮
高分子科学与工程学院	杨鸣波、郑静、冉蓉、雷军、刘正英、曾科、赵长生
材料科学与工程学院	陈宝军、蒋渝、武莉莉、黄婉霞、黄利武
机械工程学院	张珣、文玉华、彭华备、陆小龙

续表5

学院	姓名
电气工程学院	赵莉华、刘婕、曾晓东、李华强、王建
计算机学院	冯伟森、陈杰、李强、李征、周欣、李旭伟、彭舰、冯子亮、朱敏、徐文政、潘薇、罗川、辛卫
建筑与环境学院	赖波、藤井明、楚英豪、李波、姚露、王霞、金燕、詹宇、干晓宇、张鸣、姚建、石宵爽、江霞、黄成敏、卢红雁、张炜
水利水电学院	周成、覃光华、何鹏、刘超、黄炜斌、漆文邦、胡耀华、陈群、李龙国、刘华、王琛、费文平、陈媛、李艳玲
化学工程学院	Yousef Faraj、任锐、谢通慧、李赛、刘长军、钟月华、罗冬梅、魏文韫、王静波、李子元、周加贝、赖雪飞、易美桂
轻工科学与工程学院	杨琴、迟原龙、金垚、曾维才、姚云鹤、谭淋
软件学院	王艳、左航、余静
匹兹堡学院	John Woon Rhym、James Mc Dougall
网络空间安全学院	欧晓聪、黄诚
公共管理学院	周良、崔珂、刘磊、沙治慧、李丹
商学院	周浩、钱晓烨、徐静、刘苹、谢薇
华西基础医学与法医学院	熊丽莉、林佳、黄英、胡峻梅、李婉宜、周雪、王晓樱、唐玉红、朱玲、王霞、万莉红、冯颖、朱敏佳、张菁、董立华
华西临床医学院	朱焕玲、易智慧、柴桦、李红、周坤燕、徐佳军、伍金林、刘勇、沈诚、侯江龙、李崎、周鹏、张璋、谭惠文、罗碧如、杨永红、姜俊良、梁斌苗、史钊、曾婷婷
华西口腔医学院	李晓箐、杨静、刘洋、董博、裴锡波、杨扬、柳茜、叶咏梅、程立、谢蟪旭、毕瑞野、游梦、李春洁
华西公共卫生学院	刘元元、岳琳、马骁、吕晓华、杨淑娟、李静
华西药学院	郭丽、黄园、杜俊蓉、何菱、刘小宇、张丹、周乃彤
体育学院	张放、卓岩、马亚丽、谢相和、谢云龙、彭松、苏强、李山花、李姗姗

表6　2018年课堂教学质量优秀奖（489名）

学院	姓名
艺术学院	支宇、王蓓、卢丁、朱毅、何苗、蔡端懿、Oliver Parker、贾立强、韩刚、赵怡涓、蒲理莉、李京、雷燕、林建力、彭宇、岳阳
经济学院	邓翔、徐子尧、陈小凡、张红伟、龚勤林、高然、詹蕾、李江一、杜江、杜晓蓉、路征、陈忱、谢蓓、刘用明、梅爱国、肖慈方、周沂、傅志明
法学院	钟莲、陈锋、陶涛、杜玉琼、万毅、张晓远、王军杰、龙黎明

续表6

学院	姓名
文学与新闻学院	卢迎伏、郭萍、王红、宋雯、李果、吕肖奂、妥佳宁、丁淑梅、戴路、陆正兰、段弘、杨光荣、张玉川、王婉如、张勇、唐小林、黄勇、阎嘉、姜飞、周文
外国语学院	韩梅、邱鑫、谢宇、胡学敏、李春蓉、刘凯、戴姗、刘利民、黄晓波、Marta Ulanska、张璐、李琳、张露露、宋庆华、王莲、张帆、袁静妤、王琳、肖莎、徐光源、姜丽
历史文化学院（旅游学院）	于孟洲、王蕾、宋吉香、罗二虎、李世佳、李林、张亮、李倩倩、罗雁冰、陈默、谯珊、杨兴梅、张杨、蔡炯昊、洪丽珠、郭硕、杨锋、王煜、王俊鸿、张箭
马克思主义学院	郑晔、陈宏伟、吕志辉、郭绍均、陈智、李燕红、杨少垒、黄丽珊、张晓磊、黄茂
国际关系学院	邱永辉、李昊
数学学院	彭国华、李淼、胡文贵、付晓玉、付昌建、顾晓慧、杜力力、谭友军、刘建军、谢小平、张德学、闵心畅、张路、陈兴武、刘长丽、陈闯、杨亮、尹晓琴、周薛雪、高波、王晓宏、张霄、杨荣奎、牛健人、朱瑞
物理学院	郭华忠、Filippo Boi、马瑶、宋丽、齐建起、石瑞英、陶军、聂娅、张昌华、刘彦允、陈钢、苏平、何建红、耿海翔、杨丽娟、张析、吴小华、余天、吕蒙、周荣、高福华
化学学院	陈耀强、余达刚、杨成、陈小川、赵南蓉、杨科珂、李平、余志鹏、薛英、丁颂东、汪秀丽、门健、李立新、李坤、祝良芳、卢志云、于珊珊、陈善勇、徐世美、李丹、罗娟、胡常伟、曾红梅、张若一
生命科学学院	周颂东、张年辉、杨春蕾、何兴金、蒲浩渊、曾涛、郭聪、林玉成、孙群、张咏梅、王丽、鲍锦库、赵云、高平、朱晓峰
电子信息学院	余艳梅、陈梅、张彬、夏秀渝、李大海、赵悟翔、滕奇志、严华、刘长军、陈晓娟
高分子科学与工程学院	王涛、孙树东、杨伟、陈利民、赵伟锋、牛艳华、李忠明、高雪芹、张杰、傅强、任世杰
材料科学与工程学院	邹远文、苟立、孙小松、曾广根、朱基亮、黄忠兵、蒲曦鸣、杨为中、唐正华
机械工程学院	蒋春林、徐晓秋、刘文博、武豪、张春雷、黄伟、刘甦、赵波、胡瑞飞、王玫、刘剑、傅波、许斌、伍剑波、马咏梅、蒲小琼、田大庆、冯可芹、尹伯彪、陈领、冷松
电气工程学院	张晗、龚晓峰、刘洋、张劲、张奕、李长松、钟俊、黄勇、魏震波、张行、卢静、陈实、刘彦、肖勇、于孜清、王茂宁、李国才、苏敏、黄媛、汪颖、苗虹、郝飞婷
计算机学院	张海仙、张天庆、李勤、吴志红、林兰、唐宁九、游洪跃、刘正熙、倪云竹、陈瑜、熊勇、夏欣、左劼、卢晓春、傅静涛

续表6

学院	姓名
建筑与环境学院	樊伟、吕思强、张缨、王军、高庆、第宝锋、何敏、敬成君、张瑶、田晓宝、钟军立、梁娟、张静、曾艺君、唐亚、杨金燕、李亚兰、杜龙环、张凯山、王牧、陈玉水、陈华燕、汤岳琴、余颖
水利水电学院	李渭新、周家文、莫政宇、骆红、卓莉、张镭漓、庄文化、符文熹、张法星、李亮、刘铁刚
化学工程学院	李眉眉、李德富、肖泽仪、黄卫星、袁熙志、郭勇、朱家骅、陈志、周鲁、金央、吉华、穆畅道、朱权、伍勇、谢克难、赵刚、高峻
轻工科学与工程学院	郭荣辉、廖学品、林炜、杜宗良、田永强、但卫华、陈武勇、辜海彬、陈意、周晋、戴红、但年华、赵敏、姚果、刘彦、李波、王舒灏
软件学院	王湖南、洪玫、李晓华、程艳红
匹兹堡学院	卢大平、权新峰
空天科学与工程学院	钟苏川、黄志勇、刘治汶、程鹏
网络空间安全学院	梁刚、刘晓洁、周安民
公共管理学院	胡康林、乔健、夏维叶、丁三东、史江、何明洁、熊林、陈波、袁莉、范逢春、郑莉、雷尚清、蒲晓红、贺念、黄超、陈丽、范炜、吴银雪
商学院	邓富民、程红玲、左仁淑、何跃、李智、李跃宇、刘海月、郑建国、甄伟丽、敖建明、陈哲、梁学栋、王緌、张丹、罗诚、李宗敏、刘柱胜、胡知能、李双海、黄婕、刘廷建、段颖希、向朝进、吴笑
华西基础医学与法医学院	冯轼、李楠、郑翔、侯一平、刘敏、刘皓、黄宁、邓振华、王红仁、陈建平、赵志伟、李昕
华西临床医学院	陈磊、雷町、李静、周宗科、马黔红、张敏、秦伟、张美霞、陆晓茜、冉兴无、彭勇、周高峰、曾浩、刘鸣、郭应强、李小麟、唐鹤菡、王雪、钟仁明、康梅
华西口腔医学院	周红梅、吴兰雁、满毅、叶玲、赵蕾、薛晶、杨璞
华西公共卫生学院	郑波、张强、孙成均、史莹、张菊英、殷菲、曾红燕、严浩英、邹晓莉、李永新、周鼎伦、刘毅、刘巧兰、张韬
华西药学院	尹红梅、宋颢、杜玮、李国菠、符垚、郑永祥、徐小平、陆璐
体育学院	董强、张一民、曾宏广、赵建春、董重、邓冰、张丹、陈凯、蔡舸
图书馆	张雅晴
分析测试中心	邓鹏翅
党委学生工作部（处）武装部	龚燕、王月琳、卿海琼

续表6

学院	姓名
心理健康教育中心	格桑泽仁、冯佳

表7 2018年通识模块课程最受欢迎教师（30名）

学院	姓名
艺术学院	黄宗贤
经济学院	谢关平
文学与新闻学院	谢谦、吴民
外国语学院	陈杰
历史文化学院（旅游学院）	周鼎、徐法言
马克思主义学院	吴敏
国际关系学院	王雅梅
化学学院	马利建
生命科学学院	徐莺
电子信息学院	周昊
高分子科学与工程学院	丁明明
材料科学与工程学院	严群
机械工程学院	李华
电气工程学院	曾琦
计算机学院	张宇
建筑与环境学院	颜炯
轻工科学与工程学院	吴正云
网络空间安全学院	赵辉
公共管理学院	丁元军
华西基础医学与法医学院	潘倩、田玉
华西临床医学院	胡海、胡建昆
华西口腔医学院	杨英明
华西公共卫生学院	田莲田、游佳
华西药学院	李涛
体育学院	王晓均

表 8 2018 年拔尖创新人才培养优秀指导教师（46 名）

学院	姓名
经济学院	徐桂兰、杜江、赵绍阳、蒋瑛、吴良、张红伟、马德功、龚秀国
法学院	王竹
文学与新闻学院	操慧
历史文化学院（旅游学院）	罗雁冰
数学学院	张伟年、罗懋康、彭联刚、谭友军
物理学院	岑理相、高福华、龙炳蔚、王卫、张红、陶军、王鹏
化学学院	袁立华、李瑞祥、王天利、薛英、游劲松、余达刚
生命科学学院	李中瀚、张阳、朱晓峰、宋旭、吴传芳
高分子科学与工程学院	赵长生
材料科学与工程学院	陈云贵、黄忠兵、孙小松
电气工程学院	沈晓东、张晗
计算机学院	武岳、吕建成、赵启军
公共管理学院	陈志远、余平
商学院	应千伟
生物治疗国家重点实验室	黄灿华

表 9 2018 年大学生创新创业教育优秀指导教师（451 名）

学院	姓名
艺术学院	靳太然、许亮、杨怡静、张越舟、赵怡涓、袁一民、赵成清
经济学院	吴良、崔传涛、贺立龙、李佐红、闫雪凌、杨艳、姚树荣、周俊、朱方明
法学院	龙黎明、王军杰、王竹、徐继敏、张金海、郑莉芳、周伟
文学与新闻学院	曹邑、饶广祥、王婉如、杨效宏、蔡尚伟、操慧、曾娅妮、陈侠、丁淑梅、傅其林、雷汉卿、李春霞、李宇凤、刘娜、陆正兰、吕肖奂、唐小林、王彤伟、王炎龙、王一平、吴民、张淘、周维东、周文
外国语学院	陈铭、陈昕彤、方云军、克非、郎江涛、李琳、马林兰、市浦计宏、谭玉梅、王莲、余淼、张春燕、黄晓波、金学勤、李訸、杨敏、赵星植、左红珊
历史文化学院（旅游学院）	杜战伟、范瑛、周静
数学学院	韩会磊、何腊梅、胡朝浪、黄丽、赖洪亮、李洪旭、李挺、廖华奎、罗伟、谭英谊、谭友军、王皓、王晓宏、翁洋、徐友才、杨荣奎、张世全、赵永红、周杰、朱瑞、胡泽春

续表9

学院	姓名
物理学院	林方、黄铭敏、刘学文、龙炳蔚、马瑶、杨治美、余天、张波、赵新
化学学院	冯文、付海燕、高戈、何玲、胡常伟、兰静波、蒲雪梅、宋飞、王天利、吴迪、杨成、杨千帆、袁立华、周向葛、余达刚
生命科学学院	樊佳、万小平、鲍锦库、李佛生、刘志斌、徐恒、徐青锐、杨鑫、余岩、张年辉、朱晓峰
电子信息学院	曹益平、华伟、雷印杰、孟庆党、王正勇、冯国英、何小海、李健、李军、李玮、李智、汪莎、严斌宇、杨阳、周昊、朱铧丞
高分子科学与工程学院	蔡绪福、傅强、黄华东、李建树、李乙文、刘习奎、刘向阳、冉蓉、孙树东、汪映寒、张琴、张翔、赵伟锋、赵长生
材料科学与工程学院	冯庆芬、黄维刚、蒲曦鸣、陈强、黄忠兵、吴家刚
机械工程学院	陈建、方辉、干静、胡晓兵、蒋春林、蒲亚宁、伍剑波、夏斌、张珣、朱鲁闯、刁燕、傅波、梁尚明、刘剑、刘文博、陆小龙、罗华、宋康、陶冶、徐晓秋、黄劼、姚进
电气工程学院	戴婷婷、佃松宜、郝飞婷、李珊君、刘雪山、刘彦、莫思特、涂海燕、张劲、曾晓东、高红均、何凌、黄华、雷勇、刘凯、雒瑞森、王鹏、王渝红、王忠、向月、张晗、周凯
计算机学院	丁莎、董柯平、方智阳、葛龙、栾新成、马力、倪胜巧、熊运余、叶庆、张卫华、左劼、段磊、吴志红、吕建成、赵启军
建筑与环境学院	王霞、杨洁、余民久、邹琢晶、陈岚、陈滢、干晓宇、高辉、李沄璋、刘百仓、谭茹文、汤岳琴、王宠、王军、王子云、张静、张炜、郑庭辉、朱哲明
水利水电学院	肖明砾、李洪涛、刘铁刚、蒲迅赤、孙立成、王东、谢果、赵璐
化学工程学院	程远贵、党亚固、段天平、刘昉、王袁隆、袁绍军、李坤、张骥、褚良银、郭孝东、吉旭、金央、李德富、李天友、李子元、穆畅道、阮丽萍、王雅博、姚舜、印永祥、岳海荣、章鹏、钟本和
轻工科学与工程学院	董怡、谭淋、王巍、吴晶、曾维才、程海明、高鸿、辜海彬、贾冬英、贾利蓉、金勇、李晓蓉、刘公岩、彭必雨、汪川、吴重德、姚云鹤、张春晓、张皋鹏、张文华、赵敏
软件学院	洪玫、李晓华、刘辉、聂靖、王鹏、何坤、黄武、张意、余静
匹兹堡学院	梁栋、林森豹、权新峰
空天科学与工程学院	季袁冬、蒲伟
网络空间安全学院	黄诚、梁刚、刘亮、赵辉、曾雪梅、陈文、陈兴蜀、方勇、黎红友、王海舟、王文贤、杨进、杨频

续表9

学院	姓名
公共管理学院	董凯宁、李桂华、李强彬、梁中和、林熙、罗骏、彭峰、杨峰
商学院	程元军、何跃、李贻伟、余伟萍、郑建国、左仁淑、曹麒麟、程宏伟、黄勇、金茂竹、李小平、李晓峰、梁学栋、廖虎昌、刘海月、米德超、唐建民、隗玉梁、吴悦、应千伟、张欣莉
灾后重建与管理学院	田兵伟
华西基础医学与法医学院	张媛媛、赵玉华
华西临床医学院	彭勇、谢红、陈红、陈洁、陈桃林、杜潇、高祥、古君、胡颖、蒋若天、蒋婷婷、解慧琪、李平、李舍予、廖浩君、林涛、刘冬、蒲丹、蒲强、秦锋、沈彬、石虎兵、宋海波、王旻晋、魏家富、伍洋平、夏勇、许文明、杨璐、袁久洪、钟仁明、周西坤、朱慧莉、林锋
华西口腔医学院	廖金凤、白丁、陈谦明、宫苹、郭维华、黄睿洁、黄炎、蒋丽、李春洁、李敬、李明云、李太文、李燕、李雨庆、满毅、彭强、彭显、孙建勋、杨燃、姚洋、于海洋、袁泉、张凌琳、张倩倩、赵行、周学东、朱卓立
华西公共卫生学院	成果、李永新、刘巧兰、徐培渝、杨淑娟、张慧东、张韬、张遵真、吕晓华、周欢
华西药学院	胡明、秦勇、杨俊毅、邓黎、宋颢
生物治疗国家重点实验室	罗云孜、耿佳、何海怀、黄灿华、彭勇、谢丹、赵瀛兰
国家生物医学材料工程技术研究中心	雷洋、魏清荣、肖芸、杨晓、于云龙、张仕勇、周长春、张兴栋、朱向东
校团委	张韵
科技产业集团	王黎明
文化科技协同创新研发中心	袁雯
中国西部边疆安全与发展协同创新中心	李静玮、励轩
高分子研究所	冯玉军、亢健、殷鸿尧、邹华维
新能源与低碳技术研究院	刘慰

表10　2018年课程建设突出贡献奖（5项）

学院	姓名
法学院	“公司法”李平、刘畅
商学院	“市场营销”左仁淑、李珊 “企业战略管理”揭筱纹、张黎明、周贵川 “工程经济学”张欣莉

续表10

学院	姓名
华西临床医学院	“eye我所爱——呵护你的眼”刘陇黔、马薇、杨必、魏红、杨国渊、廖孟、唐昂藏、王晓悦、杨旭波、董光静、陈涛文、陈冰洁、伍叶、宋雨桐、颜月

表11　2018年全英语授课教学质量优秀奖（30名）

学院	姓名
经济学院	邓菊秋、李旸
法学院	钱向阳
外国语学院	方小莉
历史文化学院（旅游学院）	代丽鹃
数学学院	张斌
化学学院	Jason Chruma
生命科学学院	李中瀚
电子信息学院	邓国亮
高分子科学与工程学院	邓华
材料科学与工程学院	朱建国
机械工程学院	王凯
电气工程学院	周凯
计算机学院	张靖宇
建筑与环境学院	朱哲明
水利水电学院	张建海
化学工程学院	段天平
轻工科学与工程学院	王巍
匹兹堡学院	李筠
空天科学与工程学院	黄彦彦
公共管理学院	郑禹
商学院	方正、王维成
华西基础医学与法医学院	杨桂枝
华西临床医学院	楼江燕、徐筑萍、严冰

续表11

学院	姓名
华西口腔医学院	邹静
华西公共卫生学院	熊静远
华西药学院	杨男

表 12　2018 年“非标准答案考试”试题优秀奖（59 名）

学院	姓名
经济学院	“国际市场营销（双语）”闫雪凌
法学院	“行政法”徐继敏
外国语学院	“法语词汇学”敖敏 “旅游俄语”池济敏 “综合西班牙语－2”徐杨
历史文化学院（旅游学院）	“博物馆展览设计”李倩倩 “旅游心理学”卢天玲 “博物馆学概论”周静
数学学院	“微积分Ⅰ”牛健人
物理学院	“电动力学”余天 “IC 设计基础”赵新
化学学院	“大学化学（Ⅰ）—2，3”吴迪
生命科学学院	“生物信息学”曹洋 “遗传学”王海燕 “植物分类与机器学习”余岩、毛康珊 “病毒学”赵建 “细胞生物学”邹方东
电子信息学院	“计算机通信与网络”严斌宇
机械工程学院	“电脑平面设计”张珣
电气工程学院	“电机及电力拖动基础”肖勇
计算机学院	“网络工程”周颖杰 “数据可视化”朱敏
化学工程学院	“过程机器”肖泽仪 “近代化学基础”周加贝 “物理化学（Ⅰ）—1”朱权
轻工科学与工程学院	“设计与构成”姚云鹤
网络空间安全学院	“嵌入式系统”“0 到 1：IT 发展和大学生双创”赵辉

续表12

学院	姓名
公共管理学院	“信息服务与用户研究”李桂华 “信息分析与决策技术”彭光敏
商学院	“品牌管理”余伟萍 “设施规划与物流分析”郑建国
华西基础医学与法医学院	“生物化学Ⅱ”傅强 “医学免疫学（Ⅰ）（双语）”李楠 “医学微生物学Ⅱ”王红仁 “药理学”熊文碧
华西临床医学院	“系统整合临床课程Ⅱ/系统整合课程Ⅲ”曾静 “成人护理—3”谷波 “护理学基础2/4”胡晓林 “皮肤病与性病学”蒋献 “护理心理学”李小麟 “母婴护理学”罗碧如 “护理专业英语”彭文涛 “临床医学导论—3（各学科概论）”卿平 “耳鼻咽喉科学（Ⅰ）”唐玥玓 “急诊医学（英语）”万智 “中医学”王华楠 “内科学—1（英语）”左川、谭惠文
华西口腔医学院	“口腔修复工艺质量管理学”“全口义齿工艺学”岳莉
华西公共卫生学院	“Biosafety Training and Environmental Health Safety”“职业与健康实验”张勤 “爱情婚姻经济学”张引颖
华西药学院	“药用生物化学”李晓红 “药物发现简史”张丹

表13　2019年四川大学第六届“卓越教学奖”获奖名单

奖项	学院	姓名
一等奖	文学与新闻学院	王红
二等奖	电子信息学院	黄卡玛
三等奖	法学院	王建平
	材料科学与工程学院	朱建国
	电气工程学院	刘俊勇
	建筑与环境学院	张永丽
	华西基础医学与法医学院	岳利民
	数学学院	彭联刚
	生命科学学院	鲍锦库

表 14　2019 年四川大学第五届“星火校友奖教金”获奖名单

奖项	学院	姓名
一等奖	软件学院	林涛
	马克思主义学院	郑晔
二等奖	商学院	王黎华
	体育学院	邓维
	化学工程学院	吉旭
	机械工程学院	朱鲁闯
	化学工程学院	伍勇
	水利水电学院	李洪涛
	华西临床医学院	李真林
	化学工程学院	李赛
	华西药学院	何菱
	华西公共卫生学院	汪川
	国际关系学院	沈影
	艺术学院	周炯焱
	经济学院	段海英
	华西药学院	徐小平

表 15　2019 年四川大学第五届“五粮春青年教师优秀教学奖”获奖名单

学院	姓名
高分子科学与工程学院	丁明明
华西基础医学与法医学院	冯轼
外国语学院	吉晋
华西公共卫生学院	李永新
电气工程学院	汪颖
计算机学院	陈媛媛
海外教育学院	周丹
华西口腔医学院	周瑜
经济学院	赵颖岚
物理科学与技术学院	赵新
历史文化学院（旅游学院）	郭书愚
公共管理学院	董凯宁

续表15

学院	姓名
材料科学与工程学院	曾广根
生命科学学院	曾涛
化学工程学院	赖雪飞

表16　四川大学2019年各学院本科生转专业人数统计表（不含院内转）

学院名称	转入学生数	转出学生数
艺术学院	12	6
经济学院	64	8
法学院	21	4
文学与新闻学院	43	6
外国语学院	14	30
历史文化学院（旅游学院）	18	36
马克思主义学院	0	1
国际关系学院	3	1
数学学院	32	8
物理学院	31	18
化学学院	28	32
生命科学学院	52	18
电子信息学院	20	20
高分子科学与工程学院	42	29
材料科学与工程学院	14	35
机械工程学院	3	62
电气工程学院	107	21
计算机学院	65	7
建筑与环境学院	21	68
水利水电学院	4	79
化学工程学院	3	104
轻工科学与工程学院	6	117
软件学院	32	3
空天科学与工程学院	10	6
网络空间安全学院	20	2

续表16

学院名称	转入学生数	转出学生数
公共管理学院	23	65
商学院	62	24
华西基础医学与法医学院	19	15
华西临床医学院	60	13
华西口腔医学院	17	2
华西公共卫生学院	16	39
华西药学院	29	12
合计	891	891

表 17　2019 年本科生科创竞赛获省级及以上奖情况表

国际特等奖	国际一等奖	国际二等奖	国际三等奖	全国特等奖	全国一等奖	全国二等奖	全国三等奖	省特等奖	省一等奖	省二等奖	省三等奖	获省级及以上奖总项数	获省级及以上奖总人次数
3	8	15	68	32	87	274	454	3	309	395	621	2265	3926

表 18　2019 年获批四川省虚拟仿真实验教学项目名单

实验教学项目名称	负责人	所属专业代码	备注
电力系统频率调整的原理与控制虚拟仿真实验	刘天琪	80601	全部推荐参评国家级项目
Lightning VS——雷电冲击虚拟仿真实验	周凯	80601	
Pnas4 基因在斑马鱼早期发育中的作用研究	解丽芳	90301	
道路交通事故纠纷“网上数据一体化处理”虚拟仿真课程	王竹	030101K	
基于 VR 技术的法医现场勘验虚拟仿真教学项目	梁伟波	100901K	
心肌缺血诱发心室纤颤的机制、干预与转归——基于数字人的虚拟整合实验教学	罗海玻	100101K	
博物馆陈列总体设计虚拟仿真实验	周静	60103	
极端物理及相关交叉学科仿真实验平台	张红	70201	
结核分枝杆菌实验室检测的虚拟仿真项目	谢轶	101001	
峨眉山珍稀天然药用植物资源研究虚拟仿真实验	林宏辉	100901K	

表 19　2019 年四川大学在线开放课程一览表

课程名	开课学院	课程负责人	平台
财富管理的艺术：金融工具与风险管理	经济学院	邹瑾	爱课程（中国大学 MOOC）

续表19

课程名	开课学院	课程负责人	平台
公共财政概论	经济学院	段海英	爱课程（中国大学 MOOC）
公司金融	经济学院	战松	爱课程（中国大学 MOOC）
货币金融学	经济学院	张红伟	爱课程（中国大学 MOOC）
金融工程	经济学院	吴良	智慧树
金融资产定价	经济学院	徐子尧	爱课程（中国大学 MOOC）
微观经济学（全英文）	经济学院	陈显娟	爱课程（中国大学 MOOC）
西方经济学（宏观）	经济学院	张衔	爱课程（中国大学 MOOC）
西方经济学（微观）	经济学院	张衔	爱课程（中国大学 MOOC）
公司法	法学院	李平	爱课程（中国大学 MOOC）
行政法与行政诉讼法	法学院	徐继敏	爱课程（中国大学 MOOC）
民法总则	法学院	王竹	爱课程（中国大学 MOOC）
侵权责任法	法学院	王竹	爱课程（中国大学 MOOC）
侵权责任法总论："侵权责任法专题讲座系列"第一辑	法学院	王竹	爱课程（中国大学 MOOC）
人格权法	法学院	王竹	爱课程（中国大学 MOOC）
消费与法	法学院	刘畅	爱课程（中国大学 MOOC）
普通话实训与测试	文学与新闻学院	朱姝	爱课程（中国大学 MOOC）
琴韵剧谭	文学与新闻学院	丁淑梅	爱课程（中国大学 MOOC）
趣味符号学	文学与新闻学院	赵毅衡	爱课程（中国大学 MOOC）
中国诗歌艺术	文学与新闻学院	王红	爱课程（中国大学 MOOC）
中国现当代文学	文学与新闻学院	李怡、周维东	爱课程（中国大学 MOOC）
走近杜甫	文学与新闻学院	王红	爱课程（中国大学 MOOC）
外国文学欣赏	文学与新闻学院、国际关系学院	卢迎伏	爱课程（中国大学 MOOC）
幻想、文学与电影	外国语学院	方小莉	爱课程（中国大学 MOOC）
美国短篇小说选读	外国语学院	王安	爱课程（中国大学 MOOC）
文学批评与实践	外国语学院	王欣	爱课程（中国大学 MOOC）
应用语言学入门	外国语学院	段峰	爱课程（中国大学 MOOC）

续表19

课程名	开课学院	课程负责人	平台
巴蜀交通与对外交流	历史文化（旅游）学院	李勇先	爱课程（中国大学 MOOC）
传统文化与人生修养	历史文化（旅游）学院	周毅	爱课程（中国大学 MOOC）
美国文化	历史文化（旅游）学院	周毅	爱课程（中国大学 MOOC）
四川近代史	历史文化（旅游）学院	陈廷湘	爱课程（中国大学 MOOC）
世界上古史	历史文化学院（旅游学院）	邹薇	爱课程（中国大学 MOOC）
中国儒学	历史文化学院（旅游学院）	舒大刚	爱课程（中国大学 MOOC）
巴蜀文化	历史文化学院（旅游学院）、文学与新闻学院	霍巍	爱课程（中国大学 MOOC）
毛泽东思想和中国特色社会主义理论体系概论	马克思主义学院	李红	爱课程（中国大学 MOOC）
女性学：女性精神在现代社会中的挑战	马克思主义学院	吴敏、陈梅芳	爱课程（中国大学 MOOC）
医学伦理学	马克思主义学院	李琰	爱课程（中国大学 MOOC）
政治伦理学	马克思主义学院	阎钢	爱课程（中国大学 MOOC）
从德国古典哲学到马克思主义	哲学系	余玥	爱课程（中国大学 MOOC）
古希腊哲学的繁荣	哲学系	梁中和	爱课程（中国大学 MOOC）
复变函数论	数学学院	吕琦	爱课程（中国大学 MOOC）
概率论与数理统计	数学学院	徐有才	爱课程（中国大学 MOOC）
概率论与数理统计典型例题题解	数学学院	徐有才	爱课程（中国大学 MOOC）
数学分析习题精讲	数学学院	申力立	爱课程（中国大学 MOOC）
微积分（1）	数学学院	牛健人	爱课程（中国大学 MOOC）
微积分（2）	数学学院	牛健人	爱课程（中国大学 MOOC）
线性代数	数学学院	陈丽	爱课程（中国大学 MOOC）
线性代数典型例题题解	数学学院	陈丽	爱课程（中国大学 MOOC）
可编程 ASIC 设计	物理学院	高博	爱课程（中国大学 MOOC）
放射化学	化学学院	夏传琴	爱课程（中国大学 MOOC）
细胞生物学	生命科学学院	邹方东	爱课程（中国大学 MOOC）
光信息处理	电子信息学院	曹益平	爱课程（中国大学 MOOC）

续表19

课程名	开课学院	课程负责人	平台
材料科学与工程基础	高分子科学与工程学院	赵长生	爱课程（中国大学 MOOC）
高分子物理	高分子科学与工程学院	冉蓉	爱课程（中国大学 MOOC）
氢能与燃料电池	材料科学与工程学院	吴朝玲	爱课程（中国大学 MOOC）
现代材料制备科学与技术	材料科学与工程学院	王瑞林、陈宝军	爱课程（中国大学 MOOC）
机械原理	机械工程学院	马咏梅	爱课程（中国大学 MOOC）
自动控制原理及案例分析	电气信息学院	雒瑞森	爱课程（中国大学 MOOC）
面向创新思维的电子商务创业实践	计算机学院	黄彦辉	智慧树
大学生力学竞赛——材料力学	建筑与环境学院	胡益平	爱课程（中国大学 MOOC）
土木工程概论	建筑与环境学院	熊峰	爱课程（中国大学 MOOC）
工程水文学	水利水电学院	梁川	爱课程（中国大学 MOOC）
水力学	水利水电学院	李克峰	爱课程（中国大学 MOOC）
土力学	水利水电学院	陈群	爱课程（中国大学 MOOC）
岩石力学	水利水电学院	肖明砾	爱课程（中国大学 MOOC）
简明大学化学·物质结构部分入门	化学工程学院	周加贝	爱课程（中国大学 MOOC）
制药分离工程	化学工程学院	杜开峰	爱课程（中国大学 MOOC）
鞣制化学	轻工科学与技术学院	何有节	爱课程（中国大学 MOOC）
生物信息技术	轻工科学与技术学院	金垚	爱课程（中国大学 MOOC）
软件工程与实践导论	软件学院	余静	爱课程（中国大学 MOOC）
新生研讨课	软件学院	洪玫	爱课程（中国大学 MOOC）
财务管理	商学院	应千伟	爱课程（中国大学 MOOC）
创新与创业管理	商学院	王涛	爱课程（中国大学 MOOC）
创业管理	商学院	左仁淑	爱课程（中国大学 MOOC）
电子商务	商学院	何跃	爱课程（中国大学 MOOC）
风险投资与私募股权	商学院	杨安华	爱课程（中国大学 MOOC）
工程估价	商学院	张欣莉	爱课程（中国大学 MOOC）
工程经济学	商学院	张欣莉	爱课程（中国大学 MOOC）
供应链管理	商学院	梁学栋	爱课程（中国大学 MOOC）
管理沟通	商学院	杨鑫	爱课程（中国大学 MOOC）
管理会计	商学院	王黎华	爱课程（中国大学 MOOC）

续表19

课程名	开课学院	课程负责人	平台
管理思想史	商学院	揭筱纹	爱课程（中国大学 MOOC）
会计学原理	商学院	孙璐	爱课程（中国大学 MOOC）
金融衍生品	商学院	王军	爱课程（中国大学 MOOC）
企业战略管理	商学院	揭筱纹	爱课程（中国大学 MOOC）
全球商务	商学院	王维成	爱课程（中国大学 MOOC）
人力资源管理	商学院	刘苹	爱课程（中国大学 MOOC）
市场营销	商学院	左仁淑	爱课程（中国大学 MOOC）
现代企业物流	商学院	郑建国	爱课程（中国大学 MOOC）
压力与情绪管理	商学院	杨鑫	爱课程（中国大学 MOOC）
营销策划	商学院	左仁淑	爱课程（中国大学 MOOC）
运筹学	商学院	徐玖平	爱课程（中国大学 MOOC）
质量管理	商学院	李宗敏	爱课程（中国大学 MOOC）
组织行为学	商学院	李颖	爱课程（中国大学 MOOC）
法医毒物学	华西基础医学与法医学院	廖林川	爱课程（中国大学 MOOC）
法医物证学	华西基础医学与法医学院	张霁	爱课程（中国大学 MOOC）
法医学	华西基础医学与法医学院	侯一平	人卫慕课
人体（系统）解剖学	华西基础医学与法医学院	李华	人卫慕课
人体生理功能与健康	华西基础医学与法医学院	岳利民	爱课程（中国大学 MOOC）
衰老的秘密	华西基础医学与法医学院	吴海燕	爱课程（中国大学 MOOC）
太极拳医学	华西基础医学与法医学院	田汉文	爱课程（中国大学 MOOC）
eye 我所爱——呵护你的眼	华西临床医学院	刘陇黔	爱课程（中国大学 MOOC）
吃货的营养学修养	华西临床医学院	胡雯	爱课程（中国大学 MOOC）
传染病防治与健康	华西临床医学院	白浪	爱课程（中国大学 MOOC）
大学生身心健康自我关注及管理	华西临床医学院	马芳	爱课程（中国大学 MOOC）
儿科学	华西临床医学院	母得志	爱课程（中国大学 MOOC）
护理伦理学	华西临床医学院	张凤英	爱课程（中国大学 MOOC）
化妆品赏析与应用	华西临床医学院	李利	爱课程（中国大学 MOOC）
急救技能在身边的应用	华西临床医学院	万智	爱课程（中国大学 MOOC）
急您所脊——呵护我们的脊柱	华西临床医学院	何红晨	爱课程（中国大学 MOOC）

续表19

课程名	开课学院	课程负责人	平台
健康管理学概论及适宜技术	华西临床医学院	张帆	爱课程（中国大学MOOC）
老年常见慢病管理	华西临床医学院	黄晓丽	爱课程（中国大学MOOC）
脑健康知识讲座	华西临床医学院	商慧芳	爱课程（中国大学MOOC）
认识灾难，险中求生	华西临床医学院	曹钰	爱课程（中国大学MOOC）
生活急救小常识	华西临床医学院	聂虎	爱课程（中国大学MOOC）
生命孕育感知及漫谈	华西临床医学院	马芳	爱课程（中国大学MOOC）
生殖健康——“性”福学堂	华西临床医学院	邢爱耘	爱课程（中国大学MOOC）
医学检验整合课程——临床检验报告的正确打开方式	华西临床医学院	谢轶	爱课程（中国大学MOOC）
瘾的奥秘	华西临床医学院	李静	爱课程（中国大学MOOC）
运动与健康	华西临床医学院	李箭	爱课程（中国大学MOOC）
诊断学	华西临床医学院	万学红	人卫慕课
诊断学（心电图）	华西临床医学院	曾锐	人卫慕课
中医养生与健康	华西临床医学院	夏庆	爱课程（中国大学MOOC）
齿时齿课——家庭口腔卫士养成课	华西口腔医学院	孙建勋	爱课程（中国大学MOOC）
口腔黏膜病学	华西口腔医学院	陈谦明	人卫慕课
口腔医学临床前技能训练	华西口腔医学院	张凌琳	人卫慕课
口腔预防医学	华西口腔医学院	胡涛	爱课程（中国大学MOOC）
口腔正畸学	华西口腔医学院	赵志河	人卫慕课
口腔种植学	华西口腔医学院	袁泉	人卫慕课
牙体牙髓病学	华西口腔医学院	周学东	人卫慕课
合理饮食与健康	华西公共卫生学院	吕晓华	爱课程（中国大学MOOC）
脑卒中防治：基础与进展	华西药学院	杜俊蓉	爱课程（中国大学MOOC）
药事管理学	华西药学院	胡明	爱课程（中国大学MOOC）
药用植物学	华西药学院	李涛	爱课程（中国大学MOOC）
学成语 知中国	海外教育学院	雷莉	爱课程（中国大学MOOC）
学汉字 知中国	海外教育学院	王丹	爱课程（中国大学MOOC）
大学生心理健康	心理健康中心	王英梅	爱课程（中国大学MOOC）

表 20　2019 年四川大学省级精品在线开放课程一览表

课程名称	开课学院	负责人	开课学院	主要开课平台
财富管理的艺术：金融工具与风险管理	经济学院	邹瑾	经济学院	爱课程（中国大学 MOOC）
公司法	法学院	李平	法学院	爱课程（中国大学 MOOC）
外国文学欣赏	文学与新闻学院	卢迎伏	文学与新闻学院、国际关系学院	爱课程（中国大学 MOOC）
线性代数	数学学院	陈丽	数学学院	爱课程（中国大学 MOOC）
自动控制原理及案例分析	电气信息学院	雒瑞森	电气信息学院	爱课程（中国大学 MOOC）
智能时代下的创新创业实践	计算机学院	黄彦辉	计算机学院	智慧树
电子商务	商学院	何跃	商学院	爱课程（中国大学 MOOC）
工程经济学	商学院	张欣莉	商学院	爱课程（中国大学 MOOC）
市场营销	商学院	左仁淑	商学院	爱课程（中国大学 MOOC）
口腔黏膜病学	华西口腔医学院	陈谦明	华西口腔医学院	人卫慕课
瘾的奥秘	华西临床医学院	李静	华西临床医学院	爱课程（中国大学 MOOC）
运动与健康	华西临床医学院	李箭	华西临床医学院	爱课程（中国大学 MOOC）
脑健康知识讲座	华西临床医学院	商慧芳	华西临床医学院	爱课程（中国大学 MOOC）
eye 我所爱——呵护你的眼	华西临床医学院	刘陇黔	华西临床医学院	爱课程（中国大学 MOOC）

表 21　2019 年四川大学获批一流专业建设点一览表

级别	学院名称	专业名称
国家级	经济学院	经济学
国家级	经济学院	国际经济与贸易
国家级	法学院	法学
国家级	文学与新闻学院（新闻学院）	汉语言文学
国家级	外国语学院	英语
国家级	文学与新闻学院（新闻学院）	新闻学
国家级	历史文化学院（旅游学院）	历史学
国家级	数学学院	数学与应用数学
国家级	物理学院	物理学
国家级	化学学院	化学
国家级	生命科学学院	生物科学

续表21

级别	学院名称	专业名称
国家级	机械工程学院	机械设计制造及其自动化
国家级	材料科学与工程学院	材料科学与工程
国家级	高分子科学与工程学院	高分子材料与工程
国家级	电气工程学院	电气工程及其自动化
国家级	电子信息学院	电子信息工程
国家级	计算机学院	计算机科学与技术
国家级	建筑与环境学院	土木工程
国家级	水利水电学院	水文与水资源工程
国家级	化学工程学院	化学工程与工艺
国家级	化学工程学院	制药工程
国家级	轻工科学与工程学院	轻化工程
国家级	建筑与环境学院	环境工程
国家级	材料科学与工程学院	生物医学工程
国家级	华西临床医学院	临床医学
国家级	华西口腔医学院	口腔医学
国家级	华西公共卫生学院	预防医学
国家级	华西药学院	药学
国家级	华西基础医学与法医学院	法医学
国家级	华西临床医学院	康复治疗学
国家级	华西临床医学院	护理学
国家级	公共管理学院	行政管理
国家级	艺术学院	美术学
省级	华西口腔医学院	口腔医学技术
省级	华西公共卫生学院	卫生检验与检疫
省级	华西药学院	临床药学
省级	软件学院	软件工程
省级	生命科学学院	生态学
省级	外国语学院	俄语
省级	电子信息学院	光电信息科学与工程
省级	化学工程学院	过程装备与控制工程
省级	轻工科学与工程学院	食品科学与工程

续表21

级别	学院名称	专业名称
省级	商学院	会计学
省级	机械工程学院	测控技术与仪器
省级	公共管理学院	信息资源管理
省级	材料科学与工程学院	新能源材料与器件

表22　2019年四川大学教师公开出版教材信息统计表

学院	教材名称	书号（ISBN）	主编	出版社	出版时间	版次
艺术学院	《摄影基础教程》	978-7-5410-8474-4	冉玉杰	四川美术出版社	2019年7月	3
艺术学院	《艺术学概论》	978-7-04-051290-8	黄宗贤	高等教育出版社	2019年9月	5
艺术学院	《美术鉴赏》	978-7-1020-8341-4	黄宗贤、赵帅	人民美术出版社	2019年7月	1
艺术学院	《美术鉴赏教学参考用书》	978-7-1020-8353-7	黄宗贤、赵帅	人民美术出版社	2019年7月	修订版
经济学院	《衍生金融工具》	978-7-04-051504-6	陈小凡	高等教育出版社	2019年6月	1
经济学院	《虚拟经济理论与实践》	978-7-5690-2057-1	张红伟	四川大学出版社	2019年9月	1
法学院	《劳动和社会保障法案例教程》	978-7-5690-3237-6	王蓓	四川大学出版社	2019年12月	1
法学院	《案例刑法学》	978-7-300-27384-6	魏东	中国人民大学出版社	2019年9月	1
法学院	《刑事诉讼法第三版》	978-7-04-052335-5	万毅	高等教育出版社	2019年8月	3
法学院	《法律数据：统计方法与实证研究》	978-7-5690-2928-4	詹小平	四川大学出版社	2019年12月	1
文学与新闻学院（新闻学院）	《美国现代诗选（英汉对照，上下卷）》	978-7-5213-1156-3	赵毅衡	外语教学与研究出版社	2019年9月	1
文学与新闻学院（新闻学院）	《禅宗语言研究入门》	978-7-309-14467-3	周裕锴	复旦大学出版社	2019年9月	1
文学与新闻学院（新闻学院）	《新闻评论教程：原理、方法与应用》	978-7-5690-1533-1	操慧	四川大学出版社	2019年1月	1
外国语学院	《英汉翻译二十讲（增订版）》	978-7-1001-7727-6	曹明伦	商务印书馆	2019年9月	1
外国语学院	《四川旅游俄语》	978-7-5690-2824-9	池济敏	四川大学出版社	2019年4月	1
外国语学院	《学术英语写作》	978-7-5690-3454-7	夏婉璐	四川大学出版社	2019年12月	1

续表22

学院	教材名称	书号（ISBN）	主编	出版社	出版时间	版次
历史文化学院（旅游学院）	《中国文学史讲演录》	978-7-5531-1234-3	缪元朗	巴蜀书社	2019年11月	1
历史文化学院（旅游学院）	《会展营销》	978-7-5680-5397-6	黄鹂	华中科技大学出版社	2019年8月	1
历史文化学院（旅游学院）	《会展概论》	978-7-5680-5699-1	王晓辉	华中科技大学出版社	2019年9月	1
历史文化学院（旅游学院）	《会展策划与管理》	978-7-5680-5740-0	肖葱	华中科技大学出版社	2019年11月	1
历史文化学院（旅游学院）	《多元视角下口述历史方法的探索与实践》	978-7-220-11139-6	李德英	四川人民出版社	2019年1月	1
马克思主义学院	《思想理论教育研究（第2辑）》	978-7-5690-2688-7	纪志耿	四川大学出版社	2019年4月	1
马克思主义学院	《思想理论教育研究（第1辑）》	978-7-5690-2417-3	纪志耿	四川大学出版社	2019年3月	1
马克思主义学院	《初心·使命·信仰——吴玉章感人故事》	978-7-5690-3102-7	李建华	四川大学出版社	2019年9月	1
公共管理学院	《古典柏拉图主义哲学导论》	978-7-5675-9027-4	梁中和	华东师范大学出版社	2019年5月	1
公共管理学院	《政府应急管理信息化总体架构》	978-7-5690-2796-9	袁莉	四川大学出版社	2019年6月	1
公共管理学院	《公共管理学新编》	978-7-5690-2940-6	史云贵	四川大学出版社	2019年12月	1
商学院	《管理学原理（修订本）》	978-7-1213-5974-3	左仁淑	电子工业出版社	2019年7月	2
商学院	《会计学（第四版）》	978-7-5096-6254-0	王虹	经济管理出版社	2019年9月	4
商学院	《会计学（第四版）》	978-7-5096-6254-0	孙璐	经济管理出版社	2019年9月	4
商学院	《工程经济学》	978-7-04-052688-2	张欣莉	高等教育出版社	2019年11月	1
数学学院	《微积分（上册）》	978-7-300-26840-8	陈丽	中国人民大学出版社	2019年5月	1
数学学院	《线性代数》	978-7-5690-1813-4	陈丽	四川大学出版社	2019年6月	2
数学学院	《现代科学与工程计算基础》	978-7-5690-2616-0	胡兵	四川大学出版社	2019年2月	3
数学学院	《线性代数》	978-7-300-26898-9	谭友军	中国人民大学出版社	2019年4月	1

续表22

学院	教材名称	书号（ISBN）	主编	出版社	出版时间	版次
物理学院	《医学物理学学习指导书》	978-7-117-27877-5	王磊	人民卫生出版社	2019年1月	5
物理学院	《现代集成电路和电子系统的地球环境辐射效应（译著）》	978-7-1213-5115-0	马瑶	电子工业出版社	2019年1月	1
化学学院	《高分子化学教程》	978-7-03-061613-5	江波	科学出版社	2019年6月	5
化学学院	《无机化学》	978-7-1223-4540-0	李瑞祥	化学工业出版社	2019年9月	2
化学学院	《生物质转化利用》	978-7-03-062695-0	胡常伟	科学出版社	2019年11月	1
化学学院	《大学生创新创业教育体系的构建研究》	978-7-5581-7666-1	谢均	吉林出版集团股份有限公司	2019年8月	1
生命科学学院	《细胞生物学实验指南》	978-7-04-050315-9	邹方东	高等教育出版社	2019年12月	3
生命科学学院	《细胞生物学数字课程2.0》	978-7-8951-0327-6	邹方东	高等教育出版社	2019年2月	1
生命科学学院	《医学生物学》	978-7-03-061548-0	胡火珍	科学出版社	2019年7月	9
生命科学学院	《医学细胞生物学》	978-7-03-061547-3	胡火珍	科学出版社	2019年8月	8
生命科学学院	《医学生物学与医学细胞生物学实验教程（第3版）》	978-7-03-061469-8	杨春蕾	科学出版社	2019年6月	3
电子信息学院	《光电信息科学与工程专业英语教程》	978-7-1213-6910-0	张彬	电子工业出版社	2019年8月	2
机械工程学院	《工程与传媒数字化创新应用》	978-7-5690-2755-6	李天翼	四川大学出版社	2019年8月	1
机械工程学院	《数字化设计与制造ijsh及应用》	978-7-5690-2617-7	徐雷	四川大学出版社	2019年11月	1
机械工程学院	《画法几何与土木工程制图》	978-7-307-20987-9	蒲小琼	武汉大学出版社	2019年8月	2
机械工程学院	《3D打印实训教程》	978-7-307-20524-6	陈建	武汉大学出版社	2019年1月	1
电气工程学院	《电机学》	978-7-5198-2176-0	赵莉华	中国电力出版社	2019年12月	1
计算机学院	《视觉计算基础》	978-7-111-62286-4	赵启军	机械工业出版社	2019年4月	2
软件学院	《游戏艺术》	978-302-53235-4	李茂	清华大学出版社	2019年11月	1
软件学院	《*Machine Learning For Tomography Reconstrcution*》	978-0-7503-2214-0	张意	Institute of Physic	2019年12月	1
高分子科学与工程学院	《高分子化学教程》	978-7-03-061613-5	王槐三	科学出版社	2019年6月	5

续表22

学院	教材名称	书号（ISBN）	主编	出版社	出版时间	版次
高分子科学与工程学院	《材料科学与工程基础》	978-7-122-34841-8	赵长生	化学工业出版社	2019年10月	3
建筑与环境学院	《土木工程概论》	978-7-5629-6037-9	熊峰	武汉理工大学出版社	2019年7月	2
建筑与环境学院	《混凝土结构设计》	978-7-307-20789-9	李章政	武汉大学出版社	2019年3月	2
建筑与环境学院	《工程建设质量管理》	978-7-122-34093-1	李章政	化学工业出版社	2019年7月	1
建筑与环境学院	《土力学与地基基础》	978-7-122-33740-5	李章政	化学工业出版社	2019年7月	1
建筑与环境学院	《工程计量》	978-7-112-22986-4	谭大璐	中国建筑工业出版社	2019年3月	1
建筑与环境学院	《高等计算力学》	978-7-5690-2830-0	朱哲明	四川大学出版社	2019年3月	1
建筑与环境学院	《冲击与爆炸动力学基础及应用》	978-7-5690-2650-4	曾详国	四川大学出版社	2019年2月	1
建筑与环境学院	《废水处理工艺及设备》	978-7-5690-3094-5	郭勇	四川大学出版社	2019年10月	1
建筑与环境学院	《BIM应用优秀案例》	978-7-5690-3242-0	董娜	四川大学出版社	2019年12月	1
水利水电学院	《现代治河工程》	978-7-5690-2908-6	周宏伟	四川大学出版社	2019年8月	1
水利水电学院	《岩石拉伸断裂试验与破断机理》	978-7-03-062533-5	戴峰	科学出版社	2019年11月	1
水利水电学院	《大型地下洞室开挖微震监测与围岩稳定性评价》	978-7-03-062529-8	戴峰	科学出版社	2019年10月	1
水利水电学院	《流域水电智慧调度——大渡河探索与实践》	978-7-03-06325-6	陈仕军	科学出版社	2019年12月	1
水利水电学院	《连续缓倾一断续陡倾组合岩体变形破坏模式研究分析》	978-7-5509-2494-9	马军	黄河水利出版社	2019年8月	1
轻工科学与工程学院	《毛皮工艺学》	978-7-5184-2368-2	张宗才	中国轻工业出版社	2019年6月	1
轻工科学与工程学院	《制革化学》	978-7-03-060507-8	单志华	科学出版社	2019年2月	1
轻工科学与工程学院	《服饰美学》	978-7-5180-5599-9	刘望微	中国纺织出版社	2019年4月	1
轻工科学与工程学院	《皮革及革制品品质检验》	978-7-5690-2980-2	曾运航	四川大学出版社	2019年8月	1
轻工科学与工程学院	《统计学基本原理及在革制品科研实践中的应用》	978-7-5690-2868-3	周晋	四川大学出版社	2019年6月	1
化学工程学院	《化工技术经济（第四版）》	978-7-122-32857-1	宋航	化学工业出版社	2019年1月	4

续表22

学院	教材名称	书号（ISBN）	主编	出版社	出版时间	版次
化学工程学院	《制药工程技术概论（第三版）》	978-7-122-33374-2	宋航	化学工业出版社	2019 年 3 月	3
化学工程学院	《化学反应工程（第三版）》	978-7-03-060486-6	梁斌	科学出版社	2019 年 2 月	3
化学工程学院	《废水处理工艺及设备》	978-7-5690-3094-5	郭勇	四川大学出版社	2019 年 10 月	1
化学工程学院	《无机精细化工工艺学（第三版）》	978-7-122-33079-6	张昭	化学工业出版社	2019 年 5 月	3
体育学院	《公共体育课之跆拳道课程》	978-7-5643-7089-3	卓岩	西南交通大学出版社	2019 年 8 月	1
华西基础医学与法医学院	《人体寄生虫学彩色图谱》	978-7-5690-2690-0	陈建平	四川大学出版社	2019 年 1 月	2
华西基础医学与法医学院	《人卫 3D 人体解剖图谱》	978-7-117-27924-6	王凡	人民卫生出版社	2019 年 12 月	1
华西临床医学院	《剂量测量及放射卫生防护》	978-7-5690-3038-9	肖江洪	四川大学出版社	2019 年 8 月	1
华西临床医学院	《医学人文导论》	978-7-117-27993-2	王涵	人民卫生出版社	2019 年 4 月	1
华西临床医学院	《肌骨超声诊断学》	978-7-117-27501-9	邱逦	人民卫生出版社	2019 年 4 月	1
华西临床医学院	《儿童呼吸治疗学》	978-7-03-058894-4	陈大鹏	科学出版社	2019 年 3 月	1
华西口腔医学院	《口腔颌面外科护理基础》	978-7-117-28080-8	毕小琴	人民卫生出版社	2019 年 4 月	1
华西口腔医学院	《口腔健康教育》	978-7-117-28081-5	邓立梅	人民卫生出版社	2019 年 4 月	1
华西口腔医学院	《眼耳鼻咽喉口腔科护理学》	978-7-117-27745-7	陈燕燕	人民卫生出版社	2019 年 1 月	1
华西口腔医学院	《基于病案的口腔医学临床思维培养》	978-7-5690-3169-0	张凌琳	四川大学出版社	2019 年 12 月	1
华西口腔医学院	《口腔修复工》	978-7-117-28788-3	于海洋	人民卫生出版社	2019 年 9 月	1
华西口腔医学院	《牙周病学（第二版）》	978-7-117-24310-0	吴亚菲	人民卫生出版社	2019 年 8 月	2
华西口腔医学院	《口腔科学》	978-7-04-051799-6	周学东	高等教育出版社	2019 年 6 月	1
华西公共卫生学院	《社会・行为与健康》	978-7-5690-2879-9	刘丹萍	四川大学出版社	2019 年 5 月	1
华西公共卫生学院	《管理心理学》	978-7-5690-2683-2	刘毅	四川大学出版社	2019 年 1 月	3

续表22

学院	教材名称	书号（ISBN）	主编	出版社	出版时间	版次
华西药学院	《新编药学实验教程（上）》	978-7-5690-1595-9	何勤	四川大学出版社	2019年8月	1
华西药学院	《新编药学实验教程（下）》	978-7-5690-1595-9	何勤	四川大学出版社	2019年8月	1
华西药学院	《中国医学教育题库（药学专业题库）》	978-7-89456-772-7	郭丽	人民卫生出版社	2019年8月	1

表23　2019年人文大讲堂讲座一览表

主讲人	学院	主讲题目
詹石窗	道教与宗教文化研究所	道家文化与健康美
陈昌文	公共管理学院	现代心理学与本土文化资源
卢丁	艺术学院	田野探险与调查构建起的丝绸之路艺术史
李锦	历史文化学院	从民族走廊看中华民族共同体的形成和发展
石坚	外国语学院	语言、能力、素养：大学生可持续性发展
彭华	历史文化学院	王国维的文化精神与生命价值
徐玖平	商学院	互联网环境下大学生财经素养培育探讨

（以上资料由教务处冉桂琼、邓屹立提供）

三、就业

1.2019届毕业生就业率

截至2019年11月30日，四川大学2019届毕业生共15257人，总就业率为92.64%。2019届本科毕业生国内外深造3969人，国内外深造率为46.11%，其中国内升学2999人，占比34.84%；出国（境）深造970人，占比11.27%。2019年就业服务工作的满意度达到97.28%，较2018届上升了0.37个百分点。

2.厚植爱国主义情怀，引导毕业生服务国家发展战略

进一步加强对学生的思想教育和价值引领，教育引导学生立大志向、上大舞台、成大事业，到国家重点地区、重大工程、重大项目、重要领域就业创业，到基层人民群众去锻炼成长，到人民军队“大熔炉”发光发热，到国际组织中去为中国发声。2019届到单位就业的毕业生，主要分布在国防军工、先进制造、卫生医疗、金融、教育科研、党政机关等重点领域。其中，到与我校办学定位相匹配的大型骨干企业3801人，占比49.18%；到重点医疗卫生单位817人，占比10.57%；到党政机关及公共服务部门804人，占比10.40%；到高等院校和科研机构727人，占比9.40%；有2039人到基层就业，其中到县或县级市就业796人；选调生490人，重点分布在四川、陕西、重庆、青海、广西、贵州、云南、新疆、湖北、河南、河北、山东等省（市、自治区）；到中小微企业就业473人；到艰苦地区艰苦行业就业183人；自主创业59人，大学生志愿服务西部计划、大学生村官、研究生支教团38人；学生应征入伍17人；赴国防军工重点单位就业毕业生319名，到

部队就业毕业生81名；自主创业学生59人；到国际组织实习任职5人次，其中3名同学获得国家留学基金管理委员会资助，分别到联合国环境规划署、联合国人力资源行政法组和联合国粮农组织实习。

3. 做实民生工程，深入实施重点群体帮扶

推进落实中央关于打赢脱贫攻坚战、全面建成小康社会的重大战略部署。按照上级有关文件要求，切实加强领导、细化措施、落实责任，按照“重点关注、重点推荐、重点服务、重点落实”的原则，切实抓好困难毕业生尤其是建档立卡困难毕业生的就业帮扶工作。针对建档立卡等经济困难学生、残疾学生、少数民族学生等各种类别的重点群体毕业生，进一步加大“一生一策”精准帮扶力度，建立帮扶台账，深化开展“一对一”精准指导和帮扶，落实落细帮扶工作；深入实施《四川大学困难毕业生就业援助方案》，开展有针对性的分类指导、专场指导、就业意向座谈、个体辅导、就业推荐等，为重点群体毕业生提供精细化的立体服务，提升学生就业竞争力；对于离校未就业的重点群体学生，校院两级进一步加强跟踪服务，切实做到“离校不离心，服务不断线”。截至2019年11月30日，残疾学生12人，全部实现就业；建档立卡毕业生287人，实现就业262人，未就业26人（其中18人拟继续深造，6人拟参加公招考试，2人因病暂未就业）；少数民族毕业生1256人，实现就业1135人。

4. 加强生涯辅导，培育学生就业创业能力

进一步深化专业化就业指导师资队伍和课程体系建设，综合利用政府、企业、校友等社会资源，深入开展“学业发展、职业分析、行业分析、求职能力提升、个体咨询、企业见习日、赛事实践”等模块化活动，不断扩大职业辅导覆盖面，点面结合，提升学生生涯成熟度，培育学生就业创业能力，服务学校培养和输送社会主义事业建设者和接班人的工作大局。鼓励各学院就业工作小组加强全过程职业发展教育，着力打造“教书育人”明星师资团队；不断丰富课程内容，指导学生合理开展生涯规划，开设“职业生涯导航”和“就业指导”两门校内公选课，2019学年开课量共计35个教学班，覆盖学生2000余人；举办各类职业辅导活动，满足不同学生群体个性化发展需求，2019年，校院两级举办就业指导讲座300余场，就业中心为学生提供个体咨询、模拟面试、简历门诊、工作坊、讲座等200余次，参与校院两级就业指导活动学生达到3万余人次。

5. 搭建优质平台，促进学生更高质量就业

作为国家布局在西部的“双一流”建设高校，充分发挥研究型综合大学优势，主动对接国家发展战略，以人才输送为契机，横向拓宽与各大行业集团的合作、纵向延伸与各地政府的联系，搭建高质量就业平台。深入走访了陕西国防科工委、中核集团、中航工业成飞、长安集团等行业领军企业，积极与航天科技、长江电力、中国石化等大型集团开展高端人才引进、实习实践等合作；在拓展地方就业市场上，前往江苏、广西、西安、深圳、珠海等17地的人社部门精准对接地方人才需求，与湖州、西安、重庆、珠海、曲靖等9地签订合作协议建立人才引进工作站；组织各部处、院系与34个地方的组织和人社部门开展深入合作会谈。2019届校就业中心共举办各类型招聘会2144场（其中专场招聘会2057场，大中型组团双

选会 87 场），接待进校招聘用人单位 4546 家，网上发布需求信息 7150 条。进校招聘单位中，国民经济重点行业和战略新兴行业占比在 80%以上。

表 24　四川大学 2019 届毕业生就业情况统计（截至 2019 年 11 月 30 日）

统计时间	2019 年 11 月 30 日			2019 年 8 月 1 日		
学历	总人数	就业人数	就业率	总人数	就业人数	就业率
本科	8607	7810	90.74%	8437	6921	82.03%
硕士	5332	5077	95.22%	5270	4685	88.90%
博士	1318	1247	94.61%	1136	950	83.63%
总计	15257	14134	92.64%	14843	12556	84.59%

注：就业人数包含“签就业协议形式就业、签劳动合同形式就业、科研助理、其他录用形式就业、基层项目、应征义务兵、自主创业、自由职业、国内外深造”的人数。

表 25　四川大学 2019 届毕业生分学历国内外深造统计（截至 2019 年 11 月 30 日）

学历	国内升学人数	占比	出国/出境人数	占比	国内外深造人数	国内外深造率
本科	2999	34.84%	970	11.27%	3969	46.11%
硕士	590	11.07%	77	1.44%	667	12.51%

表 26　四川大学 2019 届毕业生就业地区分布（截至 2019 年 11 月 30 日）

就业重点区域	本科	硕士	博士	就业人数	占比
京津冀地区	269	215	34	518	5.47%
粤港澳大湾区	474	426	72	972	10.26%
长三角地区	481	423	63	967	10.21%
西部地区	2175	2978	942	6096	64.36%
其他地区	441	368	110	919	9.70%

表 27　四川大学 2019 届毕业生就业区域分布（截至 2019 年 11 月 30 日）

就业单位区域	本科	硕士	博士	就业人数	占比
广东省	474	426	72	972	10.26%
北京市	197	174	25	396	4.18%
上海市	181	174	18	373	3.94%
浙江省	142	142	25	309	3.26%
江苏省	99	79	17	195	2.06%
山东省	71	44	16	131	1.38%

续表27

就业单位区域	本科	硕士	博士	就业人数	占比
福建省	62	46	10	118	1.25%
河北省	44	24	4	72	0.76%
天津市	28	17	5	50	0.53%
海南省	10	12	1	23	0.24%
东部地区合计	1308	1138	193	2639	27.86%
湖北省	95	106	21	222	2.34%
河南省	40	74	29	143	1.51%
湖南省	80	30	9	119	1.26%
安徽省	59	28	3	90	0.95%
山西省	30	29	6	65	0.69%
江西省	19	16	12	47	0.50%
中部地区合计	323	283	80	686	7.24%
辽宁省	19	7	5	31	0.33%
黑龙江省	9	4		13	0.14%
吉林省	6	0	1	7	0.07%
东北地区合计	34	11	6	51	0.54%
四川省	1551	2459	784	4794	50.61%
重庆市	156	206	61	423	4.47%
陕西省	67	87	23	177	1.87%
贵州省	80	65	27	172	1.82%
云南省	77	55	8	140	1.48%
甘肃省	74	27	20	121	1.28%
广西壮族自治区	70	24	8	102	1.08%
新疆维吾尔自治区	44	10	6	60	0.63%
西藏自治区	15	31		46	0.49%
内蒙古自治区	18	5	2	25	0.26%
青海省	18	6		24	0.25%
宁夏回族自治区	6	3	3	12	0.13%
西部地区合计	2175	2978	942	6096	64.36%

表 28　四川大学 2019 届毕业生就业单位性质分布（截至 2019 年 11 月 30 日）

单位性质分布	本科	硕士	博士	就业人数	占比
民营企业	1218	1125	53	2396	31.00%
国有企业	924	997	44	1965	25.42%
三资企业	261	382	16	659	8.53%
企业合计	2403	2504	113	5020	64.95%
医疗卫生单位	173	327	317	817	10.57%
高等教育单位	8	191	347	546	7.06%
科研设计单位	30	117	34	181	2.34%
其他事业单位	20	144	7	171	2.21%
中初教育单位	10	86	2	98	1.27%
事业单位合计	241	865	707	1813	23.46%
党政机关（含选调生）	136	581	11	728	9.42%
部队	12	15	3	30	0.39%
其他	49	82	7	138	1.79%

表 29　四川大学 2019 届毕业生就业行业分布（截至 2019 年 11 月 30 日）

单位行业分布	本科	硕士	博士	就业人数	占比
制造业	538	565	33	1136	15.61%
信息传输、软件和信息技术服务业	512	585	14	1111	15.27%
卫生和社会工作	252	429	323	1004	13.80%
教育	190	364	348	902	12.40%
科学研究和技术服务业	127	338	71	536	7.37%
金融业	167	266	4	437	6.01%
建筑业	286	116	4	406	5.58%
公共管理、社会保障和社会组织	53	281	6	340	4.67%
电力、热力、燃气及水生产和供应业	149	134	2	285	3.92%
房地产业	95	170	8	273	3.75%
租赁和商务服务业	84	124	4	212	2.91%
批发和零售业	88	59	1	148	2.03%
交通运输、仓储和邮政业	45	80	/	125	1.72%
文化、体育和娱乐业	61	51	5	117	1.61%
水利、环境和公共设施管理业	17	62	4	83	1.14%

续表29

单位行业分布	本科	硕士	博士	就业人数	占比
居民服务、修理和其他服务业	27	35	2	64	0.88%
军队	14	15	3	32	0.44%
住宿和餐饮业	19	8	2	29	0.40%
农、林、牧、渔业	7	15	1	23	0.32%
采矿业	8	2	/	10	0.14%
国际组织	1	2	/	3	0.04%

（以上资料由就业指导中心李玲、陈家姝提供）

研究生教育

一、招生工作

（一）博士研究生招生全面实行“申请—考核”制

2019年，学校在近年来博士生“申请—考核”制试点、逐步扩大、稳步推进的基础上，制定了《四川大学博士研究生招生管理工作办法》（川大研〔2019〕108号），四川大学博士生“申请—考核”制招生全面实行。

（二）多措并举，狠抓生源质量

实行本科直接攻博计划。2019年首次实施本科直接攻博计划，进行“本—博”贯通式培养，锁定本校优秀本科生源。2019年，经过选拔，78名优秀学生获准进入直接攻博计划。

扩大硕博连读招收比例。允许各培养单位根据学科特点和发展需求确定硕博连读的选拔条件和招收比例，锁定本校优秀硕士生源。2019年选拔硕博连读生873人，全校录取比例首次达到50%。

暑期夏令营全覆盖，全方位多角度招生宣传，吸引优质生源。2019年，所有招生单位通过独立或联合的形式举办夏令营43个，夏令营报名15454人，选拔参营4294人。在2019年接收硕士推免生中，接收夏令营优秀营员1090人，占比达到47.77%。夏令营的举办，不仅增加了我校接收高水平院校的推免生数量，同时辐射带动了营员所在高校的学生报考我校。

鼓励学院、学科主动走出去，针对性地对高水平兄弟院校进行学院对学院、学科对学科、导师对学生的面对面交流，开展优质生源组织工作。鼓励导师跨学科招收研究生，尽量保证每一个导师能招收到专业发展和科研工作开展所需要的学生。

建立快速响应机制，快速锁定优秀推免生。自主研发系列服务软件，为研究生招生管理和服务提供平台支撑。在信息化平台支撑下，各学院与全国范围高水平大学推免生第一时间互动，及时掌握动态信息，抢抓优质生源，大幅提升接收推免生工作效率，实现了接收推免生数量稳步增长。

2019 年录取推免生总人数达 2282 人，首次突破总招生计划 40%；留本校继续深造的推免生 1020 人，留本校比例首次突破 50%；“211”及以上生源 1989 人，“双一流”（含一流学科建设）学校生源 2114 人，推免生优质生源占比达 96.28%。

（三）对标国家教育考试要求，切实加强规章制度建设，确保研究生考试招生工作安全

深刻吸取相关高校 2019 年研考自命题事件的教训，切实加强规章制度建设，针对存在的突出问题和薄弱环节，对标国家教育考试有关规定，科学制定、认真梳理并及时修补完善自命题等相关规章制度和工作方案。制定了《四川大学研究生入学考试监考员管理办法》（川大研〔2019〕96 号）、《四川大学研究生招生专业目录编制工作管理办法》（川大研〔2019〕97 号）、《四川大学优秀大学生暑期夏令营实施办法（修订）》（川大研〔2019〕99 号）、《四川大学研究生入学考试自命题工作管理办法》（川大研〔2019〕107 号）。

（四）深化服务，自建研究生招考信息化平台

自主研发满足复杂需求的研究生招考管理系统，该系统集成了包括目录采集、现场确认数据采集系统、自命题分检、评阅整理系统、实时在线招录平台、录取报录系统、分数线测算等 20 多个子系统，实现了办公自动化，大大提升服务质量与水平。已开通运行微信公众号“四川大学研招办”，关注人数近 5 万。

（五）加强保密管理，升级改造涉密场所与设备

全新自建自命题集中命制场所、严格按要求建设试卷保密室（答卷保管室）、可视化中央控制室和标准化考场，配备安防报警系统、视频监控系统、保密设备和消防设施等。升级安全系统与硬件。完成研究生教学楼标准化考场改造，优化考场环境，升级考务设备。

（六）实效培训，打造实干高效的研究生招生管理服务队伍

针对 2019 研究生招考出台的新政策、新规定，切实加强了对研究生招生负责同志各管理人员的培训，前后培训近 10 场，建立健全了常态化的教育培训机制，有效提高管理人员的责任意识、法律意识和业务能力。坚决杜绝考试招生工作中的官僚主义、形式主义，相关规章制度一经发布，必须坚决执行。上下齐心，共同强化了对政策法规的理解掌握，对研招各环节、各程序的清晰把控，实现研究生考试招生的安全、平稳、高效。

（七）硕士研究生招生工作

2019 年硕士研究生报考人数共 43983 人，较 2018 年增加 5175 人。实际录取硕士研究生 7568 人，其中全日制研究生 5741 人、非全日制研究生 1800 人、港澳台学生 27 人。全日制硕士生优质生源占 59%，较 2018 年增长 3%。

（八）博士研究生招生工作

2019 年博士研究生报考人数共 8057 人，较 2018 年减少 25 人。实际录取博士研究生 1726 人，较 2018 年增加 81 人。含非全日制研究生 9 人，港澳台学生 2 人。博士生优质生源占 86%，较 2018 年增长 5%。

二、培养工作

截至 2019 年 10 月，四川大学在校研究生总数为 29011 人，其中硕士研究生 22064 人（学术学位硕士研究生 10291 人，专业学位硕士研究生全日制 7044 人，专业学位硕士研究生非全日制 4729 人），

博士研究生 6947 人（学术学位博士研究生 6118 人，专业学位博士研究生 829 人）。2019 年度研究生毕业生总数为 6903 人，其中硕士研究生 5396 人（毕业 5382 人，结业 14 人），博士研究生 1507 人（毕业 1318 人，结业 189 人）。

研究生教育管理方面，2019 年 7 月发布了新的《四川大学硕士研究生中期考核管理办法》，并于 2019 年 9 月对 2018 级硕士生进行了中期考核。在广泛征求各培养单位的基础上制定了新的《四川大学研究生学位论文开题管理办法（试行）》，并计划于 2020 年开始执行。

持续开展研究生课程建设项目，2019 年研究生教改项目立项 69 项，课程思政项目立项 32 项。继续完成研究生科创基金和第三批课程建设结题工作，以及第四批课程建设中期考核和结题工作。启动研究生慕课建设项目，已有四门课程在建设当中。继续推进专业学位研究生实习基地建设，截至目前已建成 61 个专业学位实习基地。鼓励老师学生参加专业教指委各项项目申报、评奖，3 名老师学生获得先进个人、优秀指导教师荣誉，3 项研究课题获批立项。继续实施“四川大学研究生创新实践能力提升项目”，支持 800 余名研究生到行业企业、实践基地参加实践实训。

国际学术交流项目成效显著。2019 年博士研究生国际学术交流基金立项支持 280 人，均以口头报告或壁报的形式参会。启动“四川大学博士研究生国（境）外短期访学项目”，2019 年审批并派出 25 人赴世界一流高校联合培养。启动“四川大学博士生高端国际学术论坛”，2019 年华西临床医学院、数学学院、化学工程学院、商学院成功举办博士生高端学术论坛。组织选拔研究生参加大川视界游学团项目，寒暑期项目共计派出 135 人。积极组织各类联合培养项目派出管理工作，2019 年累计派出研究生 1210 人，其中博士研究生 696 人次，硕士研究生 514 人次。

三、学位工作

完成审定硕士生导师和博士生导师资格的组织工作，本年度共增列博士生导师 128 人，硕士生导师 228 人。

全面实施研究生学位论文质量监督保障体系建设方案，对申请答辩的学位论文和授位后的学位论文进行盲审抽检。按学位条例和研究生培养方案，组织评定、授予博士、硕士学位及协调解决有关学位问题。2019 年全年博士授位人数 1360 人，硕士授位人数 6076 人，其中 6 月授位博士 1013 人、硕士 5148 人，9 月授位博士 136 人、硕士 141 人，12 月授位博士 211 人、硕士 787 人。

表 30　2019 年新增列博士生指导教师资格人选名单

序号	姓名	学科专业
1	李裴	宗教学
2	刘勇	人口、资源与环境经济学
3	杜玉琼	国际法学
4	刘肖	马克思主义中国化研究
5	李辽宁	思想政治教育

续表30

序号	姓名	学科专业
6	李瑄	中国古代文学
7	刘福春	中国现当代文学
8	李菲	中国少数民族语言文学
9	邱晓林	比较文学与世界文学
10	黄顺铭	新闻传播学
11	朱至刚	新闻传播学
12	成功伟	中国史
13	陈力	中国史
14	王鹏辉	专门史
15	张循	中国古代史
16	刘建军	基础数学
17	刘志军	应用数学
18	白春林	理论物理
19	邹国红	无机化学
20	周翠松	分析化学
21	郑柯	有机化学
22	董顺喜	有机化学
23	成楚旸	有机化学
24	张琦	有机化学
25	王健礼	物理化学
26	宋飞	高分子化学与物理
27	邓聪	高分子化学与物理
28	朱剑波	高分子化学与物理
29	马利建	放射化学
30	刘明春	生物学
31	张修月	生物学
32	蔡浩洋	生物学
33	Mondher Bouzayen	生物学
34	姚少华	细胞生物学
35	张胜	生态学
36	王婧	生态学

续表30

序号	姓名	学科专业
37	周志成	力学
38	李文强	机械工程
39	余德平	机械工程
40	蒲伟	机械工程
41	白红伟	材料学
42	王旭	材料学
43	唐勇	材料学
44	程冲	材料学
45	David Mitlin	新能源材料与器件
46	雷清泉	电气工程
47	汤广福	电气工程
48	贺之渊	电气工程
49	王海风	电气工程
50	李彬	电气工程
51	王为	电气工程
52	张冰	通信与信息系统
53	段磊	计算机科学与技术
54	张严辞	计算机科学与技术
55	彭玺	计算机科学与技术
56	戴靠山	土木工程
57	周成	岩土工程
58	刘百仓	市政工程
59	王航	水利工程
60	邓铭江	水文学及水资源
61	聂锐华	水力学及河流动力学
62	安瑞冬	水力学及河流动力学
63	刘超	水力学及河流动力学
64	周家文	水工结构工程
65	杜开峰	生物化工
66	胡卫兵	应用化学
67	宋新建	应用化学

续表30

序号	姓名	学科专业
68	田永强	发酵工程
69	周建飞	皮革化学与工程
70	曾运航	皮革化学与工程
71	陈意	皮革化学与工程
72	王亚楠	皮革化学与工程
73	郭荣辉	生物质化学与工程
74	张坤	核科学与技术
75	赖波	环境工程
76	李沄璋	人居环境
77	赵伟锋	生物医学工程
78	王宏霞	网络空间安全
79	陈铌	病理学与病理生理学
80	王玉芳	病理学与病理生理学
81	梁伟波	法医学
82	赵毅	内科学
83	尹耕	内科学
84	毛辉	内科学
85	吴俣	内科学
86	王健伟	内科学
87	王华	儿科学
88	杨凡	儿科学
89	李劲梅	神经病学
90	王强	精神病与精神卫生学
91	邓伟	精神病与精神卫生学
92	罗红	影像医学与核医学
93	丰干钧	外科学
94	罗德毅	外科学
95	胡佳	外科学
96	王允	外科学
97	周圣涛	妇产科学
98	郑莹	妇产科学

续表30

序号	姓名	学科专业
99	薛建新	肿瘤学
100	魏霞蔚	肿瘤学
101	屈云	康复医学与理疗学
102	余海	麻醉学
103	杜磊	麻醉学
104	林雪梅	麻醉学
105	沈百荣	医学信息学
106	李宇	口腔医学
107	谢静	口腔基础医学
108	韩向龙	口腔医学
109	周瑜	口腔医学
110	王剑	口腔医学
111	汪川	卫生检验与检疫
112	柯博文	药物化学
113	张伯礼	药剂学
114	符垚	药剂学
115	赵军宁	生药学
116	朱蓓薇	药理学
117	刘博	药理学
118	蒋艳	护理学
119	李卡	护理学
120	陈红	护理学
121	吴鹏	管理科学与工程
122	颜锦江	管理科学
123	郭钊侠	工业工程
124	梁学栋	工业工程
125	向锐	会计学
126	刘俊	旅游管理
127	张浩淼	社会保障
128	第宝锋	安全科学与减灾

表 31　2019 年新增列硕士生指导教师资格人选名单

序号	姓名	学科专业
1	曾怡	外国哲学
2	Gheerbrant Xavier	外国哲学
3	徐召清	逻辑学
4	汤云	伦理学
5	哈磊	宗教学
6	朱展炎	宗教学
7	贾男	国民经济学
8	周沂	区域经济学
9	邹瑾	金融学
10	赵颖岚	金融学
11	谭弘茹	产业经济学
12	李冰逆	法学
13	袁嘉	法学
14	李鑫	法学
15	邹奕	宪法学与行政法学
16	胡东飞	刑法学
17	王娟娟	国际关系
18	张立	国际关系
19	马缨	社会学
20	徐小禾	社会学
21	崔珂	社会学
22	罗静	马克思主义中国化研究
23	陈桃林	应用心理学
24	孙景权	运动人体科学
25	陈星全	体育教育训练学
26	国威	中国古典文献学
27	妥佳宁	中国现当代文学
28	卢迎伏	比较文学与世界文学
29	周丹	汉语国际教育

续表31

序号	姓名	学科专业
30	鲜丽霞	汉语国际教育
31	汤黎	英语语言文学
32	严天钦	英语语言文学
33	赵星植	英语语言文学
34	曾国才	外国语言学及应用语言学
35	侯宏虹	新闻传播学
36	索德浩	考古学
37	黎海超	考古学
38	李世佳	中国史
39	周琳	中国史
40	田君	历史文献学
41	辛旭	世界史
42	邹薇	世界史
43	盛利	基础数学
44	任丽	基础数学
45	周林锋	基础数学
46	申力立	基础数学
47	邓科	不确定性处理的数学
48	张路	不确定性处理的数学
49	陈少永	等离子体物理
50	朱铧丞	无线电物理
51	戴建远	分析化学
52	宾正杨	有机化学
53	曹伟地	有机化学
54	付绍敏	有机化学
55	黄超	放射化学
56	余岩	生物学
57	周华鹏	生物学
58	陈强	生物化学与分子生物学

续表31

序号	姓名	学科专业
59	余雅梅	生物化学与分子生物学
60	胡泉军	生态学
61	曾涛	生态学
62	刘永杰	固体力学
63	任利	工程力学
64	伍剑波	机械电子工程
65	王凯	机械设计及理论
66	李华	机械设计及理论
67	李小伟	光学工程
68	曾广根	材料物理与化学
69	王泽高	材料学
70	林紫锋	材料学
71	熊英	材料学
72	王占华	材料学
73	陈宁	材料学
74	何静	材料学
75	龚鹏剑	材料加工工程
76	严义刚	新能源材料与器件
77	张永志	新能源材料与器件
78	郝霞	新能源材料与器件
79	刘慰	新能源材料与器件
80	韩怀志	化工过程机械
81	王杨	电气工程
82	徐方维	电气工程
83	王仲	电气工程
84	高博	微电子学与固体电子学
85	郑秀娟	控制科学与工程
86	张晗	检测技术与自动化装置
87	傅可人	计算机科学与技术

续表31

序号	姓名	学科专业
88	王艳	计算机科学与技术
89	朱江平	计算机科学与技术
90	赵炜	建筑学
91	魏柯	建筑设计及其理论
92	张堙	土木工程
93	常海庆	市政工程
94	张法星	水力学及河流动力学
95	刘长军	化学工艺
96	王烨	化学工艺
97	吕莉	化学工艺
98	姚长洪	生物化工
99	宗文刚	应用化学
100	邓怡	应用化学
101	徐海迪	低碳技术与工程
102	王静波	燃烧动力学
103	谭淋	纤维技术与工程
104	金垚	发酵工程
105	孔米秋	航空宇航科学与技术
106	钟苏川	航空宇航科学与技术
107	刘星泉	核科学与技术
108	孙照勇	环境工程
109	王科锋	生物医学工程
110	李高参	生物医学工程
111	邹琴	生物医学工程
112	张江	生物医学工程
113	何凌	生物医学工程
114	张军鹏	生物医学工程
115	孙静	生物医学工程
116	罗日方	生物医学工程

续表31

序号	姓名	学科专业
117	张凌	生物医学工程
118	钟凯	食品科学
119	曾维才	食品科学
120	张继刚	城乡规划学
121	吴少华	网络空间安全
122	王保宁	病原生物学
123	张文燕	病理学与病理生理学
124	陈勃江	内科学
125	周海霞	内科学
126	刘丹	内科学
127	王可	内科学
128	高赟	内科学
129	刘苓	内科学
130	谢艳	内科学
131	张丽	内科学
132	李德渊	儿科学
133	甘靖	儿科学
134	段泓宇	儿科学
135	李一飞	儿科学
136	李颖	老年医学
137	陈宁	神经病学
138	陈永平	神经病学
139	周俊英	神经病学
140	李名立	精神病与精神卫生学
141	况伟宏	精神病与精神卫生学
142	李飞	影像医学与核医学
143	吴敏	影像医学与核医学
144	杨滨	临床检验诊断学
145	李壹	临床检验诊断学

续表31

序号	姓名	学科专业
146	石小军	外科学
147	刘嘉铭	外科学
148	艾建忠	外科学
149	黄斌	外科学
150	柯能文	外科学
151	雷建勇	外科学
152	陈海宁	外科学
153	陈小龙	外科学
154	杜正贵	外科学
155	刘家刚	外科学
156	程永忠	外科学
157	方媛	外科学
158	陶传元	外科学
159	古君	外科学
160	钱永军	外科学
161	蒙炜	外科学
162	肖准	妇产科学
163	何国琳	妇产科学
164	王丹青	妇产科学
165	陆方	眼科学
166	陈飞	耳鼻咽喉科学
167	孟娟	耳鼻咽喉科学
168	艾平	肿瘤学
169	曹丹	肿瘤学
170	黄程	康复医学与理疗学
171	李棋	运动医学
172	唐新	运动医学
173	陈刚	运动医学
174	梁鹏	麻醉学

续表31

序号	姓名	学科专业
175	唐昱英	麻醉学
176	刘飞	麻醉学
177	喻佳洁	循证医学
178	蔡绪雨	临床遗传学
179	赵凤艳	母婴医学
180	谢蟪旭	口腔医学
181	刘程程	口腔医学
182	廖金凤	口腔基础医学
183	贾仲林	口腔基础医学
184	孙崇奎	口腔基础医学
185	张韬	流行病与卫生统计学
186	姚于勤	劳动卫生与环境卫生学
187	陈锦瑶	营养与食品卫生学
188	杨淑娟	儿少卫生与妇幼保健学
189	曾沛斌	卫生检验与检疫
190	付娟娟	中西医结合临床
191	王乾韬	药物化学
192	杜玮	药物化学
193	张义文	药物化学
194	旷喜	药理学
195	王魁	药理学
196	杨永红	医学技术
197	毕小琴	护理学
198	陈茜	护理学
199	黄文霞	护理学
200	彭文涛	护理学
201	李玲利	护理学
202	李德华	护理学
203	曾自强	管理科学与工程
204	王杜娟	管理科学与工程
205	梁海明	管理科学与工程

续表31

序号	姓名	学科专业
206	杨雪	企业管理
207	罗嘉陵	行政管理
208	李晓梅	行政管理
209	黄超	行政管理
210	雷尚清	行政管理
211	林熙	社会保障
212	黄国武	社会保障
213	董欢	土地行政与房地产管理
214	匡宇	艺术学理论
215	焦阳	艺术学理论
216	黄晓音	艺术学理论
217	喻宛婷	艺术学理论
218	海维清	艺术学理论
219	常青	美术学
220	李翎	美术学
221	杨帆	美术学
222	陶安萍	中国画与书法
223	彭宇	设计学
224	陈超	边疆学（边疆社会学）
225	田兵伟	安全科学与减灾
226	Basanta Raj Adhikari	安全科学与减灾
227	Glenn Fernandez	安全科学与减灾
228	Mahmood Fayazi	安全科学与减灾

2019年授予博士、硕士学位名单

一、2019年6月授予博士、硕士学位名单

（一）科学学位博士717人

哲学10人

许　鹏　王　僖　郭鸿玲　赵广志　金恺文　张　磊　陆雪卉　蒋欢宜　何正金
DANG，HUYNH TUYET HANG

经济学16人

陈　燕　牟雪淞　胡双梅　江　玮　韩周瑜　张　丽　张宪涛　何克东　杨　云
黄晓渝　韩喜昆　谢建军　田益豪　赵　新　韩仁杰　张伟科

法学10人

张明勇　白国华　郜占川　李　欢　悦　洋　刘楷悦　陈梅芳　章　勇　张　宁
泽仁卓玛

文学59人

吴未意　陈思本　王　莹　李月炯　聂志平　黄城烟　游　黎　周国祥　李家傲
周艳梅　丁庆刚　王洋河　朱　力　计晓云　陶　禹　石　英　徐　键　李　贺
廖建明　黄楚蓉　王宏芹　董　赟　解　爽　袁栋洋　廖海杰　陈晓军　蒋　岩
佘国秀　欧　婧　刘颖洁　谢杨柳　刘智勇　何李新　殷　瑜　贾瑞琪　刘一辰
刘利刚　朱亚希　隋文馨　徐书婕　宁　珂　钱亚旭　秦江丽　潘　皙　李　超
易　平　陈海兵　杨雨红　潘晓霞　张　莉　罗　金　陈　韵　黎　明　陈　丹
甘小兰　文月娥　王　军　郎加泽仁　CHATCHUDA JIRANUNTIPORN

历史学18人

韩文博　张　科　朱德涛　廖小波　向　野　刘红艳　李建艳　韩晓燕　黄传荣
丁军伟　游君彦　袁　上　田国励　钟周铭　李馨妤　关浩淳　肖　杰　陈泽华

理学203人

秦华军　王　浩　徐森荣　文新鹏　余加奎　唐　肖　骆　艳　张百驹　韩毅辉
汪　韬　司　文　宿　娟　李自尊　张　军　樊智辉　丁　亮　张东培　邓　栋
马亮亮　程建峰　胡天巧　刘　洋　刘禄波　孟凡钦　张林霞　胡启威　尹健庄
边玉坤　唐　梅　张秀清　谢林果　姚星辉　杜　彪　唐少坚　许亚莉　张骆强
赵廷兴　周鹏飞　胡海鹏　康腾飞　卢　岩　谭　飞　武王斌　郭松松　林潇斌
余青颖　刘运起　鞠　涛　孙得楠　王之朔　杨世平　尹江亮　徐小鹏　王　毅
邓和平　代金杭　石明松　张　磊　曹志杰　谢　辉　刘博文　付　腾　徐昌连

杜　澜　付　兴　王波林　谭光映　李玲玲　李　阳　王志鹏　王梨嬛　黄　娇
郑　汀　严超超　刘　伟　李玺洋　宋　涛　苏艳秋　张玮佳　唐　霞　李　强
余　洋　周　泷　张梦如　王博雅　汝大福　马燕林　王瑞博　郑祚康　张佩璇
缪　辉　魏昌赫　王　阳　何娇雨　黄志钧　胡　贝　孙　荣　谭文荣　罗泽伟
王亚玲　谢　川　杨　皓　付光凯　王　超　黄人帅　邓丽娟　李小舜　张文聪
武鹏德　叶菁华　何　旭　袁　敬　雷　芳　苏　宓　邱　伟　张　俊　康　康
李向富　蒋　浩　杨全顺　夏欣欣　卢　清　张亚飞　李世长　刘园园　张　静
刘　钧　吴亚辉　黄　磊　田银帅　吕　昊　曹素娇　陈　磊　陈渝胧　蒲诗云
陈铁柱　文飞燕　吴　可　戴维扬　余昕玲　肖　微　乐其明　展　震　屈梦珂
寸兴利　杨　琴　罗静雯　杨玉洁　杨永凤　武志娟　樊　庆　刘书云　刘晓娟
马胜男　周　洁　蔡　豪　徐广超　周　欣　宋佩颖　陈义平　刘　更　王　琴
黄露义　揭　惠　赖钦淮　李　妍　杨芳芳　黄深振　纪杰城　韦雪琴　陈雨文
桑梓苔　张雅敏　徐海霞　张　洋　李　卉　杜　婷　王德年　张雪艳　杨梅佳
张艳娜　刘小伟　陈彩丽　刘小威　陈　燕　蒋静文　巫　轲　王　宁　黎　勇
户明星　龚　量　夏安杰　董铭灵　冉　蓓　王发展　张华萍　高添桃　刘　晶
陶怡然　林桂凤　SHAHZAD IQBAL　VU VIET HA　MUHAMMAD ARFAN

工学 237 人

杨　茂　梁勇飞　王伟伟　袁果园　王亚星　李飞泽　何　铁　刘金华　刘　泽
涂　鸿　王先良　陈爱军　王正上　张　伟　熊　熠　王晓梅　郭　龙　张宇琴
赵文静　窦　虎　邢　妍　霍东明　杨　佳　林宏伟　陈洪刚　刘　慧　肖健平
高秀英　孙　辉　唐　萍　吕　想　郑　婷　李春秀　任翱博　任胜强　侯冰雪
陈　伟　吴金花　邱彧冲　黄兰香　李　程　汪玉洁　曾　攀　闫　静　王立波
谢罗峰　殷　勤　常青林　张　丹　费　宇　张　祺　李　超　赵　斐　张　珣
祁　娜　李　冬　柯思璇　王改霞　杨　潇　张江林　杨林涛　张　殷　胡晓通
苏学能　马愿谦　徐　建　曾雪梅　潘　磊　夏　磊　冯洋琴　严　明　黄飞虎
李迎江　刘　运　胡　鹏　周昌林　肖定军　李云飞　刘瑞峰　刘　邦　李彦儒
冯　波　李　昂　范　勇　周　磊　刘　杨　张古承　李盼盼　王　晖　侯　麟
曲　兵　曾　静　王慧中　杨　丽　王　敏　王小童　李海申　余　颖　黄　巍
牟燕川　钟小忠　黄弈茗　郭兵兵　李晓龙　叶　飞　冯　鹏　刘　燚　马显春
刘述伊　刘　悦　叶玉健　辛小康　杨正丽　陈春祺　袁　浩　白兆亮　李　睿
万　航　叶　晨　雷　明　许海勇　霍　苗　周　勤　唐　巍　赵　梁　潘大伟
李晓迎　武春锦　袁　炳　吕　玲　王恩慧　王　圆　于洋洋　肖　遥　葛黎明
徐妍雪　漆　婷　熊歆诺　廖文龙　王雄雷　李露明　魏　民　张海龙　辛　慧
周兴龙　周　硕　耿　亮　李映明　仵雁北　官小玉　余　跃　王玉增　田赛琦
刘宝华　杨　欢　吴佳城　王晓玲　余华宁　符　玄　刘汉超　刘曦非　肖长发
孟烨桥　唐茂株　陈　刚　薛　娟　张集海　吴　凯　陈文华　袁丹丹　赵　竞
韩　迪　荆梦璠　张慧贤　吉笑盈　俞博文　许淑嫚　杨　潇　徐　玲　李思远
白　露　陈文博　李浚松　郑少笛　张红梨　江元平　毛超英　贾利川　尹华模

赵中国　杨　洁　何方方　王　健　徐瑞璋　杨双桥　衡正光　刘　洋　王　绪
龙远铸　施振强　林　毅　李赜宇　钟羽中　曹万旭　杨继榕　代　鑫　陈宏杰
陈　露　陈阳梅　郭高阳　蒋培培　袁　波　梁　鸿　郭仕伟　成富荣　李传奇
李　可　庞晓燕　许平凡　叶晓霞　骆　微　刘　畅　晏　菲　徐　阔　曾　力
王　杰　曹　伟　牛广辉　周彩霞　郭志君　王　尖　孙富华　胡　静　林丽丽
杨茜媚　李晓玲　HAMAD NAEEM

农学 3 人

任　斌　任远航　张爱贵

医学 113 人

蒋莉华　曹　欣　张　琦　车望军　郭　冰　霍　娇　陈宇航　刘　莉　张　璇
单旭征　沈　曦　梁　一　陈　楚　辛军国　杨　懿　周　琛　方明旺　代吕霞
晏　翔　别明江　张福梅　余　杭　赵晓明　郑　翔　何金蕾　李　媛　谢明坤
李芝隆　朱　镜　谌霞灿　陈显兵　黄　元　王美姣　李璐瑶　闫志平　伊亚婷
邓　凌　江宇辰　刘　江　邵晓茹　周辛璇　张　波　张　颖　刘咏梅　黄伯彦
宋修丽　谭　璐　郝　丹　胡雪姣　谭　振　罗川栩　阴丽媛　朱思忆　邓长飞
张入文　马伟光　熊恬园　罗汶鑫　汪梦兰　吴　琴　罗国晶　熊安吉　童　馨
李　晓　师　轲　索学玲　赵又瑾　张文静　王丽芸　严小凯　贾贵清　李建波
李志贵　杨　琴　何松林　钟　建　李广州　胡博文　李　军　张修儒　钱伟强
张孙富　赖俊谕　李　涛　谭　平　韦　准　魏　然　刘吉峰　陆　涛　任建君
李梦倩　赵　岗　熊柳林　李　刚　赵　胥　胡汝均　张　慧　张丹凤　何　雕
程艳伟　聂　丹　陈玲敏　杨　霖　高呈飞　卿　泉　罗瑞熙　石　瑛　黄　茜
刘雪莎　刘　宇　张相娴　娜仁朵兰　JAGESHWAR PRASAD SHAH

管理学 36 人

王　强　蔡克信　贺腊梅　刘福敏　张　璇　谭　毅　庄媛媛　牟　琼　吕春兰
田晓丽　范露容　马　宁　赵四维　何　玥　张峰祎　刘　娅　杨忠波　卢秋声
胡盛昌　崔保军　蒋奇杰　胡　谍　刘旭红　古　韬　罗宽宽　蔡　鹏　徐海军
梁心见　谢　玲　李美慧　涂振洲　包烽余　Md Nazirul Islam Sarker
SIMA ZOMORODIAN　VAN THI DAO　MOHSIN SHAFI

艺术学 12 人

朱亚铮　宋光瑛　徐丛丛　李嘉璐　周尚琴　芮兰馨　张　莹　蓝庆伟　谢安辉
乔　宇　彭芳燕　邵莉媛

（二）全日制专业学位博士 234 人

工程 2 人

朱方东　康天怿

临床医学 156 人

肖至兰　王海川　程　山　卢敏勋　宋　晨　买红霞　刘芃芃　李千瑞　陈志媛
冯师健　黄力立　李梦洁　张　韵　吕晓君　李　开　朱晨静　王　茜　邓灵慧
王维雯　林奕鹏　黄　卓　张利锋　王　帆　陈　楠　张蜀鑫　凌　晨　吴　冕

马　凡　陈云天　邓汉宇　许　慎　陈　伟　何林烨　张文标　叶　麾　谢闻季
杨　远　贾晨阳　张鹏亮　李为昊　范树才　吴宇超　韩　清　柳建栋　周百万
胡　涛　徐　达　沈　凯　邓　珂　郑天颖　程凤芮　王迟一　赵　芹　余　婷
曾结婷　马萌萌　杨　晖　代水平　吕文玉　付　桂　高　蕊　周晓爽　高　慧
符　榕　李维静　夏子敬　艾潇琳　韩倩倩　张海宏　陈　瑶　邹凌琳　刘怡欣
白云强　肖海涛　肖风来　陈亚兰　袁　翠　余　华　胡　霜　蒲　怡　章　蔚
夷恬进　何金兰　夏天莉　廖　行　朱　敏　王　丹　吴文静　徐芒芒　彭安娇
黎彦博　陈虹西　袁敏兰　张　彤　何晓鹏　寇　莹　向　茜　李　磊　刘　凯
李　懋　刘镇坤　张洪伟　龚　民　王焱超　陈虹旭　简钟宇　魏小栋　油　迪
兰　竹　郑　姮　王　慧　徐婷婷　甘卫刚　王喻义　铁　艳　袁　霞　杨　彪
尚小可　张亚兵　周　斌　朱永军　李　丹　刘思彤　王　羽　曾　强　黄蓉双
操　雪　黄骥翀　龚宗容　谭　戈　王　玲　杨　潇　李仲桃　郝相勇　朱则昕
沈　舒　王　蒙　杨玉赏　王　鑫　陈　果　杨周源　陵廷贤　王　玉　杨　毅
刘国明　单提昆　陈锐奇　王泽明　龚飞龙　白云金　鲁栋梁　杨　博　于凌昱
薄　聪　李　稳　杨　阳

口腔医学 76 人

谢　添　谢宗鑫　张骁捷　陶俊臣　李浩然　于金钊　闫恺潇　梅　杰　康　健
杨毓芝　郭　睿　覃媛冬　尹无为　郭　婷　李沛霖　宿晨曦　王曼怡　白明茹
王美洁　辛　娜　王梦媛　刘楚娴　张馨月　李颉颃　吴越琳　吴湘楠　邓梦昭
周　玥　肖　逊　孙　亮　胡　沛　胡芝爱　王倩婷　陈　典　陈卢璐　陈昭昭
李俊颖　刘　瑶　娄　锋　王　琨　张卓远　赵　巍　李宗擘　郑赛男　尹　贝
贾小玥　蒙明梅　葛　阳　谭学莲　徐若诗　冯　慧　刘佳佳　王翔剑　张雪峰
沈妍欣　陈　瞰　梁　燕　程　旭　罗祥友　陈　畅　黄　倩　薛丽丽　刘蓓蕾
陈河林　闵　婕　张艺馨　谢　强　黄　波　郭雨晨　张家玮　申　玉　胥　杨
薛超然　秦　汉　HUSSEIN H. S. HELAL　SANJAY KUMAR TIWARI

（三）同等学力科学学位博士 9 人

法学 1 人

张继峰

医学 8 人

周　乐　田　力　张君龙　刘　晓　张　林　潘晓华　朱仕超　周　易

（四）同等学力专业学位博士 53 人

临床医学 53 人

倪茂美　刘宇清　魏冬梅　陈洪琴　梁鹏冲　陈　茜　张伟义　王艺萍　王宇辉
邓太兵　杨秀林　李治鹏　郑舒展　张　伟　徐原宁　宋　方　张亚男　朱加应
冯新富　魏　涛　马　林　刘胜中　姚晓军　陈玉娟　张红芳　张道宝　印晓鸿
曾　春　朱云柯　熊华章　何　英　敬基刚　张和庆　凌文武　吴　昕　邱　冬
肖贵宝　马洪兵　赵　攀　肖东琼　郑永波　熊娅琴　胡成功　崔　宇　刘　英
闵　婕　唐宇凤　刘云聪　毛　珂　鲁　瑾　郝　炎　李亚英　林秀芳

（五）科学学位硕士 2988 人

哲学 46 人

何文苑 高　旭 赖静松 唐培杰 毛玮秀 蒋　鑫 陈　洁 王羿龙 殷　平
吴　婕 张娴雅 陈　磊 李诗杨 熊海霞 薛　丹 薛亚璐 马雪娇 徐　灏
庞文华 董卫昌 岳　媛 徐路红 于洋洋 罗　涛 陈玉媛 范砚秋 刘兴健
郑启林 郝春雨 汪丽娟 牛二团 张　芳 张红志 李丹阳 彭　捷 张光绪
张继驰 陈　颖 孙　禄 孙　超 刘　垌 李明芳 邱伟鹏 王浩驰 高彩虹
MI JUNG JUN

经济学 113 人

吴佳欣 曾　烁 徐　雯 邓　卫 张　晗 邹　进 张　恒 李　潇 曾思琪
张菁洁 闫秋月 郭一丹 席鹏举 张　悦 王斌锋 宋忆楠 何　娅 王　涛
张　兴 孙慕洁 侯玉斌 彭　瑞 罗　静 李　琴 刘　扬 王　雪 张　晓
何雪崴 张慧丰 王艺晗 程泽华 李季蓝 邱　倩 张　涛 张　欣 刘冬建
杨　鹏 杨文举 何杭迅 鲍　玮 涂训华 张露予 范锦玲 谭　雯 薛富兴
申浩男 徐璐茜 赵　月 彭志勇 宋　颖 姬宇虹 唐　晨 路　遥 李玉琴
杨舒瑶 游　纤 何飞洋 赵佳敏 周慧琳 彭亚金 曹原豪 周　静 龚　剑
黄　炼 黄　婷 刘长龙 潘博文 郑孟雪 阳金枝 周　佳 朱亚东 许　倩
邓　倩 王　敏 李雨来 李斯璐 杨宇程 卢家雄 吕红杰 闫小寒 涂佳琪
赵艳霞 陈才沛 李　琳 肖　江 贾莉娟 杨文琦 刘　文 李艳春 邱麒麟
忽双双 杨　琴 张嘉艺 邬维唯 刘芝育 刘书天 邬钰姣 梅聂梦 文国艳
蔡雨汀 邓小端 邝佳艺 张若星 付　倩 曾　明 万亭伶 贺文蓉 王明鹏
魏　琳 OK HASAN CHIZHOV VADIM JARUNEE SAE-TAE
VILOD DUANGDET

法学 276 人

雷　玲 王　颖 梁文韬 杨　梅 程雪君 李俊利 明　晨 钟　玥 周格子
刘　璐 李诗语 苟　艳 刘芮希 汪　娇 黄永颖 王　甜 刘沥霜 杨一芝
李芯愉 蒲　斌 肖瑞鹏 梅　帅 陆安飞 邓　浩 龚　雪 曹　舒 钟柯昱
陈燕涛 刘　玲 王宇昂 刘佳奇 陈　琼 黄　玮 王雨茜 侯　雪 陈　慧
江南燕 范婧雯 李　丹 蓝梓文 董小波 胥慧敏 蒲薪宇 罗财富 徐铭鸿
张万兆 陈欢鑫 刘　宇 胡　容 潘诗琳 张　希 欧　顺 黄田田 肖雨薇
黄　青 朱俊佳 汪　红 罗　曦 张　菊 缪钰双 卜端端 张　敏 何彭美凤
张吉宁 刘忠炫 刘　潺 李静明 魏舒婷 刘新晟 樊　沁 李宜鸿 周西雅
罗　娇 李彦霖 冷悦菊 呼燕珠 黄智维 曾薪凝 高　磊 周怡然 李泰灏
周　宇 何小玄 陈泊舟 张　恒 王春七 唐露露 赵　静 商雅岚 吴逢雨
石文琳 林　娟 李思莹 郑　薇 徐月蕊 刘陈玲 郭靖波 邓月媛 姚　佳
李　祎 刘思宏 王金桂 游　佳 马梦鸽 李名洪 成小爱 刘欣欣 张晓凤
谢义群 蔡也曼 曾　凤 陈佳辛 徐梦悦 童金凤 王　贝 王　佳 尹阳春
李萌萌 肖　仙 邓钞元 吴梓玲 黄　乔 刘　卫 李小霜 刘　杨 陈斐然

何宇浩　张君欢　韩方方　饶　健　张　红　郭雯佳　邹梦邱　杨　敏　卞小雨
钱永涛　牛英豪　段静莹　罗　静　张雪娇　王赟鑫　曾　笠　李亚玲　杜贵蓉
帅　馨　王一睿　石　林　雷　蕾　王　凤　隆汶睿　谭明亮　卢柯帆　祟文瑞
黄周正　石　秋　冯林莹　秘　倩　罗欣雨　谭英凡　高　岸　柳　阳　刘士缘
王鑫源　张　磊　杜郁美　杜杨松　张　雷　李若凡　张雅琨　田　桑　王　涛
吴倩倩　韦　朋　廖洪英　张华强　康雪梅　张作程　鲜丽娟　罗婉鑫　伍修雅
李贝贝　卓昱含　完颜德　张雨轩　王立娟　金冥羽　贺兴宇　王腾飞　陈　枫
杨　霞　杨莎莎　高　翔　肖进杰　任　倩　马梦婧　张梦雅　邹正鑫　李书凯
周禹朋　胡静波　宋佳梦　罗华婷　解斐斐　张　婷　孔　娇　王军丽　邓梦静
张利霞　田　良　史东迅　余婷婷　徐玉梅　黄玉奇　喻桂芬　黄杨芮　戚小童
李飞宇　都淑婷　霍世芳　乔瀚林　付　宇　刘　玲　高春凤　陈雪敏　陈　鹏
沈梦娜　李　浩　赵　强　王娟丽　龙秋吉　周　涛　唐松璐　刘美佳　曹　慧
何莉琼　鲜德平　朱丽花　刘姝君　夏　嘉　芈慧敏　梁苗苗　向　蒙　罗伟志
左　露　刘达培　杨　荣　李兰珍　赵　敏　雍滨瑜　彭　新　姜力月　孙夕雅
罗倩倩　章　静　邓秀娟　王　雯　葛瑜婕　李亚芳　穆彩云　李琼珂　胡群钗
张玲庆　陈　丹　李　玲　祝林林　李　娟　晏　晓　陈梦珍　李潇潇　向家佳
MONIKA LESZCZYNSKA　PHUSANISA SURIN　Rahman Biswas Monoshe
Sandler (Rusanov) Anton　BEDNARSKI PIOTR　Anton Dolgov

教育学 44 人

吴张彰　刘宇什　闵思琴　滕　杰　袁梦蝶　李英瑞　金芙蓉　张琬彬　杨泽燊
林　楠　丛　琳　刘　佩　解云蓓　蔡　霞　李梦婷　肖　翠　付悦涵　张　丽
李　丹　李媛媛　贺　磊　刘　慧　王志华　王　亮　钱瑞林　赁睿奕　覃荣周
李丽圆　杜梦诗　王雪莹　王金奎　吴显亮　廖　清　张蕴玥　顾佳妮　周一鸣
钱　帅　田洪喆　冉崇旭　彭小芡　任　枭　李思谕　周廷贵　田熹远

文学 273 人

唐川梅　金　潇　吴昭君　刘　娜　殷亚茹　胥佳欣　丁友芳　吴莫晗　张晟源
乐荣荣　李文娴　毕佳玉　李菁菁　李小雨　刘　唱　余笑天　何沆蔚　姜楚乔
李丹琴　程云洁　袁　健　杨美琳　罗丽萍　王绍语　栾天亮　雷　丽　谢汶君
余智勇　李　想　孙睿婷　龚旖晗　陈钰佳　杜银银　董立然　杨宗育　喻　迪
马　赏　范　琳　周　恋　李永红　郭　涓　张晨坤　吕莉莉　许　溪　蔡业盛
刘小凤　高　磊　王孟飞　薛林仙　邓　亚　李扶瑶　魏　佳　刘可欣　刘　青
李碧璠　刘　伟　张　谧　王智丽　胡洁君　马　跃　毛雨寒　焦　梅　杨　迪
解雅漉　程楚峣　苑文雅　何雪莲　马敬宇　罗　婷　李再睿　张心怡　杨蕙泽
杨　薇　王莉铷　张　敏　范利荣　周祎荷　段　舒　张　朔　邹　姣　周雨阳
刘若男　田　萌　肖顺权　李　枫　秦洪平　柳　飓　鲁怡然　张　伟　展　芳
黄一楠　章　颖　谭海艳　高　丽　胡　敏　廖丛燃　刘　娟　曹丽娟　陈培玉
刘　璐　石访访　杨利亭　马草原　苏　宏　侯艺璇　罗　娜　杨君泽　刘星辰
董智元　王　莹　朱昇平　阳　露　谢　昊　陈　冲　林雨辉　吴若瑶　高亚霏

刘　平　杨　逸　曾正兰　李　甡　谢小琴　文　思　赵利娟　孙祥云　钟晓霞
郭旭东　李　源　李向岚　朱　秀　朱海琳　徐小强　何　璟　罗　薇　刘　佳
高瑞雪　文玮奇　罗一慧　杨义龙　李佳姝　苟小妹　宋巧丽　徐晓芳　杨静宇
陈政男　何羿叶　王枫朝　王　堃　李佳悦　杨　琼　肖薇薇　周　娟　张雨菲
蔡梦佳　胡海莎　张　瑶　马雅楠　刘　岚　田　歌　谢雨忻　陈　婧　宋雨霜
付露波　孟雪可　杜　梦　周　婷　郑硕文　韩谊君　姜　明　李子嘉　夏赛楠
郑　婷　田　野　石育灵　赵玺媛　瞿　琳　帅仪豪　陈　竹　谭　武　秦慧敏
司亚薇　孙凯莉　陈　佳　陈娇娇　任茂琼　郭　欢　李春兰　陈艺文　尹　肖
韩冰莹　孙　瑶　黄玉茹　陶谢吉　张雨曦　王慧君　杨　欢　匡游渝　蒋婷婷
戴楷汶　姜　雪　李慧怡　温莲芳　赵小伟　薛舒文　黄天颖　徐　晗　施佳佳
林　瑶　刘媛媛　杜雨佳　纪陈陈　刘映杉　和丽英　杨　堃　张钰雯　龚　炫
张鸿铎　王诗瑶　黄　姚　赵晓帆　顾梅翎　蒙俊秀　刘　薇　成　莎　周佳骏
王思博　周雪娇　曾春梅　邓依辉　董才华　孟豪妹　张　琳　赵　芮　罗芷莹
郭晏佐　肖　丽　沈秋红　凌乙元　张　璐　任　玲　张　晗　卫雯婕　王依涵
王　丹　王靓婷　杨笑娜　吴　昊　钱佳萍　杨再旺　郭　园　刘春苗　陈　晨
黄雪玲　杨　静　朱妍遐　邱　杨　余　佳
SATETASATE KHAJORNWONGSATID　VIALOUNNA VISOUDTHIPHONG
PHAM THI HONG NHUNG　Jiri Lutka

历史学 77 人

邓可人　蒋　益　金　婴　高永川　黄海荣　贺越洋　陈　焜　吕宁晨　何　建
程应杰　唐　勇　胡笺舒　左风英　杨丽萍　浩　月　周华岳　邓宇峰　唐雨萧
王思鋐　窦浩玉　王志建　彭荟静　胡东东　卢振涛　高　扬　游亚帅　游思敏
李　飞　吴蓓蕾　包子君　张　炜　康雯君　彭壮壮　王建军　王亚飞　邹　晗
吴奕兵　张振帅　段琦相　莫秋月　阮晓庆　汪　琪　雷　玲　王　丹　王艺纯
刘艳丁　李　哲　陈思洁　杨　博　李佳喜　刘　帅　张迎朝　余　洋　李雪晴
谢　磊　任光启　黄雅琴　盖　彤　赵向琳　何潮勇　罗文明　何　导　廖苏华
王　娟　于　泓　李莹飞　罗　姗　冯黛雨　黄欢欢　涂杰欣　王继东　张珏玲
韩卓识　熊健余　吕　莹　NG JIA WEEI　CHANTHALAT DEUANHAKSA

理学 643 人

刘美艳　廖阿黎　谢晓林　陈金鑫　余俊澈　车铭静　刘云岚　杨　聪　李翼羽
魏丽娜　姜习伟　杨艳花　冯雨露　高　巍　王智坚　倪天禹　蒋　枭　郭　异
熊仪睿　张　宝　梁冬冬　刘轩宇　王铸础　汪振宇　朱紫陌　车奕昕　徐正伟
张田田　孙存浩　胡冰洁　王连强　王君翌　牛顿标　胡玉林　侯　容　王元民
罗　扬　李　良　何　鑫　王旭晖　杨林语　苟　准　史　菁　黄　匀　康剑豪
佘乾海　沙小茗　张承昱　房文媛　郭俊豪　曹襄雅　李俊杰　李婉玉　刘昕萌
谢　婷　宋梓豪　罗国语　王健峰　张　聪　甘庆雨　李自维　顾　鹏　何汉涛
胡刚菱　杨　锋　刘怡文　夏　婷　陈可鸣　何立志　秦晨晨　赵怡霖　李　林
李　明　王　萍　曾　强　钟　宇　韩　伟　林增森　李兆雪　张祥斌　王　曼

宋金同　李　婷　简红梅　陈德慧　何晓春　杜　欢　董桂秀　喻凯荔　杨春容
杨　丽　王凤怡　王　早　刘沁蕾　郭佳丽　张　玲　林妍梅　金永磊　梁　羽
胡　暄　张福会　熊　静　王珑蓉　周凡丁　刘　冉　马　俊　万佳慧　张燕丽
陆　聪　王世超　谢丽娟　贺伟勋　李　超　付　婷　王馨婧　王　楠　权一舟
郑学松　郭旭文　李国娟　孙　锐　杨　逍　彭智勇　陈　松　凌　亮　邓　敏
刘　郑　余兴柯　刘燕利　杨　兴　胡　斌　张小翠　刘　娇　张满刚　富彩霞
邹思佳　唐东升　陈　婷　张　帆　胡翠芳　张冰洁　张　燕　薛志宇　刘树庆
蒋　婷　姚晓霞　宋虹瑾　熊　磊　白　旭　周晓英　刘　双　孙　敏　张　妮
谷浩节　赵萍萍　李秋醒　青　静　林青瑾　胡利智　张玡珂　苏　婷　蒋　楠
安文丽　徐博仁　秦小梅　田国强　薛晴岚　李　蓓　黄　腾　肖　倩　肖文霞
刘　文　朱召彦　李　静　庞聪琳　杨　蕊　熊家会　李　波　覃　柳　石　丹
潘生林　顾　博　牛菁菁　夏枢安　周　静　赵义欢　李　星　舒　希　宋莲君
颜　双　刘海英　王　静　胡亚文　杨　欢　罗朝梅　贺丽波　张利娥　吕雪艳
李　莎　邹文姗　英世宇　武国春　陈亚菲　成美玲　高　洁　向　朋　巩荣艳
张琪琪　陈　雪　吴海珍　姚慧颖　贺富强　张福生　刘远玲　陈丹钰　方　帷
脱红梅　刘华康　陈艳朋　谢燕螺　杨开友　刘　丹　刘　维　李　晓　吴礼迎
徐建鞠　邓　丹　嵇　筱　郭媛媛　吴林峰　李高明　陈诗思　彭俊杰　林娅仙
刘勇成　李　洁　王　静　张修忠　李　颖　裴林森　张　卓　孔祥阁　范　歆
陈红军　安婷婷　吴宏娟　张知明　吴晨磊　李　婧　吴　超　王琳琳　陈永龙
石　慧　胡　红　张雪艳　童艳蓉　夏万强　梁丹凤　闫卫柱　张　冲　吕家臻
杨　力　闫孟利　胡双丽　谭双燕　曾　朋　秦　童　龙　力　李　雪　姚秀洪
曹　婧　胡宗悦　徐　娅　华美云　冯　婷　胡志霞　李　瑞　郑　帅　刘梦佳
袁　媛　苏雨桃　田应明　李　丹　顾雨熹　金芳玉　何兴成　陈俪心　文秦超
粟　敏　李家亮　宋鑫娅　王冠楠　鲁　艳　周萍萍　和梅香　贾宏宏　程婷婷
刘尧尧　赵福梅　马晓莉　陈鹏宇　杨坤朋　张　诚　何春红　罗　林　侯　涛
王家秋　赵建岗　张　伟　肖　垚　崔灵菲　许留留　骆　斌　李小艳　苏金花
李　果　龙　卓　马菁勖　张拾旺　王少博　张教凤　彭　恒　曾树树　龚　涛
莫龙义　李小英　金冰敏　秦梦琳　王凤娟　莫丽丽　万　林　陈飞阳　吴仕梅
李　明　牟　杰　包南云　张志艳　管诗雪　张远芬　方乙宇　杨　旗　陈文琦
张晓瞳　文逸名　王　婷　王　仙　许紫薇　杜振宇　许妍娇　邓　萍　马诗音
陈九环　蒲晓霞　王瑞芳　王兴娟　霍睿智　王志伟　肖　扬　豆喜龙　向春江
常　静　孙连连　刘湘月　蒲梅芳　王易君　张德翔　梁阿坤　张佳威　高　东
武宏锋　刘访琴　高勇丽　陆　奖　白万栋　李　玉　张亚君　刘　琪　陆小梅
徐　婷　吕财智　李晓娟　吴　彧　陈艺文　贾　军　金　灵　殷东秀　王一帆
张　鹏　唐裕婷　蒋志恒　韩　超　侯泳旭　秦森林　商志巍　梁　焱　段思羽
衡建宇　徐　来　袁　玲　何　诺　骆　旭　赵　富　任文婕　梁　子　李江波
白　燕　全伟衡　梁　洁　申　航　林曦蕾　曾　珍　殷功俊　熊枭枭　张艺兰
梁　晶　李晓伟　田应贵　周明明　张厚展　叶　情　杨映波　管　恒　薛　源

杜　霞　刘垚磊　周园林　唐　枭　郭学敏　徐焕旻　应汪洋　王瑞文　邱庆羽
王　霞　张应成　叶　超　周　娇　黄丽姝　宋金伟　陆泽宁　黄泽源　杨皓森
何梦园　樊哲宁　李毅飞　周紫瞻　冯豆豆　付　煜　邢益阳　王莎莎　张　璐
兰　选　谭武坤　周　鑫　李伟冲　陈佳昕　严　红　陈敬涵　侯　腾　于建伟
胡代艳　王雪梅　潘泽云　王　伟　贾创辉　龙　彬　胡思才　陈怀歆　陈思思
廖书航　张友鹏　张泽轩　王奥迪　饶　艳　李帅杰　向思屿　李　鹤　蒲　悦
谢雨芹　王　琰　曹　培　陈昭燕　刘小红　吴俊杰　高孟雨　朱永杰　李　钊
冉晶晶　张　晨　马　强　武潇华　刘　莎　闫如杰　石崇慧　陈　鹏　岳静飞
刘鑫磊　张小玉　宋　青　付秋旖　陈　敏　林　燕　彭　瑶　唐志星　郭乾有
王　凯　陈　华　肖文娇　宋　艳　李　洋　孙俊舒　贺珊珊　刘　睿　胡　川
杜正午　兰海溶　王霞辉　刘　瑜　尹　晟　吴丽君　郭　权　胡　英　韩贤儒
周楚楚　赵　娟　谭　璐　郑　涛　丁　宁　孙士力　杨建鸿　杨　薇　徐　云
熊小平　李燕飞　陈星宇　黄凌晶　刘美玲　邓斌格　张　蒙　刘文静　王伟颖
陈青秋　薛　丽　杨婷婷　熊秋杨　曾晨叶　李笑晓　程子圆　李　蓉　曾　金
宋好鑫　刘　蕾　蔡旭阳　朱萍萍　刘　敏　胡文娅　彭雅茹　黄宗瑶　杨　涵
朱星月　李成容　刘佳侦　于　迪　康　婷　何丽萍　刘　英　何　欢　徐椿云
周先洋　程传栩　高灵芝　邹　娇　李燕君　樊淑宏　李　允　徐博成　林　升
张月华　万立强　刘　宇　张蓝兮　黄　飞　李　丹　蒋彩英　侯　艳　刘定东
熊燕珍　吴　垒　王潇东　陶　瑞　周燕霞　李燕娜　李非儿　石凯斗　苟　丹
贺　娟　古　蕾　贾莹辉　马平凡　陈群英　杨　熙　夏哲民　陈艳琼　毛梦倩
徐富滟　宋英杰　赵　琳　林　曦　朱益波　王　莉　吴宝红　黄先洲　李玉玲
郑倩文　汪　莲　孟　强　张霞林　曾　婷　唐　超　钟坤宏　敬　倩　王晓东
杨　婧　赖霁佳　王炎泰　周金翰　郑　玺　付　琪　蔡宁宁　张楚枫　冯盏盏
周　洋　钟　林　艾茜茜　李梦露　张华琴　曹锡枝　段吉美　邹孟玮　武　祯
张瑜芯　张兴一龙　张吟晨希　TOLYMKHAN YERZHAN

工学 867 人

刘　钰　屈玉凡　文　杰　申丰兆　张俊昱　陈竞覃　熊　浩　贺含毅　王　静
陈　浩　丘明杰　周茂蕾　李　敏　罗晓芳　陈　昭　雷　琴　刘葳豪　龚千寻
刘丰豪　林志滨　张笑天　王堋钰　谭　萍　刘玥伽　蔡权利　陆雨茜　石　丹
杨　强　李　彦　韩　宇　曾健清　唐　蕾　胡建青　罗　令　李怀东　杨　涛
黄石明　黄　聪　张　源　翁小凤　谭建昌　魏　健　陈志博　赵　康　熊长柱
罗曜儒　朱　迪　何　磊　安旭骁　林宇锋　史兴宇　丁　凯　文婉滢　黄治华
桂祥胜　曹　剑　何榜耕　杨金山　刘筝阳　肖　辉　吴　莹　和历阳　李　杰
易先进　李俊辛　何　彬　周　楠　史晓荻　李博博　杨小鹏　易国宪　赵芯跃
乔景鑫　马伟权　苏　姗　高斯文　宋日成　王燚婷　李兴龙　王文君　胡光亮
李　鲜　陆全昊　郭　威　胡　岸　陈　岑　户瑞林　陈　祥　李诗菁　王周璞
涂秉宇　霍婷婷　黄炎揆　黄　彬　占文枢　吴　杰　邢　喆　王灵威　王雯雯
覃荣捷　李俊潇　吴宗骏　施卜椿　刘　权　李　尉　曾劲云　陆　雄　黄思远

高小龙　袁　园　徐　鹏　袁　超　周　宇　张芸芸　彭嘉毅　黄建军　黎　奇
户　磊　刘　鹏　李　扬　龙　啸　邱瑶瑶　刘　凯　邹　圳　郭婷婷　于　璐
张若彬　齐彩云　吕容政　陈　纯　祝鹏程　林　波　夏　天　姜　维　邢浩洁
张　旭　许梦田　任良育　覃仁谅　付　伟　骆　简　龚浩凌　庄宇辉　徐文丽
刘蔓霄　冯　谦　刘　波　陈　旺　廖海鹏　许诗涵　单倩文　彭　毅　陈　钢
王　智　谢　娟　肖邦清　袁　娇　黄　阔　李　万　刘吉洋　杜　圣　方晓慧
黄　健　冉华英　杨灵翔　文　江　樊　庆　孙　峰　周　雪　肖　啸　刘　欢
周思吟　杨　帆　谭　靖　贺　旺　王胜男　赵　栖　杨　林　廖王威　夏　娜
周倩如　杜义波　刘　旒　杨晓琴　彭　博　王明哲　曾剑云　黄青青　朱洪富
蒋红军　刘　昆　王　帅　吴　琳　秦　楚　杨　顺　敬　鹏　李月婷　尚　蕾
唐小玲　陶　超　王　君　蔡明浩　李星峰　宋俨轩　刘木森　吴必蛟　白飞先
谢　飞　廖　莹　赵宇晨　都　健　陈儒侠　侯战强　华　夏　胡　晓　刘　强
赵清祥　钟仁辉　谭　骏　梁齐齐　曹巧双　刘青正　王东升　魏　鹏　黄晓明
李德贵　严扎杰　赵亚文　冉　振　吴晨柯　刘秉斌　毛代勇　范　骏　周　俞
谢　超　魏晓玲　李　琴　钟利华　冉天月　刘录叶　刘慧兰　田凤桢　陈　帅
於　辉　张　杰　黄祯君　张益铭　顿丽娟　曹　娟　罗聆瑗　朱启豪　马　磊
刘羽歆　王小洁　徐诗瑶　王瑞雪　赵文峰　胡冠生　张　璇　杨雨洪　耿　爽
张超凡　任　标　于少强　李皓鹏　税国红　吴秀丽　严子迪　董　鑫　税　玥
高　翌　陈依桐　冯俊纲　倪　磊　邹　杰　黄　渊　张岚琿　石浩江　程平凡
高选杰　熊正勇　何婧宇　周　玲　周　博　卢智雪　杨阳方　黄家南　陈　浩
陈　勇　曾　琴　阚力丰　王　淇　陈　阳　曾　红　谢彦祥　刘程卓　安　杨
蒋卓臻　罗燕萍　刘美君　林　潇　马晨霄　张承智　李春敏　沈　翔　税　月
左坤雨　李天泽　田新和　龚　军　陈泽龙　谢　敏　万　航　黄科荣　刘豫川
漆万碧　方　番　程胤璋　陈　浩　徐舒蓉　范　文　罗春林　王　力　肖　瑞
黄树谦　李学文　焦斌刚　梁肇峻　刘文杰　黄宗弈　张　涛　饶　华　赵　敏
张君牧　李炅菊　刘　鸣　王　畅　徐　旭　钟诗奇　余春晓　罗仁和　张裕平
郭朝云　刘海亮　余德富　罗月婉　郭　佳　张　翰　田　懿　曾爱萍　张雪飞
王　毅　黄铭明　杨　豪　唐　铭　胡　俊　李　帅　马小淋　张　洪　曹庆潮
姜　科　钱小龙　邓颖睿　李　权　高　程　田何易　佘　潇　方　强　徐　曦
越海洋　杨　洋　赵　予　麻　鸿　冯　茜　袁　征　蒙　田　肖雪飞　刘　艺
颜虹州　崔晔晖　肖青育　王　昊　廖　桥　孙　剑　叶晨莹　邓　艾　赵祖芳
唐　麒　焦方会　赵程伟　李文姝　赵苹菊　吴海波　邢文雅　李皓月　明　阳
任嘉友　郑　琳　张　宁　邹　颖　李鲁洁　李　智　罗宇欣　毛名英　梁一苇
艾怡凝　冯蕾洁　朱　鹏　文新茹　古燕琴　帅文亮　袁　进　李俊杰　李海娇
康禄华　任黎明　鲁　涛　黄家森　秦　蔚　王　成　李　澜　纪方舟　邓思维
常家华　潘　静　许铭杨　黄倩雯　岳怀俊　丁雪莹　周宏健　耿安琪　姜梦影
田力引　文书睿　闫雯霞　郑丽红　瞿　颖　高禹诗　袁雪颖　申诗瑶　庞思佳
范惠文　郑青松　冯　波　曾　寅　郑进修　亓立成　高克静　温仁节　王燕升

刘　强　王启茜　罗　军　蒋　雄　吴美苏　杨文琦　谢　科　李　鑫　田健秋
彭　媛　向云龙　苏　蔚　刘登禹　李　栋　曹泠然　王燕秋　史小春　杨　雯
朱燕梅　肖贵友　关　静　杨瑞祥　郭碧莹　李　丹　刘　稳　胡　月　熊　正
魏晶晶　刘军政　赵朋晓　周其航　杨欣伟　程文磊　汪凯迪　官夏菲　韩浩冉
李映槿　荆圆圆　李建林　赵高磊　刘文军　陈思禹　何顺德　袁西铨　李　典
李　玲　王凯利　冯艳如　李　芳　李　倩　吴佳俊　栗浩洋　周　平　曹乐君
李树言　向岳峰　李思滢　焦　香　赵尹利　沈明毅　李小虎　刘世伟　肖欣宏
赵泽鹏　冉鲁光　陆庆楠　张　昱　李福建　杨　凯　杨梦娇　张效星　张青雯
杨居聪　李　勇　蒲小强　于宁宁　薛云翔　李健峰　赵文丽　赵政顺　邓　永
杨晨鹏　李俊峰　孙　涵　陈　爽　李宇昕　李岩霖　战琳月　周雯灿　居　婷
刘一才　苏瑶瑶　李先清　顾　伟　曲晏利　范晓宇　田　建　杨海涛　张述圭
张　佩　熊国栋　李淑贞　陈煌彬　阙　依　徐春柳　刘香环　丁明月　陈海林
熊昭远　代　宇　王飞飞　李世艳　孙福进　王耀光　罗海琼　谢　睿　高建秋
杨　楠　唐　敏　陈　慧　杨晶旭　彭　减　方　艳　徐雅迪　张萍娱　代　爽
黄传亮　张和贵　吴小园　梁　文　任　和　滕　娟　高　静　刘小红　康　艳
袁　伦　訾娅鑫　朱玉洁　李宝林　刘启林　甘瑞雪　邓李俊　李　信　袁烈梅
张双双　苏　武　徐志强　胡艳秋　李丽君　向信心　邓松辉　朱　坤　欧阳思
吕珊珊　涂　杨　刘明夏　徐双凤　杨　朋　张学全　黄志涵　张锦丰　杨陈罡
王胜红　程静星　季煜新　巫传海　赵海航　汪　伦　陈太平　李　涛　臧慧敏
雷搏文　赵　余　陈　曦　侯　权　索自立　丁枭辉　唐文婕　帅翰韬　袁永丽
王彦镐　许峻槐　李景德　程　庚　王　灿　李　果　熊忆南　毛思颖　徐亚妮
赵凤阁　李雨萌　王维杰　董立琴　羊　希　李晓广　王志宽　艾　梅　胡林涛
邱桂荣　李　丹　何林凌　薛万波　潘界舟　姜　河　王亚辉　彭良琼　叶留留
何亚洲　张一炜　李进财　范圣茜　张　丽　徐佳丽　张东方　吴尖辉　潘思宇
向　俊　赵秋霞　李　静　陈　梅　周继博　张　凤　王艺涵　廖作敏　柯有剑
黄蓉蓉　黄　磊　王世祥　李世其　赵　虹　毛建昭　邓　莉　胡　蕊　王　涵
彭　燕　何雪薇　唐路明　徐华秀　张　瑶　邓世豪　柳郑洲　刘寅可　李　顿
任红橥　杜文浩　于亚茹　余　智　李　捷　罗银富　王彦军　葛　倩　刘　航
栾晓声　高雨阳　汪　权　石大伟　吕　智　王　钊　吴校天　吴高高　杨欣爽
张小朋　沈　烨　虞晚成　陈　瑞　赵　梦　杨　彪　方　东　曹　铁　夏　磊
陈　缘　谭　黄　王志国　蒋秋月　任嘉怡　李梦竹　高　涛　李　乐　刘振艳
杨子萱　熊　莲　张佩瑶　乔运娇　陈　帆　唐婉玉　林建梅　付嘉鑫　魏　然
程　旺　唐　锐　李晓翀　杨　冰　朱　丽　周　鑫　廖　芬　宗嘉鹏　江源源
胡文轩　李　战　何忠臣　袁奕豪　肖　琴　郭　硕　张晨光　吴步永　孙艳彬
潘　瑞　朱一凡　张海鹏　孙雪洁　吴　迪　曹　健　江佳浩　刘　洋　张小勤
胡城鑫　张雪琴　谢宗燃　周　瑞　谢页平　谢　燚　魏　源　张跃聪　李雪健
张天赐　杨召杰　吴　悦　郭泉泉　孙承啸　杨义博　蒋　婵　刘丁侥　何　苗
于岩松　成　澄　彭爽娟　奚红雪　王晴雯　李宗芯　田丽蓉　唐雨濛　曹振兴

闫丽伟 李玉龙 王 杰 马玉欣 潘靖恺 夏一帆 王 娅 侯君波 王 秦
汤舒嵋 陆 政 罗杰民 薛润萍 何世文 廖述锐 范 心 林伟崴 黄福慧
杨 帆 谢宜江 邓洋龙 唐 彬 吴柏瑶 崔新星 刘艳博 吴永豪 金婉煜
胡 军 张 坤 周星宇 张勃庆 刘 莉 王梦璐 高 东 罗 斌 杨 平
戴国琛 游 涛 杨健根 唐 奕 毛 磊 李天驰 屈克焱 翟 羽 李青键
王明赛 肖季常 胡如康 贺小飞 孙冬宁 汪巨基 魏 维 黄爱辉 徐文卿
詹昭焕 陈盛文 何媛媛 张腾元 张玥莹 杨景思 颜 萍 赵晓峰 泮 武
何苗苗 王秀丽 金蜀鄂 邓 丹 黄恋涵 朱泽江 毛 宁 高 飞 欧阳雨婷
朱光夏天 曾芳心语 BAHADOR BAHRAMIMIANROOD

农学 20 人

汪 莉 傅冬晴 朱梦克 杨 航 孙晓红 高甜甜 周婧雅 杨艺华 岳 莹
李金鑫 刘永垚 张 希 陈梦圆 单虹宇 于雅静 庄 蓉 高麦瑞 廖梓羽
蒋 静 金 野

医学 263 人

邸 信 吴 迪 范宁玥 杨单单 胡金诺 余双彬 陈 曦 孙圆圆 周阳文
彭介入 蒋滟蕲 易 芳 陶思源 徐红平 张 黎 杨薛玉 王 阳 田 帆
杨华珍 蔡瑞烈 杜春霖 张桂婷 王 菊 陈芍兵 邱建青 张孟媛 李宓儿
张 雪 代黄梅 程亚龄 游一屏 倪梦梅 周明明 万 群 李丹婷 丁 洁
吴 成 鲍妍宏 钟少琦 郑婷婷 周林桦 母东煜 翟雯雯 李亚茹 徐寰宇
刘运杰 柏丁丁 苟 练 汪瑞鸥 袁 悦 任冬霞 杨丹旎 李泳榆 胡力文
黄嘉玲 苏 琳 张 玲 许沛尧 杨先碧 他 卉 杨 冰 薛 利 张文婕
王狄佳 朱玉翠 彭子豪 姚永娜 陈 饶 吕朝旭 曹媛媛 王楚涵 吴 苗
李 琴 赵忠意 陈 晗 尤媛媛 杨以文 曹树强 李 烨 蹇 慧 方 婷
李林峰 严 赫 李 洋 吴 昊 孙振玉 柳丹凤 占梦军 邱丽蓉 黄浩澜
斯艳君 傅亚婷 赵 丹 彭 博 魏智彬 符颖强 汪小力 苏冠月 景海燕
张 美 李 菊 趙梓良 陳柏豪 陳敬宗 苏镇亚 肖 珍 庞华胜 陈 倩
许 超 刘千琪 卫亚妮 江小林 张 燕 廖 丹 李 清 秦家元 蒋 维
马 克 吕朵朵 曹 丹 房晴晴 张俊林 杨 静 李育霈 刘 欢 唐梦佳
李 艳 雷雪莲 朱肖男 戴璐琪 张 瑞 王明桂 秦江月 邓茗丹 解忠慧
张志鹏 叶润宇 苟小芸 张 婕 岳 鹏 丁秋琳 黄 群 孙雪莲 方亭亭
江欣玥 王海姣 顾孝静 王祖星 张漫雪 罗 丹 陈亚云 谢 丽 杨岚清
胡笑笑 关蒲骏 朱 桐 张 欢 刁 伟 王 让 颜子乙 匡紫微 谢小龙
阳新宇 程凯昇 杨开颖 蒋亚梅 雷 明 蔡兆伦 邱逸闻 彭鼎中 万海峰
杨都江 邱娟娟 甘有均 李玖鸿 牟 平 高新林 黄 勇 李忠洋 方 向
姚 凯 龙 也 宋凌云 甘凡逸 王子豪 李鹏飞 王 萍 袁铭蔚 刘婷婷
景晓琳 马 莹 周裕文 刘理慧 由丽婷 尹利梅 李建华 曾 丽 张芊芊
何秀英 邓 艳 黄 豆 冯琦祎 唐 慧 张金戈 曹立坤 朱颖川 唐 丽
董美玲 姚林波 陈 欢 刘 劼 刘 蕾 沈 珍 米 雪 马蓓蓓 丁婷婷

王凌颖　朱　伟　邱楚瑾　聂岸柳　杨　慧　张梦琴　徐小凤　郭建兵　王琳媛
李　倩　孙　欢　李　露　肖　雄　崔丹荔　李艳清　辛娟娟　罗　娅　范婧婧
梁彩玲　邱焕迪　胡新蕾　张志雄　魏瀚铖　何　勇　赵长健　李　珊　张　喻
姚　璇　胡婷文译　李赵隽鸿　SAURAV SHRESTHA
BOUTTAYA DONESAVANH　SUMAN THAPA　SHUVA JUNG BAHADUR RANA
SHEM KUMARI GURUNG　OJASWI PRADHAN　Jaznie Law
PUJAN MAN BAJRACHARYA　RAJEEV ADHIKARI　Roshan kumar Singh
NEETA SINGH　ABDULAZIZ，AMMAR TAHA ABDULLAH　ANIL MAHARJAN
VIVASWAN JNAWALI　PRAMESH GURUNG　Uday Kumar Mahato
HAGAR，ABDULLAH SALEH ABDULLAH

管理学 261 人

赖昱含　赵美美　李栋楠　吴晓鹏　李　丽　邵雨虹　郭海峰　刘昕怡　赵　超
程　晗　杨雨霏　赖　丹　蒋雪玲　李　娇　李　济　李园园　祁　杉　魏利弟
何　涛　孙晓倩　李嘉欣　江秋月　梁与舟　赵瑞雪　石应勤　周珂冰　杨　程
崔　璨　张安琪　李隆杰　雷斯博　王士恒　杨恒柯　李吉鑫　彭　婷　吴　琦
缪汶伯　王　娟　张艾婷　江　婕　俞雪歆　吴　鹏　李　宁　高佳蕊　张云影
宋金金　娄　越　吴　丹　朱筱屿　张　立　刘　璇　程思远　郭雨荞　曹承辉
杨再苹　帅权芮　袁永庆　储德朗　谭振宇　方亚琴　肖　祥　冯雅雯　朱艳秋
吴　雯　许燕燕　彭利亭　何思吉　何江涛　刘俊宏　周卓凡　何玲玲　秦　越
张　桐　曾宏燕　石雨唯　高天艺　张俊峰　陈　璨　黄梓婷　王燕梅　严浩菱
邹燕聪　曹蓝心　左依鑫　李　静　杨　娜　张知鸿　杨正国　黎　玲　潘瑞洁
陈昱洁　谭　洁　和　芬　张　洁　徐　芮　付　悦　杨　谦　唐　萍　杨月月
董　婕　郑婷婷　仲　超　李鹏辉　曹一层　段　婷　张俊锋　王楠楠　李国炜
张苗苗　单学鹏　陈敬肖　杨　薪　邹红梅　谭安月　高　盼　罗孟玲　金文俊
何泽川　张玉茹　蒋　婷　陈　婧　黄志兵　刘　莹　潘　晨　屈洪兵　郭　钰
赵　珊　徐　璇　杨　飞　张月琴　王　谦　卿　倩　杜　洋　林　婷　王　跃
刘　畅　郑金晶　田　蜜　陈爱林　陈婷婷　王　睿　杨　露　曾永莉　王怡媛
陈　莹　陈君兰　刘燕菲　黄丹颖　夏俊英　尹译稀　袁诗铭　张孝芳　冯　青
马　净　吴国强　周秋香　师　意　闫腾腾　汪畑锦　余　杰　吴明聪　宋建彬
刘　科　朱　灿　赵　靓　朱婷婷　王悦璇　廖成成　范雅惠　刘　琦　刘潇潇
黄　兰　王　翔　谭　越　罗宇婷　徐　志　陈柯文　杨洪燕　朱　琳　龙　瑶
周　瑞　张淑淳　郑　富　苏南霓　刘　柳　郑胜男　陈　琦　周延芝　李彦慧
万　盼　林　莉　徐　琳　王晴晴　谭沁雨　李雯杰　刘婷婷　何玉玲　苏琳贻
李　璇　侯秋伶　李婷婷　王　平　罗　玲　张紫莹　李欣竺　段红丽　杨　洁
马慧鑫　罗　葳　曹海天　陈　莉　李牧旭　奚小宝　胡　啸　余海浪　刘冬梅
周　睿　李　粒　陈　璠　黎佳欣　王　欢　杨镒民　何思怡　肖　琳　王美琪
朱云帆　郭尧敏　李　浩　沈雨舟　谢　露　符潇丹　崔冉涛　杨善烨　王彤宇
邓红梅　林　鑫　张　璇　张馨月　丁奎文　柴明辉　董　斌　董贝贝　曹亚男

王梦婷　尹晗昕　张目夕亮　万紫千红　PANCHAPORN LAOLOOK-IN
SAOWAPA SAENGWUT　LOO HUI ANN　NGUYEN，THI TUYEN
YERYA YIAVUE　CHU HOANG ANH QUYET　SITA SHAH　NITIN KUMAR
VO THI KIM CHI　PHAN，THU HUONG　NGUYEN THI MAI PHUONG
IRANI TEJANING LARAS　DAS GHANSHAM
KURUKULASURIYA WEERASINGHE THARINDU MADUSHANKA FERNANDO

艺术学 105 人

杜胜楠　赵　真　要　鑫　梁　宁　黄千根　苟嘉蔓　余凌斐　高艺文　董莉娟
黄若松　周　宇　邵兰兰　于　音　高　娜　乔思琦　余　芊　杨　伊　冉　平
彭　举　徐翘楚　唐子文　苏　茜　刘　瑛　丁　畅　万义玲　姚本江　徐诗涵
郭本华　陶玥希　黄聪颖　杨得月　王藝霖　刘永桢　唐艺井　张　炜　陈润兴
王秋韵　冯楚吟　周晓言　王　宇　屈月涵　杨　旎　杨甜涓　陈香雨　廖　涛
左需丹　张　杰　石雨田　曹馨予　王玉冰　应佳辰　应　欣　张馨予　古兰英
刘芷含　陈含渝　吴芸芸　王一霓　叶泳伶　黄瑞丹　夏　霁　吴晓彬　杨　阳
李　爽　刘智强　廖文菲　张　隽　杨梓艺　罗丹舒　胡玉珊　纪婧婷　闵凡仓
张　可　孙圣雄　熊　柳　李晓蓉　程婷婷　吴梦琪　毛儒豪　程　吉　林　勤
刘　静　高　雯　唐仕密　柳　溪　郝一为　杨　盈　王红梅　晋月红　李寒汐
张宇驰　叶　澜　李秋林　王冠英　刘　舵　何雨露　李清振　黄　卉　赵琳芝
张枫悦　陈缪男奇　娜仁托雅　倪唱惠子　GARCIA HERMIDA，HELENA
ROSS PATRICK HAND

（六）全日制专业学位硕士 1685 人

金融 50 人

李荣娟　马俊峰　谷洪宇　黄　颖　刘建亚　梁　景　曹　彧　单文鑫　王纬福
雷姗姗　刘　阳　何希语　李　聪　刘佳敏　刘星彤　刘　慧　钱昱成　陈春莲
刘宇彤　李瑾悦　宋　雨　于　帆　阳　娟　周　蝶　覃　姣　昝稚枫　赵　鑫
李明月　朱颜培　吴　杰　杨镜洁　王若帆　李　倩　高雨昂　赖一豪　韩茹月
方丹丽　吴玉香　蒋雪莲　张　哲　张晓峰　王昕宇　李梦昕　胡菱芝　沈　婷
张译尹　刘　婷　李林珂　魏茹霞　张　严

应用统计 9 人

蔡嘉文　王月华　殷　亮　姜　婷　林其经　阁虎翼　李瑞芝　张　霞　刘　萍

税务 7 人

杨　冰　雷曜玮　陈万平　王美艺　伍静雯　尹志飞　徐沐源

国际商务 5 人

吴天宇　汪振源　刘思辰　杜秉元　王乙迪

保险 6 人

程　菲　周浩斌　苏忠美　张嘉琪　王　琰　莫　洁

资产评估 7 人

冯　波　高竹君　熊兰轩　赵　静　王金兰　李洋华　胡政玉

法律 116 人

彭浩然　杨蕴晗　陈　睿　张艺耀　郭太亚　蔡绿玉　赵　敏　代志在　兰梦雨
饶思佳　从宇光　李　澳　罗　瑶　徐嘉苓　陈星竹　李美蓉　田　艺　苏思丽
孙亚雄　蔡嘉琪　李皓玥　莫晓宇　陈天惠　宋桓宇　李伟玲　唐　鑫　刘力源
孟晓兰　郭圆圆　杨　舟　范　鑫　吴晓琴　扶　曦　路英杰　刘贞莹　张玉森
雷　欣　蔡瑞新　魏　睿　曹金丽　曹阳阳　汪素玲　夏雪峰　陈宇珂　蔡　来
李　雷　高　磊　李　冶　史正乐　龚志刚　邹　清　路金硕　胡荣华　陈　飞
陈春强　刘若水　郭雪婷　张　坤　毛蒙娜　刘亚兰　边　政　侯珊幂　郁　炜
龚梦莉　张亚兰　胡梦洁　汪欣玥　秦一丹　张玲才　严明静　蒋晓萌　熊珍桂
胡　劼　陈凌熙　张琳涛　冯　敏　崔哲嘉　田　萱　杨安邦　曾阳洁　习　彤
杨　焘　张竹影　高骊佳　李　梦　许斯思　段　钰　刘　芳　曾　执　舒　月
石小倩　胡明哲　朱　骏　谢晓冬　苏虹源　何　宇　曾雪繁　唐亚男　毛　杰
王晓琳　谢亦鑫　曾昭阳　长友吉　李　虹　任路瑶　赵　倩　李典佶　陈苗苗
舒　敏　王申生　何金凤　刘　言　张文婷　王伟舟　黄　维　王清萍

社会工作 5 人

温志惠　庹雪竹　丁　旭　曾玉辉　罗　丹

教育 1 人

张海雯

体育 4 人

任　婷　叶展辰　王光婧　黄露苑

汉语国际教育 79 人

唐　泉　刘天泉　侯　秀　赵一静　钟诗雨　王珈薇　余继瑞　钟晋月　李　静
雷龙飞　许　震　朱浩铭　牟小坪　陈雨薇　袁　源　刘芷君　车　璐　金漪雯
杨　晋　王　芸　秦晓烨　李　雪　林子靖　唐　丹　杨谨烛　谢　曦　魏静文
李　娜　王学茹　邓　茜　朱小宁　蔡中连　王　斓　汪海伟　张　渊　马健烨
于金燕　李梦嘉　常彦利　潘强丽　陈德家　李浩文　周　丹　吴燕汝　陈杨柳
贺静静　徐　梦　丁　宁　王　进　梁　然　曾小桃　金艾琳　尹　维　邓峥嵘
姜沁伶　李倩芸　王仙淋　袁其美　蔡荣俏　雷光婷　沈雪敏　耿　祯　卿明凯
孙雪琦　曾令竹　范士豪　刘茂露　岳　娟　张伟洁　赵　娜　王丽超　张倩婷
TRAN，THI MY LAN　Renata Mirkova　Agata Joanna Chyla
NURYSHEVA AIDANA　Michal Jaroslaw Zacharjasz
HOANG，THI PEN　Arunrat Srisurash

应用心理 8 人

童　周　黄雨濛　王明杨　麦俊杰　苏晓雨　郑　鑫　王欣宇　鲍　诚

翻译 38 人

冯　媛　李　琪　张馨尹　赵若琳　唐　颖　廖　颖　孙慧敏　杨　娜　李威俊
陈然心　师俊帆　杜诗雨　刘恩琪　徐林铃　任琴琴　甘　甜　杨雪莺　杨心彤
陈小丽　杨国珍　汤思维　谢小莉　唐　欣　申艳秋　杨　鳗　陆逸君　佘　旭

卢映仁　杨　晋　王依文　钱　龙　胡　晓　徐　恬　阎静思　白　梅　罗玉婷
张宏宇　杨柳依依

新闻与传播 72 人

杨　丹　郑利平　茹　月　李正一　刘虹雨　邓凌锋　何湘粤　李佳昕　刘　玲
张连成　孙彬彬　王　怡　王宸宇　卿　柔　张媛媛　王翊朝　何佳憶　孙亦超
曾楚云　周正杰　曾书慧　李　娇　刘文涵　徐庭峰　李安琪　刘芷菡　庄　林
郝军梁　郎朝然　杨　萌　胡田丽　王思雨　肖程洋　文杰灵　李若新　余照欣
杨润梓　陈齐齐　陈耕耘　邱　雨　黄　蓉　王雅茹　朱莉蓉　王　晴　张　池
张婧桢　皮璟璇　武　骁　张铃鹿　赵丽媛　吕金衡　周晨姿　张　依　刘　旭
李清团　蔡雨娟　唐亚丽　杨　倩　李俊欣　王川元　向　令　赵成祥　李　玲
张宇峰　陈夕梅　鲁　睿　尹明柔　张雅婷　刘　婕　青倩芸　闫顺平　刘袆贝妮

出版 11 人

仰文昕　段　洁　曾义超　秦　天　梅梦蝶　覃　凡　张一丹　陆海丽　陈　妮
任丽姝　章　虹

文物与博物馆 2 人

李　幸　廖　俊

工程 541 人

王　欢　蒲　国　付宏涛　莫双荣　李　鑫　张　仲　杨朝明　安　欢　李玲玲
曾金鑫　彭　露　何岷阳　李东林　赵　敏　郝治超　古琼琼　付文静　余　霞
伊少梁　汤海潮　蔡文娟　余俊良　宋　鑫　郭小凡　鞠　姚　彭金平　陈　叶
袁荣英　梁井波　蔡伟立　敬　衡　徐瑞莲　李　震　祝　磊　高鑫鑫　朱嘉微
郑腾辉　姜官男　徐　磊　宋　健　吴耀坤　方鼎鼎　李　欢　何世敏　陈会杰
易汉文　朱雪冰　万建伟　张亚兰　周文俊　肖　卓　邵　伦　蔡　良　潘沛克
熊珊珊　杨　航　魏义镇　蒋学松　张斐然　王　熙　彭韵陶　周文一　张玉兴
钟建强　刘晓兰　刘　壮　康其锋　朱贵磊　董　行　胡志伟　钟　杜　魏小洋
付　豪　王　琼　王爱玲　罗　瑞　冯　也　金红星　张伟娜　王　振　钟　爽
杨　柳　罗飞飞　何　翀　周　鹏　谢冀鲁　李万鹏　师　奇　陆文睿　项雁玲
王　飞　朱院院　董少航　杨帅军　郭文文　丁振冬　潘一会　苏留辉　孙　磊
乔　治　贺云翔　白青松　罗　勇　晏晓飞　屈九洲　李海博　宋　平　王　强
王　峰　杨　雄　刘　宇　严佳兵　李飞江　林　波　杨飞平　吴绍祥　李　凯
魏永来　赵志键　吴思楠　兰克飞　明传舰　付兴勇　高永勋　刘方圆　方志刚
黄吉民　刘　欢　李振帅　徐营利　赵玉东　杨耀凯　赵成龙　巩博瑞　汤　梦
王　敏　吕　程　杨　辉　陈　龙　李治勇　刘　伟　盛铭伟　范新虎　黄缤鸿
李　飞　祝　磊　向　往　韩怀邦　唐瑞苓　刘亮辉　赵瑞朋　吕冰心　谭心怡
张　烨　贾雁冰　陈庆攀　张文韬　吴甲武　刘万宇　刘舒畅　董　申　阮　振
张国星　宫毓斌　张春烁　杨得洋　肖建康　杨　能　王耀升　李　刚　倪　伟
唐　力　赵茂林　冯麒铭　潘　晨　刘　洋　牟魁翌　朱嘉远　高瑞林　林晓冬
杨若奂　俞　骁　周婉亚　王　媛　江　帆　岳　惠　王珊珊　李金泉　洪居华

段　晨　黄　瑞　喻悦箫　潘胤吉　杨龙杰　杨瑞锋　霍光尧　李定航　刘　伟
梁伟博　张新堃　栗战恒　李海彪　李传龙　王杰平　李　超　张航宇　郑宏博
苏秋月　周小涵　宋乐陶　许　刚　朱汉成　桑夏夏　王守道　居　聪　张鹏飞
周　游　徐　兵　张蓉蓉　杨慧婷　袁姗姗　刘　晗　张　涛　倪涵钰　谷　桐
缪杨帆　孙祥训　郭卫卫　魏　彪　黎娅娟　杨宇霞　王天珩　马铭志　伍　艺
刘　勇　孙子力　马雨浩　李青松　李　晗　王　振　鄢建奇　宋阳光　王晓媛
郑　操　贾文娟　付　炜　王　帅　张斯尚　张楚楚　赵晓莹　徐　杨　朱　禹
左　灿　丁利琼　陈豪杰　邓　真　邱晨鹏　方　威　吴天雄　瓮俊昊　缪　瑜
马泽辉　王培名　马苗苗　于晓敏　刘　洋　邓钰巧　谢凯丽　刘佳俊　蒋乾波
戴丰芮　郭　庆　顾巧莉　常天天　郭　娜　陈　攀　罗　辉　张光兰　万　莹
方　茜　赵泽青　张　超　刘　攀　马　勇　牟　爽　付　召　王美城　赵灵犀
王静峰　周　琴　王　凯　李晓磊　郑君里　刘　雨　张　涛　陈翔宇　唐炜鸿
杨　茂　鄢　然　肖凯升　赖西聪　普孝钦　何文艳　李亚倩　杜文涛　张国晨
闫剑飞　谈意川　朱怡静　刘堰杨　廖若莹　彭佳丽　李豪飞　马　丁　成博闻
罗红地　李真臣　谢世前　姚金豆　黄意淇　赵宇莎　赖蕾朵　岑璐瑶　王艺蒸
蒲婉秋　陈海亮　郭静瑜　刘永安　史学伟　孙　位　路　信　邹海鸥　谢春生
刁兆丰　赵林洪　姜淑伟　王　鑫　姜　来　杜清玭　李品良　毛云飞　马　力
廖伯文　冯冰洋　涂思豪　焦军丽　黄　胜　宋　丹　朱　猛　陈　玲　张晨玲
王文章　陈明道　李泽发　郭广元　许　多　李丹利　徐　川　张绍培　李　浩
钟　婧　白志华　李　露　张　鹏　张作栋　刘亦航　张　敏　李志成　张文娟
贺欣悦　蔡睿堃　范雪枫　杨　迎　张仕林　陈昱辛　杨进飞　杨　柳　熊　波
毕松虎　谢　红　王　刚　杨升东　郭　磊　邓晨辉　刘　舜　蒿紫阳　王　茜
李石开　江厚升　任恩泽　冯桂林　杨　超　秦　鑫　魏亚会　王　瑞　张巧云
张文康　袁　英　刘德彪　李永春　陈思远　兰刻勤　冷新科　耿　曦　敬珂鸣
凌浩瀚　李敬东　秦庆龄　陈溪南　屈　杰　吴伯泱　王　缘　段华玲　许兴梁
段　旬　付红岩　邱　易　张溶浩　谢汶级　高　杰　刘梦龙　刘　强　韩萌茹
鲍银凤　周凌霄　钟兴林　王青云　卢　山　牛金叶　张留洋　周洋洋　严　洋
张腾鹤　何华龙　曾小彤　蔚　青　黄俊成　叶勤文　李静静　向　诚　李　洒
文　雅　王传幸　张　龙　李凌云　梁飞飞　王天佑　万雪纯　田　遥　兰天翔
白忠祥　刘芳菲　张　茜　刘　月　韩国元　常史媛　柳　旺　程述敏　胡　廷
张国建　张　炜　杨　丽　刘　科　杨　鹏　李文敏　付如斌　张学迁　凌尚文
岳　勇　彭威峰　贺　婷　肖淑欣　任　颖　史晓滔　张龙帅　梁　珂　邓成绩
刘原铖　高钰冰　张　远　卢　辉　李　浩　胡凯强　邢　路　瞿超超　许　观
刘文君　章玉秀　甘鑫鹏　莫燕玲　李　罕　朱本高　罗　典　刘　宇　吴俊杰
杨名浩　夏烈银　王　臣　罗廷福　张　诚　陈柏旭　赵媛月　王卿铭　刘亚菲
郑阿明　陶宝玉　赵书朋　彭先怡　徐洋洋　宋夕阳　何莹莹　尹小佳　丰　月
万志远　刘灿棉　李嘉盈　徐雪茹　蔡　东　吴性丽　张如云　李佳驰　王爱欣
汤　涛　贾韬玉　方　勇　司冬阳　司广森　黄　雯　周　虹　李　嫚　周　博

王　鑫　樊　凯　余丽莎　游　杨　李玉皇　成　娟　万秋伶　荣　娟　次仁曲宗
龙杨励夫

风景园林 6 人

陈　丽　刘　敏　曹亦姿　杨婧佳　廖宇嘉　赵　昕

林业 12 人

吕　蕊　唐彬童　陈斯琪　翟子豪　张士彦　杜泽萱　赵　栋　王伟平　田志辉
魏淑婷　乐思秀　刘春宏

临床医学 229 人

高宇飞　黄北鲲　胡译丹　罗斌阳　吕　致　邱　潇　李怡璇　宋毅杰　宋　燕
胡雅姣　王慧芳　张　丹　张楠晨　廖　益　李亚茹　吴玉玲　曹婷雍　陈　雯
李元美　黄　娟　刘述欢　王东光　邬祚虹　杨　丹　吴苏佶　王　赓　李晓倩
陈佳怡　成小亮　胡丽霞　陈　洁　刘智慧　郑粼琳　刘　晶　孔维英　汪　燕
蒋　静　普文申　张　健　李国勇　贾　禹　奚倩兰　肖　磊　谢小桐　沈　灿
席笑谈　陈　瑶　木婧熙　董培雯　张宇航　王一岚　周丹丹　田　钰　陈丽妮
何　洋　童　帅　李丹妮　彭芬芳　吴　美　周　丹　陈理雪　谢　华　王妮妮
赵云利　陈　龄　周金秋　肖英凤　邓一伦　杜　琴　罗小月　陈　矗　严玉颖
宁萍萍　叶凯丽　彭嘉昕　窦翊愷　陈俊名　李诗逸　肖　慧　钱晓涵　张　南
周兴丽　刁　敏　高　越　徐　蓉　粟　丽　杨薇霖　于浩鹏　胡碧月　唐碧秋
王　艳　郭　羿　黄　河　陈　妮　周　洁　王虹茜　程俊珺　王玥祺　李梦娇
黄曦悦　吴伊恬　张为利　罗　薇　石明巧　宋佳佳　金　涛　吴万龙　刘钦钦
古朝阳　徐敬昌　杨世界　宋海宇　白丽芬　荆鹏飞　陈宝杰　侯圣忠　张元欣
李　波　陈　玉　崔亚平　丁静静　陈延宇　任生生　成　功　刘　飞　王　馨
陈　达　陈　诚　唐新璞　李焦明　唐少舟　蒙　雨　方　路　周　凯　王善玺
肖　强　杨　云　杨志强　晏玉清　范熹微　雷一霆　王号中　何盛银　郜小帅
邵彦翔　冯德超　张　蓬　胡　肖　刘圣琢　程　亮　李金泽　杨　鹏　王　杰
秦小力　黄开利　成泽怡　罗　俊　陈思敬　唐　露　李　丹　刘银霞　杨　蔓
杨琪莲　黄梅梅　段　霞　姚　静　高　秀　武玉霞　邢　璐　刘星辰　周芷伊
郑　倩　赵怡蕃　陈宝红　汤　悠　牟　佳　欧路雨　雷韵炀　李玥娇　黄俊婷
马腾飞　饶郁芳　邓　迪　江泰峰　许　凤　朱晋冰　罗静雯　曾　珍　田江芳
赵胜楠　陈慧敏　李　荷　何　燕　秦　舣　唐　昕　张白露　颜若难　翟亚超
吴秋吉　李春林　鲁邱阳　向中正　黄　海　钟　灿　潘正烽　吴薇薇　周建雄
朱倩梅　苏永维　王雪儒　张　柳　张孟秋　钟瑞涵　唐苗苗　李诗月　谷志寒
李姝艺　姚　远　刘　欢　牟鉼雨　付祎云　冶俊山　周义成　马慧超　刘孝德
孙嘉莲　关却卓玛　刘堂喻亨　热勒肯·叶尔生

口腔医学 116 人

艾瑞雪　谢宇婕　李晓龙　蒋若尧　冷　沙　周祉延　郑　波　曹再强　袁莎莎
刘云坤　姚　琳　余　艺　刘林逸　周　洋　邓　琦　郑雯月　秦　汐　王　峥
郭黛墨　甄　理　陈　璇　刘诗雨　陆　倩　田江雪　王雨霏　曾　刊　李　好

牛玉梅　马　瑞　杨　芸　张盛丹　陶　艳　唐抒雅　时玉洁　郝一龙　王红梅
石黎冉　张　睿　邵　睿　张一丁　成杪莹　程馨霆　陈俊生　谭　欣　邓仕兵
罗悠然　周欣奕　潘唯一　张艳艳　刘　为　沈佳琪　单　沁　谢　鹏　张　勤
刘雨婷　周　蜜　袁　影　刘楠馨　陈　雪　田　园　臧家星　殷　斌　王亚红
陈浩哲　郭娇阳　邬琼辉　王一尧　滑运帷　杨利洒　李佳佳　汪　涛　王　悦
丁张帆　梁宇豪　郭泽佑　杨雪婷　韩朝莹　冯卓卓　尹华强　吴可伦　王杞章
王雨薇　刘梦婷　赵　丹　李谦顺　潘韦霖　张　倩　赵文俊　刘思辛　王　欣
汪慧霞　段泽西　肖雪玲　乔旖旎　李峥峥　文　静　李思佳　胡思慧　孙闻天
李涵识　谢冰洁　田　宓　杨子靓　查　萨　陈延迪　吴　偲　文　博　任慧迪
李宏宇　郑日欣　陈骏辉　林彦廷　高邵静雅　YOGYATA DHAMI
ZHANG LAN　JOANNA BEK SER YUN

公共卫生 20 人

苏荣成　杨雅兰　王　橙　陈梦雪　张　靖　曹　敏　王时翠　俞梦璐　朱　晓
邓海云　王　柯　陈诗琪　喻雪双　赖　婷　唐　吉　曹应琼　伯贞艳　张　祥
赵洪玥　王庆志

护理 9 人

杨艳萌　徐裕杰　赵文婷　李　源　倪　平　张月儿　王振容　袁平乔　冯　月

药学 32 人

张　勇　刘美君　阮铱瞳　杨　泽　张　婷　唐　鲜　储　悦　魏佼洁　周命璐
姜　倩　冯素琴　代贵英　饶竞东　李冬连　钟小芳　程　彬　陈玉洁　吴小林
陈　瑶　张　建　刘红艳　胡曰富　祁源江　周　雪　毛建平　罗婷婷　刘　昊
李　欣　王　芳　钱欣颖　郭翠羽　周元征

工商管理 129 人

张　敏　冯　翱　江渔舟　张　蔚　李　帅　何忠荣　吴灵洁　苏　画　方思国
付　钰　苏　昶　王慎辉　黄晓峰　毛宇升　郑　科　曾　伟　黄春琳　彭　真
曹忆山　梁佑良　秦晓霞　卓　越　王成龙　孟玉芳　王嘉佳　陈鑫磊　唐梦滢
曾　鸣　周　懿　杜向阳　刘彦辰　李　星　吕小琴　王　瑞　吴　平　向　娟
杨　顺　叶　兰　游　莉　王龙辉　刘　薇　邓艳萍　刘　颖　邱　艳　高小惠
闫仁中　曾　桢　赵风贤　沈　涛　宋　靖　闵子洋　胡　婷　吴猛飞　王　芳
胡　然　张　绵　杨　慧　和　蓉　祁　麟　祝晓川　李　宁　金雅霖　刘　婧
刘诗意　陈　颖　陈丽晶　贺　悦　孙丽敏　张　涵　徐　庆　代　熹　花　蕾
宋黎黎　李若竹　吴奇琛　姚苏扬　卢泓江　谢嘉峰　吉东林　朱景鹏　郭　斌
庄智玲　阳佳池　乔盛慧　王寰宇　张本强　汪　芯　廖与归　陈正熙　刘　流
程　锶　王一江　姜成远　陈　莉　郑霏霏　宋柳倩　宋钊雯　李　莅　李　磊
田　莉　李　智　江　丹　曾　的　伍桓奇　郭　超　周　淼　王能宝　杨　奭
张　慧　黄逸平　陈　照　王　夙　赵冬梅　张　默　邓川燕　邱凤顺　郑　奇
肖山春　谢雪华　徐玉恒　付文浩　李金航　税玥馨　刘　璐　丁　然　黄常泽
刘新民　熊小龙　Sutita Krowkeaw

公共管理 90 人

蒋婷 阳杨 黄欢 姜淼 赖梦云 李金洁 刘侃 吕立 饶佳
王安璐 胥潇枭 张苓 孙鹏 王丹 蒲阳 周雄超 李沂珈 文萍
赵莎 唐志华 余晨茜 蒋强 李梦霖 万力 杨斌 温诚至 张曼妮
陈启龙 李超 张杰 林旭辉 彭潇仔 彭天来 蒲希贤 黄婉梳 吴瑶
夏娟 明永波 袁诗淼 鄢伟 王潇 严东 刘惠涛 吴虹霖 程倩
罗雅梦 蔡雨恒 刘鑫 高圆 徐长春 陈春琳 伍彩 张竹 周玥伶
刘馥 苏珊 冯登科 马昕 胡运浪 曾斌彬 文宇 申洋 宋沛丰
王丹华 汪军强 钟华 苏琪惠 陈加睿 康磊 彭讷 朱小杰 代夏冰
刘紫菡 周怡伶 葛曜 李润 田惠琳 李远春 冯君尔 罗健 王雪菲
张飞絮 蒋瑾 蒋郑茜 党召军 廖东宇 王浩 张峻铭 王芳 卓玛

会计 21 人

刘诗雨 胡耀文 王妍 蓝钦 舒馨颐 陈昱伶 张脐月 张琦雅 吴熙隆
钟媛琪 龙凤娇 李雨萱 桑舞藤 廖欢 唐嘉欣 伍韬同 张颢继 龙依然
马续 谢质虹 杨成

旅游管理 13 人

游小妹 王正虎 杜琳 周越 宋艳云 黄津津 肖盛宁 张瀚祥 阮紫菱
张纹涵 李梦婕 郭雪怡 李羚

图书情报 16 人

骆菲 张永辰 陈禹彤 刘国宇 吴聪 喻珩 罗丹 张圣淘 余鲭鲭
林思妍 王悦 颜小皓 王昱欢 向丽 任烨 孙浩宇

工程管理 10 人

周航宇 李亚洲 陈鹏 汪志鹏 郑德兵 张阳 黄钰滢 蔡璐 林惠琳
杨海韵

艺术 21 人

黄亚珂 吕秋月 陈培芳 张莉娜 文鼎 严旭 余野 吴冰蕾 宋可
肖雪娴 查文芳 陈橙 范天竞 李霜 赵星欣 林杨 范琳雪 蒋晚霞
王方圆 杨华荣 马凝儿

（七）非全日制专业学位硕士 362 人

法律 22 人

何宇 王翔 朱留华 税波 黄玮 宋海坤 郑钰飞 朱筱艳 王婧
王继东 张欣欣 辛长洋 罗程 杨翰飞 赵王鹏 舒婷梅 夏恒 黄明
周珊珊 刘玉枭 李华 雷蕾

工程 139 人

杨诗明 彭彬 沈尔辰 刘中亚 付敏 吴丹 李士哲 李妍彦 徐晶
黄道勤 孙滋夏 甘民杰 周崇 熊超泽 程志喜 罗新涛 欧阳林 余中周
胡杨月 王文龙 刘君 王永平 袁波 汪建新 骆燕 蒋中能 陈硕
彭熙熙 黄峭 张译升 邱文瑜 阳煊 谢涛 何达明 张健 陈维宇

秦志鹏 冉智丞 刘 铸 许 敏 吴光德 莫礼曦 王 瑞 罗向东 邓明贵
张 明 王 伟 龙孔明 刘 勇 董小丽 张嘉琪 林泓臣 刘 粤 李凤麟
何金泽 王四川 汤富彬 王雨浓 李黾睿 马 立 王啸天 区泽民 刘 凯
蔡典华 谢晓伟 杨 戈 胡 何 李文敏 宋能波 张丽娟 吴晓红 刘海林
周 超 黄金龙 罗大安 余凯鹏 付 刚 肖代洲 朱 磊 彭俊明 孟广林
毛成钢 孙 媛 龙 舟 李 刚 杜利民 周 伍 李 杰 冯自然 唐德锋
谢龙江 彭雅琼 肖智洋 陈 伟 蒋致乐 俞灵光 陈显均 刘小明 李晓青
王 健 吕亚娜 欧阳鹤 唐 嘉 廖国刚 易 龙 陈 军 严 蓓 赵代国
王 哲 皮儒亮 唐 溯 何承勇 王 靖 周运福 彭 斌 王 宇 刘明辉
张 艺 李军强 胡 波 陈帅名 雷宗瑾 赵云鹏 孙 权 黄 圆 何金萍
王少君 钟 鸣 谢 超 贾雨飞 刘 耿 谢 娟 李旭廷 孙 科 何哲文
成春岚 曾李阳光 欧阳雪彤 尔古阿呷

风景园林 17 人

刘 铃 彭丽萍 王鹏飞 张 冉 张 煜 刘 娜 沈 阳 陈艺元 刘 莹
代秋萍 刘益君 陈旖旎 樊晓倩 郭晓睿 黄 月 肖 强 谢昀宵

公共卫生 25 人

包 力 斯春丽 刘 萍 王 夏 马梦婷 张靖新 杨 敏 李方健 王晓悦
杨 栋 谢 莉 曾晓凤 苏 慧 胡勇根 谢方晴 张俊丽 张清筱 周 玲
赵彦涛 陈中东 张 燕 杨 皓 刘 鹃 宋 冠 韩 瑜

高级管理人员工商管理 28 人

毛富全 刘 翔 周 捷 邢 悦 张 羽 陈 兵 杨德成 罗莉莎 董 山
范 昱 谢菊蓉 李 征 陈 荆 马 晨 郝玉海 邓国勇 高 琴 龚 畅
姜 茜 罗万利 邬德君 徐 煜 兰先国 秦 兵 袁小容 吴茹菇 杜建忠
张少敏

公共管理 9 人

白一凇 罗丽娅 林 瑞 谢磊森 李佳蔓 熊 杰 胡秀兰 刘 萧 刘晨璐

会计 90 人

李远洋 袁 维 陈余兰 刘卓琳 韦 玮 郑济莘 喻伯奇 代雅文 汪雪洁
乔静娴 杨梦洁 严 敏 姬建磊 文 艺 李雨鑫 魏 毅 郭 鹏 王 盼
李芳铭 贾文瑞 熊大成 孙 丽 李俊黎 邱筠云 李京津 潘 越 刘思源
黄于红 周哲西 史奇玉 石润秋 杨 雪 陶媛媛 李梦蝶 林则好 李 继
陈明璐 马丹丹 贺 妮 齐仪林 孔 曦 李子维 何昕融 陈娅文 曹 敏
杜林遥 王一璠 王 菲 黄利娟 刘珂君 祝文君 李侦毓 杨若君 余春波
李 阳 陈姝含 张露曦 蒋子涵 邱小丽 叶 微 谢 翔 张思序 范 丽
宋 伟 沈长剑 杜 泠 顾 杰 张 义 李梦竺 汤 浩 李 翔 夏姝华
甘 露 邓伊雪 孙艺茜 李知蔓 黄文龙 郭晓柳 钟佳萌 宋玮珏 龙 琪
刘艺伟 周建力 李佩伶 田子君 李易珂 雷 欢 田 元 董雪妮 程姝莎莎

工程管理 32 人

胡博平 邱小耕 尹 恒 杨筛艺 叶华龄 王 萃 戴 轩 黄秋鹏 黄忆嘉
吴 盈 郑 成 曾凤鸣 任元元 晏启东 盛 情 沈 菲 丁 林 丁小芮
邓洪燕 李 勇 蒋环宇 钱 锟 周 倜 冯娜娜 刘 辰 孙奇川 苏 波
何 赟 张凌淇 何 敏 胡夏风 钟 豪

（八）同等学力科学学位硕士 34 人

理学 2 人

张祝均 戚忠智

医学 32 人

赵 丹 潘雪琳 余 林 覃勇志 古 艳 何 婧 谢蒂立 刘 敏 周 琦
黄燕春 周 庆 胥萍瑶 李晓玉 李小玲 梁 燕 韩 英 蔡 明 郭永华
洪 澜 张 敏 钟慧钰 蒋义雪 李婧闻 王旻晋 王 晋 杨 华 郎志刚
彭仁德 杨喜彪 李 霞 曾维艳 欧阳翔宇

（九）同等学力专业学位硕士 79 人

临床医学 79 人

鲜晓燕 林 燕 杨进坤 范方敏 鄢成静 刘 娟 蒋小娟 邓 悟 陈孟林
杜涛君 谭 丹 苟泽辉 赖 强 肖 浩 周 科 汤月秋 邹同娟 张 杰
杨代兰 倪红丽 罗 蕖 邓传瑶 王 涛 范凤霞 徐 盼 付道芳 何文琪
杨百元 唐 瑶 朱晓玲 车 鹏 吴 凡 江 雪 张燕芹 任 艳 马庆鑫
李 旭 田 梅 姚绍莉 王 蓉 唐思诗 安俊南 曾宪政 肖 兵 刘玉镐
叶鹏飞 孙 静 张 宇 甘志明 陈秋蓉 郭 蕊 邓 丹 冯 韬 游颖琦
陈淘江 沈思魁 邹 玉 陈春梦 陈 敏 田玉梅 刘 洁 谢 馨 田 华
赵利君 李方舟 张 瑞 董明蓉 丁 唱 杨济民 张 维 林立君 孙飞扬
吴 琦 杜 敏 吕 林 杨春梅 刘 洁 李 静 欧阳晨波

二、2019 年 9 月授予博士、硕士学位名单

（一）全日制科学学位博士 102 人

哲学 2 人

许晓明 苏德华

经济学 17 人

雷新玉 王 静 谭博仁 费 翔 王 蔷 鲜阳红 梁艳菊 朱源秋 贺彩银
刘安凤 史敦友 戴中亮 屈万程 黄云生 张灵科 徐 蒙
DINH，VAN HUAN

法学 2 人

王 梓 刘 碧

文学 6 人

杨 昊 黄 菊 杜亚鑫 宋艳丽 张 莉 许静雯

历史学 2 人

王丽君　TEK BAHADUR GURUNG

理学 34 人

邓晓青　张　程　罗淑珍　杨　瀚　王　柯　唐建芳　王玉东　陈星陶　刘海龙
朱贵莉　王志刚　叶泽聪　倪延朋　刘晓锋　彭兴基　方志荣　李　晶　吴　茜
王金玲　刘中建　曾德全　伍星宇　唐翠明　钟　单　郑秀丽　崔亚妮　曾永秋
施耀杰　靳秀秀　谭泓琳　邱　强　余超恒　余　江
OMOLOLU GEORGE ODUNMBAKU

工学 17 人

左　政　贾　鹏　聂　瑞　黄　睿　王利团　龙　涛　谭　强　向铭铭　喻豪俊
李圣伟　张春敏　唐　旖　陈　玉　曹　艳　张宇强　蔡涵旭
TUFAIL RANA FAISAL

医学 17 人

查　梅　曾林子　向　丽　李在兵　郎　敏　李汇明　周广举　李　娟　徐　鹏
江　英　杜　杨　王洋洋　刘　影　唐卫卫　黄　倩　裴　容　刘家铭

管理学 5 人

周小丁　余　尧　张宁静　李　强　董　亮

（二）全日制专业学位博士 23 人

工程 2 人

王　敏　陶　鑫

临床医学 14 人

何佳玲　吴　爽　安　冉　魏　巍　刘　莲　周梦琪　段宇辰　蔡　翔　薛文彬
王　琦　彭驰涵　陈　烨　孙小雯　吴琴琴

口腔医学 7 人

陈　成　贾文远　曾福磊　肖惟雄　朱亚芬　连俊翔　刘寅冬

（三）同等学力科学学位博士 1 人

医学 1 人

刘　遥

（四）同等学力专业学位博士 10 人

临床医学 10 人

张　鑫　张晓玲　吴学毅　张莎莎　周海宁　陈　曦　黄　强　彭　雯　何福娟
罗　贞

（五）全日制科学学位硕士 68 人

经济学 1 人

梁　欣

历史学 3 人

王　敏　丁显云　彭志远

理学 37 人

黄国飞 刘惠敏 黄玉琴 卿森晴 李晓玲 孟 红 王晓倩 刘晨璐 钱 丹
姚卓君 丁 沐 任玲萱 秦家亮 刘 保 李 洋 胡连清 崔方英 邱 实
刘海坤 詹浩森 杨文娴 张 婷 王 均 柯 丹 曹师瑜 龙 鑫 任建英
钟琳玲 甘 泉 郭小青 向福清 成沁雯 李明悦 唐孟言 曾佳容 裴 雪
邓 宁

工学 14 人

王善广 杨增荣 邱 露 张正强 师 尧 李思勰 吕英豪 曾金明 瞿琬璐
赵 静 郭石菲 邱亚平 房丹璇 宁奂文

农学 1 人

李 波

医学 9 人

崔淑慧 陶煜杰 刘春雷 马自达 任 鹏 聂开来 杨 翰 侯晨姝 陈悦璇

管理学 3 人

徐雅清 胡馨文 PHAKCHAREE WANICHWASIN

（六）全日制专业学位硕士 25 人

金融 2 人

陈青羽 吴铁成

工程 8 人

欧阳玲 刘月茂 刘超远 付 雪 徐艳峰 孙世杰 马金蕊 符 腾

风景园林 3 人

张振兴 屈雯雯 兰雪珍

临床医学 6 人

任凯云 赵金桂 徐 莲 周仕炼 李嘉知 施 奕

公共卫生 1 人

陈雯杰

会计 4 人

肖百里 杨思诗 耿一婷 何 谐

旅游管理 1 人

彭 佳

（七）非全日制专业学位硕士 41 人

工程 18 人

杨 宇 廖明星 薛 叶 高 艳 崔立超 侯国栋 林俊杰 杨 彬 张恩山
杨 坤 韩 森 周飞虎 文勇波 魏 龙 陈志涛 邱 涛 屈大功 张官祥

风景园林 1 人

李雷博

公共卫生 1 人

李玲燕

会计 21 人

晏理单　王凤宇　李林桦　魏代丹　阎叙瑞　王　蔚　杨骥捷　冉航宇　马禹莎
吴　辉　李小晴　苏美君　朱　琳　王心烛　蔡　纲　黄　月　牛　菲　陈韵宇
刘定杰　王　丹　夏懿琳

（八）同等学力专业学位硕士 7 人

临床医学 7 人

罗媛媛　石　磊　郭　鱼　毛云鹤　吴朝萌　江　朋　姜少雄

三、2019 年 12 月授予博士、硕士学位名单

（一）全日制科学学位博士 194 人

哲学 7 人

张　粲　张龙成　王昊　肖　习　李怀宗　王鲁辛　刘金成

经济学 5 人

余　慧　燕　鑫　祝小宇　涂开均　罗琰钦

法学 3 人

贺荣兰　唐丽媛　张古哈

文学 18 人

李　瑛　秦　蓁　陈丽丹　戴　蔚　刘　芸　肖田田　郭玉洁　陈宪良　陈　悦
刘书亮　王立慧　李慧文　闫翠科　陈文斌　马　超　唐希牧　周永涛　陈芊芊

历史学 9 人

赵　兰　赵长治　郑子律　罗　怿　钱　诚　韦莉果　肖宏德　肖璐娜　张瑞菊

理学 59 人

黄　秦　袁风娇　苗　峰　刘玉孝　王建喜　徐小凡　沈洁琼　冯博雅　刘金龙
陈　诚　赵　远　易红飞　张　露　刘雷雷　陈　晨　荣　尧　张　宾　邓　春
黄秋兰　程晓婕　刘益丽　李圆圆　魏浩澈　唐仕炜　龚　静　陆世惠　曾小峻
曹　磊　胡婷婷　邱　敏　廖义伟　武瑞丽　李建波　黄　龙　李德福　安树文
谢登峰　景　洁　向　荣　吴　暄　李涛涛　周　姝　王则夫　陈　娇　王亚品
肖　玮　严　安　谭　智　杨雪琴　庄满娇　黄　维　张　楠　江　华　李　锐
朱雪刚　姚永超　李亚超　赵中一　泽让东科

工学 44 人

王小梅　于　汀　周　尧　胡家渝　梁　如　何　秀　孙发森　蒋来明　黄　玲
石小秋　陈方方　欧洋铭　胡孔中　宫　源　周　涛　付　举　傅代华　张亮青
马超琼　杨闪闪　刘团宁　范啟超　李　伟　谢少雄　张红恩　梁玉照　舒　松
南淑清　廖海梅　张莉萍　高涛涛　龙秀锋　田杰伟　林洪斌　吴晓东　夏立超
杨书桂　贾璞　刘汉青　李解元　项霞　王正云　HOANG VAN THANH
MUHAMMAD AAMIR

医学 18 人

田汉文　谢寒冰　储　蕾　陈　娟　卢钟娇　李晓玉　张华果　渠凌丽　庄　翔

魏传琦　龙海燕　袁晓琴　陈榆舒　夏　粱　刘雪梅　叶艳胜　蔡　鹏　赵梓伶

管理学 21 人

陈文珊　杨建超　董甜甜　姜丹蓉　朱凤霞　徐　康　陈妍村　谢星全　翟玉玲
许志行　缑迅杰　任珮嘉　查泉波　陈　霞　贺小舟　詹　敏　吴裕珠　徐　吨
钟　琳　高　洁　MAHDI MOUDI

艺术学 10 人

余韡寒　向思全　张瀚文　宋彬彬　皮　欢　何　宇　厉　华　刘丰果　刘　畅
孙　刚

（二）全日制专业学位博士 14 人

工程 1 人

王淑娟

临床医学 12 人

王家嵘　苏明连　曾　馨　唐艺丹　赵　蕾　魏山尊　刘碧翠　周惠君　陈亚希
王　建　龚艳萍　帅丹丹

口腔医学 1 人

李章澳

（三）同等学力科学学位博士 1 人

经济学 1 人

葛　尧

（四）同等学力专业学位博士 2 人

临床医学 2 人

雷　飞　张　明

（五）全日制科学学位硕士 64 人

法学 2 人

王韵菡　毕　平

文学 13 人

杨　龄　王苗苗　高　鹤　潘　鑫　霍国安　况杉杉　郑梦雨　毕小慧　梁　琳
高　依　施燕霞　高　瑾　SEDANA ISMAILOVA

历史学 1 人

王凤琼

理学 21 人

魏　涛　蒋　彦　陈亚光　康　路　方　艳　张继廷　徐云帆　韦伟灯　陈国成
沈　凤　徐冬雪　冯光顺　马万峰　毛　麾　张玲玲　王楠轲　李玲蕊　胡益灵
曹华亮　张壮壮　丁玉

工学 10 人

李　庆　马凌成　倪　铭　阎军军　姚大靖　张　康　况　怡　吴起宏　陈慕阳
INDHUJA CHANDRAN

医学 9 人

李秋阳　韦赟博　曹艺翎　唐　歆　边思予　彭丽桥　冯　驰　王丹丹　陈梦琪

管理学 5 人

AAYUSH MEHRA　GIYEON CHA　WARUNYU SRICHIANGRAI
SENG RITHY　JOSHUA BENJAMIN LONG

艺术学 3 人

李　京　陈宗庆　张恺月

（六）全日制专业学位硕士 138 人

金融 1 人

潘宇翔

法律 5 人

王　棋　梁　鑫　郭　凯　任　啸　张蔓容

体育 1 人

李聿宸

汉语国际教育 7 人

陈家琳　周小莉　钟节节　曹林姣　晏余单　徐玉兰　BANH THI LE TUYEN

翻译 1 人

陈丽红

新闻与传播 6 人

孙学慧　于睿茜　段　容　徐婉露　陈紫欣　杨骐羽

出版 1 人

葛　鑫

工程 8 人

张　波　王敏行　李鹏飞　居建涛　王春艳　宋世坤　刘　伟　江　玲

临床医学 11 人

罗盼雨　朱　敏　田　园　王晓璐　付佳鑫　曾　值　王新源　陈月云　王天云
王　亚　李　津

口腔医学 6 人

李　萌　杨　格　刘润禾　唐子晴　陆文昕　刘安迪

药学 1 人

熊晓丰

工商管理 59 人

曹天辰　陈　蓉　李　红　李　林　任梦娜　谢　超　殷阿呷　刘小建　伍国睿
张弘毅　张　言　赵天彬　田　雨　向夏雨　单东利　肖　凯　陈道远　王　晶
张　阳　李泠汐　罗　燕　唐维蔚　兰潇潇　刘沫汐　兰　婧　贺　翔　伍晓玮
曹玉婷　何海燕　姚怡帆　刘若娅　胡文静　刘　苒　李奇峰　马　清　姚　瑛
刘建秋　黄妍成　马卉鹏　刘　钊　丁小琳　魏远隆　邓　强　贺莹文　陈行楷
董珊珊　夏青红　陶　雷　刘波涛　廖　鑫　杨　举　MOISE NKUNDIMANA

ALICJA ELZBIETA KAMINSKA UMAIR THACHARAMBAN
MUHAMMAD JASEEL MULAYATH ABDUL RAZAK
ALA HAMOOD OMAR GHALLAB DONNAPA KWANPROM
KAMIL JERZY KLECZKOWSKI RABIA NUSRAT

公共管理 27 人

李亚男 许雯丽 赵 鉴 黄思影 马祖威 刘 娟 邹欣宜 吉博行 张 宇
吴娇姣 赵 俊 郭 欢 张令普 江 科 先 赐 李 祯 刘思彤 方 媛
黄励莉 郑舒乐 李 亚 余思杰 魏 丹 李华茜 董 悦 刘 清 张广良

艺术 4 人

彭 娇 林绍禹 孙悦侨 夏 稷

（七）非全日制专业学位硕士 582 人

法律 16 人

徐新忠 宋欣磊 罗永霞 任雪峰 赵 扬 庞海东 吴 燕 陈元江 阮 蕾
王瑷荻 雷韵琳 何 静 赖俊臣 韩 阳 张莹莹 杨若朗

工程 197 人

肖 磊 冯 宽 李俊澍 张 晶 王 涛 胡天军 邓琳元 李 明 谢 攀
黄建辉 关庆文 刘 榕 谷 亮 廖郡芝 曹 伟 邹晓波 吴卫平 高 春
杨永刚 刘小意 张 蒙 陈永澎 马 亮 宋 玲 张 超 杨季坤 晏 韬
徐 睿 欧禹良 钟 莲 胡志威 杨 熙 刘 卫 李 浩 张 逸 王 瀚
钟 锦 李龙飞 廖 葱 宋金辉 唐 恒 赵天磊 肖 璨 陈 明 熊相乾
高松涛 李雪梅 罗 旋 张 禹 师文果 彭 松 李 刚 王定立 李 龙
蒋孟端 王志雄 李 宇 肖 雄 罗悠悠 伍思桦 张国民 鞠 朋 谢思明
王伦浪 岳星瀚 孙 镇 苏 婉 刘人瑜 阳 航 邝 岚 陈 卓 孙晋睿
何 敏 兰孝辉 文梅君 罗永彬 唐梦秋 柏 波 刘福强 娄忠秋 安希学
李复岁 赵 峰 王 丽 陈立宝 邓世文 陆 明 张峻岭 廖 润 冯林敏
李社凤 蹇万祥 王 玲 戴 韫 尧大洪 严文锐 周吟秋 潘晓帆 张明坤
冯 掣 姚林曼 王铖锴 王 涛 李有刚 秦安川 刘亚林 罗 渝 王 睿
王 威 赵富强 包碧卿 王 艳 彭小艳 刘晶晶 朱少攀 王 旭 薛江鹏
祝 强 赖茜岚 王照鼎 王乐晶 任 毅 王雁东 王耀赓 周建杰 于东民
张 果 张昊天 任利刚 康森森 林立超 赵峻逸 冯 琦 穆俊宏 范德亮
乔朋博 周翔浚 秦艳波 李 兵 王安东 张春玉 凌 云 徐 金 常 宏
黄 飞 林于暄 唐徐立 陶 昕 黎翡章 段诗韵 胡天骐 胡一帜 华远航
李飞龙 刘弋莘 万 堃 王琪瑶 王 帅 余雅聪 张舸帆 张晋荣 张力涓
赵 夏 常耀文 冯祥晖 姚 瑶 喻 欢 周 杨 龚敏才 王雨星 王海洋
周江波 易明双 何相霖 易 焘 袁立非 陈 志 孙 瑶 秦瑶遥 谭娜娜
李 西 龚晓桁 张 岩 翁倩倩 侯 琳 李林桃 邓 聪 蒋知良 汪娅菲
陈 腾 张长远 陈敬康 黄 晨 邹 锴 杨云辉 王敬尧 杜镇歧

风景园林 9 人

贾海涛 夏天 徐思伟 邓天成 邹玲 毛艺霖 王佳妮 熊灿 徐睿

公共卫生 6 人

杨梅 胡玉麒 刘胡 桑苗 黄英 张晋波

工商管理 294 人

张薇 杜磊 靳少博 刘红池 王猛 黄娟 王杰 叶荷 罗盼
何雪菲 廖强 吴强 蒋毅 陈艺源 何蕾 杨彬 杨玲 杨茂玲
冯梓航 代刚 蒲果 王富 宋攀 田劲草 李超 张莉 杨鹏
杨海荣 黄伟 文苑 姜力为 张珊 段月阳 李柏君 杜彦霖 吴均
黄杰 朱玉洁 周国辉 朱玉蕊 蔡银 徐丹 勾伟 胡蕾斯 孔婧
徐小净 夏文婷 王晓静 胡秋燕 王美杰 陈彬 周林 周阳 李婧
张乐 陈雷 吴苑婕 柳苏 刘文 张亚希 杨丹丹 费岚 李春谕
刘平利 闫安 高婷婷 罗平 邬梦裴 刘胜任 岳媛 王梦醒 张忆
颜科 谢绝 周子乂 蔺玉婷 钟利成 刘薇薇 王韬 颜淋 王丹
邓瑾 张亚 徐进 戴莅庆 覃飞 高穗川 黄子瑾 邓卓思 贾丽娟
徐莹 吴春林 李林俊 李黎 曾沁 郭红星 王彦琦 官钰鸿 高琳
陈洁 张国建 陈颖 刘悦 李婧娉 蒋佩越 黄梦瑶 韩伟 周璐
赖付琴 张坤兰 杨北丹 薛洁玲 舒姗 任一丹 程自强 李森 查琳
翁海 张威 吴国庆 蒋静 刘佳鸣 肖莉丽 康峻 李晓 倪艺丹
陈殿皓 苏升 冯博 黄鸿飞 王夏莹 周正夫 杨毅 喻弋拿 郝思佳
张义锣 李国静 张涛 郑永伟 钟孟夏 范量 刘雪佩 曾彦志 罗仙
龚倩 许绍铨 周斌 邓欣 何勇信 曾雪花 胥岫 焦暘 康健
郭霓燕 陈雨微 周雅菲 彭聪 刘玉婷 刘丽丽 栗珊珊 喻芳媛 韩笑旸
谢秋香 杜黎 罗钦 周梦佳 陈涵 陈兴 唐宁 熊伟 王丽莉
王璐 杨耀齐 陈红英 陈苇 郑强 胡勋 张力苓 陈默 马磊
张辰晨 孙晓雪 杨天伟 甘霖 敬小龙 黄云琪 王欣 邹塬昕 彭略
康筠 徐子涵 张辰 冯祥峰 梁成爽 吴艳红 张冰 罗城浩 程倩
邓训文 王丽 李黎 文雅 吴琳 袁薇 张博 张青 郭骄阳
黄超 熊英桥 陈华 闫小飞 杨光敏 李骏菲 姚嘉葳 杨莉 周冰
万诗媛 毛柠 袁金楠 秦学 邹祖亮 李林月 唐余 李光乐 冯颖佳
周斌 程静竹 李定龙 蒋昊贝 吕玮婧 邓燕云 莫茹雅 杨轶 李娟
杨喜梅 蒋琦 周珂 李世界 魏生芮 陈昊 黄磊 杨梦欣 刘晶
温碧波 曹国瑞 邵永强 张如航 丁晓妍 陈苇 王超 陈小磊 蔡腾
赵京春 汪双霜 孙卓 张远睿 陈澄 穆柯翰 黄曦 叶萃 金凯
代雪雯 徐黎晖 李振寰 王志强 贺牧祎 邹衍 明金龙 高远云 阳昊
毛晓华 汤迪 曹帅 程晖 谢登攀 杨凤 关羽佳 张璐 胡洋
邹源 汤波 白璐 向丽辉 何先政 王夏玲 胡茂龙 章豪 李婧
徐聪 洪钰 周继武 王宏涛 欧阳秀竹 王陈一秋

高级管理人员工商管理 18 人

包志刚　林雅琴　余　乐　周昕烨　杨　波　闵作颖　褚晓宁　姚怡泽　霍朝骏
罗剑波　康　庆　李建军　赵　君　邵　波　刘　敏　苟　俊　刘建军　蒋军君

公共管理 6 人

魏　玲　张　坚　马　杰　杨　丹　赵彦清　张　伟

会计 27 人

刘　卓　张益铭　刘俊杞　陈莲熠　向琳琳　王秋香　李欣怡　董泽瑶　张　琴
方　香　齐乙壕　胡晋豪　马美娴　杨青蓝　马健勋　廖阳曦　汪韦臣　张　琦
祁　元　陈永珍　张　舒　刘柯佳　周　雯　郭孟颖　唐亚璇　巫相颖　万　奇

工程管理 9 人

汤师哲　邓志凌　周　朗　周　睿　张　强　肖　瑶　胡　勇　李　颖　王　莹

（八）同等学力科学学位硕士 1 人

医学 1 人

高利红

（九）同等学力专业学位硕士 2 人

临床医学 1 人

廖天吉

口腔医学 1 人

刘星月

（以上资料由研究生院许海青提供）

中国港澳台地区学生及华侨学生教育　留学生教育

一、中国港澳台地区学生及华侨学生教育

【积极开展港澳台地区交流】接待来访港澳台人士 132 批次、1241 人。共有 121 批次、464 人次港澳台地区师生等来校交流访问。我校赴港澳台人员达 554 人次。

友好学校规模进一步扩大，与台湾中正大学、台湾彰化师范大学、澳门大学签订了校际合作交流协议和交流生项目协议，与义守大学新增了“2+2”联合培养学生协议，与香港城市大学、台湾义守大学重新签订了合作协议。

申请并获批教育部“香港与内地高校师生交流计划项目”（万人计划）11 个，执行“第十一届川港青年学子‘巴蜀文化和佛文化’研习营”等项目 12 个。获批教育部对台项目 2 个。

表 32 四川大学 2019 年与港澳台地区大学签订合作协议统计表（新签/续签）

序号	协议单位	时间	名称	有效期
1	台湾东华大学	2019.5.22	四川大学与东华大学学术交流合作意向书	三年
2	台湾东华大学	2019.5.22	四川大学与东华大学学生交流合约书	三年
3	台中教育大学	2019.5.28	四川大学与台中教育大学学术合作备忘录	五年
4	台中教育大学	2019.5.28	四川大学与台中教育大学学生交流协议细则	五年
5	台湾中央大学	2019.7.4	四川大学与台湾中央大学学生交流计划备忘录	五年
6	台湾元智大学	2019.7.24	四川大学与元智大学学生交流协定书	五年
7	台湾东吴大学	2019.8.7	四川大学与东吴大学学术交流合作约定书	五年
8	台湾东吴大学	2019.8.7	四川大学与东吴大学学术交换合作约定书	五年
9	台湾逢甲大学	2019.9.26	四川大学与逢甲大学学生交流学习合作项目协定书	五年

表 33 四川大学 2019 年赴港澳台人员情况统计表

	学术会议（人次）	交流考察（人次）	培训及短期学习（人次）
赴港	62	77	120
赴澳	39	47	12
赴台	28	20	159
总计	129	144	291

【持续提高港澳台地区及华侨学生教育水平】多渠道、多形式加大对港澳台侨学生招生宣传力度，进一步扩大招生规模，提升影响力。2019 年共有 84 名港澳台侨新生来校报到，目前港澳台学生在校共 460 人，其中本科生 381 人，硕士生 65 人，博士生 14 名，共 47 名港澳台侨生学成毕业。

认真落实中央的惠港、惠台政策，支持港澳台学生在内地就业创业，组织在校高年级港澳台学生参观高新区与创客基地，听取优惠政策报告。与成都市政协合作举办了“在蓉港澳台大学生专场招聘会”，与“中国教育留学交流（香港）中心”合作举办了“香港毕业生分享会”。

表 34 四川大学 2019 年港澳台侨学生统计

	本科生（人）	硕士生（人）	博士生（人）
香港	177	12	2
澳门	33	2	1
台湾	169	51	11
华侨	2	—	—
总计	381	65	14

表 35　四川大学 2019 年港澳台侨学生毕业、招收情况统计

	本科生（人）		硕士生（人）		博士生（人）	
	招收	毕业	招收	毕业	招收	毕业
香港	41	17	5	—	—	—
澳门	9	5	1	—	—	—
台湾	34	25	21	—	2	—
总计	84	47	27	—	2	—

二、留学生教育

在校留学生规模达 4030 人，其中学历生 2212 人，占留学生总数的 54.9%。高层次学历生增加显著，硕士研究生 416 人，同比增加 8.6%；博士研究生 219 名，比去年增加 6.8%。学历生分布在 34 个学院（中心、研究所），涵盖所有 12 个一级学科。

【持续丰富全英文课程】全英文授课专业建设达 16 门，2019 年秋季，软件工程、土木工程、国际工商管理、国际旅游与酒店管理 4 个专业共招收 70 名自费或部分奖学金生，生源质量和办学水平逐渐提高。

【各类奖学金项目有序推进】顺利完成中国政府奖学金生、孔子学院奖学金、学校“一带一路”奖学金等项目评选，招收留学生 253 名。其中，中国政府奖学金招收 114 名，“一带一路”奖学金招收 98 名。评定成都市政府“友好城市”奖学金生 81 名、“一带一路”奖学金生 55 名。

【加强留学生管理和服务】进一步优化留学生招生网站和新媒体平台，4000 余名申请者在学校留学生招生网站上完成了报名申请。将网上审核、学工教务管理、财务管理、证书管理等纳入网上管理系统。开通“留学川大”微信公众号，实时发布招生动态、奖学金信息、文化活动信息等。制定了《四川大学留学生突发事件应急处置预案》《四川大学关于应对有关来华留学网上舆情的工作机制》。按照留学生做到一人（团组）一档，加强档案管理，方便档案查询。组织留学生参加瓦屋山文化考察、四川省 2019 年中华经典诵写讲演系列活动、“放飞梦想”四川大学青春歌会等活动。

表 36　四川大学 2019 年留学生情况统计表

	长期生（人）					短期生（人）	合计（人）
	普通进修生（包括语言生）	高级进修生	本科生	硕士生	博士生		
招收	318	8	222	91	29	1209	1877
在校生	597	12	1577	416	219	1209	4030
毕业/结业	413	4	181	102	26	1209	1935

（以上资料由国际合作与交流处涂典雯提供）

成人继续教育

一、机构设置

成人继续教育学院是学校高等学历继续教育（成人教育、网络教育）、高等教育自学考试及非学历继续教育的业务归口管理部门和集中办学实体。学院设12个管理部门和10个培训部。

二、教师队伍

现有教职工148名，其中编制内职工56名、院聘职工92名。具有高级职称者15名，中级职称者36名，初级职称者2名；五级职员8名，六级职员9名，七级职员19名，八级职员4名。

三、专业建设

成人继续教育学院主要依托办学学院开展专业建设，高等学历继续教育（成人教育、网络教育）、高等教育自学考试2019年共设91个专业层次，其中，成人教育专科专业5个；专升本专业27个（含业余专升本专业13个，函授专升本专业14个）；网络教育专科专业9个，专升本专业21个；高等教育自考助学专科专业24个，专升本专业5个。合计共14个专科专业，48个专升本专业。

四、人才培养

1. 学历继续教育

2019年成人教育、网络教育、自考助学共招生40409人（其中，成人教育5241人，网络教育26576人，自考助学8592人），招生总量同比下降3422人。专升本26442人，占招生总数的65.4%，本科比例同比提高3.1%。

2019年，学院学历继续教育在读人数共121025人，其中成人教育函授学生1859人；成人教育业余学生12130人；网络教育学生90230人；自考助学学生16806人。学院学历继续教育毕业学生31739人，其中成人教育函授学生1102人；成人教育业余学生4610人；网络教育学生21036人；自考助学学生4991人。共2216名学生获成人学士学位，其中高等学历继续教育成人教育259人、网络教育820人，自学考试1137人。

2019年成人教育设函授站及教学点6个，网络教育设校外学习中心172个（其中自建76个，奥鹏授权96个），自学考试合作教学站点19个。

2. 非学历继续教育

行使学校教育培训办公室的管理服务职能，加强对全校培训项目的归口管理。严格执行国家和学院管理规定，从项目申报、教学计划审定、课程设置、培训合同签订等方面加强管理。2019年，共有建筑与环境学院、经济学院、法学院、历史文化学院、中华文化研究院、灾后重建与管理学院等单位申报培训项目28期，培训学员3479人次。

2019年学院共举办培训项目385个，参训学员23000余人次，累计办理结业证书21000余份。学员覆盖全国25个省（市、自治区），培训内容涉及财税金融、司法、环境、农业农村、城市治理、教育、文化产业、旅游、统战、医卫管理等多个行业领域。全年组织医学相关单位管理人员和近百个科/教研室主任录取医学进修生共计3861人次，组织医学及医学相关专业老师举办国家级和省级继续医学教育项目23项，培训来自全国各级各类医疗卫生单位的专业技术人员共计1663人次，组织相关单位专家申报2020年国家级继续医学教育项目10项，备案项目11项，共计21项。

五、规范办学、提高质量

1. 强化学历教育招生工作，规范招生管理和招生宣传

通过优化招生管理平台、强化前置学历认证、严格入学考试管理等举措严把招生入口关。安排专人审核校外学习中心、教学站点招生宣传资料，加大招生宣传监管力度，安排专人监控社会网站及时查处违规招生宣传行为，维护学校声誉。

2. 进一步加强学历教育校外学习中心、教学站点管理

安排专人到校外学习中心、教学站点检查教学、管理和服务情况；加强对学习中心、教学站点的教师和管理人员考试考务培训，加强对考生考试纪律教育；修订完善学习中心、教学站点的考评体系，对合作到期的单位进行全面评估审核，符合要求的续签合作办学协议，不符合要求的终止合作；2019年3月通过听取汇报、查阅资料，实地考察、与师生座谈、调查问卷等方式，对17个自考医学站点和非医学站点开展了检查评估。

3. 规范非学历教育培训办学与合同签订，加强证书管理和师资库、课程库建设

起草《非学历教育培训合同签订实施细则》《非学历教育培训项目备案与申报实施细则》《非学历教育培训协议（模板）》《2019年度目标任务及绩效发放实施方案》《培训班管理实施细则》等文件，组织相关部门对部分文件进行了讨论。

4. 修订质量标准，注重检查反馈

成立教学质量管理部，加强教学质量管理和督导工作，在学院主页增设了“质量管理”栏目，宣传教育部、学校相关政策，发布质量动态，开启质量文化建设。严格落实学院领导及相关人员的听课制度；实施开学教学检查、考试考务组织工作、试卷印制等专项检查；加强基层教学组织监督，开展学历继续教育学生评价，为教师考核、教学评价提供了很好的基础和参考；试点非学历培训学员评价，完成《四川大学非学历继续教育培训问卷调查表》的问卷样本；进行部分毕业生的满意度调查。

六、党建工作

持续推进学习型党组织建设，制定《学院党委中心组2019年理论学习计划》，紧扣学习贯彻习近平新时代中国特色社会主义思想这一主线，持续深入开展系列学习活动。扎实开展“不忘初心、牢记使命”主题教育。党建工作长效机制进一步健全，修订完善了《成人继续教育学院党政联席会实施细则》《成人继续教育学院“三重一大”议事范围》等多个文件，细化党委会议事规则。意识形态和安全稳定工作不断加强，定期召开意识形态和安全稳定研判会，扎实稳妥做好统战和宗教相关工作，把牢意识形态工作的领导权和话语权。持续推进党支部规范化建设，将原有8个党支部调整为7个。认真落实“三会一课”制度，发挥好联系、引导、组织、团结教职工作用，充分发挥支部战斗堡垒作用；严格支部委员选任标准，严格选用程序，明确支部书记、支委分工，保证支部书记、支委经济待遇。加强党员教育管理，坚持把政治建设放在首位，严格执行党费收缴、管理和使用规定，严格党员组织关系管理，保障组织管理到位。发挥工会桥梁作用，构建和谐学院，为学院困难职工五人争取困难补助金3万元，实

物慰问困难职工 10 余人次。以校工会倡导的特色活动为抓手，提前完成了校工会审批通过的第二批、第三批特色活动项目。在全校歌咏比赛和全校太极拳比赛中，分别获得特等奖和一等奖。

七、扶贫工作

为充分发挥高校在脱贫攻坚中的教育扶贫和智力帮扶作用，推进“两不愁三保障”落实，学院领导高度重视扶贫工作。2019 年 7 月学院机构改革完成后，调整学院扶贫工作领导小组，学院领导班子成员赴甘洛县、岳池县开展扶贫工作 26 人次；为扶贫工作直接投入约 49.7 万元，减免各类费用约 131 万元。学院充分发挥继续教育办学优势，通过实施“圆梦川大”项目落实甘洛县 34 名基层干部成人高等学历教育工作。实施“扶贫＋扶智（扶志）”非学历教育培训工程，共为甘洛县、岳池县组织开展“甘洛县村级卫生计生服务人员能力提升培训班”“2019 年岳池县脱贫攻坚专题培训班”等 23 场次，培训学员 1400 余人次。充分发挥粤东校友会及校友企业家在潮汕地区职业教育、技能培训和就业的资源，帮助甘洛县完成控辍保学任务，组织了甘洛县首批优秀学生赴汕头实习工作。

【加强思想政治建设推进社会主义核心价值观进课堂】按照教育部《新时代高校思想政治理论课教学工作基本要求》（教社科〔2018〕2 号）修订本专科教学计划，制定思政课程建设实施方案落实《毛泽东思想和中国特色社会主义理论体系概论》《思想道德修养与法律基础》《马克思主义基本原理概论》《中国近现代史纲要》和《形势与政策》等课程资源；组织《社会主义核心价值观大讲堂》在线学习，邀请学校马克思主义学院教授给成教业余学生开设专题讲座。

【召开四川大学高等学历继续教育（网络教育）2019 年校外学习中心工作会】2019 年 12 月 12 日，四川大学高等学历继续教育（网络教育）2019 年校外学习中心工作会在成都顺利召开。四川大学副校长梁斌，四川大学成人继续教育学院、办学学院领导以及来自全国 55 个校外学习中心的代表和学院有关部门负责人共 130 余人参加了会议。

【拓展孵化非学历教育高端项目】2019 年，获批并完成了国家级专业技术人员项目“应急管理与综合减灾能力”高级研修班。与四川大学中华文化研究院合作，成功引入四川省委宣传部“全省出版专业技术人员继续教育培训项目”。

（以上资料由成人继续教育学院张婧怡、王睿提供）

出国培训

出国留学人员培训部与出国留学预备学院（以下简称部院）按“一套班子、两块牌子”运行，部院下设党政办公室、招生科、教务办公室、考务办公室、学生管理办公室；设语言课教研室、专业课教研室。

部院深入学习贯彻习近平新时代中国特色社会主义思想和党的十九大、十九大以来中央历届全会精神，全力践行初心和使命，坚持“两学一做”，牢固树立“四个意识”，增强“四个自信”，切实做到“两个维护”，在思想上、政治上和行动上同党中央保持高度一致。

部院紧紧围绕“外语培训、出国留学、外语考试”三大中心工作，求真务实、勇于开拓，稳步推进本单位的改革发展，各项工作都取得了好的成绩，为推进学校“两个伟大”进程和“双一流”建设做出了贡献。

2019 年部院有在职教职工（含项目制助理）35 人，其中，行政人员 17 人，专职教师 18 人（教授 1 人，副教授 7 人，讲师 10 人）。另外，聘外籍专家 8 人，兼职外教 8 人，编外人员 51 人。

【整合校友资源，建立部院部河南招生点】与河南校友会及中部创联合作，设立部院河南基地，开展外语培训，扩大部院在省外的影响力。

【庆祝中华人民共和国成立 70 周年，积极开展“读懂中国”活动】召开“读懂中国——我和我的祖国”主题教育座谈会，围绕“立德树人”根本任务，充分发挥“五老”的优势和作用，对广大青年学生开展了生动的理想信念和爱国主义教育，引导帮助青年学生成长成才。

【教育部“平安留学”行前培训工作有成效】由教育部国际合作与交流司主办、教育部留学服务中心承办，部院协办的四川地区 2019 教育部“平安留学”出国留学行前培训会顺利召开，培训来自四川大学、中科院相关研究所、四川农业大学等留学人员 500 余名，获“学习强国”中国教育报刊社发文肯定。

【优化整合部院科室设置】完成科级干部换届工作；完善专业课教研室副主任配置，由“双带头人”教师支部书记担任，发挥骨干带头作用，加强教师队伍建设力度。

【积极响应四川大学与眉山市政府合作工作推进方案】制定了《出国留学人员培训部—四川大学眉山校区出国留学人员培训部（出国留学预备学院）建设方案》。

【巩固教育扶贫成果】部院领导亲自赴岳池调研，对扶贫工作进行进一步的研究部署，确定扶贫方案；实施了“引进来”和“送过去”模式，分别在岳池和川大开展了两次优秀英语教师能力提升培训，参加培训的岳池县英语教师共计 142 人。

【扎实开展“不忘初心、牢记使命”主题教育】按中央和学校主题教育工作整体安排，结合实际情况成立主题教育工作小组，制定主题教育实施方案，统筹安排深入开展主题教育活动，灵活运用主题党日活动形式，加深师生员工和党员同志对初心使命的领悟，增强党性，提升素质。

【召开部院双代会】11 月召开了出国留学人员培训部国际关系学院第三届教代会暨第三届工代会第三次会议。审议并通过了部院《工作报告》《财经工作报告》和《工会工作报告》。

【推进高端国际交流合作，提升人才培养质量】与美、英、澳等国多所大学构建多形式学生联合培养体系；推进与乔治华盛顿大学、加州大学河边分校、纽约州立大学布法罗学院、亚利桑那州立大学、肯塔基大学、太平洋路德大学，英国杜伦大学、伦敦大学玛丽女王学院、格拉斯哥大学，澳大利亚悉尼大学、新南威尔士大学、莫纳什大学、乐卓博大学等合作和交流，不断升级校际合作硕士项目名校清单。

【进一步为地方服务】持续与政府、企业和高校展开高端团培项目，合作单位包括四川省发改委、成都市委组织部、成都市公安局出入境管理局以及省、市卫生健康委员会等。

（以上资料由出国留学人员培训部邱杰提供）

科学研究与
科技产业篇

哲学社会科学

一、哲学社会科学人才队伍概况

1. 哲学社会科学师资概况

2019 年，四川大学哲学社会科学院所教学科研人员总数 1630 人，其中教授人数 382 人，副教授 612 人。

2. 在编哲学社会科学优秀人才概况

截至 2019 年 12 月 31 日，四川大学哲学社会科学拥有“杰出教授”5 人，“万人计划”哲学社会科学领军人才 4 人、教学名师 1 人；“杰青”人才 2 人，“四青”人才 6 人，“新世纪百千万人才”4 人。

二、哲学社会科学科研基地与平台概况

2019 年新增 1 个四川省哲学社会科学重点研究基地，即四川大学古文字与先秦史研究中心。

三、哲学社会科学科研项目和科研经费概况

2019 年四川大学哲学社会科学常规纵向项目 378 项。其中，国家社科基金项目 81 项，教育部人文社会科学项目 34 项，其他部委项目 2 项，四川省社科规划项目及省级其他规划项目 73 项，市厅级项目 89 项，校级常规项目 99 项。全年哲学社会科学科研经费总额 1.7964 亿元。

四、哲学社会科学科研成果与获奖概况

1. 哲学社会科学科研成果情况

2019 年全校哲学社会科学科研成果中 C 级及以上期刊论文 1231 篇，出版著作 262 部，重要智库成果 80 项。

2. 哲学社会科学科研成果获奖情况

2019 年四川大学哲学社会科学科研成果获四川省第十八次社会科学优秀成果奖 72 项，其中，一等奖 7 项（位列全省第一，全省共 20 项），二等奖 21 项（全省共 80 项），三等奖 44 项（全省共 300 项），142 位老师获得表彰，成果总数和获奖人数均继续稳居全省第一。

【出台《四川大学杰出教授（文科）增选工作暂行办法》】为进一步推进我校高层次人才队伍建设，完善杰出教授（文科）评审制度，2019 年 1 月，社科处牵头制定并出台《四川大学杰出教授（文科）增选工作暂行办法》。

【商学院徐泽水教授当选为国际系统与控制科学院院士】2019 年，四川大学商学院徐泽水教授当选为国际系统与控制科学院院士。国际系统与控制科学院院士是系统科学和系统工程领域中的最高学术荣誉。

【国家社科基金面上项目立项总数继续排名全国高校第一】2019 年四川大学获得国家社科基金面上项目 55 项，立项数继续保持全国高校第一。

【获国家社科基金重大招标项目 5 项，立项数居全国高校第八】2019 年，四川大学获得国家社科基金重大招标项目 5 项，立项数居全国高校第八。5 项重大招标项目分别是文学与新闻学院曹顺庆教授的“东方古代文艺理论重要范畴、话语体

系研究与资料整理”，金惠敏教授的“德国早期诠释学关键文本翻译与研究”，历史文化学院杨天宏教授的“中国国会会议史”，熊文彬教授的“西藏阿里后弘期初的佛教遗存与多民族交融研究”，马克思主义学院刘吕红教授的“新中国成立以来中国共产党城市建设思想文献挖掘、整理与研究”。

【教育部项目立项情况】2019 年，我校共获得教育部人文社会科学研究一般项目 25 项，基地重大项目 7 项，后期资助项目 1 项，专项项目 1 项。

【省市项目立项情况】2019 年，我校获得四川省社科规划项目及其他省级项目共计 73 项。另获市厅级项目 89 项。

【校级项目立项情况】2019 年，我校校级常规及专项项目立项 99 项。其中，创新火花项目 24 项，专职博士后项目 55 项，其他专项 20 项。

【主办中印高级别二轨对话】2019 年 3 月 25 日至 26 日，中印高级别二轨对话在印度哈里亚纳邦马内瑟尔举行。中国前国务委员、四川大学国际关系学院名誉院长戴秉国，印度前国家安全顾问梅农等 40 余位中印前政要和学界专家参会。戴秉国和梅农在对话开幕式上发表主旨演讲。为期两天的对话探讨了在世界变化背景下的中印关系、经贸合作、边界问题、防务与安全合作，以及中印在全球事务中日益重要的作用等议题。

【参加中俄“长江—伏尔加河”地方合作理事会第三次会议及高校联盟论坛】2019 年 5 月 23—24 日，中俄“长江—伏尔加河”地方合作理事会第三次会议及第二届“长江—伏尔加河”高校联盟论坛在俄罗斯切博克萨雷市举行。我校作为“长江—伏尔加河”高校联盟中方牵头单位受邀出席。

【新增 2 名四川大学杰出教授（文科）】2019 年 7 月，我校新增四川大学杰出教授（文科）2 名：四川大学道教与宗教文化研究所詹石窗教授、历史文化学院霍巍教授。

【举行 2019 年哲学社会科学论坛】2019 年 11 月 15 日，学校在江安校区水上报告厅举行四川大学哲学社会科学论坛。校长李言荣院士出席会议并讲话。北京师范大学资深教授王宁教授、中国社会科学院学部委员刘庆柱研究员、教育部教指委副主任、北京大学周志忍教授、上海交通大学江志斌教授、北京大学特聘教授王一川、北京师范大学杜桂萍教授、华中科技大学何锡章教授，西南大学青年李永东教授，以及我校杰出教授詹石窗教授、霍巍教授和学校文科学院和相关部门主要负责人，以及师生代表共计 400 余人参加论坛。论坛由副校长晏世经主持。

【召开繁荣发展哲学社会科学工作推进会】2019 年 12 月 5 日，学校在望江校区明德楼召开文科工作推进会，总结近年来学校文科工作的成绩与存在的主要问题，对标一流，聚焦核心竞争力，进一步加强文科科研基地平台建设，全面推进我校一流文科建设与发展。校党委书记王建国、校长李言荣、文科杰出教授霍巍、常务副校长许唯临、副校长晏世经，各文科学院书记、院长，文科国家级基地平台及相关部处主要负责人参加会议。会议由许唯临主持。

表 1　四川大学 2019 年社科科研经费总量及其结构（万元）

项目 时间	其中：纵向经费	横向经费
2019 年	10142	7821.65
总计	17963.65	

表 2　四川大学 2019 年社科常规纵向科研项目一览表

项目名称		数量（个）
纵向项目	国家社科基金项目	81
	教育部人文社会科学项目	34
	其他部委项目	2
	四川省及其他省级哲学社会科学规划项目	73
	市厅级纵项目	89
	校级纵向项目	99
共计		378

表 3　四川大学 2019 年科研成果统计表

成果形式	成果数量
出版著作	262 部
发表 C 刊及以上论文	1231 篇
重要智库成果	80 篇
总计	1573 部（篇）

（以上资料由社科处刘小娟提供）

自然科学

一、科技项目与经费

2019 年学校到校科研总经费达 27.6 亿元（其中，理工医到校科研经费 25.8 亿元）。

国家自然科学基金项目方面，共获准 539 项，获准直接经费 3.8 亿。其中，获准面上项目 251 项、青年项目 219 项；获准重大项目 2 项、重大科研仪器研制项目（自由申报类）1 项、重点类项目 36 项；获准创新群体项目 1 项；获准杰出青年基金项目 5 项、优秀青年基金项目 9 项。

科技部项目方面，学校（含华西医

院）承担各级立项总经费5307.47万元。其中，获准国家科技重大专项经费1121万元；获准“科技创新2030”项目1项，总经费921万元；获准国家重点研发计划各级立项14项，总经费2795.47万元。

四川省科技计划项目方面，获准773项，立项经费2.01亿。成都市、其他部委省市项目共立项135项，获准经费4549万，经费较2018年增长26%。

高技术类项目方面，共立项221项，获准经费2.33亿，较2018年1.10亿增长111%。首次获准乏燃料后处理项目2项，获准经费3364.7万。

2019年学校新签订企事业单位委托项目到校经费10.24亿元。

2018—2019年学校各单位到校科技经费情况见表1。

二、科研基地和人才队伍建设

新增科研基地方面。创新药物集成攻关大平台获教育部批准立项，四川大学是首批获批建设单位。获批国家级科研平台1个（麻醉转化医学国家地方联合工程研究中心）。获批部省级科研基地13个，分别是教育部科研基地2个（空天动力燃烧与冷却教育部工程研究中心、环境与火安全材料创新引智基地）、四川省发改委科研基地2个（四川省橡塑材料复合成型技术工程实验室、四川省神经网络分析技术工程实验室）、四川省卫健委科研基地6个（四川省生物治疗临床医学研究中心、四川省麻醉医学临床医学研究中心、四川省急危重症临床医学研究中心、四川省精神心理疾病临床医学研究中心、四川省妇产疾病临床医学研究中心、四川省出生缺陷临床医学研究中心）、四川省科技厅科研基地2个（四川省应激医学示范型国际科技合作基地、四川省基因资源与生物安全国际联合研究中心）、国家药品监督管理局科研基地1个（医疗器械监管科学研究基地）。

科研基地建设运行管理方面。疾病分子网络前沿科学中心通过教育部中期检查，转化医学国家重大科技基础设施进入建设实施阶段，绿色化学与技术教育部重点实验室评估为优。生命综合领域（微生物与代谢工程、动物疫病防控与食品安全、食品安全监测与风险评估、特色生物资源研究与利用川渝共建）、医学综合领域（康复医学、发育与妇儿疾病、靶向药物与释药系统、功能与分子影像）共8个四川省重点实验室顺利通过评估，其中靶向药物与释药系统四川省重点实验室、功能与分子影像四川省重点实验室评估为优。

三、科技成果

2019年度学校获各级科技奖励48项。获国家科技奖励5项，其中牵头3项（王玉忠院士等完成的“不易成炭高分子材料的高效凝聚相阻燃体系构建及其作用机制”获国家自然科学奖二等奖；章毅教授等完成的“神经网络的若干关键基础理论研究”获国家自然科学奖二等奖；刘颖教授等完成的“新型复合碳氮化物固溶体粉末及其高性能硬质材料”获国家技术发明奖二等奖），参与获得国家科技进步奖一等奖1项，科技进步奖二等奖1项。

2019年度学校牵头获高等学校科学研究优秀成果奖（科学技术）6项，其中牵头获得一等奖5项（全国高校排名第4）。牵头四川省科学技术进步奖励一等奖11项。

在其他重要科技奖励方面，获得何梁何利基金科学与技术进步奖、中国专利优秀奖、中华医学奖等。2019年各单位获奖情况见表2。

2019年共申请专利1872项。其中，

发明专利申请 1693 项，实用新型专利申请 175 项，外观设计专利申请 4 项。

2019 年共获得专利授权 1639 项。其中，发明专利 900 项，实用新型 720 项，外观设计 7 项，涉外专利 12 项。2019 年各单位发明专利授权情况见表 3。

四、科技成果转化与校地合作

探索成果转化机制创新，持续完善《四川大学科技成果转化行动计划（试行）》相关配套实施细则及操作流程。文件实施以来，确权近 100 项科技成果，科研人员创办科技企业 30 多家，合作企业直接投资近 20 亿，技术转让、许可、作价投资入股金额同比增长约 20%。

完成四川大学宜宾园区的协议签署、项目建设、团队组建、平台成立及开园入驻工作，园区首批入驻 31 个团队。稳步推进四川大学青岛研究院工作，已组建科研团队 19 个，与青岛啤酒、海尔集团等知名企业共建实验室 15 个，孵化和引进产业化企业 9 家，为学校学科交叉和成果转化提供创新经验，为企业家校友作为学校科技成果转化“搬运工”提供平台支撑。

2019 年，学校入选教育部首批高等学校科技成果转化和技术转移基地。

进一步深化与成都市融合发展。2019 年 4 月四川大学与成都市武侯区合作签约，共建面向新经济的技术交叉与转化中心。2019 年 11 月，项目正式启动。此外，推进学校有关学科聚焦成都市“5+5+1”产业布局，推动学校科研团队全面参与成都市产业功能区建设及项目合作。

持续推进与四川市州战略合作。学校与泸州市、宜宾市、达州市、遂宁市新签战略合作协议，校地战略合作扩大到四川省 11 个市州，资金总规模达到 6 亿元。2019 年新立项 104 项，预计带动地方投资约 20 亿。

进一步深化与大企业合作，培育及促进重大科技成果转化。学校与深圳麦格米特电气股份有限公司签署共建“高性能磁控管微波电源技术联合研发中心”，科研合作经费 2500 万元；与成都康华生物制品股份有限公司合作研发“白喉、轮状病毒基因工程疫苗”，科研项目经费 2200 万元；与国家电网四川省电力公司签订战略合作协议，成立能源互联网联合研究中心，科研合作经费 1600 万元等。

表 1　2018—2019 年各单位到校科技经费情况（万元）

序号	单位	2019 年	2018 年	增长率
1	华西临床医学院（含生物治疗国家重点实验室）	45451.29	31390.83	44.79%
2	水利水电学院（含水力学与山区河流开发保护国家重点实验室）	15847.39	11603.20	36.58%
3	高分子科学与工程学院（含高分子研究所、高分子材料工程国家重点实验室）	12794.19	10679.08	19.81%
4	生命科学学院	9796.38	7047.97	39.00%
5	华西口腔医学院（含口腔疾病研究国家重点实验室）	9717.90	8005.27	21.39%
6	华西第二医院	7738.35	8214.30	−5.79%

续表1

序号	单位	2019 年	2018 年	增长率
7	物理学院（含 720 所、原子与分子物理研究所）	7291.90	4698.19	55.21%
8	建筑与环境学院	6614.58	5247.96	26.04%
9	化学工程学院	6530.26	4967.32	31.46%
10	电气工程学院	6365.66	3563.58	78.63%
11	化学学院	6301.35	5715.12	10.26%
12	国家生物医学材料工程技术研究中心	5841.65	3832.14	52.44%
13	轻工科学与工程学院	5813.30	4861.12	19.59%
14	计算机学院（软件学院）	4924.41	3703.97	32.95%
15	机械工程学院	4503.34	3719.22	21.08%
16	电子信息学院	4181.05	5704.59	−26.71%
17	华西药学院	4093.10	2840.53	44.10%
18	数学学院	3913.23	1796.33	117.85%
19	材料科学与工程学院	3300.02	2293.11	43.91%
20	空天科学与工程学院	2239.09	1636.78	36.80%
21	华西公共卫生学院	1975.03	1729.15	14.22%
22	华西基础医学与法医学院	1338.72	1621.22	−17.43%
23	网络空间安全学院（含网络空间安全研究院）	1223.17	917.18	33.36%
24	分析测试中心	1212.72	1654.62	−26.71%
25	新能源与低碳技术研究院	824.57	794.78	3.75%

注：1. 本表不含非教学科研单位；2. 表中数据未考虑人员双算；3. 表中经费为学校大财务账户经费。

表 2　2019 年度各单位获奖情况　　单位：项

序号	单位	合计	国家奖		部省奖			其他奖励
			一等奖	二等奖	一等奖	二等奖	三等奖	
1	化学学院	4		1	1	1		1
2	计算机学院（软件学院）	2		1	1			
3	材料科学与工程学院	1		1				
4	空天科学与工程学院	1	1					
5	水利水电学院（含水力学与山区河流开发保护国家重点实验室）	5		1	2	1	1	

续表2

序号	单 位	合计	国家奖		部省奖			其他奖励
			一等奖	二等奖	一等奖	二等奖	三等奖	
6	华西临床医学院（含生物治疗国家重点实验室）	8			4	1	1	2
7	华西口腔医学院（含口腔疾病研究国家重点实验室）	4			2			2
8	建筑与环境学院	3			2			1
9	华西药学院	2			2			
10	机械工程学院	2			1	1		
11	物理学院（含 720 所、原子与分子物理研究所）	2			1	1		
12	生命科学学院	3			1		2	
13	电气工程学院	1			1			
14	电子信息学院	1			1			
15	国家生物医学材料工程技术研究	1			1			
16	华西第二医院	3					1	2
17	高分子科学与工程学院（含高分子研究所、高分子材料工程国家重点实验室）	2				1	1	
18	化学工程学院	1				1		
19	商学院	1				1		
20	华西公共卫生学院	1					1	
21	数学学院							
23	轻工科学与工程学院							
24	网络空间安全学院（网络空间安全研究院）							
	新能源与低碳技术研究院							
25	华西基础医学与法医学院							
26	分析测试中心							
合计		48	1	4	20	8	7	8

表 3　各单位发明专利授权情况　　单位：项

序号	单位	国家发明专利	国防专利	国外专利	2019 年合计	2018 年合计
1	高分子科学与工程学院（含高分子研究所、高分子材料工程国家重点实验室）	95			95	60
2	电子信息学院	84			84	35
3	电气工程学院	84			84	41
4	华西临床医学院（含生物治疗国家重点实验室）	83		1	84	55
5	机械工程学院	72		4	76	57
6	水利水电学院（含水力学与山区河流开发保护国家重点实验室）	73			73	53
7	轻工科学与工程学院	61			61	52
8	计算机学院（软件学院）	57			57	25
9	化学学院	38			38	23
10	物理学院（含 720 所、原子与分子物理研究所）	33			33	23
11	国家生物医学材料工程技术研究中心	32			32	20
12	建筑与环境学院	31			31	35
13	化学工程学院	30			30	36
14	材料科学与工程学院	24			24	11
15	华西口腔医学院（含口腔疾病研究国家重点实验室）	18			18	8
16	空天科学与工程学院	10		7	17	8
17	华西第二医院	14			14	15
18	分析测试中心	13			13	10
19	网络空间安全学院（含网络空间安全研究院）	10			10	1
20	华西药学院	9			9	10
21	生命科学学院	7			7	12
22	新能源与低碳技术研究院	7			7	2
23	华西公共卫生学院	5			5	2
24	华西基础与法医学院	4			4	2
25	其它单位	6			6	5
合计		900		12	912	601

（以上资料由科研院所黄文提供）

科技产业

【概况】2019 年，四川大学所属各级各类企业总数年初为 145 家，经清理关闭和脱钩剥离 72 家企业后，年末为 73 家，其中，产业集团参控股企业 38 家（控股 14 家、参股 24 家），产业集团代管学校各级各类企业 35 家。产业集团 2019 年年末合并报表显示：资产总额 178691.36 万元，所有者权益 46319.53 万元，营业总收入 47787.33 万元。

【企业改制进展情况】按照教育部批准的《四川大学所属企业体制改革方案》，学校全力以赴对各级有改革任务的 118 家企业进行改革，完成改革任务企业 72 家，其中，清理关闭企业 56 家，脱钩剥离企业 11 家，保留企业完成改革任务的 5 家；剩余 46 家企业中，除 12 家涉诉涉禁企业完成时间不可控外，其余按照教育部要求的时间节点，基本完成了改革任务目标。

【科技成果作价成立公司】2019 年，产业集团牵头完成了国家生物医学材料工程技术研究中心（四川大学生物材料工程研究中心）樊渝江教授团队的科研成果和华西药学院秦勇教授团队的科研成果作价投资入股 2 家新公司的成立。

【校地合作所在区域商铺腾退如期完成】为支持校地合作，推动“面向新经济的技术交叉与转化中心项目”（望江坊）和大学路商铺改造升级建设项目（华西坊）等相关工作，产业集团在规定时间内完成了 99 家租户商铺腾退工作，共收回 154 间商铺用房，累计移交物业面积 10890.53 平方米，并由武侯区政府进行统一规划和建设，其中华西坊建设项目已进入实施阶段。

【产业集团第三届职代会暨第三届工代会第三会议召开】2019 年 12 月 17 日，产业集团第三届职工代表大会暨第三届工会会员代表大会第三次会议在科技创新中心二楼报告厅召开，来自集团及所属企业的 83 名代表出席了本次大会。大会审议并通过了《科技产业集团总经理工作报告》《科技产业集团工会工作报告》和《科技产业集团工会主席述职报告》，并对集团政务公开工作、集团工会工作和工会主席、副主席履职情况进行了满意度测评。

【四川大学国家级双创示范基地——高新技术企业孵化平台作用凸显】按照《四川大学高新技术企业孵化平台管理办法（试行）》，高新技术企业孵化平台采取了多种措施完善运营机制，共引进 53 个师生优质项目（企业）入驻，汇集院士团队 1 个、国家千人计划专家 2 人、四川省学术与技术带头人 3 人以及多位教授博导等高端人才，涵盖大健康、新材料、大数据、节能环保等多个领域。入驻园区的“实验室多模安全态势监测云平台”团队通过“物联网应用云平台”支持服务，获得“2019 全国大学生物联网设计竞赛（华为杯）”一等奖，并在 2019 霍尼韦尔物联网商业应用竞赛中获得“最具商业价值奖”和“最佳人气奖”。建立了由 23 位专家组成的创业导师专家库，举办了双创和企业孵化服务相关活动 15 场，为 200 多位大学生提供创新创业实践机会。2019 年平台通过了国家发改委验收，并获“成都市武侯区区级创新创业载体”“成都市武侯区新经济专业楼宇”等荣誉称号。

【专项扶贫工作开展情况】按照学校统一部署，产业集团及所属企业对学校定点扶贫对象四川省凉山州甘洛县和广安市岳池县开展了一系列扶贫工作。其中，产业集团为甘洛县格布村稻菇轮作项目提供了 20 万元帮扶资金；集团所属企业工程设计院先后完成了《岳池城乡公交一体化规划》《岳池综合交通发展概念规划》的编制设计工作，直接投入资金共计 60 万元，并减免编制、设计等费用 292.5 万元。

（以上资料由科技产业集团严萍提供）

医疗卫生篇

医学管理

一、医学学科发展

研究制定和组织实施《四川大学华西医学整体迈入一流行动方案》，推进“三中心一平台”医工融合发展计划。2019年，学校通过《华西医学整体迈入一流行动方案》，与中国移动签订战略合作协议和《共建“5G+”智慧医疗合作协议》，“医学+”和“信息+”双引擎驱动的医工融合大医学发展计划正式实施，“医学+材料中心”“医学+信息中心”“医学+设备中心”PI团队基本成型。

持续推进“1+3+N”医学学科建设，深入推进7个“医学+”学科平台的建设。整合资源支持护理学科冲击A+，召开四川大学护理学科建设联合基金专题会议，推动联合基金设立，基金主要用于人才队伍建设、人才培养、科研合作、学科交叉、平台建设和成果凝练孵育等。积极推进创新药物集成攻关大平台和疾病分子网络前沿科学中心等国家级平台建设。

加强医学基金管理，包括“医工融合发展基金”“西部医学人才培养与学科发展基金”“华西医学发展基金”“蒋庆云德医奖学基金”等医学类基金项目，确保发挥基金使用效益，并积极争取社会资源，不断加大筹资力度，助推最好医科建设。

拓展华西师生的前沿视野和国际视野，加强校际合作，成功举办“华西坝院士大讲堂”五期，分别邀请了中科院院士、美国微生物学院院士邵峰教授，欧洲科学院院士 Peter Illes 教授，欧洲科学院院士、德国科学院院士、西班牙皇家科学院院士 Alexei Verkhratsky 教授，美国国家科学院 Carlo M. Croce 院士，美国国家科学院 Greenberg 院士。

二、医学校地合作

与高新区共建成都前沿医学中心，并于2019年在成都高新区新川生物医药创新孵化园挂牌；新川园9000平方米已完成装修和首批载体交付；研究级大楼预计投资5亿元并于2019年12月27日开工建设。与厦门市政府签订战略合作协议，共建四川大学华西厦门医院（研究院），并于11月28日正式动工，项目以“医院+研究院”模式积极打通华西品牌“出海通道”。

推进华西医美研究院、华西医美医院、天府国际医院等市校合作项目，同时参与推进材料生物研究院及产业园、深地科学创新基地、综合减灾国家研究中心等省校合作平台建设。推动落实华西医学与四川省（天府新区成都管委会）、成都市（双流区、武侯区）、达州市、遂宁市、厦门市、深圳市、海南省（三亚市）医疗合作。

三、医学社会服务

华西医学旨在提供优质的医疗社会服务。2019年，华西各附属医院门急诊941.52万人次、出院病人33.84万人次、各类手术24.55万台次、网络医院总数1170家、远程教学培训73.50万人次和远程疑难病例会诊6750例次等。

紧抓医学对口支援和定点扶贫（双联）工作。聚焦人才培养，构建“本科培养—规范化培训—进修生培训”全方位立体式的西藏医学人才培养体系，签订“四川大学华西医学中心 西藏大学医学院对口支援合作协议”；聚焦科技援藏，着力支撑精准健康扶贫，华西共申报组织5项援藏科技项目，包括四川省科技厅项目3项、四川省卫计委项目2项，涉及总经费达621.5万元。继续开展对口支援湖北民族大学、西北民族大学工作。积极落实定点帮扶甘洛、岳池清单任务，组织选派专家组建四川大学医疗队赴甘洛送医下乡并实地对接专科建设，服务群众191人次，培训医务人员90余人次，培训疾控人员18人次。

组织华西各附属医院继续做好公立医院医疗卫生体制改革任务，实施进一步改善医疗服务行动计划、持续推进优质护理服务等活动。举办四川大学“5·12”国际护士节纪念活动暨一流护理学科发展研讨会，评选10名十佳护士、2个优秀护理集体，并就四川大学一流护理学科推进工作进行研讨，助力学校办最好的医科。

积极服务新形势下附属医院住院医师规范化培训工作，组织各附属医院签署《四川大学华西医院、华西第二医院、华西口腔医院住院医师规范化培训联合培训协议书》，并取得四川省卫生健康委认可，联合开展以住院医师规范化培训为主的全科人才培养模式，培养大批医疗卫生人才。2019年招收住院医师规范化培训学员2834人、专科医师规范化培训学员361人，总计3195人（其中含专业学位硕士研究生1467人）；2019年毕业住院医师规范化培训学员786人、专科医师规范化培训学员111人，总计897人（其中专业学位硕士研究生361人）。为附属医院执业医师管理做好服务，提高服务效能和服务水平，提升师生满意度。

四、校内师生服务

继续开展华西四所附属医院对口支援校医院工作，签订新一轮对口支援协议书，帮助其提高临床诊疗及科技创新能力。2019年，四所附属医院共计服务师生1600余人次。其中四川大学望江医院“华西专科门诊”的附属医院专家出诊近百人次，诊治患者200余人次；方便师生就医绿色通道转诊共100余人次。根据师生需求及实际情况，在校医院设立了师生健康服务办公室，保障师生从校医院转诊附属医院就医绿色通道机制运行通畅，方便师生共享华西优质医疗服务。

做好四川大学突发公共卫生事件应急处置领导小组办公室工作。协调安排春夏等季节性传染病防控、食品安全等工作。根据国家高校艾滋病防控工作要求，开展形式多样的防艾教育、宣传活动，组织专家纂写科普材料，协助开设“防艾教育”专栏，协助做好禁毒防艾骨干人员培训工作等。完成学校国际课程周等重大活动医疗保障工作。修订《四川大学学生医学健康教育工作实施方案》，积极推进并持续跟进四川大学学生医学健康教育教学工作。

五、其他工作

根据国家卫健委和四川省卫健委要求，开展卫生人才或集体组织遴选推荐工作。推荐并获准第三届四川省卫生健康首席专家11人、领军人才23人，第二届四川省临床技能名师11人。组织推荐第九届国家卫生健康突出贡献中青年专家候选人12人。推荐四川省三八红旗手标兵1人、四川省三八红旗手（集体）各1名。推荐第二届“四川杰出人才奖”候选人1人。组织甄选四川大学2018—2019年度

"十佳医德奖"10名。积极参与中俄医科大学联盟和医学双一流联盟工作。

开展华西医学展览馆布展讲解和科普宣传工作。接待"一带一路"全球"熊猫小记者团"、香港圣保禄中学及成都树德中学等学校师生及个人参观者约2000余人次。举办第七届"锦绣杯"四川大学华西医学校史知识竞赛暨讲解比赛。联合跳伞塔街道南虹村社区常年开展"华西坝人文之旅"公益活动。获准"四川大学第六届校园文化建设精品项目"。荣获"2019年四川省科普讲解大赛"优秀组织奖和"2019年四川省科普讲解大赛"优秀奖，并在2019年四川省科普基地评估中获评"优秀"等次。

编制《医学事业2018年度发展报告》，汇总各医院/医学院教学、师资、科研、临床和社会服务等方面的数据和成果，系统分析评估华西医学的整体质量效益、技术水平和工作业绩。

做好四川大学药物临床试验培训中心办公室工作，组织举办2期药物临床试验质量规范（GCP）培训班，参训480余人次，培训人员范围涉及省内外多家医疗单位及企业。同时做好四川大学医学伦理委员会工作，2019年共计审查科研项目170项。

【华西医学中心主任联席会议】召开华西医学中心主任联席会6次，统一思想、整合资源、形成合力，贯彻落实学校"办最好医科"的思路，针对华西医学存在问题、医工结合的思路、医学学科发展、华西品牌输出、护理学科联合基金、国家医学中心和国家区域医疗中心建设、院士医疗保健校地合作、5G医疗平台等重大问题进行了深入探讨，并形成共识；为《综合性大学办医的川大特色模式》《华西医学整体迈入一流行动方案》的出台提供支持。

【"搭建医疗扶贫彩虹桥救助儿童先心病患者"项目获选教育部第四届直属高校精准扶贫精准脱贫十大典型项目】华西二院儿童先心病团队"搭建医疗扶贫彩虹桥 救助儿童先心病患者"项目获准"教育部第四届直属高校精准扶贫精准脱贫十大典型项目"。团队着眼于贫困地区先心病患儿救治困难环节，对先心病儿童实现全生命周期管理。目前累计筛查儿童25000余名，募集救助资金3000余万元，免费救治先心病儿童1200余名，扶植七支先心病介入手术团队，构建西部先心病筛查网络，实现"儿童先心病精准扶贫"全新模式。

【举办第五届成都精准医学国际论坛】联合组织举办第五届成都精准医学国际论坛。论坛以"精准医学前沿技术与临床转化"为主题，特邀国外院士2人、两院院士2人、17名国际精准医学领域顶尖专家和30余名国内知名学者做了主题报告，会议注册参会人数达到800余人次。会议探讨了精准医学前沿和发展趋势，交流精准医学临床转化，分析了精准医学领域科技创新与产业发展的现状、机遇和挑战，助力于提升我国精准医学行业的科技创新与产业发展竞争优势。

【举办首届成都前沿医学国际论坛】联合举办首届成都前沿医学国际论坛，共计300余人参会。论坛聚焦"前沿医学与产业创新"这一主题，围绕"医学生物材料前沿进展""健康医疗大数据与人工智能""医工交叉与医学装备制造"和"医学分子诊断技术前沿进展"4个主题展开了深入的探讨。论坛吸引各界关注"医学生命科学""医学 新工科"等新医学重点领域，以此为契机开启打造"校地合作"新范本，加快推动产业技术创新和成果转化。会议推动了交叉学科合作的同时，还体现了成都作为西部健康产业功能的核心地位。

【国家医学中心和国家区域医疗中心创建】制定《四川大学省校合作重点项目（国家医学中心）工作方案》。国家口腔医学中心、国家创伤医学中心、国家儿童区域医疗中心已经通过专家组现场评审。其中，国家儿童区域医疗中心整合分布在各附属医院的所有儿科资源，实现儿科体系亚专业场地和管理聚集，满足区域儿童一站式优质医疗服务需求，推动国家儿童区域医疗中心落户华西第二医院。目前正在筹备癌症、心血管等相关专科的国家区域医疗中心创建工作。

表1　第三届四川省卫生健康首席专家名单（按姓氏笔画为序）

姓名	单位	专业
王永生	四川大学华西医院	肿瘤内科学
甘华田	四川大学华西医院	老年医学
刘陇黔	四川大学华西医院	眼科学
许良智	四川大学华西第二医院	妇产科学
张伟	四川大学华西医院	精神病与精神卫生学
张林	四川大学华西第二医院	免疫学
陈茂	四川大学华西医院	心血管病学
陈谦明	四川大学华西口腔医院	口腔内科学
郭应坤	四川大学华西第二医院	放射医学
黄灿华	四川大学	医学细胞生物学
曾勇	四川大学华西医院	普通外科学

表2　第三届四川省卫生健康领军人才（按姓氏笔画为序）

姓名	单位	专业
于海洋	四川大学华西口腔医院	口腔矫形学
王文涛	四川大学华西医院	普通外科学
王红静	四川大学华西第二医院	妇产科学
叶玲	四川大学华西口腔医院	口腔内科学
宁宁	四川大学华西医院	护理学
毕锋	四川大学华西医院	肿瘤内科学
刘瀚旻	四川大学华西第二医院	儿科学
杨丽	四川大学华西医院	消化病学
吴锦晖	四川大学华西医院	老年医学

续表2

姓名	单位	专业
何勤	四川大学	药剂学
余希杰	四川大学华西医院	内分泌病学与代谢病学
余洛汀	四川大学	药物化学
张伶俐	四川大学华西第二医院	医院药学
陈哲宇	四川大学华西医院	普通外科学
罗红	四川大学华西第二医院	超声波医学
周容	四川大学华西第二医院	妇产科学
屈云	四川大学华西医院	康复医学与理疗学
赵志河	四川大学华西口腔医院	口腔正畸学
祝烨	四川大学华西医院	心血管病学
贾志云	四川大学华西医院	核医学
徐建国	四川大学华西医院	神经外科学
龚玉萍	四川大学华西医院	血液病学
商慧芳	四川大学华西医院	神经病学

表3　第二届四川省临床技能名师（按姓氏笔画为序）

姓名	性别	所在单位
屈云	男	四川大学华西医院
蒋艳	女	四川大学华西医院
赵立强	男	四川大学华西第四医院
魏强	男	四川大学华西医院
蒋小平	女	四川大学华西医院
武永康	男	四川大学华西医院
杨丽	女	四川大学华西医院
周晖	女	四川大学华西第二医院
罗红	女	四川大学华西第二医院
万乾炳	男	四川大学华西口腔医院
郑谦	男	四川大学华西口腔医院

（以上资料由医学管理处唐瑗璘提供）

医院管理

华西临床医学院（华西医院）

【概况】华西临床医学院（华西医院）有职能部门36个，临床科室48个，医技科室9个。国家级研究平台9个，省部级研究平台30个，校级平台3个，院内研究中心11个，公共服务机构3个、开放技术平台4个，基础研究所室26个、临床研究室21个，院企合建平台3个，其他平台3个。

师资队伍方面。2019年共有从业人员10008人。在职高级职称专家1205人（正高550人，副高655人）、中级专业技术人员2151人；博士导师315人，硕士生导师403人；科研和科研辅助人员455人。有中国科学院院士1人、中国工程院院士1人（双聘），“973”首席科学家3人，国家杰出青年科学基金获得者13人。有国家级教学名师2人、省级教学名师3人，国家级教学团队2个。

学科建设方面。有临床医学、中西医结合、护理学、医学技术4个一级学科。拥有7个国家重点学科：内科学（呼吸系病）、内科学（消化系病）、外科学（普外）、外科学（胸心外科）、外科学（骨科）、肿瘤学、影像医学与核医学，2个国家重点（培育）学科：精神病与精神卫生学、麻醉学。拥有33个国家卫健委临床重点专科及实验室建设项目：消化内科、骨科、重症医学科、麻醉科、病理科、实验医学科、专科护理、心脏内科、血液内科、内分泌科、神经外科、胸外科、耳鼻咽喉—头颈外科、心脏大血管外科、精神科、中西医结合科、呼吸内科、神经内科、肾病科、普通外科、泌尿外科、眼科、皮肤科、急诊医学科，肿瘤科、医学影像科、感染病科、康复医学科、风湿免疫科、器官移植科、疼痛科、老年科，以及移植免疫研究室。本科教育设有临床医学（含5年制和8年制）、护理学、医学检验技术、眼视光学、医学影像技术、康复治疗学6个专业系。研究生教育有临床医学、中西医结合、护理学、医学技术4个一级学科博士、硕士学位授权资格；有硕士学位点44个，博士学位点42个，博士后流动站8个。

人才培养方面。招生方面，2019年华西临床医学院招收1586人，其中本科生529人、本科留学生100人、硕士生561人、博士生349人、研究生留学生7人、非全日制硕士40人。2019年在读总数5937人，其中本科及八年制人数2790人、本科留学生569人、硕士生1552人、博士生931人、研究生留学生57人、非全日制硕士38人。在站博士后463人。课程建设方面，2019年新增国家级精品在线开放课程1门，新增国家级平台线上专业慕课8门。获“2018年度医学教育百篇优秀论文”一等奖1篇、三等奖2篇。获全国高校（医学类）微课教学比赛一等奖、二等奖、三等奖、优胜奖、优秀组织奖各1项。正式通过教育部临床医学专业认证评估，获得认证标准最长的8年有效期。临床医学、护理学、康复治疗学获2019年度国家级一流本科专业建设点。连续第八年荣获四川大学本科教学工作先进单位。

科研方面。在中国医学科学院“2019年中国医院科技量值（STEM）综合排名”中连续第六年综合排名第一。在2019年全球医疗机构“自然指数”（Nature Index）排名中，四川大学华西医院位居国内医疗机构第一，全球排名第31位。项目课题方面，获准科技部项目35项，经费6999.42万元；获准科技重大专项41项，经费7610.63万元；国家自然科学基金获准数连续九年破百，168项居全国医疗机构之首。申请专利349项，其中发明专利申请258项（含国际专利申请18项）。全年获准纵向科研经费3.20亿元，横向科研经费2.80亿元，总科研经费6.00亿元。论文方面，全年发表SCI论文1780篇，其中IF 5～10分论文200篇、IF 10分以上34篇、IF 20分以上4篇，2019年ESI高被引论文27篇，学科前5%期刊发表55篇。成果奖项方面，获四川省科技进步一等奖3项、三等奖1项；高等学校科学研究优秀成果奖自然奖一等奖1项、进步奖二等奖1项；华夏医学科技三等奖2项。

合作交流方面。2019年员工参加国际学术交流、短期进修959人次，接待境外来访学者228批次816人次；学生出国/出境访学670人次，接收54人次国外学生/进修生来院短期学习。聘请国外客座教授、特聘专家19名。主办/承办国际会议21项。

社会服务方面。医疗服务能力持续提升，门诊就诊人次547.63万，同比增长5.26%，急诊就诊人次26.21万，同比增长7.06%，出院人次27.90万，同比增长5.80%，手术台次18.66万，同比增长6.44%，平均住院日由2018年7.85天下降到2019年7.13天。坚持疑难重症诊疗中心定位，2019年住院手术三、四级手术比例91.33%，日间手术三、四级手术比例80.39%。顺利通过“全国肺栓塞和深静脉血栓防治能力建设项目”实地评审，荣获“优秀单位”称号。护理团队连续7年摘得全国医院品管圈大赛一等奖。华西远程医学网络拓展至674家医疗机构，培训各级各类医务人员达66万人次、开展远程会诊6321例次。新增雅安、宜宾、眉山、甘孜、双流5个紧密型医联体区域，领办型医联体已辐射四川省内8个地市州、11家医疗机构。圆满完成各项对口支援、对口帮扶、巡回医疗工作，派驻59人次支援甘孜州、马边、西藏尼玛等地医院，派出8名医务人员前往甘孜州巡回医疗。深入推进中组部援疆计划，派出4名医务人员前往克拉玛依医院进行对口支援。派出6名扶贫驻村干部前往石渠、马边、昭觉。开展应急救援及指令性任务17次。甘孜、马边、凉山、援藏、援疆、镇雄六大区域精准发力，15人的肝包虫多学科团队在甘孜州定期帮扶，实现90%包虫病患者“不出州”。帮扶马边县人民医院成立首个三级学科，开展14项区域新技术，成功通过二级甲等医院评审。在凉山州开展艾滋防治五级管理培训体系，治疗覆盖率由39%提升至89%。镇雄帮扶工作获得全国人大常委会副委员长、农工党中央主席陈竺同志的肯定。建立健全现代医院管理制度相关工作获得国家卫生健康委员会体改司点名表扬。荣获国家卫生健康委全国卫生健康财务年报编制一等奖、部门决算一等奖、资产决算一等奖、企业决算一等奖。

党建及学生工作方面。深入学习贯彻党的十九大和十九届二中、三中、四中全会精神，扎实开展“不忘初心、牢记使命”主题教育，获评教育部“首批全国党建工作标杆院系”，荣获“全国五四红旗团委”，获批“国家卫生健康委党校华西培训基地”。开展“庆祝中华人民共和国成立70周年“系列主题活动。扎实开展“不忘初心、牢记使命”主题教育，开展调研30余次；制定了《主题教育专项整治和着力整改工作方案》，提出9个大项共41项整治内容和85条整治整改措施，扎实推进专项整治整改。坚定不移推进全面从严治党，持续深化党风廉政建设，印发《关于集中开展不作为及乱慢散问题专项治理的工作方案》，收集办事服务指南412条。坚持党管干部党管人才原则，选派39名干部人才到15个地区参加援外、援疆、援藏、精准扶贫、医联体建设等任务；组织3批次60名干部参加管理专项境外交流学习培训；举办11场4000余人次的院内专题培训。重视职工意见建议，全年2次收集提案143份，实时追踪提案办理。开展3次“院情通报会”，通报审议与职工密切相关的“三重一大”事项17项。院工会荣获“四川省教科文卫体系统模范职工之家”；急诊科获评“全国工人先锋号”和“四川大学2014—2018年巾帼建功立业”先进集体。统一战线工作得到新提升，开展党的统战工作思想宣讲28场次；编印宗教工作基本常识宣传资料；建立党外知识分子数据库。构建高素质的参政议政队伍，启动参政议政数据库项目建设，采集提案议案23个，参政议政36人次。四川大学华西医院被评为”第四批全省民族团结进步示范单位“。强化医院文化建设，制定《职工礼仪规范（试行）》；纳入”健康中国·华西医学大系“出版项目累计达28项，2019年出版8部。全力参与脱贫攻坚，34人次到石渠现场开展扶贫工作；挂职干部涂波同志荣获“省内对口帮扶藏区彝区贫困县先进个人”。72人次到马边开展扶贫工作，与马边县政府签订《建设嵌合型医联体框架合作协议》，县人民医院挂牌“四川大学华西医院马边医院”“四川大学华西医院嵌合型医联体单位”；驻村干部刘启望同志获得乐山市2019年度脱贫攻坚创新奖。对甘洛县开展远程会诊5次、远程教学11次682人次，接受进修5人；对岳池县开展远程会诊14例、远程教学84次共计1623人次，义诊190人次，手术1次，教学查房、疑难病例讨论指导141人次，接受进修4人，短期培训11人。落实“三全育人”要求，全面提升学生综合素质，成立“师德建设与监督工作小组”和“教师思想政治工作委员会”。构建“三全育人”长效机制，修订《本科生导师管理办法》，制定《“三全育人”工作实施方案》《学生社团指导教师管理办法》。获批教育部“三全育人”综合改革试点院系，实现国家级学生思政项目“零”的突破。学生创新创业训练项目获准国家级29个，省级59个，校级188个，设立院级项目174项。

【*Signal Transduction and Targeted Therapy* 正式被SCI收录】2019年1月，由四川大学华西医院/生物治疗国家重点实验室与Springer-Nature出版集团合办的英文学术期刊《信号转导与靶向治疗》（*Signal Transduction and Targeted Therapy*）被SCIE数据库正式收录，影响因子5.873，位列相关学科领域前15%。

【麻醉转化医学国家地方联合工程研究中心】2019年3月，国家发展改革委办公厅批复了由四川大学华西医院承担的麻醉转化医学国家地方联合工程研究中心。

【举办“中国好医生、中国好护士”走进医院首场交流活动】 2019 年 4 月 3 日，由中央文明办、国家卫生健康委员会主办，中央文明网、国家卫生健康委员会宣传司、四川省文明办、四川省卫生健康委员会承办，四川大学华西医院协办的全国道德模范与身边好人“中国好医生、中国好护士”走进医院首场现场交流活动在四川大学华西医院举行。

【开展国内首次“5G+”多地远程会诊】 2019 年 5 月 19 日，“5G 智慧医疗应用示范会议”在四川大学华西医院举行。通过 5G 网络，四川大学华西医院、四川大学华西医院龙泉医院、遂宁市中心医院三地同时连线，完成国内首次多地联合远程会诊。

【建立我国首个援助非洲的远程会诊服务平台】 2019 年 6 月 4 日，四川大学华西医院与非洲圣多美和普林西比（圣普）国家中心医院远程会诊平台捐赠暨国际网络联盟医院挂牌仪式在华西医院和圣普国家中心医院同时举行，建立了我国在非洲的第一个远程会诊服务平台。

【完成国内首例 5G+AI 远程消化内镜诊断】 2019 年 7 月 4 日，四川大学华西医院通过 5G 技术对马边彝族自治县人民医院开展的两例人工智能消化内镜操作进行了实时远程指导，这是国内首例 5G+AI 远程消化内镜诊断。

【2019 年中国现代医院管理典型案例评选获得佳绩】 2019 年 7 月 25 日，由国家卫生健康委能力建设和继续教育中心主办的“第四届中国现代医院管理典型案例评选”活动在北京举行。华西医院“大型公立医院精细化管理平均住院日”项目获得医院运营管理组第一名，“基于临床实际的医保费用合理控制”项目获得医院医保管理组第二名，“医院自动化物资供应体系建设与实践”项目获得医院后勤管理组第六名，分别入选医院运营管理、医保管理和后勤管理“典型案例”。

【获批四川省医学大数据应用工程技术研究中心】 2019 年 8 月，四川省科学技术厅批复了由四川大学华西医院承担的建设平台“四川省医学大数据应用工程技术研究中心”。

【四川大学华西医院 6 位医师荣获第三届“国之名医”称号】 2019 年 8 月 9 日，由人民网、健康时报主办、人民日报社及其社属媒体共同支持的第三届“国之名医盛典”在北京举行。四川大学华西医院刘进教授、唐向东教授、毛庆教授荣获“国之名医・卓越建树”称号，李涛教授、张波教授荣获“国之名医・优秀风采”称号，应斌武教授荣获“国之名医・青年新锐”称号。

【两支学生团队荣获第六届全国研究生智慧城市技术与创意设计大赛一等奖】 2019 年 8 月 9 日—11 日，由教育部学位与研究生教育发展中心、中国科协青少年科技中心主办的第六届中国研究生智慧城市技术与创意设计大赛决赛在同济大学举行。临床医学院“CorPace 心节奏”团队的《心电动态全真绘测智能除颤衣》与“Cardio-Bot”团队的《心血管影像全息数字医生》斩获创意设计赛全国一等奖。四川大学获得全国优秀组织奖，学院陈茂教授、祝烨教授获得优秀指导教师奖。

【获批授牌“中国医学科学院华西研究基地”】 2019 年 10 月，四川大学华西医院获批授牌“中国医学科学院华西研究基地”，成为中国医学科学院在全国首家且唯一的院外研究基地。

【华西学子获得第五届“互联网+”大学生创新创业大赛金奖】2019 年 10 月 13 日—15 日，由教育部等 12 个中央部委单位和浙江省人民政府共同主办，浙江大学和杭州市人民政府承办的第五届中国“互联网+”大学生创新创业大赛在浙江大学紫金港校区举行。四川大学华西临床医学院学生“利吾肝——挽救衰竭肝脏体外支持仪”项目获得全国金奖，这是华西临床学子连续第 5 年获得全国金奖。

【与梅奥医学中心签署生物人工肝专利转让协议】2019 年 10 月 25 日，四川大学华西医院与梅奥医学中心在行政楼三会议室签署《生物人工肝专利转让协议》，将具有自主知识产权的两项专利，涉及“人工肝”床旁治疗设备，包括全血灌流生物人工肝系统和流化床生物反应器转让给梅奥医学中心。这是梅奥医学中心与中国内地医院首次签署专利转让协议。

【连续 7 年摘得全国品管圈大赛桂冠】2019 年 11 月 1—3 日，由中国医院品质管理联盟、清华大学医院管理研究院主办的第七届全国医院品管圈大赛在河南郑州国际会展中心举行。四川大学华西医院“爱汝圈”获得“三级医院护理专场”一等奖，连续 7 年摘得桂冠。

【龚启勇教授再次入选 2019 年度科睿唯安全球“高被引科学家”】2019 年 11 月 19 日，科睿唯安发布了 2019 年度全球“高被引科学家”名单，全球来自 60 个国家的 6216 人次入榜，四川大学共有 5 人次入榜，四川大学华西医院龚启勇教授继 2018 年入榜后再次入榜。

【复旦大学医院管理研究所“中国最佳医院排行榜”连续十年排名全国第二】2019 年 11 月，复旦大学医院管理研究所“2018 年度中国最佳医院排行榜”中，连续十年位列全国综合排名第二位。在专科综合排行榜上，麻醉科排名第一，放射科、病理科、急诊医学、老年医学 4 个专科排名第二，12 个专科排名前三，17 个专科排名前五，28 个专科排名前十；在专科声誉排行榜上，麻醉科连续十年排名第一，放射科和急诊医学排名第二，9 个专科排名前三，17 个专科排名前五，28 个专科排名前十。

【中国医院科技量值排行榜综合类排名第一】2019 年 12 月，在中国医学科学院北京协和医学院主办的“2019 年（2018 年度）中国医院科技量值（STEM）”综合排名中连续第六年位列全国第一；学科排名中，护理学、急诊医学、泌尿外科学位列全国第一，精神病学、呼吸病学排名第二，神经病学、胸外科学、普通外科学、骨外科学排名第三。

【转化医学国家重大科技基础设施（四川）项目——四川大学华西医院转化医学综合楼工程完成主体结构封顶】2019 年 12 月 16 日，转化医学综合楼工程主体结构实现全面封顶。项目主体结构的封顶，标志着项目已全面进入二次结构、装饰装修、设备安装的建设阶段。

【获得全国卫生健康财务年报编制工作评比第一名】2019 年 12 月，国家卫生健康委办公厅通报表扬了 2018 年度全国卫生健康财务年报编制工作考核先进单位，四川大学华西医院以得分第一的成绩获得一等奖。

【获得国家卫生健康委“2018 年度资产决算一等奖”和“2018 年度企业决算一等奖”表彰】2019 年 12 月 25 日，国家卫生健康委对获得 2018 年度资产决算先进单位和 2018 年度企业决算先进的单位进行了表彰。四川大学华西医院获得 2018 年度“资产决算一等奖”和“企业决算一等奖”。

【麻醉科刘进教授被评为“中国好医生、中国好护士”月度人物】 12月27日，由中央文明办和国家卫生健康委员会共同组织的“中国好医生、中国好护士”现场交流活动在中山大学附属第一医院举行。四川大学华西医院麻醉科主任刘进教授入选11月月度人物。

【四川大学华西天府医院项目住院楼顺利封顶】 2019年12月31日，四川大学华西天府医院项目住院楼顺利封顶。自此，四川大学华西天府医院项目科教行政楼、特需医疗楼、综合门诊医技大楼、住院楼等主要楼栋全部完成封顶。

［以上资料由华西临床医学院（华西医院）白蓓、何宁提供］

华西第二医院

【概况】

机构设置。现有开放编制床位1580张，其中华西院区730张，锦江院区850张。人民南路院区总用地面积22亩。人民南路院区总建筑面积59100平方米；锦江院区占地95.9亩，建筑面积154596平方米。设有职能部门35个，临床科室23个，医技科室6个，教育部重点实验室1个。承办《中华妇幼临床医学杂志》（电子版）（中国科技核心期刊）、《国际输血与血液学杂志》两本国家级杂志，与AME出版社共创*Gynecology and Pelvic Medicine*（简称GPM）国际学术期刊。

师资队伍。现有职工3316人，正高级师资115人，副高级师资179人，博士生导师76人，硕士生导师109人。国家杰出青年科学基金获得者2人，国家自然科学基金重点项目获得者1人，教育部新世纪人才5名，四川省学术和技术带头人38人，四川省卫健委学术和技术带头人93人，享受国务院政府特殊津贴和部、省级有突出贡献的中青年专家44人。

学科建设。完善学科建制与布局，促进学科互补发展。妇科肿瘤放化疗科成功组建放射治疗亚专业，完成医院首例妇科肿瘤患者的放疗，妇科肿瘤筛查、手术、化疗、放疗为一体的多学科综合诊治模式日臻完善。妇科盆底康复中心在锦江院区和华西科技楼开业，妇科启动“加速康复外科”项目，儿童康复医学中心新增中医康复亚专业，新增儿童孤独症谱系障碍、儿童悬吊治疗、经颅磁刺激治疗等项目，医院康复医学体系全面建立。

人才培养。完成本科教学授课77573人次，共4219学时；招收研究生117人（博士41人，硕士67人，八年制9人），招收规范化培训学员572人，外校实习生284人。编写出版教材、专著共25本。获批继续医学教育项目73项，其中国家级项目52项。发表教学论文76篇，其中SCI 3篇，实现SCI零突破。教学奖项76项，其中省级及以上奖项17项，国家级奖项13项。首次开展放射技师规范化培训工作，新增助产护理、儿科护理专科护士培训基地，获批中国医药教育协会生殖内分泌外科培训中心。

科学研究。获批课题210项，其中重大专项、国家重点研发计划21项，国家自然科学基金26项，获批科研经费8043.64万元。发表论文共880余篇，其中SCI 289篇。获准授权专利67项，其中发明专利9项、实用新型专利55项、软件著作权3项。“儿科学”“妇产科学”在2018年四川省医学重点学科（专科）科技影响力评比中综合排名均名列第一，“医学影像学”综合排名第三。

合作交流。接待境外专家49人（均为学术交流），接收1名外国学生的临床见习，因公出国（出境）108人次。妇幼人才振兴计划海外培训持续推进，资助 4 名高级访问学者、11 名青年学者、10 名护理人员前往海外进修；医院管理人员海外培训计划顺利启动，15 名管理人员赴我国台湾、17 名赴新加坡培训。

党建工作。坚持以习近平新时代中国特色社会主义思想为指导，不断增强“四个意识”，坚定“四个自信”，坚决做到“两个维护”。组织党委理论学习中心组学习 7 次、中层干部培训 9 次。组织“庆祝中华人民共和国成立 70 周年”系列活动，扎实开展“不忘初心、牢记使命”主题教育。录制《教职工思想政治教育》14 期、《支部风采》16 期、《青春风采》9 期。坚持召开宣传思想工作会和意识形态工作研判会。选拔干部 10 名。完成 40 个党支部换届改选，配齐配强党支部书记和支部委员。发展党员 11 名，在高知识群体中发展 10 名入党积极分子，1 名中共预备党员。举行“七一”表彰大会，14 个先进党支部、125 名优秀共产党员、32 名先进党务工作者受到表彰。召开全面从严治党工作会，党政一把手认真践行“四个亲自”；制定全面从严治党工作要点，分解任务 56 项。实现监督检查在全院 69 个科室/部门“全覆盖”，完成“红包”“回扣”“小金库”专项治理。加强党对群团、统战及离退休工作的领导。完成党建主题国家级继续教育项目 2 项，四川大学党建课题结题 3 项。

医疗服务。2019 年门急诊 286.25 万人次，出院 7.57 万人次，手术和操作 7.30 万人次，分娩 1.60 万人次，平均住院日为 5.47 天，病床使用率 89.95%。积极开展临床新技术的申报及应用，全年申报 126 项。其中，小儿呼吸科开展激光冷冻治疗，实现支气管镜下热消融与冷消融的技术突破；妇科单孔腹腔镜手术迅速发展，在川内率先开展腹腔镜下盆腔廓清术和无气腹悬吊腹腔镜新技术；产前诊断中心开展家系全外显子测序分析技术，为临床提供更精准的遗传学诊断、预后判断及治疗指导；生殖医学科顺利获得 PGD/PGS 技术试运行资质；产科开展胎儿水囊状淋巴瘤缩瘤术、胎儿宫内输血等多项新应用，极大促进医院胎儿医学发展。作为国家分娩镇痛试点单位，全年实施 3687 例，分娩镇痛率超 55%。首次引入“营康营养医院诊疗系统”，服务住院患者 841 人次、门诊患者 1606 人次。大力推行以专家团队为主导的 MDT 管理模式，新增病种 6 个，完成 MDT 会诊 422 例，较去年增长 994%。

【学科建制进一步健全】小儿消化科、小儿遗传代谢内分泌科独立建科，与华西医院共建的锦江院区小儿外科病房正式启用，新生儿等 13 个专业通过国家药监局认证授牌。

【学科发展空间显著改善】华西科技楼完成装修并投入使用，妇产科康复中心、儿童康复中心和临床技能培训中心全面入驻。医学模拟中心投入使用，开设“住院医师基础技能培训课程”并首次使用高端模拟人 SimMom 授课。作为首批单位入住成都（新川）前沿医学中心，科研空间新增 8000 平方米。市校共建的四川大学华西厦门医院、华西医学厦门研究院于 11 月底正式动工，医院参与妇幼相关学科建设。

【学科平台建设扎实推进】获批为首批“国家更年期保健特色专科”建设单位，顺利通过国家儿童区域医疗中心专家现场评估。

【扶贫工作成效显著】积极开展医疗扶贫、对口支援、驻村扶贫工作，其中儿童心血管科“搭建医疗扶贫彩虹桥救助儿童先心病患者”项目成功获选“教育部第四届直属高校精准扶贫精准脱贫十大典型项目”，为全校首次、唯一获奖。

【5G智慧医院建设引领行业发展】锦江院区实现5G全覆盖，完成物流机器人、新生儿VR探视、急救转运、智能导诊机器人、5G边缘计算等应用建设，引领5G技术在医疗卫生领域的融合创新。11月，全球首个5G医疗行业专网暨应用发布会在锦江院区举行并被新华社、人民网等多家媒体报道。

【医联体与分级诊疗获得国家认可】签约6家紧密型医联体、75家松散型医联体，形成华西二院—紧密型医联体—基层松散型医联体三级区域医疗网络，全面覆盖四川省域并延伸至云南省、重庆市等省外区域。与高新区合作构建全国首个妇儿全周期健康管理示范区，全方位解决儿科医疗痛点。工作成效被央视新闻联播、人民日报相继报道，获得社会高度认可。

【全生命周期模式实现医院精细化管理】全面深化人、财、物等医院资源的全生命周期精细化管理模式。打造基于病员的诊疗全生命周期管理体系；建立基于人才培养与管理的全生命周期分轨制人才发展模型；构建医用物资全生命周期智能管理平台；启用基于财务收支周期的HRP管理系统，实现运营流程规范再造，强化内部风险防控。

（以上资料由华西第二医院谢沁宜提供）

华西口腔医学院（华西口腔医院）

【概况】四川大学华西口腔医学院（华西口腔医院）设6个学科系，36个教研室，是国家级教学团队、国家级实验教学示范中心、国家级虚拟仿真实验教学中心、国家“双创”示范基地、国家口腔疾病临床医学研究中心。拥有国内本学科领域唯一的国家重点实验室——口腔疾病研究国家重点实验室，以及口腔再生医学国家地方联合工程实验室（发改委）等其他6个部省级重点实验室和工程研究中心。华西口腔医院是中国第一个口腔专科医院，是国家首批三级甲等口腔专科医院，有24个临床科室、10个医技医辅科室。是国家部署在中国西部的口腔疾病诊疗中心，也是国家药物临床试验机构、国家医师资格考试实践技能考试与考官培训基地、国家住院医师规范化培训基地、四川省护士规范化培训基地、四川省专科护士培训基地和四川省口腔医疗质量控制中心挂靠单位。

师资队伍。2019年有教职工980人，其中专任教师319人，教授102人，副教授114人，博导63人，硕导69人。2019年，国家优秀青年基金获得者1人，“天府万人计划”天府杰出科学家1人、天府名师1人、天府名医1人，第三届四川省卫生健康首席专家1人、领军人才3人，第二届四川省临床技能名师2人。同时，新增四川大学高端外籍教授3人，四川大学讲座教授1人，四川大学“校百人”计划3人。3人获四川大学青年骨干教师出国研修项目资助，1人获四川大学优秀青年教师国际名校名师访学项目资助，1人获中美顶尖口腔医学领军人才培养项目（哈佛大学）资助，2人获蒋庆云·德医基金资助。

人才培养。2019年有在校学生2308人，其中本科生1300人、硕士研究生634人、博士研究生283人、八年制博士91人。2019年本科生招生人数为235人，其中口腔医学技术16人、口腔医学五年制184人、口腔医学八年制30人、全英文班留学生5人。2018届毕业生就业率 100%。

有国家级精品视频公开课 1 门，国家级精品资源共享课程 6 门，省级精品在线开放课程 7 门，省级精品资源共享课 2 门。“儿童口腔医学（*Pediatric Dentistry*）”由四川省推荐申报国家级一流课程。“一生受用的口腔卫生知识课”“口腔与全身健康”“口腔预防保健学”“口腔医学美学与美容”获批 2019 年校级“四川大学通识模块课程”。“口腔健康与文化：从华西走向世界”获批校级通识核心课程。对外合作办学取得新进展，与日本大阪齿科大学签订口腔医学技术专业本科生联合培养项目，与英国玛丽皇后大学牙学院达成口腔医学技术专业研究生“1+1+1”和“4+1”联合培养共识，持续推进与哈佛大学牙学院高水平合作，获批国家留学基金委 2019 年度口腔医学领域唯一的“创新型人才国际合作培养项目”。

科学研究。2019 年共计申报各级各类科研项目 330 项，获准各类纵向科研项目共 113 项，批准经费合计 7040 万元；2019 年 11 月中国科学技术信息研究所发布，2018 年华西口腔医院以一作一单位发表 SCI 文章 333 篇，卓越论文数 105 篇；授权专利 71 项，其中发明专利 18 项、实用新型 53 项，成果转化 10 项；获高等学校科学研究优秀成果奖科技进步一等奖 1 项、四川省自然科学一等奖 1 项、中华医学科技三等奖 2 项和华夏医学科技奖三等奖 1 项。中国博士后基金获批“博新计划”1 项，站前资助 1 项，特别资助 1 项，面上资助 14 项。主办发行 2 本全英文学术期刊 *International Journal of Oral Science*（*IJOS*）和 *Bone Research*（*BR*），均被 SCI 数据库收录。主办发行两本中文学术期刊《华西口腔医学杂志》和《国际口腔医学杂志》。

合作交流。2019 年与加拿大多伦多大学续签合作协议、与英国利兹大学新签合作协议；接待来自美国哈佛大学等 10 余个国家、20 余所一流院校近 122 余名专家学者来院访问交流。通过“大川视界”“樱花科技计划”等平台，共派出本科交流学生 53 人次，积极开展与其他世界著名大学如荷兰阿姆斯特丹牙科学术中心（ACTA）、美国太平洋大学牙学院、斯坦福大学、加州大学旧金山分校（UCSF）、大阪齿科大学、英国卡迪夫大学等高校的合作交流。邀请来自美国、英国、荷兰、日本、俄罗斯、泰国等高校的 27 名国际交流生参加 2019 年国际口腔医学本科生操作技能大赛和国际交流营。

学科建设。拥有口腔医学国家级重点学科，5 个博士学位授权学科，5 个硕士学位授权学科，1 个博士后流动站，有四川省重点学科 5 个，分别是口腔解剖生理学、口腔生物学、口腔修复工艺学、口腔整合医学、儿童口腔医学。2019 年，口腔医学专业获批国家级一流本科专业建设点，口腔医学技术专业荣获首批省级一流本科专业建设点。

2019 年口腔医学学科在中国医院科技量值（STEM）排行榜上位列口腔医学第一名，软科中国最好学科排名中，位列中国第一，在自然指数（Nature Index）排行榜位中，位列中国医院总榜第九、全国口腔医学学科第一，复旦医院管理排行榜中国医院总排行榜中位列全国口腔医院第一，全国医院科研产出排行榜中位列全国口腔医院第一，2019 年在四川大学 ESI 学科表现中，临床医学贡献度 15.95%，分子生物学与遗传学贡献度 16.71%，微生物学贡献度 15.47%，生物学与生物化学贡献度 10.82%，材料科学贡献度 10.31%，免疫学贡献度 9.09%。

党建工作。2019 年院党委组织中心组学习 27 次，党委会 40 次，全年开展教职工双周一次政治学习 17 次，下发“每月一主题”支部学习材料 10 期，不断强化全院师生职工理论武装。深入开展“不忘初心、牢记使命”主题教育，成立 7 个主题教育指导组，对全院 62 个党支部主题教育进行全程督导，院领导为支部讲党课 62 次。基层党支部集中学习研讨 310 次，参观四川大学江姐纪念馆 50 余次，达州红军文化陈列馆、陈毅故里、朱德故居纪念园等省内红色教育基地 10 余次，组织义诊活动 20 余场，为身边群众办实事好事 60 余件。围绕党的建设、学科发展、医疗服务、后勤保障等 4 大主题开展调研，走访科室 36 个，交心谈心 69 次，形成 65 项整治内容，推出 88 条具体整改措施。全力配合校内巡察，认真落实巡察整改，组织召开整改工作推进会 4 次，约谈 8 个科室和党支部共计 24 人次，对照巡察组反馈的 4 个方面 20 条问题，制定整改措施 53 个，细化了整改任务、整改措施、整改时限，建立巡察整改台账，实行销号制整改。认真落实脱贫攻坚工作任务，组织召开扶贫工作专题会议 8 次，院领导到定点扶贫地实地调研慰问 12 次，号召职工捐款 15 万余元，开展以购代捐活动共计 12.5 万元，加大医疗帮扶力度，2019 年获中共四川省委、四川省人民政府“2018 年度先进定点扶贫省直单位”。调整优化党支部设置，应建尽建，学院共有 62 个党支部，党支部书记由科室主要负责人担任，实现了教师党支部书记“双带头人”100%全覆盖，在“探索与研发”项目中设立“双带头人”专项基金，力争尽快将有条件的党支部书记培养为学科带头人。强化意识形态阵地管理，组织召开意识形态专题会 4 次、研判会 2 次，对院内各级各类网站、媒体进行 3 次全面排查。

医疗服务。2019 年对标国家口腔医学中心设置标准积极开展国家口腔医学中心申报工作。以患者为中心，深入落实 2019 年进一步改善医疗服务行动计划重点工作方案，做好医疗服务能力提升及医疗质量安全控制，开通了在线建卡、在线支付、微信当日挂号等便民惠民功能。开展新技术 8 项、限制类医疗技术 5 项。2019 年，门急诊人次 116 万，出院人次 7162，手术台次 6035。深化公立医院改革各项工作落实到位，截至 2019 年年底，医联体签约单位覆盖全国 30 个省 203 家医疗机构，初步建立起华西口腔专科联盟全国远程覆盖网络；“4+7”药品集中采购试点工作进展顺利。坚持公立医院公益性，助力健康扶贫。16 名医生对口支援甘孜州人民医院、凉山州第二人民医院、南充市嘉陵区人民医院和四川口腔医院；以四川省健康服务业项目为依托，在四川三州地区举办国家级继续教育项目班 3 次，帮助三州 48 个县 55 家县级医疗机构口腔科影像、感控能力提升；派出多名专家援疆援藏援滇援黔、参加“西部行”志愿者活动和四川省“三下乡”活动；开展了“服务百姓健康行动”“920 爱牙日”等主题义诊活动和多次唇腭裂慈善活动，均取得良好社会效益。获 2019 年全国改善医疗服务擂台赛全国示范案例 1 项，西南赛区最具价值案例 2 项。四川省口腔医疗质量控制中心（挂靠华西口腔医院）获 2018 年度省级质量控制工作优秀单位；医院获四川省医院协会“2018 年度医院医疗保险管理工作先进集体”；被评为 2018 年成都市健康医院；获成都世警会医疗卫生保障先进集体。

【华西口腔医院与西藏自治区卫生健康委举行了构建医疗服务体系合作协议签约仪式】1月7日，华西口腔医院与西藏自治区卫生健康委举行了构建医疗服务体系合作协议签约仪式，华西口腔医院将从口腔医疗服务、学科建设、人才培养等方面加强对西藏的帮扶工作，为西藏地区口腔医疗卫生事业的发展献策献力。

【2018—2022年教育部高等学校口腔医学类专业教学指导委员会成立暨工作会议在我院召开】2月24日，2018—2022年教育部高等学校口腔医学类专业教学指导委员会成立暨工作会议在成都召开。来自全国42所高校的44名新一届口腔医学类专业教学指导委员会全体委员出席会议。会议审议通过了《2018—2022年教育部高等学校口腔医学类专业教学指导委员会工作规划》。

【华西口腔医学院张金军获评第五届四川省高校辅导员年度人物】4月15日，由四川省教育厅主办的“第五届全省高校辅导员年度人物”评选活动结果揭晓，四川大学华西口腔医学院辅导员张金军获评“辅导员年度人物”。

【四川大学华西口腔医学院（华西口腔医院）被省委评定为2018年度先进定点扶贫省直单位】7月，中共四川省委四川省人民政府发文对2018年度脱贫攻坚先进集体和先进个人进行表扬，四川大学华西口腔医学院（华西口腔医院）被评定为2018年度先进定点扶贫省直单位。

【华西口腔医院赵行研究员获准国家自然科学基金优秀青年基金项目】8月16日，国家优秀青年科学基金项目名单正式公布，华西口腔医院赵行研究员的“口腔黏膜病毒感染及癌变防治新方法与机制研究”项目获准国家自然科学基金优秀青年基金项目。

【华西口腔医学院青年教师刘济远在2019年全国口腔医学院（系）青年教师授课技能展示中斩获桂冠】8月28－30日，由中华口腔医学会口腔医学教育专业委员会主办的“全国口腔医学院（系）青年教师教学技能展示”在上海举行。华西口腔医学院口腔颌面外科学系刘济远教师最终荣获本次全国口腔医学院（系）青年教师教学技能展示的全国第一名，并获得“技能超群（最具实力）教师”荣誉称号。

【华西口腔医院多个参赛案例在改善医疗服务行动计划第五届全国医院擂台赛中获奖】9月20日，在“改善医疗服务行动计划第五届全国医院擂台赛西南赛区总决赛”中，华西口腔医院选送案例“产学研结合，促进口腔日间手术服务创新”“构建基层‘院—医—患’特色远程服务模式的应用实践”“幸福晚年，从齿开始”获得最具价值案例。11月30日，在全国改善医疗服务行动擂台赛总决赛中，“优化口腔日间手术流程化管理”获“丰富日间医疗服务内涵”主题全国示范案例。

【华西口腔医学院“保贝联盟”大学生志愿服务项目入选2019年全国高校大学生志愿服务社区示范项目】10月21—28日，华西口腔医学院“保贝联盟”大学生志愿服务项目与全国其他103个项目一起，成功入选“2019年大学生志愿服务社区示范项目”。

【华西口腔医学院与英国玛丽皇后大学及日本大阪齿科大学签订人才培养项目】10月，华西口腔医学院与英国玛丽皇后大学牙学院签署新一轮联合培养协议，达成口腔医学技术专业研究生“1＋1＋1”和“4＋1”联合培养共识。11月，华西口腔医学院与日本大阪齿科大学签订口腔医学技术专业本科生联合培养项目。

【华西口腔医学院陈谦明教授获准首个国家自然科学基金重大项目】 12月4日，国家自然科学基金重大项目名单正式公布，华西口腔医院陈谦明教授的“口牙周稳态维持与重塑机制”项目获准国家自然科学基金重大项目。

【华西口腔医学院宫苹教授获得高等学校科学研究优秀成果奖科技进步一等奖】 12月20日，教育部2019年度高等学校科学研究优秀成果奖（科学技术）颁奖仪式在北京举行。华西口腔医学院宫苹教授课题组牵头完成的“微创导向种植牙功能整复的研究和应用”项目获得科技进步一等奖。

【华西口腔医院田卫东教授获四川省自然科学一等奖】 12月20日，四川省科学技术奖励工作办公室公示2019年度四川省科学技术奖拟奖项目（人选）。华西口腔医院田卫东教授课题组牵头完成的“基于干细胞的牙再生研究”项目获自然科学一等奖。

【华西口腔医学院口腔医学专业入选首批国家级一流本科专业建设点，口腔医学技术专业荣获首批省级一流本科专业建设点】 12月30日，教育部公布“2019年度国家级和省级一流本科专业建设点名单”。通过周密部署、精心准备，华西口腔医学院口腔医学专业入选国家级一流本科专业建设点，口腔医学技术专业荣获首批省级一流本科专业建设点。

【华西口腔医院主办的中英文期刊取得新成绩】 *International Journal of Oral Science* 获中国科技期刊卓越行动计划领军期刊项目，入选“庆祝中华人民共和国成立70周年精品期刊展”，获评“中国最具国际影响力学术期刊”；《华西口腔医学杂志》获得卓越计划梯队期刊项目，学科综合评价得分位列口腔医学类期刊第一，荣获“百种中国杰出学术期刊”称号。*International Journal of Oral Science*、《华西口腔医学杂志》、《国际口腔医学杂志》编辑部入选2019年度中国高校科技期刊优秀团队。

[以上资料由华西口腔医学院（华西口腔医院）韩向龙提供]

华西公共卫生学院（华西第四医院）

【概况】 华西公共卫生学院（华西第四医院）集医疗、教学、科研、预防、治疗和康复为一体，学院设6个系，1个中心（同时为省级实验教学示范中心），3个省级重点实验室。学院作为第二主办单位出版《现代预防医学》杂志。医院设29个临床、医技科室，1个研究中心。

师资队伍方面。 职工910人，其中专任教师76人，专职科研人员28人，卫生技术人员647人，教辅人员7人，教授（级）39人，副教授（级）83人，硕士生导师38名，博士生导师21名，国家“万人计划”青年拔尖人才1人，四川省学术和技术带头人及后备人选5人，四川省卫生健康委员会学术技术带头人及后备人选12人，四川省卫生健康首席专家2人，四川省卫生健康领军人才2人，四川省临床技能名师2人，四川省卫生计生系统先进个人1人，享受国务院政府特殊津贴者6人，高端外籍教授1人，讲座教授3人，客座教授2人。

学科建设方面。 具有博士后流动站1个，博士点7个，硕士点12个，专业学位硕士点1个，本科专业3个。国家重点学科1个，国家临床重点专科建设项目1个，四川省重点学科4个。

人才培养方面。 招收本科生219人、硕士生122人（含非全日制15名）、博士生 20 人。2019 年度，在读本科生 965 人、硕士生 365 人、博士生 73 人。研究生课程建设项目获校级批准 2 项。健康通识课程《合理饮食与健康》在中国大学 MOOC 平台正式上线。

科研情况方面。获批科研经费 3376.22 万元。发表 SCI 论文 95 篇，EI 论文 15 篇。主编/参编专著 34 篇。获“四川省科技厅科技进步三等奖”1 项，新申请发明专利 2 项，获发明专利 5 项（第 1 完成人）。

合作交流方面。教师出国（境）交流 27 人次，学生出国（境）交流 113 人次，邀请诺奖、院士等学术大师和知名学者学术访问及讲座 28 人次，举办国际会议 1 次。

党建及学生工作方面。学习习近平新时代中国特色社会主义思想和党的十九大精神、党的十九届四中全会精神，开展“不忘初心、牢记使命”主题教育，继续推进“两学一做”学习教育常态化制度化，坚持全面从严治党，开展党风廉政教育活动，完善议事规则，召开院党委会 17 次，组织中心组学习 6 次，安排政治学习 15 次，各党支部开展活动近百次。完成 28 个党支部“三分类三升级”工作；2019 年新发展党员 76 人，按期转正党员 34 人；完成干部换届和管理工作，组织临床科室负责人选聘，配合校组织部完成科技镇长团成员选派和驻外后备干部选拔，组织 60 余人赴延安开展“不忘初心、牢记使命”主题培训暨“双带头人”培训。完善健全宣传工作规章制度，审核编辑主页稿件、通知公告近 600 条，推送微信文章 160 余条，接受人民网等媒体采访报道近 40 次；协调完善医院第三综合楼视觉标识系统设计，深入临床一线科室监管标识标牌；策划文化建设项目：更新宣传册、策划志愿者马甲、布袋等文创产品、策划庆祝中华人民共和国成立 70 周年“集体告白，祝福祖国”系列活动。院领导带队深入扶贫现场——格布村和雨台村，进行调研、慰问、义诊等。学生开展中国特色社会主义理论学习 10 周年回顾暨习近平新时代中国特色社会主义思想学习班 11 期开班动员，完成中国特色社会主义理论学习 10 周年回顾专刊。

医疗服务方面。3 月启动抗菌药物科学化管理（AMS）；4 月启动院内深静脉血栓（VTE）防控；8 月开始围手术期一类切口 PDCA 质量管理；11 月推动消化—胃肠—肿瘤多学科会诊（MDT）。获批国家临床重点专科能力建设项目 2 项（职业医学和微创外科），到院经费 1000 万。评审/评价医疗新技术新项目 60 个，备案国家级限制类医疗技术 1 项。逐步开展眼科日间手术。开展健康义诊 14 次；开展国家级继续教育项目“尘肺病诊治新进展”，培训学员 200 余人；开展“四川省基层医疗机构中毒急救公益性系列培训巡讲”，培训医务人员 2000 余人；定点扶贫甘洛县人民医院；完成卫生应急救援任务 2 次。承办成都护理学会“2019 年安宁疗护专委会学术年会”、承办华西国际护理学术会议安宁疗护分会场；与四川大学华西医院联合申报成为“中华护理学会安宁疗护专科护士京外临床实践培训基地”。

【职业病防治综合楼顺利试运行】 2 月，职业病防治综合楼（第三综合楼）顺利试运行，实现医院新发展。

【荣获第二届大学生公共卫生综合技能大赛决赛一等奖和三项单项奖】 5 月，学院代表队在第二届大学生公共卫生综合技能大赛决赛中获得一等奖和“个体防护”“卫生处理”和“公共卫生案例分析”

3 个单项奖。

【“挑战杯”系列竞赛荣获佳绩】6 月，获第十五届“挑战杯”四川省大学生课外学术科技作品竞赛一等奖；11 月，获第十六届“挑战杯”全国大学生课外学术科技作品竞赛二等奖。

【荣获 2019 年智慧医疗创新大赛全国总决赛一等奖和最具人气奖】6 月，医院参赛项目“基于物联网的智慧病房应用方案”荣获由中国医院协会信息专业委员会指导，移动医疗教育部——中国移动联合实验室发起，与各地相关协会学会、行业机构联合主办的 2019 年智慧医疗创新大赛全国总决赛一等奖和最具人气奖。

【“互联网+”大学生创新创业大赛荣获银奖】10 月，华西公共卫生学院 HBI 健康智库项目团队荣获第五届中国“互联网+”大学生创新创业大赛全国总决赛银奖。

【举办 2019 医药卫生管理青年学者论坛】10 月，四川大学华西公共卫生学院（华西第四医院）等机构承办 2019 医药卫生管理青年学者论坛暨中华预防医学会卫生事业管理分会青年学者沙龙，论坛主题为“健康中国战略下的健康经济与政策”。

【首届“人卫杯”全国高校卫生检验与检疫专业青年教师教学授课竞赛荣获佳绩】11 月，李永新教师获卫生理化授课组竞赛特等奖和优秀课件奖，唐田教师获卫生微生物授课组竞赛特等奖、优秀课件奖和优秀教案奖。学院获优秀组织奖。

【第五季“改善医疗服务行动全国医院擂台赛”总决赛中荣获铜奖】11 月，医院参赛案例“基于物联网的智慧病房”在由国家卫生健康委员会医政医管局指导、健康界主办的第五季“改善医疗服务行动全国医院擂台赛”总决赛“远程医疗和智慧医院建设”主题中荣获铜奖。

【专业学科被认定为国家级、省级一流本科专业建设点】12 月，预防医学专业被教育部认定为国家级一流本科专业建设点；卫生检验与检疫专业被认定为省级一流本科专业建设点。

［以上资料由华西公共卫生学院（华西第四医院）王楠提供］

合作与交流篇

国际合作与交流

2019年，国际合作与交流处、港澳台事务办公室深入学习贯彻习近平新时代中国特色社会主义思想和党的十九大精神、十九届四中全会精神，全面贯彻全国教育大会部署，持续扩大教育开放，深化高端国际交流与合作，提升学校国际竞争力和影响力，加快推进“两个伟大”，各项工作取得了良好进展。

【深化高端国际合作与交流】校长李言荣率团访问了新加坡、日本、韩国，与新加坡国立大学、日本千叶大学、韩国国立首尔大学等知名高校进行了面对面交流，深入调研了国外大型综合性大学的运行管理模式和多学科交叉融合的经验和做法，深化拓展与世界一流大学的合作交流。

与剑桥大学、牛津大学、布里斯托大学、加州大学洛杉矶分校、新加坡国立大学等国外机构签署合作协议59个。举办中印校长论坛、第四届中英高峰合作暨先进材料论坛、第五届成都精准医学国际论坛等高端国际会议44个。接待了诺贝尔奖得主厄温·内尔来访，大英帝国司令勋章（CBE）获得者、英国皇家工程科学院院士科林·汉弗莱教授来访等团组153个。

【举办2019年国际课程周】共邀请来自剑桥大学、牛津大学、哈佛大学、新加坡南洋理工大学、日本东北大学等31个国家和地区、144所世界一流大学的173名教授和635名国际学生参加，共开设207门课程。新增博士研究生高端国际学术论坛、留学生文化交流展、创新创业展等活动。新开设“名师讲堂”系列讲座，邀请了近20位来自北京大学、清华大学、复旦大学等国内一流大学的院士、教授专家和青年学者来校讲学交流，讲好中国故事。

【推进引智工作】申报科技部高端外国专家项目37项，获批33项；已建成7个“高等学校学科创新引智基地”，其中1个“111计划”2.0项目。聘请来自60多个国家和地区的长、短期外国专家和外籍教师2000余人次，其中长期外籍教师142人，高端外籍专家67人，“外专千人计划”专家3人。全职高端外籍教授Martin Dove（马丁·多夫）教授获得了2019年四川省人民政府“天府友谊奖”。

【促进区域联盟发展】赴俄罗斯参加中国长江中上游地区和俄罗斯伏尔加河沿岸联邦区地方合作理事会第三次会议及第二届中俄“长江—伏尔加河”高校联盟论坛，王勇国务委员出席论坛开幕式并致辞，李言荣校长作为联盟中方主席在大会上做了主旨发言，晏世经副校长在论坛闭幕式上做了总结发言。

表 1　四川大学 2019 年与外国机构签署协议统计（新签/续签）

序号	国外机构名称	签署时间	我校签字人	对方签字人	备注
1	加拿大阿尔伯塔大学	2019 年 6 月 6 日	晏世经	Olive Yonge	谅解备忘录 MOU
2	加拿大卡尔加里大学	2019 年 12 月	晏世经	Dru Marshall	谅解备忘录 MOU
3	加拿大卡尔加里大学	2019 年 12 月	晏世经	Dru Marshall	学生联合培养“3+1+1”协议
4	美国佛罗里达州立大学	2019 年 11 月	晏世经	Sally E. McRorie	学生访学项目协议书
5	美国纽约州立大学阿尔巴尼分校	2019 年 4 月 19 日	晏世经	Hanicy C11arlcs	谅解备忘录 MOU
6	美国加州大学洛杉矶分校	2019 年 4 月 9 日	张嗣杰	Wilsi Lieux	暑期协议
7	美国明尼苏达大学	2019 年 4 月 8 日	晏世经、张嗣杰	MeredithMcQuaid；Cathy Huber	学生访学项目
8	日本早稻田大学 IPS 研究生院	2019 年 4 月 24 日	冯国英 肖先勇 吕建成 史云贵 陈兴蜀 邓富民 邱民京	Kohei Tatsumi	学生“3+2”联合培养协议
9	日本大阪牙科大学	2019 年 7 月	叶玲	川添尧彬	学生联合培养协议
10	日本熊本大学	2019 年 10 月 30 日	李言荣	Shinji Harada	学术交流协议、学生交换协议
11	韩国延世大学	2019 年 5 月 14 日	李卫明	Yangsoo Jang	华西临床医学院与延世大学医学院谅解备忘录
12	韩国延世大学	2019 年 5 月 14 日	李言荣	金用学	学生交换协议
13	新加坡国立大学	2019 年 4 月	吕建成	MohanKankanhalli	暑期项目协议书
14	新加坡国立大学	2019 年 4 月	吕建成	MohanKankanhalli	暑期项目协议书
15	新加坡国立大学	2019 年 5 月	陈兴蜀	MohanKankanhalli	暑期项目协议书
16	新加坡国立大学	2019 年 5 月	冯国英	MohanKankanhalli	暑期项目协议书
17	印度曼尼帕尔大学	2019 年 3 月	李言荣	H Vinod Bhat	谅解备忘录 MOU
18	比利时布鲁塞尔自由大学	2019 年 4 月 10 日	高健	CarolinePauwels	伊拉斯谟 2018—2020

续表1

序号	国外机构名称	签署时间	我校签字人	对方签字人	备注
19	意大利那不勒斯菲里德里克第二大学	2019 年 5 月	熊峰	MaurizioGiugni	建环方面合作项目协议
20	罗马尼亚奥拉迪亚大学	2019 年 6 月 25 日	晏世经	ConstantinBugau	伊拉斯谟 2019—2021
21	丹麦科技大学	2019 年 7 月 16 日	肖先勇	KristianStubkjaer	短期项目协议
22	德国吉森大学	2019 年 11 月 27 日	李言荣	Joybrato Mukherjee	续签协议
23	荷兰奈美根大学	2019 年 11 月 1 日	张嗣杰	W. B. Meijer	伊拉斯谟 2019—2022
24	瑞典乌普萨拉大学	2019 年 12 月 16 日	赵云	HenningBlom	生科院“3＋1”项目协议
25	巴塞罗那 GPA 实训项目协议	2019 年 6 月	熊峰	AlbertAlbareda Valls	实训项目协议
26	西班牙萨拉曼卡大学	2019 年 11 月 22 日	晏世经	Efrem Yildiz Sadak	国际交流合作协议续签
27	西班牙格拉纳达大学	2019 年 11 月 5 日	晏世经	Dorothy Kelly	伊拉斯谟 2019—2022
28	法国波城大学	2019 年 5 月 20 日	李光宪	Ryszard LOBINSKI	重点实验室合作协议
29	英国剑桥大学莫德林学院	2019 年 3 月 8 日	晏世经	Rowan Williams	暑期项目 MOU
30	英国剑桥大学菲茨威廉学院	2019 年 4 月 30 日	钱祉祺	Bursar	暑期项目 MOU
31	英国牛津大学	2019 年 4 月 19 日	李为民	Denis Murphy	医学项目 MOU
32	英国布里斯托大学	2019 年 4 月 10 日	李言荣	Hugh Brady	谅解备忘录
33	英国卡迪夫大学	2019 年 4 月 15 日	张嗣杰	Omer Rana	暑期项目协议
34	英国卡迪夫大学	2019 年 1 月 28 日	刘剑	Omer Rana	工程学院暑期项目协议
35	英国思克莱德大学	2019 年 1 月 22 日	李言荣	Jimmcdonald	“2＋2”/“3＋2”项目（工程类）
36	英国伯明翰城市大学	2019 年 4 月 4 日	李言荣	Clare Mackie	合作谅解备忘录
37	英国伦敦玛丽女王大学	2019 年 2 月 12 日	晏世经	Colin Grant	“3+1+1”合作协议备忘录
38	英国剑桥大学菲茨威廉学院	2019 年 4 月 26 日	钱祉祺	Bursur SQ	谅解声明

续表1

序号	国外机构名称	签署时间	我校签字人	对方签字人	备注
39	四川大学英国奥斯特大学	2019 年 5 月	吕建成	Christopher Nugent	计算机学院暑期项目合作协议
40	英国伦敦卫生与热带医学院	2019 年 4 月 2 日	晏世经	Anne Mills	谅解备忘录
41	英国伦敦玛丽女王大学	2019 年 11 月 27 日	晏世经	Colin Grant	“1+1+1” 合作协议备忘录
42	英国伦敦玛丽女王大学	2019 年 11 月 27 日	晏世经	Colin Grant	“4+1”/“5+1” 合作协议备忘录
43	英国利兹大学	2019 年 11 月 27 日	晏世经	Hai-Sui Yu	“3+1+1” 历史外语类合作项目协议
44	澳大利亚埃迪斯科文大学	2019 年 2 月 12 日	晏世经	Simon Ridings	谅解备忘录
45	澳大利亚蒙纳士大学	2019 年 3 月 8 日	晏世经	Abid Khan	谅解备忘录
46	澳大利亚麦考瑞大学	2019 年 10 月 14 日	晏世经	David Wilkinson	谅解备忘录
47	新西兰梅西大学	2019 年 5 月 10 日	邓富民	HarryVerhagen	短期访学项目协议
48	乌拉圭奥特大学	2019 年 4 月 18 日	晏世经	JulioFemandez	谅解备忘录
49	伊斯坦布尔阿依登大学	2019 年 11 月 29 日	李言荣	Yadigar Izmirli	校际合作协议
50	俄罗斯楚瓦什国立大学	2019 年 9 月 19 日	李言荣	亚历山德罗夫	校际合作协议
51	俄罗斯莫斯科国立语言大学	2019 年 9 月 19 日	李言荣	伊莉娜·克拉耶娃	校际合作协议
52	白俄罗斯国立大学	2019 年 12 月 9 日	李言荣	安德烈·科洛里	校际合作协议
53	俄罗斯圣彼得堡彼得大帝理工大学	2019 年 11 月 25 日	晏世经	DmitryArseniev	校际合作协议
54	俄罗斯圣彼得堡国立电子技术大学	2019 年 11 月 26 日	李言荣	维克多·舍卢季科	校际合作协议
55	泰国清迈大学	2019 年 11 月 15 日	李言荣	Niews Nantachit	校际合作协议
56	巴基斯坦旁遮普大学	2019 年 12 月	晏世经	Niaz Ahmad Akhtar	谅解备忘录

续表1

序号	国外机构名称	签署时间	我校签字人	对方签字人	备注
57	巴基斯坦伊兰堡战略研究所	2019 年 12 月	孙士海	Aizaz Ahmad Chaudhry	谅解备忘录
58	南非开普敦大学	2019 年 7 月 4 日	晏世经	Sue Harrison	谅解备忘录
59	以色列 Stratasys 有限公司	2019 年 3 月 7 日	邱民京	安志杰	院企合作协议

表 2 四川大学 2019 年举办国际会议和双边会议统计表

序号	会议中文名	会议时间	会议结束	主办单位
1	中国俗文化国际学术研讨会	2019—07—05	2019—07—07	文学与新闻学院（新闻学院）
2	中法精神分析与无意识研讨会	2019—07—26	2019—07—28	公共管理学院
3	第五届四川大学—华沙大学国际关系研究圆桌会	2019—07—12	2019—07—12	国际关系学院
4	绿色发展与社会治理国际研讨会	2019—07—05	2019—07—08	公共管理学院
5	2019 第九届国际核酸与蛋白质化学结构生物学创新药物研究大会	2019—08—14	2019—08—15	生命科学学院
6	第十一届中英先进材料研讨会	2019—08—30	2019—09—01	高分子研究所
7	第三届国际应激医学研讨会	2019—09—23	2019—09—25	华西基础医学与法医学院
8	第七届中日韩牙/骨发育与再生学术研讨会	2019—08—16	2019—08—18	华西口腔医学院（口腔医院）
9	中国—中亚数学联合会议	2019—09—16	2019—09—20	数学学院
10	第五届成都精准医学国际论坛	2019—09—20	2019—09—21	华西临床医学院（华西医院）
11	2019 医药卫生管理青年论坛	2019—10—18	2019—10—20	华西公共卫生学院
12	卡拉比—丘范畴及相关问题研讨会	2019—10—19	2019—10—20	数学学院
13	2019Ⅱ-Ⅵ族化合物太阳电池研讨会	2019—11—10	2019—11—11	新能源与低碳技术研究院
14	第三届泛太平洋拓扑与应用国际大会	2019—11—09	2019—11—13	数学学院
15	第六届亚太化学生物微流控会议	2019—07—31	2019—08—02	化学工程学院
16	国际建筑学术交流研讨会	2019—10—26	2019—10—27	建筑与环境学院
17	东亚、东南亚及南亚冶铁考古国际学术研讨会	2019—11—15	2019—11—17	历史文化学院（旅游学院）

续表2

序号	会议中文名	会议时间	会议结束	主办单位
18	20 世纪俄罗斯文学研究国际学术研讨会	2019－10－31	2019－11－02	外国语学院
19	加强亚太地区青年防灾减灾国际研讨会	2019－12－05	2019－12－09	灾后重建与管理学院
20	第三届中德骨骼肌肉系统修复重建交流研讨会	2019－12－06	2019－12－08	华西临床医学院（华西医院）
21	第八届山地户外安全与健康国际会议	2019－12－13	2019－12－15	体育学院
22	性骚扰法律规制比较研究研讨会	2019－06－01	2019－06－02	法学院
23	2019 中美妇产儿科学术论坛	2019－05－27	2019－05－29	华西第二医院
24	大数据时代的史学研究方法国际学术研讨会	2019－05－13	2019－05－15	历史文化学院（旅游学院）
25	2019 年第四届华西国际护理学术会议	2019－09－19	2019－09－21	华西临床医学院（华西医院）
26	道教考古与铭刻材料国际会议	2019－06－28	2019－06－30	历史文化学院（旅游学院）
27	2019 灾害韧性国际合作模式论坛	2019－06－29	2019－07－03	灾后重建与管理学院
28	顶点算子代数与相关议题国际会议	2019－08－19	2019－08－23	数学学院
29	第十四届河流泥沙国际学术讨论会	2019－09－16	2019－09－19	水利水电学院
30	第十届亚太环糊精会议	2019－08－29	2019－09－01	化学学院
31	第七届国际纳米材料与材料工程会议	2019－10－25	2019－10－27	材料科学与工程学院
32	亚洲药剂学青年论坛	2019－09－20	2019－09－22	华西药学院
33	新常态下设计教育的融合与创新国际学术论坛	2019－10－19	2019－10－20	艺术学院
34	2019 年国际宗教艺术与文化学术研讨会	2019－10－26	2019－10－27	艺术学院
35	高原丝绸之路历史文化国际学术研讨会	2019－10－18	2019－10－21	历史文化学院（旅游学院）
36	2019 年水灾害防治与水环境调控国际研讨会	2019－04－24	2019－04－26	水利水电学院
37	2019 年中韩继电保护及自动化论坛	2019－08－28	2019－09－01	电气信息学院
38	国际口腔医学虚拟仿真实验金课建设研讨会	2019－07－08	2019－07－10	华西口腔医学院（口腔医院）

续表2

序号	会议中文名	会议时间	会议结束	主办单位
39	法律实证研究国际学术会议	2019—07—20	2019—07—22	法学院
40	跨文化关系管理论坛暨 *Industrial Marketing Management* 专刊国际研讨会	2019—06—28	2019—06—30	商学院
41	流体动力学与非线性动力系统的最新进展会议	2019—06—03	2019—06—05	数学学院
42	国际肿瘤学研讨会	2019—06—02	2019—06—03	华西基础医学与法医学院
43	2019 成都“中华续道藏”论坛暨四川大学老子研究院成立十周年国际学术研讨会	2019—03—26	2019—03—29	道教与宗教文化研究所
44	艾芜与文化中国——纪念艾芜诞辰 115 周年国际学术研讨会	2019—06—20	2019—06—24	文学与新闻学院（新闻学院）

表 3　四川大学 2019 年外籍教师名单

序号	外教姓名	所在学院
1	Sangaraiah Nagarajan	720 所
2	Alan Nan Yang	出国培训部
3	John Scott Brown	出国培训部
4	Khampasong Soutthavy	出国培训部
5	Lee Hui Shan	出国培训部
6	Robert George Norris	出国培训部
7	John Kevin Mann	出国培训部
8	Volker WilhelmOlles	道教与宗教文化研究所
9	Shakeel Akram	电气工程
10	Haifeng Wang	电气工程
11	梁厚昆	电子信息学院
12	Karn Pradeep	电子信息学院
13	Walter Schweidler（瓦尔特 施瓦德勒）	公共管理学院
14	张　威	公共管理学院
15	施雷格	公共管理学院
16	Roger ColinShouse	公共管理学院
17	Sim BoomWee，Timothy（沈文伟）	公共管理学院
18	Hans-Rudolf Kantor	公共管理学院

续表3

序号	外教姓名	所在学院
19	XuXiaohe	公共管理学院
20	MuhammadKashif Javed	公共管理学院
21	VladimirDobrenko	国际关系学院
22	DmitryZhelobov	国际关系学院
23	Konthoujam Sarda	国际关系学院
24	Richard Alan Fraser	国际关系学院
25	Ahn YoungHa	华西第二医院
26	Yang Min	华西公共卫生学院
27	Saira Mohsin	华西公共卫生学院
28	刘寅	华西基础医学与法医学院
29	Yu Mei	华西口腔
30	贺建清	华西临床医学院（华西医院）
31	Yan Feng	华西临床医学院（华西医院）
32	Zhang WenGeng	华西临床医学院（华西医院）
33	YuJian James Kang	华西临床医学院（华西医院）
34	Peng Yu	华西临床医学院（华西医院）
35	Yousef Faraj	化学工程学院
36	Jason Joseph Chruma	化学学院
37	Martin Travis Dove	计算机学院（软件学院）
38	刘东权	计算机学院（软件学院）
39	Yao Gang（姚刚）	建环学院
40	Brarnabas Cordell Seyler	建环学院
41	Hui Xiong	经济学院
42	Lei Zhang	经济学院
43	Le Riche Antoine Michel Sylvain	经济学院
44	CaoThi Lan Vi	经济学院
45	Li Yu Niu	历史文化学院
46	Yudru Tsomu	历史文化学院
47	LeonardW. J. van der Kuijp	历史文化学院、藏学所
48	James Innis McDougall	匹兹堡学院
49	Mingjian Hua	匹兹堡学院

续表3

序号	外教姓名	所在学院
50	SuryaDanusaputro Liman	匹兹堡学院
51	Richard CraigStehle	匹兹堡学院
52	Tony Ho	匹兹堡学院
53	Jangho Yoon	匹兹堡学院
54	Saeed RezaGhalambor	匹兹堡学院
55	DavidMclachlan Jeffrey	匹兹堡学院
56	JohnWoon Rhym	匹兹堡学院
57	Areum Jeong	匹兹堡学院
58	Emily Jane O'Dell	匹兹堡学院
59	Jeungphill Hanne	匹兹堡学院
60	Peter BenjaminHessler	匹兹堡学院
61	Sai CheongFok	匹兹堡学院
62	Denis Fred Simon	商学院
63	Stein William Wallace	商学院
64	ZhiXiong Xiao（肖智雄）	生命科学学院
65	YuanPing Han（韩源平）	生命科学学院
66	Zhen Huang（黄震）	生命科学学院
67	Megan Lynette Price（梅根·丽奈特·普赖斯）	生命科学学院
68	Yan Liu（刘岩）	生命科学学院
69	YiXiang Duan（段忆翔）	生命科学学院
70	Kai Zhang	生物材料中心
71	Kui Yu	生物材料中心
72	张惠媛	生物治疗国家重点实验室
73	Raphael Ponge	数学学院
74	Carstea，Catalin Ion	数学学院
75	Houda Bellitir	数学学院
76	Khan Zafar Hayat	水电学院
77	Mahdi Tabatabaei Malazi	水力学国重
78	Youn SeonghYun	体育学院
79	Adam PaulEcklund	外国语学院
80	Richard Austin Guidry	外国语学院

续表3

序号	外教姓名	所在学院
81	James Edward Graham	外国语学院
82	JennaKae Treiber	外国语学院
83	Keith MichaelKilcommons	外国语学院
84	Robert Tanner	外国语学院
85	Christian Guinn	外国语学院
86	Penney Percival	外国语学院
87	Declann Jack Harris	外国语学院
88	Michael Woodward	外国语学院
89	Wasif Haneef	外国语学院
90	Weisbrod Jayden	外国语学院
91	Mohamed Shahazad Careem	外国语学院
92	James Leo Daniel Mire	外国语学院
93	Craig Aron Chanley	外国语学院
94	Dixon Danny Antonio	外国语学院
95	Ryan Gage Friesen	外国语学院
96	Melanie Ann Moran	外国语学院
97	Timothy Daniel Johnson	外国语学院
98	Damon Clive Skinner	外国语学院
99	Nicholas Campbell Newling	外国语学院
100	Arya Salei Kermani	外国语学院
101	Kirsty Louise Froggatt	外国语学院
102	Hopewell Edward John	外国语学院
103	Samuel John Louis Wilson	外国语学院
104	KazuhiroIchiura（市浦计宏）	外国语学院
105	Erika Bondi	外国语学院
106	Jean-PhilippeCroteau	外国语学院
107	William John Matsuda	外国语学院
108	Thoma Shervé georges daniel francis	外国语学院
109	Marta Malgorzata Ulansha	外国语学院
110	Zolotykh Lidiia	外国语学院
111	Cantillo Mojica Luis Gabriel	外国语学院

续表3

序号	外教姓名	所在学院
112	Pietrzak Sylwia	外国语学院
113	Najar Robyn Lee	外国语学院
114	Christenson Joel Robert	外国语学院
115	Peer MichaelRanta	文学与新闻学院
116	伍晓明	文学与新闻学院
117	Sophia Grace Kidd（康书雅）	文学与新闻学院
118	Lena Springer（司徒雷娜）	文学与新闻学院
119	Aaron Lee Moore（莫俊伦）	文学与新闻学院
120	Peter Michael Beilharz	文学与新闻学院
121	Tamburello Giuseppa（朱西）	文学与新闻学院
122	Theodoor Louis D'haen	文学与新闻学院
123	郑怡	文学与新闻学院
124	Kristian Bankov	文学与新闻学院
125	Yamagchi Mamoru（山口守）	文学与新闻学院
126	Thomas OliverBeebee	文学与新闻学院
127	Hans MartinPuchner	文学与新闻学院
128	Lian Duan（段炼）	文学与新闻学院
129	Filippo Boi	物理学院
130	James Brister	物理学院
131	Siddharth Dwivedi	物理学院
132	Sang Kwan Choi	物理学院
133	Maureen Willis	物理学院
134	Borowiec Joanna	物理学院
135	Lee ChengYang	物理学院
136	Andrea Addazi	物理学院
137	AbdulIlyas Muhammad	物理学院
138	Lin Pang	物理学院
139	Homa Shababi	物理学院
140	Nikolaos Dimakis	物理学院
141	Srinivas Gadipelli	物理学院
142	Aliu Abdulmumin Omeiza	新能源与低碳技术研究院

续表3

序号	外教姓名	所在学院
143	常青	艺术学院
144	Glenn Fernandez	灾后重建与管理学院
145	Basanta Raj Adhikari	灾后重建与管理学院
146	Mahmood Fayazi	灾后重建与管理学院
147	Dr. Jan Dietrich Reinhardt	灾后重建与管理学院
148	Balikuddembe Joseph Kmuli	灾后重建与管理学院
149	Li Hao	灾后重建与管理学院
150	Osamu K Oide	灾后重建与管理学院
151	Gretchen Lynn Kalonji	灾后重建与管理学院
152	Xavier Gheerbrant	哲学系

公派出国

按时完成国家公派项目的遴选、申报、行前培训和派出，共派出师生 337 人，其中国家公派高级研究学者、访问学者（含博士后研究）24 人，国家建设高水平大学公派研究生项目 210 人，国际组织实习项目 4 人。

执行“大川视界”“博士研究生国际学术交流基金”等，办理学生出国备案手续 3341 人次，同比增幅约 67%。其中，短期出国 2722 人次（本科生 1883 人，硕士生 385 人，博士生 454 人），长期出国 736 人次（本科生 333 人，硕士生 95 人，博士生 191 人）。本科生出国备案共 2216 人次，同比增幅约 83.7%。

办理各类短期（3 个月以下）因公出国 2791 人次。其中出席国际会议 1432 人次，学术交流 707 人次，培训进修 370 人次，访问考察 186 人次，合作研究 76 人次。办理长期（3 个月及以上）因公出国 115 人次。

教职工因公出国（境）网上申报系统建设完成并正式开始运行，开辟“让数据多跑路，师生少跑路”的外事服务工作新模式。

共派出 4 批中层干部培训团组赴亚利桑那州立大学、明尼苏达大学、加州大学尔湾分校等地培训，参与干部 102 人次。

表 4　四川大学 2019 年国家公派出国\学校公派出国统计表

国家公派出国（人次）				校际交流及其他出国（人次）			
学生			教师	学生			教师
本科生	硕士生	博士生		本科生	硕士生	博士生	
45	6	216	66	2216	480	645	2906

表 5　四川大学 2019 年校际交流及其他出国统计表（出访类别）

学生（人次）		教师（人次）	
短期出国	长期（3 个月及以上）出国	短期出访	长期（3 个月及以上）出国
2722	736	2791	115

港澳台地区事务

【积极开展港澳台地区交流】接待来访港澳台人士 132 批次、1241 人。共有 121 批次、464 人次港澳台地区师生等来校交流访问。我校赴港澳台人员达 554 人次。

友好学校规模进一步扩大，与台湾中正大学、台湾彰化师范大学、澳门大学签订了校际合作交流协议和交流生项目协议，与义守大学新增了“2+2”联合培养学生协议，与香港城市大学、台湾义守大学重新签订了合作协议。

申请并获批教育部“香港与内地高校师生交流计划项目”（万人计划）11 个，执行“第十一届川港青年学子‘巴蜀文化和佛文化’研习营”等项目 12 个。获批教育部对台项目 2 个。

表 6　四川大学 2019 年与港澳台地区大学签订合作协议统计表（新签/续签）

序号	协议单位	时间	名称	有效期
1	台湾东华大学	2019. 5. 22	四川大学与东华大学学术交流合作意向书	三年
2	台湾东华大学	2019. 5. 22	四川大学与东华大学学生交流合约书	三年
3	台中教育大学	2019. 5. 28	四川大学与台中教育大学学术合作备忘录	五年
4	台中教育大学	2019. 5. 28	四川大学与台中教育大学学生交流协议细则	五年
5	台湾中央大学	2019. 7. 4	四川大学与中央大学学生交流计划备忘录	五年
6	台湾元智大学	2019. 7. 24	四川大学与元智大学学生交流协定书	五年
7	台湾东吴大学	2019. 8. 7	四川大学与东吴大学学术交流合作约定书	五年

续表6

序号	协议单位	时间	名称	有效期
8	台湾东吴大学	2019.8.7	四川大学与东吴大学学术交换合作约定书	五年
9	台湾逢甲大学	2019.9.26	四川大学与逢甲大学学生交流学习合作项目协定书	五年

表7　四川大学2019年赴港澳台人员情况统计表

	学术会议（人次）	交流考察（人次）	培训及短期学习（人次）
赴港	62	77	120
赴澳	39	47	12
赴台	28	20	159
总计	129	144	291

【持续提高港澳台地区学生教育水平】多渠道、多形式提高对港澳台学生招生宣传力度，进一步扩大招生规模，提升影响力。2019年共有84名港澳台学生来校报到，港澳台学生在校共460人，其中本科生381人，硕士生65人，博士生14名，共47名港澳台学生学成毕业。

认真落实中央的惠港、惠台政策，支持港澳台学生在内地就业创业，组织在校高年级港澳台学生参观高新区与创客基地，听取优惠政策报告。与成都市政协合作举办了“在蓉港澳台大学生专场招聘会”。与“中国教育留学交流（香港）中心”合作举办了“香港毕业生分享会”。

表8　四川大学2019年港澳台侨学生统计

	本科生（人）	硕士生（人）	博士生（人）
香港	177	12	2
澳门	33	2	1
台湾	169	51	11
华侨	2	—	—
总计	381	65	14

表9　四川大学2019年港澳台学生毕业、招收情况统计

	本科生（人）		硕士生（人）		博士生（人）	
	招收	毕业	招收	毕业	招收	毕业
香港	41	17	5	—	—	—
澳门	9	5	1	—	—	—
台湾	34	25	21	—	2	—
总计	84	47	27	—	2	—

（以上资料由国际合作与交流处涂典雯提供）

党的建设篇

党建及组织工作

一、精心部署谋划，扎实开展“不忘初心、牢记使命”主题教育

（一）强化组织领导

成立了主题教育领导小组和办公室，构建了学校党委、基层党委（总支）、党支部“三级联动”统筹推进体系。召开了“不忘初心、牢记使命”主题教育动员大会。制定了《关于开展“不忘初心、牢记使命”主题教育的实施方案》，坚持将学习教育、调查研究、检视问题、整改落实有机融合、贯穿始终。

（二）扎实抓好学习教育

构建了“原原本本学、集中研讨学、融会贯通学”学习教育体系，制定了《领导班子“不忘初心、牢记使命”主题教育集中学习研讨方案》，举办了学校领导班子主题教育集中学习研讨会、中层正职领导干部主题教育专题研讨班。

（三）认真开展调查研究

制定了《领导班子“不忘初心、牢记使命”主题教育调研方案》，校领导班子成员带领 13 个工作组深入基层调研，召开各类调研座谈会 100 余场、收集意见建议 342 条，召开了校领导班子调研成果交流会，党员领导干部讲授专题党课 370 余场。深刻检视问题，校院两级领导班子成员通过自己找、师生提、集体议、上级点等多种方式充分听取师生意见建议。认真组织召开了对照党章党规找差距专题会和专题民主生活会，党员领导干部自觉落实双重组织生活制度，参加所在支部召开的专题组织生活会，进一步深刻检视剖析问题。各基层党支部组织党员对照党章党规和在专题组织生活会上认真检视问题。

（四）切实抓好整改落实

成立了主题教育专项整治和着力整改专门工作组，制定了《“不忘初心、牢记使命”主题教育专项整治和着力整改工作方案》，明确责任主体、进度时限，实行清单式管理、项目化推进，以钉钉子精神抓好整治整改，既着力解决党员、干部自身存在的问题特别是思想根子问题，又着力解决群众最关心、最直接、最现实的利益问题，让广大师生切实感受到主题教育实实在在的成效。

二、启动学校机关及业务单位机构设置调整

根据党的十九届三中、四中全会精神，按照“有利于加强党的全面领导、有利于推进中国特色世界一流大学建设、有利于大型综合性大学管理”原则，制定了《四川大学机关及业务单位机构设置调整方案》。调整机构设置、优化职能配置、提高效率效能，推进学校治理体系和治理能力现代化。

三、以党的政治建设为统领，推进基层党建全面进步全面过硬

（一）狠抓制度建设，提升党支部建设水平

为深入贯彻落实新时代党的组织路线，深化学校制度建设，修订了《中共四川大学委员会教职工党支部工作实施办法》《中共四川大学委员会学生党支部工作实施办法》，持续深入推进支部建设规范化标准化，提升支部政治功能和组织力，树牢大抓基层的鲜明导向。

（二）加强理论学习，做好教育引导

主题教育期间，教育引导广大党员学习贯彻习近平新时代中国特色社会主义思想往深里走、往实里走、往心里走。把学习贯彻习近平新时代中国特色社会主义思想同落实学校各项决策部署贯通起来，做到学深悟透、融会贯通。

（三）选树先进典型，发挥榜样引领

2019 年，华西临床医学院（华西医院）党委荣获教育部思想政治工作司第二批新时代高校“全国党建工作标杆院系”，经济学院经济系党支部荣获“全国党建工作样板支部”。学校党委和华西临床医学院（华西医院）急诊科党支部分别荣获由人民网、省教育工委和省高校党建理论研究会举办的首届新时代四川高校十大党建创新案例和十大基层党组织实践案例。

（四）开展特色活动，加强理论研究

2019 年度划拨党建活动经费 166.71 万元，为基层党组织建设提供经费支持和保障，推动党支部工作创新和理论研究。组织申报并立项党建研究课题 10 项，党建特色活动 16 项，支持经费 20 万元。

（五）做好党建工作与事业发展融合考核

一是会同人事处牵头完成校内基层党委（总支）、直属党支部单位的年度考核工作，组织召开现场述职评议大会。二是根据被考核单位本届领导班子任职以来年度党建工作情况，对签订目标任务的单位“推进党的建设新的伟大工程”指标开展届中评估。

（六）持续加强教师党支部建设

举办“四川大学教师党支部书记‘双带头人’专题培训示范班”，开展教师党支部“双带头人”配备情况调研，督促指导各基层单位加强教师党支部建设，学校（不含锦城、锦江两个独立学院）236 个教师党支部实现党支部书记“双带头人”全覆盖。

（七）做好发展对象培训及党员发展、教育工作

一是做好校院两级党校发展对象培训工作。组织举办四川大学党校第 146、147 期发展对象培训班，培训 3384 人，其中学生发展对象 3237 人，教职工发展对象 147 人（其中副高级以上职称 11 人）。二是做好党员发展工作。截至 12 月底，全校已备案发展党员 2048 人。三是加强党员培训。调训推荐 52 人参加“中组部高校青年党员骨干培训示范班”“扶贫挂职干部脱贫攻坚网上专题班”“学生党支部书记网络培训班”“全国高校院系级党组织书记示范培训班”“全国高校教师党支部书记‘双带头人’高级研修班”等专题或网络培训。

（八）做好党员数据库和党组织关系转接工作

用好全国党员管理信息系统进行党员组织关系转接，全年共转出党员 4975 人次，转入党员 2587 人次，排查口袋党员 30 余人。

（九）做好党费规范化管理使用工作

创新党费收缴管理工作，与信息化建设与管理办公室合作开发四川大学党费系统，在校内试点。做好党费划拨使用工作，2019 年为基层党组织划拨党员活动费 2116581.2 元。为全校师生党员征订党刊二十余种，三千余册。

（十）做好党员帮扶慰问工作

开展四川省党内关爱工作，2019 年，慰问党龄达到 50 年，一贯表现良好的生

活困难党员和本人或家庭因遭遇重大自然灾害、重大意外事故、重大疾病等情况导致生活特别困难的党员共计 19 名，发放慰问金 73000 元。开展中华人民共和国成立前参加革命工作的老干部、老党员，因公牺牲的党员干部家属、全国优秀共产党员和全国优秀党务工作者的慰问工作，慰问 111 人，发放慰问金 171500 元。开展新春走访慰问生活困难党员、老党员 243 人，发放慰问金 91500 元。

（十一）做好教育部高校党建工作联络员来校工作

制定《教育部直属高校和部省合建高校党建工作联络员联系四川大学工作方案》，明确联络工作负责人和直接联系人。党建工作联络员、重庆大学原党委副书记肖铁岩同志来校工作 10 天，开展任务 13 项。

四、坚持政治标准，着力打造忠诚干净担当的高素质专业化干部队伍

（一）加强干部思想政治教育

以主题教育为契机，组织召开中层正职领导干部“不忘初心、牢记使命”主题教育专题研讨班、四川大学“不忘初心、牢记使命”主题教育党支部书记培训会、四川大学基层党组织党务工作者暨科级干部履职能力提升培训会等，培训 2000 余人次。制定《中共四川大学委员会干部教育培训实施方案（2018—2022 年）》（川大委〔2019〕33 号）和《中共四川大学委员会 2019 年度干部教育培训计划》（川大委〔2019〕35 号）。配合做好校领导参加教育部组织的厅局级干部总体国家安全管理专题研讨班，积极选送中层领导人员参加中组部、中宣部、国家教育行政学院、中国干部网络学院、省教工委、省直机关工委等举办的高校中青年干部培训班、哲学社会科学教学科研骨干研修班、高层次人才研修班、驻村干部示范培训班等，27 人次参训。组织选派 77 名中层领导人员赴美国加州大学欧文分校、明尼苏达大学开展为期 2 周的海外交流学习。

（二）推进领导干部能上能下

修订《四川大学中层领导人员选拔任用工作实施办法》，制定《四川大学关于进一步激励广大干部新时代新担当新作为的实施办法》。2019 年共完成 18 名中层领导人员平级交流任职工作，空天科学与工程学院党总支书记、哲学系与宗教所党总支副书记、哲学系主任、哲学系副主任 4 个处级领导岗位的提拔选任工作。7 名中层领导人员因违纪违规、大局意识不强、搞无原则纷争、担当意识不足等原因被免去领导职务。

（三）加大对优秀年轻干部的发现培养和任用

开展学校优秀年轻干部调研工作，组织谈话 579 人次，推荐提名 2973 人次，结合学校实际情况制定出台《新时代四川大学优秀年轻干部队伍建设规划及实施办法》。

（四）加强科级干部队伍建设

牵头制定《四川大学学院（医院）科级机构设置和科级干部选拔任用工作实施方案》（川大委〔2019〕3 号）和《四川大学机关部处及业务单位科级干部选拔任用工作实施方案》（川大委〔2019〕21 号），2019 年 10 月底，已基本完成学校科级干部整体选拔任用工作。总计完成 500 余个科级干部岗位的选任。其中，根据学校事业发展需要，新增 25 个科级干部岗位。

（五）严格干部日常管理监督

完成 177 名中层领导人员年度个人有关事项报告的组织填报、录入、汇总、上报、查核比对等工作，重点抽查核实 35

人次，随机抽查核实 20 人次。协助做好向教育部报送校领导社会兼职审批工作；做好中层领导人员社会兼职的管理工作，全年共审批中层领导人员社会兼职 82 人次。严格执行领导干部因私出国（境）审批和证件集中保管制度，与国际合作与交流处、港澳台事务办公室共同做好领导干部因公出国（境）审批工作，共计 340 余人次。持续开展中层领导干部人事档案数字化工作。完成 79 个中层领导班子及 404 名中层领导人员 2018 年度考核工作。完成 12 名中层领导人员试用期满考核工作。

五、坚持党管人才，扎实做好干部人才的选派服务工作

（一）做好干部人才推荐选派工作

配合教育部、省委组织部和市委组织部，开展干部推荐考察等工作，协助组织参加谈话推荐 160 余人次，会议推荐 230 余人次，考察谈话 140 余人次。推荐 6 名干部人才参加教育部驻外后备干部选拔；推荐 2 名人才参加第 31 届世界大学生夏季运动会筹备工作人员选拔；推荐选派 1 名干部赴四川省委组织部人才办（校地企合作办公室）驻会。

（二）扎实做好挂职干部选派和接受工作

选派 27 名干部人才参加援疆援藏、博士服务团、“1+N”精准扶贫、对口支援、省党外干部实践锻炼、校地合作等挂职项目，接收对口支援高校 10 名干部来校挂职。积极做好 57 名在外挂职干部人才和来校挂职人员的管理服务工作。

（三）加强挂职干部制度建设

印发《关于调整充实四川大学定点扶贫工作领导小组的通知》《关于〈四川大学挂职干部人才管理暂行办法〉的补充规定》（川大委〔2019〕20 号），进一步加强学校定点扶贫工作的统筹力度，做好对“三区三州”挂职干部人才和扶贫一线干部人才的关心关爱工作。

表 1　2019 年学校领导干部主要培训学习一览表

序号	参训人员	培训时间	培训机构	项目内容
1	曹萍	2019.05.13—2019.05.17	教育部人事司	第 3 期厅局级干部总体国家安全管理专题研讨班
2	梁斌	2019.09.01—2019.10.15	国家教育行政学院	第六十期高校领导干部进修班
3	叶玲	2019.02.25—2019.05.25	国家教育行政学院	第五十六期中青年干部培训班
4	邱梅	2019.03.18—2019.03.22	省教工委	统战部长专题培训班
5	黄园	2019.04.08—2019.04.26	省教工委	第十八期女干部培训班
6	范嗣云	2019.05.02—2019.05.30	中宣部、教育部	2019 年哲学社会科学教学科研骨干研修班（组织部长）
7	刘超	2019.09.01—2019.11.29	国家教育行政学院	第五十八期中青年干部培训班
8	徐海鑫	2019.12.09—2020.04.03	省教工委	第 2 期“治蜀兴川”优秀中青年干部递进培训班
9	范瑾	2019.04.28—2019.04.29	中组部办公厅	党员管理处（组织处）处长培训班

续表1

序号	参训人员	培训时间	培训机构	项目内容
10	操慧	2019.05.06—2019.05.24	省教工委	第四十四期新任中层领导干部培训班
11	范瑾	2019.05.21—2019.05.22	中组部办公厅	学习贯彻《中国共产党支部工作条例（试行）》示范培训班
12	戴峰	2019.09.16—2019.10.18	省教工委	第八期高层次复合型人才培训班
13	李中翰	2019.10.09—2019.10.17	教育部	青年英才研修班
14	唐锐	2019.12.09—2020.04.03	省教工委	第二期“治蜀兴川”优秀年轻干部递进培训班
15	周磊	2019.06.11—2019.06.15	省教工委	干部监督工作专题培训班
16	吴先国	2019.04.15—2019.04.19	省直机关工委	凉山州驻村干部示范培训班
17	吴永超	2019.04.15—2019.04.19	省直机关工委	凉山州驻村干部示范培训班
18	吴永超	2019.05.27—2019.05.31	省教工委	2019年深度贫困地区高校驻村帮扶干部人才专题培训班
19	何琪	2019.06.15—2019.08.31	中国干部网络学院	中国干部网络学院“扶贫挂职干部脱贫攻坚”网上专题班
20	龚驰	2019.06.15—2019.08.31	中国干部网络学院	中国干部网络学院“扶贫挂职干部脱贫攻坚”网上专题班
21	张杰	2019.06.15—2019.08.31	中国干部网络学院	中国干部网络学院“扶贫挂职干部脱贫攻坚”网上专题班
22	张艳茹	2019.06.15—2019.08.31	中国干部网络学院	中国干部网络学院“扶贫挂职干部脱贫攻坚”网上专题班
23	胡义双	2019.06.15—2019.08.31	中国干部网络学院	中国干部网络学院“扶贫挂职干部脱贫攻坚”网上专题班
24	冯乌东	2019.06.15—2019.08.31	中国干部网络学院	中国干部网络学院“扶贫挂职干部脱贫攻坚”网上专题班
25	董薇	2019.06.15—2019.08.31	中国干部网络学院	中国干部网络学院“扶贫挂职干部脱贫攻坚”网上专题班
26	陈炳周	2019.06.15—2019.08.31	中国干部网络学院	中国干部网络学院“扶贫挂职干部脱贫攻坚”网上专题班
27	吴先国	2019.06.15—2019.08.31	中国干部网络学院	中国干部网络学院“扶贫挂职干部脱贫攻坚”网上专题班
28	席旸玺	2019.06.15—2019.08.31	中国干部网络学院	中国干部网络学院“扶贫挂职干部脱贫攻坚”网上专题班
29	吴永超	2019.06.15—2019.08.31	中国干部网络学院	中国干部网络学院“扶贫挂职干部脱贫攻坚”网上专题班

续表1

序号	参训人员	培训时间	培训机构	项目内容
30	周娓	2019.06.15—2019.08.31	中国干部网络学院	中国干部网络学院“扶贫挂职干部脱贫攻坚”网上专题班
31	原秀云	2019.06.15—2019.08.31	中国干部网络学院	中国干部网络学院“扶贫挂职干部脱贫攻坚”网上专题班
32	刘怀忠	2019.06.15—2019.08.31	中国干部网络学院	中国干部网络学院“扶贫挂职干部脱贫攻坚”网上专题班
33	范嗣云	2019.08.04—2019.08.18	美国加州大学欧文分校	四川大学中层领导干部第一期赴海外培训项目
34	徐海鑫	2019.08.04—2019.08.18	美国加州大学欧文分校	四川大学中层领导干部第一期赴海外培训项目
35	滕文浩	2019.08.04—2019.08.18	美国加州大学欧文分校	四川大学中层领导干部第一期赴海外培训项目
36	袁斌	2019.08.04—2019.08.18	美国加州大学欧文分校	四川大学中层领导干部第一期赴海外培训项目
37	赵长生	2019.08.04—2019.08.18	美国加州大学欧文分校	四川大学中层领导干部第一期赴海外培训项目
38	李栓久	2019.08.04—2019.08.18	美国加州大学欧文分校	四川大学中层领导干部第一期赴海外培训项目
39	熊伟	2019.08.04—2019.08.18	美国加州大学欧文分校	四川大学中层领导干部第一期赴海外培训项目
40	秦远清	2019.08.04—2019.08.18	美国加州大学欧文分校	四川大学中层领导干部第一期赴海外培训项目
41	范瑾	2019.08.04—2019.08.18	美国加州大学欧文分校	四川大学中层领导干部第一期赴海外培训项目
42	罗云丹	2019.08.04—2019.08.18	美国加州大学欧文分校	四川大学中层领导干部第一期赴海外培训项目
43	唐锐	2019.08.04—2019.08.18	美国加州大学欧文分校	四川大学中层领导干部第一期赴海外培训项目
44	李鲲	2019.08.04—2019.08.18	美国加州大学欧文分校	四川大学中层领导干部第一期赴海外培训项目
45	周志文	2019.08.04—2019.08.18	美国加州大学欧文分校	四川大学中层领导干部第一期赴海外培训项目
46	兰新宇	2019.08.04—2019.08.18	美国加州大学欧文分校	四川大学中层领导干部第一期赴海外培训项目
47	冷泠	2019.08.04—2019.08.18	美国加州大学欧文分校	四川大学中层领导干部第一期赴海外培训项目

续表1

序号	参训人员	培训时间	培训机构	项目内容
48	苏德强	2019.08.04—2019.08.18	美国加州大学欧文分校	四川大学中层领导干部第一期赴海外培训项目
49	吴刚	2019.08.04—2019.08.18	美国加州大学欧文分校	四川大学中层领导干部第一期赴海外培训项目
50	赵昱辉	2019.08.04—2019.08.18	美国加州大学欧文分校	四川大学中层领导干部第一期赴海外培训项目
51	王绍朋	2019.08.04—2019.08.18	美国加州大学欧文分校	四川大学中层领导干部第一期赴海外培训项目
52	张洪松	2019.08.04—2019.08.18	美国加州大学欧文分校	四川大学中层领导干部第一期赴海外培训项目
53	龙毅	2019.08.04—2019.08.18	美国加州大学欧文分校	四川大学中层领导干部第一期赴海外培训项目
54	罗锋	2019.08.04—2019.08.18	美国加州大学欧文分校	四川大学中层领导干部第一期赴海外培训项目
55	熊艳	2019.08.04—2019.08.18	美国加州大学欧文分校	四川大学中层领导干部第一期赴海外培训项目
56	黄绪永	2019.08.04—2019.08.18	美国加州大学欧文分校	四川大学中层领导干部第一期赴海外培训项目
57	贾秀娥	2019.08.04—2019.08.18	美国加州大学欧文分校	四川大学中层领导干部第一期赴海外培训项目
58	谭静	2019.08.04—2019.08.18	美国明尼苏达大学	四川大学中层领导干部第二期赴海外培训项目
59	悦洋	2019.08.04—2019.08.18	美国明尼苏达大学	四川大学中层领导干部第二期赴海外培训项目
60	操慧	2019.08.04—2019.08.18	美国明尼苏达大学	四川大学中层领导干部第二期赴海外培训项目
61	黄小虎	2019.08.04—2019.08.18	美国明尼苏达大学	四川大学中层领导干部第二期赴海外培训项目
62	徐友才	2019.08.04—2019.08.18	美国明尼苏达大学	四川大学中层领导干部第二期赴海外培训项目
63	张波	2019.08.04—2019.08.18	美国明尼苏达大学	四川大学中层领导干部第二期赴海外培训项目
64	吴近名	2019.08.04—2019.08.18	美国明尼苏达大学	四川大学中层领导干部第二期赴海外培训项目
65	陈笃海	2019.08.04—2019.08.18	美国明尼苏达大学	四川大学中层领导干部第二期赴海外培训项目

续表1

序号	参训人员	培训时间	培训机构	项目内容
66	林江莉	2019.08.04—2019.08.18	美国明尼苏达大学	四川大学中层领导干部第二期赴海外培训项目
67	唐世红	2019.08.04—2019.08.18	美国明尼苏达大学	四川大学中层领导干部第二期赴海外培训项目
68	戴婷婷	2019.08.04—2019.08.18	美国明尼苏达大学	四川大学中层领导干部第二期赴海外培训项目
69	董柯平	2019.08.04—2019.08.18	美国明尼苏达大学	四川大学中层领导干部第二期赴海外培训项目
70	兰中仁	2019.08.04—2019.08.18	美国明尼苏达大学	四川大学中层领导干部第二期赴海外培训项目
71	聂锐华	2019.08.04—2019.08.18	美国明尼苏达大学	四川大学中层领导干部第二期赴海外培训项目
72	李天友	2019.08.04—2019.08.18	美国明尼苏达大学	四川大学中层领导干部第二期赴海外培训项目
73	冯国涛	2019.08.04—2019.08.18	美国明尼苏达大学	四川大学中层领导干部第二期赴海外培训项目
74	冉蓉	2019.08.04—2019.08.18	美国明尼苏达大学	四川大学中层领导干部第二期赴海外培训项目
75	林苹	2019.08.04—2019.08.18	美国明尼苏达大学	四川大学中层领导干部第二期赴海外培训项目
76	王晓东	2019.08.04—2019.08.18	美国明尼苏达大学	四川大学中层领导干部第二期赴海外培训项目
77	张琦	2019.08.04—2019.08.18	美国明尼苏达大学	四川大学中层领导干部第二期赴海外培训项目
78	章程	2019.08.04—2019.08.18	美国明尼苏达大学	四川大学中层领导干部第二期赴海外培训项目
79	熊林	2019.08.04—2019.08.18	美国明尼苏达大学	四川大学中层领导干部第二期赴海外培训项目
80	刘渊	2019.08.04—2019.08.18	美国明尼苏达大学	四川大学中层领导干部第二期赴海外培训项目
81	刘嘉勇	2019.08.04—2019.08.18	美国明尼苏达大学	四川大学中层领导干部第二期赴海外培训项目
82	罗娜	2019.08.04—2019.08.18	美国明尼苏达大学	四川大学中层领导干部第二期赴海外培训项目
83	李博	2019.08.04—2019.08.18	美国明尼苏达大学	四川大学中层领导干部第二期赴海外培训项目

续表1

序号	参训人员	培训时间	培训机构	项目内容
84	万海清	2019.08.04—2019.08.18	美国明尼苏达大学	四川大学中层领导干部第二期赴海外培训项目
85	陈森	2019.08.18—2019.09.01	美国加州大学欧文分校	四川大学中层领导干部第三期赴海外培训项目
86	赵露	2019.08.18—2019.09.01	美国加州大学欧文分校	四川大学中层领导干部第三期赴海外培训项目
87	兰利琼	2019.08.18—2019.09.01	美国加州大学欧文分校	四川大学中层领导干部第三期赴海外培训项目
88	傅其林	2019.08.18—2019.09.01	美国加州大学欧文分校	四川大学中层领导干部第三期赴海外培训项目
89	李忠明	2019.08.18—2019.09.01	美国加州大学欧文分校	四川大学中层领导干部第三期赴海外培训项目
90	华国春	2019.08.18—2019.09.01	美国加州大学欧文分校	四川大学中层领导干部第三期赴海外培训项目
91	曹勇明	2019.08.18—2019.09.01	美国加州大学欧文分校	四川大学中层领导干部第三期赴海外培训项目
92	吴尧	2019.08.18—2019.09.01	美国加州大学欧文分校	四川大学中层领导干部第三期赴海外培训项目
93	赵红军	2019.08.18—2019.09.01	美国加州大学欧文分校	四川大学中层领导干部第三期赴海外培训项目
94	纪志耿	2019.08.18—2019.09.01	美国加州大学欧文分校	四川大学中层领导干部第三期赴海外培训项目
95	蔚钰	2019.08.18—2019.09.01	美国加州大学欧文分校	四川大学中层领导干部第三期赴海外培训项目
96	查庆	2019.08.18—2019.09.01	美国加州大学欧文分校	四川大学中层领导干部第三期赴海外培训项目
97	廖毅	2019.08.18—2019.09.01	美国加州大学欧文分校	四川大学中层领导干部第三期赴海外培训项目
98	叶勇	2019.08.18—2019.09.01	美国加州大学欧文分校	四川大学中层领导干部第三期赴海外培训项目
99	杨丙军	2019.08.18—2019.09.01	美国加州大学欧文分校	四川大学中层领导干部第三期赴海外培训项目
100	吕海涛	2019.08.18—2019.09.01	美国加州大学欧文分校	四川大学中层领导干部第三期赴海外培训项目
101	黄菲娅	2019.08.18—2019.09.01	美国加州大学欧文分校	四川大学中层领导干部第三期赴海外培训项目

续表1

序号	参训人员	培训时间	培训机构	项目内容
102	黄雯雯	2019.08.18—2019.09.01	美国加州大学欧文分校	四川大学中层领导干部第三期赴海外培训项目
103	吕蓉	2019.08.18—2019.09.01	美国加州大学欧文分校	四川大学中层领导干部第三期赴海外培训项目
104	张磊	2019.08.18—2019.09.01	美国加州大学欧文分校	四川大学中层领导干部第三期赴海外培训项目
105	李天富	2019.08.18—2019.09.01	美国加州大学欧文分校	四川大学中层领导干部第三期赴海外培训项目
106	杜瑛	2019.08.18—2019.09.01	美国加州大学欧文分校	四川大学中层领导干部第三期赴海外培训项目
107	刘若冰	2019.08.18—2019.09.01	美国加州大学欧文分校	四川大学中层领导干部第三期赴海外培训项目
108	何艳	2019.08.18—2019.09.01	美国加州大学欧文分校	四川大学中层领导干部第三期赴海外培训项目
109	王娟	2019.08.18—2019.09.01	美国加州大学欧文分校	四川大学中层领导干部第三期赴海外培训项目
110	黄云生	2019.08.18—2019.09.01	美国加州大学欧文分校	四川大学中层领导干部第三期赴海外培训项目
111	姚向征	2019.08.18—2019.09.01	美国加州大学欧文分校	四川大学中层领导干部第三期赴海外培训项目

（以上资料由党委组织部桑启源提供）

党风廉政建设

一、四川大学2019年纪检监察工作总体情况

（一）扎实开展“不忘初心、牢记使命”主题教育

研究制定纪检系统主题教育工作方案，在学习上下功夫，形成“领学”“广学”“深学”“常学”机制。在调研检视上出实招，覆盖全校二级单位开展调研座谈，针对工作短板查找问题35项。在整改落实上求实效，牵头落实学校层面专项整治4个，同时，加强对学校专项整治和着力整改工作的监督检查，确保学校整治整改取得实效。

（二）认真履行协助职责

贯彻十九届中央纪委三次全会精神。召开学校年度全面从严治党工作会；制定

《2019 年全面从严治党工作要点》，将 8 方面 25 项年度任务落实到责任单位；下发《关于制定和报送 2019 年度全面从严治党主体责任清单的通知》和责任清单模板，督促指导校内单位结合单位实际，细化主体责任清单。针对执纪审查中发现的问题，对 4 个单位领导班子集体约谈，通过严肃问责倒逼责任落实。

深化作风建设。坚守节点下发通知及温馨提示，严明纪律要求，夯实主体责任，畅通监督渠道。结合全面从严治党新要求，编发学习材料 2 期；结合常见的违纪违规点，开展“落实中央八项规定精神的纪律红线”专题推送 8 期。2019 年查处违反中央八项规定精神问题 1 件，给予纪律处分 2 人次。

推进专项整治。完成学校领导干部出席含有商业营销内容活动情况调研；开展领导干部利用名贵特产类特殊资源谋取私利，领导干部配偶、子女及其配偶违规经商办企业问题专项整治，全校副处级以上领导干部完成自查自纠。推动在校级教学实验中心开展违规设立和使用“小金库”专项治理。结合主题教育，开展漠视侵害群众利益问题等专项整治，督导推进 51 个群众“急难愁盼”问题的解决，切实增强师生群众的获得感。

（三）落实落细监督第一职责

聚焦“两个维护”强化政治监督。围绕贯彻党的教育方针政策和重要决策部署，紧盯立德树人、思想政治工作、意识形态责任制、学校“两个伟大”建设等重要任务落实，开展监督检查 100 余次，及时发现问题、纠正偏差；围绕学校各级党组织和党员领导干部严肃党内政治生活、落实管党治党责任，开展监督检查 170 余次。

深化拓展监督方式方法。紧盯“关键少数”，为 405 名中层干部建立廉政档案；严把廉洁意见回复关，开展廉洁审查 2516 人次。结合重点部位关键环节廉政风险防控、党员干部苗头性问题“早发现早提醒早纠正”等工作，约谈提醒、谈话函询 55 人次。

把巡视整改作为监督的重要内容。召开中央巡视整改督导专题工作会，完善中央巡视整改的分工协作机制；协助党委制定 26 个方面深化巡视整改任务，明确时间表和路线图，按期推动督查验收，对 17 个单位发出巡视整改督办函，确保所有任务整改到位，防止已整改问题反弹回潮。

（四）一体推进不敢腐、不能腐、不想腐

强化不敢腐的震慑。2019 年，办理来信来访 83 件，处置问题线索 54 件；践行监督执纪“四种形态”，运用第一种形态 65 人次，第二种形态 10 人次，第三种形态 11 人次，通过办案挽回经济损失 340812.2 元，为 17 名受到错告诬告的干部澄清正名。同时，按照中央纪委审查审理安全专项调研的要求，改造谈话室，完善“走读式”谈话安全制度，严守审查审理安全底线。

扎牢不能腐的笼子。坚持不懈做好查办案件的“后半篇文章”，开展纪律处分执行情况回头看；针对监督盲区和管理漏洞向责任单位提出纪律检查建议 2 份，督促相关单位理顺管理体制机制，完善内部控制及廉洁风险防控机制。

增强不想腐的自觉。开展“铭初心、淬党性，践使命、创一流”党风廉政教育宣传月活动；召开警示教育大会，通报学校一年来查处的典型案例 11 起；组织学习有关警示录，实现学校处级以上领导干部全覆盖。充分发挥新媒体平台作用，及时推送党风廉政建设重要资讯、典型案例、分析文章等，发送廉洁短信 1200 余人次，提升教育的针对性和时效性。

（五）打造“政治过硬、本领高强”的纪检队伍

提升履职能力。建立定期召开二级单位纪委书记工作例会制度，督促指导二级纪委履职尽责；组织纪检干部参加上级机关培训 26 期，接受中央纪委、四川省纪委等相关工作调研 14 次，积极争取指导支持；与 12 所高校开展学习交流，促进共享共赢；承担四川省纪委监委委托课题 1 项，学校课题 2 项，服务学校师生的同时切实服务地方。

严格自我监督。修订监督执纪工作流程 8 项，完善审批程序 5 个及常用文书模板 19 个，加强对自身权力运行的监督制约；学校纪检部门接受学校党委第三轮巡察，经常性开展理想信念和纪律教育，严格落实保密责任，努力打造政治过硬、本领高强的干部队伍。

（六）推进校内巡察工作

扎实推进四轮校内巡察。在学校党委和巡察工作领导小组的坚强领导下，统筹协调推进四轮校内巡察，覆盖 24 个二级单位（其中，职能部门 8 个、学院 14 个和业务实体单位 2 个），共发现问题 763 项。2019 年内，第一、二、三轮巡察均已完成集中整改工作，问题整改完成率达 92.5%、92.7%、94.1%。

进一步完善巡察工作体制机制。探索建立巡视巡察上下联动、典型问题通报、巡察吹风会工作机制，完善巡察工作流程图、巡察干部选派和鉴定机制、工作联络和督导机制、组长负责和组务会决策机制、方案审定和情况汇报流程、问题底稿制度等，进一步规范巡察各项工作。结合中央、教育部新的精神和要求及每一轮巡察任务，建立或修订完善巡察观测点和巡察重点，不断增强巡察工作的针对性和实效性。

切实加强巡察工作调查研究。先后赴清华大学、北京航空航天大学等高校调研交流工作，接待了华东理工大学、中国石油大学、广西大学、电子科技大学、成都中医药大学等近 10 所兄弟高校来校交流工作，深入了解兄弟高校开展巡察工作的情况和做法。与西南交通大学共同承担教育部人文社科项目“高校巡察工作的逻辑、现况、进路研究”研究工作，参加中国高等教育学会廉政分会举办的“高校巡视巡察理论研讨会”，提交了相关研究成果。

努力打造政治过硬、业务精湛的巡察干部队伍。四轮巡察选任 105 人次干部参加，每轮巡察均对全体巡察组举办集中业务培训。从第二轮巡察开始，切实加大对关键人员和关键节点上的培训，根据巡察进度情况，专门开展联络员、报告撰写人等集中培训，切实增强培训的针对性和有效性。派员参加中央巡视办举办的中央单位贯彻《指导意见》培训班和教育部巡视办举办的高校巡察培训班。

二、2019 年度重要事件

【持续深化纪检体制改革】 按照中央 58 号文件精神，与四川省纪委监委开展工作对接，明确领导体制和工作机制，切实落实“一个明确”“两个加强”“三个标准”“四个机制”等工作要求；推动学校纪检机构在更高水平上深化“三转”，调整校党委副书记、纪委书记的职责分工，学校纪委和纪检部门进一步梳理清退议事协调机构；规范纪委内设机构，增设“案件监督管理室”，实现监督检查、执纪审查、案件审理分设要求。

【中央纪委国家监委第二监督检查室许朝杰一行来校调研】2019 年 12 月 11 日至 12 日，中央纪委国家监委第二监督检查室许朝杰一行六人来校调研学校落实中管高校纪检体制改革有关工作情况，对学校相关工作给予高度肯定，对今后工作提出要求，要主动接受四川省纪委领导，认真落实省纪委布置的工作，加强与省纪委的沟通交流、不断探索完善中管高校纪检体制机制，推动学校纪检工作上更高台阶。

【开展“不忘初心、牢记使命”主题教育专题党课暨 2019 年纪检监察业务培训】2019 年 10 月 11 日至 12 日，围绕“新时代高校纪委如何忠实履职”“做好纪检监察综合事务服务保障主责主业”“纪检体制改革后做好执纪审查工作的实践与思考”等主题举办专题培训，学校纪委主要负责人做专题党课，150 名专兼职纪检干部参加培训。其间，结合主题教育开展调研座谈与分组讨论，多形式组织学习中央纪委国家监委开发的纪检监察干部培训相关课程，实现主题教育和培训学习、政治培训和业务培训、学习研讨和调研座谈“三结合”。

【校内单位纪委书记首次向校纪委全委会述责述廉】2019 年 12 月 30 日，来自二级单位的 5 名纪委书记，向校纪委全委会现场述责述廉，逐一接受和回答校纪委委员的提问，并由校纪委全委会结合日常工作情况进行民主评议。此外，全校二级单位纪委书记、党总支及直属党支部纪检委员共 47 人，进行了书面述责述廉，同时对本单位班子成员进行逐一“画像”，进一步推动中管高校纪检体制改革相关部署在学校落实和细化，督促纪检队伍更好履职，落实监督责任。

【召开四川大学巡察工作会议暨第四轮巡察工作动员部署会】2019 年 11 月 29 日，学校召开四川大学巡察工作会议暨第四轮巡察工作动员部署会，初步总结学校前三轮巡察工作经验和做法，通报前三轮巡察发现的典型问题，全面部署学校今后一个时期巡察工作，动员部署学校第四轮巡察工作。

（以上资料由校纪委办公室、监察处张莉，党委巡察工作办公室罗膑露提供）

宣传教育工作

一、思想政治教育与意识形态工作

召开安全稳定与意识形态工作领导小组会、专题会 15 次，召开意识形态工作领导小组办公室工作会、全校宣传联络员工作会、网络舆情工作研判会研究部署意识形态工作。落实定期汇报和属地管理制度，向教育部党组、省委宣传部、省教工委等主管部门报送意识形态工作报告。作为中宣部舆情直报点，报送 150 篇舆情，48 篇被采纳。修订《网络舆情事件应急预案》，加强网络舆情会商，讲座、论坛、文化活动的规范审批、过程监管，完善审批备案工作台账。编写网络舆情简报、专报、会商工作纪要 8 期。组织校园网络及新媒体信息安全排查，组织校内单位讲座报批自查。深化中央巡视、省意识形态工作专项督查中的重点领域、突出问题的整改落实。意识形态工作责任制落实情况作为学校三轮巡察18家单位和“不忘初心、牢记使命”主题教育整治整改的重点内容。

开展习近平新时代中国特色社会主义思想“三进”系列讲座，覆盖师生2000余人。设立习近平新时代中国特色社会主义思想研究中心2019年度课题32项。出版《思想理论教育研究》内刊3期，辑刊2期。开展“最美奋斗者”其美多吉同志先进事迹报告会，邀请国家体育总局原局长刘鹏作“弘扬爱国奋斗精神”主题报告。做好“学习强国”平台推广，搭建学校学习强国平台组织架构，建立学习强国校级通讯站。制定《四川大学2019年校院党委（总支、直属党支部）理论学习中心组重点学习内容安排》，组织15次校党委理论中心组学习会，专题学习习近平总书记在学校思想政治理论课教师座谈会、纪念五四运动100周年大会、庆祝中华人民共和国成立70周年大会上的重要讲话。制定实施《关于组织开展庆祝中华人民共和国成立70周年系列主题活动的方案》，组织师生集中收看中央重大庆祝活动，开展四川大学庆祝中华人民共和国成立70周年发展建设成就展、“中华诵·庆祝新中国成立70周年教职工经典诵读比赛”“青春告白祖国”主题教育活动、征文比赛等活动。教育部网站以《四川大学以“六个强化”为抓手开展庆祝新中国成立70周年系列活动》为题进行了报道。

制定《四川大学领导干部“不忘初心、牢记使命”暑期专题读书班方案》，举办校领导班子专题读书班，组织校领导班子主题教育学习研讨会。编印《四川大学“不忘初心、牢记使命”主题教育学习资料汇编》。向主题教育中央简报组、省教工委报送14期简报。制定《关于深入学习宣传贯彻党的十九届四中全会精神的通知》，组织32名专家学者和领导干部成立宣讲团，共举办40场宣讲。召开学校法治宣传教育工作领导小组会。邀请省检察院冯键检察长为师生做报告。举办“弘扬宪法精神，厚植爱国主义情怀”宪法宣传周主题宣传活动，学校被四川省评为“宪法法律进高校”活动成效突出的“十大典范高校”。

二、新闻宣传工作

围绕学习贯彻习近平新时代中国特色社会主义思想和党的十九大精神、庆祝中华人民共和国成立70周年、“不忘初心、牢记使命”主题教育、学习贯彻十九届四中全会精神等内容进行深入宣传报道。围绕学校双代会暨2019年度工作布置会、校院两级管理体制改革、新时代本科教育改革与发展大讨论、纪念五四运动100周年、红色基因传承主题活动、定点扶贫等学校重点工作进行宣传报道。校新闻中心采写编发新闻1000条，主页新增访问量超过1620万人次。校报出版20期。教育电视台完成46期“川大新闻速递”，直播重大活动9次，制作专题节目22档。主页、校报推出10个专题专栏。编辑《媒体川大》系列简报70期。围绕“学院、学者、学术、学生”，深入采写60篇报道。加强宣传联动机制建设，举办全校宣传思想工作会，表彰学校宣传工作先进集体及个人。举办宣传联络工作会，培训基层宣传工作人员400人。

社会重要媒体合计报道学校560篇，包括中央电视台19篇、人民日报51篇、光明日报42篇、科技日报12篇、中国教育报8篇、四川日报44篇、人民网93

篇、央视网30篇、新华网41篇、光明网54篇、中新网22篇、中青网22篇。《人民日报》以“聚焦主题 确保实效”为题，对学校“不忘初心、牢记使命”主题教育进行报道。《光明日报》报道学校“不忘初心 牢记使命”主题教育。央视《新闻直播间》报道江姐纪念馆开馆仪式和《江姐在川大》舞台剧首演。央视《经济半小时》以“改革：点燃科研创新激情”为题，专题报道学校科技成果转化。央视《人物》栏目播出杰出教授项楚专访——《立德树人·项楚》。央视、中国教育电视台播出“放飞梦想”四川大学青春歌会。

三、校园文化建设

承办“让烈士回家”系列主题活动暨红岩精神四川行活动。《四川大学：传承红色基因，培育时代新人，深入挖掘校园红色文化资源加强立德树人工作》案例入选首届新时代四川高校十大党建创新案例。《传承红色基因，培育时代新人——四川大学以江姐精神引领师生爱国奋斗主题教育》案例参加光明日报举办的全国第二届“爱国奋斗”精神研讨会交流。开展学校第六届精品文化项目申报评选工作，组织主题橱窗汇展活动8期，主页发布“映像图志”视觉文化作品80个，学校LED屏播放视觉文化作品100个。

四、网络文化及新媒体建设

学校主页被教育部思政司评为“全国高校精品网站”，入围内地高校海外网络传播力十强。教育电视台启动珍贵视频资料抢救和数字化存档工作。“大川”微博被教育部思政司评为“全国高校精品网络栏目”，获“最具创意高校官方微博”，粉丝42万，位居全国前十。“大川”微信获中国青年报“2018—2019中国大学官微十强”，获清博大数据“2018高校新媒体传播力奖”，粉丝40万。多篇10万＋爆文被人民网、新华网转载，《打造官方微信100万+招生宣传》获“教育政务新媒体年度优秀案例”。“大川”微视举行全校微电影大赛。开设官方抖音号，粉丝7.5万。学校全网传播力位列中国高校第13位。推进学校融媒体建设论证，入选教育部首批15家教育融媒体建设试点单位。

组织全国高校“青春为祖国歌唱”网络拉歌活动。开展“致敬七十载，点赞新时代——四川大学庆祝中华人民共和国成立70周年网络及新媒体原创作品大赛暨第四届网络文化节”活动。组织“爱伟大祖国，追时代荣光——四川大学庆祝中华人民共和国成立70周年网络知识竞赛”活动。承办“第四次全国高校网络文化建设暨‘争做校园好网民’工作推进会”现场观摩考察，布置四川大学网络文化建设展。开展学校网络安全宣传周系列宣传教育活动。

（以上资料由党委宣传部邱超提供）

统战工作

学校有党外知识分子6800余人，有7个民主党派基层组织，包括32个支部（支社），民主党派成员1306人，其中，民革119人，民盟356人，民建140人，民进 91 人，农工 195 人，致公党 82 人，九三 323 人。侨联基层组织成员 800 余人。四川大学知识分子联谊会第一届理事 30 人。四川大学留学人员联谊会第一届理事 27 人。各级人大代表 27 人、政协委员 52 人，其中，全国人大代表 5 人，省人大代表 7 人，市人大代表 9 人，区人大代表 6 人；全国政协委员 5 人，省政协委员 16 人，市政协委员 26 人，区政协委员 5 人。省政府参事 2 人，市政府参事 12 人，四川省文史研究馆馆员 7 人，特约馆员 4 人，市文史馆员 2 人。

一、政治引领与思想建设

通过集体收看、专题学习、主题教育、专题培训等方式，组织各民主党派和统战团体学习中共十九届四中全会精神、习近平总书记在庆祝新中国成立 70 周年大会上的讲话、习近平总书记在学校思想政治理论课教师座谈会上的讲话和在纪念五四运动 100 周年大会上的讲话精神，开展“不忘合作初心，继续携手前进”主题教育和庆祝中华人民共和国成立 70 周年系列活动，参观重庆民主党派历史陈列馆、白公馆、渣滓洞、江姐纪念馆、天府新区规划厅、公园城市展示厅和四川省纪念中华人民共和国成立 70 周年大型成就展等，组织各级人大代表、政协委员和党外知识分子代表参加“如何做好参政议政工作”培训，为推进国家和学校治理体系和治理能力现代化建言献策。

二、队伍建设与社会服务

推荐中央统战部无党派人才库 3 人，成都市党外知识分子联谊会 6 人，四川省政府参事 2 人。5 人参加市委统战部“弘扬爱国奋斗精神、建功立业新时代”党外知识分子典型事迹宣传活动。全年各民主党派发展新成员 35 人，其中教授 8 人，25 人具有博士学位。13 人次参加省市党外干部培训。民盟、民进完成换届并选举出新一届领导班子。四川大学留学人员联谊会吸纳新会员 18 名，组织 2019 年民族地区乡村振兴论坛暨阿坝州乡村振兴培训班，搭建归国留学人员为新农村建设做贡献平台。向成都市第五次归侨侨眷代表大会推荐 2 名委员 6 名代表，侨联完成换届工作。1 人当选中国侨联青年委员会第四届委员会常委，2 人当选委员。1 人参加全国欧美同学会“知国情话自信”海归系列恳谈会，2 名专家参加省“留学报国川南行”海归专家服务团。各民主党派和统战团体通过科技扶贫、业务培训、义诊活动、法律咨询、专题讲座组织社会活动 158 项，提交提案、报告和建议 164 项。知联会举办“高等院校专业咨询大型教育公益活动”，组织 60 多位教授为考生答疑，赴彭州开展校地合作调研，为地方经济社会发展服务。

牵头《中央宗教工作督查整改方案》，起草《关于对中央统一战线工作领导小组宗教工作第八督查组反馈意见的整改报告》《四川大学宗教工作自查报告》《四川大学关于开展宗教工作督查整改“回头看”的情况报告》，举办宗教政策法规专题培训。会同学工部组织“爱在树魂立根、严在大是大非、细在防微杜渐”专题讲座。对新进教职工、海归人才进行宗教法律法规解读。组织专家编印《大学生需要知道的宗教知识》《宗教工作应知应会手册》。与双流区统战部及校内有关单位帮助教育涉及非法宗教活动学生 22 名。建立信教师生管理台账、变动情况“月报告”制度和“一对一”联系制度。

更新少数民族干部人才数据库，牵头编写《中共四川大学委员会关于少数民族干部人才的情况报告》。向四川省委统战部推荐藏学研究专家和支撑机构。参加少数民族学生工作例会，研究学校少数民族学生管理工作，会同学工部对少数民族学生开展系列专题讲座。

三、理论研究与交流

在全国高校统战部长培训会和全省校区统战工作现场会上交流发言，承办第二次在蓉高校统战工作联席会，组织各民主党派和统战团体负责人赴西南大学交流学习。参与“外国政府官员中文学习班”往届学员访华团到我校开展文化交流活动。“川大统一战线”微信公众号于2019年9月正式上线。

（以上资料由党委统战部石琼提供）

离退休工作

一、四川大学2019年离退休工作总体情况

截至2019年12月31日，全校有离退休人员8446人，其中离休干部107人。离退休人员中100岁以上8人，90岁以上307人，80岁以上2676人。

2019年，老干部党总支、离退休工作处严格按照学校党政的统一部署和要求，认真落实老同志的“两项待遇”。定期组织老干部、老党员学习习近平新时代中国特色社会主义思想、党的十九届四中全会精神及学校有关文件精神。根据学校安排部署，结合老党员老干部的特点，认真开展“不忘初心、牢记使命”主题教育活动，制作了大字版《党员学习资料》并送学上门，引导离退休老同志不断增强“四个意识”、坚定“四个自信”、做到“两个维护”。

学校全年下拨各二级单位退休人员经费共253.07万元；组织离退休人员参加参观、学习、交流、座谈、书画、摄影、文体等活动80余次，近7000人次参加活动；看望生病住院和慰问离退休老同志1800余人次，电话慰问6000余人次；为4191位离退休人员进行了体检；为2541位离退休人员发放生日慰问金共计28.79万元。组织127名离退休人员申请学校“困难师生员工帮扶基金”，经过评审，32人享受专项帮扶，金额56万元，占基金总额的56.6%；开展离退休人员年终常规帮扶慰问262人，慰问金额36.85万元。

2019年5月，执行组通字〔2019〕10号文提高离休干部护理费标准，并补发1—4月费用；按〔2017〕37号文为37名生活完全不能自理的离休干部办理提高护理费补贴。2019年9月，按组通字〔2019〕30号文要求，为4名符合条件的离休干部申报提高享受按省部级标准报销医疗费用，为68名建国初期参加革命工作的退休干部发放2019年门诊医疗补助共计27.2万元；按文件精神，为62名建国初期参加革命工作的退休干部落实了提高发放困难补助标准。

二、2019年度离退休工作重要事件

【科级干部换届及领导班子调整】7月，完成新一届科级干部换届工作。经组织选拔和公开竞争（聘）报学校批准，任命朱颖为老干部党总支办公室主任；向丹为综合科科长，方芳、李盛为综合科副科长；汪萍为离休科科长，王彦新、廖远为离休科副科长；徐建勇为退休科科长，孟黎为退休科副科长；徐怡为关心下一代工作委员会办公室专职副主任（正科）。11月1日，经学校党委常委会会议研究决定，罗卡同志任老干部党总支委员、书记；原老干部党总支委员、书记史冰川同志调任哲学系与宗教所党总支书记。

【继续健全各类机制】3月29日，组织召开2017—2018年度关工委工作和离退休工作先进集体和先进个人表彰。10月29日，组织召开2019年二级单位离退休工作联络员工作会议。全校共39个二级单位、部门的联络员参加工作会，会上传达通报了学校离退休工作的最新情况和相关政策，统一思想，形成共识，并发放了2019年最新修订的《四川大学离退休两级管理服务工作手册》。11月22日，组织召开2019年新退休人员代表座谈会，80余人参加。

【强化老年特色文化品牌】对学校离退休工作网站进行改版，及时报道离退休工作动态。完成自办刊物《秋实》第十七、十八期编发。继续进行口述历史访谈录的人物采访及稿件撰写工作。更换校内4个主题宣传栏。启动专题片《川大记忆》新一期相关工作。重视加强对老年心理学、涉老法律保障条文、老年健康知识的学习宣传，收集整理养老机构信息，为广大离退休同志提供参考信息。

【组织开展老同志庆祝中华人民共和国成立70周年系列活动】组织征文活动，其中1篇获特等奖、1篇获优秀奖。组织“庆祝中华人民共和国成立70周年”主题座谈会6次。陪同正厅级干部参加四川省庆祝中华人民共和国成立70周年座谈会。为离休干部发放中华人民共和国成立70周年纪念章。协助老年社团举办“庆祝中华人民共和国成立70周年”活动7次。组织举办“礼赞新中国·唱响新时代”离退休同志庆祝中华人民共和国成立70周年暨四川大学离退休同志第十四届文艺汇演。

【校关工委全面开展“读懂中国——我和我的祖国”活动】全校遴选“五老”80人，组织906名学生访谈，录制微视频22个，撰写征文86篇。成立专家组进行指导并评选表彰微视频一、二、三等奖12个，参与奖20个；征文一、二、三等奖39个，参与奖28篇；优秀组织奖3个。上报教育部关工委后，《不忘初心，与时俱进》《风雨兼程六十载》获得最佳征文，《受任于历史转折之际，勇挑起时代责任之重》获得优秀征文，并在中国教育电视台展播。

【新四军研究会川大分会开展系列座谈会】新四军研究会川大分会联合校关工委、老干部党总支、离退休工作处于4月19日举办“纪念渡江战役70周年座谈会”，于9月11日举办“庆祝中华人民共和国成立70周年座谈会”，于12月18日举办“纪念古田会议90周年座谈会”。

【组织开展离退休同志文体活动】承办由四川省教育厅主办的“2019年四川省高校离退休教职工摄影技术培训班”。组织老同志代表省高校系统参加四川省第九届老年人运动会广场健身舞比赛，获得规定套路优秀奖、自编套路优秀奖、优秀表演奖、体育道德风尚奖；参加第一届四川省高校离退休教职工网球比赛、第五届四川省高校离退休教职工乒乓球比赛和第四届四川省高校离退休教职工棋类比赛，均获得团体第二名。

工会、教代会工作

一、“双代会”及民主参与工作

2019年学校“双代会”工作在“一简一强”的总体思路下进行了改革，首次实现与学校年度工作布置会同筹备、同召开、同落实，“双代会”代表和学校中层干部“双参加”“双列席”，会期缩短为一天。议题内容与学校年度中心工作联系更加紧密，更加契合校内各基层单位贯彻学校发展思路、及时进行工作部署的节点要求，确保了“双代会”的召开与学校工作重心深度融合。同时，完善了教代会团长、专委会主任联席会议制度，优化调整了成员构成范围和人数，成员实现各二级单位全覆盖；强化联席会议例会制度，进一步拓展教职工意见表达渠道、健全教职工意见诉求反馈机制。

组织召开四川大学第四届教职工代表大会第三次会议暨第三届工会会员代表大会第三次会议，会议讨论了《学校工作报告》，书面审议了《学校财经工作报告》《学校教代会、工会工作报告》；表彰了四川大学2018年度“双代会”代表优秀提案和提案办理工作先进单位。会后整理出164条代表意见和建议，分解到学校各相关职能部门进行回复办理，并纳入学校“不忘初心、牢记使命”主题教育整改任务中予以落实。

2019年共征集提案57份，其中立案1个（涉及1份提案），重要建议8个（涉及8份提案），一般意见建议48份。提案回复率为100%，提案人首次满意率为96.55%，评选出10份优秀提案和9个提案办理工作先进单位。开展重点提案督查。

持续开展《四川大学教职工代表大会实施细则》《四川大学教职工代表大会代表提案工作规定》《四川大学教职工代表大会代表团团长、专委会负责人联席会议事规则（试行）》等学校教代会系列制度的修订和完善工作。

校务公开栏全年共出3期，公开各种文件、资料7份；各学院（单位）公开事项2464项。举办校领导接待日20次，参加人员1000余人次。

全年召开教代会代表团团长、专委会主任联席会议及教代会专门工作委员会会议12次。工会系统全力配合学校各级党政做好与文里住房选购工作。教代会代表团团长、专委会主任联席会议讨论审议分配原则和选购方案；校工会通过各种渠道听取和反馈教职工对选购工作的意见，组织工会系统干部全力做好宣传解释引导并向住房选购工作小组派驻专人定点协助工作；各工会分会配合单位党政做了大量耐心细致的思想工作，推进了选购工作的顺利完成。

二、为教职工办实事工作

牵头设立四川大学困难师生员工帮扶基金。制定《四川大学困难师生员工帮扶基金管理使用办法（试行）》等系列制度，帮扶基金对2019年罹患重疾或突发事故致贫致困，以及因本人长期罹患重疾或事故致贫致困的57名师生员工给予1至5万元（税前）额度不等的困难帮扶，共计发放帮扶资金99万元。同时，全年常规帮扶慰问困难教职工241人次，发放慰问金68.8万元。

在2004年、2006年原有制度的基础上，重新制定出台了新的《四川大学劳动人事争议调解办法》（川大校〔2019〕14号文件）《四川大学劳动人事争议调解工作规则》（川大校〔2019〕15号文件），在新时期劳动人事关系多元化背景下切实提高调解工作的规范化、专业化水平，促进劳动人事关系和谐与校园稳定，实现维护教职工合法权益与维护学校整体利益的有机统一。2019年，参加22次共106人次的人事选留与分配、科级干部选拔等工作，受理劳动人事争议调解4起，参与学校对教职工的违规违纪处理5起。开展“入工会、维权益、促就业”宣传周活动。推荐6名校院两级工会干部参加四川省劳动争议调解员、劳动法律监督员培训。

全年集中开展五一节、端午节、国庆节、中秋节和元旦春节慰问，组织采购慰问品57262份，共计519.62万元。为1689名生日“逢五逢十”的教职工发放蛋糕券或划拨经费，合计43.35万元；在冬至前后为教职工发放免费羊肉汤1700余份，合计3.5万元；开展“夏送清凉”和“冬送温暖”400余人次，合计金额13.8万元。提升为劳模服务的水平，实现劳模分类管理、定期更新劳模电子档案；发放劳模春节慰问金8.76万元，慰问品30份；组织劳模体检30人次，特需体检4人次，疗休养4人次，方便就医9人次。

开展学校工会系统庆祝中华人民共和国成立70周年系列大型活动。举办“中华诵”教职工经典诵读比赛、“礼赞新中国·唱响新时代”——庆祝中华人民共和国成立70周年四川大学教职工合唱比赛、“健魄铭志·修身强国”——庆祝中华人民共和国成立70周年四川大学教职工太极拳比赛。举办2020年教职工新年晚会、2019年教职工运动会、四川大学第四届教职工羽毛球团体赛；开办教职工瑜伽、网球、乒乓球、羽毛球、健身操、武术、诵读、油画等免费文体培训辅导班。

举办“春华秋实川大梦·勠力同心展新篇”工会会员入会仪式和团队建设活动；举办青年教师教学成长营培训；承办四川省“全国高校青年教师教学竞赛优秀选手巡讲活动”；开展“平衡自我，喜悦人生”青年教师心理健康知识讲座、亲子教育讲座、教职工子女留学政策解析专题讲座及参观水利水电学院国家重点实验室等活动。

继续组织举办“美丽川大·魅力女性”学校女教职工庆祝“三八”节主题活动月活动、举办6期女性流动课堂、与图书馆联合举办7期“书香川大”亲子阅读活动、举办单身联谊活动2场、开展“喜迎华诞·乐享童年——2019年四川大学教职工亲子运动会”。

表彰10个“巾帼建功立业先进团队”、10名“巾帼建功立业标兵”、100名“巾帼建功立业先进个人”、3个“先进女教职工委员会”和36名“女工之友”；推选5个集体和个人参加四川省三八红旗手标兵（治蜀兴川十大女杰）、四川省三八红旗手（集体）及四川省五一巾帼标兵（岗）评选。

三、创先争优工作

组队参加四川省2019年中华经典诵写讲演系列活动教师组诵读比赛并获得现场展演二等奖；组织参演四川省高校教职工庆祝中华人民共和国成立70周年文艺

晚会；组织参加四川省 2019 年高校教职工气排球赛，获得女子第一名和男子第五名；举办四川省教科文卫工会“蓉城四校”足球友谊赛并获得冠军；组织教职工近百人参与龙泉山义务植树活动。

积极配合学校做好扶贫工作，年内支持甘洛县格布村集中圈舍修建项目、格布村多功能活动中心幼教点教学设备物资采购项目及岳池县安家坝村、红朝门村、石板坡村家庭养殖业发放鸡苗项目，共计 22.4 万元；向甘洛县斯觉镇幼儿园捐赠营养餐鸡蛋 3 万元；帮助销售甘洛县乌金猪肉、核桃、竹荪与岳池县白凤乌鸡等农产品，金额共计 199.58 万元；宣传推广“2019 年甘洛县、岳池县农特产品四川大学展销活动”；慰问学校派驻对口帮扶地区扶贫干部；向甘洛县格布村捐赠衣物和生活用品 200 余件。

四、加强自身建设工作

校工会部门深入开展“不忘初心 牢记使命”主题教育活动。积极调研，发出电子和纸质问卷 190 份，在学校工会服务平台上发出网络问卷（即时绑定会员数 5940 人），组织或参加调研会、务虚会 11 次，汇总情况反馈和问题归集 1520 条，形成了三大方面 14 个具体问题，并提出了 12 条具体整改举措。

按照《四川大学工会分会工作考核实施办法（试行）》（川大委〔2018〕77 号文件）首次实施了对工会分会年度工作的考核。考核结果为优秀 23 个，良好 10 个，合格 7 个（国际关系学院工会因新成立，暂未考核）。本次考核反映出工会分会基础工作比较扎实，档案管理有序，工作机制较完善，为下一步更多创新工作的开展打下了良好基础；同时也反映出部分工会分会存在财务管理、宣传工作等方面的薄弱环节。考核工作以考促建，激发工会分会内生动力，进一步提升了我校工会系统工作科学化规范化水平。

推进智慧工会建设，已建成包括困难帮扶平台、工会福利发放平台、在线报名系统、在线调查系统、文体活动计分统分系统、工会系统财务管理平台等 10 余个业务子系统；校工会微信公众平台绑定会员 8000 余人。

加强工会干部业务培训。在校工会干部中开展能力提升工程建设，组织全校 60 余名工会分会主席或副主席暑期赴贵州遵义红色教育基地开展思想政治和业务培训。

加强工会理论研究和调研工作，完成 2018 年工会理论研究课题结题，资助经费 9 万元，提交理论研究成果和研究报告 10 项，公开发表论文 8 篇，其中在全国核心期刊发表 3 篇。参加教育部部分直属高校第二十五次工作会议、四川省高校工会工作交流会和四川省教科文卫工会全委会及女工委全会，均就我校工会工作经验做了大会交流发言。

制定《校工会网络及新媒体管理工作方案》，完成学校工会工作新闻报道 65 篇，二级工会报送 78 篇；更新校工会宣传橱窗 9 期；刊印《川大教工》第 52—53 期，组稿 110 篇；向中国教科文卫体工会、四川省总工会、省教科文卫工会《四川教工》和学校报送重大新闻稿件 4 篇，在微信公众平台发布信息 35 篇。

2019 年度审批通过的第三批特色工作项目 17 个共 30 余万元，推荐“网上工会”等我校特色工会工作参与四川省教科文卫工会组织的“创新、特色、精品”工作项目评审，获得 4 个一等奖、1 个二等奖。

受到上级工会多次表彰。华西医院急诊科荣获 2019 年中华全国总工会“全国工人先锋号”荣誉称号；华西医院工会等2个单位获得“四川省教科文卫体系统模范职工之家”称号，商学院工会等3个单位获得“四川省教科文卫体系统模范职工小家”称号；先进个人方面，3人获得“四川省教科文卫体系统优秀工会工作者”称号，4人获得“四川省教科文卫体系统优秀工会积极分子”称号，3人获得“四川省教科文卫体系统优秀工会之友”称号；在四川省第二届教职工代表优秀提案评选活动中我校选送的代表提案获得2个一等奖，1个二等奖。

（以上资料由校工会冷泠、杨秋提供）

安全保卫工作

2019年，保卫部（处）坚持以习近平新时代中国特色社会主义思想为指引，深入学习贯彻党的十九大和二中、三中、四中全会精神，深化全面从严治党，围绕学校“双一流”建设中心工作，不断提升校园安全风险防控本领，深入推进校园治安防控体系创新，切实维护学校安全稳定大局。

一、突出党建引领，筑牢战斗堡垒

始终坚持把党的政治建设摆在首位，持续深入学习贯彻习近平新时代中国特色社会主义思想，扎实开展“不忘初心、牢记使命”主题教育，在“周二学”基础上，不断丰富学习形式内容，首次开展党建知识竞赛、“世界读书日”“保卫青年说”等活动。严格落实“三会一课”制度，年度召开党员大会5次，支委会（含扩大会议）15次，党小组会30余次，党课5次。建立以党小组为抓手的党建工作机制，夯实基层基础，切实增强支部的战斗堡垒作用。

接受四川大学党委第三轮巡察。6月5日至6月28日，四川大学党委第三轮巡察第三巡察组对保卫部（处）开展了集中巡察。针对巡察组反馈的巡察意见，保卫部（处）高度重视、诚恳接受，成立了保卫部（处）巡察整改工作领导小组，层层传导压力，严抓整改落实。在集中整改阶段，共召开落实巡察整改各级会议9次，形成了齐抓共管的良好局面。截至12月，保卫部（处）已经完成了集中整改，并建立长效机制，巩固巡察整改成果。

二、坚定不移维护学校安全稳定

2019年国内大事多要事多，保卫部（处）在学校党委领导下，周密部署、全力保障，坚决捍卫学校的安全稳定。扎实做好重要节点期间的舆情搜集、隐患排查，突出联防联动、协同作战，强化巡逻巡查、实时监控，切实筑牢了重要节点关口的安全防线，以实绩迎接中华人民共和国成立70周年。

完成各类大型活动勤务保障任务。2019年，保卫部（处）参与学校各类大型活动执勤70余次，执勤人数2200余人次，包括参与四川省委书记彭清华、省长尹力来校视察，“放飞梦想”四川大学青春歌会，四川大学博物馆群项目开工仪式，面向新经济的技术交叉与转化中心项目开工仪式，第十三届中国残疾人事业发展论坛，“一带一路”网球公开赛，戚发轫院士到我校讲座，学校123周年校庆，129环校跑等活动。

圆满完成学校与文里分房维稳任务。为坚决做好分房维稳工作，保卫部（处）提前研判、多方联动、多措并举，得到市区各级政法委、公安机关的支持。选房期间，周密安排无间断假期值班备勤，先后组织干部职工300余人次参与维稳执勤，截至9月选房结束，校内未发生任何影响安全稳定的群体性事件。

三、积极推进校园技防信息化建设，切实加强校园治安防范与治理

2019年，保卫部（处）指导校内二级单位新增内部监控探头1100余个，基本实现二级单位技防全覆盖；完成三校区新增644个监控点位的确定；配合成都市公安局武侯区分局在望江校区开展人脸识别系统试点建设；完成高端网络存储设备采购；完成校园交通综合管理系统（二期）及望江校区行政楼安防系统安装和设备采购两个子项目的工程验收等，校园技防信息化水平进一步提升。

2019年，三校区“校园110”接处警中心受理报警共计1860余起，挡获各类违法犯罪嫌疑人32人，打掉在华西校区地下通道长期盘踞的扒窃团伙1个；受理求助、调解纠纷333余起；处置各类突发事件50余起，其中学生意外事件25起（高危5起）；开展治安隐患检查500余次，下发隐患整改通知书169份；11月初，开展“涉黄赌毒和扫黑除恶”专项行动，会同校内外多家单位，针对学校非售房区和售房区开展了专项清查；协助公安机关查处案件30余起；做好人好事帮助师生60余起；为师生找回被盗、遗失财物79件；收到锦旗5面。

警校共建共育再添新路径。3月，保卫部（处）在原有警校“片区联动”的基础上，推动促成了学校法学院与双流区公安分局的合作签约，引入智库力量助力警校联动更上台阶。此后三方将在共建平安校园、共育法治人才方面做出新的有益尝试。同时，袁斌部（处）长受聘为成都市公安局双流区分局空港警务顾问团特邀法律咨询顾问。

四、完成“安全应急技能训练中心”建设，积极推动安全教育进课程

5月，由保卫部（处）、设备处与灾后重建与管理学院共建的“安全应急技能训练中心”建设完成并投入使用，保卫部（处）主要承担了其中“初期火灾处置实验室”的建设。训练中心建设完成后，已先后承担了教育部全国高校安全生产培训处长班、人社部“应急管理与综合减灾”国家级高级研修班、全国青少年防灾减灾教育培训基地、华西口腔医院、轻工学院、川大二幼等的安全培训等有关培训课程，接待了四川省应急管理厅等机构的参观考察。

推动安全教育进入大学生课程。2019年春季学期，保卫部（处）与学工部、教务处共建的大学生安全教育课（选修，1学分）面向本科生开课。秋季学期，依托安全应急技能训练中心，保卫部（处）与设备处、灾后重建与管理学院、华西医院共同开设《实验室安全与环境保护》课程（32个学时，2学分），保卫部（处）组建的专业团队负责其中的消防实训课程，已经完成了2019级4860余名新生的课程讲授。

五、进一步加强校园环境整治，改善校园环境

江安校区引入共享电动单车。5月，按照四川大学专题会纪要（2019第27期）精神，保卫部（处）在江安校区引入共享电动单车。首批投放的数量为300辆，试运行期限1年。与此同时，保卫部（处）持续优化设置校园自行车停放点位，督促共享单车公司加大对占道车辆的清理力度，改善校园环境。

正式启用望江、华西校区地下停车场。10月，望江校区、华西校区地下停车场正式启用。由学校招标的物管公司进行日常管理。望江校区地下停车场开放车位1533个，开通进出口2个（西区游泳池出入口、文华活动中心出入口），面向机动车A、B、D、E证及公务预约车辆开放，实行过夜计时收费。望江校区地下停车场启用后，望江校区实行“二主三横三纵”交通违停整治，自10月至12月底，告知并处理违章停车1200余辆，锁车660余辆；11月中旬集中清理望江校区“僵尸车”28辆。

六、召开社会治安综合治理、安全生产和消防安全工作总结表彰大会

12月5日，学校召开社会治安综合治理、安全生产和消防安全工作总结表彰大会。学生工作部（处）武装部等15个单位荣获“先进集体”称号，王忻怡等40名同志荣获“先进个人”称号，赵志涵等150名同学荣获“学生先进个人”称号。校党委书记王建国同志为获奖集体和个人颁奖。

七、服务师生办实事的五项举措

10月，在为师生“办实事解难题”方面重点推进五项工作：一是开通机动车出入证线上续办；二是开通办理外聘员工机动车出入证（E证）；三是联系成都市公安局交管部门，引入交管系统专网，教职工在望江校医院即可实现驾驶证换证体检；四是联系成都市公安局交管部门，在望江校区北大门一环路划定掉头标线，实现望江校区、华西校区之间的机动车快速通行；五是改造望江校区基教停车场道闸，实现车牌自动识别驶入，无须再刷校园一卡通。

表2 2019年度安全保卫工作有关数据

一、维稳工作情况			
配合公安、国安机关来校开展调查工作	55起（大型7起）	配合上级开展核查工作	762人次
审核申请因私出国（境）人员信息	63人次	新增、撤销、更新备案人员信息	100人
学生参军、就业政审	463人次	挡获涉嫌非法传教	8人
二、治安工作情况			
三个校区校园“110”报警服务中心接处警	1860次	挡获各类违法犯罪嫌疑人	32人
追回被盗、遗失财物	79件	受理求助、调解纠纷	333起
配合公安机关查处案件	30余起	做好人好事帮助师生	60余起
治安安全检查	500次	下发整改通知书	169份
关停违规搭建商铺	8家	取缔违规摊点	100个
尚在营运的人力三轮车	42辆	受理机动车预约申请	30000次

续表2

三、消防工作情况			
日常防火安全检查	1000 次	专项检查	24 次
下发整改通知书	85 份	发放干粉灭火器	7076 具
参与火灾事故处置	7 起	开展校内防火培训、演练	30 次
四、户证工作情况			
毕业生户口迁移	2200 余人次	新生入户	2355 人
研究生入户	1035 人	本科生入户	1320 人
办理机动车出入证	8665 个	接待师生员工办事及咨询	40000 余人次

[以上资料由保卫部（处）廖静提供]

保密工作

2019 年，学校坚持以习近平新时代中国特色社会主义思想为指导，深入学习贯彻党的十九大及历次全会精神，按照中央、教育部和四川省保密管理部门的要求和部署，不断加大保密管理机制建设，加强保密业务指导、服务检查和条件支撑，大力开展保密宣传教育，健全完善各项保密措施，努力提高保密工作科学化、保密管理法制化、保密技术现代化、保密队伍专业化水平，全年无失泄密事件发生。

一、深入学习贯彻习近平新时代中国特色社会主义思想和中央、教育部及四川省保密工作会精神，结合“不忘初心、牢记使命”主题教育，不断落实保密工作责任制

2019 年，学校党委高度重视保密工作，深入学习贯彻习近平新时代中国特色社会主义思想，以习近平总书记关于保密工作重要讲话精神为行动指南，结合“不忘初心、牢记使命”主题教育，将保密工作相关内容纳入校党委理论中心组学习内容，将保密工作纳入学校年度工作要点，深入推进学校保密工作。校党委书记王建国、校长李言荣带头学习习近平总书记关于保密工作重要讲话和中央保密委、四川省委保密委 2019 年度保密工作会议精神，并在相关文件批示、会议讲话中对保密工作提出明确要求，及时解决学校保密工作中的重点难点问题。校保密委主持召开 2 次学工作专题会，对保密工作进行研究、部署和总结，定期组织开展校内保密检查，督促相关单位和人员对检查中发现的问题及时进行整改，及时听取校保密办的工作汇报，督促保密工作落到实处。

学校保密委成员积极学习保密工作文件精神，认真落实保密委成员职责，向学校保密委员会报送了 2019 年保密工作履职情况。学校保密归口管理部门继续深入落实保密归口管理责任，把保密工作与业务工作同计划、同部署、同检查、同总结、同奖惩，并通过定期检查、专项检查等督促校内各单位落实保密责任，及时发现解决检查中的问题，做到业务谁主管、保密谁负责。

二、加强保密法制宣传，开展保密教育

学校高度重视对领导干部和涉密人员的保密教育培训。2019 年组织召开了 5 次校级层面的保密宣传教育活动，校内各二级单位开展保密宣传教育活动百余次，接受保密宣传教育人员总计 5000 余人次；安排校内 120 余名涉密人员进行了保密知识培训和考试，为学校全体中层领导干部发放《领导干部和涉密人员保密行为手册》。通过专家授课和涉密人员知识测试，学校相关人员系统学习了当前保密工作形势任务、保密法律法规、保密技术防范等方面知识，增强了保密意识。校保密办每月还按时向校领导和涉密单位发放《保密工作》杂志，保证其及时了解保密工作最新动态。

同时，学校通过多种形式，面向师生职工广泛开展保密法制宣传教育。2019 年，学校党校对 3384 名（其中教职工 147 名，学生 3237 名）入党积极分子进行了保密教育；人事处和校保密办对 439 名新上岗教职工进行了保密安全培训；校保密办会同校保卫处、国际处，对出国（境）人员进行行前保密教育共 6264 人次（其中因私 17 人次，因公 6247 人次），对因私出国（境）人员均发放了《四川大学出国（境）人员须知》，因公出国（境）人员均进行了行前教育；学工部、研工部、马克思主义学院牵头，充分利用各学院党团组织生活会、学生形势教育和思想政治课等渠道和形式，对学生广泛开展保密知识教育。

学校还充分利用相关时间节点开展保密宣传教育。比如，联合成都市国家保密局等相关部门开展全校“4·15”全民国家安全教育日系列宣传活动，邀请了相关专家为师生开展保密宣传教育讲座，各二级单位积极响应并利用新媒体开展国家安全保密宣传教育；校保密办主任在新生军训期间，深入学生中结合国内外形势开展保密宣传教育讲座；组织开展全校“12·4”国家安全保密法制宣传活动，为中层领导干部发放《领导干部和涉密人员保密行为手册》。

三、健全保密工作制度，提升保密工作队伍理论水平

根据中央保密办、国家保密局、教育部有关文件精神和要求，积极落实涉密国产化替代的各项要求，制定了《四川大学涉密采购管理办法》，配套出台了《四川大学涉密采购指南》，规范和明确了校内涉密采购工作流程和归口管理单位，为校内各单位涉密采购提供了政策依据。学校各保密归口管理部门根据学校保密工作相关制度，继续优化业务保密工作流程，将保密工作要求进一步融入业务工作流程。学校进一步提升保密战线工作能力，设立了四川大学国家安全保密课题研究，评审出 5 个重点项目和 15 个一般项目，提升保密工作队伍理论知识水平，增强业务工作技能。

四、健全完善涉密人员管理机制

2019 年，学校按照《四川大学涉密人员管理办法》，继续做好涉密人员岗前、在岗和离岗管理，并针对被校外单位定为涉密人员的情况提出了明确要求。成了全校涉密人员资格培训证书更换工作。涉密人员在公安机关出入境管理机构进行了登记备案，因私护照按人事档案管理权限由组织部和人事处集中保管。涉密人员因公、因私出国（境）履行了审批手续，签订了保密承诺书。

五、切实做好涉密载体过程管理工作

学校贯彻落实《武器装备科研生产单位保密资格标准》等文件要求，结合校内实际，按照依法、规范、从严、全覆盖的要求，继续做好定密工作。2019 年，学校对 30 余项涉密事项进行了定密审批。

2019 年，学校继续加强涉密载体全过程管理，落实了各环节审批制度，明确了管理和使用涉密载体人员的责任，按照涉密载体知悉范围严格控制涉密载体接触和知悉人员。各学院定期对涉密载体使用过程中的收发、借阅、携带外出等环节进行清理，确保涉密载体管理有迹可循，有账可查，实现涉密载体从产生到销毁全过程闭环管理。2019 年，学校组织了 4 次涉密载体、涉密信息设备、涉密存储介质、内部文件等销毁工作，销毁 4 余吨文件/材料。

六、严格信息设备管理，规范信息保密审查

2019 年，学校严格做好涉密信息设备日常管理，深入落实信息设备安全保密管理责任制，规范涉密信息设备和存储介质管理和使用，进一步加强信息安全保密管理员队伍建设，积极组织学校“三员”信息安全保密管理技能培训，全面提升“三员”涉密信息设备安全防护能力。

学校严格执行国家和四川省国家保密局涉密设备替代相关要求，启动涉密专用设备替代工程，采购了涉密专用计算机、打印机、多功能一体机等设备，圆满完成 2019 年机关部处涉密设备替代目标。同时配备了涉密专用计算机三合一专项导入装置、主机监控审计与登录、打印刻录安全监控与审计等防护系统，确保学校涉密专用设备替代保质保量。

学校严格做好四川省电子政务内网管理工作，启动纪检内网建设工程，将保密工作要求与建设同计划、同设计、同建设、同验收。积极做好互联网安全保密管理，认真落实校内各单位的网络安全责任制，将贯彻落实网络安全责任制纳入单位年度议事日程；加强校园网用户管理，对校园网出口端进行了上网行为审计和流量控制，确保上网信息不涉密。

2019 年对全校涉密信息设备开展了 2 次定期保密检查，组织各学院、各部门对非涉密计算机进行抽查，确保涉密信息不上网。继续做好涉密信息设备、涉密移动存储介质全生命周期管理，切实落实信息设备保密管理责任。

七、进一步规范涉密科研项目保密管理

学校高度重视涉密科研项目保密管理，涉密项目从申报到结题均严格进行保密监管。2019 年对涉密科研会议进行了 5 次保密技术检查，并制定和落实了保密工作方案；对 59 篇拟发表论文、专著，45 项公开科技项目、奖项申报和相关新闻宣传报道进行了专项保密审查，对全校 10 余名研究生的涉密论文进行了保密审批。健全完善了涉密项目组涉外活动管理，对项目组涉外活动进行了保密审批和监管。

八、开展保密检查和先进评选，顺利通过上级保密工作检查

2019 年，学校组织了 2 次全面的保密检查，校保密办联合各保密归口管理部门开展保密专项检查 2 次。对检查中发现的问题提出了书面整改要求，明确了整改时限，并督促各单位进行了整改。学校还开展了 2017—2018 年度国家安全保密工作先进集体和先进工作者的表彰工作，表彰了 10 个国家安全保密先进集体和 20 名国家安全保密先进工作者。

2019 年，学校顺利通过教育部国防科技保密管理专项检查，保密工作得到了教育部保密管理专项检查组组长的高度评价；顺利通过了国家装备承制单位资格现场审查中的保密审查。

九、加强四川大学国家保密学院暨国家保密教育培训基地成都分基地建设，健全保密人才培养和学科建设机制

2019 年，四川大学国家保密学院联合计算机学院等共为 15 级、16 级信息安全（保密技术方向）专业学生开设 86 门课程，为 17 级、18 级电子信息工程（保密技术方向）专业学生开设 103 门课程。截至 2019 年，保密学院共有信息安全（保密技术方向）、电子信息工程（保密技术方向）专业在校本科生 116 人（2014 级 24 人，2015 级 29 人，2016 级 27 人），在校研究生 20 人；保密技术方向专业 30 名本科生、4 名研究生全部顺利毕业，国内外升学率达 41.67%，就业率 100%。2019 年，国家保密学院学生参加全国大学生电子设计竞赛，荣获全国二等奖一项，全国三等奖一项；国家保密学院教师共申报保密技术类科研项目 4 项，到校经费总计 40 余万元。

2019 年，国家保密教育培训基地成都分基地继续做好保密教育培训工作，承办山西、内蒙古、吉林、江苏、浙江、福建、山东、河南、广东、广西、海南、重庆、四川、贵州等地党政机关、企事业单位、高校保密教育培训共 22 期，总计 1400 余人次。

（以上资料由校保密办吕顺提供）

社区工作

一、开展“不忘初心、牢记使命”主题教育工作

社区建设办公室班子成员及党员全体认真集中学习研讨；针对家属区广大教职工和群众最关心的问题进行深入调研，开展多种形式调研、收集意见建议，深刻检视问题，共调研检视 4 个方面 8 个具体问题，制定整改措施 12 条，召开各类协调会、沟通会 25 次，实地调研 10 余次。认真落实学校关于主题教育八个专项整治和四个着力整改任务清单。

二、巡视整改工作

认真做好校园环境综合治理及住改商专项整治工作。一是按照《四川大学已售房家属区环境整治工作实施方案》，积极配合、协助辖区政府执法部门开展禁止性执法，劝阻新增违建、侵占绿地、占道经营等行为 19 起，拆除违建 4 起。二是制定并严格执行《家属区房屋装修申请登记制度》，通过与学校保卫处、城管执法中队及小区自治管理小组配合，杜绝违章搭建材料运输入校，从源头遏制新增违建的发生。同时，加强对装修业主建渣清运的监督和督促。

三、社区安全整治工作

配合相关部门妥善处理了以下易引起群体性事件的问题。一是农林村产权证办理问题可能引发的教职工上访。联合规建处、后管处召开了 7 次房产证办理工作情况通报会，畅通信息沟通渠道，推进办理工作。二是协调解决了江安花园停水引发部分群众聚集事件。历经 1 年多的多方协调和沟通，自来水停水问题得到基本解决。三是联合保卫处、相关医院做好宣传、协调工作，有效避免了因华西公共卫生学院大楼及地下停车场工程施工后，关闭临时通道可能引发的安全稳定问题。

认真做好已售房家属区各种安全宣传、教育和检查等工作：1月，更换望江校区和华西校区家属区过期失效灭火器100具、发放消防水带60根；5月，按照学校《关于开展百日安全大排查大整治活动的通知》要求，联合政府、学校、自治组织等部门在家属小区开展消防安全专项检查和隐患整治活动；7月，与小区公共用房管理者签订《消防安全责任书》，健全安全工作制度，落实小区公共用房消防安全主体责任；11月，联合保卫处等与政府相关执法部门开展“黄赌毒”专项清查活动，对已售房小区的出租房屋进行专项清查，竹林村走访238户，速中路高知楼走访117户；坚持在3个校区16个小区开展冬季燃气安全使用的专项宣传活动。

四、指导、协调小区自治和物业工作

指导、协助自治组织开展换届选举、成员增补、日常管理、纠纷调解等工作89件，如文星花园业主委员会主任更换及副主任增补、川大花园及农林村物业企业续聘、新南村自治管理小组成员增补、高知楼自治管理小组换届等。协助并督促物业做好日常管理服务25件，涉及物业费缴纳、水费催缴、矛盾协调等工作，如委托并协助物业对高知楼小区进行电梯大修；协助江安花园物管公司向相关单位催收小区综合楼水电物管费；督促文星花园物管公司加强对小区流动人口的管理和登记工作等。协助自治组织申请和有效使用社区公服资金，对公共设施设备和小区绿化等进行维护。

五、服务居民群众工作

协助保卫处做好机动车出入证B2和D2证的新办、续办及更换工作，分别办理B2证113个，D2证110个。认真处理并回复校领导信箱、校领导接待日及党委办公室等各类信访共19件。针对应急维修项目，进一步规范经费管理和项目审批，共计处理76起（望江校区22起，华西校区54起）老旧院落公共应急维修。完善社区志愿服务平台，开拓学校专业知识优势资源，分别与华西医院、华西临床医学院及华西口腔医学院合作开展4次义诊志愿服务。

六、与政府共驻共建工作

稳步推进学校与政府互动、联动的共驻共建工作机制，配合完成116件政府工作。望江校区配合武侯区政府锦江治污工作的开展，完成农林村小区雨污水混流的应急整改工作和华西新村片区雨污水改管工程；配合处理政府投诉13起；协助武侯区平安社区工程百日攻坚行动燃气管线隐患排除工作。华西校区配合成都市河道管理处排查大学路12号小区片区排污问题排查；协助宁村小区申请政府公服资金4万元开展小区绿化排危工作；配合成都市公园城市建设管理局开展道路规划相关工作。江安校区全力配合政府等部门，协调江安花园自来水欠费和一户一表改造工作，以及老物业退场、新物业进场的工作交接问题。协助政府2019年成都市社区保障资金在家属区11个项目的开展，涉及金额40余万元。

七、推进学校老旧小区自主增设电梯工作

为前来咨询的教职工详细解释政府相关政策，组织有意愿教职工代表参观电梯公司或电梯加装现场，并做好教职工之间矛盾协调工作。加强与政府相关部门的联系，及时掌握政策最新动态；将教职工反映强烈、矛盾突出的问题向政府相关部门反映，促进政策优化调整。引进政府力量，加大对已售房小区电梯增设工作的支持和指导。加强与学校相关部处联系，多次联合召开自主增设电梯工作研讨会，最终形成《四川大学促进已售房小区既有住宅自主增设电梯工作的实施意见》，明确了校内各相关部门在推进自主增设电梯工作中的职责。目前，我校自主增设电梯工作取得了稳步有效进展，实现了零的突破，川大花园 9 栋 2 单元成功验收并交付使用。另外，有 10 个单元正在施工，有 8 个单元已进入公示、签约、报建等程序，有 34 个单元在开展业主意见征集工作。

八、完成学校专项工作任务

根据学校“按照成都市环境改造的相关要求继续做好 2018 校园污雨水管网改造工程”会议精神，完成“校宅分离工程的子工程——华西新村片区雨污水管网改造工程”，重新铺设污水管网 2532 米、雨水管网 835 米，道路硬化 2382 平方米，新增化粪池 2 个。该工程解决了华西新村片区污水直排锦江的问题，完成了华西新村·十四宿舍小区的雨污分流工程，实现了该小区雨污分流管网与校园内雨污管网的分离。

（以上资料由社区建设办公室高翠兰、康劼提供）

大学生思想
政治工作篇

理论教育与成长指导

一、时政学习与思想政治教育管理

深入学习贯彻习近平新时代中国特色社会主义思想和党的十九大精神及十九届二中、三中、四中全会精神，坚持用党的理论创新理论加强对学生的思想引领。按照学校党委统一部署，紧密结合实际，通过专家讲座、座谈会、各类校园文化活动等丰富多彩的形式，在全校学生中广泛开展全国“两会”精神、习近平总书记在纪念五四运动100周年大会上重要讲话精神、习近平总书记在庆祝中华人民共和国成立70周年大会上的讲话精神等的学习和宣传，推进习近平新时代中国特色社会主义思想“三进”工作。召开学习贯彻习近平总书记纪念五四运动100周年大会重要讲话精神座谈会，举行纪念五四运动100周年升国旗仪式和100周年图片展，开展研究生学习2019年两会精神宣讲大赛，带动学生积极学习党的创新理论。举行“我和我的祖国”四川大学庆祝中华人民共和国成立70周年三校区升国旗仪式，5000余名川大学生、教职员工、校友代表等共同参与。邀请四川省省长尹力、原国家宗教事务局局长叶小文、国家体育总局原局长刘鹏、教育部思政司一级巡视员俞亚东等做主题报告共计14场，覆盖学生4000余人次。举办“做新时代红色传人”暨缅怀革命先烈活动。组织开展“我和我的祖国”快闪活动等，被央视新闻、微言教育等主流媒体广泛报道。组织2000余名师生集体观看《我和我的祖国》等主旋律影片。举办6期“形势政策大讲堂”，学习宣传党的十九届四中全会精神，深刻领会党中央治国理政新理念新思想新战略。

以传统节日、重要纪念日等时间节点为契机，大力开展红色基因传承教育工作。校党委书记王建国同志到“江姐班”开展名誉班主任活动2次，与师生交流座谈，为同学们思想建设和学业成长等方面提供指导。召开“江姐班”建设工作推进会议，起草《“江姐班”建设遴选方案》，积极打造“青年红色筑梦之旅”红色社会实践课堂。组织学生赴重庆红岩联线、岳池等地开展调研及社会实践活动。开展“传承·2019清明祭英烈”“四川籍红岩英烈”事迹展览、“青春告白祖国”等各类红色主题和党建主题教育活动共计20余次，覆盖学生6000余人次。

加强学生党建工作，坚持党建带团建推进大学生思想政治工作。以推进研究生党员学长制为抓手，充分发挥研究生党员学长的先锋模范作用和“五个领航”作用，加强研究生党建工作，召开研究生党员学长制工作推进经验分享会，并开展第二批优秀研究生党员学长表彰和第三批研究生党员学长聘任工作。截至2019年6月底，全校共聘有120名研究生党员学长。积极指导我校2个“全国百个样板研究生党支部”开展创建宣传工作。加强基层团组织建设工作，制定《关于加强学生基层组织建设的实施办法》，修订《“班团运行一体化”实施细则》，印制《团支部工作手册》，制发《关于进一步做好推荐优秀团员作入党积极分子人选的实施细则》。组织全校1706个团支部开展主题团日活动4500余场。开展四川大学“青年讲师团”宣讲活动8场。“青年大学习”网上主题团课学习人次达到13万余；开发《小川说团史》微视频团课。评选2019年度“感动川大”10位新闻人物；推荐1名学生获评“全国向上向善青年”。

加强学术诚信建设，推动学术诚信教育的长效机制建设。对2019级研究生新生全面启用《学术道德与学术规范》《学术论文写作》电子教程。组织开展2019年度四川大学诚信教育宣传月，包括诚信教育宣传海报三校区巡展、“德沃群芳”育人文化建设先进科研团队评选、研究生“学术之星”评选、诚信文创作品征集等活动。组织研究生参加四川省高校诚信教育主题活动暨诚信教育宣传作品征集活动，推荐2部优秀诚信公益短片、6件公益宣传画参赛。各类活动得到了全校师生的广泛关注和积极参与，营造了诚实守信、风清气正的良好校园氛围。

二、思想政治理论课教学

以思想政治理论课为载体，进一步增强大学生思想政治教育工作。全面推进新时代本科教育改革与发展大讨论，举办了新时代高校思想政治理论课改革创新研讨会。马克思主义理论专业招收了首届本科生29人，学科体系进一步完善。坚持“五备四讲三跨”集体备课制度，做好备教材、备教法、备学生、备学法、备作业，各教研室邀请文科名家参与思想政治理论课各门课程的集体备课。实行新进教师试讲、备课小组说课、骨干教师示范讲、文科名家领衔讲思政课，精心研究好、讲述好中国故事、红色故事、川大故事、专业故事“四个故事”，开展跨教研室、跨学院、跨学校集体备课制度。严格教学管理，深入推进思政课教改工作。持续建好“在线课程工作坊”，打造本科4门省级在线课程。打造“课程思政”，推动全员育人，中国近现代史纲要课程被学校推荐为四川省精品示范课程。教育教学改革成果丰硕，获得首届全国高校思想政治理论课教学展示活动一等奖1项。获得四川省高校思想政治理论课“精彩一课”讲课比赛奖励一等奖2项、三等奖4项。获得学校第五届“星火校友教奖金”1项，学校唐立新优秀学者奖三等奖1项。“五彩石”志愿服务项目获得第十二届中国青年志愿者优秀项目奖。稳步开展实验教辅工作，成功申报四川大学虚拟仿真实验建设项目——“我的同学江竹筠”思政课红色教育资源项目。图书资料室建成马克思主义文献中心。

三、大学生心理健康教育

做好大学生心理健康教育教学工作。完成《大学生心理健康》教材第二版编写，已于2019年9月用于教学。为大一学生开设《大学生心理健康》（53个班）、《心理健康教育》（2个班）2门本科生必修课，合计选课人数9100余人。同时开设了《得觉智慧课》《团体心理学》《积极心理学》《学习心理学》《人际交往心理学》5门选修课，开设5个班次，合计选修学生270余人。

心理健康教育中心和华西心理卫生中心专家紧密配合，在三个校区继续开设了专家心理咨询门诊，2019年度华西心理卫生中心先后派出34位专家为学生开展门诊心理咨询约75人次，使学生得到及时的诊断和帮助，为危机干预工作创造了条件。2019年度专家咨询门诊共接待学生417人次。在开展专家门诊的同时，每周在5个咨询室开展22个单元的普通心理咨询。2019年普通咨询接待了1418人次，华西专家门诊式咨询417人次，在新生适应、学习、人际交往和人际关系、求职择业、情感、个性发展等方面给予了力所能及的帮助。在心理咨询中发现并及时转介送诊了多位有心理疾患的学生。年度危机干预103人次，绿色通道转介到医院进行治疗的学生有53人次。

2019年度开展全校心理测评15514人，其中2019级本科生参评7558人，2019级硕士生参评5013人，2019级博士生参评1058人，2019级少数民族预科生参评109人。

四、军事教育与国防生工作

顺利完成2018级8934余名本科生为期14天的军事技能训练并取得良好成效。完成2018级、2019级本科生9717人的军事理论课教学、考试工作。在吴玉章学院和拔尖班学生中开设了军事理论课“慕课”教学。大力加强兵役登记和征兵工作的宣传。2019年学校入伍学生共计17人，同时输送120名优秀毕业生到部队工作。通过多种方式向我校复转军人、军人家属、军烈属、伤残军人、离休干部、老红军等开展慰问活动。

进一步加强国防生的教育管理工作。截至2019年，全校国防生有33人，其中本科生32人，研究生1人。按照国家相关政策，2019年共有49名在校国防生申请面向社会分流。利用清明节、烈士纪念日等传统节日、重大纪念日组织国防生开展祭奠革命英烈、宣誓活动，对国防生开展爱国主义教育和从军报国的理想信念教育，进一步加强国防生思想政治教育。组织国防生积极接待北川西苑中学（原为四川大学国防生社会实践基地）师生一行到校开展“感恩川大、爱驻西苑”活动，进一步加强了两校联系。

【打造原创精品舞台剧《江姐在川大》】 2019年打造原创舞台剧《江姐在川大》，并于9月、11月，面向全校师生公演6次。中央电视台、新华社、中国新闻社、人民网、光明网等主流媒体纷纷对该剧进行了报道。2019年12月，该剧入选“中华人民共和国教育部高校原创精品文化推广行动计划”。

【招收首届马克思主义理论专业本科生】 招收首届马克思主义理论专业本科生29人，制定《马克思主义理论本科专业人才培养方案》，选派最优师资组成专业教研室和课程教师队伍。探索建立马克思主义理论专业本科培养机制，制定《四川大学马克思主义学院本科生学业导师工作管理办法》，按照1∶2的比例为本科生配备学业导师。

【成功举办第三届中共党史研究青年学者论坛】 2019年12月6日至8日，由《中共党史研究》编辑部和四川大学马克思主义学院联合举办的“第三届中共党史研究青年学者论坛”在四川大学望江校区召开。来自中国社会科学院近代史研究所、清华大学、南京大学、上海交通大学等30多所高校、科研单位的专家学者，《中共党史研究》《党史研究与教学》《史林》《党的文献》等知名杂志主编与编辑，以及四川大学、电子科技大学、西南交通大学、四川师范大学等驻蓉高校师生代表近百人参加论坛。

【刘燚获评“第十四届中国大学生年度人物”“最美大学生”两项殊荣】 水利水电学院2016级博士生刘燚获评“第十四届中国大学生年度人物”，并获中宣部、教育部首届“最美大学生”。

基础管理与服务

一、本科生服务管理

不断建立和完善“八位一体·联动互助”的资助保障体系。经认定，2019 年全校本科生中有 9453 名家庭经济困难学生，其中特别困难学生 3522 人，困难学生 4368 人，一般困难学生 1563 人。2019 年，为 11434 名学生发放国家奖助学金 4463.87 万元；为 351 人次发放长学制学生奖助学金 968.7 万元；为 70 名学生发放关工委奖学金 11.5 万元；为 2976 人次共计发放社会奖助学金 1705.6 万元；发放各类补助如伙食补贴、临时困难补助等累计达 3 万人次，共计 876.6 万余元。2019 年校园地新贷 249 人，续贷 1209 人，同时为 1458 人处理校园地助学贷款 1176 万元，为 6001 人处理生源地助学贷款 4828.8 万元。2019 年，为 103 名毕业同学办理国家助学贷款再贴息手续；为 285 名毕业生办理还款协议；为 468 人次发放基层就业、兵役等补偿代偿款 318 万元；为 77 名学生获得学费减免 38.3 万元；为 40 名学生处理商业医保理赔 10.8 万元，帮助 123 名学生获得平安保险公司资助 2.5 万元。2019 年，学校勤工助学中心为 1528 名学生创造了 127.58 万元的勤工助学收入，为 17080 人次发放勤工助学费 879.9 万元。

加强学生日常管理的科学化和规范化。2019 年向全校学生发放《四川大学预防艾滋病健康教育处方》《识毒·防毒·拒毒——四川大学毒品预防宣传手册》4 万余份；开展“防艾”系列主题教育活动、预防艾滋病相关专家、疾控部门相关负责人等的专项访谈工作等 100 余场。进一步加强学生安全维稳工作。2019 年，首批 8 台 AED 设备作为生命安全的重要保障措施全部入驻校园，覆盖江安、望江、华西 3 校区，并组织开展了 2 场首期学工系统 AED 培训会。完成《大学生安全教育》课程文新学院试点教学工作，课程由国家安全教育等 10 个理论内容和急救训练等 3 个实训内容组成，共 1 学分 16 学时。修订、再版 2019 年《四川大学学生手册》《四川大学依法治校学生承诺书》。发布《2019 年春季学习生活温馨提示》等 10 次与学生学习生活息息相关的微信推送。

2019 年评选出 2020 届省级优秀毕业生 162 人，本科生学年奖学金获得者 13122 人、优秀学生和优秀学生干部 4232 人、优秀毕业生和优秀毕业生干部 1336 人。

二、研究生事务管理

召开了第三十二届研究生代表大会。会议审议通过了《四川大学第三十一届研究生会工作报告》，表决通过了《关于四川大学第三十二届研究生代表大会的决议》，并选举产生了四川大学第三十二届研究生代表大会委员会委员、研究生会主席、副主席。本次研究生代表大会共收到来自 36 个培养单位、220 名代表提出的 177 余份提案和建议，充分反映了广大研究生同学的心声。在本次大会结束后，校研究生会将完成《四川大学第三十二届研究生代表大会提案与建议工作报告》，递交到学校相关职能部门。

认真完成研究生奖助学金发放任务。全年为博士研究生 178 人（奖学金 3 万/人）、硕士研究生 359 人（奖学金 2 万/人）发放国家奖学金；为 20311 名研究生发放国家助学金 17263.90 万元；全年为 12387 人发放硕士学业奖学金共计 8502.1591 万元；为 3938 人发放博士学业奖学金共计 3875.1 万元；为 15398 人发放硕士助研岗位津贴共计 2359.98 万元；为 4671 人发放博士助研岗位津贴共计 3070.93 万元。开展全校研究生勤工助学岗位的审定、发布以及劳酬标准的核定等，为 832 人发放勤工助学助管费共计 87.25 万元。

开展家庭经济困难研究生认定及资助工作。认定全校家庭经济困难研究生共 2446 人，包括家庭特殊困难研究生 1058 人，家庭困难研究生 1036 人，家庭一般困难研究生 352 人，家庭经济困难学生信息录入相关工作系统和数据库，为进一步实现精准资助提供了数据基础。针对家庭经济困难研究生，学校设立了“冬衣补助”（300 元/人）、“助爱回家”（依据回家乘车区间分为 500 元/人、800 元/人、1200 元/人）、“暖冬计划”（1000 元/人）等资助项目，为 895 名家庭经济困难研究生发放助学金约 40 万元。为 34 名突发家庭经济困难研究生发放 5.95 万元临时困难补助。

开展社会奖学金评选工作。共评选出光华奖学金、华为奖学金、Intel 奖学金、百人会英才奖学金、TCL 奖学金获奖者 134 人，累计发放金额 45 万元。

开展研究生评选表彰工作。进行了 2019 届省级优秀毕业生评选，评出 68 名省级优秀毕业研究生；评选出 2018—2019 学年优秀研究生 2797 人、优秀研究生干部 713 人及 2019 届优秀毕业研究生 1250 人、毕业研究生干部 324 人评选工作。

开展研究生心理健康状况排查工作，每月根据“四类情况”开展逐一梳理，全面掌握有关研究生个体的相关情况，特别针对不能按期毕业研究生，做好个别问题研究生的关注、疏导和防控。

为进一步探索研究生教育管理规律，拓展研究生教育管理的思路，组织出版了《研究生教育管理探索与实践（2019）》论文集，共收录 51 篇论文，均来自研究生教育管理一线工作的辅导员、教师和管理人员从思政与党建、培养与管理两方面进行了理论探讨和经验交流。探索了双一流建设背景下，提升研究生人才培养质量，促进研究生教育改革与创新能力入手，探索新形势下研究生教育管理规律，人才培养主体研究生导师队伍动态管理模式、课程体系管理改革等多维度进行研究，对国内从事研究生教育管理工作的同行和理论研究的专家学者具有一定的借鉴意义。

三、学生思想政治管理队伍建设

不断推进思政工作队伍建设，按照教育部第 43 号令《普通高等学校辅导员队伍建设规定》等文件精神，进一步落实《四川大学辅导员队伍建设实施办法》（川大委〔2018〕82 号），切实推进辅导员队伍专业化、职业化。2019 年，落实专兼职辅导员的待遇问题，发放一线专职辅导员基础绩效提升 10%的待遇和学生兼职辅导员助管津贴。打通辅导员队伍的职业化发展道路。2019 年全面启动学校专职辅导员职员岗位评聘工作，实现了单列计划、单设标准、单独评审，并缩短辅导员申报职员职级年限要求，打通了学校辅导员队伍双线晋升的通道。配齐配强辅导员队伍，不断增强战斗力。坚持“又红又专”的发展目标和“专兼结合”的配备原则，2019年新进辅导员18名。截至2019年12日，从学校在读硕博士研究生中，选聘了125名优秀研究生担任本科、研究生兼职辅导员。2019年专职辅导员335名，兼职辅导员167名。

加强辅导员的培育工作。2019年选派11名辅导员参加省部级党务工作培训；27名辅导员参加教育部2019年度全国高校思想政治工作骨干示范培训；50名辅导员参加第七期普通高等学校辅导员网络培训班，30名辅导员参加第276期全国高校思想政治工作骨干示范培训班；8人参加心理类培训。

不断完善教导员工作机制，做好教导员考核和服务等工作。2019年，全校教导员共28名，走访学生寝室3182间，看望学生人数23982人次，覆盖围合21个，开展有关讲座161场次，听众人数18738人次，参加学校学院学生活动619次，个别谈话：2119人次，通过短信（含电话）、微信、QQ网上交流5887人次。在帮助学生解决学习、生活中的困难和疑惑方面发挥了积极的作用。

大力推进研究生辅导员与导师协同育人机制，强化导师“七导”职责落实，细化日常管理。组织专业新闻团队对第四届“德渥群芳”育人文化建设先进科研团队的标兵团队进行深度采访报道，在全校范围内进行线上、线下、纸媒等的宣传。并从标兵科研团队中选拔了文理工医八个团队代表进行积极发掘，拍摄视频，分享优秀科研团队的育人文化成果和经验。开展了第五届“德渥群芳”育人文化先进科研团队评选，共计评选出12个标兵团队、16个优秀团队。

素质拓展与实践

一、素质教育和创新教育

加强大学生创新创业教育。全年共组建12个跨学科交叉创新的“智造梦工场”主题工坊，4个新工科创新实验室，涵盖20多个学院学科，4家高水平创新企业提供专业训练、实习实训岗位。持续培育孵化大学生创业实践团队，新增6支创业团队入驻i创街。完成四川大学“第二课堂成绩单”项目库建设，探索构建大学生通用能力自测模型，包括六大能力维度、24个能力指标。完成首批693个校、院、班、社团组织的“第二课堂成绩单”项目库入库建设，对活动进行评星定级。截至目前，全校2017—2019级本科生注册人数为2.7万余人，发起第二课堂活动数量3147个，参与活动人次12万余人次。将双创教育融入第二课堂，丰富教育形式和内容，全年共组织开展“i创体验周”“伯藜杯校园创业大赛” “井绘中国”“APEC未来之声”等讲座、比赛活动10余次。

加强学生就业创业能力建设。开设

“职业生涯导航”和“就业指导”两门校内公选课，全年开课量共计35个教学班，覆盖学生2000余人；举办各类职业辅导活动，全年校院两级共举办就业指导讲座300余场，就业指导中心为学生提供个体咨询、模拟面试、简历门诊、工作坊、讲座等200余次，参与校院两级就业指导活动学生3万余人次。搭建学生优质就业平台，学校与航天科技、长江电力、中国石化等大型集团开展高端人才引进、实习实践等合作；与湖州、西安、重庆、珠海、曲靖等9地签订合作协议，建立人才引进工作站；全年组织各类型招聘会2144场（其中专场招聘会2057场，大中型组团双选会87场），接待进校招聘用人单位4546家，发布网上需求信息7150条。进校招聘单位中，国民经济重点行业和战略新兴行业占比在80%以上。举办10期研究生职业能力大讲堂、1期创业实操大赛。

开展廉洁教育和诚信教育。对2019级研究生新生全面启用《学术道德与学术规范》《学术论文写作》电子教程，实现学术道德教育教材在辅助教学、翻转课堂、网络教学、学习流程管理、进度统计等多方面的电子化。开展2019年度四川大学诚信教育宣传月活动，全校共有39支科研团队参与本年度“德沃群芳”育人文化建设先进科研团队评选、有36名研究生报名参选本年度“学术之星”；共收到诚信文创作品400余件。组织研究生参加四川省高校诚信教育主题活动暨诚信教育宣传作品征集活动，推荐2部优秀诚信公益短片、6件公益宣传画参赛。推进教育部获准的首批思想政治教育精品项目“研究生学术道德教育体系建设项目”的实施。

开展学生科技创新创业活动。组织学生团队参加各类科技创新竞赛，荣获省级及以上学科类竞赛、双创类竞赛荣誉56项，其中全国特等奖1项、全国一等奖5项，全国二、三等奖24项，共计219人次获得各级各类竞赛奖。组织开展“课外学术科技作品竞赛”等项目42个，举办“走进实验室”等特色活动8项以及“学术大讲堂”等学术科技讲座23场，覆盖学生1.3万人次。成功申报2021年第十七届“挑战杯”全国大学生课外学术科技作品竞赛。组织研究生参与中国研究生创新实践系列大赛，在第六届中国研究生智慧城市技术创意大赛中获一等奖2项、优秀组织奖，第十六届中国研究生数学建模大赛中获一等奖2项、二等奖3项，中国研究生能源装备设计大赛上获突破性三等奖，中国研究生未来飞行器大赛优秀组织奖等。

开展各类学术文化活动。继续推进“大川视界”大学生访学计划，2019年共发布非学分项目47个，成行29个，参与学生总计499人。1518名学生申请“大川视界”专项资助，发放资助经费1058.5万元。实施“大川视界”能力提升系列计划，举办4场“大川视界”能力提升系列访学项目专场分享会，覆盖亚洲、美国、俄罗斯和澳大利亚项目，吸引超过200名同学参加。联合电子科大共同举办校庆辩论赛；组织学生参加诺贝尔奖获得者医学峰会暨2019未来科技创新论坛；选拔学生赴新加坡交流访问等。组织四川大学第二届国际组织人才训练营。举办2019年四川大学模拟联合国大会。举办8期“川大论坛”名师面对面系列讲座、6期“青年博士沙龙”、8期“走进实验室”、8期“中华文化行”等学术交流活动。

以吴玉章学院为主要平台，加强本科

拔尖创新人才培养工作。2019年吴玉章学院毕业生人数166人，其中93人（56%）保送至北京大学、清华大学、人民大学、浙江大学、复旦大学等国内知名高校攻读硕士研究生或硕博连读研究生，41人（24.7%）申请到国外知名高校深造，一次性深造率为80.7%。2019年，吴玉章学院学生在各种学科类、技能类竞赛累计获得国际级奖项15人次、国家级奖项43次、省部级奖项60余次，发表学术论文及作品共计30余篇，获得发明专利3项，15人被选派代表学校参加国际会议。

加强各项文化艺术素质教育工作。以“凤凰展翅”四川大学文化艺术节为载体，以“一院一特色”文化艺术活动为支撑，开展“智慧川大人”辩论大赛、“凤鸣川大”歌手大赛、“激情川大”合唱比赛、“凤舞川大”舞蹈比赛四项大型赛事和第一届“传承红色文化 勇担时代重任”校史演讲比赛等各类活动200余项，营造百花齐放的校园文化氛围，影响覆盖学生3万余人次。举办研究生“弦歌之音”歌手大赛，“盛世年华育芬芳，川大英才展风采”研究生风采大赛，研究生综合文化素质培训课程、研究生五人制足球联赛、研究生羽毛球联赛、“川作之合”交友联谊活动等。

二、学生社团工作

加强学生社团建设，发挥学生社团育人功能，学生社团改革稳步推进。以第十九届“逐梦青春”学生社团文化节为载体，开展体育周、艺术周、传统文化周等各类社团活动3649场次。学生社团获得国家级及以上奖项107个、省级奖项119个。认定校级活动42项。评选四川大学2018—2019学年十佳学生社团。

爱心公益社团馨心社成立20周年，举办“青春告白祖国”系列活动之“时代担当绽芳华，薪火相传话馨心”庆祝活动。组织“善行100·爱心包裹”志愿劝募活动，为贫困地区小学生劝募善款共203317元，为2000多名贫困地区小学生送去爱心包裹，志愿时长总计为22048小时；组织“把爱传承”之青春义卖活动和“爱心宿舍”活动，共募集善款共112010.56元，主要用于暑期夏令营及爱心助学捐赠。组织第十九届“逐梦青春”学生社团文化节，开展体育周、艺术周、传统文化周等各类社团活动3649场次。全年学生社团获得国家级及以上奖项107个、省级奖项119个。

三、志愿服务工作

举办志愿服务项目大赛，组织41支志愿服务队深入33个基层社区，开展志愿服务活动1916次，入选全国首批大学生志愿服务社区示范项目名单。组织330余名志愿者圆满完成世警会志愿服务工作；研究生支教团全年授课6250课时，覆盖学生8960人，募集物资、助学金总值103万余元，募资220万元用于修建通校公路和教学楼；开展“雏鹰成长计划”，带领80余名凉山学生开展研学活动。创作的支教歌曲《大山的约定》登上四川大学“放飞梦想”青春歌会舞台。

四、社会实践工作

组织95支学生双创团队、近千名师生分别奔赴四川、贵州、广西等30余个贫苦和革命老区，推动双创项目与地方需求对接，建立合作项目12个，对接农户657名、学校11所，创造收益531.9934万。围绕“小我融入大我，青春献给祖国”主题，通过组建重点团队和实施4大计划、11个主题项目，组织全校500余支实践队伍、3万余师生奔赴全国146个市州开展了暑期社会实践活动，获评

2019 年全国大中专学生志愿者暑期“三下乡”社会实践活动优秀单位。开展以“我是川大研究生 我为祖国奉献”为主题的暑期社会实践活动，拓展研究生挂职锻炼、见习实习、志愿服务和创新创业的校外基地 25 余家，为 469 余名研究生提供了挂职锻炼和实习实践机会。实施“蓝火博士研究生工作团”计划，推荐 10 名硕博士研究生赴企业一线，为企业提供技术支持，促进高校科技成果向地方企业转移转化。

开展扶贫攻坚亮点工作。2019 年，为广安岳池县农民和干部代表开展农民夜校、《传承弘扬五四精神 以奋斗与担当书写青春诗行——学习贯彻习近平总书记在纪念五四运动 100 周年大会重要讲话精神》的主题讲座，带领彭超同学为岳池县罗渡中学 500 余名高中学生进行青春励志讲座。组织“青春励志宣讲团”及公益社团学生代表在广元市苍溪县五龙镇五龙中学、五龙小学开展“我青春，我励志”的宣讲会。联合中国扶贫基金会为甘洛县斯觉镇九年制学校、拉莫中心校、挖哈名生小学等三所学校 1500 名小学生发放价值约 15 万元的爱心包裹。暑假期间自强社、馨心社共派出五支支教队伍，分赴四川广元五龙中小学、攀枝花温泉乡彝族中心小学、广安远成小学、广安高寺小学校、甘洛斯觉镇中心校进行支教、“群山回响”小小广播员培训、走访调研、足球教育等活动。

办学条件保障及公共服务体系篇

基本建设

2019年竣工项目11个，累计完成建筑面积50000平方米，总投资约2.25亿元；正在施工项目11个，总建筑面积158000平方米，计划总投资8亿元；准备开工新建项目3个，准备开工总建筑面积166000平方米，计划总投资10.9亿元。其中，顺利竣工江安校区学生宿舍22组团、江安校区多学科研究创新大楼等项目；有序推进转化医学国家重大科技基础设施（四川）项目等国家重点项目建设进度；认真做好匹兹堡学院大楼·现代工学互动教学中心等一批在建项目的管理工作。全年所有工地未发生重大安全事故。

【加强计划管理，完成重点项目立项】结合业务工作需要，增设计划管理科，统筹各项建设项目的预算、资金乃至校园规划、立项论证等工作，提高基本建设工作的前瞻性、科学性和安全性。完成市校共建三大项目以及华西学生公寓项目的教育部立项工作，总建筑面积约22.6万平方米，总投资达25.3亿元。

【扎实调研论证，校园规划工作进入实质性阶段】梳理三校区现状，摸清家底，结合学校一流大学建设目标及未来发展，以“建设一流校园环境”为中心，统筹规划学科、学院发展，合理利用三校区空间和土地资源开展校园规划工作。委托清华大学建筑设计研究院作为学校校园规划的编制单位进行校园规划设计，形成《四川大学校园规划方案（2019年12月版）》，该方案的深化完善工作还在进一步推进中。

【市校共建三个项目顺利开工，进入建设阶段】市校共建的四川大学博物馆群、面向新经济的技术交叉与转化中心、前沿医学研究中心三大项目全面展开。其中，博物馆群项目于9月29日正式开工；面向新经济的技术交叉与转化中心项目于11月29日开工；前沿医学研究中心项目于12月27日正式开工。三大项目的顺利推进将进一步为学校与地方的项目合作提供空间保障，助力提升学校核心竞争力，服务省市社会经济发展。

【积极沟通接洽，校地合作取得新进展】7月29日，学校与双流区政府本着“加强协作、优势互补、互相支持、互惠共赢”的原则，签订《成都市双流区人民政府·四川大学深化校地合作共建协议》。根据协议，学校通过土地调配，将增加教学科研用地139亩，其中，双流区还将在部分新增土地上为学校无偿建设院士公寓。同时，双流区也将在学校周边建设国际学术交流中心、幼儿园及中小学等配套项目。

【密切联系师生，解决师生关注“急难愁盼”问题】重点推进校医院改扩建项目，新增医疗用房建筑面积约1400平方米；完成农林村536户不动产所有权首次登记（大产权办理完成）及地下车库不动产权证办理，完成业主共有部分房屋的系统信息登记，农林村大产权证办理工作全部完成；在校领导的亲自关心和双流区的大力支持下，经过多年努力终于正式取得江安校区国土证。

【积极配合，做好项目审核结算工作】 共完成结算审核建设项目 25 个，其中望江华西校区 13 个项目，审减金额约 770 万元，审减率为 15.15%；完成江安校区结算审核项目 12 个，审减金额约 283 万元，审减率为 13.25%，为学校节约 1053 万元建设资金。

（以上资料由基建处姚玉娇提供）

实验室及设备

学校拥有国家级实验教学示范中心 8 个，国家级虚拟仿真实验教学中心 3 个，四川省实验教学示范中心 15 个，四川省虚拟仿真实验教学中心 4 个，部省级重点实验室 81 个，校级基础实验教学中心 11 个，校级专业实验教学中心（室）56 个。

全校教学实验室面积 138369 平方米。开出实验项目（教学）4814 个，实验学时 41013 学时，完成实验人时数 4525309 学时。

全校教学实验室专职工作人员 347 人，其中高级职称 58 人，中级职称 227 人，其他人员 62 人。

现有仪器设备 210947 台套，总价值 399948.84 万元，其中 10 万元以上的仪器设备 5809 台套，总价值为 230749.56 万元。全校生均教学科研仪器设备值达 9.09 万元（含附属医院用于人才培养的仪器设备），年度增长额 0.91 万元。

【教学实验室建设与管理】 国家“双创”示范基地重点工程——大学生“双创”智能化自主实验平台顺利通过财政部和发改委的验收评估。建成了 5 个大学生“双创”实验平台（智能化临床双创实验中心、口腔智能化创新创意和虚拟仿真实验中心、人文社科综合大学生双创实验中心、超导与新能源双创实验中心和物理前沿与现代技术双创实验中心），在支撑大学生创新创业教育方面取得预期成效；完成了大学生“双创”智能化实验室综合运行管理平台（校级）的硬件建设和软件主体功能建设，并投入运行。完成“中央高校改善基本办学条件专项”2018 年度 9 个项目（约 7535 万元）的验收、2019 年度 12 个项目（约 7000 万元）的实施、2020 年度 12 个项目（约 1.22 亿元，获准率 97.6%）的评审入库及 2022 年拟申报项目的征集工作；完成“建设世界一流大学专项”2019 年度 3 个项目（约 3000 万元）的实施、2020 年 5 个项目（3100 万元）的申报入库工作。组织完成了 8 个国家级实验教学示范中心的年度考核工作。协助完成 2019 年省级、国家级虚拟仿真实验教学项目的申报工作，10 个项目获批省级示范性项目，并推荐参评国家级示范项目评审。完成了江安校区第一基础实验教学楼维修改造（一期）工程建设工作。

【实验技术与管理队伍建设】 出台了《四川大学关于加强实验技术与管理队伍建设的实施意见（试行）》（川大实〔2019〕13号）。首次实施了以实验设计师和实验管理师为导向的新版《四川大学专业技术职务申报条件（试行）【实验技术系列】》，完成了工程实验系列高级职称推荐评审工作。完成了323项师生实验技术立项验收和评奖工作。完成了384人次的国内外名所名校交流学习与培训工作。

【实验仪器设备开放共享和考核】 完成了全校实验仪器设备开放共享中期考核和年度考核，以及科技部、财政部组织开展的"中央级高等学校和科研院所等单位重大科研基础设施和大型科研仪器开放共享评价考核工作"。进入科技部"重大科研基础设施和大型科研仪器国家网络管理平台"设备（单台件≥50万元）新增124台，总台套数增至714台。全面实施了《四川大学实验仪器设备开放共享收费标准（试行）》（川大实〔2018〕1号），全年仪器设备开放共享收入共计约1886.7万元；出台了《四川大学2019年新纳入开放共享收费范围的实验仪器设备收费标准》（川大实〔2019〕11号），纳入开放共享收费范围的仪器设备台件数新增至824台；新增开放共享大型仪器设备（单台件≥40万元）168台，总数增至1264台。基本建成基于云计算、物联网、虚拟仿真、建筑信息模型（BIM）等新技术的"基于可视化大型仪器设备开放共享管理平台"。

【实验仪器设备管理】 服务"放管服"，出台并实施了《四川大学使用科研经费自行采购仪器设备等合同管理办法》（川大实〔2019〕12号）和《转化医学国家重大科技基础设施（四川）项目仪器设备购置管理办法（试行）》（川大实〔2019〕5号），完成了《四川大学仪器设备管理办法》的修订工作，签订"科研经费自行采购仪器设备等合同"380余份。新增设备建账19005台（套）（总值4.47亿元）；报废处置仪器设备5806台（原值6270.97万）；维修仪器设备918台，维修金额408.6万元。完成2018年度全校仪器设备固定资产盘点与抽查工作。完成近3600万美元进口设备的免税工作，减免税收约4000万元。

【实验室安全与环保】 建成并启用了全国高校首个实验室安保实训基地，培训师生5000余人次。将"实验室安全与环境保护课程"纳入2019级本科生培养方案，本年度3091人完成慕课学习与考核。全面推进网格化管理的细胞工程，健全完善了实验室安全环保风险点台账式管理制度，完成近6000间实验室的安保评估工作。安全处置实验室危险废物790余吨（含100千克剧毒化学品和200克爆炸品）。修订和新出台了实验室安保应急预案和专项制度共6项。完成2019年"安全生产月"和"安全生产万里行"系列活动。完成了教育部、教育厅关于实验室安全自查自纠的专项工作5项。完成新一轮四川大学辐射安全许可证复审与延续工作。

【实验技术物资管理】 完成了实验技术物资网上服务平台的建设工作，并全面投入运行。出台了《四川大学易制爆危险化学品实施细则（试行）》（川大实〔2019〕6号）和《四川大学关于科研实验用品的管理规定（试行）》（川大实〔2019〕14号）。管控类危化品管理工作进一步加强，实施了基于OA系统的精细化管理，全年办理管控类危险化学品150余批次。

【报表统计与各类设备数据上报】 完成教育部《2018/2019学年高校实验室信

息统计数据（基表一、二、三、四、五、六）》，《2019年全国高校教学基本状态数据库》，《2018/2019学年高等教育基层统计报表》，教育部国管局《2018年度中央行政事业单位国有资产决算表》，《中央行政事业单位新增资产配置表（车辆、设备）》，以及学校《2018年账务决算表》《四川大学2018—2019学年本科教学质量报告》等报表数据的统计上报工作。

（以上资料由实验室及设备管理处陈艳提供）

后勤管理及保障

2019年，后勤集团在学校党政的正确领导下，深入学习贯彻习近平新时代中国特色社会主义思想和党的十九大及十九届二中、三中、四中全会精神，全面加强党的建设，按照学校全年工作总部署，对标学校世界一流大学建设新要求，深化体制机制改革，加强制度体系建设，强化执行，狠抓质量，振奋精神，迎难而上，超额完成了2019年脱贫攻坚任务。全力配合学校推进三大工程建设，按期完成学校企业改制任务，妥善应对食品原材料价格大幅持续上涨，确保了食堂饭菜质量和价格稳定，圆满完成了学校各项服务保障任务，维护了学校的安全稳定大局，为学校全面推进世界一流大学建设提供了坚强的服务保障。

一、党建与思政

1. 按照中央和学校统一部署，认真开展“不忘初心、牢记使命”主题教育。集团领导班子带头上党课、对照党章党规找差距、开展个人检视剖析、召开专题民主生活会等，先后深入3个校区、20个单位以及灾后重建与管理学院开展调研18场，参与调研师生职工200余人，通过专题座谈、实地走访、问卷调查等多种形式广泛听取师生意见建议，实现了调研全覆盖、整改有重点、推进有力度。

2. 持续深入学习宣传贯彻习近平新时代中国特色社会主义思想、党的十九大以及十九届历次全会精神，严格落实意识形态工作责任制，加强意识形态工作研判，建立健全联动机制，强化值班值守、信息报告、督查督导和阵地管理，坚决抵制宗教及不良思想的渗透。坚持员工双周政治学习制度，抓好员工思想政治工作。

3. 以提升组织力为重点，统筹推进基层党组织建设，坚持学校党委、集团党委、基层党支部和党员“四位一体”，注重在青年骨干中发展党员，提高党员发展质量；2019年新发展党员5名，3名预备党员转正，集团现有党员484人。

4. 持续开展执行中央八项规定及实施细则精神“回头看”工作，紧盯“四风”问题新动向，持之以恒正风肃纪。修订完善了《廉政风险防控规则》等制度，进一步完善了廉政风险防控体系。层层签订党风廉政责任书，开展“党风廉政教育宣传月”活动，强化责任落实。组织关键岗位人员及党员干部到成都市法纪教育基地接受警示教育，强化日常监督执纪问责，持续推进党风廉政建设。

二、管理与服务

1. 集团领导深入一线抓安全，不断加大人力、物力、财力和工作精力的投入，进一步强化落实安全稳定工作“一岗双责”“首问负责”和“谁在岗谁负责”的原则。举行了 2019 年后勤职工消防和应急逃生演练，参训员工 200 余人，提高了员工的安全意识和应急处置能力。做好了信息和舆情的收集处理，及时消除各种隐患，确保了学校和后勤的安全稳定。

2. 全力做好校园绿化、保洁、大楼物管以及会务服务保障。重新组建了望江校区行政楼物业保洁服务团队，提高保洁频次、增加服务范围、提升精细化服务水平。组织专职队伍做好 18 座室外公厕改造后的保洁跟进服务。圆满完成了国际课程周等大型活动服务保障 70 余次、研究生入学考试等各类考试服务保障 20 余次。

3. 努力做好宿舍各项日常管理与优质服务，圆满完成了学生搬迁、学生军训、新生入住、毕业生离校等年度重要保障任务。全面启动了宿舍消防门电磁改造。江安西园 22 舍组团打造的玉章书院体现了世界一流大学的学生住宿水平。

4. 在全校食堂全面推行“六 T”精细化管理模式，建立员工培训长效机制，不断提升管理和服务水平。在食堂推出低盐、低脂、低油的养生“轻食窗口”，不断丰富食堂菜品种类，为师生员工提供多元化、差异化的餐饮服务模式。投入 467 万元改造的望江南园食堂一期投入使用。

5. 全力保障全校水电气正常安全供应，努力做好学校重大活动以及特殊时期水电气应急供应保障。继续推进开水、热水及锅炉站运行保障改革，加强巡查巡检，排除水气泄漏。对望江校区高低压供电线路全面排查，优化供电方案。2019 年学校水电气费总支出 13851 万元，总回收 6429 万元，净支出 7421 万元。

6. 招标长期合作定点汽车租赁企业，有效解决车辆不足的问题，最大限度保证学校用车需求；圆满完成了对院士、杰出人才、各级领导以及学校重大活动的用车服务保障。

7. 将北苑宾馆、华协酒店以吸收合并方式顺利并入科华苑宾馆，北苑宾馆、华协酒店顺利注销。加大各宾馆销售力度，加强与各平台合作，以良好的服务和口碑拓展市场，提高效益。

8. 2019 年通讯装机移机 1500 套、新装 ADSL 宽带 600 户、修复各类故障 4000 余台次；完成 5G 基站新建及升级整合 38 座，为学校提供了良好的通信服务保障。

9. 按照出租商铺“只减不增”的原则管控好商铺资源，2019 年收取商铺租金 700 余万元，全部上缴学校财政；积极探索教育超市新模式，助力学校“双一流”建设。

10. 完成全校零星维修 47000 余单，24 小时应急抢修抢险任务 750 余次；实施三校区公共洗手间“暖手工程”，加装小厨宝共 281 台（其中华西 24 台、望江 100 台、江安 157 台）。

11. 校医院购置彩超、救护车、江安医院电梯等设施设备，为更好地服务师生提供了支撑。设置 20 个体检套餐最大限度满足教职工个性化体检需求；获得了驾照体检指定医院资格，方便了师生及家属；2019 年完成门诊和急诊 1.8 万余人次，住院 2678 人次，体检 5.3 万人次，预防接种 8710 次和慢病管理 2244 例。

12. 三所幼儿园 2019 年招收教职工子女及孙辈 406 人；更新了视频监控系统，实现了高清视频全覆盖；落实责任，多方联动，改善周边环境，确保安全稳定；注重制度建设，坚持科学管理，搭建发展平台，强化“学·培·研”制度建设，着力打造高水平教育团队，实现幼儿园可持续发展。

【全力推进老校区幼儿园改扩建工程，积极着手托管双流区江安空港幼儿园，为教职工子女入园创造更加良好的条件】积极深化与双流区政府的战略合作，与双流区合作共建的“空港幼儿园”投入试运行；后勤集团与双流区教育局积极沟通协调磋商具体运行方案，争取在2020年9月招生前完成江安校区“空港幼儿园”托管；在全力推进三所幼儿园改扩建的同时，积极思考谋划在望江校区规划新建幼儿园，以有效缓解教职工子女入园难题。

【全力推进校医院改扩建工程，积极配合华西医院有效提升校医院临床诊疗能力，努力构建华西优质医疗资源惠及师生员工的校园医疗服务机制】校医院改扩建项目一期主体工程（原望江东区学生公共浴室）竣工移交校医院，改造新增医疗用房1380平方米，用作增加病房、扩展科室，大幅改善师生职工就医条件；继续推进校医院信息化建设，逐步实现师生在线挂号、预约查询、在线咨询等便民服务功能；积极配合华西医院全面提升校医院临床诊疗能力，构建华西优质医疗资源惠及师生员工的医疗服务体系。

【办好教育部机关职工食堂，努力为教育部机关职工提供具有川大特色的优质餐饮服务】2019年1月11日我校正式承接教育部机关职工食堂，驻教育部机关职工食堂团队根据教育部机关职工就餐偏好、气候特点和季节变化等因素，为教育部机关职工提供了具有鲜明川菜风味、川大餐饮特色的优质餐饮服务；在机关服务局举行的服务满意度测评中，教育部机关职工食堂得到了99.32分的高分，并顺利续签2020年承办合同。

【积极应对食品原材料价格持续大幅上涨，确保学生食堂饭菜质量和价格稳定】2019年食品原材料价格尤其猪肉价格大幅上涨（国家统计局10月数据猪肉价格上涨101.3%）给学生食堂正常运行带来了巨大压力，通过集中统一采购配送降低采购成本，不断加强过程控制，成本管理和减少损耗等措施降低生产成本，同时采取价格倒挂的方式将市场高价采购的猪肉等原材料，按照涨价以前的价格发往各食堂，尽量避免食堂受市场物价的影响，把市场物价大幅上涨的巨大压力留在后勤集团，保证了食堂饭菜价格不涨、质量不降。

【全力配合学校推进三大工程建设】积极配合学校推进三大工程建设，拆除望江加油站、关闭红瓦宾馆、搬迁交通服务中心、修缮华西校区库房、拆除印刷厂、搬迁垃圾压缩站等6大项目；红瓦宾馆8月底移交国际合作与交流处，交通服务中心原办公区域、华西印刷厂9月移交相关项目工作组，华西修缮库房移交改造为菜鸟驿站；华西垃圾压缩站正在搬迁新址积极建设；望江加油站迁改项目正在积极协调武侯区望江街办加紧推进。

【全面整治校园环境，着力打造校园景观，提升校园环境面貌】校园物管中心配合学校相关部门重点打造望江校区北大门、西大门、东大门等重点区域的绿化及景观改造提升，全力整治校园牛皮癣和卫生死角，校园环境面貌得到了大幅提升；妥善应对极端天气对校园环境的影响，为维护学校正常的教学科研秩序提供了支撑；按照学校统一部署，为学校校庆和国庆70周年大庆营造了良好的环境氛围。

【认真落实中央和学校决策部署，积极开展对甘洛县、岳池县的对口帮扶精准扶贫工作】后勤集团2019年定点采购两县农副产品320余万元，捐赠甘洛县斯觉镇中心幼儿园设施及教学玩具30余万元，教育超市扶贫专柜销售两县农特产品80余万元；三所幼儿园对来自岳池的60名教师进行影子跟岗培训，派遣4名优秀教师到甘洛县开展支教活动，与岳池二幼结对共建，开展“名师讲座”；“暖冬行动”为甘洛贫困儿童捐赠衣物2991件；校医院派出优秀党员到甘洛县驻村扶贫；校园中心为甘洛县斯觉镇捐赠100个分类垃圾桶。

【大力推进后勤服务信息化建设】开通了后勤集团微信服务号，为师生网上报修、网上预约、服务监督、新闻推送、学生网上选调宿舍等提供了更加方便、快捷、及时的服务选择；完成了后勤服务信息平台技术架构和用户界面的升级更新，增加了学生网上申请调宿舍等模块；四川大学官方微信端关注人次超过12万，手机App下载量超过5.9万次，累计完成网上报修近9万次，4小时内完工率52%，24小时内完工率89%，学生满意率达98.4%。

【完成了机构精简调整和科级干部换届及支部书记改选】在科级干部换届前，按照“精简高效”的原则优化精简了机构设置，现下设6个职能部门、9个业务单位、4个代管单位，机构较上届减少5个；完成了50个科级岗位的换届聘任工作，干部职数较上届减少了8个；完成了18个支部的支委和书记改选工作，因工作需要增加了职能部门离退休党支部，党支部总数较上届增加了1个。

【举行了庆祝改革开放40周年暨2018年度总结表彰大会】2019年1月21日，集团在文华活动中心举行了主题为“后勤奋进梦，砥砺铸辉煌”庆祝改革开放40周年暨2018年度总结表彰大会，大会回顾了过去40年来尤其2001年后勤集团成立以来取得的巨大成绩，分析了当前后勤存在的主要问题和面临的困难，提出了打造一流后勤服务保障体系的新目标新使命，凝聚了人心，鼓舞了斗志。

【组织学生代表考察食堂后厨和原材料采供基地】2019年4月下旬，组织30余名学生代表参观考察了食堂后厨、物资采供站以及部分原材料采购基地。通过活动让同学们直观深入地了解我校食堂米面油肉等大宗物资以及各种辅料的供应厂商、加工车间、配送流程以及后厨现场加工过程，增进了同学们的信任和理解。

【举办了庆祝中华人民共和国成立70周年系列活动】开展了庆祝中华人民共和国成立70周年座谈会、“我和祖国共成长”主题征文比赛、庆祝中华人民共和国成立70周年书画摄影比赛，组队参加学校“庆祝中华人民共和国成立70周年合唱大赛”，组织领导班子及党支部书记参观江姐纪念馆及赴古蔺四渡赤水干部学院进行革命传统教育等。

【开展了2019年后勤“优质服务月”活动】2019年5月，集团启动了以“提升服务品质，打造满意后勤”为主题的2019年优质服务月系列活动，集团各单位结合各自工作实际开展服务师生的惠民优质服务活动27项，参与师生达3000余人次，开展各类培训17次。

【举行了“健康后勤，乐跑川大”2019年环校跑活动暨川大后勤跑团成立仪式】2019年5月，来自后勤集团各基层单位的跑步运动爱好者共计70余人参加了此次活动，进一步激发了后勤员工吃苦耐劳、积极进取、干事创业的激情，为实现美丽后勤梦积聚了正能量。

【举办了2019年甘洛县·岳池县农特产品四川大学展销会暨合作项目洽谈会】 2019年11月10—11日，与学校扶贫办、校友会等单位共同承办“同心筑梦·携手共进”——2019年甘洛县·岳池县农特产品四川大学展销会暨合作项目洽谈会，展销甘洛县、岳池县40个商家的260余种特色农产品，现场销售62万元。

（以上资料由后勤集团张一驰提供）

财　务

【扎实开展“不忘初心、牢记使命”主题教育】 财务处党支部以党的十九大精神为统领，开展了“不忘初心、牢记使命”主题教育，明确财务处的初心和使命是为学校守住底线，为师生服好务。一是开展个人自学、集中研讨、到爱国主义教育基地和银行单位进行调研学习，为行动不便的离退休党员送学上门等方式，认真落实理论学习工作。二是广泛调研。开展从机关部处、学院到普通学生，再到成都其他高校的调研工作，探讨高校财务共性问题、疑难问题。通过调研，摸清问题、找准差距，为下一步的整改做好准备。对通过调查研究、围绕党章找差距、谈心谈话等工作查找的问题，深入剖析原因，并落实整改措施。

【全面深化校院两级财务管理体制改革工作部署】 在增加对学院学生教育经费拨款的基础上，进一步扩大学院的预算调剂权及审批支出权限，及时将经费额度下达至学院，便于学院统筹使用。

【积极贯彻中央科研经费“放管服”精神】 积极贯彻中办发〔2016〕50号、国发〔2018〕25号、教党函〔2019〕37号文件精神，落实科研经费“放管服”，赋予科研管理更大自主权。在收集整理师生提出的126条意见建议基础上，以问题为导向，积极研究修订或参与制订了符合科学研究规律，激发科研人员积极性的相关文件制度，并结合财务处2019年“奋进之笔”，大力提升财务服务水平。

【政府会计制度转换工作顺利完成】 2019年财务处利用寒暑假的时间，顺利完成政府会计制度新旧转换，保障了学校正常的教学、科研秩序。同时，针对新制度，积极开展处内外培训，提高财务人员业务水平，并不断升级财务系统版本，全年累计升级更新300余次。2019年3月组织召开西部地区教育部直属高校财务管理研讨交流会，和其他高校一起深入交流高校财务管理经验，针对西部高校财务管理中面临的共性问题，尤其是政府会计实施中存在的问题，提出解决方案，助力学校事业的发展。

【努力书写财务处2019年“奋进之笔”】 财务处书写2019年“奋进之笔”，努力实现师生财务处办事“只跑一次”，并通过以下的措施，持续提升财务服务水平、质量，提高师生满意度。一是面向全校师生发布了“只跑一次”事项清单，涉及科研管理、盖章、报销、酬金等125项业务。二是走进各个学院、学生社团开展

17 场政策宣讲，就财经政策和特殊事项报销进行宣讲。三是加强信息化建设工作，将财务管理与科研管理、资产管理、采购、人事管理等系统进行对接，实现信息多跑路、师生少跑腿。

【顺利实施新旧个税政策及系统的衔接工作】财务处落实国家个税改革惠民政策，在 2019 年新政实施 1 个月以内，顺利完成了个税系统升级，并广泛开展个税改革精神宣传，主动进行个税筛查与重新筹划、个税专项附加扣除信息对接等工作。升级改造酬金系统自动为教职工平衡各月税金，降低教职工缴纳的个税，增加了教职工的获得感。

【积极争取校外资源，助力学校“双一流”建设】督促上一轮定期存款银行比选的协约履行。为学校争取了更多的银行利息收入和银校合作项目，并启动新一期比选，为学校的发展提供保障。

【减员增效、打造精干业务服务队伍】在财务处工作人员逐年减少的情况下，通过提高职工业务水平和服务信息化水平，2019 年，财务处核算凭单量为 29.1 万笔（总量比 2018 年增加 5%，人均增加 20%），共计 15.95 亿元科研经费立项/上账，比 2018 年同期增长 35.7%。减员增效得益于财务处加强人员队伍建设工作，逐步打造一支业务能力精湛的队伍。2019 年，财务处有 3 人入选四川省会计高端人才，1 人入选教育部高端会计人才培养项目，1 人通过四川省首批正高级会计师评审，3 人被教育部经费监管中心作为专家选派参加教育部的相关检查、评审。

【认真迎检，以检促管】一是积极配合四川省税务稽查局对我校的税收检查工作，协助完成稽查报告，并起草《四川大学关于四川省税务稽查局税务稽查的陈述报告》，完成税收稽查结案前的各项沟通协调工作。二是完成教育部中央高校改善基本办学条件专项资金项目的评审及检查工作、中央高校捐赠配比专项资金检查工作、中央高校教育教学改革专项资金自查工作、国库集中支付自查工作，配合财政部监管局对双创专项绩效的检查工作，以迎接检查来促进相关管理工作。

【圆满完成教育部培训任务】四川大学作为教育部全国教育财会人员培训基地，连续六年承办教育部财会人员培训班。2019 年 7 月和 11 月，分别承办了“三区三州”部分地区教育财务干部培训班和西藏自治区教育财务干部培训班，两期培训班共计有来自三州地区和西藏自治区教育战线 429 名财务方面的工作人员参加培训。

【多渠道推行财务信息公开】在学校双代会上公布学校年度预决算和财务收支情况，接受双代会代表的审议；根据教育部规定的内容和时间节点将财务管理制度、年度预决算、经费来源、收费标准等在学校信息公开网上进行公开；通过财务处网站、财务处综合信息门户，分级别、权限将国家及学校的财经制度及业务类数据向师生进行发布；通过财务处官方微信和网站及时发布财务信息，广泛收集师生的意见与建议。

（以上资料由财务处李军华提供）

审 计

全年共开展各类审计项目1020项，涉审资金总额3782966.06万元，工程审减1510.63万元，提交审计报告984份，提出审计建议304条，审计公示197项，审签210项。

【圆满完成教育部委托项目】圆满完成华东理工大学书记校长任期经济责任审计。收到教育部感谢信，充分体现了教育部对四川大学审计工作的肯定。另因四川大学审计成效显著，荣获2016—2018年度“四川教育审计先进单位”。

【抓住“关键少数”，深化经济责任审计】梳理教育部经济责任审计问题1240个，选择其中典型性的问题，分类汇总成《审计情况通报》，已印发2期，请相关单位对照问题、自查自纠，促进完善相关管理制度、健全内部控制措施。在全校财经工作会宣讲党和国家最新审计政策以及审计发现典型案例，发挥提醒警示作用。

【把握关键环节，规范建设工程管理】开展施工阶段和竣工结算阶段的工程管理审计。对38项工程存在的施工进度控制不严、工程洽商变更不规范、现场质量管理不严格、设计质量把关不到位、工期延误处理不及时、招标工程量清单漏项、招标流程不规范、竣工结算资料不合理等情况，提出审计建议43条。

表1　2019年审计工作完成情况及审计绩效

序号	类　别	完成审计项目数（项）	审计金额（万元）	审计绩效				
				提出意见建议被采纳（条）	查纠有问题资金（万元）	节约投资资金（万元）	移送纪监部门（件）	受党纪政纪处分（人）
1	预算管理审计	3	853854.59	24	36758.47	0	0	0
2	财务收支审计	4	24268.68	10	24.89	0	0	0
3	专项审计	8	137831.31	11	47558.08	0	0	0
4	科研经费审计	2	84.58	0	0	0	0	0
5	报表审计	8	12464.27	0	0	0	0	0
6	清产核资审计	2	11790.50	0	0	0	0	0
7	资产评估审计	10	14224.27	0	0	0	0	0
8	经济责任审计	41	967576.28	207	57314.08	0	0	0
9	竣工财务决算审计	1	9861.65	0	0	0	0	0
10	内部控制审计	1	1732713.08	9	0	0	0	0

续表1

序号	类 别	完成审计项目数（项）	审计金额（万元）	审计绩效				
				提出意见建议被采纳（条）	查纠有问题资金（万元）	节约投资资金（万元）	移送纪监部门（件）	受党纪政纪处分（人）
11	清算审计	1	190.33		0	0	0	0
12	建设工程和修缮工程审计	903	18106.52	16	0	1510.63	0	0
13	科研经费结题审签	157	0	0	0	0	0	0
14	银行账户对账单复核审签	53	0	0	0	0	0	0
	合 计	1190	3782966.06	277	141655.52	1510.63	0	0

（以上资料由审计处何韵提供）

国有资产

【报送国有资产报告报表】报送《四川大学关于报送2018年度国有资产管理情况的函》《教育部2018年度国资年报及2019年度资产月报信息采集表》《四川大学关于报送2018年度国有资产决算情况的报告》《四川大学关于报送2018年度公共基础设施等国有资产情况的报告》《四川大学关于报送2018年度行政事业单位国有资产情况的报告》等报表。报送资产月报表12份。

【采购管理】理顺采购机制，实现归口管理。招投标与采购中心1月25日正式运行，归口管理全校货物（含设备）、服务、维修工程的招投标与采购工作。制定《四川大学采购管理办法（2019年修订）》和《四川大学分散采购管理办法》，出台《四川大学关于优化科研经费采购工作的通知》，梳理采购审批、政府集中采购、网上竞价采购、网上比选采购、单一来源采购、维修工程招标文件会签等6项流程，进一步放宽科研经费采购仪器设备（实验耗材）权限。

完成采购项目1764项，其中政府集中采购184项，政府采购项目143项，校内采购264项，网上竞价采购1170项，采购总金额8.37亿元。

【公房管理】积极推进市校共建项目和先进材料大楼项目所涉及的教学科研用房拆迁安置工作。制定搬迁方案，完成搬迁和拆除工作，涉及搬迁子项目14个，提供搬迁过渡用房15000平方米，拆除房屋30464平方米。完成向教育部报送公房拆除备案材料的工作。

完成2018年公房有偿使用核算工作。纳入收费和补贴范围的学院和独立科研机构共29个，其中：超面积的15个，超面积23613.99平方米，缺面积14个，缺面积20192.4平方米。共收取超面积使用费236.1399万元，用于补贴缺面积单位。

配置科研用房，支持学校重点学科发展。为化学学院冯小明院士科研团队、电子信息学院梁厚昆科研团队、化学工程学院钟本和科研团队、物理学院、生命科学学院、材料科学与工程学院、四川大学医疗器械监管科学研究院、古籍整理研究所等8个单位配置科研教学用房5411平方米。

加强公房安全管理。牵头评估学校保护建筑及老旧建筑10栋，按照安全鉴定结果，制定相应维修措施。完成50栋大楼的白蚁整治工作，完成整治面积43.21万平方米。定期全覆盖巡查公房，共计巡查公房742109间（次），形成巡查报告，向二级单位主要负责人公开巡查结果。

【公房出租管理】学校公房出租面积38627.47平方米，租金3355.64万元。完成国有资产管理处管理的银行网点及ATM机2019年租金收取工作，共计收取租金102.7202万元。完成公房出租事项报“教育部国有资产监管信息系统”审批备案工作，完成第五批公房出租报教育部备案工作。

【公房维修管理】完成中央普通高校改善基本办学条件专项资金项目6项，总经费2500万元，包括：望江校区东区经管楼维修（700万元）、环保实验室实验平台维修改造（340万元）、国家级保护建筑及老旧建筑维护（二期）（400万元，包括校内文物保护建筑维修项目3项总经费350万元）、教学科研大楼屋面防水治漏工程（二期）（360万元）、华西校区第八教学楼房屋维修（二期）（350万元）、公共卫生与预防医学师生交互发展及创新平台建设（350万元）。完成校园常规维修项目48项，治漏工程77项，总经费330余万元。完成校园搬迁维修专项20余项，总经费1500万元。

【家具管理和资产处置】共建账家具28374台（件），建账金额1636.0326万元，共处置家具6731台（件），处置金额189.7107万元。共报送淘汰报废的固定资产4批次12516台（件），总金额7570.93万元。

【无形资产管理】补充注册“华西牙科”等商标2件，续展注册“川大”等商标65件，成功处理商标争议（撤销、复审）事件3件。与华西医院、华西第二医院、华西口腔医院、华西第四医院密切配合，通过诉讼等方式，切实保护“华西”商标。

【公车管理】购置2辆公务用车（小型轿车），购置专业用车（救护车）1辆，租赁8台符合标准的车辆，加强学校各二级单位公车使用的监管工作，检查台账、档案。2019年四川大学存量公车73辆。

【产权和土地管理】完成学校“望江路29号”宗地中“农林村”宗地的分宗工作，取得江安校区主校园土地不动产权证，稳步推进江安“教职工住宅项目”、“威龙药厂”用地不动产权证办理工作。

【资产评估备案】制定《四川大学所属企业国有资产评估项目备案管理办法》，向教育部报送《四川大学关于报送〈四川大学所属企业国有资产评估项目备案管理办法〉》的报告。完成四川大学生物材料工程研究中心、四川医疗器械生物材料和制品检验中心、四川新恒川印务中心3家一级企业资产评估工作，并向教育部备案。完成9家学校二级及三级企业资产评估备案工作，并向学校备案。完成科技成果评估备案6项。完成川大房产无偿划转的报批工作。

（以上资料由国有资产管理处齐有明提供）

图书馆

2019 年，图书馆大力加强创新服务，不断提升管理服务能力和效益，加快一流大学图书馆建设“川大实践”，以主题教育和巡察整改为重点，进一步加强党建和思想政治工作；以管理服务效益评价为牵引，进一步提升文献信息资源保障能力；以发掘特色文化资源为抓手，进一步提高文献资源开发利用水平；以建设学校发展智库为目标，进一步打造品质化高端化知识服务；以一体化服务和空间再造为根本，进一步提升师生管理服务体验；以信息服务平台建设为基础，进一步支撑管理服务全面升级转型；以系列化精品项目为载体，进一步推进“书香川大”和学习文化建设；以立德树人根本任务为引领，进一步构建新时代文化育人新体系；以特色化融合媒体平台为路径，进一步提升管理服务社会影响力；以管理协同创新为关键，进一步推进治理体系和治理能力现代化。通过推进管理服务“十个进一步”，切实提高全校文献资源建设、保障、开发和服务的质量和水平，社会影响力进一步扩大，新华社四川频道、中国新闻网、人民日报海外版、《成都日报》等多家媒体进行宣传报道。

2019 年，图书馆荣获得四川省高等教育文献保障系统项目建设二十周年杰出贡献奖、四川省图书馆学会 2019 全民阅读推广公共文化服务示范单位、四川省图书馆学会 2019 年系列阅读推广活动优秀组织奖、四川省古籍保护工作示范单位、第一届四川省古籍修复技艺大赛一等奖、CALIS 业务培训卓越组织奖、CALIS 联合目录中文数据库建设先进单位、CALIS 联合目录馆藏数据建设先进单位、CASHL 优质服务二等奖、CASHL 宣传推广奖、全国高校图书馆服务本科教育教学创新案例大赛最佳案例等奖项。

【启动基于融合媒体的资源和服务宣传推送】 1 月，图书馆基于“两站、两微、两端”融合媒体平台，全面启动资源和服务宣传推送工作。率先发布“明远学习榜”，深入挖掘用户使用图书馆的综合数据，定期推出规范化、特色鲜明、兼具趣味性的阅读排行榜单，营造良好学习氛围、鼓励师生积极使用图书馆的资源与服务。

【四川大学第十四届阅读文化节暨四川大学图书馆馆史展览馆揭幕仪式举行】 4 月 22 日，“四川大学第十四届阅读文化节暨四川大学图书馆馆史展览馆揭幕仪式”在医学图书馆举行。四川大学党委常委、副校长李蓉军，四川省图书馆党委书记、馆长何光伦，CALIS 全国管理中心副主任、北京大学图书馆副馆长姚晓霞及成都地区部分高校图书馆馆长，四川大学党委宣传部、档案馆、博物馆等有关单位负责人以及四川大学图书馆老领导等嘉宾出席。

【“圕学讲习所”开讲仪式暨 2019 年一流大学图书馆建设发展研讨会举行】 6 月 14 日，“四川大学图书馆‘圕学讲习所’开讲仪式暨 2019 年一流大学图书馆建设发展研讨会”在工学图书馆 5 楼学术报告厅举办。

【新学习空间投入使用】 7 月，工学图书馆晨读空间“花间”、江安图书馆晨读空间“湖泮”投入使用；9 月 29 日，医学图书馆以“融·合”为主题的特色阅读文化区“进德堂”正式面向师生服务，新增 240 个阅览座位；11 月，四个分馆完成新到资源区和教材教参专区设立，助力学校本科教育改革与发展。

【举行四川大学图书馆庆祝中华人民共和国成立 70 周年暨四川大学建校 123 周年系列展览和图书首发仪式】 9 月 30 日，四川大学图书馆庆祝中华人民共和国成立 70 周年四川档案文献展、四川大学老毕业证书展、四川大学图书馆中华优秀传统文化传承发展专题展等系列展览和《王叔岷国立四川大学毕业论文》图书首发仪式在江安图书馆明远文库举行，四川大学党委常委、副校长李蓉军，四川省地方志办党组成员、机关党委书记邓瑜等领导，成都地区部分高校图书馆领导和馆员 40 余人出席了首发仪式。

【“学习书屋”建成并正式开放】 9 月，作为国内第一家建设学习习近平新时代中国特色社会主义思想文献服务专区的高校图书馆，在 2018 年开展的“学习书架”基础上，建成“学习书屋”并正式开展服务，共收藏“不忘初心、牢记使命”主题文献、川大革命文化主题文献等约 1500 册，以丰富的网上网下红色文献资源，主动服务四川大学“不忘初心、牢记使命”主题教育，先后被“学习强国”平台和《光明日报》等多家媒体报道。

【四川大学知识产权信息服务中心挂牌成立】 9 月，经过筹建和试运行，四川大学知识产权信息服务中心挂牌成立，并于 12 月 23 日在文理图书馆明远讲坛举行了揭牌仪式。

【“天府文库”四川方志馆川大分馆举行开馆仪式】 11 月 26 日，“天府文库”四川方志馆川大分馆开馆。四川省地方志工作办公室党组成员、机关党委书记邓瑜等领导近 30 人出席开馆仪式。“天府文库”四川方志馆川大分馆是国内第一家省级方志馆高校分馆，首开校地共建方志馆藏的先河。

【2018—2022 年教育部高等学校图书情报工作指导委员会第二次工作会议召开】 11 月 28 日，2018—2022 年教育部高等学校图书情报工作指导委员会第二次工作会议在四川大学召开，来自全国 56 所高校的代表共 70 余人参加了本次会议。教育部高等教育司巡视员宋毅，四川省教育厅一级巡视员胡卫锋，教育部高等学校图书情报工作指导委员会主任委员陈建龙，四川省教育厅有关领导等出席了会议开幕式。

【2019 年全国高校图书馆服务本科教育教学研讨会暨创新案例大赛举行】 11 月 29—30 日，2019 年全国高校图书馆服务本科教育教学研讨会暨创新案例大赛在四川大学举行，教育部高等教育司巡视员宋毅、调研员张庆国，四川省教育厅高教处副处长罗亦凡，上海财经大学常务副校长徐飞，华中师范大学副校长夏立新，四川大学副校长梁斌，北京大学图书馆馆长陈建龙等领导和嘉宾以及来自全国 140 所高校的近 220 名代表参加会议。此次大赛开展了高校图书馆服务本科教育教学创新优秀案例的征集及评选活动，并为获奖案例颁发了证书。

表 2　2019 年度图书馆基本数据

文献资源建设	新购置	图书	中文	96340 册
			外文	7405 册
		报刊	中文	1397 份
			外文	384 份
		数据库	中文	16 个
			外文	4 个
基本服务	书刊借还		119.5 万册次	
	到馆读者		421.2 万人次	
	通借通还		12.1 万册次	
	预约图书		5.5 万册次	
	周开馆时长		115.5 小时	
	信息素养教育		1.6 万人次	
	文献传递		4943 笔	
	课题检索与查新		3544 项	
	数字图书馆访问量		1.36 亿人次	
	文献数据库访问量		5658.1 万人次	
	文献数据库下载量		3461.4 万篇次	
资源总量	纸本图书	全校	819 万册	
		图书馆	700 万册	
	数据库	中文	113 个	
		外文	212 个	

（以上资料由图书馆姜晓提供）

档案馆（校史办公室）

2019 年，档案馆（校史办）紧密围绕“构建面向师生、面向社会和面向发展的现代化档案信息资源建设体系、服务体系和安全体系”的工作目标，以优良党风带动优良馆风，作风建设推进能力建设，优质服务促进科学发展，为学校全面推进“两个伟大”提供一流服务保障。

第一，深入学习党的十九大和历次全会精神以及习近平新时代中国特色社会主义思想，深入开展“不忘初心、牢记使命”主题教育。举行了7次专题学习会、5场专题党课，设立主题教育网页，组织主题党日活动。不断加强党建工作，落实党的制度。开展走访慰问，开展谈心谈话。定期召开意识形态工作研判会，实施信息发布审查管理办法、意识形态责任制实施办法。

第二，完善优化各项管理服务制度，狠抓制度落实。结合科级干部换届调整，对岗位职责进行重新梳理，强化目标考核。继续实施具有创新性和引领性的9项管理服务新举措。

第三，加强廉政教育宣传，开展以“铭初心、淬党性、践使命、创一流”为主题的党风廉政教育宣传，开设专题网页、宣传专栏，举办专题讲座。健全并严格执行“三重一大”集体决策制度、财经管理办法、采购工作规程等相关制度。梳理廉政风险防控职权目录及风险等级，落实廉政风险防控措施。严格执行中央八项规定和反四风相关要求。大力推进党务和馆务公开。

第四，健全安全责任体系，严格执行各项安全制度。深化安全教育培训和管理，开展了消防安全培训。强化大楼、展馆物业管理，严格出入登记制度。定期开展安全和保密检查。

第五，夯实管理服务基础，做好档案收集利用服务。全年共收集各类档案、材料41899卷，利用46912卷，出具各类证明50000余份，转递毕业生档案16000余卷。加强档案管理指导工作，向全校档案管理干部发放《四川大学档案管理服务手册》及相关档案法规，大力开展档案普法活动。深化档案安全管理和教育，牵头对全校档案安全工作进行自查自纠。大力推进档案新馆规划论证工作，并做好200平米新增档案库房的存储、安防、温湿度控制设施配备。

第六，大力推动档案数字化建设和信息化建设，完成学籍档案第一期1.6万余卷信息资源的安全审核及挂接工作，完成学籍档案数字化项目（第二期）8万余卷数字化任务，启动电子档案签章系统建设，启动办公自动化系统电子归档工作，与信息管理中心共同完成OA电子文件归档的技术对接初步方案，启动数字化档案信息资源的数据治理工作。拓展档案服务形式，不断优化“川大兰台——档案信息管理系统”和“档案远程利用服务系统”，打造融线上预约、查询、收费于一体的“一站式”档案服务微信平台。

第七，推进校史文化创新。启动“四川大学口述史料抢救计划”，共设立28项“口述史采集整理和校史研究项目”，抢救式保存川大精神文化遗产。牵头开展《四川省人物志》四川大学卷120人的立传、立录工作。全馆职工承担校级及以上科研项目10项，发表文章20余篇，出版专著3部。

第八，发挥文化育人效益。以档案管理和校史工作深度融合为切入点，推进校史文化育人，在全校营造“知史爱国、知史爱校”的文化氛围。进一步做好校史展览馆和江姐纪念馆的展览宣传、参观接待、解说服务等工作。校史文化“走出展馆，走近师生”，全年发放《四川大学校史读本》1.8万余册，定期举办校史大讲堂，协助举办新生校史校情讲座，在校报上开设校史专栏，拍摄完成了校史宣传片。校史文化“走出现实，走进网络”，开设网上校史馆、校史文化资源网站、川大时间轴、校史答题王等栏目。校史文化“走出校园，走向社会”，指导广元市虎跳镇“镇史馆”建设，指导定点扶贫地区甘洛县斯觉镇“彝族文化展览馆”建设，面向社会开展校史图书赠阅活动3次。

第九，拓展协作发展模式，与各类档案学会和档案馆、媒体、文化和史籍研究部门、科研院所密切合作。组织开展全省高校档案管理服务协作，与江油王右木纪念园、重庆市红岩联线文化发展管理中心等红色场馆开展档案互赠、共同发掘文史资料、举办专题展览等交流合作，推动红色资源共享共建。

第十，认真完成专项任务。2019年，学校工作要点明确由档案馆负责的重点工作2项，校务会、专题会明确由档案馆负责的专项工作共6项，已全部执行。

2019年，档案馆（校史办）获得教育部和四川省高校档案协会、学校、机关党委颁发的各类奖励共4项，包括中国文献影像技术协会工作先进集体，四川大学社会治安综合治理、安全生产和消防安全工作先进集体，四川大学第六届校园文化建设精品项目，四川大学机关党委2019年"铭记初心、践行使命"微党课展示活动优胜奖，等等。全馆有5人次在行业协会、学校、机关党委组织的各类评比中获奖。1项部门特色工作被人民网、央视、《四川日报》等多家媒体报道。

【大力推动档案数字化建设和信息化建设】完成学籍档案数字化第一期1.6万余卷信息资源的安全审核及挂接工作，完成学籍档案数字化项目（第二期）8万余卷数字化任务，启动电子档案签章系统建设，启动办公自动化系统电子归档工作，与信息管理中心共同完成OA电子文件归档的技术对接初步方案，启动数字化档案信息资源的数据治理工作。打造、优化"川大兰台——档案信息管理系统""档案远程利用服务系统"以及档案服务微信平台。

【实施川大百廿红色基因传承弘扬计划】结合"不忘初心、牢记使命"主题教育，通过开展"传承弘扬江姐精神，培养新时代红色传人"系列活动，深入挖掘川大百廿红色文化传统，为全校党员师生增强党性修养、坚定理想信念、激励担当作为提供学习平台，以实际行动践行新时代档案人为党管档、为国守史、为民服务的初心和使命。加强江姐纪念馆建设，经中央主管部门批复举行了"江姐纪念馆"开馆暨"四川大学革命英烈事迹陈列馆"揭牌仪式。江姐纪念馆等"三个一"工程被推荐参选"首届新时代四川高校十大党建创新案例"。大力建设3D江姐馆和川大英烈事迹网上展馆。

【开展川大红色文化传统传承教育】策划拍摄《川大英烈》宣传片，重印出版《川大英烈》图书并面向全校师生开展赠阅活动，举行缅怀川大英烈活动。主讲"江姐在川大""四川大学红色文化传统"主题报告会。为师生自编自导舞台剧《江姐在川大》提供历史素材，进行史实把关。参与筹备以弘扬江姐精神、高扬爱国主旋律为主题的"放飞梦想"四川大学青春歌会。参与筹备"让烈士回家"系列主题活动暨红岩精神四川行活动。举办"思想先锋 民族脊梁——四川大学红色文化传统专题展"、"传承红色文化，勇担时代重任"首届校史演讲大赛、红色文化校史知识竞赛、纪念五四运动100周年校史大讲堂，并在校报上组织发表五四运动100周年纪念专版，承担四川大学党组织发展史研究课题。

【开展庆祝中华人民共和国成立70周年系列活动】主办了"壮阔历程 时代华章——中华人民共和国成立70周年四川大学发展建设成就展"，成为全校各级党组织主题教育的学习参观内容之一。牵头举办全省高校档案馆“新中国的记忆：档案见证高校发展”主题演讲比赛。会同学工部举办“青春告白祖国”——四川大学各民族学生庆祝中华人民共和国成立70周年暨四川大学建校123周年“民族学生大型照片”捐赠活动。部门选送的《从P—61战机看川大院系调整》，被中国高教学会校史研究分会确定为“改造与探索：1949年前后的中国高等教育研讨会”大会交流题目。

表3 2019年普通档案管理和服务统计表

馆藏全宗（个）	馆藏档案（卷）	新中国成立前档案（卷）	收集档案（卷）	入库上架档案（卷）	接待查借阅档案（人）	查借阅档案（卷次）
22	314400	9000	18495	18428	14889	42812

表4 2019年学生档案管理和服务统计表

馆藏档案（卷）	接收整理档案（卷）	归档材料（份）	转递档案（卷）	查、借阅档案（卷、次）	清理档案（卷）
71500	11946	11458	16000	4100	12000

表5 2019年校史工作统计表

接待参观（人、次）	接待讲解（场）	举办专题展览（个）	开展专题活动（次）
69356	903	3	8

（以上资料由档案馆毕玉、王娣提供）

博物馆

2019年对博物馆来说是具有重大历史意义的一年。放眼宏观，2019年是学校落实第八次党代会奋斗目标、加快推进“两个伟大”的关键之年；着眼当下，2019年是博物馆迎来百余年之历史性机遇和挑战的一年：市校共建四川大学博物馆群正式启动，博物馆将与自然博物馆合并，在原址改扩建的基础上打造人文、自然融合的一流开放型合博物馆群。新馆建设、承前启后是博物馆2019年的工作中心。

【加强思想理论学习和组织建设，提高政治素养和群众基础】2019年博物馆积极开展“不忘初心、牢记使命”主题教育活动，通过多种形式学习贯彻习总书记系列重要讲话、党的十九大、十九届二中、三中、四中全会精神，多次组织全体党员集中学习和全体馆员政治学习，提高了全体馆员的政治站位和理论水平。严格落实“三会一课”制度，党支部积极主动接纳广大党员同志及全体馆员的监督，坚持召开组织生活和民主评议，切实增强党员同志的党性修养和组织纪律性。在深入学习思想理论的基础上，博物馆支部党员们以身作则，在新馆搬迁过程中充分发挥了党员先锋模范作用。

【加强运营维护，做到日常运行和搬迁过程安全零事故】2019 年上半年博物馆继续保持安全平稳运行，替换了部分因年久失修报废的监控设备，并就整体监控系统更换进行了论证和招标；后由于闭馆搬迁，暂停监控系统更换，用作暂存地点改造经费。下半年博物馆在搬迁准备过程中，对原有空调、气体灭火装置进行拆卸、搬迁至与文里商业楼安装，最终完成与文里商业楼整体改造，达到文物标本暂存保管的条件；同时按照学校要求完成招标，与专业文保物流公司合作，从 8 月 10 日起，全体馆员加班加点，最终于 11 月 27 日完成全部馆藏文物和旧档的包装运输工作。基于旧馆改建，博物馆还清点了现有国资，完成闭馆期间博物馆工作场地的改造建设，总共清点了家具、设备等各种资产合计数量 1516 件，价值 8268263.43 元。其中部分达到报废年限的予以报废，部分在其他办公场地继续使用，部分搬迁至指定地点存放。在清点、改造及搬迁过程中无安全责任事故发生。

【发挥业务职能，圆满完成展示和接待任务，做好社会服务】截止闭馆之前，2019 年博物馆共接待校内外观众约 3 万人，提供讲解 620 余场，多次接待国内外重要宾客，完成了本馆 2 个新展、2 个借展和 1 个临展的布展和撤展，包括引进“中华文化奇迹——北京房山云居寺历史文化展”，在江安校区青春广场举办临展《伟人的故事》及讲座，与四川大学美术馆联合举办的“重帘——古代绘画、刺绣互文展”暨“借镜观形——博物馆艺术项目邀请展”，四川大学“跨学科专业同学之创见 对话四川大学博物馆”展出，联合三星堆遗址博物馆、金沙遗址博物馆、耶鲁大学巴比伦特藏、以色列圣地博物馆共同推出的“成都平原和两河流域青铜文明对话展”完成撤展。同时先后向泸州博物馆、成都博物馆、三星堆博物馆借出文物参展，扩大了四川大学博物馆在全省乃至国内文化界的影响力。6 月初，博物馆通过川大微博、博物馆官网、公众号等媒体平台发布了 8 月闭馆公告。

【提前做好藏品清点和维护，加快数字信息化进程】为应对闭馆搬迁工作，博物馆在 2019 年加强清点力度，补充完善了大量文物条目，完成对部分石刻文物藏品的照片拍摄，并请陕西十月文物保护有限公司对典藏的重要书画、织绣、唐卡、皮影以及其他民族、民俗文物共 260 件（套）进行了三维数字化信息采集。2019 年葛维汉图书馆增加了 4 个数据库，数据库总数量达到 9 个，基本建成了涵盖所有资源的博物馆资源库框架。因遭遇网络攻击，为了保障博物馆信息安全，博物馆搭建了数据备份容灾系统，由博物馆信息中心对所有数据库进行备份和管理，数据信息采取双备份方案，确保信息安全。

【推进新馆建设进程，圆满完成藏品包装和搬迁工作】2019 年以来，开放型人文·自然博物馆作为博物馆群建设的首期目标，新馆建设项目迅速进入建筑概念设计招投标、博物馆功能空间规划设计、博物馆基本陈列概念设计、博物馆闭馆与藏品搬迁方案设计等实质性任务阶段。博物馆一方面积极参与新馆建设策划，动员典藏部、陈展部、信息中心、科创中心等部门研究人员开展藏品、档案和学术研究资源的梳理工作，组织撰写博物馆基本陈列内容大纲和功能空间规划方案（2019 年初已经向建筑设计方提交），参与市政府、校务会、各相关部处牵头的协调会，对建筑设计和策展方案提出修订意见，并赴南京、上海两地多家博物馆参观学习，进行针对性考察；另一方面在学校分管校领导和规建处、国资处、自然博物馆等多方组织协调下，完成了博物馆老馆改扩建期间馆藏文物的暂存工作方案，通过校务会明确了博物馆和自然博物馆馆藏文物搬迁至与文里商业楼暂存，特别贵重和需要特殊保存条件的文物联系四川博物院暂存，暂存期间由博物馆负责物业、安保的统一管理，两馆分派专业人员负责藏品的日常养护工作。博物馆协调了与文里临时库房的改造，于8月初到11月底期间与文保公司一起完成对85000余件藏品和50000余件旧档的包装和运输工作，制定了闭馆扩建期间文物安全以及其他相关工作的各项规章制度。

【扩大公共宣传，参与公益教育】 2019年，博物馆全新制作的主页正式上线，新主页不仅对博物馆的历史、展览、学术讲座做了详细推介，更有各类文物藏品信息和学术资源可供查阅。在8月闭馆之前，博物馆的微信公众号和微博共更新60余次；闭馆之后微信公众号继续保持运营，不定时更新专题文章。开放期间，博物馆还参与了新浪四川的“享公益，行走课堂在身边”活动，利用门户网站扩大宣传效应，为社会化科普教育做出贡献。

表6　2019年博物馆开展社会服务相关活动

项目	内容	备注
新展	中华文化奇迹——北京房山云居寺历史文化展	4月15日—5月15日
	“伟人的故事”临展	邀请邓小平故居纪念馆完成
	“重帘——古代绘画、刺绣互文展”暨“借镜观形——博物馆艺术项目邀请展”	5月12日—7月12日
	成都平原和两河流域青铜文明对话展	6月撤展
活动	葛维汉后人回访川大活动	3月下旬
	川大博物馆文创开发、设计与推广跨学科PBL课程建设第二区工坊	4月下旬
学术交流与讲座	7次	截至8月闭馆前
参观接待	参观人数合计29896人（外宾374人，内宾6818人，大学生5229人，中小学生15495人）。志愿者提供讲解约620场次	1月—8月

（以上资料由博物馆罗媛媛提供）

出版社

四川大学出版社具有图书、音像、电子、互联网全媒体出版资质，出版范围以学术专著、教材教辅为主，具有国家社科基金后期资助项目出版资质（全国约有50家，川内仅有人民社、川大社2家），以及中小学教辅材料语文、数学、英语、政治、历史、物理、化学、生物、地理9科出版资质（川内仅有教育社、川大社2家）。

2019年，四川大学出版社按照教育部、国家新闻出版署的要求，在学校党委的坚强领导下，以习近平新时代中国特色社会主义思想为指导，深入学习贯彻中央《关于加强和改进出版工作的意见》精神，坚持守正创新，坚持把社会效益放在首位，积极主动服务学校双一流建设、推动实施“出版大文化”发展战略、进一步加强规范管理、加强党建工作四个方面开展工作，取得了一定成绩。

积极主动服务学校双一流建设方面。一是协助学校各单位申报重点项目和奖项。2019年，出版社申报了3个国家出版基金项目，其中《中国精神文化大典》《当代儿童正畸矫治经典应用》2个项目为我校作者的成果；成功申报6个“走出去”项目，其中《中国符号学丛书》《青少年心理深呼吸丛书》《蜀韵古镇》3个项目为我校作者成果；推荐《艺术符号学》《中国品牌的意义生成机制与路径研究》《印巴和平进程研究》3个项目获得国家社科基金后期资助；《巴蜀全书（3种）》《巴蜀文化》《妇科单孔腹腔镜手术视频集》等5个项目，成功入选四川省2019—2020年度重点出版规划项目；成功申报了《中国文明与文化简史书系》《实用医疗健康丛书》2个四川省重点资助项目。二是策划出版系列学术图书和教材。包括学校牵头的“四川大学校级立项教材”——《儒藏》，文学与新闻学院的《四川大学文学与新闻学院学术丛书》《中国符号学丛书》《符号学译丛》《马克思主义符号学丛书》，经济学院的《中国特色社会主义政治经济学丛书》，外国语学院的《四川大学外国语学院学术文丛》《四川大学外国语言文字与文化论丛》，历史文化学院的《巴蜀全书》《“川大史学”丛书》《四川大学博物馆藏品集萃》，海外教育学院的《汉语国际教育与中华文化推广系列丛书》，等等。三是承办四川大学各单位编辑的学术集刊。承担了马克思主义学院、文学与新闻学院等多个学院近20种学术集刊的出版工作，其中《中外文化与文论》《符号与传媒》《汉语史研究集刊》等3种为CSSCI来源集刊。四是依托学校资源，开办“库闻讲坛”学术讲堂，现已成功举办《江姐在川大》（毕玉）、《世界名校之旅——走进牛津和剑桥》（何平）等多场讲座。

推动实施“出版大文化”发展战略方面。出版社坚持以“出版大文化”为导向，采取线上平台+线下实体融合发展的思路，以“一社一店一馆多平台”的布局开展工作。“一社”。出版社以传统出版为主体，按照做好平台、做好品牌、做好系列、做好文化“四个做好”发展思路，着力打造学术出版、教育出版专业特色。学术出版依托川大、服务双一流建设，走高品质发展道路；教育出版推动系列化、品牌化，创新发展模式，实现了“两个效益”的高度统一。“一店”。建设近300平方米的实体书店“库闻书店”（四川大学出版社学子书店），主要经营人文社科图书、文创产品和创客咖啡，为广大师生提供交流平台，成为出版社对外展示的重要窗口和服务师生的文化阵地。“一馆”。出版社与武侯区图书馆开展了运营托管合作，开展以人文艺术讲座、健康保健讲座、全民阅读活动、学生社团活动、社区文化活动等为主的系列文化活动，将大学资源与社区公共文化事业对接，并结合出版社的工作特点，免费提供版权登记服务。“多平台”。出版社为满足内容多渠道分发、实现线上线下融合发展，重点打造了两大数字出版平台和项目：2019年四川省重点项目“成都AI音乐创意产业园”项目；2019年四川省科技厅科技服务业项目“高校科教文化资源融合发展平台”教育图书线上知识服务平台“大术读家”，该平台已经服务全国68家出版机构和教育机构，用户数达到15万人。

进一步加强规范管理方面。一是确定2019年为“质量管理年”，以图书质量检查和提高为重点工作，通过加强学习培训，编印参考资料，提高选题门槛，加强审稿工作，加强排版、设计、印制管理工作，加强编辑部社会效益考核，建立高效有力的印前印后审读检查队伍，增设印前通检环节，开展图书内容和编校质量自查等一系列措施。二是规范制度流程。对出版流程中编辑、印刷、发行等各个主要环节的制度和流程都进行了完善，在过去制度文件的基础上，修订一批、新增一批。截至11月，编辑出版工作涉及的选题、三审三校、质检、排版设计、印制、发行、重印再版、档案管理等制度均已完成了梳理修订并汇编成册。三是加强编辑队伍建设。中央《关于加强和改进出版工作的意见》特别强调了队伍建设的重要性。目前，出版社正处在新老交替的关键时期，在保持队伍相对稳定的前提下实现编辑队伍的新陈代谢是编辑队伍建设方面的一项重要工作。

党建工作方面。在学校党委的坚强领导下，出版社及学报党政领导班子认真学习贯彻习近平新时代中国特色社会主义思想和党的十九大精神及十九届二中、三中、四中全会精神，认真落实教育部、国家新闻出版广电总局和学校党委行政的一系列决策部署，进一步加强和改进党建思想政治工作，不断完善治理体系，努力提升治理能力，稳步推进各项事业取得新的显著成绩。2019年度，召开党总支理论学习中心组学习会10次，开展职工政治学习集中学习活动12次，各党支部以《习近平关于“不忘初心、牢记使命”论述摘编》《关于加强和改进出版工作的意见》为重点开展领学、交流活动6次。深入开展调查研究，根据出版社及学报实际，设计了10个调研课题，内容涉及党的建设、世界一流大学出版社及学报建设、党风廉政建设、编辑队伍建设、职工群众关心的热点与期待等方面。对出版社及学报“一网三微”进行了清理登记，主持召开意识形态工作研判会6次，对职工进行意识形态工作培训4次。认真学习贯彻《中国共产党党支部工作条例》，优化了党支部设置，对出版社综合党支部、编辑党支部进行了拆分调整，成立了8个党支部，实现了党支部对科（编室）的全覆盖。扎实开展“不忘初心、牢记使命”主题教育，共组织各类报告会2场，组织中心组集中学习研讨6次，各党支部组织学习交流会3次、共计21次，完成调研课题10项，班子成员参与联系支部学习活动至少3次，对27项整改事项进行了整改。运用各种教育契机和形式，组织开展了丰富多彩的活动。

【出版物获奖情况】 2019年，3种图书获得2019年度“四川好书”荣誉称号；29种图书获得四川省第十八次社会科学优秀成果奖，占全部获奖图书的10.07%，居全省第一；全年共获得省部级以上奖项37项，并有4种出版物入选2019年全国农家书屋重点出版物推荐目录。

【新晋中国大陆出版机构海外馆藏影响力TOP 100】 8月19日，《中国图书海外馆藏影响力研究报告（2019版）》发布，四川大学出版社89种2018年版中文图书在2019年被海外图书馆永久收藏，新晋中国大陆出版机构入藏品种排行榜TOP 100，列第59位，居全国大学出版社第13位、四川省第2位，“走出去”取得新成绩。

【《三苏经解集校》被国家出版基金评为优秀】 国家出版基金项目《三苏经解集校》在绩效考评中被评为优秀项目。作为四川省重点支持打造的大型巴蜀文献集成《巴蜀全书》“精品集萃”的重要成果之一，《三苏经解集校》的出版有利于促进蜀学研究的进一步发展，对于《巴蜀全书》的编纂出版也有着重要意义，对于打造地方文化的精神家园也具有实际的意义。

（以上资料由出版社李金兰、欧风偃供稿）

信息化建设工作

一、持续加强网络与信息化基础建设

【四川大学云平台】 2019年信息管理中心继续建设四川大学云平台，为全校核心业务系统提供物理主机共75台，存储总容量465T，云服务器（虚拟机）1034台。为32个学院（含研究中心和国重实验室）和38个部处的管理、教学、科研提供托管服务器161台，初步实现基础资源的统一管理和共享。

【校园网出口带宽】 2019年校园网出口带宽提升至21G，教育网套餐由30M提升至50M，公网套餐由100M提升至150M，极大改善了用户上网体验；华西校区无线网络接入带宽达到10G，实现5倍增长。

【校园无线网络覆盖】 2019年续推进望江和华西校区无线网络覆盖，在教学及公共区域新增1445个无线网络热点，重点改善了望江校区的行政楼、东区图书馆和西区图书馆，华西校区的国家重点实验室实验大楼等无线网络利用率高的区域的无线网络使用条件，在望江西五教、华西临床医学教学楼、卫生干部培训中心、望江校医院等区域开通了无线校园网的使用条件；重点深化了行政楼会议室、西五教演播厅、东三教演播厅等人流密集区域的无线网络最大用户接入量，日均无线网络用户峰值约为17000人次，日均流量峰值5.5G；江安校区完成教学、行政、图书馆等公共区域无线网络全覆盖，完成学生宿舍10围合2228个房间的无线网络覆盖，惠及学生7912名。

【高清视频会议系统】深入建设和优化高清视频会议系统。2019年在3个校区新建16个点，总数达到23个点，广泛应用于学校高清视频会议、学术交流、学术报告会、视频直播等应用场景。先后承担教育部“本科教育大会”等视频会议、学校“不忘初心、牢记使命”主题教育党支部书记培训会等视频会议30余次，直接服务师生4700余人次。

二、创新系统平台建设模式

【四川大学OA系统】持续推进OA系统建设并启动完成二期开发建设，完成OA系统发文2053条，收文18891条，使用OA的单位数量达到108个，核心业务包括公文审批、请示报告、每周工作安排、督查督办等。

【四川大学微服务】创新性建设“四川大学微服务”平台，以微服务、聚合支付、客户服务为业务支撑，调研学校17个部处（学院）的需求，完成13个应用系统集成，推出线上出入证续费、一卡通充值等各类师生应用服务60余种，平台关注用户超过5万人，日均访问超过5000人，聚合支付平台年度完成各类充值缴费近24万笔，总金额超过2600万元。

【四川大学迎新系统】新建四川大学迎新系统，实现本科生和研究生线上注册缴费，实时展示迎新动态数据，实现了迎新工作的便捷化、智慧化和数字化。

【四川大学网站群系统】持续建设四川大学网站群系统，新建、迁移网站157个，涵盖学校主网站及部分二级部门、院系及其他学术、专题、项目等不同类别网站，实现校园信息对外发布的统一平台和安全运维，为全校教学、科研和管理提供服务。

三、提供优质信息化服务

【校园卡系统升级】提升了校园一卡通的服务品质，在全校食堂和宿舍等区域配置圈存机120台，自助补卡机8台。完成校园卡充值超1.6亿元，商户结算约1.6亿元；完成校园卡办理约7.5万张（其中补卡约3.3万张，新办卡约4.2万张）。

【校车刷卡系统】2019年为全校校车系统刷卡扣费提供软件、设备及网络环境。通过升级校车刷卡软件和设备，实现4G覆盖和扣费语音播报，保障师生乘车刷卡数据的实时准确传送，并保障了江安校区校园巴士的开通运行，解决了教工刷卡收费等问题。

四、继续推进信息安全与数据治理

【信息安全保障】升级部署了新一代防火墙、网页防篡改系统、网站动态防御系统、云安全系统、堡垒机等网络和信息安全系统平台，有效防范、阻止外来恶意攻击；启动了网络安全态势感知平台、漏洞扫描和管理平台、Web资产治理建设，进一步保障了学校网站及业务系统的安全稳定运行；积极参加四川省公安厅“2019护网行动”，举行网络安全应急演练，全面诊断网络与信息安全问题，提高了学校网络安全应急能力；2019年网络安全宣传周期间，对《中华人民共和国网络安全法》和“安全上网小常识”展开集中宣传，提高师生安全用网意识。

【数据治理和融合】完成了数据治理

一期建设，初步建成四川大学共享数据资源平台。集成了人事系统、财务系统、科研系统、社科系统、研究生管理系统、教务系统、机构知识库等多个业务系统。为“双一流”以及微信企业号、微服务、迎新系统、教师一张表、2019年职称申报系统等相关应用提供数据服务，协助人事处完成2019年职称申报工作，实现从共享资源平台自动获取教职工的基本信息、论文信息、项目信息、成果信息、教务信息、评教信息、指导信息等，提高了办事效率。

【智慧统计分析】继续完善了四川大学教育事业统计分析平台，实现了学校“基本状态数据库”“高基表”等各级各类数据协同填报、多级自动汇总，多种主题分析可视化展现，为本科教学审核评估和“双一流”建设提供高质量状态数据支撑，大幅提升数据服务能力和数据质量及工作效率。2019年在教育部统计大会上两次分享了四川大学智慧统计分析平台的建设方案及经验。

（以上资料由信息管理中心向芃、刘颖慧提供）

对外联络工作

一、校友工作

2019年，校友工作继续以“124N”工作体系推进，以“校庆活动”凝聚校友，以“打造品牌活动”感染校友，以“提升服务水平”感动校友，不断提升校友服务水平。为校友与母校之间、社会资源与母校之间都搭建起更加畅通的合作、交流平台，同时利用校友资源，反哺社会与母校，助力学校世界一流大学建设。

【组织了四川大学123周年校庆相关活动】与成都市合办“2019川大校友话新经济”；举办全球校友创业家联谊会第二届理事会暨四川大学全球会长秘书长会；指导学院开展123周年校庆校友值年返校“六个一”活动：“一”个入学报到仪式、“一”场座谈会、“一”个讲座、“一”次回忆餐、“一”次校园参观、“一”个捐赠仪式，共计5000余名校友返校。

【推动了校友工作组织建设】成立了四川大学重庆北碚校友会、四川大学湖南创联校友会、四川大学美国大纽约校友会、四川大学内蒙古校友会、四川大学河南医科校友联谊会等地方和行业校友分会，将商学院校友会mba（研修）批复为校友总会直接管理的行业校友分会，地方分会及行业校友分会达101个；同时，积极推进学院校友会建设，成立了文学与新闻学院校友会、华西临床医学院校友会、华西临床医学院河南校友联谊会；成立了四川大学新加坡校友会、四川大学南加州校友会、四川大学乐山校友会、四川大学泰国校友会筹备组；推动贵州校友会、山西校友会、上海医科校友会、广州校友会、四川创联的换届工作；指导并参加了四川大学陕西、江苏、北京、澳新、贵州、浙江、中部创联、山西、大湾区创联等校友分会校友活动。

【搭建一流校友服务平台，校友服务品质稳步提升】设立2019届校友年级联络人，为150余名年级联络人颁发聘书；推出电子校友卡，整合校内资源和校友资源，为校友提供全方位一站式服务。截至12月5日，共计7万校友申领电子校友卡；组织校友参加“四川大学欧盟知识培训班”，开拓校友国际视野，助力校友事业发展；举办“首届校友羽毛球团体赛”，来自12个地区18支校友会团队近200名校友参加比赛；联合体育学院，举办“第二届乐跑回家”校园健身跑活动，组织了2000名师生和校友参加活动；推送校友总会微信公众号信息200余条；采编、出版了《川大校友》第45、46期。向2019届毕业生发放《致2019毕业生的一封信》15000余封。

【汇聚校友资源，引导校友助力学校“双一流”建设】组织各地校友分会600余名校友配合招就处及各学院招生工作组，完成了24个省市的招生宣传工作，助力学校招收一流生源；邀请了杰出校友、太平人寿股份有限公司党委书记、总经理张可出席“四川大学2019届学生毕业典礼暨学位授予仪式”，杰出校友、康佳集团总裁周彬出席“四川大学2019级本科生开学典礼”，杰出校友、中国成达工程有限公司总经理刘一横出席“四川大学2019级研究生开学典礼”，对川大学子进行励志教育。举办“杰出校友讲堂”。邀请杰出校友、深圳市元征科技股份有限公司董事长刘易之，以区块链应用交流为主题做分享交流会；组织校友参加中共四川省委、四川省人民政府主办“知名大学校友企业家恳谈会”，为“高质量打造四川‘5+1’现代产业体系”建言献策；联合招生就业处，举办“2019四川大学校友企业实习季双选会”，组织40余家校友企业提供200余个实习岗位，近300名在校生参加活动；联合招生就业处，举办第二届“智汇百川·校友企业招聘季”，组织110余家校友企业回校招聘，累计参加人数2000余人。

表7　2019年四川大学成立地方、行业校友会情况

四川大学重庆北碚校友会	成立时间	2019年1月19日
	顾问	郭玖麟、李明、王大勇、魏沙平
	会长	周洪琴
	副会长	李林、姚维志、张自力、余世勇、马强、杨大成、陈章宝、赵章超、蒋显全、陈德茂、谢燊、何卓云、李先全、袁强、黎勇、陈渝、刘省伟
	秘书长	柯瑶
	理事	张琳、卢渝宁、张明晓、马忠平、左源瑞、范莉、夏光琼、李峦松、段廷才、陈德、钟剑、曾现江、杨伟、何雨婷、聂靖、龚明星、李娟、范曦、陈异、徐廷兵、陈清琼、吴国民、晏永均、唐　锐、林永舟、张素健、何春润、冉宇、谢德超、许敬友、艾玉平、张翼、李宏、王其龙、黄勇、万　疆、黄昉、郑涪文、郭晓红、张嘉瑜

续表7

四川大学全球校友创业家湖南联谊会	成立时间	2019年1月20日
	专家导师	贺安杰、向曙光
	专家顾问	吴文平、曹合群、骆诗栋、蔡继锋、赵炳然、叶泽纲、吴晶梅、黎佑甫、朱方明、单汨源、刘亚辉、刘新春、周文、彭文轩
	会长	张立忠
	常务副会长	熊伟程
	副会长	王昀、王伯求、张圣杰、王文辉、陈卫东
	秘书长	曾龙
	常务副秘书长	刘琼、郭亚东、崔晓斌、张永杰
	副秘书长	吴雨、王全兵、谭勇、邓志华、白治军、朱琼洲、贺湘伟、谢端、陈春安、杨琴、刘浩、朱爱东
	常务理事	曹合群、宋子龙、王慧桂、尹翔、刘绍权、杨鹏可
	理事	孙志林、肖立伟、吴汉江、朱兆夫、吴思政、冯云枝、高义军、李奉华、聂向真、杨俊波、赵建军、陈瑶清、姚咏梅
四川大学美国大纽约校友会	成立时间	2019年6月9日
	会长及理事会主席	欧阳了寒
	理事会兼执行委员会	韩伟、普勇、张橘、李缨、凯瑟琳刘、刘妍、黎波、韩伟、宗欣、程书秋、普勇、张橘、黄新颜
	秘书	张橘
	财务	黎波
四川大学内蒙古校友会	成立时间	2020年10月20日
	顾问	任延东
	会长	任耕北
	常务副会长	王志新
	副会长	刘丽、呼和巴特尔、水涛、张科
	秘书长	呼和巴特尔（兼）
	副秘书长	王东伟、代阳、卢嘉川
	理事	康维、武长毅、杨健平、郭占林、闫军、贾婧、王德、史兆丰、秦丙涛、伟立斯、张静

续表7

四川大学河南医科校友联谊会	成立时间	2019 年 11 月 16 日
	名誉会长	刘玉峰、刘贵中、高洪敏、李凤芝、吕全军、马建军
	会长	崔正军
	执行会长	王国俊
	顾问	韩萍、姚武、娄晓民、闫洪涛、何伟、汤克勇、贾国存、汤有才、何　巍、丁永利
	副会长	黄彦生、张广政、张建成、郭付有、张刚
	秘书长	许锋
	副秘书长	李瑞欣
	常务理事	王雪芹、吴红波、庞晓辉、周俊超、余斌、杨艳明、魏雪琴、张炜、王勇、张旗、杨鸿炜

表 8　2019 年四川大学成立学院校友会情况

四川大学文学与新闻学院校友会	成立时间	2019 年 9 月 28 日
	会长	何世平
	常务副会长	熊焰波、朱泓、苏丁、郝庄
	副会长	刘川郁、王治全、谭飞、陈茂、陈朝阳
	秘书长	朱泓
	副秘书长	郝庄、刘川郁、彭瑾、李贇、夏春芬、李姝、张春、李毅、闫建雄、刘建锋、马致远、罗维斯、周宁、岳思佳
	常务理事	白绍伟、鲍成志、蔡敏、曾鸣、陈俊逾、陈倩、陈欣、刁志莉、高敏、高伟、何守铖、何玉文、何志敏、侯宏虹、黄堇然、黄庆、蒋耀晨、金文、李京丽、李玲、李莎、林晓彤、刘芳、刘黎黎、刘路、刘淑萍、刘肖、刘孝利、刘裕国、卢志达、毛迪、苗颖、莫海清、潘黎、尚笑妍、沈山、史杰蔚、孙化显、谭书琳、唐榕培、唐尚平、田王晋健、田阳、王芳、王虹、王慧敏、王洁、王开云、王文涛、温晶晶、文近、吴曦聪、吴英臣、夏泽友、向军、徐嘉雄、徐小强、闫顺平、颜小晶、杨迪、杨红建、杨佳于、杨琳、杨志刚、于润滋、袁其美、袁新跃、张骋、张冬梅、张杰、张明海、张明睿、张瑞、张同修、赵家学、赵若一、赵张冬、郑宏、郑颖琦、邹旻

续表8

四川大学华西临床医学院校友会	成立时间	2019 年 9 月 22 日
	名誉会长	杜贤、李虹、孙阳、魏于全、殷大奎、郑树森、郑尚维
	会长	李为民、张伟
	执行会长	沈彬
	副会长	万学红、李正赤、黄勇、程南生、曾勇、龚启勇、程永忠、刘伦旭、黄进
	秘书长	张猎
	常务理事	陈方、陈盛、陈晓峰、陈雁、崔正军、丁勇、董高宏、韩琳、韩宇、胡学军、李梅、刘健、刘洋、刘月明、罗建、聂虎、潘慧云、王博、王国俊、伍波、许四虎、晏国、余坚、张剑、张容、张秋萍、朱宝立、赵伟立
	秘书	王涵、汤海涛
四川大学华西临床医学院校友会河南分会	成立时间	2019 年 11 月 16 日
	名誉会长	刘玉峰、刘贵中、高洪敏、张广政
	会长	崔正军
	执行会长	王国俊
	副会长	宋军民、黄彦生、贾国存、何巍、郭红军、丁永利、张刚
	秘书长	许锋
	副秘书长	李瑞欣
	常务理事	刘屹林、储勤军、杨伟民、王雪芹、张炜、张旗、张广坛、余斌、林松、田欣欣、庞晓辉、杨爱民、杨艳明、镐英杰、杨鸿炜、罗雪

续表8

四川大学 MBA（研修）校友会	成立时间	2019 年 12 月 12 日
	荣誉会长	林明、邹开林、严统明、杜修全、洪清鹏、陈谦、钱卫东、龚锦华、陈明
	参事	樊学斌、林峰、陈伟生、孙媛凌、黄明良、刘芸、潘峰、冉立春、郭辉
	会长	杜华
	执行会长	张健
	常委	杜华、张健、蒋林、李丹梅、林孝波、肖莉、周骏
	常务副会长	梁岸、张宇行、陈思言、李国钦、张利军、伍勇慧、杨文君、李洋、刘成洋、任晓林、江波、邹成龙、王强、兰中红、徐建斌、熊星、王洋、王振宇
	副会长	何萍、艾冬梅、刘波、蔡静、江波、李罡、瞿德强、邬亚林、车忠秀、鄢华、高见、肖红根、张辉、朱洪强、张文迪、王晓琨、文虎、王闯、朱昌宏、许献、周思君、缪寿华、王新、谢建、熊国祥、张松柏
	秘书长	黄泽林
	执行秘书长	武颖
	副秘书长	刘廷洪、陈进、吴邦志、安捷、洪正、刘瑶、杨琴、宾冰、柏代美、肖霁珊、王倩、钟华夏、隋俊杰、潘俊峰、杨红阳、刘欣僖、张蓉、樊贞彤、贾晓佳、骆振华、杨跃辉、张英、龙海阳、谢果红、赵璐、黄晓、陈兴骏、胡昊、程容、孙晓明、魏文君、李钰、钟贤、朱晓红、阳彬、戚广超、苏寒萌、杨丽君
	理事	钟顺安、王正蓉、赵洪功、卓驿轩、刘红、龙英志、付祥军、赵小清、李熙炜、冯超强、王蓉、吴颖异、曹婷婷、陈丽、鲁子宁、万倩、张钰姣、张睿、文宇、甯红英、袁婷婷、刘舫、任彬容、张军、梁平、郑凌巍

二、基金工作

2019 年，四川大学教育基金会总收入 7565 万元，其中捐赠收入 6703 万元，增值收入 862 万元，成功获取中央财政配比资金 4600 万元。新增捐赠项目 54 项，实施开展 148 项捐赠项目，公益支出 4339.9 万元，惠及千余名在校师生。

【川大校庆获捐不断，共助学校“双一流”建设】在 123 周年校庆之际，宜宾五粮液集团、新尚集团、四川科伦药业股份有限公司等纷纷贡献力量，支持学校“双一流”建设。其中，宜宾五粮液集团向四川大学捐赠一亿元，设立“五粮液—四川大学高端人才专项基金”。

【积极维护大额捐赠方，重点项目稳步推进】张邦鑫校友捐 2509 万元支持“好未来”教育奖的设立和江安校区游泳馆建设；江苏恒瑞医药股份有限公司捐 400 万元用于支持医学人才培养与学科发展；唐立新捐赠 292 万元用于唐立新教育发展基金；姜维平校友捐赠 220 万元用于奖学奖教金；成都宏川酒业有限公司捐赠 200 万元用于五粮春奖学奖教金。

【规范管理公开透明，透明指数屡获认可】 2019 年中基透明指数 100 分，全国排名第一，并首次进入“中国最透明慈善公益基金会排行榜”全国前五十名。

【主动践行社会责任，积极传播慈善文化】 4 月 15 日，邀请叶小文老师开展了“增强文化自信，坚定理想信念”大师讲座；6 月、12 月与凉山昭觉中学、岳池中学开展“互动并进，鸿鹄志起”四川大学“五彩石”志愿团实地联谊活动；7 月成功举办“雏鹰成长计划”教育扶贫公益活动；7 月举办“微爱筑梦”暑期社会公益实践活动；继续支持明远启航大学生能力提升计划，帮助培养贫困学生兴趣爱好；11 月举办“暖冬行动——凉山甘洛行”，直接投入资金 10 万余元购买 600 余套保暖内衣等。

【聚焦学校重点工作，资助学校重大活动】 首次设立“四川大学困难师生员工帮扶基金”，教育基金会提供 3000 万元额度为项目本金、以每年不低于 100 万元的增值收益注入基金；资助学校重大活动，包括 150 万元支持“放飞梦想”四川大学青春歌会，110 万元支持彝族脱贫攻坚报告文学及纪录片项目，还支持了四川大学 2020 新年晚会以及 929 校庆活动。

三、扶贫工作

2019 年，学校助力实现了甘洛县全县、岳池县石板坡村整村摘帽，实现了岳池县全县、安家坝村、红朝门村、甘洛县格布村无一例返贫，总体实现了县、镇、村全部摘帽，高质量完成了年度定点扶贫工作目标。学校在两县直接投入帮扶资金 527.3528 万元。引入合作企业帮扶资金 323.4 万元。培养培训当地党政干部 564 人，各类技术人员 1334 人。学校直接采购农副产品 307.29 万元。通过“以购代捐”、实体店销售、举办产品展销会实现帮助销售农副产品 660.6226 万元。此外，全年学校各单位发起捐赠活动 10 起，其中捐赠资金 25.193 万元，实物募集 3000 余件冬衣，捐赠爱心包裹 1500 份，捐赠图书 2169 册、电子阅读卡 800 张以及价值 16 余万元的空调、文体用品、玩具和运动设施。减免各类培训费用 140.99 万元，减免各类规划设计费用 396.5 万元。

【教育帮扶受众“更多”，展现川大底蕴】 一是加强培训力度，增加受众人数。全年开展非学历教育培训班 13 期，培训党政干部 564 人，技术人员 1334 人，远程培训医疗人员 982 人，15156 人次。二是扩展培训对象，丰富培训内容。培训对象涉及党、政、医、技、学等专业，培训内容涉及能力提升、心理健康、医疗技术、信息技术、电商营运等方面。三是关注学前“推普”教育，转变生活习惯。四是校企联动，助推“控辍保学”。通过粤东校友会校友创办的职业技术学校、校友企业，与甘洛县开展“控辍保学”职业技术教育和就业合作联动，着力解决 4744 名劝返学生“留得住”“学得好”“能成才”等关键环节的难点问题。五是继续派出研究生支教团 14 名成员赴甘洛支教，覆盖 20 个班级近 1100 名学生，总课时量达 6000 余节，第一期“川大梦想班”高考升学率达 100%。六是开展“雏鹰”成长计划夏令营、冬令营活动，组织当地 71 名师生代表赴四川大学和成都市，近距离接触文学、艺术、科技、文化等现代文明，以开阔眼界，构建梦想。

【科技智力帮扶方案“更实”，突显川大智慧】 一是继续跟进“政府和社会资本合作”项目实施技术方案的解决。二是为当地农副产品的输出提供市场营销策划。

三是拓展国际商务交流合作，把彝族的民族文化带到米兰。四是积极应对暴雨灾害，主动提出“智慧流域管理与防灾减灾综合治理方案”。五是举办了“2019 年深度贫困破解学术研讨会暨国家社科基金项目专家咨询会”。六是院士牵头、专家带队对岳池县医药产业园区的发展、区域交通治理规划、地道川菜食材基地空间布局等项目会诊把脉，规划设计。

【人才帮扶定位“更准”，体现川大智力】学校充分发挥人才优势，继续实施由我校首创的“1+N”精准人才帮扶工程，除了对已经挂职到期的 4 名帮扶干部进行轮换以外，还根据两县新的需求，增派 7 名干部赴两县挂职开展工作，目前学校派驻两县的帮扶干部达 16 名。

【医疗帮扶范围“更广”，彰显川大关爱】一是培训力量向下延伸，除了常规培训县级医务人员 982 人外，还重点关注基层医疗力量的培训工作，派出专家赴甘洛县对 223 名计乡村计生卫生人员开展业务培训，与凉山州卫健委合作编印“乡村基层医生实操系列丛书”。二是加强重点专科建设业务指导，开展大病、疑难病集中诊治，共计指导 141 人次，义诊服务群众 190 人次。三是着眼于贫困地区先心病患儿救治困难环节，充分整合大数据资源，实现对先心病儿童的全生命周期管理，累计筛查儿童 2.5 万余名，募集救助资金 3000 余万元，扶植 7 支先心病介入手术团队，免费救治先心病儿童 1200 余名，该项目今年被评为“教育部第四届直属高校精准扶贫精准脱贫十大典型项目”之一。

【结对帮扶距离“更近”，倾注川大真情】为更精准地发现“两不愁三保障”的问题短板，学校组织 201 人次师生深入帮扶村开展结对帮扶工作。一是要求结对单位主要负责人必须到一线发现和解决问题。二是组织力量开展“大排查”工作，及时发现短板。三是加强对扶贫政策的宣讲，特别是“四不摘”政策的内容，以打消老百姓心理上的担忧和不愿脱贫的思想。

【文化帮扶程度“更深”，传播川大能量】“扶贫必扶志”，为更好地传播脱贫攻坚正能量，提升贫困人口的获得感和脱贫的内生动力，学校积极推进文化艺术扶贫。一是加强对地方宣传从业人员的专业培训。二是策划并指导甘洛县拍摄了快闪作品——《我和我的祖国》，充分展现“绿水青山 · 大美甘洛”。三是组织 40 余名师生赴两县开展文艺下乡惠民演出，共走访 22 个村落，举办 25 场演出，为 6100 名乡村群众送去了文艺盛宴。四是结合暑假社会实践赴贫困村开展知识宣讲和文化慰问活动。

【产业帮扶内容“更全”，完善川大方案】为增加精准帮扶村集体经济实力，示范和带动片区老百姓通过“自产”方式达到持续增收的目的，根据当地百姓劳作习惯，学校投入 162.4 万元产业专项资金，引入“稻茹轮作”“智能无土栽培气雾大棚”“红香椿”“桑蚯共生、稻鳝共生立体农业”等高附加值项目，使集体经济示范项目更加完善。

【消费帮扶方式“更新”，形成川大合力】直接采购、以购代捐、超市专柜、实体门店直销、开办网上扶贫商城、举办现场展销会，这就是学校今年在消费扶贫方面形成多方合力，共同为解决“销路”这一难点问题所做的创新尝试，年度内各类消费帮扶金额共计 649.588 万元，集体经济分红两县达 17.2 万元。

（以上资料由对外联络办公室林家如提供）

学 院 篇

经济学院

【概况】经济学院下设经济学系、经管与财税系、国际经济与贸易系、金融学系 4 个教学单位和中国特色社会主义政治经济学研究中心、科技经济学研究中心、成渝地区双城经济圈高质量发展研究院、四川省社会科学普及基地“金融知识普及基地”、经济研究所等 14 个研究单位。有金融保险实验室、行为模拟实验室、量化交易实验室、EM 云路演实验室 4 个高水平现代化实验室。

师资队伍方面。学院有教职工 145 人，专任教师 105 人。其中正高级以上 40 人，副高级以上 97 人，博士生导师 21 人，硕士生导师 51 人，国家社科基金重大（重点）项目首席专家 5 人，享受国务院政府特殊津贴专家 7 人，教育部“新（跨）世纪优秀人才支持计划”5 人，教育部教学指导委员会专家 3 人，欧盟“让·莫内讲席教授”2 人，省决策咨询委员会专家 3 人。

学科建设方面。学院有理论经济学、统计学一级学科博士学位授予点 2 个，二级学科博士学位授予点 10 个，一级学科硕士学位授予点 2 个，二级学科硕士学位授予点 17 个（含 MPA 专业），理论经济学博士后流动站 1 个，专业学位硕士点 6 个，政治经济学国家重点学科 1 个，省级重点学科 6 个，本科专业 7 个。2019 年，学院大力加强四川大学中国特色社会主义政治经济学研究中心建设，举办系列高端学术论坛。理论经济学取得较大进展，双一流超前部署学科“马克思主义理论与中国特色社会主义创新”顺利推进。

人才培养方面。截至 2019 年 12 月，学院在校学生 2991 人，其中本科生 2045 人，研究生 946 人。全年，学院共开设总课程 237 门、课程总门次 428 门次，共 15464 课时，主讲课程 207 门；开设全英文课程 28 门（含国际周课程），开设精品视频公开课、精品资源共享课及建设 MOOCS 课程 8 门；成功申报省级精品在线课程 1 门，在课程中心平台上实现网上互动教学的课 1 门，申请国家精品在线课程 1 门、课程思政省级示范课程 1 门、通识教育核心课程 1 门。教授为本科生上课比例达 100%，马克思主义理论研究和建设工程重点教材使用率达到 100%，高水平教材使用达 80%，完成建设教材结项 1 项。经济学和国际经济与贸易申报获批国家级一流专业、国民经济管理学获批省级一流专业。新建金融学微专业，新增经济学（实验班）招生，开设 3 个第二专业。“大学生创新创业训练计划”项目结题 54 项、新增立项 26 项；学生参与“互联网+”大学生创新创业大赛申报 18 项。新建本科生实习基地 7 个。获省 2018—2020 年高等教育人才培养质量和教学改革重点项目 3 项，新增校“跨学科专业一贯通式人才培养”课程类立项 1 项，顺利结项 2 项。截至年末，学院 2019 届本科生就业率 94.81%，继续深造率 43.7%；研究生就业率 87.76%。

科研方面。全年共申报国家社科基金36项、国家自然科学基金19项，申报数量继续稳步上升。学院共获得国家级科研项目8项，其中国家社科基金立项7项（一般项目4项、西部项目2项、后期资助项目1项）、国家自然科学基金青年项目1项；获得教育部2项（青年项目1项、西部项目1项）；四川省社科规划、普及、统计专项、软科学项等省级项目8项。教师发表C级以上期刊104篇，其中A级期刊论文16篇，科研经费超过1000万元。获四川省第十八次社会科学优秀成果二等奖2项、三等奖8项，均为历年来最好成绩。开展各类学术讲座40余次，成功举办”中国《资本论》研究会第21届年会”“中国世界经济学会2019年国贸论坛”“2019中国国土经济学会学术年会”等全国性大型学术会议。

合作交流方面。全年，学院境外学习交流合作教师合计45人次，组织教师6人次参加“2019牛津、剑桥欧洲论坛”和“2020北美经济年会”，邀请海外学者举办讲座和研讨会19次，开展北美经济年会海外招聘活动1次，新引进外籍博士后1名。共选派118名学生赴国际知名高校进行短期学术交流；选派2名博士研究生参加海外博士联合培养项目，接收境外学历生79人，境外非学历生181人。申报“大川视界”2项。国际课程周期间，学院共邀请5位国际知名教师和21名国际学生，开设了7门全英文课程、6场全英文专题讲座。

党建及学生工作方面。学院将学习贯彻习近平新时代中国特色社会主义思想和党的十九大和十九届历次全会精神，和习近平总书记系列重要讲话精神纳入学院领导班子中心组学习、党支部组织生活、师生政治学习和思政课教学的重要内容。形成了“党委会政治把关、教授委员会学术把关、‘双代会’民主管理、党政联席会科学决策、纪委监督保证”的运行机制，强化学院党委的政治核心作用。

党员的先锋模范作用进一步凸显。学生党员获得国际级奖项1项，国家级奖项24项，省部级奖项20项。教师党员涌现出“全国优秀宝钢奖”获得者、“省教学名师”张红伟老师，“天府万人计划”天府文化领军人才蒋永穆老师，“省巾帼建功标兵”贾男老师，“四川大学十佳管理服务人员”朱莉老师，“四川大学五粮春教学奖”获得者段海英老师，“唐立新优秀教学奖”赵颖岚老师等优秀党员代表。

【经济系党支部入选“全国党建工作样板支部”】经济学院党委通过支部换届全面实现了支部委员与系主任交叉任职，有效提升了党支部的领导力和组织力。经济系党支部入选教育部思想政治工作司第二批新时代高校党建示范创建和质量创优“全国党建工作样板支部”。

【经济学和国际经济与贸易两个专业进入国家“双万”计划】学院经济学和国际经济与贸易2个专业成功入选首批国家级一流本科专业建设点。制定《经济学拔尖人才培养行动计划》，建成经济学基础学科拔尖人才培养实验班。继续坚持跨学科一贯式人才培养模式，初步形成了多元化的拔尖创新人才培养体系。

【获批四川省社会科学普及基地“金融知识普及基地”】由学院金融系牵头组织申报的“金融知识普及基地”成功获批四川省社会科学普及基地。

【张红伟教授荣获2019年度宝钢优秀教师特等奖】张红伟教授荣获宝钢优秀教师特等奖，成为学校5位获得此奖项中的首位文科教师。

【与北京大学经济学院开启战略合作】在学科与专业建设、师资队伍建设、人才培养质量、科研项目合作、学术交流合作、管理效能提升等方面开展交流合作。

【着力打造“10＋10＋10”共建新模式　主动服务地方经济建设】学院党委（学院）及基层党支部，与四川省10个区县党委、企事业党支部、地方党支部进行共建，服务地方经济建设。已先后与古蔺县委、大邑县组织部机关党支部等进行党委（支部）共建，与富顺县、武胜县、合江县等达成院地共建协议。

（以上资料由经济学院姚苏扬提供）

法学院

【概况】法学院设有理论法学、宪法与行政法、刑法、民商法、经济法、诉讼法、国际法等教研室7个，实践教学中心1个，刑侦实验室1个，校院两级科研机构22个。

师资队伍方面。教职员工91名，其中专任教师57名，教授24名，副教授27名，专职科研队伍16人，思政教师7人，教辅、行政人员13人。具有博士学位人数66人。硕士生导师45名，博士生导师20名。国务院特殊津贴专家7人，“全国杰出资深法学家”1人，“国家级千百万人才”2人，“全国十大青年法学家”2人，四川省学术带头人8人，四川省教学名师1人，四川大学杰出特聘讲座教授1人，四川大学二级教授5人。

人才培养方面。截至2019年12月，在院生共1818人，其中本科生757名，硕士研究生998名，博士研究生63名。开设课程180门次，高水平教材使用率达到90％以上，马克思主义理论研究和建设工程重点教材使用率100％。上线慕课11门，开设实务课程7门，校外实习、实践、实训基地共计35个。共派出217位同学前往28个高水平实习基地实习。

学科建设方面。法学专业入选2019年国家级一流本科专业建设点名单，具有博士一级学位授权点和法律硕士专业学位授权点，以及法学博士后科研流动站。有四川省哲学社会科学重点基地1个，省社会科学普及基地1个，四川大学“985工程”研究平台2个。法学学科为四川省一级重点学科，学校“双一流”重点建设学科之一。牵头建设的“智慧法治”学科，成为学校新批准的4个超前部署学科之一。

科研方面。获批国家社科基金一般项目2项，青年项目1项，后期资助项目1项；获批最高人民检察院检察理论研究课题1项，最高人民法院司法案例研究课题1项，司法部国家法治与法学理论研究项目1项，国家知识产权局项目1项；获批四川省社会科学规划年度项目1项，“法治四川专项课题”1项，后期资助项目1项，四川省科技厅软科学项目1项；获批校创新火花项目库项目1项。获第八届高等学校科学研究优秀成果奖（人文社会科学）5项，其中一等奖1项、二等奖3

项、三等奖1项；获全国检察基础理论研究优秀成果二等奖1项；获四川省第十八次社会科学优秀成果奖5项，其中二等奖3项、三等奖2项；获成都市第十四次哲学社会科学奖一等奖1项。教师共发表四川大学C级以上期刊论文52篇，其中A级6篇、B级9篇、C级37篇。

合作交流方面。教师赴境外交流达23人次，学生赴境外交流学习达59人次；共计9名在读留学生，包括在读硕士研究生6名、在读博士研究生3名。邀请境外学者来院讲座或访学20余人次，开展UIP项目课程共5人次，主办国际会议1次。组织法学类“大川视界”项目1项。

党建及学生工作方面。法学院认真学习习近平新时代中国特色社会主义思想，贯彻落实党的十九大及历次全会精神，将“不忘初心、牢记使命”主题教育同落实学校第八次党代会、推进学校“双一流”建设和庆祝中华人民共和国成立70周年等工作结合起来。迎接中央主题教育指导组指导调研2次。开展中心组学习7次，党委书记和院长带头讲党课6次，支部开展专题学习60余次。教师在校内外开展宣讲40余场，学生“十九大精神宣讲团”开展宣讲7次，设立“研究阐释党的十九届四中全会精神”专项研究课题立项30项。发展党员98人，培养发展对象249人，积极分子276人。2019届毕业本科生考研报考率48.06%，深造率34.47%，比去年上升8.56百分点，11名硕士生攻读博士学位。本科生就业率85.29%，比去年同期上升2.11百分点；研究生就业率92.57%，比去年同期上升3.58百分点。选调77名毕业生。举办法学院首届律所专场招聘会。黄晨桀入选年度“感动川大”新闻人物；高岸通过中央选调进入最高人民法院；吕爽和导师在A1期刊发表论文，获学校“优秀学术之星”称号。李玉柳获第四届四川省学生“学宪法讲宪法”知识竞赛第一名，第四届全国学生“学宪法讲宪法”知识竞赛团体一等奖；朱昱衡获第七届“全国大学生金牌调解员技能大赛”二等奖；杨新宇连续2年获校运会3000米冠军，打破校记录。“援法小分队”入选共青团中央暑期社会实践“千校千项”成果。

【中央主题教育第二指导组组长王瑞生、副组长祝江南一行来我院指导工作】 12月19日，中央主题教育第二指导组组长、原中央纪委驻全国总工会机关纪检组组长、全国总工会原党组成员王瑞生一行来学院指导“不忘初心、牢记使命”主题教育工作；11月21日，中央主题教育第二指导组副组长、中央组织部干部三局二级巡视员祝江南一行来学院指导主题教育工作。

【本科教学奖】 王建平荣获第六届“卓越教学奖”三等奖、第三届“探究式—小班化”教学竞赛三等奖，邹奕、周鑫获得“优胜奖”。龙黎明、王军杰、王竹、徐继敏、张金海、郑莉芳、周伟获评“大学生创新创业优秀指导教师”。周鑫、陈实、刘畅、王有粮、袁嘉、成凯、徐蓉获评“探究式—小班化”教学质量优秀奖。钟莲、陈锋、陶涛、杜玉琼、万毅、张晓远、王军杰、龙黎明获得“课程教学质量优秀奖”。王竹获评“拔尖创新人才培养优秀指导教师”。李平、刘畅获“课程建设突出贡献奖”。钱向阳获“全英语授课教学质量优秀奖”。徐继敏获“非标准答案考试”试题优秀奖。

【“法律实证研究国际学术会议”成功召开】 7月20—22日，“法律实证研究国际学术会议”在成都召开。会议是中国大陆首次举办的有关法律实证研究的国际学术会议，由教育部批准，四川大学主办，法学院承办。来自哈佛大学、纽约大学、中国社会科学院、《中国社会科学》杂志社、北京大学、中国人民大学、中国政法大学、澳门大学等 30 余所海内外高校和研究机构师生参加会议。

【获批四川省社科普及基地“中国特色社会主义法治理论普及基地”】 12 月 17 日，中共四川省委宣传部、四川省社科联发布《关于认定第八批“四川省社会科学普及基地”的通知》，由法学院理论法学教研室牵头组织申报的“中国特色社会主义法治文化普及基地”成功获批四川省社会科学普及基地。

【法学专业入选 2019 年国家级一流本科专业建设点名单】 12 月 25 日，教育部公布 2019 年度国家级和省级一流本科专业建设点名单，四川大学法学院法学专业入选国家级一流本科专业建设点名单。

（以上资料由法学院李双君提供）

文学与新闻学院

【概况】 文学与新闻学院下设中国文学系、中国语言学系、新闻学系、广告与传播学系、影视艺术系、艺术理论与文化产业系等 6 个教学系，设有 15 个教研室，17 个科研机构。学院共创办学术刊物 12 种，其中《东方与西方》（*Comparative Literature: East & West*）为国际刊物，由英国著名出版集团 *Taylor and Francis* 出版。《中外文化与文论》《汉语史集刊》《现代中国文化与文学》《符号与传媒》为 CSSCI 来源集刊。

师资队伍方面。2019 年学院有教职工 159 人，其中教授 61 人，副教授 45 人，博士生导师 47 人。有国务院学科评议组成员 1 人，国家社科基金评委 1 人，享受国务院特殊津贴专家 9 人，四川大学文科杰出教授 2 人，欧洲科学与艺术院院士 1 人，国家“万人计划”教学名师 1 人，教育部社科委委员 1 人，教育部教学指导委员会副主任委员 2 人，教育部跨世纪优秀人才及教育部新世纪优秀人才共 9 人，四川省学术带头人 13 人，全国百篇优秀博士论文获得者 1 人，国家级学会正副会长 9 人。

学科建设方面。学院拥有中国语言文学、新闻传播学、艺术学 3 大学科群，其中中国语言文学为国家重点一级学科；有中国语言文学、新闻传播学、艺术学理论 3 个一级学科博士学位授权点，下含 22 个博士点，28 个硕士点，3 个专业硕士学位点。设有中国语言文学博士后科研流动站和新闻传播学博士后科研流动站；7 个本科专业；2 个四川省重点学科；1 个“985 工程”哲学社会科学创新基地；2 个“211 工程”重点建设学科；2 个全国高等学校特色专业；1 个教育部人文社会科学重点研究基地；1 个文科国家基础学科人才培养和科学研究基地；1 个国务院侨务办公室华文教育基地；1 个四川省本科人才培养和科学研究基地，2 个四川省哲学社会科学重点研究基地（社会舆情与信息传播，比较文学研究），1个四川省哲学社会科学普及基地；1个四川省2011协同创新基地。

党建工作方面。以学院的中心工作为目标，发挥学院党委政治核心作用，将学科建设与党建工作有机融合，将思想政治教育贯穿于课堂教学全过程，促进党建工作与中心工作的高度融合。

人才培养方面。2019年共招收博士生68人、硕士生392人，本科生344人，留学生59人（博士12名，硕士47名）。完成了新闻传播专业调整工作，由原来5个专业调整为3个；完成国家级基础学科拔尖人才基地、国家级一流本科专业申报；围绕《新时代四川大学本科教育2.0行动计划实施意见》，就本科教学“全过程考核”调研、本科专业设置及教改项目中期提升交流等内容进行了研讨。

科研方面。获2019年国家社科基金重大招标项目2项，国家社科基金项目9项，其中重点项目1项，还获得4项后期资助项目；获2019年度教育部人文社科项目3个课题；四川省2019年度规划项目获得1项重大，4项一般项目；在四川省第十八次哲学社会科学优秀成果评奖中获一等奖2项，二等奖4项，三等奖6项；发表论文总数325篇，其中A级17篇，B级37篇，C级100篇；出版著作48部。

合作交流方面。学院共举办了“中国俗文化国际学术研讨会暨《项楚学术文集》首发式”“纪念范长江诞辰110周年暨首届长江新闻论坛”等20余次学术会议；邀请了国内外知名学者近百位，举办了125场学术讲座；邀请了8名外籍讲座教授来学院授课；与匈牙利科学院、澳大利亚国立大学等学校签署合作协议；选派25名学生前往泰国玛希隆大学、匈牙利科学院、澳大利亚国立大学及比利时鲁汶大学进行学术交流。

学生工作方面。举办了“2019年四川大学春天诗会暨首届金沙诗歌奖颁奖典礼”；组织川剧《布衣张澜》演出；雷雨话剧社《南行记》话剧演出获得好评；积极开展“读懂中国”思政教育活动，学生作品《我国广播电视学科建设的重要开拓者——记中国高校影视学会副会长、四川大学文学与新闻学院欧阳宏生教授》代表四川大学报送至教育部关工委，成为中国教育电视台展播作品之一，并于10月17日在中央电视台播出。

【积极开展“不忘初心、牢记使命”主题教育活动】在主题教育活动中，扎实开展理论学习，广泛听取意见，深刻检视问题，梳理出包括“立德树人”的根本任务、本科生深造率、提高师资队伍建设、教师学术能力提升、做好部校共建工作等5个比较突出的问题清单，并制定了落实整改措施。

【积极开展脱贫攻坚专项任务工作】为贯彻落实校党委王建国书记在学校对口支援甘落扶贫工作会上相关精神，创作一部反映甘洛扶贫工作的报告文学，重点反映彝族社会在党和国家的领导下“一步跨千年”的历史巨变的作品。学院成立了“脱贫攻坚专项任务工作组”，组织师生先后三次前往四川省凉山州甘洛县及云南省昆明市禄劝县进行实地调研，撰写调研报告初稿约5万字。

【人才工作取得可喜成绩】2019年，蔡尚伟入围人社部2019年“百千万人才工程”国家级候选人并当选“四川省委省政府决策咨询委员会”委员。

【中央电视台播出项楚教授专访】中央电视台科教频道《人物》栏目为宣传我

国哲学社会科学界德业双馨的专家学者，在全国学界选出一批杰出学者拍摄专题片，以“立德树人”系列节目播出，项楚教授接受专访。专题片于5月23日在央视科教频道播出。

【积极搭建科研平台，扩大学术影响力】与四川科协共建成立“中国科幻研究院”，并与《科幻世界》杂志社联合主办全国首个科幻学术期刊《中国科幻评论》。

【顺利完成胡孝汉来川大调研活动】6月18日上午，中华全国新闻工作者协会党组书记、常务副主席胡孝汉到川大调研。会前，校党委书记王建国会见了胡孝汉。本次调研会副校长晏世经、省委宣传部副部长房方、中国记协副主席刘成安等以及学院领导、教师参加了会议。会上汇报了中国新闻奖试点报送、范长江研究、四川省县级融媒体中心建设工作的开展情况。胡孝汉书记对深入马克思主义新闻观研究，尤其对加强习近平新闻舆论工作重要论述的研究提出要求和建议。

（以上资料由文学与新闻学院梁小梅提供）

外国语学院

【概况】学院下设英文系、日文系、俄文系、法德文系、西班牙文系、大学外语一系、大学外语二系和波兰语专业等8个教学单位；设有美国研究中心、欧洲研究中心、加拿大研究中心、拉美研究所及美国文化中心等5个科研机构；设有外语专业实验室1个，拥有数字云语言实验室、情景实训互动实验室、同声传译实验室、计算机机辅翻译实验室等语言类专用实验室和外语广播电台、卫星电视等现代化教学设施。学院建有图书室、犬饲和雄日语文库，拥有中、英、俄、日、法、德、西班牙、世界语等语种书刊5万余册。学院主办刊物有英文期刊*Forum for Linguistic Studies*（《语言研究论坛》）和中英双语期刊《探索与批评》（*Inquiry and Criticism*）。

师资队伍方面。2019年，学院有在岗教职工（不含外籍教师）219人，其中专任教师187人。专任教师中有教授16人，副教授65人，特聘副研究员3人，专职博士后7人。学院有博士研究生导师7人，硕士研究生导师23人。外籍教师有36人。全年，学院引进9名各类人才。

学科建设方面。学院有外国语言文学博士学位一级学科授权点1个，英语语言文学和外国语言学及应用语言学博士学位二级学科授权点各1个。外国语言文学硕士学位一级学科授权点1个。翻译硕士专业（MTI）学位授权点1个，招收英语口译和英语笔译两个专业硕士研究生。外国语言文学一级学科为四川省重点学科。

人才培养方面。截至2019年12月，学院在籍学生人数1384人，其中本科生897人、硕士研究生428人、博士研究生59人。截至11月30日，本科生就业率为87.79%，硕士研究生为95.08%，博士研究生为100%。开设课程2292门次，教授授课比例达 100%，重点建设优质课程 16 门，建设慕课 8 门，SPOC 课程 10 门，新增“探究式—小班化”示范课程及“课程思政”榜样课程 27 门，建设 2019 年高等学校省级“课程思政”示范课程 1 门，参加高水平实习基地实习的学生比例达到 98.60%，建设并运行示范性专业学位研究生实践基地 1 个，组织参加“互联网+”大学生创新创业大赛项目数 6 项，共获得国家级、省级和校级创新创业项目 46 个，设立院级大学生创新创业训练项目 25 个，组织开展高水平国际交流营及海外实习实训社会实践项目数 3 项。

科研方面。全年，获批立项国家社科基金项目 4 项，教育部人文社会科学项目 1 项，教育部产学合作协同育人项目 2 项，中国博士后科学基金面上资助 5 项，省社科规划项目 7 项，省 2018—2022 年高等教育人才培养质量和教学改革一般项目立项 3 项，四川大学中央高校基本科研业务费项目及其他校级项目 65 项，发表 C 级及以上期刊论文 48 篇，其中 A 级期刊 2 篇，出版学术专著 18 部，译著 8 部，教材 4 部。获四川省第十八次社会科学优秀成果奖二等奖、三等奖各 1 项。

合作交流方面。学院进一步推进与成都市委宣传部合作开展成都国际传播交流。参与世界大学生运动会筹备工作。派出专家担任世界大学生运动会成都筹备工作委员会外事联络组语言服务部部长。与成都市人民政府外事侨务办公室就为世界大学生运动会选派联络官开展合作。参与其他学校、地方涉外志愿服务。全年，教师出国（境）参加学术交流 37 人次，学生出国（境）参加中长期留学项目 51 人，学生参加“大川视界”短期访学项目 36 人。

党建和学生工作方面。2019 年，外国语学院党委深入学习贯彻习近平新时代中国特色社会主义思想，扎实开展“不忘初心、牢记使命”主题教育。坚持发挥学院党委政治核心作用，持续加强党风廉政建设，落实意识形态工作责任制。截至年末，学院在职教职工党支部 5 个，离退休教职工党支部 1 个，学生党支部 8 个，在职教职工党员 96 人，学生党员 207 人。发展教职工党员 1 人，学生党员 45 人，转正 34 人。学院团委荣获四川大学“社会实践及志愿服务先进奖”。学院“语你追梦”追寻红色足迹遵义实践团、“云之翼”深入贫困地区青春行实践团获“四川大学 2019 年暑期社会实践优秀团队”荣誉称号。

【“不忘初心、牢记使命”主题教育】 学院党委扎实开展“不忘初心、牢记使命”主题教育。在认真开展学习的基础上，广泛开展调研，发现需要整改问题 27 项，提出整改措施 39 项并全部整改落实。召开学院党员领导“对照党章党规找差距”专题会和领导班子主题教育专题民主生活会。

【召开“双代会”】 3 月 29 日，外国语学院举行了“第四届教职工代表大会暨第四届工会会员代表大会第三次会议”。大会听取并审议通过了“院长工作报告”“财经工作报告”“工会工作报告”和“外国语学院工会 2018 年度财务报告”等文件。

【国家社科基金重大项目开题】 赵艾东教授主持的国家社科基金重大项目“英美涉藏档案文献整理与研究”开题报告会于 3 月 22 日在四川大学举行。

【第六届“全国高校日语专业院长/系主任高端论坛”】 3 月 30 日，由教育部高等学校外国语言文学类专业教学指导委员会日语分委员会和中国日语教学研究会主办，外国语学院和上海外语教育出版社共同承办的“第六届全国高校日语专业院长/系主任高端论坛”在四川大学举办。论坛主题是“以本为本 立德树人 开创日语专业本科教学新时代”，200 多名日语教育界和日本研究界的专家学者参会。

【俄文系建系六十周年系列庆祝活动】 9 月 29 日举行校友返校欢迎活动和系庆茶话会。10 月 31 日至 11 月 1 日，举办“20 世纪俄罗斯文学国际学术研讨会”。

【首批一流专业建设点通过申报】 英语专业获批 2019 年度国家级一流专业建设点。俄语专业获批 2019 年度四川省一流专业建设点。建设周期为 3 年。

【首批波兰语专业学生赴波兰学习】 2017 级波兰语专业（经济/国际关系方向）13 名学生前往波兰华沙大学，分别在经济学院和国际关系学院完成后续学业，学习时间为 3 年。

【教师获奖】 全年，学院教师获校级（含）以上各级各类奖励 10 人次。

【外语专业赛事】 学院学生参加省级以上外语专业竞赛获奖 59 项，其中国家级 13 项、地区级 16 项、省级 30 项。

【学院整体搬迁至江安校区】 2019 年 7 月，根据学校规划安排，学院办公主体整体搬迁至江安校区文科楼四区，总面积 5997.1 平方米。望江校区外文楼全部移交给数学学院。搬迁工作于 2018 年 5 月正式启动，历时 1 年零 2 个月。

（以上资料由外国语学院胡刚提供）

艺术学院

【概况】 学院下设美术学系、绘画系、环境艺术设计系、设计与媒体艺术系、影视与戏剧系、舞蹈系、音乐系共 7 个系；设有党政办、团委（学生科）、教务科和发展规划科等行政部门。有四川大学艺术研究院、环境艺术研究所、新艺术研究中心、书法研究所和四川大学非物质文化遗产研究中心等 5 个科研机构，1 个国家级教学实验中心。

艺术学院有教职员工 135 人，其中专任教师 114 人，行政、思政和教辅 21 人。其中，教授（研究员）27 人，副教授（副研究员）4 人，具有硕士、博士学位的教师比例为 82.46%，艺术学科有博士生导师 11 人，硕士生导师 53 人。学院有二级教授 1 人，三级教授 3 人，并聘请有国内外 13 位专家学者担任客座教授。

学院办学层次丰富，构建了本科、硕士、博士一体的人才培养体系，3 个一级学科硕士授权点和 2 个艺术专业硕士（MFA）授权点；3 个艺术类一级学科博士授权点，下设 16 个专业方向。同时与历史文化学院共建了文物学与艺术史博士点，下设 4 个研究方向；有 1 个国家级一流本科专业建设点和 3 个省级重点学科。

学院 2019 年有在校学生 1967 人，其中本科生 1576 人，硕博研究生 391 人。留学生 12 人、港澳台 5 人、出国项目交换生 10 人。有学生党员 168 人、团员 1536 人、团支部 52 个、学生党支部 7

个。截至2019年末，毕业生共计471人，其中就业411人，本科生就业率达为95.62%，研究生就业率为84.87%。

2019年度科研项目立项合计48项，其中国家社科基金2项、教育部社科基金3项、国家艺术基金个人项目1项、省社科规划重点项目2项；有8项省部级课题完成结项，其中1项省社科项目在结项中获得“优秀”。到校项目经费211.5万，其中纵向经费135.5万、横向经费76万。在C级以上的各类刊物发表论文共42篇，其中A级权威刊物发表1篇，发表在国家级广播电视平台的A级作品1件，B级刊物9篇；出版各类学术专著18本，教材3本；为省政府撰写咨文1篇。有4位老师的作品入选了第十三届全国美展，教师参加各类全国性展演7场，省级展演14场。教师共获得全国性奖1项、省级奖10项，其中1人获省社科成果二等奖，舞蹈《都荷忆象》获第九届四川省巴蜀文艺奖。

2019年，学院举办7场国际、国内学术会议。邀请国内外24名相关领域的专家学者来院参加“艺术研究新视野系列讲座”。美术馆学术平台举办了12场展览、6场讲座、2场研讨会/论坛会议、3个艺术项目。全年，派出教师出国（境）人数为15人次，学生出国（境）人数为46人次，参加大川视界本科生数量为39人次，举办国际会议1次，培养境外学生学历生总数18人，参加交换留学项目出国学生人数共3人，学术大师访问及讲座25次。2019年UIP国际夏令营期间，邀请5位外籍专家、14名国际留学生来访。

2019年学院党委坚持把政治建设摆在首位，努力提升思想政治工作实效；加强制度建设，夯实支部工作基础；认真做好日常党建工作；稳步推进群团工作，增加师生的获得感；扎实推进我院党风廉政建设工作，积极支持学院纪委开展工作；加强学院干部队伍建设，完成科级干部换届。2019年有11个党支部，4个教职工党支部和7个学生党支部，其中教师党员74名，学生党员168名。本年度指导团委、学生会等学生群团组织开展各项活动200余项，覆盖学生共计逾万人次，创业团队达到36个。1名学生获得四川省“爱我国防”大学生演讲比赛一等奖。成功召开了学代会。

【利用专业优势，助力扶贫工作】艺术学院充分发挥专业优势，加强贫困地区思想文化阵地建设助推脱贫攻坚。2019年度学院领导带队先后赴甘洛县开展中小学音乐、舞蹈、美术、书法教师教学技能培训和文艺下乡惠民演出。惠民演出共派出2个小分队，走访了21个村落，举办了24场演出。影视与戏剧系两位年轻教师带领学生开展“年轻视觉·走进乡村”影像记录“峨边行教学实践活动，活动社会反响大，受到当地政府的高度肯定。

【全面启动“一歌一舞一剧”创作，献礼江姐100周年诞辰】为弘扬江姐精神，充分挖掘学校红色资源，学院在完成江姐纪念馆设计建设的基础上，继续全面启动“一歌一舞一剧一馆”中“一歌一舞一剧”的创作，目前完成了剧本的创作，学院师生投入紧张的排练工作中，计划明年推出，献礼江姐100周年诞辰。

【多元化学术活动，传承中国非遗文化】2019年指导“年画重回春节——2019宽窄巷子·绵竹年画节”活动。由青年教师设计制作的《回家过年》年画视频作品在中央电视台等重要媒体平台展播。2019年10月，承办第七届中国成都国际非物质文化遗产节四川大学分会场活动，在望江中华研究院举办了“激活·衍生”非遗传承（年画）学术论坛及年画传承创新展，很好地展示了川大在非遗传承工作方面的成绩。

【深入开展“不忘初心、牢记使命”主题教育】对照目标任务，紧紧围绕学习贯彻习近平新时代中国特色社会主义思想，读原著、学原文、悟原理，提升思想政治水平。深入开展调查研究，与学院师生面对面交流，召开调研座谈会 6 场，广泛开展谈心谈话，对学院建设和发展听取意见建议。在结合调研和谈心谈话的基础上，梳理问题，按照主题教育即知即改，立查立改的要求，制定主题教育问题清单和专项整改方案，认真抓好整改，确保主题教育取得实效。

【大步走向国际、国内舞台，提高学校显示度】艺术学院连续第三年登上中央电视台春节联欢晚会，舞蹈系派出近 70 师生，耗时两个半月的艰苦排练，最后向全国人民完美展现了川大学子的风采，受到了广泛好评，尤其在校友中反响强烈。受四川省文联邀请，学院 19 名师生暑期赴匈牙利参加欧洲艺术节，在 10 天的演出时间里，为欧洲各国人民展示了来自东方文明古国的文化艺术魅力。

（以上资料由艺术学院陈晓霞提供）

历史文化学院（旅游学院）

【概况】历史文化学院（旅游学院）下辖历史学系、考古学系、旅游与景观学系、会展与休闲学、国际旅游与酒店管理系（全英文）系；拥有考古学实验教学中心（全国 4 个国家级考古学实验教学示范中心之一），旅游管理实验室、历史文化学院口述史实验室；以及古籍整理研究所和中国藏学研究所（教育部人文社科重点研究基地）2 个国批所，国家四部委共同设立的“铸牢中华民族共同体意识研究基地”国家级重点研究基地，以及“四川佛教文化遗产研究中心”“四川大学古文字与先秦史研究中心”2 个四川省社会科学重点研究基地；设有国际儒学研究院、城市研究所、历史研究所等 10 个研究所，西南文献研究中心、东西方社会文化比较研究中心、长江文明研究中心等 6 个科研中心以及 1 个区域历史与民族文化社科普及基地（四川省哲学社会科学普及基地）。此外，学院还办有《藏学学刊》（CSSCI 来源辑刊）、《南方民族考古》、《儒藏研究》、《巴蜀文献》等学术刊物。

师资队伍方面。拥有在职教师 159 人，其中专任教师 132 人，教辅岗 11 人，行政岗 10 人，思政教师 6 人；专任教师中正高 46 人，副高 46 人，中级 40 人（不包含思政教师）；硕导 46 人，博导 36 人；杰出教授 2 人，四川省学术和技术带头人 6 人，享受国务院特殊津贴 5 人。

学科建设方面。设有 3 个博士后流动站，有考古学、中国史、世界史 3 个一级学科，有中国史、世界史、考古学、旅游管理学、文化遗产与旅游开发和藏族历史、经济与社会发展 6 个博士点，有中国史、世界史、考古学、旅游管理、民族学 5 个一级学科硕士点，有民族学、中国史、世界史、考古学、旅游管理、酒店管理学、会展节事与管理 7 个硕士研究生专业，有文物与博物馆硕士和旅游管理硕士 2 个专业学位硕士专业，有历史学、考古学、文物与博物馆学、旅游管理、会展与经济管理 5 个本科专业。

人才培养方面。在校本科生 874 人；在校硕士生 601 人，博士生 139 人，外国留学研究生 52 人；招收硕士新生 223 人，博士新生 43 人；毕业硕士生 138 人，授予硕士学位 138 人；博士生毕业 38 人，授予博士学位 23 人。开设本科课程 262 门，包括全英文课程 7 门，邀请校外专家开设课程 10 门，开设 MOOC 7 门。

科研情况方面。新增国家社科基金项目 18 项（重大招标 2 项）、教育部人文社会科学重点研究基地重大项目 1 项、省级项目 5 项，科研总经费达 3300 余万元；获四川省第十八次哲学社会科学优秀成果一等奖 3 项、二等奖项 3 项、三等奖 7 项。出版专著 30 余部（套）；发表论文 200 余篇，其中在《新华文摘》《考古学报》等权威核心期刊上发表论文 30 余篇，B 级期刊上发表论文 60 余篇，C 级期刊上发表论文 80 余篇。

合作交流方面。选派教师参加国际学术交流 41 人次；接收境外学生 184 人，培养境外学历生 171 人；邀请境外知名学者开展学术访问及讲座 26 人次；举办国内会议 10 余个、国际会议 4 个；积极开展“大川视界”大学生海外访学计划，正式启动与牛津大学、剑桥大学合作的寒暑期课程项目。

党建及学生工作方面。深入学习贯彻习近平新时代中国特色社会主义思想，巩固“两学一做”学习教育成果；强化党委主体责任，贯彻落实上级组织重大工作部署，持续推进制度机制建设；重视党风廉政教育；加大意识形态和思想政治工作力度，严把政治关，推动学风教风建设。坚持以学生思想政治教育主线，以学生全面发展为导向，着力培养学生自我教育、自我管理和自我完善意识，切实提高学生综合素质。

【深入学习党的十九届四中全会精神】高度重视、精心组织，召开了中心组学习会，坚持用理论武装头脑，学深悟透，进一步提升科学治院水平；邀请张诚教授来院宣讲，掀起学习热潮，切实把思想和行动统一到四中全会精神上来。

【扎实开展“不忘初心、牢记使命”主题教育】院领导集中学习研讨，讲授党课；开展调研题目 23 个，梳理整改意见 33 条，提出对应整改措施 33 条；召开调研交流会、对照党章党规找差距专题会和专题民主生活会，指导各支部开展主题学习活动，组织全院师生代表赴广安开展主题党日活动。

【顺利完成学校巡察整改工作】院党委接受中共四川大学委员会第二轮巡察第一巡察组巡察，针对巡察提出的问题及整改要求，明确责任、分解任务、建立台账，制定整改措施。整改工作已顺利完成，并建立长效机制。

【2019“软科中国最好学科排名”获佳绩】2019“软科中国最好学科排名”中，中国史排名第 3，考古学排名第 4，世界史排名第 10，民族学排名第 10。

【专业建设取得新突破】大力推进本科专业建设，持续巩固和拓展一流本科建设成果，历史学专业成功入选国家级“一流专业”建设点；启动国家基础学科拔尖创新人才班规划建设，组建 2019 级历史学试验班。

【新增重点研究基地，亮点突出】获批由中央统战部、中央宣传部、教育部、国家民委共同设立的国家级重点研究基地——“铸牢中华民族共同体意识研究基地”，全国首批仅设立10个；获批四川省社会科学重点研究基地2个（“四川佛教文化遗产研究中心”“四川大学古文字与先秦史研究中心”）。

【“高层次人才”队伍规模再上台阶】霍巍教授受聘为四川大学杰出教授、国家“万人计划教学名师”。

［以上资料由历史文化学院（旅游学院）胡乐玺提供］

数学学院

【概况】数学学院设有拓扑学、几何代数、数论及其应用、微分方程、函数论、信息与计算科学、经济与金融数学、概率与统计、高等数学9个教研室，设有数学研究所、长江数学中心、统计学研究中心、国家天元数学西南中心及包括四川省重点实验室在内的3个专业实验室。设有图书馆数学学院分馆，具有中外文藏书近8万册，期刊300余种，现刊170余种，以及多种数学电子期刊与书库。

师资队伍方面。学院有教职工183人，其中专任教师135人、研究人员27人、行政人员21人。有教授51人，特聘研究员2人，副教授51人，特聘副研究员9人，副研究员1人，讲师33人，助理研究员2人，专职博士后13人。博士生导师41人，硕士生导师59人。有中科院院士1名，国务院学位办学科评议组成员1名，国家杰出青年科学基金获得者5名，国家优秀青年科学基金获得者5名，国家有突出贡献中青年专家3名，国家百千万人才工程第一、二层次人才2名，教育部跨（新）世纪优秀人才13名，教育部高校青年教师奖1名，教育部优秀青年教师资助计划5名，省部级突出贡献优秀专家5名。

学科建设方面。数学学科是一级学科国家重点学科，具有一级学科博士学位授予权，是首批进入国家基础科学人才培养数学基地和国家基础学科拔尖学生培养试验计划的学科，2017年获批进入世界一流学科建设名单。设有四川大学数学博士后流动站；博、硕士学位授权学科包括数学、统计学两个一级学科及所有二级学科；本科设有数学与应用数学、信息与计算科学、统计学3个专业。

人才培养方面。招收本科生180人、硕士生63人、博士生33人。在读本科生787名，分布在拔尖班、基地班、数经班、数学大类等；在读硕士研究生190名，在读博士研究生105名，在站博士后研究人员8名。发表教学教改论文3篇；新建MOOC4门，新出版教材4种；有3项省级教学教改项目立项。学生获美国大学生数学建模竞赛特等奖1项、一等奖2项、二等奖6项、三等奖26项，获全国大学生数学竞赛决赛一等奖3项、二等奖3项、三等奖1项，获全国大学生数学建模竞赛二等奖1项。

科研方面。获批国家自然科学基金委

项目19项（含重点1项），到校经费达3130.45万元。以第一作者发表科研论文149篇，其中B刊15篇，高被引论文8篇。

合作交流方面。组织各类学术报告约350场，邀请300多名专家来访讲学。学生出国（境）80人次，接收境外学生9人次；教师出国（境）88余人次，培养境外学历生4人。在新加坡国立大学成功举办2019年海外人才推介会。

党建及学生工作方面。学院党委坚持加强制度建设，深入开展学习教育活动，组织教职工集中学习7次，书记院长为学生上党课4次，党委委员讲党课20余次。推动宣传阵地建设，制作学院宣传PPT、宣传册，通过学院网址、微信公众号等平台发布各类新闻近1000条；加强学院纪委工作，着力促进学院党风廉政建设。加强学生思想政治教育，开展学生活动100余次；举办党校1期，培训发展对象44人，发展学生党员35人。坚持“党委委员联系支部制度”，指导支部建设并开展“三会一课”，推进“支部建在教研室上”“党建带团建”发展。

【深入开展学习教育活动】按照学校统一部署要求，学院扎实开展“不忘初心、牢记使命”主题教育活动，学院领导班子、各支部通过集中学习研讨、自学等多种方式开展活动。

【举办中亚数学联合会议】9月16日，举办了“中亚数学联合会议暨四川大学国际博士学术论坛”，包括11名院士和大学校长在内的嘉宾参会。

【举办第三届泛太平洋拓扑与应用国际会议】11月9—13日，召开了第三届泛太平洋拓扑与应用国际会议，来自25个国家的260余位专家学者出席大会。

【举办青年学者论坛】5月和12月，分别举办第五届全球青年学者论坛暨数学分论坛、第六届全球青年学者论坛“数学与新工科”分论坛，来自国际知名高校和研究机构的多名优秀青年学者通过专题报告、学术研讨等形式与学院专家学者进行深入交流。

（以上资料由数学学院杨亚岚提供）

物理学院

【概况】物理学院设有2个相对独立的研究所（原子核科学技术研究所、原子与分子物理研究所）、3个系（物理学系、核工程与核技术系、微电子学系）、2个教学中心（基础物理教学中心、基础物理实验教学中心）、1个理论物理中心、2个教育部重点实验室（高能量密度物理及技术教育部重点实验室、辐射物理及技术教育部重点实验室）。

师资队伍方面。学院有教职员工243名，其中中国工程院院士1人，特聘和兼职院士3人，博士生导师50人，教授（研究员）69人，副教授（副研究员）74人；有国家中青年科技创新领军人才1人，新世纪百千万人才工程国家级人选1人；有国务院学位委员会学科评议组成员

2人，国务院政府特殊津贴获得者4人，教育部高等学校教学指导委员会委员3人，四川省学术和技术带头人14人。

学科建设方面。承担了“量子科学与新型外场下的物理学”、“基于加速器的核科学与技术”2个超前部署建设学科平台。“高能量密度物理及激素教育部重点实验室”举行了学术委员会换届及新一届学术委员会会议；“辐射物理及技术教育部重点是实验室”正在准备接受教育部评估。物理学专业入选国家级首批一流专业，并积极申报了教育部拔尖计划2.0；基础物理实验中心顺利完成国家大学生双创平台物理前沿大学生双创平台的建设并正式对外开放；申报了“国家一流课程极端物理及交叉学科虚拟仿真实验平台”。

人才培养方面。招收本科生295人，硕士研究生46人，博士研究生30人；本科毕业生278人，硕士毕业生46人，博士毕业生15人；在读本科生886人，硕士生219人，博士生119人。有3个博士后流动站，2个一级学科博士授权点。在11个专业招收博士生、18个专业招收学术硕士或工程硕士生。有3个本科专业，其中物理学为“国家理科基础科学研究和教学人才培养基地”和“国家基础学科拔尖学术培养试验计划”学科，核科学与核技术为教育部第一批高等学校特色专业建设点。获四川大学“跨学科专业一贯通式”人才培养专项11项。新申报科学探索类通识课程1门；新出版教材2本（《医学物理学》“十三五”国家级规划教材、全英文教材 *String Fields，Higher Spins and Number Theory*）。

科学研究方面。获四川省科技进步一等奖1项、四川省自然科学二等奖1项；各类进校经费首次突破7000万元；获准国家重大专项2项；申报国家自然科学基金55项、获准13项，获准国家自然科学基金重点项目1项。

合作交流方面。邀请30余位国内外院士、知名专家学者做客“四川大学物理学一流学科论坛”。举办了“教育部物理学类教指委西南地区委员会成立大会”“全国群论教学研讨会第十五届年会”；积极参加“高校理论物理学科发展与交流会议”。成功举办2019年度优秀大学生暑期夏令营。

党建方面。深入学习贯彻习近平新时代中国特色社会主义思想和党的十九大精神，深入开展“不忘初心、牢记使命”主题教育，贯彻落实全国教育大会各项任务，加快推进“两个伟大”，不断增强“四个意识”、坚定“四个自信”、做到“两个维护”。

【人才引进及师资队伍建设取得成效】 成功聘请包括2位诺贝尔物理学奖得主在内的院士及知名教授17名；引进人才获得四川大学双百人计划10名；入选中国物理学会理事1人；入选教育部教学指导委员会委员3人；入选国际期刊 *Physica* B编委1人；荣获“宝钢优秀教师奖”及”五粮春优秀教师奖“。

【科研经费、高水平论文创历史新高】 进校科研经费7213.23万元，超额完成科研任务；获得国家自然科学基金重点项目1项、国际（地区）合作与交流项目1项，连续获得国家重大专项计划资助。

【学科及平台建设成效显著】 “量子科学及新型外场下的物理学”“基于加速器的核科学与技术”两个一流学科建设平台取得突破性进展；“高能量密度物理及技术教育部重点实验室”“辐射物理及技术教育部重点实验室”科研经费突破7000万元，获得四川省科技进步一等奖1项、四川省自然科学二等奖1项；理论物理中心平台再次获得国家自然科学基金委的资助。

【国内外合作及国际化教学大幅提升】 签署国际合作协议 11 份、国内合作协议 5 份，学生出境访学人数 92 人次，学院引进全职外籍教师达到 13 人。

（以上资料由物理学院汪雁南提供）

化学学院

【概况】 化学学院设有化学专业、应用化学专业及化学基地班和拔尖班，设有无机化学、有机化学、分析化学、物理化学、高分子化学与物理、放射化学、绿色化学、化学生物学 8 个教研室以及化学基础实验中心和仪器测试中心。主办有国内外公开发行的化学类中文核心期刊《化学研究与应用》。

师资队伍方面。在职教职工 185 人，教学科研岗专任教师 129 人、专职博士后 5 人、实验教辅人员 32 人；专任教师中正高级人才 70 人、副高级人才 46 人、博士生导师 62 人、硕士生导师 103 人。中国科学院院士 2 人、中国工程院院士 1 人、国家“杰出青年基金”获得者 8 人、国家教学名师 1 人、国家海外高层次人才 2 人、国家优秀青年基金获得者 7 人、四川省青年基金获得者 7 人、四川省杰出青年 2 人、四川省学术和技术带头人 12 人、教育部跨世纪（新世纪）优秀人才 18 人。

学科建设方面。设有化学一级学科博士学位授权点及化学博士后科研流动站。建有环保型高分子材料国家地方联合工程实验室、环境与火安全高分子材料省部共建协同创新中心、绿色化学与技术教育部重点实验室、环境友好高分子材料教育部工程研究中心、四川省环境保护环境催化材料工程技术中心、四川省机动车尾气净化工程技术研究中心、四川省环境友好高分子材料国际联合研究中心等国家级及省部级科研基地。建有国家双创示范基地、2 个国家级创新引智基地（111 基地）。与生命学院共同承建能源植物生物燃油制备及利用国家地方联合工程实验室，作为依托单位建有四川省环境保护环境催化材料工程技术中心。有国家基金委创新研究群体 1 个、教育部创新团队 2 个。有机化学学科为国家重点学科，化学一级学科为四川省重点学科，化学专业为国家特色专业。

人才培养方面。有国家教学团队 1 个、国家级精品课程 1 门，建有理科基础科学研究和教学人才培养基地。化学专业首批入选国家级一流本科专业建设点。制定实施了《四川大学化学学院博士研究生招生工作具体实施办法》《四川大学化学学院硕士研究生中期考核实施细则》《四川大学化学学院研究生学位论文质量管理细则》。招收本科生 307 人、硕士生 171 人、博士生 83 人；毕业本科生 194 人、毕业硕士生 123 人、毕业博士生 47 人。在读本科生 992 人、硕士生 440 人、博士生 224 人。2019 届本科生就业率为 94.53%、硕士生就业率为 100%、博士生就业率为 97.73%。

科研方面。申报国家自然科学基金 84 项，获准 32 项，获准率 38.1%、比去年上升 5%，获批项目包括重大项目 1 项、联合基金 3 项、面上项目 18 项、青年基金 6 项、重大研究计划（培育项目）1 项、国家杰出青年科学基金 1 项。获批校级项目 14 项。到校总经费首次突破 6000 万元，达到 6301.85 万元；申请发明专利 48 项，授权发明专利 27 项；高水平论文数量持续增长，A 级期刊 6 篇、B 级期刊 122 篇，篇均影响因子上升至 6.14，IF>10 的期刊文章发表总数上升至 47 篇。

合作交流方面。获准国家建设高水平大学公派研究生项目出国联合培养 4 名，邀请国内外著名学者 87 名来校讲学，包括 39 名外籍及港澳台学者。国际课程周期间邀请 4 名化学领域国际知名学者来校开设课程，6 名来自英国留学生参加交流营系列活动。55 人次参加境外国际学术交流及研讨会。拔尖班 15 名学生赴英国伦敦大学玛丽女王学院、利兹大学进行为期两周的交流学习。主办了第十届亚太环糊精会议，承办了 2019 年国家基金委合成化学青年学者论坛。

党建及学生工作方面。按照学校部署，完成学校巡查整改工作。学院党委组织赴遵义开展了红色主题教育培训活动，各党支部参观了江姐纪念馆活动，开展了“不忘初心、牢记使命”校友分享会活动，各团支部开展了“壮丽 70 年，奋进新时代”主题团日活动、“青春心向党・建功新时代”暑期社会实践活动、组织教师及学生赴岳池、甘洛等地开展扶贫工作等活动。通过开展“不忘初心、牢记使命”主题教育活动，践行初心使命。继续开展岛津创新科技大赛、“宏坤・银杏杯”化学知识竞赛、画中有“化”化学实验动画制作活动。颁发第三届“桃李芳华奖”。

【学院获准多项校级奖励】 获“四川大学 2017—2018 年度安全生产和消防安全工作先进集体”“四川大学 2017—2018 年度关心下一代工作先进集体”“四川大学 2019 年暑期社会实践活动先进集体”荣誉称号。获“四川大学 2019 年度共青团工作创新奖”；2017 级 102 团支部荣获“四川大学团支部工作创新奖”银奖；2018 级 401 团支部荣获“四川大学五四红旗团支部标兵创建单位”；4 个团支部荣获“四川大学五四红旗团支部”。

【召开化学学院第四届教职工代表大会第三次会议】 会议听取并讨论了《院长工作报告》《财经工作报告》《化学学院“双代会”工作报告》《化学学院工会经费报告》《化学学院青年教师助教工作制度实施办法》等重要文件。

【四川大学绿色化学与技术教育部重点实验室评估结果为优秀】

【王玉忠院士团队获国家自然科学二等奖】

【冯小明院士团队获得高等学校科学研究优秀成果奖（科学技术）自然科学奖一等奖】

【冯小明院士入选爱思唯尔中国高被引学者，获得中科院陈嘉庚奖、何梁何利基金科学与技术奖、四川省教书育人名师称号】

【刘波教授获准 2019 年度国家自然科学基金杰出青年基金】

【汪秀丽教授入选 2019 年度国家“万人计划”科技创新领军人才计划】

【陈耀强教授获得稀土科学技术科技进步二等奖】

【余孝其教授团队获得四川省科技进步（自然科学类）二等奖】

【游劲松、肖波指导项目获得“互联网+”四川省金奖】

【张鑫、严子君、吴祚敖获得全国大学生实验创新竞赛特等奖】

（以上资料由化学学院肖波提供）

生命科学学院

【概况】四川大学生命科学学院始建于1916年，2012年成为全国首批教育教学改革试点学院。生物学科在2017年教育部学科评估中评为A类，“资源生物学与高原生态学”列入“双一流”高校重点建设学科。学院所属自然博物馆已有近80年历史，是全国最大的大学自然博物馆，馆藏动植物标本87万余件（份）。

生命科学学院设有3个系（生物科学系、生物技术系、生态学系）。拥有教育部重点实验室1个（生物资源与生态环境教育部重点实验室），与成都大熊猫繁育研究基地联合建立的“四川濒危野生动物保护生物学”部省共建国家重点实验室培育基地1个，设有7个省级重点实验室、3个研究中心和3个研究所。

师资队伍方面。学院教职工171人，其中国家特聘专家4人，国家百千万人才工程1人，国家杰出青年基金获得者2名、优秀青年基金获得者3人，国级教学名师1人，教育部（跨世纪）优秀人才计划9人；973首席1人；四川省学术及技术带头人19人，高端外籍教师3人。学院有教授（研究员）52人，副教授（副研究员）51人；博士生导师54人，硕士生导师36人；专任教师中，93.4%有博士学位，70%有在国外学习和工作的背景，50岁以下占60%。

学科建设方面。学院有生物学和生态学2个博士后流动站，植物学和遗传学2个国家重点学科，生物学和生态学2个一级学科博士学位授权点，林业专业学位硕士授权点。

人才培养方面。学院设有生物学、生物技术、生态学和计算生物学4个本科专业。拥有“国家生物学人才培养基地”“国家生命科学与技术人才培养基地”及“基础学科生物学拔尖创新人才培养试验班”，拥有“国家级生物科学实验教学示范中心”，拥有“国家级虚拟仿真实验教学中心”。生物科学为国家级特色专业，生物技术为省级特色专业。2019年，学院招收本科生192人，硕士研究生178人，博士研究生68人，博士后8人。截至2019年12月31日，在读本科生738人，硕士研究生528人，博士研究生265人，在站博士后18人。2019年，开设本科生课程146门，268门次，小班教学175门次，国际课程周开课19门。新建课程13门，全英文课程10门，实验实践课程20门，校外专家开课15门。本科生深造率为75.18%。

科研方面。到校经费共计9348.49万元，为历年到校经费最高。获国家自然科学基金优秀青年基金1项，获批自然基金直接经费699.50万元。新增纵向科研项目 60 项，新增横向项目 36 项，获批 14 项国家自然科学基金。发表 SCI 论文 213 篇，其中 B 级期刊 28 篇，IF>10 的论文共计 7 篇，10>IF>8 的论文共计 2 篇，8>IF>5 的论文共计 30 篇。平均影响因子 3.214。获得国家发明专利 11 项。

合作交流方面。公派留学学生 41 人次，出国出境交流访问教师 29 人次，学生有 68 人次；在读留学生 5 名及 2 位中国台湾研究生。举办了暑期国际交流营，吸引来自法国和印度的 10 名优秀本科生参与。举办了“2019 年全国植物生物学大会”，超过 3000 人参会，其中院士 5 人。打造了“望江论坛”，举办了“大师讲坛”8 场、“前沿科学讲座”45 场、“创新创业大讲堂”2 场。邀请包括 8 位国内外院士在内的 55 位校外专家来访交流。

党建及学生工作方面。学院党委认真贯彻落实“不忘初心、牢记使命”主题教育要求，深入学习贯彻党的十九大精神、十九届四中全会精神，扎实开展“两学一做”常态化学习教育活动。先后组织中心组 8 个专题理论学习，组织教职工 27 个专题政治学习，党委书记和院长亲自讲党课。学院学生党员 375 人，在职教职工党员 85 人，离退休党员 38 人。5 个教职工党支部和 7 个学生党支部按照要求进行组织生活，累计 150 余场次。新发展党员 55 人，转正预备党员 48 人。加强“江姐班”建设，探索又红又专的学生培养模式。2015 级本科毕业人数 137 人，其中国内升学 78 人，国外升学 26 人，深造率达到 75.91%。进一步优化学生社团设置，全年开展学术活动 60 余次。

【队伍建设取得优异成绩】培养新人选优青 1 人。新进专职科研队伍特聘研究员 2 人、特聘副研究员 1 人，专职博士后研究人员 5 人。聘请高端外籍教授 1 人。

【本科教育获国家级奖项】获国家级及以上奖项 9 项（第三届全国大学生命科学竞赛获得一等奖 2 项，三等奖 1 项；第四届全国大学生生命科学创新创业大赛获得一等奖 1 项、二等奖 1 项、三等奖 3 项)，其中获“国际遗传工程机器大赛(iGEM)”全球总决赛金奖。

【学科建设】基础研究平台建设初具规模。生命科学学院共享设备中心上线运行，建立了生命科学学院—SCIEX 质谱共建实验室、SCIEX 公司成都培训中心、生物信息学分析中心，新建细胞培养室和植物温室。自然基金申报数达 81 项，为历年最多。获学校 100 万元科研经费奖励。

【本科人才培养工作成效显著】生物科学专业获批国家一流专业建设点，生态学获批省级一流专业建设点。基础学科拔尖人才培养试点计划升级为 2.0 版本。建设了遗传学等 9 门省级精品在线开放课程，主编教材 3 本、参编教材 2 本，其中国家级主编教材 2 本、参编国家级教材 2 本。本科生发表论文共计 13 篇。计算生物交叉试验班在校生燕蕊以共同第一作者(排名 3) 在 Nature 发表论文 1 篇。申请发明专利 1 项。

实验中心承担 22 门实验课程。新增 1 门实验类文化素质公选课（生命奥秘探索实验)。虚拟仿真实验教学中心“23 价肺炎球菌多糖疫苗 GMP 生产制备实验”项目认定为国家虚拟仿真实验教学项目，新增四川省省级虚拟仿真实验教学项目 2 项，校级项目 4 项，申请并获得软件著作权 3 项。

（以上资料由生命科学学院王东磊提供）

电子信息学院

【概况】电子信息学院设有无线电电子学系和光电科学技术系，拥有2个专业实验室（电子信息技术专业实验中心、光电专业实验室）、2个本科创新实验室、5个研究所（激光微纳工程研究所、应用电磁研究所、图像信息研究所、智能控制研究所、信息显示研究所）和3个研究团队（三维传感与机器视觉实验室、激光技术团队、通信与信号处理技术团 队），以及1个校级研究中心（四川大学光电子研究中心），1个省级电子信息工程本科人才培养基地。

师资队伍方面。在编教职工125人，其中专任教师97人，包括中国工程院院士1人，国家杰出青年基金获得者1人，新世纪百千万人才工程国家级人选1人，教育部跨世纪优秀人才1人，教育部新世纪优秀人才4人，四川省学术和技术带头人6人及后备人选8人，省市突出贡献专家3人；专任教师中正高级职称33人，副高级职称41人，其中博士生导师24人，硕士生导师57人，研究人员21人，学院超过80%的教师有海外留学和学术交流的经历。

学科建设方面。有一级学科博士学位授权点2个（信息与通信工程、光学工程），均设有博士后流动站。二级学科博士学位授权点5个（光学工程、光学、通信与信息系统、信号与信息处理、无线电物理）。硕士点9个（通信与信息系统、信号与信息处理、电路与系统、电磁场与微波技术、无线电物理、模式识别与智能系统、光学工程、光学、物理电子学）。工程博士招生领域1个（电子与信息），工程硕士招生领域2个（电子与通信工程、光学工程）。本科专业6个（电子信息科学与技术、电子信息工程、电子科学与技术、光电信息科学与工程、信息安全、通信工程）。四川省重点学科3个（光学、光学工程、通信与信息系统），省部级重点实验室4个，人才培养基地2个（省级电子信息工程本科人才培养基地、校级电工电子基础课程教学基地）。

人才培养方面。2019年招收本科生329人，全日制硕士生270人，非全日制硕士研究生20名，博士生40人。在读本科生1421人，硕士生863人，博士生155人。本科生毕业377人，硕士研究生毕业195人，博士生研究生毕业32人。2019年本科共开设课程256门次，实践周开课17门，开设本科生课程思政课程10门，研究生课程思政建设项目1项，《光信息处理》获四川省高等学校“课程思政”示范课程。获得四川省2018—2020年高等教育人才培养质量和教学改革立项项目2项。完成本科专业优化调整工作，本科招生专业由4个调整为3个（电子信息工程、通信工程、光电信息科学与工程）。黄卡玛教授等45人次获得四川省教书育人名师奖、四川大学“卓越教学奖”、四川大学“十佳师德奖”等15类奖项。2015级本科毕业生获校优秀论文

22名，其中1等奖2名，2等奖4名；2016级应届生（405人）中有83人获准免试攻读研究生资格，推免率为20.49%；完成2018级本科转专业工作，接收学生20名；举办2019年优秀大学生夏令营工作，273名同学顺利入营；2019届电子信息工程卓越计划31名学生获得工学学士学位。组织申报四川大学2019度“大学生创新创业训练计划”项目25项，其中国家级项目3项，省级项目6项；完成2018年度“大学生创新创业训练计划”结题项目44项。

科研方面。牵头申报国家自然科学基金34项，获准12项，获准率35.3%，其中面上项目4项，青年基金7项，联合基金1项。与外单位联合申报自然科学基金3项，其中重大仪器专项2项，重点项目1项，获准1项重大仪器专项和1项重点项目；组织申报国家自然科学基金区域联合基金项目建议7项；2020年度四川省院省校科技合作研发项目建议3项。持续推进四川大学超前部署学科“电磁辐射科学与传输技术”“双一流”学科群，加快“无线能量传输”教育部重点实验室的建设工作，积极筹备实验室建设验收相关工作。SCI检索论文158篇，到校科研经费4181.05万元。

合作交流方面。邀请来自美国、新加坡等国家和地区的代表团和专家教授到院交流访问15次，派遣43位老师参加国际会议和学术交流，26名本科生参加2019年新加坡国立大学为期31天的暑期实习项目，共计45位本硕博学术出国（境）参加国际会议和海外实习实训，开展2019年“国际交流营”活动。与新加坡国立大学计算机学院达成“3+1+1”的本硕连读计划合作协议。

党建与学生工作方面。认真学习习近平新时代中国特色社会主义思想，党的十九大，十九届二中、三中、四中全会精神等，开展学习活动20余次，深入推进“两学一做”学习教育常态化制度化建设，开展常态化教育10余次，规范中心组学习，开展学习活动18次。抓好思政队伍建设，思政教师立项省级课题1项，校级课题3项；2019年党校培训结业172人，发展党员106人，组织学生党支部书记、党建骨干培训会20次；组织学生开展学习近平新时代中国特色社会主义思想、党的十九大、十九届四中全会精神等系列活动50余次；举办各类弘扬社会主义核心价值观、提升专业实践能力的活动400余次，参与人数超过5000人次，电子科技园船模协会等三个学术型社团获全国最具影响力科技创造社团，荣获2018年度“四川大学五四红旗团委”的称号；获全国大学生电子设计竞赛一等奖等国家级奖项8项，四川省级奖项30余项；开展学生心理健康活动20余次，成功处置学生心理异常事件10余起；2019届本科生就业率为93.90%，深造率46.68%，列学校工科第二名，研究生就业率为97.80%。

【入选教育部“双万”工程】“电子信息工程专业”获批国家一流专业建设，“光信息处理”MOOC课程在教育部中国大学MOOC平台上线开课。光电信息科学与工程专业入选四川省一流本科专业建设。

【制定标准 促进行业发展】黄卡玛教授牵头，四川大学与深圳麦格米特电气股份有限公司成立了“微波能应用联合研发中心”，以该中心为依托，联合国内多家龙头企业，制定微波能应用领域的行业标准和国家标准。

【配合学校工作 勇担社会责任】全年共有6位教职工赴甘洛、新疆、江苏、基金委、西藏挂职等，开展产学研转化、参与援疆、援藏和扶贫工作。

（以上资料由电子信息学院李运国提供）

材料科学与工程学院

【概况】 材料科学与工程学院设有材料科学系、金属材料系和无机非金属材料及生物医学工程系、新能源材料系四个教学系、1个“材料科学与工程教学实验中心”国家级和省级实验教学示范中心和1个“特种材料及制备加工技术”教育部B类重点实验室（共建）、1个后续能源材料与器件教育部工程研究中心、1个四川省材料科学类人才培养基地、5个部省级研究中心、8个校级研究所，1个学院中心实验室。

师资队伍方面。2019年度有教职工98人，其中教学科研岗教师78人（博士学位获得者75人），教辅人员4人，思政教师6人，行政管理人员10人。专任教师中二级岗教授4人、三级岗教授5人，正高37人，副高32人，中级及以下职称10人；博士生导师23人，硕士生导师28人。教师中有特聘外籍院士1人、优青1人、高被引学者2人、国务院政府特殊津贴专家3人、四川省学术与技术带头人8人、四川省有突出贡献专家5人、教育部跨（新）世纪优秀人才5人、天府万人计划2人、四川省教学名师1人、校“双百人才工程”A计划2人和B计划4人。2019年引进特聘研究员2人，特聘副研究员2人，专职博士后1人。

学科建设方面。学院现设有材料科学与工程、生物医学工程2个博士后科研流动站，有材料物理与化学、凝聚态物理、材料学、生物医学工程、纳米材料与纳米技术、新能源材料与器件等6个博士和硕士学位授权点，在材料工程、生物医学工程2个领域招收工程硕士；设有材料科学与工程、生物医学工程以及新能源材料与器件等3个本科专业，其中材料科学与工程、生物医学工程2个专业入选全国一流本科专业建设点，新能源材料与器件专业入选四川省一流本科专业建设点。参加了材料科学与工程、生物医学工程等2个一级学科国家重点学科的建设工作，参加了材料学、材料加工工程等2个二级学科国家重点学科的建设工作。

人才培养方面。2019年材料科学与工程学院招收本科生291人，硕士研究生119人，博士研究生29人。毕业本科生238人，硕士研究生104人，博士研究生25人。截止到2019年12月31日，在读本科生1029人，硕士研究生353人、博士生115人。2019年度开设本科生课程213门，研究生课程90门。现有国家级精品课程2门，省级精品课程7门。

科研方面。2019年度材料科学与工程学院科研到校经费3367万元，新增纵向和横向科研项目72项；获准2项地方重大项目和重大横向项目；获准国家自然科学基金项目4项，获准省科技厅项目20项，另外与外单位合作申请并获准1

项重点基金，1 项区域创新基金。2019 年自然年度学院接收和发表 SCI 论文 241 篇，获国家授权专利 24 项。

合作交流方面。学院邀请了来自海外名校的 14 名外籍教师和 2 名外籍学生来校交流，新增外籍学生 1 人。学院有 22 名本科学生参与境外交流学习项目，派出教师参加各类国际学术会议共计 26 人次。

党建及学生工作方面。学院党委坚持以党的路线方针为指引，按照全面从严治党的要求，扎实推进党的政治建设、思想建设、组织建设、作风建设、纪律建设；深入学习贯彻习近平新时代中国特色社会主义思想，坚持党要管党、从严治党，严格落实党建工作责任制；深入开展党风廉政建设和“不忘初心、牢记使命”主题教育活动；认真履行党委主体责任和纪委监督责任，营造风清气正的政治生态，有力地促进了学院各项工作的科学发展。共开展各类主题教育活动 54 次，收集问题 39 条，提出整改举措 16 条。配齐配强专兼职辅导员，新进了 1 名专职辅导员，选聘了 2 名兼职辅导员，为强化大学生思想政治教育提供组织保证。组织党支部书记和党务工作者参加学校的集中培训，召开党支部书记集中培训会 2 次，提升党支部书记的理论水平和业务能力。学院党委通过党校、党课、党员结对、邀请参加支部活动等多种形式考察、吸纳和培养了一大批入党积极分子，在学生中发展党员 44 名，转正预备党员 32 名，发展对象预审 112 名，培训入党发展对象 80 名。学院设专职党建组织员 1 位，负责在学生党员发展、党支部建设等方面给予监督和指导。

【科学研究取得新突破】2019 年，材料科学与工程学院刘颖教授主持的“新型复合碳氮化物固溶体粉末及其高性能硬质材料”科研项目获国家科技发明二等奖。同时，服务地方经济和成果转化能力持续提升，获得四川省重大科技专项 500 万，转让经费 500 万元。2019 年学院到校经费与 2018 年相比增加了 1000 万余元，增长约 50%。

【双一流建设成效显著】学院共有 3 个专业，全部入选了国家级、省级一流本科专业建设点。其中材料科学与工程、生物医学工程 2 个专业入选全国一流本科专业建设点，新能源材料与器件专业入选四川省一流本科专业建设点。1 个专业通过了教育部以 OBE 导向的专业认证；材料科学与工程学科位列上海软科世界一流学科排名世界前 100 名；生物医学工程学科入选四川大学“高峰学科”，上海软科世界一流学科排名世界第 10 名。

（以上资料由材料科学与工程学院王志超提供）

制造科学与工程学院

【概况】 机械工程学院由始建于1945年3月的国立四川大学机械电机工程系演变发展而来，是学校办学规模较大的学院之一。近年来，学院结合《中国制造2025》行动计划、“智能制造”等国家重大需求，按照学校“工改”建设思路，促进学科交叉融合，驱动科研创新突破，推进国际合作与交流，努力提高核心竞争力，全面提升办学质量，服务国家和地方社会经济发展。学院行政管理设置党政办公室、教学科研科、人才引进及对外交流办公室、学生科4个科室；教学系所设置机械工程、工业设计、材料成型及控制工程、测试技术与控制工程4个系；四川大学工程设计中心（国家级文科综合实验教学示范中心）和四川大学工程训练中心（国家级实验教学示范中心）2个校级中心；创新设计与创新方法、先进制造技术、人机系统及仿生工程、先进材料成型及模具技术4个四川省重点实验室。

师资队伍方面。学院有教职工184人；其中专任教师（专职科研人员）及教辅人员132人，党政管理及思政教师23人，工勤人员29人；学院教师中正高职称32人，副高职称49人。教师中有特聘院士1人，享受国务院特殊津贴专家2人，四川省学术技术带头人8人，教育部“新世纪人才”2人，“香江学者计划”1人，“洪堡学者计划”2人。

学科建设方面。学院有四川省一级学科重点学科2个、四川省二级学科重点学科1个、教育部高等学校特色专业1个、四川省特色专业2个、一级学科博士学位授权点1个、二级学科博士学位授权点2个、一级学科硕士学位授权点3个、二级学科硕士学位授权点1个、博士后流动站1个、本科教学专业4个。学院聚焦“信息+”和“医学+”，启动“基于工业互联网的智能制造研究平台”建设，探索“MEMS、微传感器在医学领域的应用”，谋划新的学科增长点。

人才培养方面。学院2019年招收本科生469人、全日制硕士研究生168人、全日制博士研究生18人，非全日制专业学位研究生19人。2019年在读本科生1661人、全日制硕士研究生500人、博士研究生89人、非全日制硕士研究生77人。获国家级教学成果一等奖1项、省部级教学成果二等奖1项；获四川大学第五届“星火校友奖教金”1人；获四川大学实验技术立项成果奖二等奖2人；获学校第三届“探究式—小班化”教师教学竞赛一等奖1人；成功申报4项省级教改立项，1项省部级虚拟仿真教改立项。

科研方面。2019年学院科研总经费4503.34万元，授权发明专利82项；发表SCI论文83篇；1名教师获准国家重点研发计划课题，立项经费235万；1名教师获准国家自然科学基金重大仪器专项子课题，立项经费1100万；3名教师获得国家自然科学基金资助。

合作交流方面。与国外大学签署合作

协议4份、“大川视界”大学生海外访学计划立项3项，7名海外学生及3名教师参加了创客国际交流营活动；10名学生参加了和新加坡国立大学的“3+1+1”联合培养项目；1名教师参加了“国家公派青年骨干教师出国研修项目”；留学生硕士、博士各1人毕业，在校境外学历生有14人。

党建及学生工作方面。学院党委举办专题党校学习1次，培训党员发展对象70人；新发展青年教工党员1人，本科生党员49人，硕士生党员32人；新生党员转入69人，毕业生党员派遣129人；结合“不忘初心、牢记使命”主题教育活动，组织党员教师赴宜宾市赵一曼纪念馆等红色教育基地开展主题教育活动；修订完善了《机械工程学院新媒体备案及管理办法》等制度。学院本科生升学率为36.49%；本科生就业率86.49%，研究生就业率99.37%；荣获四川大学十佳研究生分会、四川大学五四红旗团委等多项荣誉。

【院名优化】根据《关于对物理科学与技术学院（核科学与工程技术学院）等4个学院名称进行优化调整的通知》（川大委〔2019〕26号），自2019年5月12日起，“制造科学与工程学院”更名为“机械工程学院”。

【专业认证】机械设计制造及其自动化和测控技术与仪器专业分别完成了工程教育认证专家第二轮进校现场考查；材料成型及控制工程专业获教育部高等教育教学评估中心、中国工程教育专业认证协会颁发的《中国工程教育认证证书》。

【本科建设】机械设计制造及其自动化专业入选国家级一流本科专业建设点，测控技术与仪器专业入选省级一流本科专业建设点。

【科技进步奖】学院教师共获四川省科技进步一等奖和二等奖各1项，中国仪器仪表学会科技一等奖和二等奖各1项。其中李彦教授团队项目荣获2019年四川省科技进步一等奖，并被四川省提名申报国家科技进步二等奖。

（以上资料由机械工程学院李腾提供）

电气信息学院

【概况】电气工程学院下设电气工程系、自动化系、通信工程系、医学信息工程系、专业实验中心和电工电子基础教学实验中心6个教学研究单位。拥有1个智能电网四川省重点实验室，拥有电能质量与电磁环境学、信息与自动化技术2个四川省高校重点实验室，建有国家双创示范基地平台“超导与新能源中心”，全国示范性工程专业学位研究生联合培养基地、省级电气信息科学与工程本科人才培养基地和校级工科电工电子基础课教学基地、三个国家级和一个省级“卓越工程师培养计划”实践基地。

师资队伍方面。学院有在岗教职工172人，其中专任教师（含思政教师）125人、教辅人员27人，行政管理人员

20 人。专任教师中有教授 28 人，副教授 65 人，中级职称 32 人。拥有全职返聘院士 1 人，国家海外高层次人才引进计划专家 1 人，国务院特殊津贴获得者 2 人，高端外籍教师 3 人，四川省有突出贡献的优秀专家 2 人，四川省海内外高层次人才计划专家 4 人，四川省学术和技术带头人后备人选 3 人，校“双百人才工程”计划专家 3 人。

学科建设方面。设有电气工程一级学科博士点；设有电气工程、控制科学与工程 2 个一级学科硕士点，信号与信息处理、生物医学工程 2 个工学硕士点，以及能源动力、电子信息 2 个工程硕士专业学位点。设有电气工程及其自动化、自动化、通信工程、医学信息工程 4 个本科专业。其中电气工程及其自动化专业为国家级一流本科专业建设点、中国工程教育认证专业。

人才培养方面。学院拥有学生 2728 人，其中本科生 1832 人、硕士研究生 835 人、博士研究生 61 人。2019 年招收 426 名本科生，265 名硕士研究生（其中全日制 227 人，非全日制 38 人），13 名博士研究生，优质生源占比 65.5%。2019 年本科毕业生 426 人、硕士毕业研究生 204 人，博士毕业研究生 9 人。截至 2019 年 12 月，学院整体就业率 91.68%，其中研究生就业率为 100%。2019 年开出本科课程 417 门次，教授授课比例 100%，新建实习基地 5 个，国内外专家开设实践应用、创新创业型课程以及国际周短期课程 11 门，省级 MOOC 获评 1 门，省级虚拟仿真实验教学项目获批 2 项。2019 年度，学院获国际级竞赛奖项 35 人次，国家级竞赛奖项 37 人次，省级竞赛奖项 57 人次；申请、授权专利共计 35 项；2018 届本科生升学率为 41.24%。教育部学位论文抽检全部合格。

科研方面。国家自然基金项目获准 9 项。以第二完成单位荣获四川省自然科学一等奖 1 项。到校科研经费 6365.7 万元，比 2018 年度增长 78.6%。发表 SCI 收录论文 65 篇，发表 EI 收录论文 132 篇。新增国家发明专利授权 84 个。获准“工业互联网+”科研平台建设项目一项。

合作交流方面。选送 169 名学生赴海外深造交流，教师短期出国（境）学术会议和交流 39 人次。与美、英、德、日等 18 个海外院校及机构开展交流合作。与 IEEE 学会签订合作谅解备忘录，搭建世界一流科研合作平台；与中国澳门大学、德国克劳斯塔尔工业大学合作开展“大川视界”大学生海外访学计划，53 名本科生顺利出行；选拔 22 名本科生参加丹麦技术大学海外实习基地实习；与德国克劳斯塔尔工业大学签订协议书，将共建电气工程及其自动化本科教育中德合作办学项目；召开第 16 届中韩继电保护论坛，中国电机工程学会直流输电与电力电子专业委员会 2019 年第八届学术年会；国际课程与实践周活动邀请 4 名海外专家开设全英文课程 4 门，邀请外籍学生 13 人参加。

党建及学生工作方面。学院党委认真组织学习习近平新时代中国特色社会主义思想，党的十九大和十九届二中、三中、四中全会精神，全国教育工作会议、全国高校思想政治工作会议等重要会议精神，开展“不忘初心、牢记使命”主题教育、“三分类三升级”活动、党风廉政教育主题宣传月活动，执行领导接待日、信访接待日制度。完成院长助理、科级干部换届。组织全体党员加入“学习强国”学习平台。2019 年，召开党委中心组专题学习会 4 次，党委会 11 次，党政联席会 30 次，意识形态和安全稳定研判会 4 次。学院有党支部 21 个。在职教职工党员 106 人，学生党员 332 人。共培养发展对象 105 人，发展党员 97 人，接收组织关系 57 人。成立“师德建设与监督工作小组”，加强教师师德师风行为规范的建设与监督。“手抄书”作品荣获第三届“我心中的思政课”全国高校大学生微电影展示活动二等奖。开展“特高压”“星空计划”“新得利”奖助学金以及“国臣优质供电”双创基金评选。荣获四川大学“五四红旗分团委”“四川大学 2019 年暑期社会实践活动先进集体”称号。学术型社团 20 个，全院 28％的教师参与社团指导工作，荣获社团优秀指导老师、十佳学生社团会长等荣誉。

【学院更名，学科整合与交叉】2019 年 5 月 12 日，学校印发川大委〔2019〕26 号文件，原电气信息学院更名为电气工程学院。新公章于 2019 年 5 月 24 日正式启用。同时启用新域名 ee. scu. edu. cn，采用新院徽。开展院内外学科整合与交叉，从 2019 年 9 月起，学院停止通信工程、医学信息工程专业本科生招生，通信工程系、医学信息工程系师资融入电气工程系和自动化系。

【第四届“双代会”第三次会议召开】4 月 19 日，学院举行第四届双代会第三次会议，会议主题是“弘扬电气精神，建设一流学科，献礼祖国七十华诞”。大会听取了 2018 年度院长工作报告、财经工作报告、教代会和工会工作报告。

【学科建设发展咨询理事会第二次会议举行】6 月 29 日，电气工程学院学科建设发展咨询理事会第二次会议举行。邀请包括 5 位院士、教指委主任在内的 20 多位专家为学科专业发展提供咨询建议。

【硬件支撑条件提升】与丹麦科技大学共建海外实习基地；与国网四川综合能源服务公司、川开电气、国网四川省电力公司青峰岭教学电厂、四川省电气企业协会等多家单位签署了合作协议，共建 3 个校外基地；与国网四川省电力公司签订战略合作协议，揭牌成立能源互联网联合研究中心。中国电机工程学会四川大学会员中心成立。

【教师、团队获奖】刘俊勇教授荣获四川大学“卓越教学奖”三等奖，汪颖副教授荣获四川大学“五粮春青年教师优秀教学奖”，曾成碧教授荣获四川大学“唐立新教学名师奖”，闵小容老师荣获四川大学“唐立新服务标兵奖”，于孜清老师荣获四川大学“唐立新优秀辅导员”称号，卜涛老师荣获四川大学“五粮春思政教师模范奖”。佃松宜教授感知控制与智能机器人科研团队获四川大学第五届“德渥群芳”育人文化建设标兵科研团队。曾琦和朱英伟分获全国高校青年教师电工学课程教学竞赛获特等奖和二等奖。

（以上资料由电气信息学院邓丽华提供）

计算机学院（软件学院）

【概况】 计算机学院（软件学院）下设四系、一所、两中心：计算机科学系、物联网工程系、人工智能系、软件工程系；计算机图像图形与软件工程研究所；计算机基础教学实验中心和 IBM 技术中心。

师资队伍方面。学院现有教职工 233 人。其中，正高级专业技术职务 38 人，副高级专业技术职务 76 人。全职博士生导师 26 人，硕士生导师 76 人。省学术带头人和后备人选各 9 人，中国科学院院士 2 人（双聘）、四川大学理科杰出教授 1 人、IEEE FELLOW 2 人、国家杰出青年科学基金获得者 1 人、国家优秀青年科学基金获得者 1 人、教育部新（跨）世纪人才 6 人、省突出贡献专家 7 人、省级教学名师 2 人。

学科建设方面。学院拥有“计算机科学与技术”“软件工程”一级学科博士学位授权点，“电子信息”工程硕士和工程博士授权点，计算机科学与技术博士后科研流动站。本科设有计算机科学与技术、软件工程、物联网工程、人工智能 4 个专业；以及计算生物、计算金融方向。学院有“计算机应用技术”国家二级重点学科和“计算机科学与技术”四川省一级重点学科各一个；拥有国家级重点实验室两个：视觉合成图形图像技术国防重点学科实验室、国家空管自动化系统技术重点实验室；部级工程研究中心两个：教育部现代交通管理系统技术工程研究中心、医疗信息化技术教育部工程研究中心；四川省工程实验室两个：四川省网络大数据认知分析工程实验室、四川省神经网络分析技术工程实验室；四川省协同创新中心两个：大数据分析四川省 2011 协同创新中心、智能空管系统四川省 2011 协同创新中心；四川省高校重点实验室两个：智能系统重点实验室和知识工程与网络智能重点实验室。

人才培养方面。学院招收博士生 48 人，全日制硕士研究生 220 人，非全日制硕士研究生 79 人，在校硕博士研究生共 1023 人。硕士研究生获得学位人数 215 人，博士研究生获得学位人数 12 人。研究生培养成效持续稳步提升，面向硕博士研究生组织高水平学术讲座 38 次，学生参加境外高水平学术交流活动 21 人次；研究生发表 SCI 等高水平论文 84 篇，研究生论文获得四川计算机协会 SCF 2019 年度优秀学生论文、2019 年度 IEEE 大数据国际会议最佳论文奖；获得 2019 全国高校人工智能创新大赛特等奖、一等奖各 1 项。第八年组织优秀大学生暑期夏令营，覆盖全国近 60 所“双一流”高校及建设高校；第六年提前超额完成推免招生任务，硕士优质生源比 75.45%，推免生优质生源比 100%，博士优质生源 89.58%。学院招收本科生 568 人，在读学生共 2637 人。选拔“拔尖学生培养试验计划”试验班学生 15 名、计算金融交叉学科创新班学生 31 名，选拔 2018 级软件工程专业荣誉学生29名。获准立项“大学生创新创业训练计划”项目122项；本科生参加学科竞赛获得国际级特等奖1项，国家级一等奖11项、二等奖25项、三等奖31项；省级以上获奖191项。学院招收本科留学生16人、博士留学生3人，港澳台本科生8人，港澳台交流学生2人，在校境外学生共250人。全日制本科留学生毕业17人、博士毕业2人。开设27门软件工程全英文授课本科项目课程。

科研方面。到校经费4942万元创历史新高；发表SCI论文86篇，其中B级21篇，CCF－A级会议发表论文11篇。申报自然科学基金各类项目35项、获准10项，其中联合基金重点项目2项。章毅教授获科技部2030新一代人工智能重大专项资助（牵头单位）。新增“四川省神经网络分析技术工程实验室”省部级平台。继续推进四川省科技创新苗子工程四川大学项目管理工作，2019年苗子工程四川大学共获得17项。

合作交流方面。首次与英国奥斯特大学合作，选派36名同学和老师赴英学习。继续与新加坡国立大学合作，选派64人参加暑期实习项目。学院教师出国（境）参加学术会议，进修或开展合作研究48人次。学生出国（境）学习或交流174人次。邀请13位国外高校教授来院为本科生开设全英文暑期课程23门共计368学时，选修学生约1200人次。邀请22名外籍师生来校开展主题为“源流”的国际交流营活动。

党建及学生工作方面。认真落实全面从严治党党委主体责任和纪委监督责任，履行“一岗双责”。加强思想政治教育，全年中心组开展学习31次，邀请专家做“课程思政”建设和十九届四中全会精神专题报告。开展“不忘初心、牢记使命”主题教育活动，深刻检视问题、整治整改落实。加强基层党组织建设，开展基层党支部11项任务专项检查“回头看”工作，组织支部书记培训5次，进行26个支部书记工作现场述职答辩，严格落实支部书记“双带头人”制度。获准学校组织部支持党建研究项目1项，特色党建活动2项。举办第147期党校，192名学员顺利毕业；培养教师积极分子1人，发展新党员103名，65名预备党员按期转正。抓好扶贫工作，两次下乡入户开展工作，全院教职工以购代捐4次。选派6位同志到西藏、甘洛和教育部等进行挂职锻炼。加强辅导员队伍建设，辅导员参加各类思政专题研讨会、学习交流活动10余人次，获得思政工作研究项目4项、结题5项、发表论文9篇，担任公开出版思政论文集副主编、编委各1人。

【科研获奖成果突出】章毅教授等获国家自然科学二等奖；刘怡光教授获四川省科技进步一等奖；彭玺教授获霍英东青年教师奖；贺喆南副教授获吴文俊人工智能三等奖。

【教育教学改革成果突出】软件学院获得2018年度四川大学本科教学奖励、全英语授课专业建设贡献奖；计算机学院获评大学生学科竞赛先进单位；新增开设四川大学创新创业教育特色课程“微信小程序应用开发”、四川大学通识教育核心课程“软件工程导论”“计算机系统导论”MOOC课程；“智能时代下的创新创业实践”课程获省级精品在线开放课程认定；组织申报并开设SPOC课程4门；与腾讯、浦发银行共同开设校外专家课程11门；与华为技术有限公司、四川爱联科技有限公司共建校级实习基地2个。获得四川省2018—2020年高等教育人才培养质量和教学改革项目 4 项，申报并获准教育部产学合作协同育人项目 3 项。

【**2019 年度其他重要事件**】获准“电子信息”工程硕士和工程博士授权点，牵头编制硕博士培养方案；“计算机科学与技术”学位授权点通过学科评议组专家抽检。计算机科学与技术专业获批国家级一流本科专业建设点，属于第一批进入国家“双万”计划的本科专业；“软件工程”专业获批四川省一流专业建设项目。承办“2019 年全国大学生物联网设计竞赛（华为杯）”，与华为技术有限公司 ICT 学院共建“川大—华为未来学院”；承办腾讯微信小程序应用开发赛西南赛区竞赛。组织召开“跨学科创新人才培养的探索与实践”国际教学研讨会。

[以上资料由计算机学院（软件学院）聂靖提供]

建筑与环境学院

【**概况**】建筑与环境学院前身是由教育部批准成立于 1988 年的城建环保学院。设力学科学与工程系、土木工程系、环境科学与工程系和建筑系；有力学、土木工程、环境科学与工程、城乡规划学 4 个一级学科；有固体力学、岩土工程、生物医学工程 3 个国家重点学科；有工程力学、土木工程、环境工程、建筑学 4 个本科专业，有土木工程、环境工程 2 个国家级一流本科专业建设点；有国家烟气脱硫工程技术研究中心，深地科学与工程教育部重点实验室，破坏力学与工程防灾减灾、生物力学工程、环境工程、有机废弃物资源化利用 4 个省级重点实验室；有教育部西部资源与环境网上合作研究中心、四川省力学实验教学示范中心。学院形成了一套完备的人才培养体系和科研体系。

师资队伍方面。学院目前有教职工 265 人，其中专任教师 212 人。有中国工程院院士 1 人、特聘院士 2 人，国家杰出青年基金获得者 2 人，国家首批百千万人才工程人选 2 人，教育部跨/新世纪优秀人才 6 人，四川省学术和技术带头人及后备人选 37 人，宝钢教师奖获得者 3 人，四川省教学名师 2 人，博士生导师 34 人，教授（级）52 人，副教授（级）78 人，四川大学“高端外籍教师”特聘教授 4 人。教师队伍中 75.4%具有国内外著名大学博士学位，其中 17.8%具有国外高水平大学博士学位，56.3%具有海外学习工作经历。学院以打造“高端化、国际化、专业化”的师资队伍为目标，通过全球青年学者论坛、国际学术会议、国际顶级期刊等多种形式招揽优秀人才，同时引进和培养国家及省部级优秀高端人才，力争形成具有国际一流水平的高端专业师资梯队。

学科建设方面。集力学、土木、环境、建筑多领域于一体，学科门类齐全，涉及理、工、文、艺、管、医诸多领域。有一级学科博士学位授权点 4 个、一级学科硕士学位授权点 5 个、专业硕士学位授权点 3 个、博士后流动站 4 个。工程科学目前已进入 ESI 前 0.5%学科，环境科学/生态学进入 ESI 前 1%学科；上海软科学科排名近三年数据显示，力学、土木工程两大一级学科排名跻身全国前 15%；有各类科研平台（中心）27 个；在学校“双一流”重点建设的一流学科（群）中，参与 3 个一流学科（群）、3 个超前部署学科群建设，以及“智能空天信息与先进装备”“医学大数据”“深地医学”“老年医学康养”“灾害医学”“健康食品”等多个平台建设，为学科未来发展奠定了坚实的基础。

人才培养方面。2019 年招收本科生 459 人、硕士研究生 182 人、博士研究生 35 人；在校本科生 1843 人、硕士研究生 611 人、博士研究生 177 人、留学生 199 人；开设“力学—软件实验班”，建设交叉平台 4 个，新建交叉课程 18 门；大学生创新创业项目立项 154 项（国家级 9 项、省级 17 项、校级 67 项、院级 61 项）；获省级及以上奖项 160 项（全国一等奖 3 项，全国二等奖 15 项，全国三等奖 37 项，省级一等奖 27 项，省级二等奖 35 项，省级三等奖 43 项）；在 2019 年“互联网+”大学生创新创业大赛中，获国家级铜奖 1 项、省级二等奖 1 项。2019 届毕业生有本科生 459 人，就业率为 85.62%；研究生 186 人，就业率为 98.39%；毕业生到重点领域就业创业 25 人，均为基层项目。

科学研究方面。以四川大学作为第一单位获省科技进步一等奖 2 项；获四川大学第五届“德渥群芳”育人文化建设优秀团队 3 个；获准国家自然科学基金 8 项（面上 4 项）；到校科研经费 6615 万元，其中纵向到校经费 3100 万元、横向到校经费 3515 万元；发表 SCI 论文 188 篇，学科顶级期刊论文（B 级及以上）31 篇；获四川大学世界一流大学建设专项本科教学实验室建设“水利土木与地球科学双创实验平台”，预算金额 792 万，主要用于建设环境、土木、力学实验平台，提升教学科研条件。

合作交流方面。邀请 10 位外国专家来校开设全英文课程 10 门；开设国际交流营 5 个，接待境外学生 49 人；派出学生出国（境）40 人，派出教师出国（境）学术交流 48 人次；举办国际会议 1 次，外国专家来华交流访问 66 人次。2019 级留学生新生报到注册 18 人，2019 届获学位证书本科留学生 24 人、硕士留学生 1 人、博士留学生 1 人。为留学生开设全英文课程 33 门，有外院学生选修的通识课程 1 门；参与留学生教学的教师 17 人，指导毕业设计 5 人。

党建工作方面。有教工党支部 7 个（在职教工党支部 5 个、退休教工党支部 2 个），学生党支部 10 个；党员 482 人（教工党员 210 人、学生党员 272 人）；组织党支部书记培训 2 期，支部书记上党课全覆盖。获校党建类社科特色项目 1 项、一般项目 1 项，发表相关论文 1 篇。严把党员质量发展关，举办发展对象培训班 1 期，培训结业 74 人，全年发展党员 41 人，转正 37 人。实行无纸化办理转接组织关系，转出 128 人，转入 61 人。

脱贫攻坚工作方面。选派 1 名青年教师挂职苍溪县五龙镇党委副书记，负责乡村振兴相关工作；“以购代捐”购买甘洛县扶贫农产品，超额完成任务；出台《教师参与脱贫攻坚和服务地方工作的工作量计算办法》，设立专项工作经费，纳入年度考核范畴；援建甘洛县格布村党群活动中心，在岳池县城乡规划及生态修复、翔凤大道人行天桥设置论证、石板坡村美丽新村建设、乡村振兴专题培训班等开展了大量帮扶工作；大力推进四川大学宜宾园区入驻事宜，派专人担任宜宾园区副院长，是首批入驻宜宾园区的学院之一。

（以上资料由建筑与环境学院钱玉琼提供）

水利水电学院

【概况】学院设有水利水电工程系、水文与水资源工程系、农业水利工程系、岩土与地下工程系、能源与动力工程系及水利水电工程实验中心。学院有水力学与山区河流开发保护国家重点实验室、岩土工程四川省重点实验室、水文学及水资源工程四川省重点实验室、四川大学深地科学实验室等科研平台与基地。

师资队伍方面。教职工 212 人，包括正高级职称 68 人，副高级职称 71 人，博士生导师 45 人。两院院士 2 人，特聘院士 3 人，高端外籍教授 2 人，“万人计划” 2 人，国家杰出科学基金获得者 5 人，全国百篇优秀博士学位论文获得者 1 人，国务院学科评审组成员 3 人，新世纪人才 9 人，霍英东教育基金会高等院校青年教师 3 人，四川省学术和技术带头人、突出贡献专家 23 人。

学科建设方面。拥有水利工程、土木工程 2 个博士后流动站，水利工程、土木工程 2 个一级博士点学科，8 个博士点和 9 个硕士点；有水利水电工程、水文与水资源工程、能源与动力工程、农业水利工程、地下空间工程 5 个本科专业，其中水利水电工程和水文与水资源工程为国家特色专业，农业水利工程为省级特色专业，水利水电工程为国家首批“卓越工程师教育培养计划”建设专业。拥有“水力学及河流动力学”“岩土工程”两个国家重点学科和“水文学及水资源”国家重点学科培育学科；学院牵头建设的“深地岩体力学与地下水利工程”学科（群）列入四川大学建设 A 类行列；高质量完成水利工程一级学科学位授权点合格评估和学科优化调整。

人才培养方面。坚持立德树人，聚焦和强化“厚通识、宽视野、多交叉、强创新”。获批省级教改项目 2 项，水利水电工程、水文与水资源工程再次通过工程教育专业认证，水文与水资源工程获批国家一流本科专业建设，全面启动建设水利科学与工程、城市地下空间工程两个本科专业。获准推荐参评国家一流课程 3 门，建设优质课程 14 门，获宝钢优秀教师奖 1 人，获 2019 年度四川大学本科教学先进集体和卓越工程师培养先进集体。学院团委和学生会分别获得“四川大学红旗团委”和“十佳学生会”称号。本科生 1245 人，硕博士研究生 620 人，2019 届本科生就业率为 87.20%，研究生就业率为 98.08%。博士生刘燚获 2019 年中国大学生年度人物和“最美大学生”称号（全国共有 10 名），受邀赴北京参加了中华人民共和国 70 周年系列庆典活动。本科生代表在第六届全国大学生水利创新设计大赛中获 1 个特等奖、1 个一等奖和 1

个三等奖，在第三届全国大学生岩土工程竞赛中获一等奖。

科研情况方面。到校科研经费 1.58 亿元，其中纵向 9559.2 万元，横向 5041.8 万元。申报国家自然科学基金 92 项，获准项数共 26 项，其中优秀青年基金 1 项、重点类项目 3 项、面上项目 11 项、青年科学基金 11 项。参与获国家科技进步二等奖 1 项（排名第 2），牵头获教育部科技进步一等奖 1 项、四川省科技进步二等奖 1 项。学校成立工业互联网“3+1”交叉研究中心，以“信息+”为代表的学科交叉融合正式启动。学院牵头建设的“智慧水利研究中心”为首批建设 3 个中心之一。

合作交流方面。举办“2019 年优秀大学生暑期夏令营”和“2019 年国际交流营”活动；“智者论水”讲座、“知者议水”学术沙龙、世界水日活动顺利开展；聘请国内外专家和学者任教、讲学、访问；承办北京茅以升科技教育基金会第 28 届颁奖大会暨第九届桥梁与隧道工程技术论坛。与英国剑桥大学地球科学系科研团队达成 MOU 合作协议，与英国伯明翰大学和加拿大卡尔加里大学达成“2+2”“3+2”联合培养协议。与四川省水利厅、四川省应急管理厅签订战略合作协议，圆满完成岳池县水利帮扶、甘洛县智慧流域管理与防灾减灾科技扶贫和甘洛县水务局挂职对口支援等工作。学院工程技术与灾害防治专家团队积极参与贵州水城“7.23”特大山体滑坡应急救灾工作、金沙江白格堰塞湖 2019 年度应急处置工作、甘洛县成昆铁路“8.14”崩塌灾害应急监测等工作。

党建及学生工作方面。深入学习贯彻习近平新时代中国特色社会主义思想和党的十九大精神，扎实推进“不忘初心、牢记使命”主题教育各项工作，严格执行党支部工作基本制度，规范使用党支部工作手册，认真开展从严治党、意识形态研判各项工作。严格党员教育管理监督，把好党员发展关。新发展党员 124 人，按期转正党员 131 名。岩土与地下工程系党支部被四川省推荐参加全国“样板党支部”评选。学院党员教师充分发挥模范带头作用：刘超获“宝钢优秀教师奖”，陈敏获“五粮春管理人员奖”，覃光华获“唐立新教学名师奖”，陈群获“十佳师德奖”，张建海获“十佳教师传帮带奖”，孙立成获“十佳教师公共服务奖”，李俊获“十佳青年教师教学奖”，周家文获“十佳关爱学生教师奖”，任成瑶获“十佳辅导员奖”，卓莉获“十佳教学辅助人员奖”。发挥工会、共青团、教代会、关工委、离退休组织和教职工、青年学生、民主党派的桥梁纽带作用和优势，开展各项活动。获得四川大学教职工运动会团体第七名（人均得分最高），教职工太极比赛获二等奖，教职工合唱比赛获二等奖，第四届教职工羽毛球团体赛第八名。骆红同志被评为四川省教科文卫体系统优秀工会积极分子。

【举办新春活力运动会】2019 年 1 月 16 日开展 2019 水电教工新春活力运动会。

【国家重点研发计划“青藏高原重大滑坡动力灾变与风险防控关键技术研究”项目启动并推进】由岩土与地下工程系邓建辉教授作为项目负责人的国家重点研发计划“青藏高原重大滑坡动力灾变与风险防控关键技术研究”项目启动并顺利推进。

【第二届科研训练营成功举办】11 月，举办第二届“水电科研训练营”，本硕近 90 名优秀学生参加了科研训练营。

（以上资料由水利水电学院毛华丽提供）

化学工程学院

【概况】学院设有化学工程系、过程装备与安全工程系、国家工科基础课程化学教学基地、制药与生物工程系、冶金工程系、化学工程设计研究所和工程实验教学中心。有教育部“磷资源综合利用与清洁加工工程研究中心”、四川省“先进磷化工技术与装备协同创新中心”。建设有“过滤与分离”“多相流传质与反应工程”“制药工程与技术”和“磷化学与工程”4个四川省重点实验室，1个四川省“磷化工技术与装备工程实验室”和1个绿色化工四川省国际科技合作基地。望江和江安校区共计拥有教学实验大楼22000多平方米。

师资队伍方面。有在职教职工200人，其中专任教师164人，教辅岗16人，管理岗18人，工勤人员2人。教授（研究员）51人，副教授（副研究员、高工）64人。博士生导师45人（含兼职博导5人），硕士生导师48人。有兼职/特聘院士6人，杰出教授1人，长江学者奖励计划特聘教授1人，国家杰出青年基金获得者1人，国务院学科评议组成员2人，国家百千万人才工程入选者1人，国家有突出贡献的中青年专家2人，全国优秀百篇博士论文指导教师1人，享受国务院政府特殊津贴5人，四川省学术和技术带头人8名，教育部“跨世纪、新世纪人才”8人，国家优秀青年基金获得者2人，国家“万人计划”青年拔尖人才1人，“长江学者奖励计划”青年学者1人。

学科建设方面。有“化学工程”国家重点学科，“化学工程与技术”一级学科博士学位授权点和博士后科研流动站。涵盖二级学科博士点有化学工程、化学工艺、化工过程机械、应用化学、生物化工、工业催化、制药工程、化工安全工程与技术、化学冶金与技术、燃烧动力学。有化学工程、化学工艺、化工过程机械、冶金工程4个四川省重点学科。工程硕士招生领域有化学工程、动力工程、生物工程、制药工程、安全工程。学院设6个本科专业：化学工程与工艺（通过中国工程教育专业认证）、过程装备与控制工程（通过中国工程教育专业认证）、生物工程、制药工程（通过中国工程教育专业认证、国家级特色专业）、安全工程和冶金工程。

人才培养方面。招收本科生379人，博士生39人，硕士生227人，在校学生共计1986人（其中本科生1228人、博士生114人、硕士生644人）。顺利完成化学工程与工艺、制药工程两个专业认证复审，获批大学生创新创业训练计划90项，20篇论文获得四川大学优秀毕业论文。教学质量和教师的教学水平稳步提升，获国家级教学成果奖一等奖1项，四川省教学奖二等奖1项、三等奖1项。60余人次获得各级教学质量优秀奖，学院荣获“四川大学2017年本科教学工作先进单位”。大学生创新创业成果突出，9人次获得省级以上创新创业大赛奖励，化工学子参加全国大学生各类竞赛共获得特等奖1项、一等奖2项、二等奖2项、三等奖4项。

科研方面。到校科研经费为5404.77万元。获准国家重点研发计划重点专项1项，国家自然科学基金集成项目1项。获准国家自然科学基金项目11项，直接经费424.8万元。授权发明专利33项，实用新型专利1项。全年发表SCI论文240余篇。新签订横向合同87项，合同金额合计为4110万元。

合作交流方面。成功举办“国际软物质研讨会暨第七届中国软物质日交流会”“第五届生物化工技术创新及产业发展研讨会暨第二届生物化工青年学者论坛”等重要会议，接待来访专家学者700余人。与澳大利亚、德国、美国、新加坡、比利时等国高校合作，在 *Journal of Materials Chemistry A*、*Nanoscale* 等高水平期刊发表论文12篇。与荷兰、新加坡、希腊等国签订科技合作协议，与阿联酋阿利法大学进行合作交流。教师出访40余人次，外国专家来校交流26人。

党建及学生工作方面。有党支部29个，其中教工（含离退休）党支部7个、学生党支部22个。抓好基层党组织建设，党员队伍建设成绩喜人。发展党员113人，转正党员84人。转出毕业生党员190人，接收新生党员59人，培养发展对象104人。认真学习贯彻习近平新时代中国特色社会主义思想和党的十九大精神，深入推进“两学一做”学习教育常态化制度化，贯彻落实党风廉政建设“两个责任”，全面贯彻落实学校第八次党代会精神。老党员钟本和教授带领团队获得“全国首届黄大年团队”。20余年党龄的宋航教授获得“四川省优秀教师”称号。全年面向2000余名学生开展思想政治教育100余次，帮扶困难学生588人次，评选发放各类奖助学金69万元。2018届本科毕业生就业率为99.71%，研究生就业率为99.54%。获2018年度四川大学招生宣传工作先进集体、2017—2018年度四川大学关工委先进集体、2014—2018年度四川大学“巾帼建功立业工程”先进集体、四川大学2018年十佳学生资助工作单位、四川大学2017—2018学年十佳研究生会等荣誉称号。院团委获得四川大学“五四红旗团委”荣誉称号，研究生罗杰荣获四川“勤学奋进新青年”荣誉称号。

【科研影响力和学科排名持续提升】 1月，褚良银教授和储伟教授成为2017年材料科学和化学工程领域的高被引学者。3月，QS全球教育集团发布了第八年度QS世界大学学科排名，化学工程学科再次进入全球300强。7月，2018“软科世界一流学科排名”正式发布，化学工程学科以位列第42位成功入围世界50强。

【获批全国“党建工作样板支部”】 12月，学院化学工程系党支部经过层层选拔，成功获评全国“党建工作样板支部”。

【全国高校“百个研究生样板党支部”】 12月，依托学院黄卫星、肖泽仪和伍勇老师组成的研究生过程装备与安全科学党支部，成功入选2018年全国高校“百个研究生样板党支部”。

【科技获奖成果突出】 钟本和教授获得2018年度何梁何利基金科学与技术进步奖、侯德榜化工科技成就奖，并当选为中国化工学会会士。褚良银教授团队“微细矿物颗粒封闭循环利用高效节能分离技术与装备”获2018年度国家技术发明奖二等奖。

【师资队伍建设硕果累累】 褚良银入

选天府万人计划创新领军人才，巨晓洁教授入选“四川省学术与技术带头人”和天府科技菁英。谢锐教授入选“四川省有突出贡献的优秀专家”。

（以上资料由化学工程学院李晓燕提供）

轻工科学与工程学院

【概况】轻纺与食品学院2019年5月因建设发展需要，更名为轻工科学与工程学院。学院下设生物质与皮革工程系、食品工程系、纺织与服装工程系、制革清洁技术国家工程实验室、皮革工程国家专业实验室、皮革化学与工程教育部重点实验室、国家固态酿造工程技术研究中心、国家菌草工程技术研究中心分中心（成都）、食品科学与技术四川省高校重点实验室、纺织研究所、合成革研究中心、农产品加工研究院、《皮革科学与工程》杂志社（中文核心期刊）和 *Journal of Leather Science and Engineering* 期刊编辑部（入选中国科技期刊国际影响力提升计划）。开设有轻化工程、食品科学与工程、生物工程（轻工生物）等工科专业和服装与服饰设计艺术类专业；有一级学科博士授权点2个，工程博士学位授权点2个，硕士学位授权点5个（科学学位点3个、专业学位点2个）。牵头建设四川大学“先进轻工技术与环境保护”一流学科群和“轻工技术与工程”高峰学科，开办“生物质科学与工程”名师领衔创新班。

师资队伍方面。2019年度引进高端外籍教师1人；选留专职博士后2人、教辅和行政管理岗各1人，其中校外选留占比达到50%，海外选留占比达到1/3；3人次教师获准国字号人才称号，5人获准省级人才称号，4位教师入选四川大学科技领军人才培育项目。现有教职工138人，其中教学科研岗103人，专职思政教师岗5人，实验教辅岗19人，行政管理岗11人；专任教师中有教授（研究员）34人、副教授（副研究员、高工）44人、博士生导师27人、硕士生导师62人，包括中国工程院院士1人、高端外籍教师2人、国务院学位委员会学科评议组成员1人、国家级有突出贡献中青年专家1人、国家级教学名师1人、国家杰出青年基金获得者1人、国家高层次人才计划专家4人（含青年专家2人）、全国优秀百篇博士论文获得者1人、教育部“跨（新）世纪优秀人才培养计划”入选者8人、四川省学术和技术带头人9人、四川省有突出贡献优秀专家5人。

学科建设方面。在圆满完成“先进轻工技术与环境保护”一流学科群年度建设目标任务的基础上，重点加快“轻工技术与工程”高峰学科的建设，建立起包含“皮革化学与工程”“发酵工程”“生物质化学与工程”“先进轻工材料”“食品科学与营养健康”“服饰工程”等既囊括学院办学传统、又体现融合特色的6个二级学科体系，并在上海软科2019年度的学科排名中进入全国前三。

人才培养方面。2019年度轻化工程

专业获得国家一流专业的学校遴选推荐和教育部高校轻工类专业教指委的评审推荐，食品科学与工程专业获得参评省级一流专业的学校遴选推荐；完成“生物质科学与工程”创新班的开班工作，已开展一个批次并顺利启动第二个批次的全覆盖科研轮训；成为虚仿联盟化工与环境领域轻工学科组组长单位；上线 MOOC 课程 2 门，新增虚拟仿真实验教学项目 2 项，新建 SPOC 课程 9 门，新增“探究式—小班化”示范课程 2 门，新建“课程思政”榜样课程 9 门。出台《博士研究生招生工作实施细则》，制定《增列硕士研究生指导教师实施办法（试行）》，全面实施《研究生学位论文质量管理细则（修订）》；依据全系列博士生申请考核制招生实施办法录取博士生 19 人；抽中的 11 本硕士毕业论文全部通过论文抽查，29 本博士毕业论文全部通过全盲审。

科研及平台建设方面。2019 年度进校科研经费总额为 5813 万元，增幅达到 20%；B 级及其以上期刊论文的发表数增幅为 46.7%。新增 2 项省部级科技成果奖，在高水平科研成果的转化上获得突破。组织申报并获准建设中国轻工业生物质科学与工程重点实验室。

合作交流方面。2019 年度重点围绕拓展“大川视界”项目强化国际交流合作，选送 2 个批次共计 30 名本科生赴外交流。面向俄罗斯、罗马尼亚学生举办国际营，依托国际课程周到校专家举办研究生学术论坛。2019 年度派出教师出国（境）开展学术交流 21 人次，邀请国（境）外知名学者到院访问 7 人次；派出学生出国（境）80 人次；接收国（境）外学生 11 人，培养国（境）外学历生 3 人。继续拓展学术交流的平台，创办的国内皮革学科领域首本英文期刊 *Journal of Leather Science and Engineering* 在 2019 年度正式发行。

党建方面。2019 年度学院党委继续履行把方向、管大局、做决策、保落实的职责。通过强化思想武装，教育引导全院师生树牢“四个意识”、增强“四个自信”、做到“两个维护”。组织开展“不忘初心、牢记使命”主题教育，把学习教育、调查研究、检视问题、整改落实贯穿主题教育的全过程，阶段性达成主题教育的“五句话”目标。全面接受学校党委的巡察，配合完成集中巡察的工作。组织并平稳完成 5 位科级干部的换届调整工作，有序推进人才强院战略且持续取得成效。指导学院纪委、学工、群团组织开展工作，延续学院学生工作、团学文化的特色。推进党建与业务发展的深度融合，组织召开学院管理体制改革大讨论，进一步凝聚共识并推进以校院两级管理体制改革为核心的学院四大改革。联合举办一期发展对象培训班，培训 92 人（含 1 名教师发展对象）；发展学生党员 87 人，完成 57 名预备党员的转正工作。加强党建理论研究，申报并获准 1 项学校党建研究的指定课题。

【一流专业】轻化工程专业获得国家一流专业的学校遴选推荐和教育部高校轻工类专业教指委的评审推荐，食品科学与工程专业获得参评省级一流专业的学校遴选推荐。

【高峰学科】轻工技术与工程学科在上海软科年度学科排名中进入全国前三。

【高层次人才】新增高端外籍教师 1 人和国字号人才 3 人次（含青年专家 2 人次）。

【高水平成果】石碧院士团队自主研发的新型无铬鞣剂专利技术，在中国国际皮革展（ACLE）期间，以 200 万元的首期成果转让费实现转化。

【学术影响】创办的国内皮革学科领域首本英文期刊 *Journal of Leather Science and Engineering* 在 2019 年度正式发行 3 期。

（以上资料由轻工科学与工程学院李艳提供）

高分子科学与工程学院

【概况】四川大学高分子科学与工程学院设有高分子材料工程国家重点实验室、新型聚合物加工技术及装备四川省重点实验室、高分子研究所、高分子科学系、高分子材料系、高分子材料加工工程系、医用高分子材料及人工器官系、化学纤维研究所和高分子材料与工程专业实验室等教学科研机构，是教育部直属重点高校中第一个以高分子学科为主体的学科型学院。

师资队伍方面。学院有在岗教职工 222 人，其中教授、研究员 74 人，副教授、副研究员、高级工程师、高级实验师 81 人，讲师、工程师、专职博后、实验师、管理人员 67 人。博士生导师 69 人，硕士生导师 107 人。中国工程院院士 1 人，“万人计划” 3 人，国家杰出青年基金获得者 5 人，国务院第五届、第六届学科评议组成员 4 人，全国先进工作者 1 人，“百千万人才工程” 4 人，基金委优秀青年基金获得者 5 人，国家“万人计划”青年拔尖人才 1 人，教育部新世纪、跨世纪人才技术人选 17 人，四川省学术和技术带头人 15 人。举办了两期四川大学青年学者论坛高分子科学与工程学院分论坛，共邀请了 16 名海内外名校博士来学院交流。

学科建设方面。学院设有本科专业高分子材料与工程，5 个研究生培养专业：材料学（高分子材料）、材料加工工程（高分子材料加工工程）、高分子科学与工程、复合材料、生物医学工程（生物医用高分子材料及人工器官工程），5 个学科点均具有硕士、博士学位授予权，并建有博士后流动站。材料科学与工程、生物医学工程为国家一级学科重点学科，材料学、材料加工工程为国家二级学科重点学科。所属高分子材料工程学科是“211 工程”重点建设学科、“985 工程”重点建设学科。高分子材料与工程是国家级特色专业，与材料科学与工程学院共同建有国家级“材料科学与工程实验教学示范中心”。以先进高分子为特色的材料科学与工程进入国家“双一流”学科建设名单。材料学率先进入世界 ESI 前 1‰学科，世界排名第 73 位（2019 年 11 月）。材料科学与工程第四轮学科排名为 A－（前 5%～10%）。

人才培养方面。学院在校学生 2158 人，其中本科学生 1229 人、硕士研究生 708 人、博士研究生 221 人。2019 年招收本科生 280 人、硕士生 241 人、博士生 79 人。学院深入推进创新创业教育改革，承办了第一届“全国高分子材料创新创业大赛”，展示了四川大学作为首批国家双创示范基地和首批深化创新创业教育改革高校的示范成果。组织申报大学生创新创业训练计划，获准立项 109 项，其中国家级项目 6 项、省级 15 项；覆盖学生 361 人次。建设跨学科课程 2 门，“课程思政”榜样课程 7 门，创新创业课程 1 门，MOOC 上线 2 门，SPOC 课程 6 门。进一步优化了高分子材料与工程专业的课程体系。

科研方面。组织申报自然科学基金 53 项，获准 21 项，其中杰青 1 项、优青 1 项、重点类 2 项；全年院所到校科研经费再次破亿，达 1.2794 亿元（学院 6698 万，高研所 6096 万）；发表高水平论文 460 篇，其中较大影响力的论文 124 篇；授权专利 95 项。夏和生教授作为第一作者、四川大学作为第一单位，与西北工业大学柔性电子研究院王振华博士合作撰写的题为“*Piezoelectricity drives organic synthesis*：*Ball milling allows for solvent-free mechanoredox catalysis*”的论文在国际著名学术期刊 *Science*（2019，366，1451—1452）发表。

合作交流方面。承办第四届高分子成型加工及其产业发展研讨会，会议规模创历届新高，开设成果转化与对接专场；承办中国化学会第一届全国纤维素学术研讨会；承办第三届全国苯并恶嗪树脂学术及应用研讨会；承办第一届“全国高分子材料创新创业大赛”；承办 2019 年国家级实验教学示范中心联席会材料/纺织服装学科组工作会议；与北京化工大学联合承办 2019 年有机高分子材料学科青年学者研讨会；与比利时根特大学联合组建了“Joint Laboratory for Additive Manufacturing”；与法国波城大学签订了框架合作协议，并与波城大学高分子中心在法国联合举办了首届四川大学—波城大学中法双边研讨会；与英国 Bradford 大学联合举办了第 11 届中英先进材料学术研讨会。2019 年度学生出国人次数达 175 人，较 2018 年提升 96.6%，其中参加“大川视界”项目人数达 85 人，较 2018 年提升 608.3%。

党建和学生工作方面。把深入学习贯彻党的十九大和十九届四中全会精神、习近平总书记系列重要讲话精神和新时代中国特色社会主义思想作为中心组学习、党支部组织生活、教职工政治学习的重要内容，纳入思想政治理论课、形势与政策课、党课、主题团日、社会实践活动等教育环节。组织召开党委理论学习中心组学习 8 次，教职工双周政治学习 14 次，邀请学校十九届四中全会精神宣讲团成员滕文浩做报告。按照中央和学校党委“不忘初心、牢记使命”主题教育工作部署，组织全体党员干部召开“不忘初心、牢记使命”主题教育动员会，成立主题教育领导小组，并结合学院工作实际制定了详细的主题教育实施方案，认真组织学习，深入调研，落实整改，圆满完成主题教育的各项要求，得到了中央主题教育第二指导组的高度评价。贯彻落实新修订的《中国共产党发展党员工作细则》，加强党员发展对象培养培训，提高发展党员质量。培训发展对象 65 人，新发展党员 54 人，转正党员 43 人。立足当前工科学生发展特点，注重激发学生学习主体身份和内在学习动力，坚持研判、部署和落实学风建设。本科低年级学生实施班级集体自习制度，以“学业困难学生＋学业优异学生”组队的形式开展“一带一学”活动，定期总结检查学业进展，紧密把握学院学生的学风状况、学习需求、思维动向。2019 年本科生深造率为 53.4%，在工科学院中名列前茅；2020 届报考研究生 150 人，报考率达

46.8%，保研70人，保研率达21.87%。

【积极开展甘洛县扶贫攻坚工作】 投入帮扶经费5万余元，用于慰问帮扶对象、彝寨新家搬迁等工作。4月和10月，学院领导带队到对口帮扶地甘洛县格布村开展实地帮扶和入户慰问工作，了解帮扶对象实际的需求等。积极与对口帮扶贫困户联络，暴雨期间了解其受灾情况，向贫困户宣传“以奖代补”短平快项目政策，鼓励贫困户发展种养殖业。组织教职工以购代捐，认购扶贫产品，超额完成学校分配指标任务。

【人才队伍建设实现新突破】 高度重视人才队伍建设工作，坚持“外引内培”的方针，积极开展高端人才引进和后备人才培养相关工作。专门设立学科发展科，负责人才工作，通过建立人才库和个性化人才政策，形成良好的聚才环境。国家自然科学基金杰出青年基金项目1项、卓越青年人才计划1人、优秀青年基金项目1项，组织申报国家青年人才项目11项。黄锐教授当选“中国塑料行业杰出人物”，傅强教授作为团队负责人的四川大学高分子科学系列课程教学团队荣获“全国石油和化工教育优秀教学团队”称号，冉蓉教授荣获“全国石油和化工教育教学名师”称号。

【校院两级管理模式成效显著】 安全工作运行机制良好。修订《安全与环保工作管理规定》和《安全工作暨社会综合治理责任书》，实行量化计分，考核结果和教师绩效直接挂钩。成功举办“新进教职工团队建设暨安全培训”，增进青年教师沟通交流的同时也提升了安全自救技能。开设“工程伦理”课程，内容偏重于本学科常见的安全与伦理问题，并邀请企业安全工程师参与授课。组建了实验室安全环保应急处置（救援）队伍，成为校内第一个也是唯一在2019年完成应急处置队伍培训的二级单位。

【公房使用改革初见成效】 为充分利用有限的房屋资源，启动实施《关于“有偿使用、闲置收回”公房使用管理办法通知》并初见成效，共收回3间实验室，及时缓解了学院青年引进人才的安置问题。

（以上资料由高分子科学与工程学院陈建野提供）

华西基础医学与法医学院

【概况】 华西基础医学与法医学院设有12个教研室（系）［人体解剖学教研室、组织胚胎学与神经生物学教研室、药理学教研室、病理生理学教研室、生物化学与分子生物学教研室、生理学教研室、免疫学教研室、法医物证学教研室、法医病理学教研室、法医毒（药）物分析教研室、法医精神病学教研室、病原生物学系］，1个研究室（生物医学工程研究室），1个研究所（法医研究所），2个服务性科室（同位素室、电子显微镜室），2个专业教学实验室（基础医学实验室、法医学实验室），1个四川大学国家级实验教学中心（由解剖学实验室、形态学实验室、机能学实验室、生物分子实验室组成）。学院设有行政机关，下设党政办、学科办、教学科、学生科4个科室。

师资队伍方面。学院有在岗教职工199人。其中，教授、研究员和特聘研究员44人，副教授、副研究员和特聘副研究员50人，讲师、助理研究员和专职博士后42人，教辅人员41人，行政人员22人。国家重大科学研究计划（973计划）项目首席科学家1人，国家杰出青年科学基金获得者1人，国家优秀青年基金获得者1人，国家“万人计划”教学名师1人，国家“万人计划”科技创新领军人才1人，四川省教学名师2人，国家法医学教学指导委员会主任委员1人，国家基础医学教学指导委员会委员1人，国务院学科评议委员会基础医学组召集人1人，国家百千万人才工程一、二层次人选1人，教育部跨世纪优秀人才1人，教育部新世纪优秀人才2人，国务院政府特殊津贴专家6人，四川省学术与技术带头人11人，四川省有突出贡献的优秀专家12人。2019年，学院引进特聘研究员1人、专职博士后进站6人、聘请客座教授（副教授）23人，与华西第二医院联合引进优青1人。

学科建设方面。2019年，学院有一级学科5个（基础医学、特种医学、生物医学工程、生物学、药学）；博士、硕士学位授权点各18个，博士后流动站4个（基础医学、特种医学、生物医学工程、生物学），本科专业2个（基础医学、法医学），均为国家特色建设专业。学院有国家重点学科1个（法医学），“211工程”重点建设学科2个（病理生理学、法医学），四川省重点学科5个（人体解剖与组织胚胎学、生理学、生物化学与分子生物学、病理生理学、法医学）。有原卫生部重点实验室1个（时间生物学），四川省国际科技合作基地1个（应激医学示范型国际科技合作基地），四川省重点实验室3个（医学分子生物学开放实验室、干细胞应用研究中心、疾病基因组与法医学实验室）。学院于2008年被教育部批准为国家“基础医学科学研究和教学人才培养基地”。有国家优秀教学团队1个（法医学）。

人才培养方面。2019年，学院本科招生84人，其中基础医学29人、基础医学拔尖班14人，法医学41人。2019年本科开课课程总门数118门，国际课程周开课2门。面向全校23个专业开出不同类别、不同层次、不同班级课程共300门。新获省级教改项目5项，其中3项为重点项目。率先进行虚拟仿真金课建设，现有国家级1门、省级2门（现为2019年国家级候选），名列前茅。教师教学水平显著提升，在四川大学第三届“探究式—小班化”教学竞赛中喜获一等奖、二等奖、三等奖、优胜奖各1名；在首届全国高校法医学青年教师教学竞赛中喜获一等奖和三等奖。实施本科生“一对一导师制”，为一流人才培养保驾护航。完善全链条多维度的质量监控体系，课程＋教师、督导＋同行评议全覆盖。

招收临床医学专业留学生99名、口腔医学专业留学生6人；为523名留学生开设基础课程19门。

招收博士研究生26名，硕士研究生42名。博士生在校人数101人，硕士研究生在校人数118人。研究生开课总门数64门。

科研方面。本年度申报国家自然科学基金66项，获准11项，获批经费715.5万元，2019年各类到校科研经费共计1049.9万元。发表各类学术论文共计88篇，其中SCI文章83篇，EI文章5篇，IF≥10分论文4篇。

合作交流方面。2019年学院接收留学生105人，留学生在院人数为308、港澳台学生在院人数为2。2019年派出教师出国（境）人数27人次（包括进修和参加学术会议），学生43人次（包含“大川视界”项目22人次），进修回国教师2人，学院举行国际化讲座19场，举办国际学术会议1次。

党建及学生工作。学院党委全面落实从严治党政治责任，推进党的建设与学院事业高度融合。开展多层次和多种形式学习，提高政治站位。2019年学院书记、院长带头讲党课，两委成员集体学习8次；班子开展中心组学习6次；各教研室、支部党组织政治学习122次；开展全院教职工集中理论学习2次。加强学生党员和支部管理，重视思想政治教育，发展党员27名。学生党支部严格执行“三会一课”，开展红色文化传承教育，开展班团活动20余场。博士研究生党支部举办“不忘初心，科技强国”座谈会，研究生、本科生党支部联合开展参观建川博物馆和江姐纪念馆活动。组织学生参观江安校区英烈碑，组织新生参观校史展览馆。举办“纪念五四运动100周年”和“讲述中国故事，记录伟大时代”主题演讲活动。学院“党的十九大精神”学生宣讲团获得2018—2019年度优秀宣讲团称号。注重学生全面发展，促进学生综合能力素质提升。学院优秀研究生与本科生联合举办了“走进实验室”“学长说”成长经验分享会活动。组织110余名学生积极参加凤凰展翅文化艺术节合唱比赛、舞蹈大赛和“智慧川大人”辩论赛。举办学院2019年送旧迎新晚会、主持人大赛，为学生展示自我搭建平台。组织学生参加新生杯篮球赛、足球赛、排球赛、健身操大赛。举办2019年华西五院篮球赛、羽毛球赛、首届学院师生男子篮球联谊赛。针对2018、2019级本科生开展农场劳动教育5次，锻炼学生吃苦耐劳精神。2019届毕业生的继续深造率达到57.3%。其中，国内继续深造的同学全部被清华大学、北京大学、上海交通大学等国内一流院校录取。8名同学前往耶鲁大学、卡罗琳斯卡医学院等国际一流高校学习。

【狠抓科研平台建设和项目孵化】投入资金约150万元，建成约320平方米应激医学学科科研平台，于2019年9月开始运行。与核工业四一六医院合作，在我校建成约200平方米的“四川大学—中国核工业集团”核应激医学研究中心，暨“四川大学—西藏大学”高原应激医学研究中心，四川大学华西第二医院放射医学实验室。

学院整合多年来积累的资源，以特种医学为牵头学科，成功获批四川省应激医学示范型国际科技合作基地，为我校今年获批的2个省级国际科技合作基地之一。

【持续营造浓郁学术氛围，加强学术交流】为了提升学科竞争力，开拓学术视野，学院于今年举办“华西坝院士大讲堂”5场，举办第三届“国际应激医学前沿论坛”，第一届研究生学术沙龙及“力学生物学与人类健康前沿论坛”等学术论坛3场，举办高水平学术讲座26场，共计邀请专家55人次，其中院士5人。

【法医学专业入选2019年国家级一流本科专业建设点】按照《教育部办公厅关于实施一流本科专业建设“双万计划”的通知》（教高厅函〔2019〕18号）精神，经过周密部署，精心准备，法医学专业在13个申报院校中脱颖而出，入选2019年国家级一流本科专业建设点。

（以上资料由华西基础医学与法医学院蒋宝晴提供）

华西临床医学院（华西医院）

详见医疗卫生篇的相关内容。

华西口腔医学院（华西口腔医院）

详见医疗卫生篇的相关内容。

华西公共卫生学院（华西第四医院）

详见医疗卫生篇的相关内容。

华西药学院

【概况】华西药学院现有使用面积12732平方米的教学楼和实验楼，现设七系二中心，即药物化学系、药剂学系、天然药物学系、药物分析学系、药理学系、生物技术药物学系、临床药学与药事管理学系、现代药学专业教学中心实验室和分析测试中心。学院靶向药物与释药系统实验室为教育部和四川省重点实验室。《华西药学杂志》为学院公开出版刊物。

师资队伍方面。学院在职教职工111人，教授24人，研究员2人，编审1人，正高级实验师1人，副教授31人，特聘副研究员4人，副研究员2人，高级实验师3人。在岗博士研究生导师26人，硕士研究生导师25人（不含博导）。人才队伍中有双聘院士1人，国务院学位委员会学科评议组成员1人；国家杰出青年基金获得者5人；国家自然科学基金优青获得者2人；国家百千万人才工程第一、二层次人选1人；人事部“新世纪百千万人才工程”国家级人选1人；全国优秀百篇博士论文指导教师4人；教育部“优秀青年教师资助计划”入选者1人；教育部“新世纪优秀人才支持计划”入选者7人；教育部“优秀青年教师资助计划”入选者1人；科技部科技创新领军人才（万人计划）2人；原卫生部有突出贡献中青年专家2人；省学术和技术带头人6人，四川省有突出贡献专家4人；省“百人计划”入选者1人；省杰出青年基金获得者5人；省天府万人计划天府创新领军人才2人；省“天府万人计划”天府科技菁英1人；省卫生计生首席专家1人；省卫生计生领军人才4人；省级教学名师1人；省卫计委有突出贡献中青年专家1人；成都市突出贡献专家1人。

学科建设方面。学院为药学一级学科博士学位授权单位，有药学博士后流动站1个，二级学科博士授权点3个，二级学科硕士授权点6个，9个学科点均可招收博、硕士研究生，设药学硕士专业学位，其中药剂学为全国重点学科，药物化学为四川省重点学科。本年度共计开设研究生课程70门，其中新开研究生课程1门、全英文课程4门。学院开设本科生专业2个：药学、临床药学。开设本科生课程201门次。其中，国家级精品在线开放课程1门，省级精品在线开放课程3门；国家级精品资源共享课程1门，省级精品资源共享课程4门；国家级慕课1门；国家级精品课程1门，省级精品课程4门；新上线中国大学慕课2门。

人才培养方面。2019年招收博士生42人、硕士生148人。在读研究生569人（博士131，硕士438）。获得博士学位13人、硕士学位114人。本科招生人数230人，在读876人。研究生获得2019年四川大学研究生教育人才培养质量和教学改革项目立项2项，四川大学研究生教育教学改革研究项目2项，研究生创新实践能力提升项目1项。“第十二届全国大学生药苑论坛”，学院获“优秀论文奖”1项，“创新成果一等奖”2项，“创新成果二等奖”1项，“创新成果三等奖”1项；第五届四川大学“互联网+”大学生创新创业大赛，学院荣获校级一等奖1项校级三等奖1项，省级金奖1项，国家级银奖1项（国际赛道）。

合作交流方面。国际课程周（UIP）期间，聘请2名外籍教师讲授UIP全英文课程，招收来自University of Michigan，University of Minnesota的美国留学生4名；与日本东北大学药学院就短期交流、学生培养和项目合作等签署双边合作协议，并在2019年实现两次互访，日方来访教授5名、研究生1名，我方出访教授6名、研究生4名、本科生4名；23名本科生参加全美排名第1的北卡教堂山分校Eshelman药学院海外实践项目为期四周的ITPS 2019夏令营；13位研究生于暑期赴西班牙和美国参加国际学术会议，其中6位博士生获得四川大学博士研究生国家学生交流基金项目资助。

科研方面。2019年获准科研项目共53项：其中自然科学基金创新群体1项，重点项目1项，国际合作与交流项目2项，面上项目5项，青年基金3项。四川省天府万人计划1项，四川省中医药管理局中药资源普查专项项目1项，四川大学科技奖励种子培育项目2项，四川大学中青年科技领军人才培育项目 2 项，四川大学专职博士后研发基金 1 项。学院教师与企业签订科技协作项目 34 项。科研经费总计 4172.8 万元，其中，纵向经费 2895.1 万元，横向经费 1277.7 万元。发表 SCI 论文 171 篇，其中 10 分以上论文 17 篇，影响因子最高的为发表在 Acc. Chem. Res. 中的论文（IF=21.661）。申请专利 28 项，授权专利 10 项。

党建及学生工作方面。学院扎实开展“不忘初心、牢记使命”主题教育活动，制定并实施了“华西药学院 2019 年度党委理论中心组学习计划”“华西药学院 2019 年党建工作计划”和“华西药学院 2019 年教职工政治学习计划”，大力开展中心组学习、教职工政治学习，继续学习贯彻习近平新时代中国特色社会主义思想和党的十九大及十九届历次全会精神；把牢政治关，推进师风师德建设；在学生中持续开展“十九大精神宣讲进团支部活动”，党委书记、院长为本科生上思想政治课；进一步加强基层支部党建工作；完成巡察整改工作；加强干部和人才队伍建设；加强宣传、统战、意识形态方面的工作；开展专业特色党建活动，各党支部开展丰富多样的组织活动近 300 次。学院学生工作队伍以理想信念教育为核心，发挥社会主义核心价值观引领作用。坚持将核心价值观贯穿融入学生教育、服务、管理全过程。学生党建项目——“星星之火”基层扶智项目持续开展，贯彻落实扶贫工作要求，结合学生党支部建设，将学院大学生思想政治教育的阵地延展至基层农村。2019 年，社团组织志愿者先后 4 次下基层开展活动，并且在暑期开展了在岳池县红朝门村为期一周的驻村扶贫扶智活动，参与志愿者包括本硕博共计超过 120 人。学院加强就业指导、就业服务及对外联络，拓展学院就业渠道，本科就业率为 80.1%，硕士就业率 93.04%，博士就业率 100%。

【专业认证】药学专业入选国家级一流本科专业，临床药学专业入选省级一流本科专业。

【学科建设取得突破】2019 年“软科中国最好学科”排名位列全国第 4，综合类大学第 2；2019 年 QS 药学与药理学排名位列全球前 100 名，是四川大学排名上升最快的学科之一；ES 药理与毒理学排名迫近全球前 1‰（1.07‰）。

【教师获奖硕果累累】秦勇教授获吴阶平—保罗杨森医学药学奖，黄园教授、张志荣教授获教育部“自然科学一等奖”，宋振雷教授获得“第十三批四川省卫生健康委学术和技术带头人”，何勤教授获得“第三届四川省卫生健康领军人才”。“2019 年全国高等学校药学类专业青年教师微课教学大赛”中，张丹老师获特等奖，邓黎、程妍及张川老师获一等奖，郑永祥老师获二等奖。“2019 年全国高等学校药学类专业青年教师教学能力大赛”中，张丹老师获特等奖，邓黎、张川老师获一等奖，程妍老师获二等奖。

【举办四次高水平会议】主办、承办、参与承办国际和国内大型及高端学术会议 4 次：第一届亚洲药剂学青年学者论坛暨亚洲药物制剂科学杂志青年编委会议、中国药物化学学术会议暨中欧药物化学研讨会、第三届华西药物经济学与药物政策研究论坛、合成化学青年学者研讨会。

【大力开展学术交流】通过四川大学教育基金会中的米玉士教育发展基金设立的“米玉士讲座”和“华西药学讲座”以及“111 引智计划”，共邀请国内外知名专家来院访问及学术交流 28 人次，包括 2 名中科院/工程院院士，15 名外籍专家。

【稳步推进产学研合作】成立“华法美—四川大学华西药学院药物质量研究中心”；“川大—延安医药工程联合实验室”建设完工，正式挂牌启动运行；定期赴对口支援的广安市岳池县生物医药产业园，为园区建设和产业发展献言献策。

（以上资料由华西药学院谭畅、彭梦如提供）

公共管理学院

【概况】公共管理学院下设社会学与心理学系、信息管理技术系、行政管理系、公共事业管理及公共政策系、劳动与社会保障系、土地资源与房地产管理系、秘书档案系和信息资源管理系共8个教学单位和10个科研机构。

师资队伍方面。公共管理学院教职工人数为122人，教学科研岗专任教师95人、短期外籍教授2人、思政教师7人、教辅人员3人、管理人员17人。教授（研究员）33人、副教授（副研究员）43人。硕士生导师共55人、博士生导师15人。其中，国家“万人计划”1人，长江学者特聘教授1人，享受国务院特殊津贴专家12人，教育部教学指导委员会委员5人，全国MPA教育指导委员会委员1人，新世纪优秀人才1人，四川省学术带头人6人，四川省突出贡献专家6人，四川省教学名师1人，四川省学术带头人后备人选20人，四川大学“青年学术人才”8人，四川大学教学名师2人，四川大学教学名师培养对象2人，四川大学百人B计划3人。

学科建设方面。公共管理学院拥有1个一级学科博士学位授权点（公共管理），1个博士后科研流动站（公共管理博士后科研流动站），10个硕士学术学位授权点，4个专业学位授权点。融合管理学、法学、政治学、教育学4个学科门类，拥有公共管理、图书情报与档案管理、社会学3个一级学科；拥有1个国家级一流本科专业建设点（行政管理），1个省级一流本科专业建设点（信息资源管理），拥有劳动与社会保障、档案学二个省级特色专业；拥有各级精品课程5门。

人才培养方面。2019年，公共管理学院录取本科生405人；录取全日制硕士230人，其中学术学位硕士143人，专业学位硕士47人，全日制公共管理硕士40人；录取非全日制公共管理硕士411人；录取公共管理博士生21人。在读学生共3151人，其中博士83人，全日制学术学位硕士422人，全日制MPA专业学位硕士233人，非全日制MPA专业学位硕士1011人，本科生1402人。

科研方面。公共管理学院获准各级各类项目122项。其中，国家社科基金重点项目1项，国家社科基金一般及青年项目10项；教育部人文社科规划项目2项；省社科和软科学项目9项；其他纵向项目22项，横向项目78项。到校经费1218万元。发表C刊及以上论文133篇，其中权威核心15篇，SCI论文5篇，SSCI论文12篇。出版专著和教材11部；入选

《成果要报》1篇，《重要成果专报》1篇。获得四川省第十八次社会科学优秀成果奖二等奖3项、三等奖4项。

合作交流方面。公共管理学院与加拿大多伦多大学、瑞典乌普萨拉大学、英国伦敦玛丽女王大学等16个国家和地区的40余所知名院校建立良好的合作关系，形成全方位合作项目40余个；累积派出79人次参加长短期联合培养项目、国际学术会议、国际组织实习等多形式国际交流；举办“绿色发展与社会治理国际研讨会”和“中法精神分析与无意识研讨会”。

党建与学生工作方面。公共管理学院深入学习贯彻习近平新时代中国特色社会主义思想和党的十九大、十九届二中、三中、四中全会精神，扎实开展“不忘初心、牢记使命”主题教育活动。开展参观“江姐纪念馆”红色教育基地，体验图书馆“红色文化专属阅读空间”，瞻仰川大英烈碑等活动。深入实施教师党支部“双带头人”培育工程，举办“党支部书记培训会暨交流座谈会”“党支部书记调研座谈会”，进一步加强党支部建设。培育党建精品项目，举办“教职工党员专题培训班”和“学生党员能力提升培育班”，全面提升党员师生理论水平和综合能力。坚持“坚持标准，保证质量，完善结构，慎重发展”的原则，培养入党积极分子，发展党员。2019年，新发展党员156人，转正党员104人。制定《公共管理学院辅导员学生工作制度汇编》《公共管理学院辅导员学生工作手册》《公共管理学院学生发展报告》《公共管理学院学生日常管理规范》等文件，进一步建立健全学生工作长效机制。

【获四川大学“五四红旗团委”第一名】公共管理学院团委荣获四川大学2018—2019年度“五四红旗团委”第一名。

【获“案例中心杯”第三届中国研究生公共管理案例大赛三等奖1项、优秀奖1项】5月，第三届“案例中心杯”中国研究生公共管理案例大赛中，天府姐妹花团队案例《多重演化博弈：政企项目落地的一个分析框架——以YC集团项目在L市的招商引资落地过程为例》荣获三等奖；青青子衿队团队案例《推动工作落实缘何沦为形式主义？——以S省C县脱贫攻坚工作为例》荣获优秀奖。

【获第三届“求是杯”全国公共管理案例大赛国家级一等奖1项】10月，第三届“求是杯”全国公共管理案例大赛中，“川行队”作品《城市基层协商治理何以长效？——基于成都市黄忠街道公民议事会运行困境分析》荣获国家级一等奖。

【获第四届全国大学生城市管理竞赛全国一等奖3项】11月，第四届全国大学生城市管理竞赛中，本科生刘好、许越、许梦颖团队报告《从“入蓉”到“融入”——成都市外籍人士社区融入度的影响因素探究》《赋权与增能：城市社区精细化治理中的银色力量何以可能？——以黄忠街道公议会的运转为例》《走进城市治理的“最后一公里”——基于成都市共享社区建设的评价》同时斩获全国一等奖。

（以上资料由公共管理学院林茂松提供）

商学院

【概况】商学院设有 5 个教学系、29 个部门（中心），拥有 7 个实验室、挂靠 25 个科研机构。

师资队伍方面。截至 2019 年底，商学院有专任教师 163 名，82%具有博士学位，60%为中青年教师（50 岁以下），高级职称约占 76%（正高 51 人、副高 73 人），博士生导师 40 名。学院拥有国际系统与控制科学院院士 2 名（徐玖平、徐泽水），新世纪百千万人才工程国家级人选 2 名，国家杰出青年基金获得者 3 名，“万人计划”2 人，国际电气与电子工程师协会会士（IEEE Fellow）1 人（徐泽水 2018），国家有突出贡献中青年专家 1 人（徐泽水），享受国务院政府特殊津贴专家 3 人（黎永泰、徐玖平、徐泽水），中国青年科技奖获得者 2 人（徐玖平、徐泽水），教育部高校青年教师奖获得者 1 人（徐玖平），教育部新世纪人才 6 人（董玉成、干胜道、顾新、谢晋宇、徐泽水、杨永忠），四川省学术与技术带头人 10 人（邓富民、董玉成、方正、顾新、胡知能、李蔚、李晓峰、罗利、徐玖平、徐泽水），四川省有突出贡献的优秀专家 5 人（干胜道、李蔚、肖进、徐玖平、杨永忠），四川省学术与技术带头人后备人选 24 人，四川省“天府万人计划”天府社科菁英 2 人，四川省师德标兵 1 人（朱欣民），四川省教书育人名师 2 人（徐玖平、徐泽水）。科睿唯安 2019 年度全球“高被引科学家”3 人（徐泽水、董玉成、廖虎昌），爱思唯尔中国高被引学者 3 人（徐泽水、徐玖平、董玉成）。年度内引进人才 15 名（特聘研究员 1 人，特聘副研究员 5 人，专职博士后 9 人）。

学科建设方面。商学院拥有管理科学与工程、工商管理两个一级学科博士点与博士后流动站，有管理科学（自设）、工程管理（自设）、管理系统工程（自设）、工业工程（自设）、低碳经济与管理（自设）、能源战略与经济管理（自设）、会计学、企业管理、旅游管理、技术经济及管理、公司金融（自设）等硕士点，拥有工商管理硕士（EMBA、MBA）、工程管理硕士（MEM，含工程管理，工业工程与管理、物流工程与管理）、会计硕士（MPAcc）、审计硕士（MAud）等 4 个专业学位（7 个专业方向）授权点。2019 年，商学院本科招生停招工程管理、工商管理、电子商务、管理科学专业，招生入口调整为工商管理类、工业工程和会计学（ACCA）。商学院建有两个四川省重点学科（管理科学与工程、工商管理）、三个省级特色专业（工商管理、管理科学、工业工程）和一个省级人才培养基地——管理科学专业。

人才培养方面。商学院各类在读学生 4665 人（不含成教、二专和留学生），其中本科生 1577 人（年度招收 382 人，含 ACCA 专业 96 人）、普研研究生在读 444 人（年度招收博士生 46 人、硕士生 102 人）、MBA 在读 1843 人（年度招收 648

人)、ME 在读 694 人(年度招收全日制 45 人、非全日制 154 人)。2019 年,商学院有 90 人获得硕士学位,45 人获得博士学位;MBA 教育有 455 人毕业。截至 2019 年年末,毕业本科生 446 人,就业率 88.12%。

科学研究方面。商学院 2019 年获得省部级科研成果奖励 12 项,获得纵向科研项目 121 项(国家级项目 23 项,教育部项目 2 项,省级项目 22 项,其他项目 74 项),经费合计到账 1402.90 万元(不含校级项目)。以第一作者、通讯作者、导师第二作者身份发表 C 级以上论文 308 篇(A 级 106 篇、B 级 83 篇、C 级 119 篇),出版著作 14 部。发表商学国际顶级期刊 UT/DALLAS TOP 24 论文 7 篇、ESI 高被引论文 13 篇、ESI 热点论文 3 篇。

党建和学生工作方面。截至 2019 年 12 月,商学院有教工党员 151 人(含离退休 45 人)、学生党员 381 人(含新发展 114 人),学生党员转正 82 人,确定教工入党积极分子 1 人。29 个党支部(含 7 个教工党支部)严格落实“三会一课”制度,支部书记讲授专题党课 60 余场次;党校开展“党员发展对象培训班”两期,培训学生发展对象 173 人;“三分类三升级”评定优秀党支部 20 个。2019 年,在第五届全国“互联网+”大学生创新创业大赛、“挑战杯”全国大学生课外学术科技作品等竞赛中,共有 13 人获得国家级奖、83 人次获得省级奖。《创思·创享·创行——商学院双创文化涵育工程》被评为四川大学第六届校园文化建设精品项目。巫科老师获得四川大学“十佳辅导员”称号,郑洪燕老师获得四川大学共青团工作标兵称号。学工队伍发表相关工作论文 5 篇、获批科研课题 10 项。

合作与交流方面。商学院年度内接待各国高校来访 9 次/57 人,接待来自中国台湾等区域的高校和机构来访学生共计 90 人;与中国香港理工大学商学院签署博士联合培养项目,与美国佛罗里达州立大学签署合作协议;邀请来自俄罗斯、美国、以色列以及中国台湾地区知名高校教师共 12 人为商学院本科生讲授全英文课程;组织 81 名学生赴英国、新西兰、韩国、新加坡以及中国香港特区高校访问交流;接收中国台湾交换生 22 名。截至 2019 年 12 月,商学院承担 262 名留学生及 45 名港澳台学生的教学培养任务。

【入选爱思唯尔“高被引学者”】2019 年 1 月 17 日,爱思唯尔(Elsevier)发布了 2018 年中国高被引学者(Chinese Most Cited Researchers)榜单,商学院徐玖平、董玉成两位教授入选决策科学中国高被引学者,徐泽水教授入选计算机科学中国高被引学者。

【举办第十三届管理科学与工程管理国际会议】2019 年 8 月 5 日—8 月 8 日,第十三届管理科学与工程管理国际会议在加拿大安大略省举办,由国际管理科学与工程管理学会主办、布鲁克大学和四川大学承办,共有 120 人参会,会议论文集在斯普林格出版。

【徐泽水教授当选“国际系统与控制科学院院士”】2019 年 9 月,商学院徐泽水教授入选国际系统与控制科学院院士,是系统科学和系统工程领域最高学术荣誉。

【筹办 2019JMS 中国营销科学学术年会暨博士生论坛】2019 年 10 月 26 日至 27 日,第十六届中国营销科学学术年会在四川大学举办,由《营销科学学报》主办、四川大学商学院承办。本次年会以“复杂环境下的中国营销:探索与未来”

为主题。

【主办 2019 年战略管理国际会议】 2019 年 10 月 28 日至 10 月 31 日，2019 战略管理国际会议（2019 ICSM）在意大利米兰理工大学召开，以“新全球化：机遇、挑战和战略”为主题，由四川大学商学院和米兰理工大学商学院联合主办。

【商学院教师入选“高被引科学家”】 2019 年 11 月 19 日，科睿唯安发布 2019 年度“高被引科学家”名单，商学院徐泽水教授、董玉成教授、廖虎昌教授 3 人入榜。

【商学院成为澳大利亚会计师公会植入课程认证培养单位】 2019 年 11 月 20 日，澳大利亚会计师公会首席执行官何安德（Andrew Hunter）先生为商学院颁发植入课程培养单位认证证书，植入课程为“商业伦理与会计职业道德”，标志着四川大学 MPAcc 项目在推动国际化人才培养与国际职业资格认证结合方面取得进步。

【连续 8 年荣获“ACCA 优秀高校奖”】 2019 年 11 月，四川大学 ACCA 项目获得 ACCA 官方颁发的“ACCA 2019 年度优秀高校”奖，也是四川大学 ACCA 项目连续第八年获得此项荣誉。

【入选省一流本科专业】 2019 年 12 月，商学院会计学专业入选四川省一流本科专业建设点。

【“商科与经济学”学科排名首次跻身全球前 200】 根据国际四大权威排行榜之一的泰晤士高等教育（THE）2020 年世界大学学科最新排名，四川大学“商科与经济学”学科排名首次跻身全球前 200。

【商学院慕课建设】 商学院有三门课（企业战略管理、市场营销、工程经济学）被认定为 2019 年四川省精品在线开放课程。至 2019 年年末，商学院有 23 门慕课课程在教育部“爱课程”资源共享平台正式开课。

（以上资料由商学院孙志宏提供）

马克思主义学院

【概况】 马克思主义学院现下设马克思主义基本原理教研室、马克思主义中国化教研室、思想道德修养与法律基础教研室、中国近现代史纲要教研室、研究生思想政治理论课教研室、马克思主义理论专业本科教研室、形势与政策课教研室 7 个教学单位，并设有四川大学中国学中心、四川大学预防腐败研究中心、四川大学农村发展研究中心、四川大学应用心理与心理健康教育研究所等研究机构。同时，学院设有高校思想政治工作队伍培训研修中心、全国高校思想政治理论课教师社会实践研修基地（四川）、四川省高校思想政治理论课教师培训中心。学院承担了全校文、理、工、医各学科的博士、硕士研究生和本科生的思想政治理论课的教学任务，以及马克思主义理论等学科研究生培养任务。

师资队伍方面。2019 年，全院教职工共 99 人，其中教授 15 人、副教授 34 人，并聘有 18 位海内外著名专家学者担任名特聘教授。现任教师中有国务院政府津贴获得者2人，教育部马克思主义理论类专业教学指导委员会委员1人，教育部新世纪优秀人才1人，四川省学术和学科带头人1人，“四川省有突出贡献的优秀专家”2人，四川省学术和学科带头人后备人选7人，四川省“万人计划”天府社科菁英1人。

学科建设方面。一是学科建设规范化水平不断提升，根据《四川大学马克思主义学院关于马克思主义理论二级学科带头人和负责人岗位职责的规定》，确定了6个学科点带头人和负责人。二是二级学科建设进一步加强，召开二级学科点座谈会6次，研究制定了《四川大学马克思主义理论下属二级学科科研攻关计划表》。三是学科体系进一步完善，马克思主义理论专业招收了首届本科生29人。四是积极做好学科评估迎评工作，形成了《四川大学马克思主义理论学科2019年“中国最好学科排名”情况分析报告》，并召开专题工作会研究布置启动第五轮学科评估相关工作，五是学科影响力进一步扩大。举办4次高水平学术研讨会，40多位国内外知名专家学者莅临学术研讨会并做专题报告。

教育教学方面。一是高质量完成学校下达的基本任务和目标任务。二是全面推进新时代本科教育改革与发展大讨论，举办了新时代高校思想政治理论课改革创新研讨会。三是坚持“五备四讲三跨”集体备课制度，做好备教材、备教法、备学生、备学法、备作业，各教研室邀请文科名家参与思想政治理论课各门课程的集体备课。实行新进教师试讲、备课小组说课、骨干教师示范讲、文科名家领衔讲思政课，精心研究好、讲述好中国故事、红色故事、川大故事、专业故事“四个故事”，开展跨教研室、跨学院、跨学校集体备课制度。四是严格教学管理，深入推进思政课教改工作，持续建好“在线课程工作坊”，打造本科4门省级在线课程。五是打造“课程思政”，推动全员育人，中国近现代史纲要课程被学校推荐为四川省精品示范课程。六是教育教学改革成果丰硕，获得首届全国高校思想政治理论课教学展示活动一等奖1项；获得四川省高校思想政治理论课“精彩一课”讲课比赛奖励一等奖2项、三等奖4项；获得学校第五届“星火校友教奖金”1项，学校唐立新优秀学者奖三等奖1项；“五彩石”志愿服务项目获得第十二届中国青年志愿者优秀项目奖。七是稳步开展实验教辅工作，成功申报四川大学虚拟仿真实验建设项目——“我的同学江竹筠”思政课红色教育资源项目，图书资料室建成马克思主义文献中心。

人才培养方面。2019年，共招收硕士研究生80人，博士研究生18人。完成2019年春季冬季毕业授位博士研究生毕业生5人，硕士研究生毕业授位57人的论文检测、预答辩、专家评审、答辩及毕业工作。

科研究方面。2019年，学院新增马工程特别委托和国家社科基金特别委托项目1项；新增国家社科基金项目8项，其中重大项目1项、重点项目1项、思政专项项目1项；新增教育部人文社科基金项目9项、国家民委项目1项、四川省社会科学研究项目5项；获得省级以上科研奖励6项；进校经费715万元，发表C级及以上论文72篇。

合作交流方面。一是国际交流工作持续推进，举办“至川大·知中国”主题UIP交流营一期，分设中爱、美、阿根廷、乌拉圭交流营四个，邀请来自爱尔兰国立梅努斯大学的知名教授2位，开设

UIP 课程 4 门。邀请英国剑桥大学名誉研究员大卫·莱恩，爱尔兰国立梅努斯大学米歇尔邓恩教授、苏珊讲师，俄罗斯学者张志谦博士举办了专题学术讲座和学术交流。二是积极开展对西北民族大学、湖北民族大学、西华大学马克思主义学院的对口援建工作，积极搭建多省（直辖市、自治区）高校师生交流平台，成功举办第三届西部高校青年马克思者论坛。三是组织全国高校思想政治理论课骨干教师研修活动 4 期；承办全省高校思想政治理论课教师培训班 4 期；组织举办了第 2 期至第 14 期暑期实践研修班，面向全国 30 所高校 594 名教师进行了培训。

党建工作方面。一是认真学习贯彻落实中央和学校党委的各项决策部署。二是深入学习贯彻习近平新时代中国特色社会主义思想和党的十九大及十九届二中、三中、四中全会精神，扎实开展“不忘初心、牢记使命”主题教育。三是全力推进标杆院系建设和“双带头人”工作室建设。学院党委立足于将整体提升和品牌塑造相结合，按计划、分步骤开展培育创建工作，全面提升“红动一小时”品牌活动影响力。马克思主义中国化教研室党支部按照“双带头人”工作室的建设要求积极开展支部建设。赴学校江姐纪念馆，重庆渣滓洞、白公馆等地，开展“忆江姐、话创新”，“缅怀革命先烈，弘扬红岩精神”等 10 余场活动。四是强化纪委监督责任和纪律警示教育。优化完善廉政风险防控细则，完善了学院“三重一大”决策流程。

学生工作方面。一是学生党团建设取得优异成绩，顺利举办四川大学党校第 147 期发展对象培训班，培训党员发展对象 104 名，学院团委获得 2018 年度“四川大学共青团工作校园文化建设奖”。二是示范性理论学术型社团建设取得新成效，举办了学生骨干领导力训练营，邀请校内外专家学者、政府与企事业单位领导，进行教学、指导和交流活动 5 讲，两个社团荣获“四川大学 2017—2018 学年学术型社团优秀奖”，四个社团荣获“四川大学 2017—2018 学年学术型社团鼓励奖”。三是学生实践与研究成果突出，学生荣获第十五届“挑战杯”全国三等奖 1 项，获得学校 2018—2019 年大学生课外学术科技作品竞赛校赛三等奖 2 项。

【深入学习贯彻习近平新时代中国特色社会主义思想和党的十九大及十九届二中、三中、四中全会精神】举办了各层面学习会和专题党课，学院领导班子成员围绕学习宣传贯彻党的十九大及十九届二中、三中、四中全会精神，通过党委会、党委理论学习中心组学习会、党政联席会和学院班子会议共开展学习 20 余次。院班子成员和支部书记围绕学习主题讲授专题党课 11 次，组织党员师生和离退休教职工开展专题教育活动 40 余次。

【扎实开展“不忘初心、牢记使命”主题教育】一是强化理论学习和理论宣传研究阐释。学院党委围绕《习近平关于“不忘初心、牢记使命”重要论述选编》等，组织班子成员集中学习 8 次，开展专题研讨 5 次。组织全院 60 余名教职工赴汉源开展党建活动。师生们利用各类权威媒体、党报党刊、学术报刊等平台发表系列理论宣传研究阐释成果 100 多篇，其中包括在“党建网”“人民论坛”等发表高水平理论文章 10 余篇。二是深入调查研究，持续抓好整改落实。学院班子深入 6 个教研室和行政科室调研 24 次，“面对面”“一对一”与教职工调研 22 次，发放调查问卷 80 余份，全面听取师生员工关于学院领导班子和学院改革发展的意见建议，梳理汇总了8大方面52个具体问题。三是认真筹备开好“不忘初心、牢记使命”专题民主生活会。

【与国网南充供电公司党委开启党建战略合作】学院党委与国网四川省电力公司南充供电公司党委签署“战略合作框架协议书”，为双方进一步深化合作、共筑双赢奠定了坚实基础。双方将搭建“三个平台”、打造“三个基地”、建立“三个机制”，合力推动校企党建工作高质量发展。

【招收首届马克思主义理论专业本科生】招收首届马克思主义理论专业本科生29人，制定《马克思主义理论本科专业人才培养方案》，选派最优师资组成专业教研室和课程教师队伍。探索建立马克思主义理论专业本科培养机制，对本科学生开展了专业旨趣调查。制定了《四川大学马克思主义学院本科生学业导师工作管理办法》，按照1∶2的比例为本科生配备学业导师。

【成功举办第三届中共党史研究青年学者论坛】2019年12月6日至8日，由《中共党史研究》编辑部和四川大学马克思主义学院联合举办的“第三届中共党史研究青年学者论坛”在四川大学望江校区召开。来自中国社会科学院近代史研究所、清华大学、南京大学、上海交通大学等30多所高校、科研单位等专家学者，《中共党史研究》《党史研究与教学》《史林》《党的文献》等知名杂志主编与编辑，以及四川大学、电子科技大学、西南交通大学、四川师范大学等在驻蓉高校师生代表近百人参加论坛。

（以上资料由马克思主义学院屈荣提供）

体育学院

【概况】四川大学体育学院下设四个教研室，分别为大球教研室、小球教研室、综合教研室、艺术体育教研室。并设体育科学研究所、武术文化研究所、公共健康与社会研究所、户外运动研究所4个科研机构。学院还设置校体育运动委员会办公室、学生体质测试中心、体育场馆管理中心、群体竞赛办公室、体育器材装备部等机构，全面展开体育教学、运动训练、运动竞赛、群众体育活动、体育科研、体育场馆管理等方面的工作。

师资队伍方面。截至2019年12月31日，体育学院共有教职工98人，教师82人，其中正教授9人，副教授38人，讲师35人。行政人员共计16人（包括教辅人员3人）。拥有博士学位的教师11人，在读博士的教师7人，拥有硕士学位的教师43人。硕士生导师14人，具有海外经历教职工14人，国际级裁判5人，国家级裁判5人，国家级社会体育指导员1人，国家级健身指导员5人。体育学院内培外引，不断优化师资结构。2019年成功引进韩国檀国大学博士尹成现和成都体育学院博士贠琰2位教师。

学科建设。体育学院是体育学一级学科硕士授权点，拥有体育教育训练学、体育人文社会学、人体运动科学和民族传统体育学4个二级学科专业和体育硕士。

人才培养方面。截至2019年12月，我院已成功授位23批共439名硕士研究生，体科所现有在读硕士研究生139名，其中2017级35人、2018级57人、2019级47人。2019年度体科所硕士毕业研究生28人，截至2019年12月1日，就业率为100%。毕业生就业去向：11人进入大中专从事教育工作，4人考取选调生，1人攻读博士学位，6人从事体育教练员，6人进入企业或者自主创业。体科所2019年有14名获得四川大学“夏令营”的“优秀营员”称号，2019年入学的推免生接受人数为8人，接收推免生人数未达50%。组织高水平专家杨桦、卢文云、黄雅玲等知名专家为研究生进行学术讲座9次。

科研情况方面。2019年度，体育学院科研进校经费73.32万，C级以上期刊论文7篇，A级期刊论文2篇，申报国家社科基金项目12项。

交流合作方面。2019年6月28日—7月2日，台北市立大学体育代表团一行共40人对我校进行了友好交流访问。2019年6月，在学校体育文化节上，体育学院不但展示了一些新兴的体育运动项目，还邀请到美国圣何塞州立大学公共体育部主任陈工教授来我院进行交流访问。2019年11月15—18日，教育部直属综合性大学体育协会年会暨体育强国背景下体育育人研讨会在我校召开，来自全国北大、南大、中山大学、武汉大学等26所知名大学的专家学者齐聚一堂。2019年暑假期间，体育学院有7名研究生参加“大川视界”项目赴德国科隆体育大学交流。

党建及学生工作方面。体育学院党总支在2019年度认真学习贯彻习近平新时代中国特色社会主义思想和党的十九届四中全会精神、习总书记在“不忘初心、牢记使命”主题教育工作会议上、全国教育大会、纪念五四运动100周年等各个场合重要讲话精神。学院中心组全年集中学习8次，重点贯彻落实党中央及学校党委“不忘初心、牢记使命”主题教育相关部署。夏泽友、向勇、韩海军3位同志讲党课共计3次；各党支部书记讲党课共计9次；开展了形式多样的爱国主义教育共计8次，举行1次从严治党警示教育专题会；开展志愿者服务共计3次。在研究生思想政治工作方面，体育学院2019年度召开2次研究生思想政治工作会议；书记和院长为毕业生进行专题讲座指导1次，邀请就业中心左玲老师为毕业生做相关培训1次；2019年科级干部换届，学院专门设置学生科团委职务1名。学院领导班子年度累计给研究生讲党课5次；各学生支部书记累计讲党课3次。

【通过公体课教改项目，切实提高学生身体素质】体育学院在2019年度深入推进“全过程、立体化”的课内课外一体化教学改革，旨在让大学生能够在运动中享受到乐趣，在运动中增强体质，在运动中健全人格和锤炼意志。让体育的育人功能与学校培养“一流”人才的目标同向同行。2019年全年共有50万人次通过固定刷卡和App记录参与课外锻炼，36.8万人次参与3000米的跑步，有20万人次参与课外体育锻炼。

【开展丰富多彩学生群体竞赛活动】2019年度共组织了20余项全校性的运动竞赛，有21892人次参与校内各项运动竞赛。为了使校园体育立体呈现，同时为庆祝中华人民共和国成立70周年暨四川大学建校123周年，针对全校师生及校友开展了“第二届‘乐跑回家’校园健身跑”活动，“首届校友羽毛球比赛”，“第二届校友足球比赛”参与人数达到3000余人；与重庆大学一起开展了第20届“川渝足球对抗赛”。

【开展丰富多彩教职工辅导及群体竞赛活动】为了进一步丰富校园体育文化生活，营造“健康川大，运动川大”的良好体育氛围，体育学院2019年度与校工会联合，面向全校教职工免费开放优质稀缺的体育场馆资源，学院派出最优质的骨干教师对其进行了游泳、网球、羽毛球、足球、健身操瑜伽、乒乓球、器械、武术太极养生8个项目的免费培训和指导。直接受益人群达到4000余人，师生近12万余人次在望江和江安体育场地参加了锻炼。以此来促进全校教职工参与体育锻炼的积极性，得到全校教师生的积极反馈和高度赞扬。

【运动队成绩优异、冠军效应】2019年学校5支高水平运动队和19支普通大学生运动队的教练和队员们奋力拼搏，代表四川大学获得全国各项大学生比赛冠军10项，亚军8项，季军9项，省级大学生比赛冠军54项。其中，女子排球队在第二届卓远杯全国女排菁英赛中勇夺第四名；游泳队在第十九届全国大学生游泳锦标赛中获得团体总分第五名，创造队历史最好成绩。女子排球和游泳两个项目均获得代表四川省参加第十四届全国学生运动会的组队权。

（以上资料由体育学院王晓均、陶海波提供）

灾后重建与管理学院

【概况】2008年“5·12”汶川特大地震后，四川大学联合香港理工大学，充分发挥两校多学科和人才优势，在香港赛马会慷慨捐资2亿元人民币的支持下，共同创建了灾后重建与管理学院，是一所围绕防灾减灾与灾后重建领域从事科学研究、人才培养和社会服务的多学科、国际化、高水平新型学院。学院大楼于2013年5月8日正式运行。学院设有教育部全国青少年防灾减灾教育培训基地、教育部深地科学与工程重点实验室、民政部国家社会工作专业人才培训基地、国家卫健委紧急医学救援综合基地、成都市科普基地，四川省应急管理厅—四川大学综合减灾研究中心、四川大学灾害教育研究中心、四川大学安全应急技能训练中心、四川大学灾难医学中心以及4个康复治疗领域的实验室。

师资队伍方面。现有教职工33人，专任教师10人，研究人员13人，管理人员6人，教辅人员4人。博士生导师4人，硕士生导师4人。专任教师及研究人员中，正高职称4人，副高职称11人，中级职称8人；教辅人员中，中级职称4人。

学科建设方面。拥有学校二级交叉学科“安全科学与减灾”博士学位与硕士学位授权点各1个，四川大学与香港理工大学合作举办灾害护理学专业硕士学位教育项目 1 个，超前部署学科“综合灾害科学与管理”1 个，与华西临床医学院共建“灾难医学”超前部署学科。

人才培养方面。2019 年录取硕士生 52 人，其中 40 人为四川大学与香港理工大学共同举办灾害护理学专业的硕士生，在读硕士生共计 74 人；录取博士生 16 人，在读博士生 58 人。9 名硕士生与 12 名博士生顺利毕业。研究生共计发表高水平论文 39 篇，出国（境）参加高水平国际学术会议、短期访学或其他高水平学术交流活动达到 13 人次。

科研方面。成功获批国家自然科学基金 2 项，中科院 A 类先导项目子课题 1 项，国家重点研发项目子课题 2 项，四川省科技厅项目 3 项，外资项目 2 项。进校经费共 363.5 万，比去年同期增长 65%。2 项国家自然科学基金和 2 项四川省科技厅项目顺利结题。获得 1 份四川省省长尹力和副省长尧斯丹批示的智库报告，发表 C 级以上论文 12 篇，其中 A 级论文 5 篇。

交流合作方面。教师出国（境）学术交流人次数 41 人次；国际课程周期间，邀请 4 名外教开设 3 门以灾害与减灾为主题的全英文课程。举办国际交流营 1 个，接收国外短期学习学生 21 人。开展教育部港澳与内地高校师生交流计划 5 个，港澳高校 157 名师生参与，在全校中占比分别为 50%和 45%。派出学生出国（境）人次 10 人次；举办高水平国际学术会议 2 个，学术大师和知名学者学术访问及讲座 92 人次。

党建及学生工作。2019 年学院从强化思想教育和理论武装、严明政治纪律和政治规矩、专项整治党组织建设中存在的突出问题、建设防灾减灾特色服务党支部四个方面，全面推进党建工作，将从严治党落到实处。全年召开理论中心组集中及扩大学习 4 次，学院组织双周集中政治学习 14 次，组织召开支部大会 7 次，支委会 6 次，党小组会 5 次，党课 2 次，主题党日活动 3 次。成功申请学校组织部防灾减灾志愿服务队建设特色党建活动，服务学院发展。

【开设实验室安全与环保文化素质公选课】研发包括备灾、逃生、急救一体化的课程体系，完成 800 平方米的大学生防灾减灾教育实验室建设；研制防灾减灾教育数据收集与分析系统，打破防灾技能教育成效无法实时量化的局限，为防灾减灾教育研究与课程研发提供数据支撑。2019 年完成 3000 余名本科新生共计 4.8 万人学时的实验授课。

【积极响应参与长宁、珙县抗震救灾各项工作】宜宾长宁、珙县地震发生后，由灾后重建与管理学院牵头，艺术学院、建筑与环境学院专家学者参与奔赴地震灾区开展抗震救灾工作。先后赶赴长宁县双河镇、铜鼓镇及珙县珙泉镇等受灾严重地区进行实地考察，开展房屋危险排查、地震次生灾害危险排查和地震防灾减灾知识科普等当地急需的工作与服务。

【举办及参与高水平国际会议】学院于 2019 年 6 月和 12 月分别主办“灾害韧性国际合作模式论坛”和“加强亚太地区青年防灾减灾国际研讨会”，在国际减灾领域发出川大声音。2019 年 7 月，柯瑞卿院长应邀参加在纽约召开的第四届联合国水与灾害特别主题会议，在大会上做“构建水与灾害科研与教育合作”为主题的报告。柯瑞卿院长在报告中介绍了强调跨国跨学科高校教育创新合作，展现中国高校在防灾减灾教育上的新思维、新举措。四川大学是唯一受邀的中国高校。

【四川省应急管理厅—四川大学综合减灾研究中心】 2019 年 11 月 13 日，四川大学与四川省应急管理厅战略合作框架协议签约暨四川省应急管理厅—四川大学综合减灾研究中心揭牌仪式在四川大学望江校区明德楼举行。学院参与了中心方案的编制、修订等大量工作，中心办公室设立在学院。

【牵头建立国际减灾科学联盟】 由灾后重建与管理学院、中科院水利部成都山地灾害与环境研究所、中科院地理科学与资源研究所共同发起的国际减灾科学联盟正式获批成立，柯瑞卿院长和崔鹏院士共同担任主席。

（以上资料由灾后重建与管理学院侯永振提供）

空天科学与工程学院

【概况】 空天科学与工程学院设立航空航天工程、飞行器控制与信息工程两个教学系。牵头建设四川大学工程科学计算与数据分析中心、四川大学航空航天工程关键技术 985 工程科技创新平台以及 6 个院级研究机构。2019 年参与获批教育部空天动力燃烧机冷却工程研究中心、四川省航空发动机及燃气轮机叶轮机械工程技术研究中心、四川省微小型涡轮动力工程技术研究中心 3 个省部级科研平台。在江安校区建有川大智胜—川大空天飞行模拟机基地和飞行器创意设计与体验中心各 1 个。

师资队伍方面。学院共有全职教职工 36 人，包括教学科研人员 27 人、行政人员 4 人、辅导员 3 人、实验教辅人员 2 人；正高级职称 7 人，副高级职称 14 人，中级职称 6 人，博士研究生指导教师 6 人，硕士研究生指导教师 13 人。另有实际从事本学科教学、科研工作的兼职教授 26 人。专兼职队伍中有院士 3 人、国务院学科评议组成员 4 人，国家杰出青年基金获得者 3 人，长江学者特聘教授 1 人，长江学者青年学者 1 人，教育部跨世纪人才和新世纪人才 9 人，国务院批准享受政府特殊津贴专家 11 人，何梁何利基金科技奖获得者 4 人，国家国防科技创新团队、教育部创新团队带头人 4 人。

学科建设方面。有“0825 航空宇航科学与技术”一级学科硕士学位授权点 1 个。本科按航空航天大类招生，培养过程分设航空航天工程和飞行器控制与信息工程两个专业。在学校“双一流”建设工作中，学院牵头组织的“智能空天信息与先进装备”学科群被学校列为超前部署的聚焦未来新领域的学科（群）。

人才培养方面。2019 年，招收 22 名硕士研究生、9 名博士研究生和 62 名本科生，共有在校学生 358 人，其中研究生 106 人、本科生 252 人。2019 届毕业生共 24 人，其中硕士 18 人、博士 6 人，7 名硕士毕业生继续攻读博士学位，占比 38.89%。开设本科生课程 51 门、研究生课程 19 门。“四川大学智能空天技术大学生自主创新创业平台”实践基地完成建设，支撑开设实验课程及大学生创新创业实践。

科研方面。2019年到校科研经费共2239万元，同比增长36.8%，高级职称人均到校经费100万元，居全校第三。新增科研项目60项，立项经费2725.7项，其中纵向项目25项，立项经费1796.9万元，横向项目35项，立项经费928.8万元。2019年分选SCI论文42篇，其中ESI高被引论文2篇。2019年专利实施许可到校经费达270万元。

合作交流方面。2019年，共主办或参加教学研讨会、科研创新会、合作交流会16场次，教师出国17人次，学生参加国际会议7人次，4名博士研究生赴美国北卡罗来纳大学、新加坡国立大学等进行交换学习。学院与图卢兹比利牛思斯邦大学签订合作协议，派出6名学生参加访学项目，另有8名学生参加加州伯克利大学等“大川视界”海外访学项目。与北京卫星环境工程研究所、航天科技集团511所签署战略合作框架协议。

党建及学生工作方面。5月29日，根据校党委常委会决议，设立四川大学空天科学与工程学院党总支委员会，11月任命高志华同志为党总支书记。学院党总支共有党员118人，发展对象36人、入党积极分子55人，其中教职工党员30人、研究生党员50人、本科生党员38人。共转正党员30人、发展党员26人。

【开展“不忘初心、牢记使命”主题教育及五四运动100周年、中华人民共和国成立70周年系列庆祝活动】牢牢把握主题教育“守初心、担使命，找差距、抓落实”的总要求，扎实开展主题教育活动。率先编写“应知应会50条”印发全院党员，领导班子以各种形式开展集中学习研讨10次，深入各系、科研团队、学生群体开展调研7次。组织师生观看《江姐在川大》舞台剧等红色教育活动60余人次，围绕五四运动100周年、中华人民共和国成立70周年开展庆祝活动7场。

【重大项目研究取得突破】获批国防科工局航空软件相关重大项目1项（国拨经费5140万元），牵头承担国家“十三五”民用航天技术预先研究项目1项（总经费730万元），参与申报军科委基础加强项目（原军口973项目）5项，参与中国工程院院士咨询课题5项。

【举/承办5次大型重要会议】主办“航空航天多学科交叉技术交流会”和中国人民解放军军事科学院国防创新研究院合作交流会、协办中国科学院学部第91次科学与技术前沿论坛——“控制科学与技术前沿论坛”，承办“面向2050年的航天科技发展战略研究第二次专家组会议”和“航空航天融合发展研讨会”共5次大型重要会议，共邀请参会院士50余人次、学者220余人次。

【落实一流人才引培目标，人才引进及师资队伍建设多点突破】聘任中国航天科技集团周志成院士为空天学院院长、特聘院士；学院培养的青年教师蒲伟获批青年长江学者。聘任清华大学徐志平教授、中国人民解放军军事科学院姚雯研究员、北京卫星环境工程研究所姜利祥研究员、中国航天科技集团代京研究员共计4人为学院客座教授。获批省突出贡献1人，省学科带头1人，省学科带头人后备1人，校“双百人”A计划1人，B计划2人。

【中国探月工程总设计师吴伟仁院士走进川大本科课堂】4月29日，探月工程总设计师吴伟仁院士受邀来到四川大学，走进空天科学与工程学院本科课堂与川大学子进行现场交流，勉励川大学子瞄准前沿，发挥综合性大学多学科的优势，结合国家重大需求确定自己未来的学习和奋斗方向，发扬探月精神，奋斗强国梦想。

【神舟飞船总设计师戚发轫院士走进川大讲思政课】5 月 19 日，中国空间技术专家、神舟号飞船首任总设计师、国际宇航科学院院士、中国工程院院士戚发轫走进川大作“中国航天与航天精神”专题报告，殷切寄语川大青年学子，把个人的理想抱负和国家民族的需要紧密结合起来，保持艰苦奋斗的优良作风，全面提升科技创新能力，为实现中华民族伟大复兴做出青年一代应有的贡献。

【本科招生宣传工作持续推进】与国际关系学院共同负责对接宁夏省区以及四川省内龙泉与简阳的高招现场咨询工作。6 月 22 日至 25 日，学院招生宣传组同银川一中、宁夏教育博览会现场对接；“游世纪川大 启梦想征程”四川大学 2020 年度校园开放日系列活动期间，配合学校接待中学师生约 300 人到我院牵头建设的航模制作中心和飞行器创意设计与体验中心参观体验。

【首届本科生生产实习、推免工作顺利推进】8 月份，学院首届本科生 61 人分专业赴中国燃气涡轮研究院（624 所）、北京卫星环境工程研究所（511 所）、中国科学院空间应用工程与技术中心、四川川大智胜软件股份有限公司等圆满完成实习实践。推荐免试攻读研究生 11 人，其中 3 人在本院继续攻读硕士学位。

【航空航天多学科交叉创新大楼完成主体验收】11 月 15 日，以空天科学与工程学院为主体的建设在江安校区的航空航天多学科交叉研究创新大楼完成主体验收。

【获得 2022 年中国高校航空航天学院院长联席会举办权】12 月 8 日，学院参加中国高校航空航天学院院长联席会并做了“四川大学航空宇航科学与技术学科建设与发展”主题报告，学院成功当选 2022 年轮值主席单位，获得 2022 年中国高校航空航天学院院长联席会举办权。

（以上资料由空天科学与工程学院刘文红提供）

匹兹堡学院

【概况】四川大学匹兹堡学院（以下简称“学院”）是由四川大学与美国匹兹堡大学合作于 2014 年 7 月 2 日由教育部正式批准成立的中外联合学院。学院作为西部地区首个中美合作办学机构，借力四川大学综合性大学以及四川在中国西部作为制造业枢纽的优势，充分融合匹兹堡大学在工程教育领域的先进理念，旨在为中国西部与中国制造业的发展培养高层次人才。

师资队伍方面。2019 年，学院新聘请高端外籍教师 3 人，新聘任了 10 位具有海外学习、生活经历的行政管理人员，师资水平整体有所提升；结合学院实际，补充完善了《员工离职管理办法（暂行）》《请假管理规定》《年度绩效考核矩阵》等制度，保证人事工作合理规范、有序推进；全年完成外事接待 17 人次，外籍教师签证、工作许可、居留许可等各项工作正常有序开展。

学科建设方面。学院现设工业工程、机械设计制造及其自动化、材料科学与工程三个本科专业。

人才培养方面。学院人才培养工作强调以学生为中心，以培养学生的领导力、创造力、跨文化交流能力、团队协作能力等为核心。学院有“4+0”“2+2”“3+1”“3+1+1”4 种培养模式。2019 年，学院共有学生 738 人，其中通过“2+2”或“3+1”方式赴海外深造学生 160 人。在招生工作方面，学院于 2019 年 4 月至 6 月期间在全国十个省市开展了密集的招生宣传工作。2019 年从四川、重庆、湖南、辽宁、北京、山东、浙江、安徽、上海、广东共招募 200 位学生。其中，工业工程 60 名，机械设计制造及其自动化 70 名，材料科学与工程 70 名。在就业深造工作方面，学院首届毕业生深就率为 93.59%，其中国内外深造率为 88.46%。多位学生拿到包括斯坦福大学、加州大学伯克利分校、密歇根大学安娜堡分校、佐治亚理工学院等世界名校的录取通知书。

实践教学方面。在实验室建设方面，学院在 2019 年加强了对 2 间机械测量教学实验室、1 间材料科学实验室、iLife 智慧工坊以及实验库房的改进建设，与 Stratasys 合作成立了“增材制造联合创新实验室”。孵化实践项目 2 项，推动实验教学模式和内容的创新，全方位保障了实验教学工作的顺利开展；完成实验技术项目 2 项，创新创业教育改革项目 1 项，新发表论文 2 篇，申请专利 1 项。在创新创业教育方面，学院以 iLife 智慧工坊为基础，融合技能训练、创新大赛、创新实验、学术讲座等实践环节，联合企业举办“智能机器”和“增材制造”现场交流展览，受益学生人数 400 余人，荣获“四川大学优秀创新创业教育改革项目”。在校企联合培养方面，学院在 2019 年保持与科伦药业、安德里茨、商飞、上海 GE、上海 Stratasys、上海汽车、北京空中客车、特变电工等企业的合作关系，并邀请了中国商飞等公司团队为学院学生进行职业生涯规划、求职技巧技能培训、简历修改以及模拟面试等分享。截至 2019 年 12 月，共有 113 人参加了见习实践，实习单位对学院学生表现满意度达 90%。

合作交流方面。2019 年，学院继续推进与日本早稻田大学等国际顶尖高校在学生联合培养方面的交流与合作，并大力推进与澳大利亚莫纳什大学和英国玛丽女王大学合作事宜。为进一步推进高质量的联合培养模式，学院融合多方信息，向学校提交了自费交流院校增补名单，其中包括 267 所适用于四川大学所有学院的完整名单、181 所世界理工院校名单，以及 101 所美国理工院校名单。

党建及学生工作方面。2019 年学院全面贯彻习近平新时代中国特色社会主义思想，结合学院中外联合办学实际，围绕国际化工程人才培养的核心任务，立足政治引领，推动基层党组织和党员队伍建设，不断加强思想政治教育和意识形态工作，抓好党建工作流程化管理，做好“不忘初心、牢记使命”主题教育，为学院各项工作的顺利开展提供了组织保证。2019 年，学院共有学生党员 1 人（已赴澳大利亚深造），预备党员 11 人（其中 3 人在海外大学深造），发展对象 36 人（其中 1 人在海外大学深造），入党积极分子 44 人（其中 2 人在海外大学深造）。

学院坚持以学生成长成才为主要目标，关注学生思想动态，引导学生向上向善，构建了“院领导+海内外学者+辅导员+同辈导师”“四位一体”的思想教育课程体系；结合学院学生管理工作的特点，完善了《四川大学匹兹堡学院推免研究生综合测评办法（试行）》《四川大学匹兹堡学院学生自费赴国（境）外学习交流管理办法（试行）》《四川大学匹兹堡学院奖学金评定实施细则（试行）》，制定了《学生请销假制度》《学生会（Class Council）公约制度》等规范性制度文件；开设心理健康教育讲座，引导学生正确认识心理健康问题，对有或可能有心理健康问题学生建档立册，并及时追踪；积极搭建中外学生交流平台，开展美国暑期人文夏令营、第三届学生国际交流论坛、英语角、BRIDGE 特色项目、2019 年新生杯英语写作大赛等。2018—2019 学年，学院学生学术表现优异，70%在校学生平均学分绩点（GPA）高于 3.0，43%在校学生获得国家级、校级或院级奖学金。此外，学院学生在 2019 中国工程机器人大赛暨国际公开赛、2019 全国大学生工程训练综合能力竞赛、四川省“互联网+”大学生创新创业大赛等多项省级以上比赛中，获奖总数达 10 项，获奖学生数达 21 人次。

【双学位联合培养项目】2019 年，学院 2017 级学生中，79 名学生通过“2+2”联合培养进入国外一流大学深造，在 2017 级学生中比例高达 40%，除匹兹堡大学外，更有学生进入包括康奈尔大学、密歇根大学、伊利诺伊大学厄巴纳—香槟分校、威斯康星大学麦迪逊分校、得克萨斯 A&M 大学、俄亥俄州立大学、科罗拉多大学等世界名校。2016 级学生中，通过“3+1”模式进入全球一流大学深造的有 19 人，被包括匹兹堡大学、早稻田大学等世界名校录取。

【构建以需求为导向的学生指导与服务体系】主动出击：2019 年，学院开设了院长信箱，并首创“学生代表座谈会（Focus Group）”，通过定期召开学生代表与院领导见面座谈会的方式，了解学生对学院的意见建议，实现学院管理层动态监管，及时解决问题。精细化指导：组织开展同辈导师计划、专业认知讲座、一对一谈话等特色服务项目，帮助学生全面发展；开设教授办公时间、成绩追踪与分析系统、学业预警机制等学业指导服务。海外留学指导：成立海外升学指导办公室，帮助学生熟悉国外院校的学习情况、专业前景、申请流程等，助力学生专业成长；通过开展留学咨询、学生动态发展意向调查等，服务学生国际化培养。

【持续优化培养方案与学分转换机制】为给学生提供更多元的学业发展途径，在已有的培养模式的基础上，努力建立与其他全球一流工程类院校的学分转换渠道，优化学分转换机制，提升学院学生申请国际一流工学院时的学分转换率。2019 年 4 月下旬，学院走访了美国南加州大学、俄亥俄州立大学等世界知名大学，旨在深化学院和海外名校合作，拓宽学院境外联合培养和研究生深造渠道。

（以上资料由匹兹堡学院侯滟斯提供）

国际关系学院

【概况】学院由国际政治系、中国南亚研究中心［中宣部国家高端智库（培育）］、南亚研究所（教育部人文社会科学重点研究基地、教育部国别与区域研究培育基地）、欧洲问题研究中心（教育部国别与区域研究培育基地、“让·莫内最佳欧洲研究中心”）、美国研究中心（教育部国别与区域研究培育基地）、当代俄罗斯研究中心（教育部中俄人文合作工作机制框架内下设中心）、波兰与中东欧问题研究中心（教育部国别与区域研究中心）、巴基斯坦研究中心、中国西部边疆安全与发展协同创新中心等优势学科和研究平台组成，办有公开出版刊物《南亚研究季刊》（C级期刊）和学术专辑《西部发展研究》。

师资队伍方面。学院有教职工72人，其中正高级职称16人，副高级职称26人，中级职称13人，其他未定职7人，管理教辅思政人员10人，另有外聘人员3人。学院有硕士生导师30人，博士生导师7人，全职外籍教师4人。完成科级干部换届，成立了三个行政科室，选拔任用3名正科级、1名副科级干部。

学科建设方面。学院设有政治学一级学科，本科招生专业为国际政治，硕士招生方向为政治学理论、国际政治、国际关系和外交学，另外还设有边疆学交叉学科授权点，同时招收硕士与博士研究生。

人才培养方面。学院的办学规模不断扩大，新增本科生26人，硕士生47人，博士生11人，在读学生总人数达到280人。学院开设本科生课程38门，其中全英文课程4门、团队教学课程5门；开设研究生课程11门，获研究生教改项目2项，共授予64人政治学、边疆学硕士学位；国际课程周期间，共邀请6位外籍教师，为全校本科学生开设11门优质外教课程；派出38位学生参与校院两级“大川视界”项目，建设“海外实习基地”一个，派出10名同学前往参与实习活动。

科研方面。（1）科研项目。新立项各类纵向项目33项，新增横向项目10项，其中新增国家社科基金6项，1项重大专项，5项青年项目。教育部、民委、司法部及其他省部地市级项目25项，实际到校经费797.2万元。（2）发表论文。国际关系学院教师独著或第一作者发表C级以上学术论文56篇，其中A级论文4篇，B级论文6篇。（3）决策咨询。国际关系学院师生以独著或第一作者撰写并上报决策咨询报告60篇，其中有1篇A级成果获习近平总书记批示，另有B级成果6篇。（4）社科获奖。获得省部级奖励10项，其中一等奖2项、二等奖3项、三等奖5项。

合作交流方面。学院及下属中心机构积极主办各类国际国内高水平学术会议，包括：“中美关系研讨会”、第五届“四川大学—华沙大学国际关系研究圆桌会”、第七届“西部边疆安全与发展”研讨会、“新时代中国与俄罗斯区域合作”学术研讨会、“中国政治学知识体系建设”研讨会、“建立中印战略互信”合作课题研讨会等；完成多个外交使团的接访工作：接待哈萨克斯坦共和国总统战略研究所代表团、土耳其政党智库联合代表团、非洲和平组织与安全智库学者考察团、巴拿马媒体代表团、菲律宾高校教师代表团、印度知名智库学者代表团等的来访专家，推动四川大学与土耳其伊斯坦布尔阿依登大学签订谅解备忘录；接收境外留学生 76 名，派出学生 48 人次、教师 87 人次赴境外交流，并邀请境外学者到校讲座 116 人次。

党建及学生工作。学院党总支书记到岗，院党总支对基层党支部进行调整，以数字为序统一标准更改党支部名称，申请成立了社会发展与西部开发研究院党支部，将学生第一党支部拆分调整为两个学生党支部，以“双带头人”标准配置党支部书记，确保基层党组织建设基本完善；加强学生工作队伍建设，任命专职思政辅导员 1 人，配备教职工兼职辅导员 2 人，学生兼职辅导员 1 人；深入开展国际关系学院“不忘初心、牢记使命”主题教育与庆祝中华人民共和国成立 70 周年系列活动，举办“大国外交”系列讲座。

【原国务委员戴秉国到校与国际关系学院本科生座谈】原国务委员、国际关系学院名誉院长戴秉国同志莅临我校江安校区，与国际关系学院全体本科生亲切座谈。我校党委副书记郭勇同志出席本次座谈会。

【完善基层群团组织】成立国际关系学院分工会，举行首届国际关系学院分工会会员大会与教职工大会；成立共青团国际关系学院委员会、国际关系学院研究生会以及国际关系学院学生会。

【邀请重要领导和专家到院交流】邀请中央外办原常务副主任、中央第一批“不忘初心、牢记使命”主题教育第十九指导组组长、十三届全国政协港澳台侨委员会副主任委员裘援平同志，中共中央对外联络部原副部长、第十三届全国政协委员、第十三届政协全国外事委员会委员周力同志，空军原副司令员、中央外办原副主任、第十二届全国人大外事委员会委员陈小工中将，中国无神论学会荣誉理事长、中国藏学研究中心原党组书记朱晓明同志等领导和著名专家到学院指导交流。

【中印高端二轨对话机制】国际关系学院与中国南亚研究中心共同打造中印高端二轨对话机制，于 3 月 25 至 26 日在印度马内瑟尔举行，由中国前国务委员戴秉国、印度前国家安全顾问梅农等 40 余位中印前政要和学界专家参会。10 月 23 日，第三届“中印高级别二轨对话”预备会议在成都市举办，原国务委员戴秉国出席会议并作总结发言。

【建立长效国际交流机制】逐步建立起多个稳定的机制性国际交流平台：一是中俄“两河流域”高校联盟论坛与校长论坛向机制化发展；二是由国际关系学院牵头搭建的四川大学与俄罗斯远东所的高端学术交流机制已经基本成型；三是建立了四川大学—华沙大学国际关系研究圆桌会交流机制。

（以上资料由国际关系学院文铭提供）

网络空间安全学院

【概况】 2015年在整合计算机学院（软件学院）、电子信息学院、信息管理中心和数学学院等相关优势资源的基础上，成立网络空间安全研究院，承担网络空间安全一级学科的建设任务。2016年3月成立四川大学网络空间安全学院，是国务院学位委员会批准的首批29个网络空间安全一级学科博士点培养单位之一。学院设置了网络安全系和信息安全系；拥有国家网络空间安全人才培养基地；有计算机网络与安全研究所、网络与可信计算研究所和信息安全研究所等特色研究机构。2017年9月被中央网络安全和信息化领导小组办公室、教育部确定为首批一流网络安全学院建设示范项目高校。

师资队伍方面。截至2019年12月31日，学院有教职工41人，其中专任教师33人，思政教师3人，教辅人员1人，管理人员4人。专任教师中正高级专业技术职务10人，副高级专业技术职务11人，中级专业技术职务12人。博士生（含兼职）导师5人，硕士生导师17人。专任教师中国家重点研发计划项目首席科学家1人，四川省学术和技术带头人2人，教育部新（跨）世纪人才1人，四川省有突出贡献优秀专家1人。

学科建设方面。学院拥有“网络空间安全”一级学科博士授权点、“网络空间安全”本科专业和网络空间安全博士后流动站、2个国防特色学科。

人才培养方面。截至2019年12月31日共有学生763人，包括本科生507人，硕士研究生224人，博士研究生32人。本科2019年招收本科生139人，接收本科生转专业学生20人；2019年招收少年生3人；2019年招收硕士研究生86人，博士研究生12人。

本科教学工作方面。2019年开设本科课程68门次；重点建设的优质课程3门；新增“探究式—小班化”示范课程及“课程思政”榜样课程5门；校外专家开设实践应用型、创新创业型课程5门；发表教改论文2篇；“大学生创新创业训练计划”结题成果率为32.1%；组织参加“互联网+”大学生创新创业大赛5项；高水平国际交流营及海外实习实训社会实践1项；全部本科生均参加高水平实习基地实习；“跨学科专业一贯通式”人才培养举措2项；申报网络空间安全国家一流专业。

研究生工作方面。2019年度开设专业课程20门；承担研究生课程建设项目2项；完成网络空间安全学科研究生培养方案修订；完成与计算机学院关于计算机技术专业硕士招生、培养及授位工作的协调；完成专业学位授权点“电子信息”类别网络空间安全专业领域硕博士培养方案制定；继续开展跨学院、跨学科交叉人才培养；组织优秀本科生暑期夏令营，推免生拟录取人数占计划招生人数的52.7%，位列全校第七。

科研方面。2019年网络空间安全学

院（含研究院）到校科研经费1223万元，高级职称人均到校科研经费39.6万元，45岁以下青年教师承担非学校资助科研项目人数比例86%；申报国家自然科学基金18项，获准8项，其中国家自然科学基金重点项目2项，基金申报率53%，获准率44%，位列全校第二名；获准高技术基础重点项目及课题3项；牵头组织申报科技部重点研发计划项目1项，发表SCI期刊论文28篇；取得国家授权发明专利12项；牵头制定2项国家标准。

合作交流方面。学院2019年举办国际会议1次；有19人次教师赴国外进行学术交流和访问；32名本科学生赴新加坡国立大学参加实训，4名本科生赴新加坡、美国、英国等国家进行实训或学术交流；邀请6名海外专家学者和5名国内知名专家者到校讲学；聘请一批国内知名高校和科研机构高水平人才为我校客座教授（客座研究员）。

党建及学生工作方面。截至2019年12月31日，有党员124人，其中教职工党员33人、学生党员91人。2019年发展学生党员28人，转正预备党员2人，培训党员发展对象36人。直属党支部通过“三会一课”、主题党日、专题学习等形式，抓好主题学习，推动“不忘初心、牢记使命”主题教育扎实开展，深入学习贯彻落实习近平新时代中国特色社会主义思想，认真贯彻落实中央重大决策部署和上级党组织重要工作部署，加强党风廉政建设和意识形态工作。2019年学生工作方面，继续完善学生工作精细化体系，将学生工作落小、落细、落实，提升学生工作的针对性和实效性。在校本科生总计获得各类学科竞赛奖24项。

【一流网络空间安全学院建设示范项目中期评】2019年6月23—24日，一流网络空间安全学院建设示范项目中期评估，最终与战略支援部队信息工程大学并列第三名。

【四川大学本科教学工作先进个人奖】2019年6月，学院教师获得2018年四川大学本科教学工作先进个人奖，其中，欧晓聪、黄诚获“探究式—小班化”教学质量优秀奖；梁刚、刘晓洁、周安民获课堂教学优秀质量奖；赵辉获通识模块课程最受欢迎教师奖；黄诚、刘亮、梁刚、赵辉、陈文、陈兴蜀、方勇、黎红友、王海舟、杨进、杨频获大学生创新创业教育优秀指导教师奖；赵辉获“非标准答案考试”试题优秀奖。

【四川大学“十佳奖”荣誉称号】2019年7月，获2018—2019年度四川大学“十佳奖”荣誉称号情况：黎红友获“十佳辅导员奖”，赵辉获“十佳关心关爱学生奖”，刘艳梅获“十佳管理服务奖”。

（以上资料由网络空间安全学院刘艳梅提供）

海外教育学院

【概况】四川大学海外教育学院是专门从事留学生教育和海外孔子学院管理的学院，其前身为1988年创建的四川大学对外汉语教学中心，于2001年更名为海外教育学院。学院是国内较早开始专业从事来华留学生汉语言教育的单位，教学质量和规模层次在国内高校中名列前茅。

师资队伍方面。学院在职教职工41人，其中专任教师33人（含孔子学院专职教师5人）、行政人员8人。33名专任教师中，正高职称3人、副高职称11人、中级职称19人，学院所有教师均拥有海外交流和执教经历。

学科建设方面。学院设“汉语言”本科专业，与文学与新闻学院共同建设“汉语国际教育”硕士点。

人才培养方面。2019年，学院为94个教学班共2194人次开设各类必修课程、选修课程共279门，课时超过20000学时，授课对象涵盖海外教育学院本部学生、华西临床医学院、华西口腔医学院、建筑与环境学院、计算机学院（软件学院）、公共管理学院的公共汉语和中国文化班学生、合作交流项目短期班和“一带一路”汉补班学生。另外，学院组织实施了HSK（汉语水平考试）和首次医学汉语水平考试（MCT），均实现无事故、无差错。同时，学院上线2门慕课、获批1门慕课，申报2门学校通识教育核心课程。

科学研究方面。截至2019年底，学院教师共承担各级各类科研项目121项，期中，国家级科研项目6项，省、部级项目19项。同时，出版专著、教材30余部，发表C级刊物级以上学术论文35篇。现任院长当选四川省语言学会常务理事，是近20年来该学会的首位常务理事。另外，学院继续推进论文集刊出版，截至2019年，《国际汉语文化研究》已出版4期。

合作交流方面。学院承担了四川大学与韩国又松大学、美国太平洋路德大学、美国犹他大学、比利时（荷语）布鲁塞尔自由大学共建的孔子学院的管理工作。学院每年派教师赴海外承担汉语教授任务，派驻机构包括美国、法国、德国、荷兰、俄罗斯、波兰、克罗地亚、韩国、缅甸、尼泊尔等国家的高校中文系、汉学系、东亚系或孔子学院、孔子课堂。同时，海外教育学院与美国华盛顿大学韩国又松大学、德国不来梅科技大学等多所国外大学建立合作办学关系，承担了美国哈佛大学、法国蒙彼利埃理工大学、荷兰莱顿大学等50余所国外院校的暑期汉语项目。

党建工作方面。海外教育学院直属党支部于2018年10月成立，设书记1名，副书记1名，支部委员3名，下辖两个党小组（在职教职工党小组和退休教职工党小组），在职教职工党员26人，离退休教职工党员8人。学院直属党支部全面落实从严治党政治责任，推进党的建设与学院事业高度整合，扎实开展“不忘初心、牢记使命”主题教育活动，认真开展调查研究，检视反思突出问题，切实抓好整改落实，确保党建工作取得扎实成效。

学生工作方面。海外教育学院的学生来自全球60多个国家，多元化的文化背景和宗教信仰给学生工作带来极大的挑战。在多年实践的基础上，学院总结出一套切实有效的学生工作方法，遵循向国际学生提供专业的汉语教学，精细的管理服务和丰富的文化活动的原则，以“润物细无声”的方式向国际学生传播中华文化、传达中国理念、传递中国态度、展现中国魅力，培养国际学生的“知华、友华、爱川大”情感，基于此，学院成功获得2019年“四川大学第六届校园文化建设精品项目”表彰。

【举办四川省中华经典诵写讲演系列活动留学生组现场展演活动】5月28日，海外教育学院承办了由省委宣传部、省委教育工委、省教育厅、省语委联合主办的四川省中华经典诵写讲演系列活动留学生组现场展演活动，四川省副省长杨兴平出席展演活动并为获奖选手颁奖，我校国际学生参赛的四个作品《将进酒》《沁园春·雪》《江姐遗书》《短歌行》均获四川省一等奖。在最终的全国评比中，《江姐遗书》《短歌行》获全国二等奖、《沁园春·雪》获全国三等奖。另外，《将进酒》诵读学生和歌曲《茉莉花》表演学生作为现场表演嘉宾参加了最后的四川省中华经典诵写讲演系列活动主题展演暨颁奖典礼。

【举办“新技术应用与汉语国际传播”研讨会暨第六届汉语国际传播研究分会年会】10月26日，由四川大学海外教育学院与中国语文现代化学会汉语国际传播研究分会共同主办，外语教学与研究出版社承办，《国际汉语教育（中英文）》期刊协办的“新技术应用与汉语国际传播研讨会暨第六届汉语国际传播研究分会年会”在我校召开。大会吸引了90所国内外大学和教研机构的160位汉语国际传播研究领域专家和学者参会，共同探讨新技术和新方法在汉语国际传播领域的探索与应用。本次会议搭建了汉语国际传播应用与研究领域的高端交流平台，为该领域的研究合作与改革发展提供了良好契机；同时，会议加深了学院与国内外同行的双向了解，对学院未来的学科建设和科研发展具有重要意义。

【优秀教学奖和管理服务奖】海外教育学院严把教学质量关，重视提升学院管理服务水平，学院教职工在2019年全校教学和管理服务评比中，荣获“四川大学五粮春青年教师优秀教学奖”1项、“十佳管理服务奖”1项。

（以上资料由海外教育学院刘廷林提供）

哲学系

【概况】四川大学哲学系创办于1910年，于1959年重建，是当时国内仅有的七个哲学系之一，2019年为哲学系复系60周年，应学校繁荣发展哲学社会科学学科的总体规划，正式成为四川大学独立的院级系。哲学系下设马克思主义哲学教研室、中国哲学教研室、外国哲学教研室、伦理学教研室、科学哲学与逻辑学教研室共5个教研室；拥有四川大学西方古典哲学研究所、四川大学哲学研究所、四川大学伦理学研究中心共3个研究所（中心）；设立党政办公室、教学科研办公室、学生团委办公室3个管理服务机构。

师资队伍方面。哲学系教职工人数为31人，教学科研岗专任教师27人、短期外籍教授2人、党政管理人员2人。其中教授（研究员）11人、副教授（副研究员）13人。硕士生导师共19人（含冉桂琼）、博士生导师共4人。其中，教育部高等学校哲学类专业教学指导委员会委员1人、国务院政府特殊津贴获得者1人、四川省学术与科技带头人1人、四川省“天府万人计划”社科精英1人、四川大学教学名师1人。

学科建设方面。哲学系拥有1个一级学科博士学位授权学科（哲学），包括马克思主义哲学、中国哲学、外国哲学3个授权方向；1个一级学科硕士学位授权学科（哲学），包括马克思主义哲学、中国哲学、外国哲学、伦理学和科学技术哲学5授权方向；1个本科专业（哲学），包括哲学平行班、拔尖计划培养班2个班级。哲学学科为四川省一级学科重点学科、哲学专业为国家级特色专业。

人才培养方面。录取本科生56人（包括平行班47人、拔尖班9人），硕士生25人，博士生4人；在读学生共255人，其中博士生17人、硕士生75人、本科生163人（含吴玉章学院学生4人）；拥有校级精品课程3门、中国大学MOOC课程2门。

科研方面。获国家社科基金项目2项，中国博士后科学基金面上资助项目1项（刘利霞），校内科研项目7项，经费共计79万元；出版专著或教材3部；发表学术论文28篇，其中CSSCI、A&HCI、人大报刊复印资料等核心刊物论文20篇；获四川省哲学社会科学优秀成果奖三等奖1项、四川大学“好未来”优秀学者二等奖1人、四川大学“五粮春”青年社科之星1人。

合作交流方面。与英国、法国、德国、日本等国家，以及国内一流院校建立了学术交流与教研联系，2019年在境外或中国港澳台地区学习交流学生16人、来校留学生2人；同贺麟基金会（贺麟书院）、绵阳游仙区组织部、卓安律师事务所等共建教学实践基地；主办第十二届全国政治哲学论坛“政治哲学：古典与现代”研讨会，承办2019年中华全国外国哲学史学会和中国现代外国哲学学会年会，承办四川省哲学学会、四川省马克思主义哲学史研究会 2019 年学术年会等会议；派出或受邀参加学术会议教师共 20 余人次。

党建及学生工作方面。哲学系与宗教所党总支深入学习和贯彻习近平新时代中国特色社会主义思想，党的十九大，十九届二中、三中、四中全会精神，扎实开展“不忘初心、牢记使命”主题教育活动；扎实推进哲学系与宗教所党总支新成立的组织建设、党员管理和制度建设等；加强师资队伍建设，深入开展教职工座谈调研 10 余次，启动科级干部选聘工作；全面落实班主任制度、研究导师制度和教授开放日制度，为学生学业成长提供指导；通过思问哲学社、江安柏拉图学社、古琴社、诚社等社团活动，以及读书班、读经班的开设，丰富学生第二课堂。

【招收第一届“哲学拔尖班”学生】 9 月，完成基础学科拔尖学生培养试验计划“哲学拔尖班”第一届学生的招生录取工作，并启动“哲学拔尖班”培养工作。

【举办四川大学哲学系复系 60 周年庆典大会】 10 月，成功举办四川大学哲学系复系 60 周年庆典大会。

【成立哲学系、哲学系与宗教所党总支】 11 月，根据川大委〔2019〕48 号文件，经学校研究，成立哲学系，由哲学系和宗教所共同组建党总支。

（以上资料由哲学系胡康林提供）

附　　录

学校概况

岷峨挺秀，锦水含章。巍巍学府，德渥群芳。

四川大学是教育部直属全国重点大学，是国家布局在中国西部的重点建设的高水平研究型综合大学。四川大学地处中国历史文化名城——“天府之国”的成都，有望江、华西和江安三个校区，占地面积 7050 亩，校舍建筑面积 269.4 万平方米。校园环境幽雅、花木繁茂、碧草如茵、景色宜人，是读书治学的理想园地。

四川大学由原四川大学、原成都科技大学、原华西医科大学三所全国重点大学经过两次合并而成。原四川大学起始于 1896 年四川总督鹿传霖奉光绪特旨创办的四川中西学堂，是西南地区最早的近代高等学校；原成都科技大学是新中国院系调整时组建的第一批多科型工科院校；原华西医科大学源于 1910 年由西方基督教会组织在成都创办的华西协合大学，是西南地区最早的西式大学和国内最早培养研究生的大学之一。1994 年，原四川大学和原成都科技大学合并为四川联合大学，1998 年更名为四川大学，江泽民、李鹏等党和国家领导人就两校合并为学校题词并寄予深切厚望。2000 年，四川大学与原华西医科大学合并，组建了新的四川大学。李岚清同志在考察新四川大学时说：“四川大学是我们改革最早的大学，对我国高校的改革做出了历史性的贡献，可以说是高校体制改革的先锋。”在 2008 年“5・12”汶川特大地震抗震救灾期间，吴邦国、温家宝等党和国家领导人先后到四川大学视察慰问。2016 年，李克强总理来校视察，勉励四川大学要为全国“双创”带头，多出世界一流学科。

四川大学承文翁之教，聚群贤英才。百余年来，学校先后汇聚了历史学家顾颉刚、文学家李劼人、美学家朱光潜、物理学家吴大猷、植物学家方文培、卫生学家陈志潜、数学家柯召等大师。历史上，吴玉章、张澜曾执掌校务，共和国开国元勋朱德、共和国主席杨尚昆、文坛巨匠郭沫若、人民作家巴金、一代英烈江竹筠（江姐）等曾在四川大学求学。中国科学院和中国工程院院士中，有 66 位是四川大学校友。

四川大学学科门类齐全，覆盖了文、理、工、医、经、管、法、史、哲、农、教、艺等 12 个门类，有 35 个学科型学院（系）及研究生院、海外教育学院等学院。我校为学位授权自主审核单位，现有博士学位授权一级学科 47 个，专业学位授权点 38 个，博士后流动站 37 个，国家重点学科 46 个，国家重点培育学科 4 个，国家临床重点专科 45 个，是国家首批工程博士培养单位。

四川大学大师云集，名师荟萃。截至 2019 年底，学校有专任教师 4527 人。学校有中国科学院和中国工程院院士 16 人，四川大学杰出教授 7 人，国家自然科学杰出青年基金获得者 51 人，国家优秀青年科学基金入选者 56 人；“973”首席科学家7人（9项）；国家级教学名师12人；国家科技重大专项课题负责人4人（4项）；国家重点研发计划项目负责人43人；国家社科基金重大招标（委托）及各类专项项目获得者55人（60项）；国家创新人才推进计划“中青年科技创新领军人才”21人、“重点领域创新团队”2个。

四川大学在长期的办学历程中，形成了深厚的人文底蕴、扎实的办学基础和以校训“海纳百川，有容乃大”、校风“严谨、勤奋、求是、创新”为核心的川大精神。近年来，学校围绕建设具有中国特色、川大风格的世界一流大学的奋斗目标，确立了“以人为本，崇尚学术，追求卓越”的现代大学办学理念，建立了“以院系为管理重心，以教师为办学主体，以学生为育人中心”的管理运行新机制，提出了“精英教育、质量为本、科教结合、学科交叉”的人才培养指导思想，确立了培养“具有崇高理想信念、深厚人文底蕴、扎实专业知识、强烈创新意识、宽广国际视野的国家栋梁和社会精英”的人才培养目标。学校持续推进“探究式—小班化”课堂教学改革，连续成功举办8届“国际课程周”，开展了“大川视界”学生海外访学计划。学校有全国高校中华优秀传统文化传承基地1个，国家大学生文化素质教育基地1个，全国高校心理健康教育与心理咨询示范中心1个，国家人才培养和科学研究及工科基础课程教学基地9个，国家级实验教学中心11个、工程实践教育中心19个、教师教学发展示范中心1个、大学生校外实践教育基地9个。2003年以来，学校获批立项28个国家级特色专业建设点、首批33个国家级一流专业建设点，获得国家教学成果奖31项（其中特等奖1项）、国家精品课程33门，国家级精品视频公开课12门、精品资源共享课31门，国家精品在线开放课程19门。2015年以来，学校共获得中国“互联网+”大学生创新创业大赛金奖12项，金奖数位居全国第三。学校现有全日制普通本科生3.7万余人，硕博士研究生2.8万余人，外国留学生及港澳台学生近4500人。

四川大学科研实力雄厚，标志性成果不断涌现。学校现有国家重大科技基础设施1个，国家重点实验室4个，国家工程技术研究中心2个，国家应用数学中心1个，国家临床医学研究中心2个，国家工程实验室1个，国家地方联合工程实验室3个，国家地方联合工程研究中心1个，国家国际科技合作基地5个，国防重点学科实验室1个，教育部前沿科学中心1个，教育部重点实验室10个、工程研究中心7个，国家卫生健康委员会重点实验室2个，四川省重点实验室、工程中心、科研基地等52个；国家高端智库培育单位1个，铸牢中华民族共同体意识研究基地1个，教育部人文社会科学重点研究基地4个、区域与国别研究培育基地4个。2005年以来，学校共获国家科技三大奖53项。2019年，学校科研经费达27.60亿元。在人文社会科学方面，学校先后编撰出版了《汉语大字典》《全宋文》《中国道教史》《儒藏》等大型文化建设成果。

四川大学主动服务国家和区域经济社会发展，大力推进创新创业，服务社会能力不断增强。四川大学国家技术转移中心是全国高校中最早设立的6家国家技术转移中心之一。四川大学国家大学科技园是国家最早批准的15个国家大学科技园之一，是国家高新技术创业服务中心。2016年，学校被批准成为首批国家“双创”示范基地之一、全国首批深化创新创业教育改革示范高校。近年来，学校与国内近

30个省（自治区、直辖市）、国内外150多个地市和8000多家企事业单位建立了产学研合作关系，共建了200多个校地企产学研平台。近5年来，学校承担了国内外企事业单位委托的技术开发、转让、服务和咨询项目1.3万余项，一大批重大科技创新成果已成为相关行业的主导技术。2009年，学校被批准成为首批13个“全国干部教育培训高校基地”之一。学校设有4所国家卫生健康委员会预算管理医院，在汶川特大地震、青海玉树地震、雅安芦山地震等重大自然灾害伤员救治和新冠肺炎医疗救护、疫情防控过程中发挥了重要作用，为促进我国卫生事业发展、提高人民群众健康水平做出了重要贡献。华西医院牵头筹建的中国国际应急医疗队（四川）通过世界卫生组织认证，成为全球首支非军方Ⅲ类国际应急医疗队（Type3 EMT）。华西远程医学网络成为中国最大规模远程医学教育与分级协同医疗体系，覆盖20个省市区、843家医疗机构，惠及5亿多人口。

四川大学坚持开放办学，不断推进国际交流与合作，国际影响力和竞争力显著提升。目前，学校已与38个国家和地区的306所大学和研究机构建立了交流合作关系。与美国、加拿大、澳大利亚、港澳台等33个国家和地区的221所国际知名大学构建了全方位、多层次、多形式的学生联合培养体系。与韩国、美国、比利时的5所大学合作共建了5所孔子学院。与世界一流的研究型大学和相关机构建立了四川大学九寨沟生态与可持续发展国际研究中心、四川大学中德能源研究中心、四川大学中英联合材料研究所、四川大学—意大利国家研究会国际多功能聚合物和生物材料合作研究中心、四川大学欧洲研究中心等国际和境外科研合作平台和中心。学校与香港理工大学共建了四川大学—香港理工大学灾后重建与管理学院，与美国匹兹堡大学共建了四川大学匹兹堡学院。

四川大学现有纸本文献819万册、中外文文献数据库325个，收藏文物8.5万余件、动植物标本87万余件（份），各类档案约32万卷（其中珍贵历史档案9000余卷）。学校体育场馆设施齐全、设备先进。学校还建有分析测试中心、现代教育技术中心、出国留学人员培训部以及成人继续教育学院等。

锦江黉门，弦歌铿锵。当前，四川大学已经确立了“全面推进学校党的建设新的伟大工程和建设世界一流大学新的伟大事业”的宏伟目标。展望未来，学校将始终肩负集思想之大成、育国家之栋梁、开学术之先河、促科技之进步、引社会之方向的历史使命与社会责任，再谱中国现代大学继承与创造并进、光荣与梦想交织的辉煌篇章！

四川大学2019年校、处级干部名单

一、机关党政系统

（一）校领导

王建国　党委书记（副部长级）
李言荣　校长、党委副书记（副部长级）
许唯临　常务副校长（2019年8月任职）
陈志坚　党委副书记、校纪委书记
李向成　党委副书记、副校长（任职至2019年5月）
晏世经　党委常委、副校长
侯太平　党委常委、副校长
李旭锋　党委副书记（任职至2019年1月）
曹　萍　党委副书记
敬　静　党委副书记（挂职任成都市人民政府副市长）
梁　斌　党委常委、副校长
李蓉军　党委常委、副校长
张　林　党委常委、副校长
涂　智　党委常委、副校长（2019年4月成都市来校挂职干部）
郭　勇　党委副书记（2019年8月任职）
褚良银　副校长（2019年8月任职）

（二）校长助理

徐玖平　何继业　郭　勇（任职至2019年8月）

（三）党群系统

党委办公室

主　任：郭　勇（任职至2019年10月）
　　　　李中锋（2019年10月任职）
书记秘书兼校党委办公室副主任：秦远清
副主任：李喜庆
副主任兼校信访办公室主任：任泰山
政策研究室主任：曹勇明
校保密委员会办公室主任：郭　勇（兼，任职至2019年10月）
　　　　　　　　　　　　李中锋（兼，2019年10月任职）

党委组织部

部　长：李旭锋（兼，任职至 2019 年 9 月）

曹　萍（2019 年 9 月兼任部长）

常务副部长：王智猛（2019 年 10 月任职）

副部长：管清贵　范　瑾

四川大学党校

常务副校长：范嗣云（任职至 2019 年 10 月）

党委宣传部（四川大学新闻中心）

部　长：曹　萍（兼，任职至 2019 年 9 月）

郭　勇（2019 年 9 月兼任部长）

常务副部长（主任）：徐海鑫

副部长（副主任）：张宏辉　纪志耿

校刊编辑部主任：罗云丹

校教育电视台台长：蔚　钰

党委统战部

部　长：敬　静（兼，任职至 2019 年 9 月）

李蓉军（2019 年 9 月兼任部长）

常务副部长：邱　梅

副部长：查　庆　唐　锐

校纪委办公室、监察处

校纪委副书记兼纪委办公室主任、监察处处长：滕文浩

校纪委副书记：范嗣云（2019 年 10 月任职）

监察处副处长兼校纪委办公室副主任：范洪远　廖　毅

副处级纪检监察员：刘　肖（任职至 2019 年 9 月）

李　鲲

丁忠毅

党委巡察工作办公室

主　任：由校党委副书记、校纪委书记陈志坚同志担任

专职副主任：李玉峰

党委学生工作部（处）、武装部（军事教研室）

部（处）长兼武装部部长：陈　森

副部（处）长：卢　莉　蒲于文

副部（处）长兼江安校区管理办公室主任：周志文

江安校区管理办公室副主任：卢希芬　邓　薇

就业指导中心主任兼党委学生工作部（处）副部（处）长：潘霜柏（正处，2019 年 11 月任职）

就业指导中心副主任：刘若冰（2019 年 11 月任职）

党委保卫部（处）

部（处）长兼防范和处理邪教问题办公室主任：袁　斌

副部（处）长：简渝嘉　叶　勇

副部（处）长兼江安校区管理办公室主任：李佳伟

江安校区管理办公室副主任：兰新宇　杨丙军

防范和处理邪教问题办公室副主任：张俊磊

校工会

主　席：由校党委副书记曹萍同志兼任

常务副主席：罗德明

副主席：冷　泠　吕海涛

校团委

书　记：赵　露

副书记：黄菲娅　苏德强　姜　新

党委教师工作部

部　长：赵长生（兼，任职至 2019 年 10 月）

胡　兵（兼，2019 年 10 月任职）

副部长：马　涛　纪志耿（兼）

机关党委

书　记：陈志坚（兼，任职至 2019 年 10 月）

曹　萍（兼，2019 年 10 月任职）

副书记兼纪委书记：熊　伟（任职至 2019 年 4 月）

韩　杰（2019 年 4 月任职）

副书记：韩　杰（兼，任职至 2019 年 4 月）

兰利琼（兼）

（四）行政系统

校长办公室

主任兼信息管理中心主任：李中锋（任职至 2019 年 10 月）

李正赤（2019 年 10 月任职）

常务副主任兼江安校区管委会办公室主任：曲景学

副主任：韩　杰（任职至 2019 年 4 月）

吴　刚

黄雯雯

赵昱辉

江安校区管理委员会办公室副主任：吕　蓉

信息管理中心副主任：张　磊　王绍朋

法律顾问室副主任：张春霞

人事处

处　长：赵长生（任职至 2019 年 10 月）

胡　兵（2019 年 10 月任职）

副处长：蒋莉华

人才交流中心主任：李天富

副处长兼青年教师与专职科研队伍管理办公室主任：彭　舰

人才与师资管理办公室主任：杜力力

教务处

处　长：张红伟

副处长：兰利琼 李　华　冉桂琼　严斌宇

教育创新改革办公室主任：刘　黎

现代教育技术中心主任：黎　生

现代教育技术中心副主任：崔亚强

创新创业工作领导小组办公室主任：梁　斌（兼）

创新创业工作领导小组办公室常务副主任：张红伟（兼）

创新创业工作领导小组办公室专职副主任：吴　迪

招生办公室副主任：廖爱民（2019 年 11 月任职）

社会科学研究处

处　长：傅其林

副处长：李　昆　张洪松

科学技术发展研究院

院　长：褚良银

高技术处处长：黄　海（正处）

科技合作与技术转移部部长兼副院长：武　梅（正处）

重大项目与基地管理部部长兼副院长：邹　勇（正处）

基金项目与成果管理部部长兼副院长：吴　尧（正处）

国际合作与综合管理办公室主任：李　蓉

重大项目与基地管理部副部长：胡　涛

科技合作与技术转移部副部长：高德友

基金项目与成果管理部副部长：龙　毅

研究生院

院　长：梁　斌（兼）

常务副院长：万学红（2019 年 10 月任职）

副院长兼培养教育办公室主任：朱　天（正处）

副院长兼研究生学位与教育教学改革办公室主任：赵红军（正处）

副院长兼研究生工作部部长：李栓久（正处）

招生办公室主任：刘　猛

培养教育办公室副主任：杜　瑛

“双一流”建设与质量评估办公室

主　任：李忠明

双一流建设办公室副主任：陈华明

教学质量评估与监督办公室副主任：孙克金

发展研究中心副主任：尹　怡　罗　锋

招生就业处（就业指导中心）

处　长（主任）：潘霜柏（任职至 2019 年 11 月）

副处长（副主任）：廖爱民（任职至 2019 年 11 月）

刘若冰（任职至 2019 年 11 月）

实验室及设备管理处

处　长：敖天其

副处长：夏建钢　金永东

国有资产管理处

处　长：樊庆文

副处长：徐　明

招投标与采购中心主任：何　艳

后勤管理处

处　长：宋戈扬

副处长：周　密　邓　益

国际合作与交流处、港澳台事务办公室

处长、港澳台事务办公室主任：张嗣杰

副处长、港澳台事务办公室副主任：杨　光

副处长兼留学生管理办公室主任：高　健

财务处

处　长：王宝富

副处长：王春举（任职至 2019 年 6 月）

熊　艳

王　娟

审计处

处　长：江文清

副处长：刘用明　黄云生

老干部党总支

书　记：史冰川（任职至 2019 年 11 月）

罗　卡（2019 年 11 月任职）

副书记：陈　岗（兼）

离退休工作处

处　长：杨静波

副处长：陈　岗　马绍琼

医学管理处

处长、转化医学国家重大基础设施建设办公室主任：杨志刚

副处长：韩　宇

规划建设处

处　长：华国春

副处长：彭　亮　姚向征　黄绪永

二、业务管理和办学实体单位

对外联络办公室（校友总会、教育基金会）

主　任（秘书长）：荣建国

副主任（副秘书长）：白　鹏　贾秀娥

心理健康教育中心

主　任：李　涛

常务副主任：陈　森（兼）

副主任：王英梅

档案馆

馆　长：毕　玉

副馆长：李金中

校史办公室主任：毕　玉（兼）

校史办公室副主任：王金玉

图书馆

党委书记：陈明惠

馆　长：党跃武

副馆长兼党委副书记、纪委书记：杜小军

副馆长：李锦清　张盛强

社会发展与西部开发研究院

副院长：王　卓（任职至 2019 年 7 月）

四川大学社区建设办公室

主　任：严成辉

副主任：魏　忠　康　平

分析测试中心

党总支书记：侯贤灯

党总支副书记：吴　兰

主任：吕　弋

副主任：谭新禹

出版社及学报党总支

党总支书记：宋绍峰

出版社

社　长：王　军

总编辑：邱小平（正处）

副社长：李天燕

学报

哲学社会科学版常务副主编：原祖杰（副处）

自然科学版常务副主编：陈忠林（副处）

工程科学版常务副主编：费德君（副处）

医学版常务副主编：别明江（副处）

博物馆

馆　长：霍　巍（兼）

副馆长：周　静

实验动物中心

主　任：杨寒朔（副处）

副主任：刘　寅（副处）

成人继续教育学院

党委书记：刘　娅

党委副书记：乔长江

党委副书记兼纪委书记：刘　勇

院　长：冉蜀阳

副院长：张必涛　唐　洪　罗　娜　李　博　李勇军

出国留学人员培训部（出国留学预备学院）

党总支书记：刘　俐

主　任（院长）：陈　兵

副主任（副院长）：鄢　澜　唐雪虹

海外教育学院

院长、党支部书记：高　伟

副院长：侯宏虹　雷　莉

全国干部教育培训基地

常务副主任：姜晓萍（兼）

副主任：王慧敏

科技产业集团

党委书记、董事长：王安文

党委副书记兼纪委书记：刘　杰

总经理：王金友

副总经理：颜锦江

川大华西药业股份有限公司

党总支书记、董事长：张　平

总经理：杜　江

川大房地产开发有限公司

总经理：刘礼波

后勤集团

党委书记：罗　卡（任职至 2019 年 11 月）
　　　　　宋戈扬（2019 年 11 月任职）
党委副书记兼纪委书记：万海清
总经理：肇启伟
副总经理：杨凌云　兰　京　成举权　范庆军

文化科技协同创新研发中心

主　任：姜　生
副主任：袁　雯

三、学院（医院、系）

经济学院

党委书记：熊　兰
党委副书记兼纪委书记：涂　刚
院　长：蒋永穆
副院长：邓翔　梁　剑　龚勤林

法学院

党委书记：何继业
党委副书记兼纪委书记：悦　洋
院　长：左卫民
副院长：刘昕杰　谢维雁

文学与新闻学院

党委书记：古立峰
党委副书记兼纪委书记：张　莹
院　长：李　怡
副院长：胡易容　周维东　操　慧

外国语学院

党委书记：王　彬
党委副书记兼纪委书记：黄小虎
院　长：段　峰
副院长：王　欣　黄丽君　池济敏

艺术学院

党委书记：汪东升（任职至 2019 年 4 月）
　　　　　熊　伟（2019 年 4 月任职）
党委副书记兼纪委书记：杨　梅
院　长：韩　刚（任职至 2019 年 4 月）
副院长：何　宇　焦　阳

历史文化学院（旅游学院）

党委书记：陶　宏

党委副书记兼纪委书记：姜　华
院　长：霍　巍
副院长：鲍成志　李映福　李志勇　王　果

数学学院

党委书记：胡　兵
党委副书记兼纪委书记：覃孟念
院　长：张伟年
副院长：陈柏辉　寇　辉　徐友才

物理学院

党委书记：龚　敏
党委副书记兼纪委书记：廖勇明
党委副书记：张　波
院　长：张　红
常务副院长：杨朝文
副院长：刘　宁　朱建华　向　钢　李志强

化学学院

党委书记：王智猛
党委副书记兼纪委书记：谢　均
院　长：游劲松
副院长：刘　波　郑成斌　李　坤

生命科学学院

党委书记：林宏辉
党委副书记兼纪委书记：吴近名
院　长：王红宁
副院长：赵　云　李中瀚　冉江洪

电子信息学院

党委书记：郃明松
党委副书记兼纪委书记：陈笃海
院　长：冯国英
副院长：张启灿　杨　阳　雷印杰

材料科学与工程学院

党委书记：尹光福
党委副书记兼纪委书记：张晓满
院　长：刘　颖
副院长：吴家刚　林江莉

机械工程学院

党委书记：惠新强
党委副书记兼纪委书记：唐世红

党委副书记：张　毅
院　长：王　杰
副院长：赵武　方　辉　刘　剑

电气工程学院

党委书记：韩　芳
党委副书记：戴婷婷
党委副书记兼纪委书记：张英敏
院　长：肖先勇
副院长：吕　林　李长松

计算机学院（软件学院）

党委书记：蒋　斌
党委副书记：朱　敏
党委副书记兼纪委书记：董柯平
院　长：吕建成
副院长：洪　玫　郭　兵　段　磊　章　乐

建筑与环境学院

党委书记：蒋文涛
党委副书记：王　晖
党委副书记兼纪委书记：孙伯雷
院　长：熊　峰
副院长：兰中仁　李沄璋　刘　敏

水利水电学院

党委书记：杨兴国
党委副书记兼纪委书记：黄晓荣
院　长：刘　超
副院长：戴　峰　谢红强　聂锐华

化学工程学院

党委书记：庞国伟
党委副书记兼纪委书记：李天友
院　长：赵长生（2019 年 10 月任职）
党委副书记：姜利寒
副院长：唐盛伟
钮大文
余　徽（任职至 2019 年 3 月）

轻工科学与工程学院

党委书记：刘晓虎
党委副书记兼纪委书记：冯国涛
院　长：何有节

副院长：何　强　肖　凯　彭必雨

高分子科学与工程学院

党委书记：牟德富

党委副书记兼纪委书记：钱祉祺

党委副书记：吴　宏

院长：傅　强

副院长：李艳梅　冉　蓉　杨　伟

华西基础医学与法医学院

党委书记：李昌龙

党委副书记兼纪委书记：郭晓伟

院　长：黄灿华

副院长：方定志

雷　鹏（任职至 2019 年 4 月）

梁伟波

华西临床医学院（华西医院）

党委书记：张　伟

党委常务副书记：李正赤（正处，任职至 2019 年 10 月）

党委副书记兼纪委书记：程永忠

党委副书记：沈　彬

院　长：李为民

常务副院长：万学红（正处，任职至 2019 年 10 月）

黄　勇（正处）

副院长：程南生　曾　勇　龚启勇　刘伦旭　黄　进

护理学院执行院长：李　卡（副处）

内科党总支书记：罗凤鸣

外科党总支书记：胡建昆

门诊医技党总支书记：申文武

临床联合党总支书记：李志平

机关党总支书记：姜　洁

学生党总支书记：廖浩君

后勤党总支书记：余　淳

科研党总支书记：林　苹

华西第二医院

党委书记：王素霞

党委副书记兼纪委书记：王红静

院　长：刘瀚旻

常务副院长：母得志（正处）

副院长：王晓东　牛晓宇　张伶俐

华西口腔医学院（华西口腔医院）

党委书记：谭　静

党委副书记兼纪委书记：沈颉飞

党委副书记：孙建勋

院　长：叶　玲

常务副院长：陈谦明

副院长：赵志河　杨　征

华西公共卫生学院（华西第四医院）

党委书记：方　云

党委副书记兼纪委书记：张　琦

华西公共卫生学院（华西第四医院）常务副院长兼华西第四医院党总支书记：赵立强

院　长：李晓松（任职至 2019 年 7 月）

副院长：裴晓方　潘　杰　沈　江　杨　罗

华西药学院

党委书记：黄　园

党委副书记兼纪委书记：章　程

院　长：秦　勇

副院长：宋振雷　何　勤

公共管理学院

党委书记：姜晓萍

党委副书记：杨　磊

院　长：史云贵

副院长：夏志强

罗亚玲

熊　林（任职至 2019 年 11 月）

李　睿

商学院

党委书记：李晓峰

党委副书记：张黎明

党委副书记兼纪委书记：李小平

院　长：徐玖平

常务副院长：邓富民（正处）

副院长：顾　新　米德超　吴　鹏

马克思主义学院

党委书记：刘吕红（任职至 2019 年 11 月）

李栓久（2019 年 11 月任职）

党委副书记：刘　渊

院　长：曹　萍（兼）
副院长：刘　肖（2019 年 9 月任职）
何洪兵（任职至 2019 年 9 月）
王洪树
李建华

体育学院

党总支书记：夏泽友
院　长：向　勇
副院长：韩海军　邱硕立

灾后重建与管理学院

常务副院长、党支部书记：陈　勇（正处）
副院长：第宝锋

空天科学与工程学院

常务副院长：王俊峰（2019 年 3 月改任常务副院长，任职至 2019 年 11 月）
党总支书记：高志华（2019 年 11 月任职）
副院长兼党支部书记：高志华（任职至 2019 年 11 月）
副院长：黄崇湘

匹兹堡学院

副院长：陈　薇

国际关系学院

院　长：罗中枢
党总支书记：汪东升（2019 年 4 月任职）
常务副院长：李志强（正处）
副院长：黄云松
副院长：宋志辉

网络空间安全学院

院　长：许唯临（兼）
常务副院长：陈兴蜀（正处）
副院长兼党支部书记：秦　燕
副院长：刘嘉勇　杨　频

四川大学体育运动委员会办公室

主　任：向 勇（兼）

国家生物医学材料工程技术研究中心

党总支书记：蒋　青
党总支副书记：田　单

哲学系

哲学系与宗教所党总支书记：史冰川（2019 年 11 月任职）
哲学系与宗教所党总支副书记：李　裴（2019 年 11 月任职）

哲学系主任：熊　林（2019 年 11 月任职）

哲学系副主任：曾　怡（2019 年 11 月任职）

锦江学院

党委书记：林　红

院　长：晏世经（兼，2019 年 5 月任职）

2019年成立和调整的全校性工作领导小组名单

一、四川大学学院（医院）科级机构设置和科级干部选拔任用工作领导小组、科级机构设置和科级干部选拔任用工作小组、科级机构设置和科级干部选拔任用工作监督小组（川大委〔2019〕3号）

成立四川大学科级机构设置和科级干部选拔任用工作领导小组，由学校分管组织工作的校领导任组长，由分管纪检工作、工会工作以及人事工作的校领导任副组长，成员由校党委办公室、校长办公室、党委组织部、校纪委办公室、监察处、校工会、人事处等单位组成。

成立四川大学科级机构设置和科级干部选拔任用工作小组，成员由校党委办公室、校长办公室、党委组织部、人事处等单位组成，工作小组办公室设在党委组织部和人事处。

成立四川大学科级机构设置和科级干部选拔任用工作监督小组，成员由校纪委办公室、监察处、校工会等单位组成，监督小组办公室设在校纪委办公室、监察处。

二、四川大学师德建设与监督委员会（川大委〔2019〕7号）

主　任：王建国　李言荣

副主任：曹　萍　梁　斌

委　员：（按姓氏笔画排序）

石　坚　李中锋　李栓久　邱　梅　张红伟　张春霞

陈　森　范嗣云　罗德明　赵长生　赵　露　袁　斌

徐海鑫　郭　勇　傅其林　褚良银　熊　伟

三、四川大学定点扶贫工作领导小组（川大委〔2019〕19号）

组　长：党委书记、校长

副组长：校领导班子其他成员

成　员：党委办公室、校长办公室、党委组织部、校纪委办公室、监察处、党委宣传部、校工会、校团委、人事处、社会科学研究处、科学技术发展研究院、实验室及设备管理处、国有资产管理处、财务处、医学管理处、机关党委、对外联络办公室、成人继续教育学院（成教与网络）、全国干部教育培训基地、科技产业集团、后勤集团主要负责人

四、四川大学机关部处及业务单位科级科级干部选拔任用工作领导小组、科级干部选拔任用工作小组、科级干部选拔任用工作监督小组（川大委〔2019〕21号）

成立四川大学科级干部选拔任用工作领导小组（以下简称“领导小组”），由学校分管组织工作的校领导任组长，由分管纪检工作和人事工作的校领导任副组长，成员由党委组织部、校纪委办公室、监察处、人事处、机关党委等单位组成。负责学校机关部处及业务单位科级干部选拔任用工作，研究解决工作中的重大问题。

成立四川大学科级干部选拔任用工作小组（以下简称“工作小组”），成员由校党委办公室、校长办公室、党委组织部、人事处、机关党委等单位组成。工作小组办公室设在党委组织部和人事处，负责学校机关部处及业务单位科级干部选拔任用具体工作，指导各单位开展选任工作。

成立四川大学科级干部选拔任用工作监督小组（以下简称“监督小组”），成员由校纪委办公室、监察处、校工会等单位组成。监督小组办公室设在校纪委办公室、监察处，负责对学校机关部处及业务单位科级干部选拔任用工作的监督。

五、“不忘初心、牢记使命”主题教育领导小组（川大委〔2019〕41号）

组　长：王建国

副组长：李言荣　陈志坚　晏世经　侯太平　曹　萍　梁　斌
　　　　李蓉军　张　林　涂　智　郭　勇

领导小组下设办公室，负责日常组织实施。办公室设在校党委组织部。办公室成员由党委办公室、校长办公室、党委组织部、党委宣传部、党委统战部、校纪委办公室、党委学生工作部、研究生工作部、党委教师工作部、机关党委等主要负责人组成。

主　任：曹　萍

副主任：陈志坚　郭　勇

成　员：李中锋　范嗣云　徐海鑫　邱　梅　滕文浩　陈　森
　　　　李栓久　赵长生　韩　杰

四川大学各级人大代表、政协委员、政府参事、民主党派负责人等人员名单

一、各级人大代表（27人）

1. 第十三届全国人大代表（5人）

代　表：许唯临　四川大学常务副校长　（中共、民进）
徐玖平　商学院　（九三）
甘华田　华西临床医院（华西医院）　（农工）
里　赞　法学院　（民革）
李为民　华西临床医院（华西医院）　（中共）

2. 第十三届四川省人大代表（7人）

代　表：谢和平　四川大学原校长　（中共）
蔡小于（女）　商学院　（民建）
雷景新　高分子科学与工程学院　（民进）
李　睿（女）　公共管理学院　（民革）
赵　霞（女）　华西第二医院　（民革）
周　波　建筑与环境学院　（无党派）
王坤杰　华西临床医院（华西医院）　（无党派）

3. 第十七届成都市人大代表（9人）

代　表：解慧琪（女）　华西临床医学院（华西医院）　（九三）
郑　艾（女）　华西第二医院　（民盟）
赵　宇（回族）　华西临床医学院（华西医院）　（九三）
侯一平　华西基础与法医医院　（农工）
黄婉霞（女）　材料科学与工程学院　（民进）
杨家印　华西临床医学院（华西医院）　（九三）
骆　红（女）　水利水电学院　（农工）
刘　莘　公共管理学院　（民进）
项　涛　华西口腔医院　（民建）

4. 第七届武侯区人大代表（5人）

常　委：史　江（女）　公共管理学院　（民建）
代　表：李光宪　高分子科学与工程学院　（中共）

肖　阳　华西临床医学院（华西医院）　（中共）
刘兴年　水利水电学院　（九三）
王　杭（女）　华西口腔医学院　（无党派）

5. 第十八届双流区人大代表（1 人）

许唯临　四川大学常务副校长　（中共、民进）

二、各级政协委员（52 人）

1. 第十三届全国政协委员（5 人）

常　委：石　碧　轻纺与食品学院　（无党派）
陈　放　生命科学学院　（民盟）
王正荣　华西基础医学与法医学院　（农工）
委　员：李言荣　四川大学党委副书记、校长　（中共）
冯小明　化学学院　（致公党）

2. 第十二届四川省政协委员（16 人）

副主席：王正荣　华西基础医学与法医学院　（农工）
陈　放　生命科学学院　（民盟）
委　员：朱建华　物理科学与技术学院　（民盟）
罗德云　华西临床医学院（华西医院）　（民革）
罗懋康　数学学院　（九三）
刘　进　华西临床医学院（华西医院）　（无党派）
王　杭（女）　华西口腔医院　（无党派）
尹如铁（女）　华西第二医院　（农工）
姚　进　制造科学与工程学院　（农工）
母得志　华西第二医院　（致公党）
黄灿华　华西基础与法医学院　（民盟）
冯小明　化学学院　（致公党）
张　彬（女）　电子信息学院　（九三）
褚良银（土家族）　四川大学副校长　（九三）
熊　峰（女）　建筑与环境学院　（无党派）
陈德才　华西临床医学院（华西医院）　（九三）

3. 第十五届成都市政协委员（26 人）

副主席：徐玖平　商学院　（九三）
常　委：甘华田　华西临床医学院（华西医院）　（农工）
里　赞　法学院　（民革）
林鹏智　水利水电学院　（无党派）
方定志　华西基础与法医学院　（无党派）
刘长武　水利水电学院　（致公党）
委　员：胡　昂　建筑与环境学院　（中共）
曹　钰（女、回族）　华西临床医学院（华西医院）　（中共）

任世杰　高分子科学与工程学院　（民革）
谢凌志　新能源与低碳技术研究院　（民革）
邓菊秋（女）　经济学院　（民建）
龚玉萍（女）　华西临床医学院（华西医院）　（民建）
高庆红　华西口腔医院　（民进）
陈龙奇　华西临床医学院（华西医院）　（农工）
刘用明　审计处　（农工）
黄　宁　华西基础医学与法医学院　（农工）
符文熹　水利水电学院　（农工）
李玉函　华西临床医学院（华西医院）　（农工）
蒋晓莲（女）　华西临床医学院（华西医院）　（农工）
雷　鹏　华西基础医学与法医学院　（致公党）
裴晓方（女）　华西公共卫生学院　（致公党）
唐玥玓（女）　华西临床医学院（华西医院）　（致公党）
张　蕊（女）　经济学院　（九三）
刘　芳（女）　华西临床医学院（华西医院）　（九三）
刘昕杰　法学院　（无党派）
游劲松　化学学院　（无党派）

4. 第七届武侯区政协委员（3人）

委　员：邓国营　经济学院　（民建）
刘　芳（女）　华西临床医学院　（九三）
杨家印　华西临床医学院　（九三）

5. 第十一届双流区政协委员（2人）

常　委：李　赛　化学工程学院　（民建）
委　员：李沄璋　建筑与环境学院　（致公党）

三、民主党派各级任职人员

（一）民主党派中央委员（9人）

1. 中国国民党革命委员会第十三届中央委员会

委　员：里赞　法学院

2. 中国民主建国会第十一届中央委员会

委　员：干胜道　商学院

3. 中国民主促进会第十四届中央委员会

委　员：许唯临　四川大学常务副校长

4. 中国农工民主党第十六届中央委员会

常　委：王正荣　华西基础医学与法医学院
委　员：甘华田　华西临床医学院
姚　进　制造科学与工程学院

5. 中国致公党第十五届中央委员会

委　员：冯小明　化学学院

6. 九三学社第十四届中央委员会

委　员：徐玖平　商学院

褚良银　四川大学副校长

（二）民主党派省委委员（22 人）

1. 中国国民党革命委员会四川省第十二届委员会

副主委：里　赞　法学院

委　员：李　睿（女）　公共管理学院

2. 中国民主同盟四川省第十二届委员会

委　员：尹海林　实验动物中心

朱建华　物理科学与技术学院

3. 中国民主建国会四川省第九届委员会

常　委：蔡小于（女）　商学院

干胜道　商学院

委　员：史　江（女）　公共管理学院

项　涛　华西口腔医院

4. 中国民主促进会四川省第八届委员会

副主委：许唯临　四川大学常务副校长

常　委：雷景新　高分子科学与工程学院

委　员：黄婉霞（女）　材料科学与工程学院

5. 中国农工民主党四川省第十二届委员会

主　委：王正荣　华西基础医学与法医学院

副主委：甘华田　华西临床医学院

姚 进　制造学院

委　员：曹　亚（女）　高分子科学与工程学院

6. 中国致公党四川省第七届委员会

副主委：冯小明　化学学院

委　员：母得志　华西第二医院

刘长武　水利水电学院

7. 九三学社四川省第八届委员会

副主委：徐玖平　商学院

褚良银　四川大学副校长

常　委：张　彬（女）　电子信息学院

委　员：解慧琪（女）　华西临床医学院（华西医院）

（三）民主党派市委委员（37 人）

1. 中国国民党革命委员会成都市第十二届委员会

主　委：里　赞　法学院

常　委：李　睿（女）　公共管理学院

委　员：傅　江　法学院

罗德云　华西临床医学院（华西医院）

谢凌志　新能源与低碳技术研究院

2. 中国民主同盟成都市第十四届委员会

副主委：朱建华　物理科学与技术学院

常　委：龙恩深　建筑与环境学院

尹海林　实验动物中心

委　员：陈东林　华西药学院

曹　毅　生命科学学院

寇兴明　化学学院

陈彬兵（女）　电气信息学院

陈雪融（女）　华西临床医学院

费德君（女）　四川大学学报（工程科学版）

3. 中国民主建国会成都市第十四届委员会

副主委：蔡小于（女）　商学院

常　委：史　江（女）　公共管理学院

委　员：项　涛　华西口腔医院

4. 中国民主促进会成都市第十一届委员会

副主委：刘　莘　公共管理学院

常　委：黄婉霞（女）　材料科学与工程学院

委　员：况伟宏　华西临床医学院

高庆红　华西口腔医院

谢嘉琼（女）　水利水电学院

5. 中国农工民主党成都市第十二届委员会

主　委：甘华田　华西临床医学院（华西医院）

副主委：尹如铁（女）　华西第二医院

常　委：刘用明　审计处

蒋晓莲（女）　华西临床医学院（华西医院）

骆　红（女）　水利水电学院

委　员：黄　宁　华西基础与法医学院

6. 中国致公党成都市第七届委员会

副主委：刘长武　水利水电学院

委　员：李沄璋　建筑与环境学院

谭庆华　华西临床医学院

7. 九三学社成都市第十二届委员会

主　委：徐玖平　商学院

副主委：解慧琪（女）　华西临床医学院

陈德才　华西临床医学院
常　委：张　彬（女）　电子信息学院
委　员：赵　宇　华西临床医学院
李　瑛（女）　化学学院

（四）我校各民主党派负责人

1. 民革四川大学第四届委员会

主　委：李　睿（女）　公共管理学院
副主委：李瑞海　高分子科学与工程学院
罗德云　华西临床医学院
陈红莹（女）　图书馆

2. 民盟四川大学第四届委员会（2019.04）

主　委：朱建华　物理科学与技术学院
副主委：陈彬兵（女）　电气信息学院
陈东林　华西药学院
黄丽君（女）　外语学院
高　戈　化学学院
陈雪融　华西临床医学院

3. 民建四川大学第四届委员会

主　委：项　涛　华西口腔医院
副主委：徐晓东　外语学院
李　赛　化学工程学院
龚玉萍（女）　华西临床医学院（华西医院）
史　江（女）　公共管理学院
邓菊秋（女）　经济学院

4. 民进四川大学第四届委员会（2019.05）

主　委：雷景新　高分子科学与工程学院
副主委：黄婉霞（女）　材料科学与工程学院
姜猛进　高分子科学与工程学院
况伟宏　华西临床医学院（华西医院）
牛永革　商学院
张大伟　生命科学学院
苟马玲　华西临床医学院（华西医院）

5. 农工党四川大学第四届委员会

主　委：陈龙奇　华西临床医学院（华西医院）
副主委：刘用明　审计处
朱　渝（女）　华西第二医院
骆　红（女）　水利水电学院
陆　方（女）　华西临床医学院（华西医院）

6. 致公党四川大学第四届总支委员会

主　委：张　苏艺术学院

副主委：尹　波　古籍整理研究所

裴晓方（女）　华西公共卫生学院

7. 九三学社四川大学第四届委员会

主　委：张　彬（女）　电子信息学院

副主委：刘兴年　水利水电学院

张　蕊（女）　经济学院

商慧芳（女）　华西临床医学院（华西医院）

揭筱纹　商学院

赵　宇（回族）　华西临床医学院（华西医院）

余　微　化学工程学院

四、各级政府参事（14人）

（一）四川省人民政府参事室参事（2人）

姜晓萍（女）　公共管理学院　（中共）

周　东　华西临床医学院　（无党派）

（二）成都市人民政府参事室参事（12人）

步　宏　华西临床医院（华西医院）　（中共）

邓　翔　经济学院　（无党派）

蒋国庆　经济学院　（民盟）

宋　伟　商学院　（民盟）

张建新　华西公共卫生学院　（致公党）

冯小明　化学学院　（致公党）

李　刚　宗教所　（中共）

李　蔚（女）　商学院　（无党派）

左卫民　研究生院　（中共）

王建平　法学院　（民革）

张尚福　华西临床医学院　（民盟）

张　苏　艺术学院　（致公党）

五、各级文史馆员

（一）四川省文史馆馆员（7人）

向　熹　文学与新闻学院　（九三）

马继贤　历史文化学院　（民革）

何　崝　历史文化学院　（无党派）

陈　兵　道教与宗教文化研究所　（无党派）

侯开嘉　艺术学院　（无党派）

江玉祥　文学与新闻学院　（无党派）

舒大刚　古籍整理研究所　（2019年6月聘）　（中共）

四川省文史馆特约馆员（4人）

徐新建　文学与新闻学院　（无党派）

霍　巍　历史文化学院　（中共）

易　丹　文学与新闻学院　（无党派）

黄宗贤　艺术学院　（中共）

（二）成都市文史馆馆员（2人）

陈廷湘　历史文化学院　（中共）

俞理明　文学与新闻学院　（无党派）

六、成都市知识分子联谊会第一届理事会（6人）

会　长：林鹏智　水利水电学院

理　事：邓　翔　经济学院

郑　莹（女）　华西第二医院

李映福　历史文化学院

王　杭（女）　华西口腔学院

蒲晓红（女）　公共管理学院

七、四川省知识分子联谊会第三届理事会（20人）

副会长：石　碧　轻纺与食品学院

常务理事：王　杭（女）　华西口腔医院

王益谦　西部开发研究院

齐建国　基础医学与法医学院

何一民　历史文化学院

杨力壮　公共管理学院

林鹏智　水利水电学院

曾　智　华西临床医学院（华西医院）

熊　峰（女）　建筑与环境学院

理　事：王东杰　历史文化学院

邓　勇　华西药学院

邓　翔　经济学院

兰建武　轻纺与食品学院

孙　群（女）　生命科学学院

李　涛（女）　华西医院

陈　勇　西部开发研究院

李映福　历史文化学院

林　平（女）　图书馆

周　波　建筑与环境学院

郑　莹（女）　华西第二医院

八、四川欧美同学会·四川留学人员联谊会（21 人）

会　长：王正荣　华西基础与法医学院　（农工）
副会长：李光宪　高分子工程与科学学院　（中共）
　　　　石　碧　轻纺与食品学院　（无党派）
常务理事：甘华田　华西临床医学院　（农工）
　　　　　林鹏智　水利水电学院　（无党派）
　　　　　周　桥　华西临床医学院　（无党派）
　　　　　徐　君（女）　历史文化学院　（民革）
　　　　　龚玉萍（女）　华西临床医学院　（民建）
理　事：刘俊勇　电气信息学院　（中共）
　　　　李永生　化学工程学院　（民盟）
　　　　苟富均　物理科学与技术学院　（无党派）
　　　　杨　毅　生命科学学院　（无党派）
　　　　张　林　华西第二医院　（中共）
　　　　张　斌　数学学院　（无党派）
　　　　易　丹　文学与新闻学院　（无党派）
　　　　周　军　外语学院　（九三）
　　　　项　涛　华西口腔医院　（民建）
　　　　胡　昂　建筑与环境学院　（中共）
　　　　高　鸿　轻纺与食品学院　（致公党）
　　　　郭　兵　计算机学院　（九三）
　　　　尹海林　实验动物中心　（民盟）

九、成都欧美同学会·成都留学人员联谊会第一届理事会

副会长：王玉忠　化学学院
副秘书长：张嗣杰　国际合作与交流处
　　　　　黄灿华　华西基础与法医学院
常务理事：王玉忠　化学学院
　　　　　张嗣杰　国际合作与交流处
　　　　　黄灿华　华西基础与法医学院
　　　　　任世杰　高分子科学与工程学院
　　　　　余希杰　华西医院
　　　　　闵　理　华西医院
　　　　　苟马玲　华西医院
　　　　　昂　然　物理学院
　　　　　曹　钰（女、回族）　华西医院
理事：成　果（女）　华西医院
　　　刘　杰　华西医院
　　　汤岳琴（女）　建筑与环境学院

许　恒　华西医院生物国家重点实验室
孙　美（女）　商学院
苏　丹　华西医院生物国家重点实验室
李　睿（女）　公共管理学院
沈颉飞　华西口腔医院
张凯山　建筑与环境学院
林　涛　计算机学院
胡　昂　建筑与环境学院
袁一民　艺术学院
高　鸿　轻纺与食品学院
高庆红　华西口腔医院
郭维华　华西口腔医院
曹中炜（女）　华西第二医院
雷　莉（女，回族）　海外教育学院
雷　鹏　华西基础与法医学院
熊静远　华西公共卫生学院

十、成都市新侨联谊会

副会长：游劲松　化学学院　（无党派）
秘书长：胡　昂　建筑与环境学院　（中共）
理　事：刘艺婷　建筑与环境学院　（中共）
李　燕　华西口腔医院　（中共）

十一、四川大学第一届知识分子联谊会

会　长：熊　峰（女）　建筑与环境学院
副会长：刘昕杰　法学院
昂　然　物理科学与技术学院
文玉华　制造科学与工程学院
杨　征　华西口腔医院
秘书长：吴　潇　建筑与环境学院
理　事：杨　鑫（女）　商学院
蔡尚伟　文学与新闻学院
杨　坤　化学工程学院
王津涛（女）　华西公共卫生学院
嘎尔让　历史文化与旅游学院
刘　凯　电气学院
孙　群（女）　生命科学学院
叶　英（女）　外语学院
林之恩　化学学院
曾英姿（女）　图书馆

李婉宜（女） 华西基础与法医学院
谭 鸿 高分子材料与科学学院
姚 强 华西第二医院
张文学 轻纺与食品学院
林江莉 材料科学与工程学院
胡文传 数学学院
尹宗宁（女） 华西药学院
范 炜 公共管理学院
林 涛 计算机学院
王坤杰 华西临床医学院
李大海 电子信息学院
孙立成 水利水电学院
于 璐（女） 经济学院
周炯焱 艺术学院

十二、四川大学第一届留学人员联谊会

会 长：石 碧 轻纺与食品学院
副会长：李延浩 艺术学院
刘 波 化学学院
万学红 华西临床医学院
李沄璋（兼秘书长） 建筑与环境学院
理 事：章 乐 计算机学院
雷 鹏 基础与法医学院
王 欣（女） 外语学院
戴 峰 水利水电学院
钮大文 化学工程学院
周维东 文学与新闻学院
文玉华 制造科学与工程学院
龙炳蔚 物理科学与技术学院
袁 嘉 法学院
唐英凯 商学院
曹中炜（女） 华西第二医院
杨晓庆 电子信息学院
郑 柯 化学学院
韩向龙 华西口腔医院
张楚红（女） 高分子科学与工程学院
胡泽春 数学学院
李 彬 电气信息学院
朱小红 材料科学与工程学院

曾忠东（女）　经济学院
成　果（女）　华西公共卫生学院
张　阳　生命科学学院
张嗣杰　国际合作与交流处
李　睿（女）　公共管理学院

2019年度学生工作主要获奖成果一览表

参赛项目名称	等级	获奖情况	获奖学生/人次数
美国大学生数学建模竞赛	国际级	国际特等奖2项，国际一等奖7项，国际二等奖15项，国际三等奖68项	92
国际基因工程机器设计大赛（iGEM）	国际级	国际特等奖1项	1
2019新加坡亚洲青少年钢琴大赛	国际级	国际特等奖1项	1
国际遗传工程机器（iGEM）大赛	国际级	国际一等奖1项	1
2019年第五届四川大学“互联网+”大学生创新创业大赛获奖名单	国家级	全国金奖2项，全国银奖4项，全国铜奖4项，省金奖13项，省银奖8项，省铜奖9项	40
全国大学生英语竞赛	国家级	全国特等奖15项，全国一等奖12项，全国二等奖146项，全国三等奖242项	415
首届成都服装设计新人奖大赛	国家级	全国特等奖2项	2
第七届“蔡司·金相学会杯”全国高校大学生金相大赛暨第五届全国高校大学生“莱州华银·金相学会杯”材料综合技能大赛	国家级	全国特等奖1项，全国一等奖1项，全国二等奖2项	4
第六届“泰山杯”全国医学影像技术专业大学生（本科）实践技能大赛	国家级	全国特等奖1项，全国一等奖2项，全国二等奖1项，全国三等奖1项	5
第二十一届机器人及人工智能大赛	国家级	全国特等奖1项，全国一等奖1项，全国二等奖2项，全国三等奖1项	5
第六届全国大学生水利创新设计大赛	国家级	全国特等奖1项，全国一等奖1项，全国三等奖1项	3
第六届全国医药院校药学/中药学专业大学生实验技能竞赛	国家级	全国特等奖1项，全国一等奖1项	2
第13届全国化工设计竞赛	国家级	全国特等奖1项，全国二等奖1项，全国三等奖2项，省一等奖1项	5

续表

参赛项目名称	等级	获奖情况	获奖学生/人次数
第七届中国大学生高分子材料创新创业大赛	国家级	全国特等奖 1 项，全国二等奖 2 项	3
第十四届清华 IE 亮剑全国工业工程应用案例大赛	国家级	全国特等奖 1 项，全国三等奖 3 项	4
全国英语口语测评大赛	国家级	全国一等奖 6 项，全国二等奖 6 项，全国三等奖 9 项	21
第十届全国大学生数学竞赛决赛	国家级	全国一等奖 5 项，全国二等奖 5 项，全国三等奖 1 项	11
2019 全国高校数字艺术设计大赛	国家级	全国一等奖 5 项，全国二等奖 14 项，全国三等奖 20 项	39
全国高校数字艺术大赛	国家级	全国一等奖 3 项，全国二等奖 4 项，全国三等奖 6 项	13
2019 年四川省大学生英语挑战赛暨“国才杯”外研社大学生英语竞赛	国家级	全国一等奖 3 项，全国二等奖 1 项	4
第四届全国大学生城市管理竞赛	国家级	全国一等奖 3 项，省二等奖 1 项	4
ACM 国际大学生程序设计竞赛	国家级	全国一等奖 2 项，全国二等奖 6 项，全国三等奖 10 项，省一等奖 3 项，省二等奖 2 项，省三等奖 3 项	16
第二十一届“大旺杯”全国机器人锦标赛	国家级	全国一等奖 2 项，全国二等奖 4 项，全国三等奖 6 项	12
全国大学生电子设计竞赛	国家级、省级	全国一等奖 2 项，全国二等奖 3 项，省一等奖 1 项，省二等奖 11 项，省三等奖 19 项	17
第二十二届“外研社杯”全国大学生英语辩论赛总决赛	国家级	全国一等奖 2 项，全国二等奖 2 项	4
第七届全国大学生光电设计竞赛	国家级	全国一等奖 2 项，全国二等奖 1 项，全国三等奖 1 项	4
第十二届“全国大学生药苑论坛”	国家级	全国一等奖 2 项，全国二等奖 1 项，全国三等奖 1 项	4
第八届“中国软件杯”大学生软件设计大赛	国家级	全国一等奖 2 项，全国三等奖 1 项，省一等奖 3 项	6
第三届全国大学生命科学竞赛	国家级	全国一等奖 2 项，全国三等奖 1 项	3
全国大学生物联网设计竞赛(华为杯)	国家级、省级	全国一等奖 2 项，省二等奖 2 项	4

续表

参赛项目名称	等级	获奖情况	获奖学生/人次数
全国海洋文化创意设计大赛	国家级	全国一等奖 2 项	2
全国机器人锦标赛	国家级	全国一等奖 2 项	2
全国周培源大学生力学竞赛（个人赛）	国家级、省级	全国一等奖 1 项，全国二等奖 4 项，全国三等奖 24 项，省一等奖 23 项，省二等奖 30 项，省三等奖 34 项	116
第十二届全国大学生信息安全竞赛创新实践能力赛	国家级	全国一等奖 1 项，全国二等奖 3 项，全国三等奖 3 项	7
首届全国大学生高分子材料实验实践大赛	国家级	全国一等奖 1 项，全国二等奖 2 项	3
中国工程机器人大赛暨国际公开赛	国家级、省级	全国一等奖 1 项，全国二等奖 1 项，省二等奖 1 项	3
第四届全国大学生生命科学创新创业大赛	国家级	全国一等奖 1 项，全国二等奖 1 项，全国三等奖 3 项	5
第十届“园冶杯”大学生国际竞赛主题竞赛奖	国家级	全国一等奖 1 项，全国二等奖 1 项，全国三等奖 1 项	3
第十届全国大学英语口语测评大赛	国家级	全国一等奖 1 项，全国二等奖 1 项，全国三等奖 1 项	3
第一届全国高分子材料创新创业大赛	国家级	全国一等奖 1 项，全国二等奖 1 项，全国三等奖 1 项	3
第三届“深水杯”全国给排水科技创新大赛	国家级	全国一等奖 1 项，全国二等奖 1 项	2
全国周培源大学生力学竞赛（团体赛）	国家级	全国一等奖 1 项，全国二等奖 1 项	2
全国大学生生物医学工程创新设计竞赛	国家级	全国一等奖 1 项，全国三等奖 3 项	4
全国大学生工程训练综合能力竞赛	国家级、省级	全国一等奖 1 项，全国三等奖 2 项，省一等奖 8 项，省二等奖 11 项	22
第三届“国青杯”全国高校艺术与设计作品大赛，学生组	国家级	全国一等奖 1 项，全国三等奖 2 项	3
第二届全国大学生冶金科技竞赛	国家级	全国一等奖 1 项，全国三等奖 1 项	2
第 3 届全国大学生化工实验大赛	国家级、省级	全国一等奖 1 项，省一等奖 2 项，省三等奖 14 项	17
2019 年中国大学生计算机设计大赛	国家级	全国一等奖 1 项，省三等奖 1 项	2

续表

参赛项目名称	等级	获奖情况	获奖学生/人次数
2019 年全国高校俄语大赛	国家级	全国一等奖 1 项	1
第八次 BITC 口腔种植大赛引导骨再生主题广州分赛区	国家级	全国一等奖 1 项	1
第三届全国大学生岩土工程竞赛	国家级	全国一等奖 1 项	1
全国大学生公共管理案例分析大赛	国家级	全国一等奖 1 项	1
全国高校游戏艺术设计大赛	国家级	全国一等奖 1 项	1
十二届“认证杯”数学中国数学建模网络挑战赛一等奖	国家级	全国一等奖 1 项	1
第二届全国大学生公共卫生综合知识与技能大赛	国家级	全国一等奖 1 项	1
第十届“园冶杯”大学生国际竞赛毕业设计奖（风景园林类）	国家级	全国二等奖 4 项，全国三等奖 7 项	11
第十届蓝桥杯全国软件和信息技术专业人才大赛—个人赛	国家级、省级	全国二等奖 3 项，全国三等奖 4 项，省一等奖 19 项，省二等奖 36 项，省三等奖 58 项	120
CCF 大学生计算机系统与程序设计竞赛	国家级、省级	全国二等奖 3 项，全国三等奖 2 项，省一等奖 4 项，省二等奖 8 项，省三等奖 10 项	27
2021 中国高校计算机大赛	国家级、省级	全国二等奖 2 项，全国三等奖 11 项，省一等奖 12 项，省二等奖 6 项，省三等奖 9 项	40
第七届“中金所杯”全国大学生金融知识大赛	国家级、省级	全国二等奖 2 项，全国三等奖 9 项，省特等奖 1 项，省三等奖 1 项	13
中国计算机设计大赛	国家级、省级	全国二等奖 2 项，全国三等奖 2 项，省一等奖 4 项，省三等奖 3 项	11
第五届全国大学生生物医学工程创新设计竞赛	国家级	全国二等奖 2 项，全国三等奖 2 项	4
华维杯第一届大学生农业水利工程及相关专业创新设计大赛	国家级	全国二等奖 2 项	2
“一带一路”暨金砖国家技能发展与技术创新大赛之“金砖国家青年创客大赛”	国家级	全国二等奖 2 项	2

续表

参赛项目名称	等级	获奖情况	获奖学生/人次数
2019 全国高校人工智能创新大赛	国家级、省级	全国二等奖 1 项，全国三等奖 3 项，省二等奖 1 项，省三等奖 1 项	6
2019 年全国高校计算机能力挑战赛	国家级	全国二等奖 1 项，全国三等奖 3 项	4
中国大学生服务外包创新创业大赛	国家级、省级	全国二等奖 1 项，全国三等奖 1 项，省一等奖 1 项	3
第 9 届全国大学生制药工程设计竞赛	国家级	全国二等奖 1 项，全国三等奖 1 项	2
第二届全国大学生土地规划技能大赛	国家级	全国二等奖 1 项，全国三等奖 1 项	2
第四届全国城市地下空间工程专业大学生模型设计竞赛	国家级	全国二等奖 1 项，全国三等奖 1 项	2
2019 大学生健康教育科普作品大赛	国家级	全国二等奖 1 项，全国三等奖 1 项	2
2019 年全国大学生数学建模竞赛	国家级、省级	全国二等奖 1 项，省一等奖 3 项，省二等奖 2 项，省三等奖 24 项	30
“普译奖”全国大学生英语写作大赛	国家级	全国二等奖 1 项	1
“宝冶杯”第十三届全国大学生结构设计竞赛	国家级	全国二等奖 1 项	1
“北斗杯”大学生科技创新大赛	国家级	全国二等奖 1 项	1
“立昇杯”全国高校给排水科学与工程专业本科生优秀毕业设计	国家级	全国二等奖 1 项	1
“我的最美校服”工业设计大赛	国家级	全国二等奖 1 项	1
2019 年全国高校商业精英挑战赛—商务会奖旅游策划竞赛	国家级	全国二等奖 1 项	1
第二届“求是杯”全国公共管理案例大赛	国家级	全国二等奖 1 项	1
第二届中国“大唐杯”袜艺设计大赛	国家级	全国二等奖 1 项	1
第二届工业工程与精益管理创新大赛	国家级	全国二等奖 1 项	1

续表

参赛项目名称	等级	获奖情况	获奖学生/人次数
第二届全国大学生绿色染整科技创新竞赛	国家级	全国二等奖 1 项	1
第二届全国青少年国学大赛	国家级	全国二等奖 1 项	1
第二届中国高校智能机器人创意大赛 2	国家级	全国二等奖 1 项	1
第三届全国大学生环保知识竞赛	国家级	全国二等奖 1 项	1
第十一届全国青少年文化遗产知识大赛	国家级	全国二等奖 1 项	1
国际口腔医学本科生操作技能大赛	国家级	全国二等奖 1 项	1
全国大学生节能减排社会实践与科技竞赛	国家级	全国二等奖 1 项	1
全国绿色计算机大赛（开源标注）	国家级	全国二等奖 1 项	1
中国包装创意设计大赛	国家级	全国二等奖 1 项	1
中国公共政策案例分析大赛	国家级	全国二等奖 1 项	1
2019 年全国高校创新英语挑战赛（本科及研究生组）初赛	国家级	全国三等奖 3 项	3
批改网 2019 百万同题英语写作活动	国家级	全国三等奖 3 项	3
中国高校智能机器人创意大赛	国家级	全国三等奖 3 项	3
第十一届全国大学生广告艺术大赛	国家级、省级	全国三等奖 2 项，省二等奖 5 项，省三等奖 4 项	11
全国大学生机器人大赛——RoboMaster 机甲大师赛总决赛	国家级、省级	全国三等奖 2 项，省二等奖 4 项	6
“徕卡杯”第八届全国大学生金相技能大赛	国家级	全国三等奖 2 项	2
MDV 中央空调设计应用大赛	国家级	全国三等奖 2 项	2
全国高校创新英语挑战赛优秀奖	国家级	全国三等奖 2 项	2
“北斗杯”全国青少年科技创新大赛	国家级、省级	全国三等奖 1 项，省特等奖 1 项	2

续表

参赛项目名称	等级	获奖情况	获奖学生/人次数
第三节“普译奖”全国大学生翻译比赛	国家级、省级	全国三等奖 1 项，省特等奖 1 项	2
第三届全国高校互联网应用创新大赛	国家级、省级	全国三等奖 1 项，省一等奖 2 项	3
第九届全国大学生电子商务“创新，创意及创业”挑战赛	国家级、省级	全国三等奖 1 项，省一等奖 1 项，省二等奖 6 项，省三等奖 7 项	15
第十八届全国大学生机器人大赛 ROBOMASTER2020 机甲大师对抗赛	国家级、省级	全国三等奖 1 项，省二等奖 1 项	2
全国大学生服务外包创新创业大赛	国家级、省级	全国三等奖 1 项，省三等奖 1 项	2
2019robocup 机器人世界杯中国赛	国家级	全国三等奖 1 项	1
第 18 届全国大学生机器人大赛 ROBOCON 赛事	国家级	全国三等奖 1 项	1
“2019 中国国际数字经济博览会数字经济云安全共测大赛”	国家级	全国三等奖 1 项	1
2019 中国工程机器人大赛暨国际公开赛	国家级	全国三等奖 1 项	1
第十届中国大学生物理学术竞赛	国家级	全国三等奖 1 项	1
“本地生活杯”全国高校辩论赛	国家级	全国三等奖 1 项	1
“博文杯”第三届大学生不动产估价技能大赛	国家级	全国三等奖 1 项	1
2018 年全国大学生物联网设计竞赛	国家级	全国三等奖 1 项	1
2019“第五空间”网络安全创新能力大赛	国家级	全国三等奖 1 项	1
2019Fintech 全球大学生金融科技创新大赛三等奖	国家级	全国三等奖 1 项	1
2019 春季中国大学生广告艺术节学院奖	国家级	全国三等奖 1 项	1
2019 德勤税务精英挑战赛	国家级	全国三等奖 1 项	1

续表

参赛项目名称	等级	获奖情况	获奖学生/人次数
2019 年“温氏杯”全国大学生畜产品创新创业大赛	国家级	全国三等奖 1 项	1
2019 年全国大学生电子信息类专业大赛—通信工程应用竞赛	国家级	全国三等奖 1 项	1
2019 字节跳动网络安全攻防总决赛	国家级	全国三等奖 1 项	1
APEC 未来之声全国总决赛	国家级	全国三等奖 1 项	1
第二届全国高校档案学专业大学生课外科技作品竞赛	国家级	全国三等奖 1 项	1
第三届“强网杯”全国网络安全挑战赛线上赛	国家级	全国三等奖 1 项	1
第三届全国大学生城市管理竞赛	国家级	全国三等奖 1 项	1
第十二届“认证杯”数学中国数学建模网络挑战赛	国家级	全国三等奖 1 项	1
第十届蓝桥杯全国软件和信息技术专业人才大赛——视觉艺术设计赛全国选拔赛平面设计类（海报）	国家级	全国三等奖 1 项	1
第十届全国大学生交易竞技大赛	国家级	全国三等奖 1 项	1
第十三届中国制冷空调行业大学生科技竞赛	国家级	全国三等奖 1 项	1
第十一届全国英语听说能力测评大赛	国家级	全国三等奖 1 项	1
第四届全国高校学生课外“核+X”创意大赛	国家级	全国三等奖 1 项	1
全国大学生药苑论坛	国家级	全国三等奖 1 项	1
全国大学生智能建造与管理创新竞赛	国家级	全国三等奖 1 项	1
全国高等学校城乡规划 2019 年城乡社会综合实践调研报告作业评优	国家级	全国三等奖 1 项	1
深圳杯数学建模竞赛	国家级	全国三等奖 1 项	1

续表

参赛项目名称	等级	获奖情况	获奖学生/人次数
首届全国大学生智能建造与管理创新竞赛	国家级	全国三等奖 1 项	1
中国大学生广告艺术节第十六届学院奖秋季赛	国家级	全国三等奖 1 项	1
中国国际飞行器设计挑战赛	国家级	全国三等奖 1 项	1
2018“骇极杯”全国大学生网络安全邀请赛信息安全作品赛	国家级	全国三等奖 1 项	1
全国英语口语大赛	国家级	全国三等奖 1 项	1
第一届全国大学生土地国情调查大赛	省级	省特等奖 2 项，省三等奖 1 项	3
2019 年四川省第五届食品营养产业青年人才产学研创新设计大赛	省级	省特等奖 1 项	1
第十一届全国大学生数学竞赛四川赛区	省级	省一等奖 130 项，省二等奖 177 项，省三等奖 278 项	585
第三届四川省大学生“锦欣杯”营销策划大赛	省级	省一等奖 12 项，省三等奖 10 项	22
四川省大学生数字艺术作品大赛	省级	省一等奖 8 项，省二等奖 9 项，省三等奖 10 项	27
四川省大学生数字艺术作品大赛	省级	省一等奖 8 项，省二等奖 9 项，省三等奖 10 项	27
第三届四川省大学生营销策划大赛	省级	省一等奖 6 项，省二等奖 4 项，省三等奖 12 项	22
2019 四川省大学生工业设计大赛	省级	省一等奖 6 项，省二等奖 2 项，省三等奖 7 项	15
2019 年（第六届）四川省大学生“生命之星”科技邀请赛暨第三届全国大学生生命科学竞赛四川省省赛	省级	省一等奖 3 项，省三等奖 10 项	13
2019 年四川省大学生财税实务技能大赛	省级	省一等奖 3 项，省二等奖 4 项	7
四川省“挑战杯”全国大学生课外学术科技作品竞赛	省级	省一等奖 3 项，省二等奖 1 项，省三等奖 6 项	10
第五届四川省大学生普通物理知识竞赛	省级	省一等奖 3 项	3

续表

参赛项目名称	等级	获奖情况	获奖学生/人次数
2019 全国高校数字艺术设计大赛四川赛区	省级	省一等奖 2 项，省二等奖 6 项，省三等奖 10 项	18
四川省风景园林大学生设计竞赛	省级	省一等奖 2 项，省二等奖 4 项，省三等奖 5 项	11
第三届四川省大学生光电设计竞赛	省级	省一等奖 2 项，省二等奖 4 项，省三等奖 2 项	8
第十五届“挑战杯”四川省大学生课外学术科技作品竞赛	省级	省一等奖 2 项，省三等奖 2 项	4
第五届四川省创作人才选拔大赛	省级	省一等奖 1 项，省二等奖 2 项，省三等奖 6 项	9
四川省风景园林大学生设计竞赛	省级	省一等奖 1 项，省二等奖 2 项，省三等奖 3 项	6
四川省高校风景园林专业联合设计大赛	省级	省一等奖 1 项，省二等奖 2 项，省三等奖 2 项	5
四川省大学生材料设计大赛	省级	省一等奖 1 项，省二等奖 2 项	3
四川省大学生材料设计大赛	省级	省一等奖 1 项，省二等奖 2 项	3
第三届西南地区大学生物理学术竞赛	省级	省一等奖 1 项，省二等奖 1 项	2
“李冰奖·洛素杯”建筑景观设计大赛	省级	省一等奖 1 项，省三等奖 1 项	2
四川省大学生智能汽车竞赛	省级	省一等奖 1 项，省三等奖 1 项	2
四川省大学生智能汽车竞赛	省级	省一等奖 1 项，省三等奖 1 项	2
第十一届西南地区宝洁商业挑战赛	省级	省一等奖 1 项	1
“花旗杯”金融信息技术应用大赛	省级	省一等奖 1 项	1
2019 四川省大学生生物与环境科技创新大赛	省级	省一等奖 1 项	1
第二届四川省材料设计大赛	省级	省一等奖 1 项	1
第十五届世界华人青少年艺术节“央音”青少年艺术展演	省级	省一等奖 1 项	1
庆祝中华人民共和国成立 70 周年暨大学生艺术专场展演	省级	省一等奖 1 项	1
四川省第二届材料设计大赛	省级	省一等奖 1 项	1

续表

参赛项目名称	等级	获奖情况	获奖学生/人次数
四川省第二届材料设计大赛	省级	省一等奖 1 项	1
56 个月亮西部大学生动漫节	省级	省二等奖 3 项	3
一带一路欧洲杯国际青少年艺术节	省级	省二等奖 3 项	3
一带一路欧洲杯国际青少年艺术节	省级	省二等奖 3 项	3
2019 全国大学生工程训练综合能力竞赛	省级	省二等奖 2 项	2
第十四届新加坡中新国际音乐比赛	省级	省二等奖 2 项	2
四川省 2019 年舞蹈新作比赛	省级	省二等奖 2 项	2
2019 年“四叶草安全杯”四川省大学生信息安全技术大赛	省级	省二等奖 2 项，省三等奖 1 项	3
2019 四川大学生工业工程创新应用案例大赛	省级	省二等奖 2 项，省三等奖 1 项	3
第四届“意尔康·工匠杯”鞋靴设计创作大奖赛	省级	省二等奖 1 项，省三等奖 5 项	6
第三届全国大学生集成电路创新创业大赛全国总决赛	省级	省二等奖 1 项，省三等奖 3 项	4
第五届墨尔本国际音乐节	省级	省二等奖 1 项，省三等奖 3 项	4
第五届四川省大学生结构设计竞赛	省级	省二等奖 1 项，省三等奖 3 项	4
第十四届全国大学生“恩智浦”杯智能汽车竞赛	省级	省二等奖 1 项，省三等奖 2 项	3
丝绸之路国际青少年艺术大赛	省级	省二等奖 1 项，省三等奖 2 项	3
Imagine Cup 微软“创新杯”全球学生科技大赛	省级	省二等奖 1 项，省三等奖 1 项	2
2019 迈克杯全国高等院校医学检验专业校际协作会西南地区临床检验技能大赛	省级	省二等奖 1 项，省三等奖 1 项	2
四川传统工艺创意设计大赛	省级	省二等奖 1 项，省三等奖 1 项	2
第七届全国大学生金牌调解员技能大赛	省级	省二等奖 1 项	1

续表

参赛项目名称	等级	获奖情况	获奖学生/人次数
全国大学生“恩智浦”杯智能汽车竞赛	省级	省二等奖 1 项	1
“希望之星”英语风采大会四川省二等奖	省级	省二等奖 1 项	1
第三届四川省大学生光电设计竞赛创意组	省级	省二等奖 1 项	1
四川省大学生创新创业大赛二等奖	省级	省二等奖 1 项	1
2019 年楚风杯第 15 届大学生书画大赛	省级	省二等奖 1 项	1
2019 年第十一届全国大学生广告艺术大赛	省级	省二等奖 1 项	1
第十二届全国周培源大学生力学竞赛（四川赛区）	省级	省二等奖 1 项	1
中国国际飞行器设计挑战赛选拔赛（北川站）	省级	省二等奖 1 项	1
中国国际飞行器设计挑战赛选拔赛（北川站）	省级	省二等奖 1 项	1
第二十五届康腾全国高校学生商业案例分析大赛	省级	省三等奖 2 项	2
亚太数学建模竞赛	省级	省三等奖 2 项	2
第九届高校环境设计大赛	省级	省三等奖 2 项	2
四川省大学生信息安全竞赛	省级	省三等奖 2 项	2
2019 高校网安联赛线上赛	省级	省三等奖 1 项	1
“第二届中国温岭·曙光狮杯”鞋靴设计创作大奖赛	省级	省三等奖 1 项	1
第二十五届武汉大学“国金证券”杯康腾全国高校学生商业案例分析大赛	省级	省三等奖 1 项	1
第六届“发现杯”全国大学生互联网软件设计大奖赛区域赛三等奖	省级	省三等奖 1 项	1
“挑战杯”四川省课外学术科技作品竞赛	省级	省三等奖 1 项	1

续表

参赛项目名称	等级	获奖情况	获奖学生/人次数
2019“嘉韦思杯”上海市网络安全邀请赛	省级	省三等奖1项	1
2019年四川省大学生ERP沙盘模拟经营大赛	省级	省三等奖1项	1
2019上海市大学生网络安全大赛	省级	省三等奖1项	1
第三届荥经黑典黑砂艺术现场创作大赛匠心奖	省级	省三等奖1项	1
甘肃省庆祝祖国七十周年书画展	省级	省三等奖1项	1
互联网+软件设计大赛	省级	省三等奖1项	1

四川大学2019届省级优秀毕业生名单

经济学院

陈庆凯　程　翔　刘恒志　沈思宇　石　梦　涂宏辉　余啸东　张金晶

法学院

刘　尉　舒　琪　薛　雪　杨　眉　张福英

文学与新闻学院（新闻学院）

贾雨蒙　林志超　田方圆　杨　清　赵天琦　赖逸平　刘　祯　杨璐嘉　张馨月

外国语学院

丁金莲　杜　越　张　芃

艺术学院

陈昆山　李秋里　宋明蔚　王潇悦　张　元

历史文化学院（旅游学院）

曹仙婷　李玥彤

数学学院

李鑫桐　杨博寒　詹岳天

物理科学与技术学院（核科学与工程技术学院）

刘洪铭　刘　攀　刘　彤　王海亮　喻睿华

化学学院

韩建军　李茜茜　张　雪　张　宇

生命科学学院

罗兴永　吴顺康　熊粟栗　赵长菘

电子信息学院

储　繁　李启磊　王海麟　王昱晨　席梦园　肖　聃　张子涵

材料科学与工程学院

胡方雷　刘恩佐　王　杰

机械工程学院

李　洋　舒生豪　王　奇　张目超　周虹伶　朱高晗

电气工程学院

柴雁欣　陈茂林　韩讴竹　胡　帅　姜雨孜　凌　涌　田维维

计算机学院（软件学院）

陈荣钰　傅　丰　高雯雯　石　静　王兆宇　钟志鹏　冯　犇　孙于司琪

建筑与环境学院

付香云　李解元　万紫千　谢于松　杨　涵　杨镇文

水利水电学院

纪杰杰　李海波　王佳乐　张　琪　赵盼盼

化学工程学院

彭寒雨　吴佳乐　谢　鑫　杨祖光　张淑君　周万海

轻工科学与工程学院

李　杨　伍思琦　张　彤

高分子科学与工程学院

程　政　李维航　吕春燕　宋　昕　张　祥　赵友博

华西基础医学与法医学院

宋子宽　王佩佩

华西临床医学院（华西医院）

侯炎冰　兰　天　刘仑鑫　倪越男　苏小娟　王成弟　肖瑛琦　叶　胜　胡亦清　潘南方　汪曼妮　王筱洁　周　健　朱师禹

华西口腔医学院（华西口腔医院）

白贺天　陈　昕　杜　文　黄汉尧　张碧荷

华西公共卫生学院（华西第四医院）

陈梦曦　妲兰画　梁楷利

华西药学院

蔡毅范　刘　曼　王璐瑶　吴贝贝

公共管理学院

郭欣雨　结宇龙　孙国烨　王禹栋　张　杰　仲家琳

商学院

金　怡　李　祎　刘　冰　唐　明　王新鑫　张伟齐

马克思主义学院

杜宛玥

空天科学与工程学院

李泊立　王剑宇

匹兹堡学院

田旖琦　汪越楚

国际关系学院

高　亮

网络空间安全学院

张　成　郭勇延

吴玉章学院

黎雯瑞　陆韵晗

生物治疗国家重点实验室

刘　闯　孙　丹　夏秋琦　张沛东

生物材料工程研究中心

朱　月

四川大学2019届校级优秀本科生毕业生、优秀本科毕业生干部名单

经济学院（92人）

优秀毕业生（59人）

邓林豪 罗青云 王珞琪 荀　月 武钰渊 乔张媛 刘　焱 尤政勤 张　星
何英明 袁成欣 孙京骅 张　睿 张子美 王佳乐 肖丽娟 盛凯帆 陆香怡
郭浩东 周子昂 邓芳树 文青爽 陈茂秋 丁智颖 谭　平 董　玲 幸亚林
蒋　媛 姜政羽 闫馨禾 韩泰来 杨　清 冉　丹 谭　欣 刘　琪 涂漫漫
赵圣华 匡晨允 李越秋 熊　涛 陈雨淅 林　艇 何梦亚 徐　薇 周章梅
邓启运 张可昕 黄　博 肖靖宇 王雅雯 王梦媛 霍　哲 刘盈杉 张　菁
王紫源 吴若溪 赵钟玥 赵芷婧 梁泽鹏

优秀毕业生干部（33人）

肖天豪 蔺心玥 胡程辉 乔　丹 李　珂 李拓明 林凤铃 赵　洁 刘　西
王丽影 张雨诗 任贤聪 李慧榕 崔　晓 赖泫蓉 李　直 饶志琳 冷文如
杨锦曦 杨　博 王艺衡 杜　钰 杭诗敏 奚晗悦 刘　凯 丁倚丹 高　源
卢柯宇 李　鑫 李佳芯 罗浩川 陈　琪 皇甫佳昕

法学院（29人）

优秀毕业生（20人）

高西雅 李林硕 刘兴春 陆　奕 唐昱瑾 张　歌 卓裕春 陈心悦 邓可欣
徐萍萍 杨冰冰 杨　淼 郑蓁芃 周　倩 黄学敏 吴欣芮 赵　越 丁雨杭
刘晓楠 龚　璞

优秀毕业生干部（9人）

高　愿 黄子淋 林　凡 马懿凡 王　多 李瑞雪 郭开颜 靳玉婵 杨慕野

文学与新闻学院（新闻学院）（60人）

优秀毕业生（40人）

冯芙蓉 方　雨 戴琳琳 何　昫 李妍柳 贾　秘 钱　粲 卿鸿宾 吴文羽
王奕朋 陈子阳 张　勤 杨李昕 周之易 周心怡 唐晓雪 孙　畅 杨彤帆
蔡丹蓝 范潇瑶 陈好好 李真黎 李晓婷 周姝璇 叶婷婷 陶　艺 贾萍萍
陈艳明 王　淳 熊梦玲 杨浩洁 张世文 雷昕同 韩沁雅 牛睿婷 魏思敏
王　洁 郭子慧 廖　韩 魏雨濛濛

优秀毕业生干部（20 人）

胡启鹏 陈元棋 刘宗岱 王静可 肖 琳 杨 蕊 张 璐 李昀蔚 贺嘉年 王艺臻 卢 璐 孟凌霄 程丹玉 容 蓉 杨钰莹 周瑞麒 马姣姣 杨淑娴 余 巧 简 雷

外国语学院（29 人）

优秀毕业生（20 人）

陈 仅 邓永超 王明瑶 纪翔歌 陈 丽 邓 春 彭楚玥 刘 璐 刘梦琴 董巧涵 张靖涵 陈佳音 易婧娴 霍媛媛 张 月 向子悦 罗庆益 陈柯宏 梁家欣 邓 颖

优秀毕业生干部（9 人）

梁玉迎 胡 雪 马国睿 刘秀阳 孙国源 席帅萌 万秉冉 张 懿 胡曾莉

艺术学院（57 人）

优秀毕业生（39 人）

廖超斌 李林森 金亚南 王伟成 易怡芳 王 瑶 杜若宣 潘心杨 陈墨奇 彭湖湾 陈雨晨 王悦竹 贾馥宇 刘 悦 蔡宜然 孙雨珂 蔡钟欧 杨静帆 蔡润芝 梁海育 李一润 艾博文 陈柳伶 谭晋豫 易 涛 米晓翰 赵晨怡 宋明宇 关晓悦 余 熹 李梓瑄 杨怀玉 黄雅莉 林子箐 袁 萌 张 箭 邓 进 王骏硕 李龙泽

优秀毕业生干部（18 人）

张烨文 朱 宁 马 骢 张璐瑶 李 铮 张巧族 薛一馨 鄢 源 强 蔷 蔡国威 郑 雪 易家宇 凌世能 李梦雅 王晓梅 朱俊恺 沙 莎 沈嘉蓓

历史文化学院（旅游学院）（29 人）

优秀毕业生（19 人）

郑青彦 王少芹 孟丽君 庄歆怡 廖茂竹 张 珊 孙静静 李梦玲 吴雨婷 刘双全 余蔓青 刘一丁 丁 捷 陈思洋 柏玉婷 冼懿纬 刘 鑫 汪香宇 颛孙如雪

优秀毕业生干部（10 人）

苏 洋 缪依琳 蒋 玲 贾文通 戴家权 甘雅云 白 成 肖馥莲 袁 尚 唐 俊

数学学院（25 人）

优秀毕业生（17 人）

卫 冕 方喆悦 申紫豪 陈 丽 王亦寒 罗人文 廖海岳 马 坤 赖书文 陆辰皓 康家熠 顾幼臻 胡毓林 张 玫 高 颖 李增煜 陈相宇

优秀毕业生干部（8 人）

邓一波 台震堃 朱桢源 杨雅鸿 刘解回 郭金龙 高家慧 唐伦潇

物理科学与技术学院（核科学与工程技术学院）（39 人）

优秀毕业生（27 人）

黎凯凯 李 阳 程心雨 罗熹宇 赵倩儒 高智颖 李 可 曲水音 程勤勤

祝浴航　王　帅　周晓慧　徐　磊　王雪梅　穆翔栩　蒙梓民　文　润　易李城
谭东杰　陈森超　杨仕轩　杨　林　张剑锋　田　娜　李　睿　杨　楠　周　红

优秀毕业生干部（12 人）

郑　伟　冯小港　王淳正　杨亚铃　韩有才　何小钱　王舒民　王天甜　李天罡
范林杰　梁媛媛　姜　浩

化学学院（33 人）

优秀毕业生（22 人）

吴东山　王　健　郭　晨　陈建芳　王　然　张舒雯　黎芳如　王清分　林云婷
牛　童　余　鹏　高天慧　杨沐凡　廖尹静　刘馨遥　何　晴　侯刘真　王凯旋
沈子安　李圆圆　欧阳颖涵　金杨亚男

优秀毕业生干部（11 人）

杨　漆　顾昊天　姜美娜　何昱静　邢家彬　伍星红　杨惠茹　何　梦　刘昭然
吴玉阳　郑　恩

生命科学学院（19 人）

优秀毕业生（14 人）

张小祺　赵　珊　韩　煦　彭焕文　张　凯　岳秋宇　徐小芳　高珍璇　罗　琳
伍　斐　彭威飒　张丹妮　王子儒　欧阳皖赣

优秀毕业生干部（5 人）

燕丽娜　王尚子　付　萌　刘笑宇　康有力

电子信息学院（53 人）

优秀毕业生（38 人）

王　健　阳　港　苟延杰　刘宇勖　杜东宇　宋文帆　宋皆充　侯　峰　冉　苇
李晨阳　陈思宇　石忻平　王美昱　张阳煜　王　洁　张　倩　张雪莹　辛佩莲
侯天舒　武钰晖　王彤彤　张　震　焦文斌　李子寅　周紫敏　周子洪　李乐阳
李舒婷　崔韩东　林子晋　付仕鹏　董方舟　曾跃天　葛晓雪　张静怡　杨斯涵
简艾嘉　于天源

优秀毕业生干部（15 人）

魏鹏锦　彭　铎　姜　越　陈秋越　王泽澎　周翔宇　陈旭彬　邓可苹　佘　圳
蒋季宏　郦一天　李　智　王屹坤　刘姝廷　雷　磊

材料科学与工程学院（38 人）

优秀毕业生（25 人）

程圣福　张小凤　田亚平　辛妮妮　孙茜茜　戴慧敏　杨　丹　刘欣宜　谢　岳
尚兴港　廖　鑫　路学光　杜章立　冯唐栋　严芷瑶　范帅康　张　晰　师嘉程
赵　宇　魏　彬　李君华　赵铁扬　林海涛　郭　强　钟　海

优秀毕业生干部（13 人）

尹雪彤　杨　杰　马余琳　李加宁　贺星元　范明哲　贺亦菲　蒋海燕　陶　锐
岳水利　彭松林　唐德奇　余孟秋

制造科学与工程学院（53 人）

优秀毕业生（35 人）

辛若铭 李开平 李 润 白 雪 肖宇萌 邓辅龙 潘西子 刘郑红 周博皓
蔡雨晨 雍立秋 袁玉峰 赵俊捷 吴文强 赖锦祥 潘楚光 张 翔 刘晓明
蒋子元 陈聂长 刘伯承 杨敬儒 陈赵勤 谢冰涛 吴雨涛 李嘉赓 黄九明
刘 嘉 黄永烁 张锦平 韩 爽 于晓春 耿铭昆 刘佳鑫 邱仕诚

优秀毕业生干部（18 人）

罗荞妍 赵宇薇 樊梦之 张 琳 卢勃勃 龙柳伶 肖 帅 申玉鑫 余宗洋
张毅丰 罗 雪 李昀桦 束 振 陈 坤 刘芮廷 练佳春 彭正超 欧阳乔茜

电气信息学院（65 人）

优秀毕业生（44 人）

姚昊天 李可欣 张婉婷 苏芳菲 魏翔宇 胡 戎 杜明坤 徐云武 陈樱绮
陆 杨 李山山 李骏龙 刘冠杰 杨怡璇 单 鹏 张 琪 刘 双 毛雅洁
蒋淑容 冯静雯 张艺凡 闫惠君 付 佳 段宇欣 石琬婷 范 宇 孙天然
袁增辉 荀 鑫 金双平 贾梦麒 闫箫同 吴姝源 陈铭浩 旷昊恒 潘虹锦
李 洋 毛近贤 郝文清 杨梦洁 马 望 李伊濛 闫圣来 闫梦阳

优秀毕业生干部（21 人）

瞿 科 陈保瑞 谢 琦 赵宇霏 陈诗杰 李杨杨 滕家琛 曾 兵 梁文茹
郑祥存 杨 雨 张必地 苗 科 唐 溢 刘新怡 谢 琦 谢佳霖 车 畅
韩 鹏 李 液 尹艳杰

计算机学院（57 人）

优秀毕业生（46 人）

冯 畅 王书博 李培男 张 力 莫继为 刘曾好 赵泓尧 鲍晓雨 胥 帅
孙典圣 赵 威 方 宁 张铭芮 陈怡凡 郑 航 黄 港 张勇鑫 夏雨杰
李俊洁 魏屹立 桂鹏辉 刘垚伊 陈玮彤 张 杳 郑骑林 周 涛 张耕强
石灏苒 杨吉月 胡晓璇 侯金宏 于文豪 李博雅 张宇豪 丛培鑫 邓毓川
冉 印 李建良 张佳鸿 文红皓 陈孜雯 张丹怡 方子琪 汪 鸣 周雯钰
谭皓月

优秀毕业生干部（11 人）

张楚君 蒋 坤 谭雨璇 周思宇 段其沣 李东璐 丁 洋 罗君宇 李 昱
陈俊晖 吴 昊

软件学院（40 人）

优秀毕业生（27 人）

尹 凯 刘宸睿 邓雄武 王翔宇 冯雪宁 胡紫萍 黎文彬 宋羽珩 生俊怡
杭海天 熊嘉玮 徐飞宇 刘佳艺 姜美羡 黄振洋 薛明峰 李晶怡 张晟源
周绍龙 王福林 潘 超 袁雨晨 黄 伟 董建文 罗 洋 方 涛 陆 咏

优秀毕业生干部（13 人）

杨金瑞 陈友文 戴迟迟 刘 博 方 涛 胡 迪 刘奕林 张 航 石雪震

吴时杰　王港庆　周大文　张　磐

建筑与环境学院（48 人）

优秀毕业生（37 人）

刘天岳　雷　悦　刘佳音　郭星辰　蔡诗瑜　米名璇　朴民赫　徐治志　柴佳楦
周于杰　胡雨昕　陈　丹　邓懿格　常誉尹　刘逸坤　张可凡　杨子谦　潘泓杉
陈　鹏　张博文　敖海宽　葛海波　胡　皓　李家齐　许志强　李乾松　骆自强
冯　婧　胡　号　张丹一　计　喆　王璐璐　季诗怡　安从康　衡文蕾　吴　锐
叶　剑

优秀毕业生干部（11 人）

全雨霏　陈宣樾　崔炳唱　卢　波　查军龙　方　抄　李诗娴　程　丰　陈昌鸿
于　淼　汤华杰

水利水电学院（52 人）

优秀毕业生（34 人）

王　鑫　杨明庆　刘依婷　刘万久　关富傈　张安林　刘畅博　犹　伟　张　晗
张皓杰　罗登泽　李焕运　唐　琦　易银莲　宋堋嘉　汪娅琼　靳晓言　刘淞月
朱昊阳　杨璐华　石羽佳　陈芸洁　魏　俊　舒永红　刘　悦　罗万琦　丁莉莎
邹小林　简梦华　阮　禾　吴金成　王春宇　丁　月　李　行

优秀毕业生干部（18 人）

王梓钧　李有真　叶昌杰　贾云霄　张　皓　禹艳阳　高贝贝　吴　昊　王　欢
李紫薇　兰　欣　王景晨　施靖怡　钟　丹　罗宇兴　蒋财斌　张　迪　蔡啸天

化学工程学院（42 人）

优秀毕业生（31 人）

罗梓梦　冯夏源　张碧玉　田化雨　孔令菲　冯　怡　陈　琳　刘　朋　宋玺文
吴珊珊　王大强　彭瑶瑶　金　丽　刘荣伟　王仁婷　陈　玲　李　熙　邓　露
陈亚萍　豆　蕾　施晶莹　蒋清蓉　单夏静　程子涵　何　清　漆　蔓　吴　霄
冉雅琴　黄嘉欣　段卜渲　陶　忍

优秀毕业生干部（11 人）

魏志桢　牛程畅　刘雪松　彭仕辉　张帅锋　周　欣　马晓楠　张文哲　黎俞琳
董凯钰　韦　昊

轻纺与食品学院（33 人）

优秀毕业生（22 人）

赵丽君　韩　玮　李　翠　孙静悦　陈　琳　徐乾达　顾　敏　武千舒　余国飞
石　宇　冉诗雅　李晶晶　王奕予　柴清仪　刘紫晶　陕怡然　孙　雨　白　雪
李继康　赖鑫婷　徐秀珍　姚　锐

优秀毕业生干部（11 人）

高　震　罗治然　任　永　崔译文　刘荣添　王婉莹　李雨虹　田鑫茹　刘欢欢
代玉珠　曹大韬

高分子科学与工程学院（42人）

优秀毕业生（34人）

崔　芮　傅美睿　罗诗雨　曹友晋　冯　滢　李雪凤　黄楚皓　毛诗哲　王心慧
陈　展　闫　峥　杜　桢　孟　露　何贤哲　谷超玄　徐英特　陶洋丹　刘东红
李承行　黄予旸　林雅瑜　高尚玮　李　鑫　刘亚文　史少聪　黄　鑫　彭浣钦
邱明君　廖　萍　杨　莉　杨　刚　潘济陈　魏　杨　金晨熹

优秀毕业生干部（8人）

宋　程　刁興元　何康馨　霍金磊　彭丽梅　陈周云　李伍沙　赵治宇

华西基础医学与法医学院（10人）

优秀毕业生（8人）

王晨霄　张思凡　黄方怡　周　芳　王　菲　毛丹蜜　邹　静　兰胜男

优秀毕业生干部（2人）

邹　婷　孙雪虹

华西临床医学院（83人）

优秀毕业生（55人）

彭皓宁　朱　莎　王　希　项蒙蒙　刘　佳　高远菁　熊天旭　郭新利　李子昂
郑　静　刘　帅　刁思浩　唐颂龄　陆桑雨　吴娟娟　龙天锌　蒋宇婷　邹雨桐
陶智杭　洪邑雯　李佐艺　张亦弛　郭　硕　汪佩芸　魏垠昊　杨婷婷　黄干天
聂惟珊　吴张立　谭惠心　胡　芮　刘履方　张博文　叶　静　陈佳梅　姚　杉
李　京　姜筱璇　程静霞　黄川雅　肖舒文　唐秀美　谭丽姝　陈振亚　刘雪婷
张爱华　陈志媛　陈　楠　王家嵘　李为昊　余　婷　邓汉宇　高　慧　郑天颖
朱晨静

优秀毕业生干部（28人）

杨乐天　谢乐灵　夏子茹　何俊波　朱星宇　蒋友慧　邢志超　张　萌　唐泽先
陈凤宁　王圣洁　陈常旭　李维雪　赵婉伶　陈校玉　王寻懿　徐文婷　范培琳
张印宏　谭钧旸　田晓萌　韦靖怡　李　开　陈云天　李维静　何林烨　曾少雪
吕晓君

华西口腔医学院（34人）

优秀毕业生（25人）

尹一佳　周佳梁　王　铮　陈　媛　赵夕文　管　浩　魏洁雅　邹怡然　姜　爽
段绍颖　李楚文　陈　悦　蒋欣珂　白明茹　马清格　张　赟　朱　睿　付馨靓
张笑涵　邱　韬　王江玥　王景蓉　杨胜涛　谢　添　聂鲁凌霄

优秀毕业生干部（9人）

肖小月　宋冰清　陈星宇　全淑琪　尧　可　鄢鑫语　张隽婧　王梦媛　王美洁

华西公共卫生学院（31人）

优秀毕业生（23人）

张楚妍　胡　欢　王贵敏　崔淑丹　宁　维　陈维娜　孙　鸿　徐小迪　张心其
吴晨瑶　杨燕玲　谢晓芬　普利明　代苏尧　张愉涵　蔡逸舟　罗彩英　金岚菲

林　韫　张柏杨　严　可　汪池洁　梁玉霞

优秀毕业生干部（8 人）

刘　雪　吕　鑫　杨婉昱　杨一恺　唐　丹　方一安　邵　俊　左　超

华西药学院（29 人）

优秀毕业生（19　人）

俞雅芮　冯佳星　周　媛　徐小艳　朱亦宁　刘　容　钟卓伶　许　婕　王启龙
周婷婷　盖文睿　刘晨冬　杨婷婷　李嘉欣　王　蕊　王冉冉　金子妍　王琦玮
童　凡

优秀毕业生干部（10 人）

陈凯茜　田利凤　孙　星　王　峰　王灵玲　蒋金芮　蒋　敏　仲海晴　潘相丞
刘　烨

公共管理学院（50 人）

优秀毕业生（33　人）

邓宣玮　青　鑫　任军雯　王晓圆　陈俊励　吴川北　张　琳　翟　楠　谢玉雪
奚亚男　王馨婷　张云具　陈婧玮　杨谢炜　荣誉婷　谭　芬　吴艳均　王俊慧
李　玲　解明洁　魏冠华　贾　晰　刘先瑞　刘瑞琦　王　芊　代炳艳　耿　越
刘婧然　刘　丹　刘艺璇　刘柳滟　顾嘉琪　曹方咏峥

优秀毕业生干部（17 人）

唐立序　吴宝家　杨　珊　王妍舒　牛艳茹　龙　玥　巩冬旸　黄玉群　邢琳悦
邓　颖　王　琪　宁　岩　黄　静　蔡　创　罗紫菡　雒如燕　周晴思月

商学院（59 人）

优秀毕业生（44 人）

梁晓刚　黄　易　尧　瑶　徐　宁　汪紫艳　刘潭飞　吴　迪　韩　玉　刘浩轩
胡珊珊　何　杨　梁雅君　张一平　王雨婷　陈家璐　蒋文浩　易小晴　平非凡
李　倩　秦皓楠　冯熙岚　胡念柔　王宇雨　王　灿　唐　璇　李嘉伟　麻亚兰
王　菲　张　琪　黄雨龙　邵佳豪　孙　阳　王金丹　陈学武　陈睿婕　王语嫣
白宁鑫　许博涵　刘棪林　俞婧莹　高嘉琦　杨怡萌　孙立业　魏星宇

优秀毕业生干部（15 人）

邓宛如　刘智文　寇　然　罗　恪　王　婕　程芳蓓　杨敬茜　张艺瑕　夏贵铃
邱星怡　陈　欣　孙嘉璐　沈中元　钟凯文　郭童欣

匹兹堡学院（14 人）

优秀毕业生（9 人）

徐赫锴　罗云轩　赵兰萱　温　晴　阮亚夫　陈慧雅　陈行健　徐　睿　李平天

优秀毕业生干部（5 人）

吴易阳　屈　信　周凡圣　徐澜溪　王映雪

生物治疗国家重点实验室（8 人）

优秀毕业生（5 人）

刘宵钰　潘　梦　赖淦强　王　治　刘品言

优秀毕业生干部（3 人）

田　露　贾　黎　苏　娅

吴玉章学院（62 人）

优秀毕业生（36 人）

邓　澜　毕汝岱　郭志宇　李一悰　倪志强　刘雅心　耿正阳　严若冰　张靖仪
符笑宇　陈凯旋　韩雨沁　刘　兰　张　爽　汪　舸　夏斯源　杨警洁　张梓轩
付　烨　陈舒晴　胡　磊　刘思铭　沈宗毅　王少春　徐志伟　张　凯　朱　江
谷松原　淡　雅　黄　越　刘　婷　孙济民　韦　一　闫　蕊　田梦怡　欧阳心怡

优秀毕业生干部（26 人）

吴彦希　万莘莘　唐子舜　黄　铮　张泽淏　黄宗泽　张正一　顾　嵩　牛美龄
刘晋旭　张灏淼　樊佳源　黄　薇　孔维榕　王学广　钟启辉　郑宇真　吴　洋
林　媛　张雪峰　彭雅琳　李沫达　王　涛　施成威　苗思雨　姜周慧婷

四川大学2019届校级优秀毕业研究生、优秀毕业研究生干部名单

经济学院（44人）

优秀毕业研究生（31人）

张　恒　邬维唯　杨　琴　刘芝育　黄　婷　刘长龙　潘博文　许　倩　李斯璐
肖　江　张露予　李　琳　范锦玲　刘　扬　罗　静　李　琴　王艺晗　金冥羽
王腾飞　杨舒瑶　彭亚金　王　雪　邓睦军　谢向伟　张伟科　朱海华　任　倩
周禹朋　孔　娇　邹正鑫　肖进杰

优秀毕业研究生干部（13人）

张慧丰　谭　雯　杨宇程　张嘉艺　杨文举　杨　鹏　阳金枝　周　静　曾思思
闫秋月　曹　彧　杜秉元　李书凯

法学院（93人）

优秀毕业研究生（74人）

成小爱　吴逢雨　唐露露　王　佳　蔡也曼　陈泊舟　陈佳辛　郑　薇　黄　维
王清萍　何　宇　张蔓容　舒　敏　曾雪繁　明　晨　钟　玥　邹梦邱　饶　健
黄永颖　曹　舒　梅　帅　张雪娇　帅　馨　陈旭东　马　云　高　凯　旺　扎
张坤坤　王洪滢　罗浩文　柴子烨　李　茂　王　婧　陈　雄　李振贤　钟柯昱
王雨茜　陈燕涛　樊　沁　刘　潺　冷悦菊　黄田田　徐铭鸿　李宜鸿　张吉宁
李彦霖　胡　容　陈欢鑫　唐亚男　熊珍桂　周西雅　王伟舟　刘若水　代志在
崔哲嘉　宋桓宇　杨　焘　龚梦莉　刘贞莹　莫晓宇　路英杰　罗　瑶　严明静
赵　敏　高骊佳　段　钰　苏思丽　李　雷　邹　清　陈斐然　韩方方　高　岸
谭英凡　白玛加布

优秀毕业研究生干部（19人）

石文琳　李　虹　李典佶　李诗语　钱永涛　罗　静　张　宁　王宇昂　郭　蕊
赵　亮　卢柯帆　刘忠炫　高　磊　刘思宏　蔡瑞新　段　钰　陈　飞　刘　卫
强巴曲培

文学与新闻学院（115人）

优秀毕业研究生（92人）

要　鑫　苟嘉蔓　余凌斐　王苗苗　苑文雅　何雪莲　杨蕙泽　程楚峣　毛雨寒
赵一静　朱浩铭　杨　晋　林子靖　张　渊　马健烨　李浩文　雷光婷　耿　祯

王丽超　袁其美　赵　娜　朱小宁　徐玉兰　张艳梅　姚佳慧　任媛媛　杜银银
马　赏　邓若瑜　周艾渝　夏赛楠　朱海琳　刘　娜　杨　龄　胥佳欣　高　娜
李正一　刘虹雨　孙亦超　曾楚云　徐庭峰　刘芷菡　陈齐齐　黄　蓉　李　玲
王川元　闫顺平　周晨姿　杨　倩　唐亚丽　赵丽媛　李俊欣　况杉杉　宋巧丽
李佳妹　高瑞雪　李丹琴　罗丽萍　陈钰佳　余智勇　谢汶君　李扶瑶　邓　亚
刘小凤　王孟飞　周祎荷　张　伟　章　颖　曾正兰　阳　露　高亚霏　霍国安
罗　娜　石访访　杨利亭　林雨辉　杨　逸　李佳悦　王枫朝　李　源　高　丽
覃　凡　任丽姝　陈　婧　孟雪可　周尚琴　张　兵　徐　键　闫翠科　李　贺
欧　婧　陈文斌

优秀毕业研究生干部（23 人）

刘　伟　焦　梅　张伟洁　于金燕　董立然　邓凌锋　茹　月　苟小妹　姜楚乔
秦　天　宋雨霜　赵玺媛　马草原　杨　晋　张艳梅　姚佳慧　俞晨曦　郑硕文
陈齐齐　李　玲　赵丽媛　徐丛丛　徐　键

外国语学院（36 人）

优秀毕业研究生（29 人）

郭晏佐　朱妍遐　肖　丽　凌乙元　张钰雯　龚　炫　张鸿铎　陈　竹　陶谢吉
陈　佳　张雨曦　郭　欢　帅仪豪　杨雪莺　任琴琴　徐林铃　杨心彤　汤思维
王依文　钱　龙　罗玉婷　林　瑶　杨再旺　王慧君　黄天颖　温莲芳　蒋婷婷
姜　雪　李慧怡

优秀毕业研究生干部（7 人）

张　璐　余　佳　刘春苗　罗芷莹　顾梅翎　成　莎　刘映杉

艺术学院（30 人）

优秀毕业研究生：（25 人）

高　雯　晋月红　王方圆　叶婷玉　陈宗庆　王玉冰　程婷婷　孙圣雄　查文芳
杨　阳　张恺月　熊　柳　程　吉　刘　静　肖雪娴　杨婷婷　张　杰　杨梓艺
胡玉珊　严　旭　陈含渝　刘芷含　刘智强　李　爽　杨华荣

优秀毕业研究生干部（5 人）

倪唱惠子　吴梦琪　李晓蓉　陈缪男奇　陈润兴

历史文化学院（44 人）

优秀毕业研究生（35 人）

张梦逸　关浩淳　邹珍妮　肖璐娜　邓可人　赵瑞雪　石应勤　何　涛　缪汶伯
陈　焜　贺越洋　何　建　刘艳丁　陈思洁　雷　玲　李　哲　冯黛雨　王继东
李莹飞　王　娟　王思鈜　游思敏　张　炜　刘士缘　李园园　刘昕怡　程　晗
孙晓倩　江秋月　李隆杰　王　娟　胡笺舒　廖苏华　黄津津　李　羚

优秀毕业研究生干部（9 人）

蒋　益　王艺纯　吴奕兵　于　泓　窦浩玉　邵雨虹　赵　超　任　琳　李馨妤

数学学院（24 人）

优秀毕业研究生（19 人）

黄　匀　刘昕萌　杨林语　胡冰洁　苟　准　康剑豪　刘美艳　魏丽娜　徐正伟
牛顿标　胡玉林　佘乾海　张百驹　丁　亮　廖义伟　李自尊　张东培　徐森荣
程建峰

优秀毕业研究生干部（5 人）

汪振宇　王君翌　史　菁　樊智辉　马　婷

物理科学与技术学院（42 人）

优秀毕业研究生（33 人）

张远芬　包南云　李　林　王　仙　蒲梅芳　梁阿坤　牟　杰　王瑞芳　常　静
许紫薇　杜振宇　霍睿智　张笑天　张志艳　钟　宇　刘湘月　李　敏　陈可鸣
马诗音　张晓瞳　方乙宇　王志伟　张佳威　管诗雪　王正上　王晓梅　郭丽芬
张　静　闫改琴　夏欣欣　刘园园　边玉坤　杨全顺

优秀毕业研究生干部（9 人）

雷　琴　王　静　秦晨晨　陈　昭　罗晓芳　向春江　谭　萍　丘明杰　屈玉凡

化学学院（51 人）

优秀毕业研究生（41 人）

谭光映　林潇斌　邓和平　鞠　涛　周鹏飞　徐昌连　佘智杰　徐小鹏　尹江亮
师　洋　张骆强　胡海鹏　许亚莉　代金杭　李　阳　康腾飞　武王斌　付　兴
王　毅　李玲玲　余青颖　卢　岩　王志鹏　覃　柳　孙　敏　宋金同　潘生林
李秋醒　张冰洁　青　静　张　玲　王凤怡　唐东升　李　静　庞聪琳　杨春容
周晓英　林青瑾　杨　丽　王　早　付　婷

优秀毕业研究生干部（10 人）

李　星　石　丹　杜　欢　赵义欢　张　燕　王馨婧　刘晓锋　付　腾　杜　澜
杨世平

生命科学学院（56 人）

优秀毕业研究生（44 人）

邹文姗　杨　欢　任玲萱　刘海英　金芳玉　曾金鑫　吕　蕊　周婧雅　乐思秀
朱梦克　傅冬晴　郭媛媛　陈诗思　李　洁　王　静　刘海坤　徐树涛　张继廷
裴林森　袁　媛　冯　婷　李　茜　易思君　贺富强　陈丹钰　曾　朋　吴晨磊
李　婧　吴　超　程婷婷　英世宇　成美玲　罗　琴　陈亚菲　胡宗悦　龙　鑫
罗泽伟　杨　皓　谭文荣　唐　霞　谢登峰　任远航　张爱贵　向　荣

优秀毕业研究生干部（12 人）

邹文姗　任玲萱　曾金鑫　乐思秀　陈诗思　刘海坤　王　静　张继廷　裴林森
李　茜　杨　皓　龚前园

电子信息学院（55 人）

优秀毕业研究生（46 人）

邓丽娟　冯俊羲　邢　妍　严　安　朱晓冰　安旭骁　曾健清　陈会杰　陈鹏宇

陈　祥　陈　叶　陈志博　付文静　高斯文　高小龙　何榜耕　和历阳　胡建青
户瑞林　黄石明　霍婷婷　姜　维　李　震　梁井波　廖海鹏　刘　权　龙　啸
罗生令　马伟权　施卜椿　苏　姗　谭建昌　王文君　王緂婷　王周璞　吴　杰
邢　喆　许诗涵　杨小鹏　袁荣英　张　诚　张若彬　张芸芸　赵　康　周文一
史晓荻

优秀毕业研究生干部（9 人）

黄人帅　单倩文　黄炎揆　李东林　李兴龙　李　扬　史兴宇　杨　航　杨坤朋

材料科学与工程学院（31 人）

优秀毕业研究生（25 人）

彭　博　朱洪富　杨　帆　赵　栖　倪　铭　董少航　黄青青　杨　林　张伟娜
王胜男　杨　柳　尚　蕾　刘吉洋　冯　也　刘晓兰　杜　圣　黄　健　方晓慧
郭文文　钟　爽　秦　楚　刘　壮　任胜强　郑　婷　吕　想

优秀毕业研究生干部（6 人）

杜义波　陆文睿　吴　琳　朱贵磊　廖王威　张玉兴

制造科学与工程学院（39 人）

优秀毕业研究生（31 人）

谢罗峰　高　翌　税　玥　胡冠生　张　璇　李皓鹏　唐瑞苓　石浩江　罗聆瑗
谭　骏　陈　龙　赵玉东　吴思楠　蔡明浩　晏晓飞　白飞先　刘录叶　白青松
刘亮辉　冉　振　谢　超　钟利华　罗　勇　宋俨轩　李　飞　王　敏　宋　平
黄缤鸿　乔　治　刘羽歆　赵宇晨

优秀毕业研究生干部（8 人）

陈依桐　王东升　马　磊　冉天月　田凤桢　黄晓明　林　波　杨飞平

电气信息学院（38 人）

优秀毕业研究生（30 人）

周婉亚　刘　洋　倪　伟　董　申　张春烁　阮　振　喻悦箫　梁伟博　朱嘉远
林晓冬　郑宏博　王　媛　苏学能　马愿谦　谢　敏　李学文　税　月　马晨霄
陈泽龙　刘程卓　黄科荣　方　番　周　博　卢智雪　田　懿　郭朝云　罗月婉
王　畅　张君牧　赵　敏

优秀毕业研究生干部（8 人）

郭　佳　安　杨　杨龙杰　蒋卓臻　罗仁和　刘　鸣　洪居华　曾　琴

计算机学院（软件学院）（46）人

优秀毕业研究生（34 人）

陈思思　陈艺文　戴丰芮　邓　真　郭　庆　何　诺　贾　军　李　帅　李晓伟
李毅飞　梁　洁　梁　晶　梁　焱　陆泽宁　马苗苗　马泽辉　倪涵钰　商志巍
田应贵　吴　彧　熊枭枭　徐　兵　鄢建奇　叶　超　于建伟　张蓉蓉　张艺兰
郑　操　周　娇　周　鑫　朱　禹　左　灿　胡　鹏　甄亮利

优秀毕业研究生干部（12 人）

陈思思　陈艺文　戴丰芮　贾　军　李晓伟　李毅飞　陆泽宁　田应贵　叶　超

于建伟　张艺兰　周　娇

建筑与环境学院（45 人）

优秀毕业研究生（37 人）

纪方舟　李　澜　邓思维　李金鑫　袁　进　冯蕾洁　岳怀俊　彭佳丽　赖蕾朵
黄倩雯　何文艳　罗红地　刘堰杨　郑　琳　廖　桥　李鲁洁　明　阳　李皓月
郑君里　赵祖芳　赵程伟　马　勇　蒙　田　廖宇嘉　丁雪莹　张娴丽　赵　昕
赵　静　张振兴　瞿　颖　李盼盼　谭　强　周昌林　周　磊　刘　杨　杨　丽
张古承

优秀毕业研究生干部（8 人）

黄意淇　姚金豆　常家华　毛名英　高禹诗　范惠文　崔晔晖　刘　攀

水利水电学院（43 人）

优秀毕业研究生（34 人）

赵高磊　史小春　胡　月　朱燕梅　关　静　张效星　杨梦娇　冉鲁光　汪凯迪
李　倩　程文磊　吴美苏　田健秋　陈海亮　冯　波　许　多　毛云飞　张仕林
吴佳俊　李思滢　蔡睿堃　刘军政　路　信　魏晶晶　廖伯文　朱　猛　向云龙
杨文琦　肖欣宏　叶　飞　李圣伟　宋　洋　刘　燚　张　祺

优秀毕业研究生干部（9 人）

涂思豪　张青雯　李　丹　袁西铨　谢　科　李　栋　彭　媛　李志成　唐　旖

化学工程学院（57 人）

优秀毕业研究生（46 人）

于宁宁　李健峰　陈　爽　郭石菲　周雯灿　阙　依　徐春柳　孙福进　王耀光
罗海琼　谢　睿　高建秋　杨　楠　陈　慧　方　艳　徐雅迪　张萍娱　任　和
高　静　訾娅鑫　甘瑞雪　邓李俊　袁烈梅　徐志强　胡艳秋　王胜红　陈　曦
王彦镐　杨进飞　冯桂林　杨　超　李永春　陈思远　冷新科　李敬东　付红岩
鲍银凤　牛金叶　张腾鹤　李晓迎　武春锦　肖　遥　张　川　葛黎明　熊歆诺
高涛涛

优秀毕业研究生干部（11 人）

顾　伟　唐　敏　李　信　张双双　涂　杨　徐双凤　赵　余　丁枭辉　刘　舜
胡嘉麒　张莉萍

轻纺与食品学院（26 人）

优秀毕业研究生（21 人）

官小玉　龙秀峰　王玉增　韩威妹　张　茜　叶留留　兰天翔　邱桂荣　吴尖辉
李　丹　艾　梅　刘芳菲　李　洒　文　雅　王维杰　吴起宏　蔚　青　王艺涵
金　野　于雅静　高麦瑞

优秀毕业研究生干部（5 人）

刘　畅　胡林涛　羊　希　王维杰　廖梓羽

高分子科学与工程学院（64 人）

优秀毕业研究生（51 人）

周 鑫 郭泉泉 李晓翀 潘靖恺 张天赐 王彦军 罗银富 肖 琴 何雪薇
于亚茹 李玉龙 魏 源 吴步永 彭威峰 陆 政 王 秦 任 颖 周 瑞
夏烈银 甘鑫鹏 薛润萍 肖淑欣 江源源 杨 冰 谢宗燃 田丽蓉 彭 燕
陈 刚 吴 凯 苏葛鸿 杨双桥 刘 洋 许淑嫚 薛 娟 虞晚成 王志国
高 涛 吴校天 陈 缘 陈 瑞 李 乐 吴高高 吴俊杰 林建梅 贾利川
杨 洁 范 心 魏 然 朱本高 杨 潇 曾芳心语

优秀毕业研究生干部（13 人）

朱一凡 张学迁 孙艳彬 杜文浩 杨 鹏 张慧贤 夏立超 李梦竹 杨子萱
李 浩 白 露 杨 帆 施振强

华西基础与法学学院（17 人）

优秀毕业研究生（14 人）

曹媛媛 李林峰 方 婷 朱 镜 李 鹤 苏冠月 何金蕾 占梦军 龚艳菊
蒲 悦 李芝隆 斯艳君 彭 博 雷 芳

优秀毕业研究生干部（3 人）

彭 恒 曾树树 孙振玉

华西临床医学院（177 人）

优秀毕业研究生（142 人）

李怡璇 王 琰 张 燕 秦家元 吕朵朵 房晴晴 曹艺翎 雷雪莲 朱肖男
戴璐琪 王明桂 秦江月 苟小芸 唐昌青 江欣玥 王海姣 顾孝静 肖雪阳
苏筱芮 关蒲骏 颜子乙 凌莉琴 匡紫微 谢小龙 杨开颖 蒋亚梅 赵劲歌
贺 庆 唐友银 蔡兆伦 邱逸闻 李根棚 万海峰 罗泽宇 高新林 黄 勇
吴廷奎 方 向 甘凡逸 袁铭蔚 李 雪 何秀英 邓 艳 冯琦祎 张金戈
陈昭燕 丁婷婷 王凌颖 杨 慧 冯 驰 陈贞熹 王慧芳 任凯云 黄 娟
邬祚虹 刘智慧 张 健 董培雯 张宇航 王妮妮 赵云利 宁萍萍 刁 敏
高 越 胡碧月 周 洁 王虹茜 李梦娇 王晓璐 刘 飞 王善玺 杨 云
雷一霆 郜小帅 马腾飞 赵胜楠 何 燕 李 源 倪 平 张月儿 袁平乔
刘小红 吴俊杰 王丹丹 王 恒 马腾蛟 王甫珏 王怡唯 韦琛琛 袁晓琴
徐芒芒 袁敏兰 师 轲 索学玲 寇 莹 向 茜 王中浩 李建波 李志贵
胡博文 张修儒 张孙富 李 磊 吕秋男 简钟宇 廖 红 油 迪 兰 竹
王 慧 徐婷婷 李 迅 陆 涛 秦笛源 李梦倩 王喻义 袁 霞 熊柳林
张亚兵 安星星 魏 星 朱 侣 刘雪梅 胡汝均 刘思彤 黄蓉双 黄骥翀
龚宗容 谭 戈 杨 潇 李仲桃 赵荣策 陵廷贤 刘国明 白云金 孙小雯
刘书云 李媛旻 罗瑞熙 关却卓玛 娜仁朵兰 李军（外科学）
李军（内科学）

优秀毕业研究生干部（35 人）

谢雨芹 冯 钰 李 清 李 艳 张 婕 孙雪莲 罗 丹 雷 明 杨都江

李玖鸿 牟 平 聂开来 刘理慧 曾 丽 范子言 边思予 曹立坤 余佳丹
董美玲 邓 稞 聂岸柳 王东光 童 帅 钱晓涵 徐敬昌 陈慧敏 谭 平
张洪伟 任建君 朱永军 葛美玲 杨玉赏 陈锐奇 冯琦璞 胡婷文译

华西口腔医学院（49 人）

优秀毕业研究生（40 人）

陈俊生 陈延迪 李涵识 李 菊 李思佳 刘楠馨 刘润禾 刘诗雨 刘 为
刘雨婷 刘云坤 牛玉梅 任慧迪 石黎冉 孙闻天 王红梅 王雨霏 杨 芸
杨子靓 张 美 张 睿 张艳艳 周欣奕 戴冠宇 陈河林 程 旭 郭雨晨
黄 波 黄 倩 李章澳 蒙明梅 邵晓茹 谭学莲 王翔剑 谢 强 尹 贝
张雪峰 张艺馨 郑赛男 陈卢璐

优秀毕业研究生干部（9 人）

陆文昕 李 菊 刘云坤 谢冰洁 杨子靓 周 蜜 陈卢璐 蒙明梅 秦 汉

华西公共卫生学院（29 人）

优秀毕业研究生（23 人）

邱建青 周 琛 王 橙 许沛尧 胡力文 李宓儿 王庆志 易 芳 沈 曦
王 菊 袁 悦 王 阳 倪梦梅 梁 一 张文婕 苟 练 王 柯 万 群
任冬霞 翟雯雯 姚永娜 李丹婷 刘运杰

优秀毕业研究生干部（6 人）

陈梦雪 鲍妍宏 杨 懿 陈 饶 陈芍兵 他 卉

华西药学院（39 人）

优秀毕业研究生（31 人）

陈星宇 丁 宁 樊淑宏 高灵芝 韩贤儒 胡 川 李 洋 刘 蕾 刘美君
刘 睿 刘 莎 刘鑫磊 马 强 彭 瑶 饶竞东 孙俊舒 孙士力 唐 鲜
魏佼洁 吴丽君 岳静飞 张 晨 张 勇 赵 娟 周楚楚 林 燕 寸兴利
肖 微 杨玉洁 展 震 张 铭浩

优秀毕业研究生干部（8 人）

程 锦彬 程传栩 贺珊珊 熊小平 尹 晟 周 雪 屈梦珂 余昕玲

公共管理学院（97 人）

优秀毕业研究生（80 人）

毛玮秀 赖静松 陈 磊 吴 婕 殷 平 薛亚璐 庞文华 于洋洋 罗 涛
田 桑 张 雷 伍修雅 吴倩倩 王立娟 张作程 罗婉鑫 刘宇什 张琬彬
李英瑞 张云影 黄梓婷 吴 丹 朱艳秋 张 立 陈 璨 谭振宇 严浩菱
肖 祥 杨再苹 吴 雯 朱筱屿 冯雅雯 何思吉 曹承辉 彭利亭 袁永庆
杨 谦 潘瑞洁 徐 芮 和 芬 单学鹏 张俊锋 杨 薪 邹红梅 高 盼
李鹏辉 张玉茹 黄志兵 张月琴 屈洪兵 赵 珊 郑金晶 林 婷 田 蜜
夏俊英 陈 莹 杨 露 汪丽娟 郑启林 高彩虹 张继驰 张红志 刘 嵩垌
彭 捷 陈 颖 庹雪竹 曾玉辉 张永辰 吴 聪 喻 珩 孙浩宇 王 悦
王欣宇 郑 鑫 王明杨 王鲁辛 许志行 陆雪卉 何正金 张 磊

优秀毕业研究生干部（17 人）

许燕燕 秦　越 邹燕聪 娄　越 周卓凡 张俊峰 张华强 高　盼 李国炜
何泽川 罗孟玲 张娴雅 刘　莹 曾永莉 陈君兰 向　丽 万紫千红

商学院（79 人）

优秀毕业研究生（56 人）

范露容 缑迅杰 胡锐峰 李美慧 任珮嘉 田晓丽 徐　吨 钟　琳 丰　月
冯　青 高筱航 耿一婷 何思怡 何　谐 何莹莹 侯　静 兰雅婷 李　浩
李　粒 廖成成 刘灿棉 刘建秋 刘　琦 刘诗雨 刘婷婷 刘亚菲 师　意
司冬阳 宋夕阳 苏琳贻 谭沁雨 谭　越 万志远 汪烟锦 王爱欣 王凤娟
王美琪 王晴晴 吴性丽 谢　露 徐　健 徐　志 许传兴 闫腾腾 闫玉丽
杨海韵 尹小佳 余海浪 张　诚 张藜山 张　默 张如云 郑阿明 周延芝
朱婷婷 庄智玲

优秀毕业研究生干部（23 人）

何　玥 李雨轩 宋小婷 曹海天 陈柯文 陈朱强 侯秋伶 胡　婷 黄　鹏
李嘉盈 李牧旭 李佩臻 陶宝玉 王小林 奚小宝 徐雪茹 尹译稀 袁诗铭
张　阳 赵聪敏 赵书朋 周　瑞 朱　灿

马克思主义学院（16 人）

优秀毕业研究生（13 人）

刘达培 朱丽花 李兰珍 李琼珂 胡群钗 夏　嘉 李潇潇 陈雪敏 向　蒙
何莉琼 张玲庆 葛瑜婕 刘　碧

优秀毕业研究生干部（3 人）

晏　晓 罗伟志 祝林林

体育科学研究所（7 人）

优秀毕业研究生（6 人）

王志华 王雪莹 彭小茨 王光婧 钱瑞林 吴显亮

优秀毕业研究生干部（1 人）

王金奎

灾后重建与管理（5 人）

优秀毕业研究生（4 人）

屈克淼 宁奂文 高　洁 吴　帆

优秀毕业研究生干部（1 人）

毛江宁

生物材料工程研究中心（14 人）

优秀毕业研究生（11 人）

张勃庆 罗　斌 高　东 陆　奖 武宏锋 高勇丽 张　坤 李亚超 周　洁
袁　波 马胜男

优秀毕业研究生干部（3 人）

吴柏瑶 周　洁 崔亚妮

中美大学战略规划研究所（3 人）

优秀毕业研究生（2 人）

丛 琳 蔡 霞

优秀毕业研究生干部（1 人）

刘 佩

社会发展与西部开发研究院：（1 人）

优秀毕业研究生（1 人）

徐玉梅

分析测试中心（5 人）

优秀毕业研究生（4 人）

蔡 斌 孙富华 陆小梅 刘 琪

优秀毕业研究生干部（1 人）

吕财智

生物治疗国家重点实验室（44 人）

优秀毕业研究生（35 人）

冯盉盉 李非儿 汪 莲 张华琴 赵 琳 郑倩文 雷敏毅 钟 林 张蓝兮
王 莉 曾 婷 钱欣颖 荣 娟 熊燕珍 张楚枫 董铭灵 杜 婷 黄深振
康天怿 赖伟荣 李晓玲 刘春琦 刘 晶 冉 蓓 王 宁 张 楠 张雪艳
周 红 韦雪琴 黎 勇 王发展 黄 茜 李虹椿 纪杰城 王德年

优秀毕业研究生干部（9 人）

赵 琳 曾 婷 张蓝兮 王 莉 钱欣颖 黄深振 赖伟荣 王发展 王德年

空天科学与工程学院（5 人）

优秀毕业研究生（4 人）

胡如康 汪巨基 魏 维 曹 伟

优秀毕业研究生干部（1 人）

汪巨基

新能源与低碳技术研究院（4 人）

优秀毕业研究生（3 人）

杨景思 张腾元 黄 磊

优秀毕业研究生干部（1 人）

何媛媛

中国西部边疆安全与发展协同创新中心（4 人）

优秀毕业研究生（3 人）

丁奎文 董 斌 董贝贝

优秀毕业研究生干部（1 人）

柴明辉

四川大学 2018—2019 学年本科生优秀学生、优秀学生干部名单

经济学院（242 人）

优秀学生（161 人）

周逸鸣　王博　陈应　高心语　冯晨　何思颖　曾菲　李辉豪　李雯琪
凌冰　刘成　李敬业　黄亚婷　姜铭烽　汪李冰　杨蕙宇　王雅墨　蒋宜纯
郭劲廷　闫俊卓　蒲佩芝　谢秋悦　瞿婷婷　秦范　王旭娇　赵雪伊　侯文钰
唐彬鹏　孟思雨　曾慧娴　吴冰妍　秦露　高飞　孙嘉悦　程谟瀛　刘婷
何雨欣　饶静　褚悦　孙秋怡　谌文霞　房美萱　杜雅雯　王若曦　李嘉楠
刘佳琳　王一曲　程林　梁志恒　张木子　刘岩冰　张前诚　潘晨煜　张冰冰
黄怡暄　周慧珍　吕含笑　吴佳燕　王雅馨　张国梁　谭雪莲　杨宇灿　陈雨琪
齐天佼　刘蓉　马祎婷　李青泽　王梓贤　胡伟娜　赵洳萱　王燕妮　宋小寒
赖政　李书昕　潘李靖　王紫颖　梁舒培　李婷　张一　胡敏慧　余啸东
周抒宣　张金晶　方润　杨潇　匡君怡　王倩　孟俊辰　唐婉旖　卜丹
赵铭心　李楠　涂宏辉　黄巧　许婕　芦妍　刘恒志　王璐瑶　庞睿宸
唐秀娟　吴佳琳　许晟榕　马芮琳　杨灿　陈宣竹　胡川　张沛琳　徐洁
陈静瑶　周玉婷　杨靖雯　汪延玺　唐浩然　周思越　何淼　廖久慧　赵一茹
陈鹏翔　顾徐阳　李安琪　黄璞　刘欣　李毅　张瀚兮　谢慧芳　帅灿
陈思翰　傅淇　马帅　蒋睿　马醒醒　李雨洁　肖瑶　于陶　宁思颖
刘畅　罗盛业　金佳琦　牟自鑫　徐可欣　丁畅　练文倩　刘星　阚文蕴
张睿睿　邱昊宇　薛涵彧　张子淳　白昊霖　何靖　芦冠岫　柳志强　邓君妍
者卓邈　张羽鸿　何杰琳　韦若晗　范帨虹　张舒婷　胡子薇　向琳

优秀学生干部（81 人）

薛赵琴　张道涵　张亚婷　陈紫灵　姜博瀚　佘思阅　闫睿怡　虞璐彦　曾阳
廖语嫣　李佳忆　牛树欣　姜坤鹏　万奕甫　贺易楠　孔昕晖　白奎　刘巍巍
石芮华　陈曦　韩佳峻　张雨婷　胡雨墨　欧禹泽　高姗　蔚潇　侯志强
符旭　施翌　李杨鑫　王昳莹　鞠慧贤　李雅婷　赵婉杉　杨子瑜　谭静
幸咏轩　南凯轩　但雨洁　彭米澜　韩捷　张远　王力　王婷　马路欣
李佳睿　李赟麒　庄奕航　廖左　周旗　程雅钰　吴子硕　蒋龚祎　王怡心
卞亚蓝　李涵馨　彭家艺　冷泓德　黄诗颖　谢一飞　王宇航　张鹏飞　朱九澄
朱博楷　朱建萍　赵思盈　陈沵鋆　田浩然　姚姿彤　王弘致　范庆拓　江雨航

林修应　贾洁梅　李嘉琪　刘香凝　李熙雁　余沭乐　赵海葳　田　楠　沈思宇

法学院（90 人）

优秀学生（60 人）

张昊鹏　徐　响　焦丽薇　汪佳媚　汪　鑫　吴潇墨　王　婕　王　琪　张玉丹
冉诗晨　张安妮　王文丽　蹇　露　钟念珈　赵璟皓　敦子倩　罗　洁　廖大森
周乾宇　张晨瑶　蒲南希　刘星辰　刘梦晗　刘　彦　叶　轶　潘紫玲　钱子威
任小艳　贾金润　余　今　丁润俏　陶诗媛　邵莎莎　冯佳莹　张婉馨　吕鸣煦
陈一宏　孔铛澜　于天骄　邓宇东　涂良晨　周乃兴　彭新宇　李　瑞　黄恩珂
张婉秋　邓哲心　邓　涵　唐金翎　阎珮玥　徐方照　李文秀　庞羽妍　王宇轩
董辉瑜　颜萌萌　李帅欣　胡婷婧　李淑仪　李钱钱

优秀学生干部（30 人）

朱昱衡　王冠锜　阮嘉禾　敬翔宇　马燕宇　陈鹏宇　张馨月　张瑞露　陈雨薇
曹　云　舒　琪　帅沛含　余　波　刘晨昕　李正则　李镐伟　彭　芃　章必然
徐静茹　金义婷　邱　昳　何佳佳　唐先勇　朱伊宁　蒋　雪　刁一心　张　倩
郑　有　陈合拾　彭俊铭

文学与新闻学院（新闻学院）（191 人）

优秀学生（123 人）

刘淑瑾　赵　旭　莫凯洁　李宛潼　陈天麟　梁子扬　龙　雨　何孟超　庞雯昕
卢　旸　石秦一　王悦莲　白　娟　王雨潇　王一豪　吴　淑　王晓萱　梁昊晨
李佰珏　伊靳涛　孔雅萱　李佳欣　田仕顺　左雯婷　林昱汝　田志东　张鑫榕
姜雅淇　秦若镜　陈思红　时婧婧　蒋佳玲　王惠洁　蒋菡婷　赵晓岚　易思思
苏佩杰　李静怡　刘小炼　范开元　张渝葭　张瑜倩　莫栩嘉　王逸潇　刘　瑶
何芯仪　范琳琅　胡越红　李欣哲　任　静　吴　悠　周　洋　杨可心　母辉祥
刘冰坤　郑　敏　熊玲姝　杨博雯　田若瑜　姚昕彤　覃昶铭　彭枫琳　罗和兰
岳全林　王蓝仪　钟杉杉　刘伊晨　刘　婷　田闽畅　宋必胜　张晶凯　方雨蓓
赵应立　李卓燃　李佳星　李鹏远　况雨桐　冯熙乔　何思源　刘　琦　赵柏屹
程丽岚　张一帆　励依妍　邹　星　钱安儒　斯彦鑫　严可健　乔雨书　赵家昂
冉诗媛　肖威搏　吕清怡　许淳彦　刘　玏　何宇飞　廖秋燕　杨佳欣　薄王逸
韩墨言　张　洁　左可欣　王盛乾　邸　婧　常　乐　吉　音　邓雨琦　谭　婷
马　妍　芦季苇　陈隽可　华培馨　谭佳俠　崔展鸿　张　乐　杨玉坤　陈可颐
谭　佳　赵进涵　温宇轩　刘偲涵　阿斯彦·吐尔逊　卡沙拉姆

优秀学生干部（68 人）

吴白羽　向宇歌　王一丹　闫　凯　刘怡竫　罗佳雨　李萌萌　周旺东　葛禹辰
唐博宇　俞军军　周　澄　兰姿珊　卜红艳　张一帆　尹李梅　周祺蕙　彭笑秋
潘俊涛　汪姝含　吴欣宇　叶傲林　张崇慧　陈　艺　关力彬　杨雪萍　杨思娴
刘慧琳　李建宇　黄睿琳　杨璐嘉　钟　原　刘　昊　肖　阳　谢煜婧　贺　雨
李睿楠　张馨月　曹　茂　曾可欣　万博雅　何小雪　汪麟威　钱青云　王小翠
何汉珍　朱解语　曹之欣　杨一雄　廖　璇　杨典典　胡　炎　彭梓君　徐慧琳

何香静 吴嘉敏 张雨婷 刘雨凡 吕 旅 罗弈为 谢来我 朱婷婷 马明睿
王利楠 曹思思 陈名艺 郭峻宏 孙琬祎

外国语学院（101人）

优秀学生（68人）

谢林希 王星雨 林春蕊 张秋莹 邹 渝 王 萌 魏文慧 卢丹宜 邹新如
陈子青 华馨梅 王永琪 曾 妮 雷明翔 黄诗萦 刘洪珲 周紫洁 沈瑞霖
王昕雨 邓稚凡 龚 瑶 海向雪 廖凤玲 涂 丹 徐紫菱 李雨桐 赵婉彤
田 佳 毛心仪 周沛瑶 黄小雨 陈 倩 任珂欣 王 瑨 隋安然 杨元妍
郭芸伊 李奇谋 黄 巧 赵可儿 李元哲 卢月新 卢雨欣 张 扬 肖 莜
桂烨菲 周奕涓 胡钰琪 苏怀煜 向影璇 余诗敏 杜 沙 甘 迪 官欣妍
李璠玙 吴思仪 王琬琳 许 靓 曾梵一 陈鹏宇 张菁菁 刘佳佳 陈 镜
李 琳 胡 婧 杨晨珂 林雨暄 陈紫薇

优秀学生干部（33人）

黄书瑶 李鑫霖 卢科宇 李渊博 陈欣雨 代袁媛 周梦柯 任鹏雯 张晓玮
姜路灵 郑紫月 吴佳乐 胡尧禹 刘思羽 谢永楠 张兰心 杨雪涵 韩若谦
杨媛迪 孙钰贤 范昌隆 魏 莎 王紫薇 祁钰晗 宁 可 杨逸笛 胡雅宁
谢雨恒 李光明 沈书伊 白晓雯 刘思程 周书祎

艺术学院（167人）

优秀学生（120人）

徐福根 李向军 何豪放 康谷雨 司程程 单 简 杜滨杉 刘怡琳 谭天赐
陈家喻 姚怡帆 王潇悦 颜恋蘅 彭鑫玥 何露仪 余 福 廖小龙 卢 婕
邹嘉敏 余文姗 韦庆然 王朝伟 袁雨萌 李雪瑜 黄 蕾 李婉怡 谭椰尹
张冬晴 何嘉卓 马正童 浩 妮 张雅晴 梁晨萱 张溱源 崔守铭 韩帅芳
张鹏程 张耀丹 张雨竹 冉玉龙 周鑫健 李彦熹 雷宇楠 陈楚祎 边子捷
代 青 李泽罡 何昱桦 张 瑜 姚睿远 姜雨孜 张 宁 李睿仪 马雅坤
管家兴 冯 婕 郭 畅 朱音洁 严紫薇 李嘉霖 杨一珂 刘永伟 王子晴
杨笥琪 邵子怡 余心怡 王 静 黄 青 王涪冰 江姿颖 余梓凌 高俊杰
刘伯驰 罗才竣 李逸伦 柴僮舸 侯紫怡 陈晓美 李娟芳 贾圆圆 薛建凯
刘超凡 范雨暄 李锐滢 李洋娜 卢霞依 祝明岐 李宣萱 赵子琪 曾雨蝶
杨祎佳 田 钰 李 喆 惠华骁 郑喜林 肖裕泓 许铭文 刘 冉 夏崇尧
倪馨玥 张 倩 王珂伊 孟繁森 唐与田 张瑞洁 王禹心 贾 唯 周 婧
刘博文 周诗熠 陈 恬 刘佳佳 钱德瑾 娄雨晴 汪英哲 袁雨莎 周 尚
林若然 戢 涯 麻毓珂

优秀学生干部（47人）

郑若菡 张 婷 林佩璇 李宏艳 谢子昂 宋明蔚 刘 鑫 陆 嫚 蒋 睿
鲁诺熙 肖婷方 张兰馨 杨 一 张佳伟 李佳慧 雷 霜 王睿杨 张嘉迅
王雨莜 徐佳山 王艺霏 曹曦尔 袁 可 杜卓然 易钥钏 幸自强 许宇航
王 俊 康可馨 孙佳伟 欧靓云 黄小龙 程 微 王羽菲 张静宜 曹玉琥

刘礼彤　冯漪轩　李志鑫　陈衍伊　贺嘉琪　吴姣濛　谢嘉颖　蒋欣怡　赵　燕
周芳林　查凌姝滢

历史文化学院（旅游学院）（87 人）

优秀学生（61 人）

李玥彤　罗　英　李志鹏　刘丙辰　朱立微　齐佳童　冯合昕　唐　梅　段育君
罗英杰　刘　娇　熊洛奕　李静怡　吴吉桑　张晓翠　曹仙婷　赵晴雪　马佳佳
刘珂吉　幸　昕　陈佳淇　王美玉　杜泽宇　赵一凡　高　凡　陈　啸　唐菁秋
张怡秋　刘思麒　张大利　孙唯祎　杨海容　刘　椠　李梓嫣　马子婷　刘湘源
王　妍　田沛欣　薛文静　王雪芹　杨小乐　任佳鸣　卢　珧　杨梓轩　幸　韵
李子威　苏子昂　张若静　车宇轩　李雨露　何睿琦　任正智　吴学仪　闫梦红
白　勉　李文佳　傅　则　伍秀红　冯　冰　霍明敏　杨　倩

优秀学生干部（26 人）

高志明　马天会　林圣迪　孟　璇　周俊捷　汪安雪　刘岳鑫　宋梦雪　刘金鑫
刘　泽　郑黎明　赵　龙　陈　邦　张腾双　刘　浪　喻　鑫　张可心　高梓霏
张楚珏　黄卓贤　黄小珊　张　娇　李媛媛　任琛维　赵雨欣　周嘉丽

数学学院（97 人）

优秀学生（64 人）

陈泓宇　杨万旭　董一然　余智航　安霖旭　石　玺　孙可心　刘　颖　王银行
程　珺　李祎玲　蒲梓昊　张皓玥　闫博亚　黄宁琳　王良熔　杜鸿宇　赵煜中
王　清　彭　婧　李雨萱　鲁鸣飞　康蓝月　贺钰淇　杨晓冬　邓朝文　张霖秋
梁秋婷　李叙锦　徐嫣然　魏品正　黄奕文　曾　磊　张子涵　李韵馨　李　曼
曾　月　李俊成　何雨恒　刘昕旸　张颢瑀　刘　念　赵　阳　沈斯迈　刘琳珑
文　力　任瑞阳　王奕辰　顾玮烨　朱鹏润　张海翔　胡奇晓　邓媛元　苗玥彬
王雅轩　王晨曦　陈　宇　刘育诚　彭子涵　周子淼　周小琳　杨于宸　裴辰龙
郭祎彤

优秀学生干部（33 人）

龚瑞平　胡梦薇　易　欣　杨家荷　倪安纯　李姝妤　鲁小舟　戚豪凯　张梦瑶
胡啸天　邹柏毅　秦　滨　冷小康　郑安琪　郑　博　战彦泊　谷飞扬　周　杰
杨　谦　张家豪　李昊轩　司　源　武　頔　张心俣　潘　玥　周学宇　李炳辉
高小航　赵梦飞　曹玥洋　何维清　黄远翔　钱佳靖

物理学院（114 人）

优秀学生（81 人）

刘洪铭　王　宇　彭　凯　马　啸　马　舸　苏钰清　苏洪博　何思齐　刘　薇
黄一斌　李元梁　肖　祺　刘崇智　龚　州　秦一鑫　逯玉洁　朱佳玉　喻睿华
常　昊　王郁钧　李文康　蔡文华　王雨亭　李佳卓　刘　攀　路　峰　房昌昊
郝峻丰　王鑫雨　王月玮　张　倩　喻萌翌　胡　倩　姜颖航　梁正臣　江一鹏
郑　涛　周志杰　邓啸宇　虞博文　周　展　郑梦瑶　余璇池　赵忠宇　陈国捷
刘正蓉　韩　冰　何宇涛　秦阳辉　李一锋　马凌燕　杨海阔　杨　楠　肖万伟

夏国滔　罗继红　唐　博　杨金鑫　吴卓轩　董慧敏　贾冉晟　窦　杰　王圣惠
党金龙　陈宜煊　杨雨佳　彭国庆　余思源　张乙海　杨　宁　郭　涛　安晟志
杨昊彦　易虹宇　刘霁原　项逸飞　高祎霆　董小平　郑　超　杨　溢　王　朝

优秀学生干部（33 人）

肖宏达　孙　旭　何维源　罗　璇　姜天鸽　袁明月　周思毅　李文康　王　鑫
卫妍玉　杜明浩　宋绍炜　朱铭毅　凌浩铭　许菁怡　朱世睿　钱政宽　范思捷
田超中　吴　晗　张秋丽　陈天怡　虞智超　刘沁鑫　张露丹　常珮杰　杨景茹
何　颖　余　鑫　张　枫　闻　鼎　徐　倩　罗斯纤

化学学院（110 人）

优秀学生（73 人）

韩建军　王宇翔　董丽娜　袁　满　曾　晖　李　丽　李敬豫　王　玥　王　瑶
韦相约　吴　益　罗　意　严子君　荀励治　王剑丽　侯玉美　邓逸辉　郑　慧
张欣怡　罗紫璇　秦迪燕　王曼茜　郭紫薇　王丽莹　龚钰扉　王晓霞　王　婕
范长江　吴艳玲　杨凌鸥　王宏达　李林越　刘炉璐　王梦欣　戴博文　徐逸菲
陈　丽　杨　洁　马浩阳　罗　钰　李春波　沈成峰　左　晗　赵　琦　李　智
陈林佳　康丽媛　王泓天　张　海　陈行健　李金乐　刘孟龙　周博巍　付　岭
张昕琪　张海鹏　曾雅心　吴坦平　韩松焰　李丹琪　肖　颖　鲜润奇　杨　坦
秦艺纯　邓婉琳　李濛垚　史　颖　何　轶　孙　莹　张　澜　吴　津　卢涵彬
蓝　昊

优秀学生干部（37 人）

刘佳慧　闵晓文　徐达松　张思迈　张梦倩　成　锐　赵玉佳　李茜茜　张　梦
张方家　李海燕　张　玥　王　甜　张　莜　周　敏　陈　亮　谭翀云　桑新鹏
单思易　李飏霄　杨火青　葛宸毓　袁　菱　马靖雨　刘圆圆　杨雪婷　郭美琳
黄楦皓　陈　诚　门晓凤　欧阳雪　郭帅棋　岳志成　范馨月　郭　彦　张姗姗
青雯玥

生命科学学院（94 人）

优秀学生（56 人）

陈明锐　李　月　罗兴永　杨远涵　靳婷玉　熊沐钊　谢思懿　杨远鑫　刘岩岩
程　馨　顾元敏　宋巧玥　李　欢　刘　恬　侯牧村　李文轩　田　恬　才晓源
任肖锟　赵浩辰　李一璠　操小桐　王钰清　张　琦　张俊辉　胡雅楠　何雨桐
张　芊　李喆闻　卢立丹　陈　曦　周贤攀　张　寅　陈旸康　斯云昊　卢恒杉
胡海瑶　肖渝霖　侯宇瞳　刘严木　秦姜未　李婕妤　何　爽　徐婧童　康梦珂
陈珊珊　张云帆　房勇廷　陈逸菲　魏思璇　胡馨月　赵梓瑞　刘子奕　刘天舒
郑安矜　李歆睿

优秀学生干部（38 人）

罗兴永　曾涵章　熊沐钊　刘勤瑶　朱谦慧　吴顺康　王胜男　王诗扬　唐诗雨
吴　盈　顾元敏　张希平　任肖锟　金启涵　操小桐　王钰清　游子龙　姜一丹
何雨桐　张　芊　谢冰莹　潘怡潼　毛思闳　卢恒杉　胡海瑶　肖渝霖　侯宇瞳

刘严木　李婕妤　何　爽　徐婧童　张云帆　房勇廷　胡馨月　唐沁兰　刘子奕
张思涵　李歆睿

电子信息学院（154 人）

优秀学生（112 人）

肖　枭　赵悠然　吴春晓　张志耀　王崇伟　杨　朔　刘庆云　杨昱威　周志辉
黄朝熠　任海伟　邱峻寅　万雨博　何嘉岳　黄泽宇　秦嘉忆　吴书宇　黄　可
汤婧鑫　凯　林　冯琪缘　石桓旭　田笑盈　陈立玮　赵鹏远　李骧龙　高　检
王　楠　郭轩君　温　晨　吴思鹏　张　赟　王柯林　李犇宇　钟　运　黄　铭
邓　茜　何秋香　李　平　潘学松　席梦园　郑　杰　许宇龙　魏天喜　张文昭
敬小炜　储小文　石雅琪　李梦骢　郭　梦　侯学凯　姜　浩　刘春江　苟雨萌
李欣瑜　吴　奇　唐　曦　吴黄巍　庄晓琪　任　淼　孙雨薇　王　涛　杨双瑜
杨　钊　詹沛文　肖子霖　李鸿烁　吕　琼　王家豪　黄奕翔　王道叶　涂子豪
石　涛　郭纹静　刘姝琪　王思远　董子铭　熊昆洪　杨迎哲　杨若雪　吴东岳
赵崇皓　肖启晗　张雪琳　何振纲　丁军明　侯鳗玲　杨　锟　李　顺　刘洪宇
王　韬　朱奕霖　陈志豪　代礼鹏　冯丹蕾　郭显瑜　马旭淼　王柯铮　梁　现
吴鹏宇　胥　柯　杨君宇　魏国睿　唐　为　陈雪莲　陈　璐　李欣意　吕佳琦
郭敏之　郭鸿韬　郑钧夫　杨　悦

优秀学生干部（42 人）

张　玥　王昱晨　于慧波　王海麟　张子涵　张　萤　盛舒琦　胡　澍　李新建
冯礼堃　顾艾婧　徐梓航　张润午　李泽辉　李建平　陈鹏冰　胡怡婷　张伟鑫
佟逸飞　苑庆泽　布力恒　张泽坤　沈丁麟　王伟丁　陈　潇　邓皓予　王振州
左芸聪　吕　颂　唐　鹏　钟莉君　柳　震　崔子涵　何鸿添　孟子维　兰　璇
李益源　何婷婷　李冰怡　张子怡　王玮琦　李月佳

材料科学与工程学院（103 人）

优秀学生（73 人）

廖晏昕　陈诺娅　毛誉蓉　秦天辰　薛清越　耿铭康　程　毅　刘　煜　官尚义
王　瑾　赵天阳　刘　诚　李明宇　齐浩雄　唐嘉骏　张志刚　刘济玮　王　雪
张　爽　欧飞洋　张振益　张语馨　陈　宁　蔡端瑞　祝嘉懿　张　玥　李世茹
倪谨严　喻　娇　焦继煌　王一涵　宋明淇　张鸿杰　渠　璨　吴晓峰　肖　瑶
邓峥嵘　路　婕　李伟建　徐　利　徐　豪　王倩倩　张涵洁　唐艺芸　蒋　昊
汤诗奕　张子灵　李　栋　蔚　皓　廖　菁　程云亭　杨新纪　徐菀璐　贺宇霏
杜　旭　熊家骋　杨孙伟　魏伟然　李　丹　黄灵芝　符　晓　高山峻　付玉辰
杨骐彰　吴思毅　谢宇华　赵　泉　许媛媛　王桐欣　吴灵洁　周福伟　赵茂涵
欧阳贝林

优秀学生干部（30 人）

王伊哲　蒋章堂　薛中军　曹洪源　张　鑫　钱留斌　王　杰　张鑫鑫　唐心茹
李小慧　李　博　袁　睿　丁芊羽　王　新　李红亮　罗夕艾　薛　菲　谭可以
张劭晨　温谨如　王小强　鲁航语　郭　琪　李亚波　张晓琳　何　柳　高雨莎

郑　欣　林月明　李星进

机械工程学院（172 人）

优秀学生（118 人）

刘　翔　彭　睿　邓文清　张义群　甘　伟　袁玉文　刘相江　安　旺　冯星为
王佳宇　白儒轩　李欣蕊　陈家燕　何燚炜　蔡学长　张　颖　林辰宇　丁睿奇
吴宏瑞　陶成梁　李世岐　卫逸扬　赵雨辰　朱仁宇　蔡耘峰　范　颖　汤承颐
王林凤　朱世豪　刘家伟　曾　杰　刘　童　黄　浩　方　增　张麒翔　李世坤
夏禹辰　马中凯　董晓妍　刘茜茜　易浩强　孙嘉程　俞　何　张　俊　王伟全
朱浩文　宋　芯　马博仪　刘　炎　朱玉玲　段佳鸿　黄　茜　林言卓　张玉佳
李　洋　朱高晗　张目超　孔子鑫　桂肃尧　牛子奕　邱　巧　张根莱　农皓程
薛　成　张炜舜　邓力银　蒋　旺　刘昭凯　周佳美　王　恒　周显沁　苏　俊
章　炜　许钊源　杜　航　陈付辉　刘成源　黄士轩　邱柏威　李云秋　曾青云
伍苗苗　李赵松　王　澍　张　悦　陈晶晶　张夏瑗　吴治帆　张泽天　蔡依芯
许世达　黄薪月　苟红梅　荆凯峰　柯　静　蒲思懿　张　越　游奇峰　张隽磊
郭雅琪　韩雨轩　余佳鹏　高锦婷　苗欣冉　姜　春　张　萌　张煜杭　张亚博
汤智凯　范梦菲　冯巧生　秦　晟　任李挚　郭文婷　蒲佳俊　程子康　施黄帅
王昊梓轲

优秀学生干部（54 人）

王思宇　张亚男　卫书铭　林霜岚　赵梓伊　阳俊宏　潘小果　汪　涛　郭语涵
杨傲博　秦浩轩　成志辉　贾燕滨　刘瑞鹏　李　旺　李泽博　杨　天　崔　婉
徐艺丹　于永洁　王　玺　邸嘉宁　刘雨杨　杨博翔　卢虹宇　周杭宁　黄德成
杜虎之　陈彦廷　涂洪铭　孙峰辉　丁科文　胡英达　卓师铭　汪凌峰　郭义琦
王俊凯　刘　磊　刘斐雅　刘　杨　赵志豪　黄恺翔　隋明远　樊虹岐　张　露
吴金泽　陈远波　王淋楠　葛　灵　肖　斌　唐　锐　徐光宇　张润花　阿什里拉

电气工程学院（181 人）

优秀学生（134 人）

赵哲昊　刘　蓓　杨令龙　朱雪剑　尹　成　曾明泉　冷辰茜　潘　琪　温宇航
秦福星　陈　淞　徐维炜　董凯愃　李汶龙　沈　豪　李东轩　刘子溢　霍亚萌
袁嗣隆　王乾新　吴智悦　周恭成　徐学通　秦　震　牛天宇　刘胤宏　熊艳雪
刘　然　杨　浈　张帅康　聂　沛　王景帅　文　娅　李钟平　刘新霆　刘浩然
李嘉雨　侯亚丹　刘达夫　杨　林　王鹏宇　曹鑫宇　陈池瑶　刘　帅　范东川
程杨帆　张继行　张春林　杜　婷　冯　浩　陈毅鹏　兰贵天　杨玲钰　李永琪
周　游　秦嘉蔚　安冬阳　徐瑞廷　杨　莉　吴佳奇　秦玉文　吴雨杭　司睿绮
李艾青　邵晨颖　唐金坪　王陆洋　张雪丽　陈依崭　赵景哲　陈思蓉　梅　圳
张程浩　刘嘉熙　邹晨晨　王宁远　尹　旺　张　榆　杨　惠　高　露　郭　强
马　帅　罗云燊　万　静　汪颜雯　李昕镁　姜雨孜　郑迪文　金梦婷　胡超崎
姚欢民　田星辰　花　媛　韩讴竹　梁雅雯　王子峣　胡　钰　杨彩虹　荆　渝
姜　鑫　唐義坤　李艺佳　陈茂林　吴云芸　周俊杰　朱　颜　蒋奥博　王子颖

杨秋玲　刘　任　魏成梅　王盼盼　唐　赫　游　祥　周嘉琪　刘　宏　易海杨
曹馨悦　燕迎春　王　东　田维维　孟雨璇　郭源蕊　李智倩　刘治宏　林学忠
房鑫彤　凌　涌　肖选杰　陆宇轩　詹　瑜　汝佳配　郑海元　李心婵月

优秀学生干部（47 人）

黄霆锋　王永飞　王康宁　张　立　陈逸飞　田富政　陈福源　谯明鸿　叶殊杉
欧明晖　李广焱　黄雨霏　成清儿　肖剑桥　李沛霖　陈　林　王沿胜　黎旭东
黑玉鹏　万馨予　唐桢馥　黄　达　伍彦豪　李轶恒　张智琛　黄　寅　张雯雯
王天翔　杨雨石　鲁清源　毛安琪　卢奕程　夏宇强　陈旭林　朱　玥　徐天宇
李争博　王嘉丽　曾　瑞　李艾虎　周格屹　谭清月　张格悠　李奇洋　孙伟伦
王浩宇　张　浩

计算机学院（164 人）

优秀学生（119 人）

李代刺　包羽微　蔡承轩　付玉嵩　陈婷婷　黄涵彬　林乐羽　刘沛霖　黄月瑶
杜秋雨　李振鑫　秦　川　张　雷　颜彬彬　何佳慧　牛超群　钱梦璋　刘依泓
杨谋星　吴昊田　王兆宇　高　毅　谢沐妍　杨随缘　胡紫微　陈帅华　马从锂
王雨涵　王希玥　杨艳秋　丁吕繁　吴兰媚　魏诗津　付名扬　马　磊　朱智慧
王一粟　李斌才　徐知祥　曾琳清　李袁熙　林俊卿　李　涛　殷浩然　冯宣植
杜韦宏　陆文宏　陈　悦　冯雨麒　程健峰　王梦勤　鲁邦彦　费彩霞　刘　威
何祖缘　赵攀诚　龙雁翎　李华萌　黄禹博　李　磊　罗庚欣　罗海颖　赵海宇
郑翔天　朱仁泽　郭旭坤　彭胤洲　吴达文　张钟宇　王海嫣　杨彦军　宋明清
罗　正　周泠宇　杨宇翔　申城铭　郝鹏举　谢　敏　孟宇哲　吴美璇　陈纪双
晋　京　陈子涵　赵胤钦　张　璐　杨　亚　马　龙　夏小莞　郭　帆　刘子健
罗笑远　王思启　曾鑫沿　林奕彤　赵子川　袁　博　陈镜羽　严一钦　蒋惠莹
王海兵　刘雨轩　张冰倩　张熙也　余文瀚　黄　婷　于宝凯　王凯槟　江良伟
武晓瑶　李雨昊　程鑫华　刘小瑜　王以珩　商帅康　钟彤卓　胡　超　蔡宇泽
杨兴胜　朱寒冰

优秀学生干部（45 人）

杨应龙　刘尚松　张宇轩　孟祥昊　戴晨光　陈　曦　李仁昊　刘姝君　张　敏
邓　森　李篮芸　高雯雯　何秋霖　顾梦寅　王　茜　韩尚坤　张瀚文　余济铖
顾　瞿　曹馨心　官靖壹　胥瞰宇　郭秋彤　申露涵　唐世龙　郑雨茹　邓书超
黄　华　张祥瑞　朱嘉宁　徐鹏举　林子伟　周　锋　汪照文　李林峻　晏晓瑜
陈　庄　马林涛　胡书杰　史瑜君　万　虎　贺　湘　赵雯欣　李天琦
艾尼卡尔江·艾买提

软件学院（103 人）

优秀学生（69 人）

杨鹏宇　屈志豪　赵彧涵　梁步云　张　鹏　贺思睿　徐培森　罗艳梅　庄健巍
花　语　侯　超　李　帆　谢东霖　段少丽　周凤娇　陈子博　彭显祺　张振波
罗　彪　范　旭　韦子健　柯尊云　黄梦林　杨一鸣　阚子文　肖旻玥　林经韬

邓　拳　李宇翔　杨　晗　朱鹏飞　段士童　谭　帅　陈嘉昕　王浩博　刘庆一
司　丹　庄棋滨　李奕含　刘宇轩　李　想　薛冬昀　苏昌盛　魏　来　施宇昂
刘雨轩　欧承忠　刘巧韵　费宇辰　高天予　李方钏　宋俐潼　陈熳熳　李　阳
林同灿　荆楠清　彭文俊　傅天宇　唐　品　孙守财　沈新笛　李晨曦　龙行超
胡萌窈　秦　阳　冯玉缘　郭沛祺　郭家豪　钟　程

优秀学生干部（34 人）

胡　锐　赵雨婷　陈泓屹　黄凯得　敬　颉　邹雨琦　陆雪莹　王令权　张　翔
林　昕　魏建安　石慧中　蔡金洋　邢国浩　唐　锐　卫昱杰　李奇宇　王麒藻
赵英豪　汪　晨　吴闻笛　叶　奎　兰　超　张泽宇　陶洪元　余　坚　蒋璐煜
叶　岗　周文举　毕涵淇　施宇昂　文　璐　王艺瑾　乔治云飞

建筑与环境学院（198 人）

优秀学生（141 人）

王政启　祁梦雨　梁昌宏　汪意　胡婷婷　邱玥　曾可　李航　马家清　吴曹滨
孙文凯　李佳奕　李　鑫　吴宇铮　曾雯琳　陈光耀　杨雄磊　李艺峰　岳家芃
卢宇航　凌灼灼　艾华龙　王熠泽　史梦超　向荣婷　周千海　田博文　姜文婧
李　杨　何裔慧　谢斐然　张佳星　李岚晰　王露瑶　黄丽娟　王勤雲　李韵佳
金泓杉　兰志懿　仇乙宇　赵雨默　淦理翔　黄崇森　朱琦琳　曹一鸣　唐清苇
杨春馨　樊志超　刘飞虎　张　彦　王文欣　张婵青　袁志鹏　姚　翔　刘秋俊
易　鑫　高　畅　姜顺航　张向阳　陆勐哲　曾庆昊　罗逸雯　苏禄涵　彭诗曼
董　宇　谢瑞媛　周　政　贺见芳　郑焱红　吴奕霖　周嘉莉　邓海鳞　孙雨竹
黄　鑫　滕海东　高　萌　李云帆　彭沐艺　张小冉　安　彤　孟　爽　庞　悦
陈佳璇　赵怡凡　邱姜浩　王轶祺　梁　晨　段司南　康　澳　袁　蕾　杨天亦
依应冉　赵慧敏　李楚鸿　杨　铮　陈　琪　王　珺　陈予珂　唐　蝶　周博秋
杨镇文　柳祥雲　郭　滔　丁宽杰　彭罗楠　王　谦　王　熙　张韦艳　唐　怡
杨　璨　叶　楠　张艳婷　占斯宁　童永飞　姜炎斌　田　轮　张本银　张　艳
游甜甜　金　欢　吴新汶　赵雨晗　王墨馨　邱　元　王耀彬　王译锋　武星芮
袁　琪　彭　康　陈尉唯　杨毅坚　罗　颖　李明伟　李兆京　韩芷宸　姚仕林
罗　宁　徐伦会　杨斯佳　双付阿妹　陈简素璇

优秀学生干部（57 人）

徐江通　龙观平　高　寒　于欣龙　李向天　刘峻豪　金森杰　张世新　姚可欣
张成林　贾望晓　焦怡宁　王勘宇　马欣田　林　霖　谯可卿　杨婉婷　刘子逸
潘识宇　靳　鑫　赵　灿　娄广亚　魏增辉　卫绍松　许霄楠　严溢彩　孙佳莹
黄晓芳　杜震霆　李安楠　魏勤谨　梁子涵　寸芬贤　胡菁杨　陈欣桐　陈袁媛
张婷婷　宋一鸣　付钰涵　吴　涵　冯　高　肖峻峰　孙庭晖　熊博睿　陶　媛
郭　威　包广畅　苟海丰　刘　昊　敬丽君　郑晟阳　杜　海　闵　诚　向艾军
艾锦辉　韦　麟　杨　涵

水利水电学院（147 人）

优秀学生（97 人）

李从江　赵舒悦　楼晨笛　梁　杰　蔡君怡　杨　晨　龙炼彬　温翔越　刘子琪
宰意琳　陈　丫　沈　心　毛明聪　唐志文　李国梁　赵晨羽　王　赟　陈燕斌
沈　悦　谭　洋　黄良誉　汤朝鑫　史志立　许凌露　王明明　王佳爽　王　昕
田　凯　黄嘉艺　尹兆锐　绳博宇　徐佳琪　王洪涛　周长发　刘　洋　邓虎超
王修铭　李伟豪　张俊东　段　乐　王　超　樊梦阳　郎智凯　丁　璐　时　畅
周沛璇　朱　嘉　郝悦彤　郑珺文　刘东亮　王喜妹　冉雨博　陈天赐　任　杨
周俸嘉　曹小敏　刘燕平　苑如玮　刘　湘　杨丰源　朱钰铃　孙紫琬　何佳昊
林馨贝　高　飞　李辰龙　胡　璇　宋丁然　罗澳莹　邓冬倪　唐迪文　龙　山
康淑睿　李嘉颖　余　芊　何治中　兰　玲　王梦妮　刘存友　朱鹏程　李西龙
吴嘉琦　刘　瑶　吴雪梅　梁仕龙　刘　然　易彩浩　田纪辰　罗箱陇　刘开铭
江梁玲　唐熙阳　辉尚强　魏　曦　姬　辰　黄　煜　诸葛佳棋

优秀学生干部（50 人）

王佳乐　曹　悦　官智纯　岳　枫　林佳奕　汪泽川　谢江洋　王振龙　曹　建
漆粤川　陈梓韬　易　泉　叶　威　徐锦晖　胡　静　方　晓　崔芷慧　盖皓茜
李多惠　李一林　尹柯力　廖沛彦　顾　蕤　杨　悦　刘诗雅　王志康　黄渭芳
喻　琢　徐嘉宁　罗丽华　徐希蒙　饶佳宁　叶　汀　张益玮　王启航　唐澜瑜
魏翼飞　王骏豪　付　迪　周子钰　李宇晨　曾令聪　王靖凯　岳子琪　杨婧蕾
税琬喻　盘钰蕾　蒲中意　卞振泉　欧阳星海

化学工程学院（139 人）

优秀学生（95 人）

务　鑫　王珊珊　杨泽洲　汪志斌　廖雨昕　张浩宇　李晨红　张华俊　李　京
曾　欣　魏新力　陈科宇　许皓岚　宋晓维　黄　天　佟宇婷　赵　原　李家晨
李贵海　兰雨蓓　戴　婧　唐仕海　伏浩晟　董冠辰　苏资茹　吕雅婷　冯文蕾
陈喜点　蒋　聚　张岳群　杨艺博　辛炳儒　王霏暘　杨柳依　许　洲　周一山
邱　珂　王璐希　王冰冰　徐钰萱　罗娇娇　黄志鸿　胡庭瑗　岳喜硕　张婷英
张雪琳　黄英杰　郝　悦　张　正　谭江涛　陈小伟　卢玲玲　匡　悦　胡燕琼
王　君　胡乃天　阮　昊　廖建峰　傅子森　李玉铭　谢成林　刘红亮　陈诗瑶
韩鸿博　谢文国　潘夏爔　吴佳乐　康　馨　谢雨婷　周进林　窦敏峰　彭　烁
杨　敏　朱桂莹　佘文琦　刘文琦　杨嘉琪　易　丽　陈思珂　杨　蝶　付若琪
陈司宇　张淑君　曹永达　叶诗洋　张婷婷　熊山威　叶　琳　曾子珊　张　怡
周　颖　钱　蓉　薛小雨　李浩东　刘双菲

优秀学生干部（44 人）

陈　凤　江雨欣　李丹妮　冷广童　靳卓一　彭荣华　蔡宜萌　孙　诺　钟　琪
周青禺　陈筱萱　唐毅苗　陈　芸　田雨婕　罗艾东　王子龙　黄　芮　薛雨蓁
刘婷婷　蹇萍秋　徐浩瀚　吴玉婷　任俊宇　胡恩红　汪　洋　孙　珊　孙思胜
许飞扬　王　琦　高子航　秦蕴竹　瞿　淼　毛梓霖　高瑞琛　岑美琪　郭　静

余　姗　高浩宸　李琪鹏　吕汶遥　钟　燕　范钲威　李加强　牛雨鸽

轻工科学与工程学院（117人）

优秀学生（77人）

潘申财　文清亮　伍思琦　曹怡然　谭雪玲　茅普优　王景峦　张　敏　周敏之
曾玮莹　何玉敏　张　彤　夏璐晴　周旭东　祝　习　杜心怡　王雨萍　胡佳佳
马丝煦　周一凡　魏　晨　于　洁　何舒艺　马　晶　林怡瑞　胥瑞雪　侯梦春
马　娅　李瑜琪　杨　恒　黄　琰　黄　驰　谭　欣　李梦雪　贾昀峰　孙琪瑶
蒋心丽　邹文祺　白　洋　冯　敏　熊蓓炜　周箬萱　冯祎林　徐佳宁　杨赏娟
陈天琪　刘丹丹　侯静雯　黄力慧　刘雪妍　刘兰香　倪正航　易夏薇　李艾蒙
黄嘉凝　曹俊杰　苏纪豪　刘　莹　梁恒宇　张绍鹏　肖　尧　蒲康键　辛　文
周黔川　韦　笑　黄元菁　阮心建　王健宇　谭子誉　谭子艾　龙昭汐　余婧文
刘越崇　朱　坤　李元皓　王　帅　彭钰嫣

优秀学生干部（40人）

李　珍　谭　娟　谢　玲　徐　哲　刘桂雨　朱越南　张慧蓉　赵毅冉　陈　芳
刘　昊　周　璇　龙宝霞　严　慧　陈旭阳　杨裕兴　梁丽莎　田　雪　袁子岚
孙伊纯　张　珍　冯芳慧　任俊烨　郭怡琳　李若水　代乾贵　杨学昆　胡　玥
何思佳　刘霞雨　刘庭宇　王嘉莹　焦若嫣　陈　曦　许　佳　郑淼文　余佩芸
吴佳润　王孟雨　陈　诺　史雅辰

高分子科学与工程学院（125人）

优秀学生（90人）

罗梦娜　陈　鹏　李双珠　吕嘉程　范以诚　吴亚楠　冉献川　李江慧　赵俊杰
彭歌歌　王　宏　何　璐　李　峥　凌子玥　梁　昊　朱道炀　贺晓溶　李濮含
向冠南　陈煦晖　杨佳睿　蒲治臣　张一晨　朱瑾瑶　彭恋思　郑颖聪　乔　晴
汪依然　郝媛媛　陈浩东　冯娇娇　徐子喆　夏　玮　袁　权　汪　慧　杨　博
蒋邵平　刘　臻　薛泓睿　黄佳梦　马兰花　唐嘉鸿　徐陶然　张霄羽　胡博涵
沈紫芮　贾先祥　朱本涛　邢振宇　张　璐　张佳怡　刘嘉诺　周　逸　张莉莉
张蕴婕　杨小平　张近知　彭孜麟　马　琰　曹潇尹　吴熙政　陶　颖　杨翠琴
李慧勇　郝　凯　段嘉楠　郑懿娟　陈新宇　肖苏桐　蒋济州　罗　今　陈丽娟
李宛亭　王峰煜　杨　英　王贵土　杨止南　于雪飞　王　可　郭胡康　张永渝
吴逊恩　张　康　皮梦焓　侯雨佳　张力凡　沈舒扬　刘峻宏　徐　滔
居买卡热·牙生

优秀学生干部（35人）

蔡雨松　刘长尧　杨杰珲　李沛阳　黄惠宇　赵文杉　曹润捷　黄镇东　李千阳
李思昱　杨凤英　周　村　谢浩宇　潘思宇　杨东升　彭敏哲　梅骏琪　宋语晨
汪文洁　王　杰　潘佳琦　郑慧玉　高云菲　曹钰楹　冯家宝　田泽林　孔庆珊
何　禹　林　雄　陈敏章　吕春燕　孙　辉　陆晓雯　张　尉　谭　伟

华西基础医学与法医学院（40 人）

优秀学生（32 人）

闵诗桐　秦宇昂　吕少雄　陈建辉　宋亚兵　李焕卿　吴宇航　徐　杨　李　卓
何享旺　明天悦　孙焕斌　孙玉文　徐玉鹏　梅奕松　刘晴蓉　郑慧敏　杨　蕊
潘浩岩　刘　浩　柴佳敏　李之仪　沈怡琳　段佳琦　钟　妍　孙韵韬　尹肖彤
郑亚子　李　涛　王春雷　晏晓杰　陈雪梦

优秀学生干部（8 人）

沈诚忱　刘泽杰　冯　芊　叶敏杰　刘广丰　于　宁　刘桂宏　孔汝心

华西临床医学院（343 人）

优秀学生（225 人）

王腾勇　刘桂娜　廖启蒙　李泽华　李经纬　张　婷　黄彦立　武梦芮　郭心怡
郑智尧　王睿晗　张艺琪　李雪瑛　王浩源　纪鉴芮　张欣怡　余禾野　王佳玲
张雨田　杨可艺　杨炎霖　贾绎格　唐婕晞　苟嘉妮　段景灏　张秋露　曹忠泽
雷智翔　王甜甜　徐媛媛　朱玮臻　由屹先　陈　可　付　友　郭瑞华　刘雨欣
王维佳　易　娟　于欣茹　李言言　李宇祺　唐小了　梁　平　曾星霖　罗　丹
黄霖霖　王筱洁　周玉兰　许力升　王玉吉　王予童　罗霖玉　程一帆　李　爽
吴帅奇　文　静　钟　华　朱含悦　贺怡蓉　沈　熙　杜和越　梁　娟　朱旭东
谭家兴　王　彦　张许兵　李佳坤　胡　旭　王自琼　韩　鑫　郭玲宏　卓泽国
王常屹　周　健　汪曼妮　陈超越　陶思蓓　涂　祥　刘　洋　周　慧　程毅松
孙立飞　肖岚姝　周铃鸿　谢亚星　刘雨涵　陈勇羽　任如钰　李晓莹　胡小芳
陈琳燕　陈馨韵　张　扬　彭　锦　李明阳　罗叶芳　肖　宇　张书涵　黄治宇
牟可凡　陆天怡　李毓明　余可欣　刘知浩　赵　鑫　邹雨恒　杨蒙竹　周晓涵
曾与恒　冯晓然　王　渝　刘　格　张丁月　张　玉　曾祥虎　周诗涵　孙婉婷
张艺腾　周　璇　张雪铃　刁　聪　刘宇欣　任叶蕾　闫冰姿　张　澍　周　琳
谭　薇　张　雪　李琳娜　田　欣　彭义娟　贾婷婷　梁赞雄　陈晓烨　黄鹤枭
贺思宇　沈雁荣　罗紫月　严灵忻　何春雷　屈丙意　曲昌兴　傅宇童　安丽珉
薛绍龙　谭松涛　贾得声　吴家豪　李宇诚　赵华敏　范元媛　徐　冉　蔡武峰
田博文　曹　建　殷钰冰　徐亦聪　李　磊　王　晟　李凡琳　兰钰茹　吴铸衡
王元见　姜绮安　刘兴哲　吴姝玮　郭冰琪　徐秋实　肖宜南　陈佳伟　杨淞月
杨依柳　符开余　尹　为　张耀文　高梓洋　李英昊　高清扬　贾凯宇　王紫瑶
张玉洁　农开磊　杨　瑞　刘佳易　许智慧　卢　通　王海越　杨心悦　赵启迪
金泓宇　姚怡君　余泓彬　王嘉毅　陈晗笑　许瀚月　邱　轲　郝小虎　郭佳隽
杨佳昕　唐　露　农春阳　易文琪　韦露勇　熊　燕　贺海萍　徐文玉　付晓渝
贺明栋　奚素菲　张　雯　张佳玲　董依廷　宁　康　孔令瑶　臧志云　冯子嫣
李　笑　董博思　吴　怡　林乐德　谢小钰　邓谢淑婷　热伊汗古丽·吾守尔
帕孜莱提·托乎提　古丽牙尔·艾尼

优秀学生干部（118 人）

周圣梁　郑　权　李培玮　高　睿　经微娜　葛玲玲　张天杰　柴　正　申宇昕

陈雪峰 李雅 潘攀 张润东 吕忻沂 李欣怡 何雅琪 周容 赵紫岐
兰澜 青婉怡 游茗柯 邱诗棫 杨屿楠 葛修凤 黄涵 朱婧瑶 李云环
刘琦 夏凡 胡元媛 常天聪 林嘉仪 陈吉祥 周强 袁昕怡 马婉婷
万若愚 张历涵 蔡永睿 马瑞欣 刘浛 朱盈 杨心纯 叶蕾 刘子扬
于嗣民 刘豪阳 李欣橦 李苒 阮晓苗 徐文静 杨舒婷 杨志摩 周靓
赖红历 张世姣 姚文墨 王傲琪 李芊 包婉莹 罗欣瑶 黄也茜 邱星雨
卓樾 巩彦榕 江红 黄宇薇 储金 严淳议 黄伟嘉 何婧婧 周翔鸿
边晓晖 熊芷仪 邱首继 林润 栗嘉成 万方芳 罗珠羽 陈惠铃 李昕
姜赢 涂仁元 张心怡 李妙慧 崔健 王孟华 袁驰 靳艺 王子灏
黄玥 杨雨菡 郭文 朱雨琦 宋心迪 邢笑存 张驰 许莹 雷森林
王璞钰 巩瀚文 祁旭 刘兴隆 方紫薇 谢若曦 余秋璇 邓文祎 韩欣洋
张钰菲 王亚萍 赵悦安 段思雨 刘子铭 周琰玉 马维 赵繁荣 易贤彦翎
穆合丽萨·穆合塔尔

华西口腔医学院（103 人）

优秀学生（78 人）

鲍旻玥 谢雅馨 张仲 赵一凡 崔娅 陈格韵 陈良瑞 高嫣子 程俊鑫
花语菲 杨一凡 朱莉 李诗佳 赵家硕 张格伽 易祖木 解嘉慧 涂缘
孙纪奎 周婷慧 王艺淦 汪子又 陈芯伊 孙佳斐 刘林枫 李如意 蒲圆章
扈宁 连奕婷 王甲河 吴雨萌 陈欣 陈艺灵 孟佳缘 梁羽童 李玥天
温心言 张滨婧 包明哲 刘卓辰 薛坤 朱涛 杨怡纯 邱炳润 林恺丰
韩睿盈 张豪豪 向倩蓉 姬青韵 周佳琦 何子涵 漆美瑶 景钫淇 田而慷
赵双元 蒋青松 王亮 杨丹 蔡正文 李晓虹 王小霞 程斌 曾心怡
黄凌依 丁若邻 甘鑫琰 杨晓宇 吕雯慧 陈小瑄 林恒逸 郑资卓 何林峰
周安琪 杜睿雨 林夕秋 吕潇颖 田徐腾越 谢仁阿依·买合苏提

优秀学生干部（25 人）

徐嘉 饶思晗 蒋宸 曾崇迈 廖安琪 乔士豪 郝逸航 周馨怡 刘莹珂
于晓彤 郭子荐 潘珮玥 王宇轩 张文湃 吴雁格 宋沁璇 胡首杉 吴嘉诚
吴妍廷 廖盛楠 吴昊妍 杨铮灏 连浩森 王海澂 万紫千红

华西公共卫生学院（115 人）

优秀学生（78 人）

钟婉珍 朱月 李志爽 蒋德诚 陈馨 时叙远 丛雪 张璐 许兰心
石心怡 万剑秋 雷博文 王乐 黎祖岑 张云洋 陈静远 郭婕 董思敏
黄熙雅 张添艾 王桃林 贺睿欣 成瑾 邵子伦 常红 吴佳阳 杨益嘉
冯琬婷 洪培甄 林春滢 邹雁秋 安琪尔 王朝辉 吴梦瑶 杨佳敏 武璇
黄馨仪 蔡宇琪 潘晓樱 贾依凡 徐牧岑 李思蒙 毕馨文 李亚龄 王玉洁
邢沐祺 盖巧玥 李雪琳 王洋洋 戴钰 姜琳 廖诗艺 代雨岑 李星月
陈钧涵 高娟 张晨阳 娄莉萍 谢萍 岳春林 罗俊容 田梓佚 赵璇
李金星 王心怡 曲霏 梁艺颖 张英哲 陈玲慰 梁楷利 黄益曼 胡美婧

吕　良　张豆豆　蒋　叶　潘　赛　蒋清青　成姚漪莲

优秀学生干部（37 人）

贾　雯　张　震　李韵然　费　宇　胡一凡　周鑫茹　向南雁　朱璟捷　郑　言
蒲俐伶　邱伶俐　周月阳　武　依　梁逸致　赵梦颖　张　璐　李欣妍　薛怡婷
李佳蔚　胡顺铭　李灵杰　张　珂　孙艺璇　蒋宫羽　于慧敏　谭晓霜　刘傲男
殷　韵　罗姝菡　苗野萩　唐雪薇　李　瑞　林奕蝶　聂伊婧　陆娇娇　吴琦欣
苏丽娅·玉山江

华西药学院（71 人）

优秀学生（46 人）

王雅婷　孔金霞　吴俞兴　康睿馨　蒋沛航　何慧琳　张　玉　舒竹林　韩镕泽
胡雨霏　杜雨凡　熊子杰　冉开心　何欣燃　翟向颖　张臣宇　袁子沐　吴　珊
李熙彦　唐　雪　蓝冬萍　董跃渊　董姿雁　汪小蓉　赵　恒　张淑雯　白文静
王宣宇　金丽敏　阳星月　陶　静　吕佳琰　刘绍宇　贺思琴　蒋宜恒　谭玉婷
徐海兴　张一凡　尹善美　许燕花　赵尹瑜　杜昊哲　谢　昊　欧阳虹灵
阿依佐合热·阿卜来提　阿布杜阿帕尔·布力布力

优秀学生干部（25 人）

徐颖欢　宋玉瑶　李　雨　倪明杰　葛美仪　杨　倩　刘圆媛　李雁鹏　丁紫嫣
周恩达　罗茂琦　张　毅　陈芷倩　贾梦露　宋钰珺　吴思娴　张苗苗　陈玉园
熊　坤　陈　盈　黄天懿　葛　迪　洪　渝　马洪波　冉凤林

公共管理学院（163 人）

优秀学生（105 人）

刘骏瑶　陈　灿　张　敏　李　晴　王　娟　张雯馨　郭一帆　胡子帆　樊　颖
何依浔　罗钰婷　何　颖　杜哲彦　赵梓钰　杨沁旖　陈心怡　罗波瑾　陈静昕
唐唯珈　胡汗林　何雨娟　廖洪玉　陈俞霖　黄小宇　贺谭涛　胡玉玲　吴　琼
李彦可　周雨欣　容婧晖　常铭哲　何国喜　尧元宜　骆泓伊　王意婷　张鸣宇
夏岷镁　杨雁南　郭仕菡　陈宜星　曹　驰　沈芝芳　齐　宇　张承文　黄源源
杨蕴琦　潘赛尔　童　妍　吴昕阳　张佳欣　吴晓梅　高振华　杨　鑫　张晓宇
刘　琪　张瑶瑶　项思佚　邓　月　刘淞月　陈　露　靳　铭　刘华敏　林娜娜
张　丽　吕奥博　刘天畅　刘嘉欣　肖珏琳　阳　静　肖牧遥　郑欣桐　刘　好
杨玉燕　何彩溢　王锦文　彭传其　苏梦倩　马　强　陶　蕊　颜成志　郑冰鑫
李雯頔　普　赤　王　锐　卢　翰　刘梦馨　冯吉鑫　刘禹南　黄　楠　胡圣宁
刘玉婷　彭祥娟　陈怡玫　冉丽琴　胡亚玲　张　颖　刘鳗蝶　郭亚琪　杨春艳
曾　怡　张海玉　晋晓月　王萱婕　李笑冉　麦尔丹江

优秀学生干部（58 人）

邓　佳　王伟康　唐漪璇　韩　泽　谭淋丹　于世博　刘思贝　徐宇航　周百惠
严祥瑛　强　甜　郭子榆　冯宇强　唐伟焱　杨　亚　邓　宇　刘思妍　付露瑶
徐婉玉　杨菁菁　闫天霖　常巧丽　孙运兵　郝梦媛　何　银　唐榕蔚　柯　帆
何　睿　卢　玮　张巧洁　韩佩玲　苏文虹　夏谦益　杨靓娴　刘可欣　白　杨

朱一好　阳依倩　张　屿　肖　莲　仲家琳　杨舒雯　张宇星　张雨婷　李　陈
韩松霏　韦芳菱　罗梓涵　王艺锦　贺甜甜　雷文瑶　龚　艺　袁郗苒　漆　敏
戴琬又　张　倩　邓舒丹　张雪村

商学院（181 人）

优秀学生（129 人）

唐佩秋　程思宇　曾晓筠　伍美虹　周敏杰　张胜琳　金　怡　章洋子　张蒙蒙
宋丹妮　李清瑶　黄　玲　王乙羽　谷　娇　熊俊铭　李欣怡　黄　辉　徐晓丹
叶俏欣　孙嘉欣　王缬铮　刘　冰　徐子涵　殷　婕　钱昱伶　余佳奕　戴灵均
王　磊　程　曦　樊宸君　冯湘婷　胡　捷　黄烨炯　李彦腾　刘　露　王　凯
王　莹　于佳鑫　刘婷婷　柯昕玥　任冶霖　邹宛谕　王鸽谕　白雨帆　袁　泉
邹佶珊　周芸环　李灵儿　张晨露　张　悦　黄原源　王思晨　陈婧怡　魏怡君
李晚秋　李国庆　刘　锦　赵云靖　陈婷婷　刘　佳　赵露莹　邓明君　吕雅楠
王欣妍　袁　慧　陈欣雨　张琼文　熊文琪　杨仕科　魏天舒　涂金艳　刘雪婷
卢慧如　吴朝霞　蒋雪婧　肖英美　陈心怡　刘　颖　徐宝琪　傅朋雪　杨佳雯
封　凡　郭润凡　杜煜龙　魏芙蓉　曾　萌　王思懿　江姗霖　赵西阳　张伟齐
张　佳　杞　迪　顾佳琪　詹承燕　刘迪岚　李思璇　周若琦　徐淼淼　牛　童
荣　茜　李思齐　张斓芊　李　蕊　何玉杉　余瑾雁　徐　宸　邓　佳　杨文卿
夏　旭　唐嘉泽　张曼琳　王泽钰　钟一新　石　翔　李　青　袁　野　张倩玥
牟晓颖　张凌云　张嘉乐　杨媛媛　张心童　康　彧　余徐蓉　谢世儒　谭润芝
刘倬萌　耿玉玉　友西康珠

优秀学生干部（52 人）

傅　钰　王代军　周　程　唐　雨　刘诗奕　刘岩松　范桂英　韩玉冰　李　祎
王一桐　王珺瑶　王羽洁　许云飞　邓　佳　钱佳乐　陈钰莹　冉　艳　袁莉莉
李文睿　李婉华　陈　汉　高敏曦　吴晶滢　濮玉仲　张志群　刘　斌　刘　秀
孙诗微　熊　霏　陈颖晖　柯林敏　刘泽来　张笑然　任　毅　李稚萱　赵军凯
徐诗颖　李凌志　张露洋　兰娅娅　金泽林　魏　莱　彭军学　龙怡璐　苏　瑄
赵奕淳　舒遵凤　黎家伟　王晓丽　陈鹏飞　韩学浩　张赵博涵

空天科学与工程学院（31 人）

优秀学生（19 人）

刘品舟　李清亮　赵　红　代浩磊　霍柯言　蒲岩云　苏翎菲　李铭茁　王兰新
余卫倬　韩彦乔　李思思　夏绍丰　龚昊为　邹凤翥　邓金风　李佳星　孙　佳
苗江海

优秀学生干部（12 人）

肖　阳　李泊立　彭　皓　彭远超　杨涵杰　陶芯怡　汪邦彦　李冰倩　龙祎浪
陈奕君　曹玥瑶　游李延岚

匹兹堡学院（57 人）

优秀学生（38 人）

金刘超　刘灏扬　邢兆涵　陈路安　娄禹辰　孙睿达　谷聿铭　刘睿智　黄业珈

张潇月　汪越楚　杜　燚　杨田恬　刘　淼　刘　雨　孙珺松　王延舒　王睿瑞
刘孟任　樊光熙　伍　戈　谭雨荷　尹一凡　胡艺桓　陈园卿　吴晨嘉　雷九洲
池欣芸　陈可欣　张金旭　王婧坤　吴千寻　杨沛东　梅　源　卞婧娆　丁鑫涛
王　菁　岑睿楠

优秀学生干部（19 人）

张慕涵　李泰赫　王婉卿　王　卓　占泽颖　张潇月　杜　燚　杨田恬　吴新渝
吴　波　詹霄阳　胡洸浩　刘灏安　黄子扬　裘艺超　王　拓　李名成　李一申
何　苗

国际关系学院（8 人）

优秀学生（6 人）

曾　浩　胡可怡　王宏宇　崔一丁　陈　卓　王新宇

优秀学生干部（2 人）

赵玮琦　赵　婕

网络空间安全学院（48 人）

优秀学生（34 人）

郑文艺　庞　博　张俊哲　温世豪　樊雅楠　吴怡欣　魏　来　武玉豪　商福盛
郭宇清　项宇媛　黄国宇　程嘉兴　傅　康　李　滢　秦　彧　李丞浩　刘　育
景王沅　侯伊为　李旻阳　王彦昕　曹代鹏　温芷萱　朱明成　张容川　屈景诗
崔于尧　胡明智　肖元星　王研博　慕羽霏　刘筱迪　张广超

优秀学生干部（14 人）

王劭华　张凯南　李思宇　易书凝　李　劭　王一丁　龙晓晖　张波涛　赵嘉晨
廖承相　简欣娅　秦维唯　李小霜　汪邓喆

生物治疗国家重点实验室（16 人）

优秀学生（13 人）

张沛东　陈智伟　尹　航　罗宽宽　由俊鹏　周　瑜　黄梦元　陈瑾新　侯建如
汪明瑶　陈秋竹　乔梓琪　李明曦

优秀学生干部（3 人）

梁婉滢　李泓健　姜　越

吴玉章学院（160 人）

优秀学生（111 人）

刘　奇　夏钰婷　黎雯瑞　蔡涵颖　王　立　俞思哲　田乐进　薛可非　程梦钧
孙　滢　刘文杰　武哲民　刘子弋　周洋帆　韩依琪　雷雅钦　王泓懿　仝凌波
王　奕　夏　榕　吴孟泽　李丹妮　高怡宁　李　轩　薛育仁　蒋　超　薛金蕾
束　钰　阮楠千　舒泽扬　张乐山　张鹏晖　张之宇　林芳甸　郑昕然　刘镇涛
周子涵　黄一粲　龙欣怡　金　璐　何政鸿　薛思言　林琛果　毛璐露　万　劼
程列新　桑浩杨　莫了了　翁凡雁　段为刚　付　渝　万昕元　冯　久　周　添
马鑫然　吴　畏　许王泽　林润基　李博洋　陈宗鸿　曾梓云　欧阳名　徐建军
张欣怡　张凯凡　郭遇尔　周君栋　陈家宝　庄晓怡　白钊远　吴若婷　张恩农

郑子旸　张　楠　陈佩尧　胡　岳　张家昊　郑　鑫　张之栋　李丁艺　王雨嫣
黄幼成　白　谦　周正祥　罗扬帆　景鹏伟　杨佳瑞　胡轩于　杜渊渊　郭钰香
董奕玮　马一鸣　蔺书铭　龙禧睿　赵嘉宁　徐　睿　赵　萌　吴雨婷　贺诗文
何　昶　石子齐　邓天男　朱　姝　孔　言　贺歆媛　杨忻程　张昊哲　王清扬
祝　玉　陈可馨　林镇阳

优秀学生干部（49 人）

卢历祺　张奕扬　褚佳慧　陶　源　蒋洪琳　梁　颖　仉元瑾　陆韵晗　李旭辉
严佳豪　刘冠丛　李嘉瑶　陈思良　岳　洵　戴　琳　焦祎晨　唐　赫　赵文杰
彭　洋　叶　鑫　王浩学　程一纬　赵佳炜　尹若童　王子睿　曹　婧　刘家文
臧正卿　杨　帅　张奕凡　蒋金佚　李殷韬　章誉倬　吴惠东　王安娜　韩　雪
王茂旭　夏浩铨　顾开来　成凤祥　王兆基　万子义　王崇智　徐展平　马　宁
叶　桐　陈天乐　刘贤达　徐龙怀志

四川大学2018—2019学年本科生学年奖学金获奖者名单

经济学院（738人）

特等奖学金（2人）

周逸鸣　马路欣

综合一等奖学金（33人）

秦　范　张亚婷　陈紫灵　张道涵　王　博　廖语嫣　韩佳峻　刘佳琳　刘魏巍
吴冰妍　符　旭　黄怡暄　田　楠　唐婉旖　沈思宇　潘李靖　王紫颖　张金晶
李熙雁　刘恒志　徐　洁　张惠宁　庄奕航　谢伯义　陈鹏翔　顾徐阳　吴子硕
杨秋瑜　金佳琦　程雅钰　李赟麒　牟自鑫　徐可欣

综合二等奖学金（66人）

瞿婷婷　杨子瑜　曾　阳　孙秋怡　褚　悦　程　林　陈　应　曾　菲　何思颖
汪李冰　李杨鑫　姜铭烽　薛赵琴　秦　露　高　飞　李嘉楠　梁志恒　杜雅雯
王若曦　侯文钰　姜博瀚　虞璐彦　张睿睿　邱昊宇　陈静瑶　杨　灿　陈宣竹
李安琪　黄　璞　刘　欣　黄诗颖　廖　左　周芷珺　李　毅　张瀚兮　姜焯瀛
郭海成　丁　畅　蒋龚祎　李佳睿　练文倩　张濒月　刘　星　杨　敖　阚文蕴
吕含笑　吴佳燕　周慧珍　杨宇灿　余沭乐　孟俊辰　朱博楷　胡伟娜　赵海葳
刘香凝　梁舒培　胡敏慧　杨　蕊　张　一　方　润　贾洁梅　涂宏辉　张鹏飞
代伟华　吴　辉　王璐瑶

法学院（210人）

特等奖学金（1人）

朱昱衡

综合一等奖学金（12人）

杨新羽　张婉秋　邓哲心　周乃兴　焦丽薇　马燕宇　汪　鑫　吴潇墨　舒　琪
帅沛含　潘紫玲　钱子威

综合二等奖学金（24人）

陈　辰　金义婷　孙晓凝　唐金翎　阎珮玥　姬海尧　何佳佳　王　婕　陈鹏宇
王　琪　张馨月　张瑞露　陈雨薇　张玉丹　冉诗晨　余　波　涂良晨　王一然
陈怡然　刘晨昕　陈一宏　徐川杰　李正则　栗小然

文学与新闻学院（新闻学院）（542人）

特等奖学金（1人）

代凤洁

综合一等奖学金（24 人）

欧阳漫　刘淑瑾　王轶晟　李珑颖　龙　雨　潘思宇　周欢乐　兰姿珊　纪　旭
陈昱晓　王逸潇　王盛乾　张　乐　曹之欣　毛雪迎　冉诗媛　莫栩嘉　王　薇
钟杉杉　冯熙乔　王雪一　闫艺铭　陈玉洁　刘烨霖静

综合二等奖学金（48 人）

傅灵钺　姜雅淇　徐晓雅　王雨枫　李萌萌　董欣儒　莫凯洁　赵　旭　任晓瑜
李佰珏　孔雅萱　王晓萱　边　洁　易思思　张议心　白　娟　钟雅晴　太艺憬
陈丹雪　彭可诣　黄一清　何思源　葛　帆　谢来我　常　乐　彭清凤　陈可颐
朱解语　程丽岚　潘金枝　廖　璇　薄王逸　许淳彦　鲁婧瑶　杨典典　乔雨书
杨溢雅　税　予　崔乃琳　李鹏远　钱沿蒙　吴雁飞　李　钶　张馨月　宋必胜
杨博雯　朱灵波　范琳琅

外国语学院（322 人）

综合一等奖学金（15 人）

徐海焱　冯　欣　翁星宇　姜慧霞　吴颖杰　郭芸伊　赵婉彤　俞舒琪　王瑜婷
李奇谋　陈辞羽　王　旖　卢丹宜　吴毓祥　何嘉炜

综合二等奖学金（28 人）

仇清漪　苏怀煜　陈鹏宇　曾梵一　颜　可　何雨航　王玥池　陈紫薇　刘思琴
葛　璐　白雨桐　杨元妍　王心童　涂　丹　赵可儿　肖　莜　王紫薇　孙钰贤
谢林希　张秋莹　卢科宇　邹新如　刘洪珲　王昕雨　邓稚凡　何怡乐　陈雯欣
王张妩月

艺术学院（540 人）

特等奖学金（1 人）

包珂华

综合一等奖学金（24 人）

郑　璐　司程程　陈家喻　邵建伟　邹嘉敏　李雪瑜　陈昆山　何嘉卓　杨欣悦
詹浩源　杜庸谨　黄嘉雯　王禹心　奉洛颜　覃吉万　袁雨莎　刘　庆　许宇航
王雨莜　余心怡　罗才竣　余梓凌　袁　可　彭汧芊

综合二等奖学金（48 人）

李秋里　康谷雨　单　简　杜滨杉　王宇坤　胡馨月　邓闻杭　王　黛　邓洁来
袁雨萌　肖婷方　黄　喆　高德耀　崔守铭　张雨竹　张鹏程　周芳林　薛建凯
张静宜　李宜真　麻毓珂　张少帅　黄　晶　张瑞洁　贾　唯　黄星源　李洋娜
陈思言　黄小龙　刘伊晅　覃子桐　眭　瑗　陈佳璐　苏　瑶　邹棂均　徐佳山
边子捷　廖一帆　王睿杨　周婉燕　黄　青　范朝阳　柴僮舸　郭　畅　项锦波
于勇博　梁雅芯　姜雨孜

历史文化学院（旅游学院）（272 人）

综合一等奖学金（12 人）

高志明　段育君　李静怡　曹仙婷　张怡秋　刘思麒　杨海容　田沛欣　张楚珏
张可心　李媛媛　任琛维

综合二等奖学金（25 人）

马天会　罗　英　李志鹏　林圣迪　唐　梅　吴吉桑　汪安雪　赵晴雪　马佳佳
赵一凡　陈　啸　张大利　刘　檠　李梓嫣　王泳芃　杨小乐　王　妍　黄卓贤
杨梓轩　幸　韵　卢　珧　任正智　吴学仪　赵雨欣　闫红梦

数学学院（291 人）

特等奖学金（1 人）

李卓远

综合一等奖学金（13 人）

陈泓宇　邹昌寒　牟云瀚　王良熔　贺钰淇　杨晓冬　张霖秋　李叙锦　刘　念
任瑞阳　陈　宇　周泓宇　裴辰龙

综合二等奖学金（26 人）

陈一鸣　翁艺珈　周诗琦　程　珺　罗咏怡　邹雨轩　闫　晗　杜鸿宇　徐嫣然
魏品正　张子涵　李韵馨　李　曼　曾　月　李俊成　何雨恒　李昊轩　谢昕玥
何杼航　张喜陇　郑　雷　刘琳珑　叶　童　王昗棽　刘育诚　庞　雷

物理学院（383 人）

特等奖学金（1 人）

杨景茹

综合一等奖学金（18 人）

周思毅　张晓晨　喻睿华　黄一斌　彭　凯　徐伟立　秦阳辉　葛威葳　曾　绪
杨　楠　卫妍玉　汪清泓　刘沁鑫　唐　博　杨　宁　郭　涛　刘霁原　项逸飞

综合二等奖学金（34 人）

王雨亭　刘　攀　刘崇智　王婧琦　张雄杰　章宦慧　苏　喆　张郁诗　刘　波
苏洪博　梁康楷　蒲运有　杨海阔　顾苇杭　李一锋　肖万伟　邓昊瑀　赵忠宇
王鑫雨　周志杰　陈　然　黎洲君　袁济海　杨金鑫　吴卓轩　贾冉晟　王圣惠
余　鑫　杨昊彦　安晟志　冯禹涵　郑　超　高祎霆　董小平

化学学院（329 人）

特等奖学金（1 人）

张　鑫

综合一等奖学金（14 人）

李敬豫　王　瑶　张欣怡　严子君　周林苑　万子聪　徐逸菲　谭翀云　龚钰扉
张怡颖　李　金　秦艺纯　刘雅虹　周博巍

综合二等奖学金（30 人）

张思迈　王雁冰　蒋　珉　王　玥　邓逸辉　肖　岚　张　梦　刘佳慧　桑新鹏
于晓艳　李林越　韦运洁　左　晗　韩　修　王梦欣　戴博文　戴路晗　王曼茜
殷倩莲　卢涵彬　张海鹏　谢汇丰　史　颖　张道康　赵晓婷　肖　颖　熊涓间
陈行健　龚福龙　蓝　昊

生命科学学院（256 人）

特等奖学金（1 人）

刘　恬

综合一等奖学金（12 人）

陈明锐　侯牧村　谭　宇　李政浩　赵浩辰　陈　曦　孙浩然　何雨桐　刘严木
何　爽　徐婧童　刘天舒

综合二等奖学金（22 人）

马东源　杨远涵　靳婷玉　顾元敏　李　欢　王诗扬　李文轩　廖爽斯　罗雅心
王钰清　毛思闳　斯云昊　姚天歌　王玥玺　陈珊珊　张云帆　房勇廷　陈逸菲
魏思璇　胡馨月　郑安矜　贾皓昊

电子信息学院（500 人）

特等奖学金（1 人）

李冰怡

综合一等奖学金（22 人）

郭轩君　何嘉岳　刘　洋　杨振宇　吴春晓　何秋香　黄　可　万雨博　郭鸿韬
丁军明　唐　为　刘姝琪　陈志豪　李佳豪　杨迎哲　郑　杰　魏天喜　许宇龙
王道叶　孙雨薇　郭　梦　肖子霖

综合二等奖学金（44 人）

谢欣荣　杨昱威　吴书宇　谢朝莹　高　检　王海麟　赵鹏远　王　楠　吴韵阳
张志耀　邱峻寅　秦嘉忆　李玉珍　李　平　凯　林　杨　朔　熊昆洪　胥　柯
吕佳琦　杨君宇　张治龙　李欣意　杨　锟　李　顺　李奕霏　陈若曦　郑钧夫
赵媛媛　侯鳗玲　赵崇皓　袁瑜才　郭纹静　黄奕翔　吴黄巍　吴　奇　吕　琼
徐亚美　陈鹏冰　姜　浩　杨双瑜　杨　钊　詹沛文　牛砉濡　敬小炜

材料科学与工程学院（341 人）

特等奖学金（1 人）

陈珏羽

综合一等奖学金（15 人）

胡方雷　王伊哲　郭礼豪　欧飞洋　曹洪源　杜嘉豪　张鸿杰　宋明淇　毛　菲
吴晓峰　张劭晨　杨骐彰　何　柳　徐　利　欧阳贝林

综合二等奖学金（30 人）

罗子茜　陈　宁　余一帆　黄晓文　王　瑾　薛清越　毛誉蓉　罗　文　高翔宇
刘家汶　袁　睿　唐艺芸　渠　璨　王弥粲　桂竹鑫　王　月　蒋　婷　赖思治
魏伟然　赵　泉　谢宇华　李　丹　周福伟　赵茂涵　杨新纪　廖　菁　高山峻
熊家骋　官尚义　肖　瑶

机械工程学院（555 人）

特等奖学金（1 人）

杨欣迪

综合一等奖学金（24 人）

牟　傲　张麒翔　曾　杰　徐嘉敏　王勃皓　黄　浩　朱仁宇　韩一丹　于　琪
谯镜桦　昝　睿　李玉婷　王淋楠　范梦菲　黄恺翔　施黄帅　孙奕腾　惠子赟
王泽琦　潘　怡　桂肃尧　牛子奕　张根莱　孙峰辉

综合二等奖学金（49 人）

赵长江　范　颖　丁睿奇　蔡耘峰　邓文清　张　颖　汤承颐　吴宏瑞　卫逸扬
赵雨辰　陶成梁　林辰宇　刘　翔　丁　雪　冯俊华　何燚炜　张骞文　王子涵
易浩强　童宇航　徐艺丹　左奇峰　王伟全　李思琪　杨博翔　孙　昕　张煜杭
任李挚　郭雅琪　樊虹岐　王　苗　汤智凯　韩雨轩　游奇峰　刘　磊　伍苗苗
王瑞琴　武玉洁　张　未　魏子薇　张智丰　陈付辉　章　炜　卫晨昊　许钊源
马啸驰　刘澎笠　邓力银　周佳美

电气工程学院（605 人）

综合一等奖学金（27 人）

花　媛　黄　寅　韩讴竹　梁雅雯　王子峣　唐義坤　房鑫彤　凌　涌　易海杨
郭源蕊　司睿绮　李艾青　杨志星　游雨薇　张翰林　周奕成　陈思蓉　张　榆
赵雨昕　龚　锐　刘达夫　周佩奕　邹维骁　叶殊杉　刘胤宏　冷辰茜　崔　娅

综合二等奖学金（54 人）

王盼盼　唐　赫　游　祥　蒋奥博　王子颖　刘　任　李艺佳　陈茂林　吴云芸
朱　颜　郑迪文　张格悠　陆宇轩　詹　瑜　李奇洋　曹馨悦　燕迎春　李智倩
谭清月　李银江　王伟淘　徐瑞廷　邵晨颖　崔　涵　柏昊阳　尚　豪　张继行
安冬阳　黄瑞睿　刘颖杰　易佞纯　李昕镁　钱　琪　伍彦豪　陈依崭　吉　阳
杨　惠　周　悦　李沛霖　陈　林　李嘉雨　刘浩然　聂　沛　张竹露　李梓帆
秦　震　蔺明慧　杨　浈　周恭成　刘　然　王康宁　韩　雪　杨松齐　陈佳丽

计算机学院（548 人）

综合一等奖学金（26 人）

陈荣钰　林义杰　李簦芸　吴昊田　马　磊　朱　熹　李云帆　赵　岩　张登奎
刘小瑜　马林涛　王凤杰　胡书杰　李林峻　童　瀚　王青杨　王以珩　雷　舜
王　茜　申城铭　张钟宇　鲁邦彦　洪丽凤　郑雨茹　张瀚文　杜韦宏

综合二等奖学金（49 人）

黄月瑶　周佳明　钱梦璋　杨谋星　张哲弋　邓　森　王佳宁　秦　朗　何长鸿
田煜鑫　高念珍　王自铭　张蔚琪　嵇名程　王希玥　王一粟　朱智慧　赵雯欣
吴美璇　任子尧　朱嘉宁　万　虎　贺　湘　王思启　伍斯思　王凯槟　朱佳旻
杨　亚　黄　婷　郭安洁　程鑫华　廖苑钧　王子宇　商帅康　曾琳清　徐知祥
罗庚欣　陆　铮　唐世龙　黄禹博　吴达文　许雪微　郑翔天　罗海颖　朱仁泽
李袁熙　尹琪源　曹馨心　朱家辉

软件学院（316 人）

综合一等奖学金（16 人）

丁赞涵　廖馨婷　颜　滢　白雨桐　熊　坦　刘宇科　王麒藻　钟　程　庄棋滨

刘庆一 施宇昂 沈新笛 李志成 林同灿 叶 奎 刘雨欣

综合二等奖学金（28 人）

赵彧涵 刘欣睿 黎隆海 武 岳 李文峰 杨 弘 刘瑞航 高浩天 黄凯得
杨 晗 肖旻玥 段士童 林经韬 梁 堉 马千焜 杨一鸣 高维新 李方钏
周绍焕 颜家俊 高天予 陆沈源 杜瑞祥 宋俐潼 蒋璐煜 曾 文 高 彤
王晓也

建筑与环境学院（650 人）

特等奖学金（2 人）

丁宽杰 杨冰慧

综合一等奖学金（27 人）

赵慧敏 吴 涵 王 熙 杨 璨 帅又文 金 欢 赵雨晗 王俊锋 王译锋
唐 涛 易 鑫 朱卓宇 彭诗曼 丁玉洁 杜震霆 梁子涵 陈袁媛 杨天亦
吴曹滨 李佳奕 梁昌宏 张世新 金森杰 王勘宇 王勤雲 周韵妮 姚可欣

综合二等奖学金（57 人）

宋一鸣 李楚鸿 陈 琪 陈予珂 唐 蝶 彭罗楠 熊博睿 李雪珩 纪轩宇
张诗瑾 王 震 刘 羽 黄东升 王墨馨 胡航军 房仕宜 袁 琪 韩芷宸
黄婉秋 万紫千 高德宇 王文欣 高 畅 樊志超 张婵青 魏增辉 赵华新
罗逸雯 干卓臻 谭紫洋 李安楠 李云帆 孟 爽 庞 悦 陈欣桐 邱姜浩
段司南 依应冉 张宇健 岳家芃 王雅丽 邹欣然 吴宇铮 卢宇航 李 鑫
廖焌龙 易佳欣 陈天诚 朱琦琳 黄崇森 林 霖 金泓杉 李岚晰 杨婉婷
谢斐然 焦怡宁 田博文

水利水电学院（447 人）

特等奖学金（1 人）

廖沛彦

综合一等奖学金（23 人）

陈啸云 黄 焯 吴 怡 叶好雨 李嘉颖 余 芊 付 迪 唐金龙 曹 悦
官智纯 刘书颖 王振宇 李远超 孙 林 任 明 冉雨博 张岚斌 周倖嘉
姚舒智 任 杨 夏茂圃 张鑫玉 安钟衍

综合二等奖学金（41 人）

周正康 王钰夫 严子豪 周子钰 刘 然 赵双伟 田纪辰 丁 璐 梁羽丰
朱钰铃 孙紫琬 江晓筱 李宇晨 乔俊龙 何佳昊 苟 格 周思佳 梁 杰
浦仕敏 朱日晖 胡 静 刘 行 陈梓韬 鲁 芸 张维娟 陈 炜 沈 心
毛明聪 成麒卓 罗 炜 万海峰 梁瀚续 张俊东 侯正辉 陈利豪 刘 湘
王璐瑶 阙智林 罗 星 诸葛佳棋 尼麦斯郎

化学工程学院（428 人）

特等奖学金（1 人）

吕汶遥

综合一等奖学金（19 人）

康　馨　岑美琪　佘文琦　刘诗雨　叶诗洋　曹永达　徐钰萱　徐浩瀚　高竹馨
周昌海　余权益　汪志斌　孙赫阳　许皓岚　佟宇婷　陈喜点　邱　珂　吕雅婷
李　京

综合二等奖学金（38 人）

窦敏峰　周进林　李　倩　李莎莎　吴龙桢　余　姗　陈建华　叶　琳　曾子珊
周　颖　钱　蓉　熊山威　张婷英　从文杰　敬启航　陈永芳　段宇浩　李乐瑶
匡　悦　严鹿鸣　谭江涛　陈　杰　张菲依　徐　衡　郭俊含　邱睿凌　冷广童
方厚涵　王霏暘　田雨婕　蒋　聚　薛雨蓁　尚佳琪　胡立然　周高锦　雷　伟
李晨红　潘泓飞

轻工科学与工程学院（317 人）

综合一等奖学金（16 人）

魏　晨　祝　习　曹怡然　周敏之　谢海恒　黎梓怡　蔡雨轩　唐明澄　张明珠
刘雪妍　龙昭汐　林晓雅　郭怡琳　吴佳润　刘　莹　谭子誉

综合二等奖学金（32 人）

周　源　夏璐晴　周旭东　马丝煦　谢　玲　隆汶君　刘　昊　何鑫航　朱宇琳
严　慧　马　晶　马　岨　李雨萌　黄　驰　张书劢　郑　好　何振阁　任俊烨
龙宝霞　曹俊杰　彭钰嫣　张　鑫　樊香伶　李艾蒙　易夏薇　胡晶婧　刘兰香
陈丽萍　赵　茜　阮心建　王佩萱　黄元菁

高分子科学与工程学院（397 人）

特等奖学金（1 人）

汪　慧

综合一等奖学金（17 人）

李奕君　孙　辉　叶信合　游雨昊　省绍琦　王　力　薛泓睿　彭孜麟　张佳怡
刘嘉诺　周　逸　聂泽坤　程　灿　肖　扬　陶　颖　杨　曦　尹诗琪

综合二等奖学金（36 人）

蔡雨松　赵文杉　李希垚　吴亚楠　李千阳　罗梦娜　唐诗晴　范以诚　吕嘉程
胡颖玥　李双珠　雷　雪　尹绍丽　潘建行　耿玘薇　尹　越　何欣雨　魏显萍
张丁月　李　岩　王馨睿　苏标尧　王欣茹　汪梦阳　黄　铮　丁　康　肖苏桐
郝　凯　罗　今　蒋济州　李姗酥　袁　芮　刘欣畅　张　尉　杨止南　李　航

华西基础医学与法医学院（136 人）

综合一等奖学金（6 人）

宋子宽　钟　妍　王春雷　李　卓　吴宇航　闵诗桐

综合二等奖学金（12 人）

刘　浩　王　杭　孙韵韬　尹肖彤　陈雪棽　雷雯淇　孙玉文　何享旺　明天悦
宋亚兵　李焕卿　秦宇昂

华西临床医学院（1014 人）

特等奖学金（2 人）

袁　驰　李泽华

综合一等奖学金（46 人）

姚怡君　余泓彬　董依廷　宁　康　许乃馨　万旭峰　曾　靓　余秋璇　韩欣洋
邱首继　林　润　栗嘉成　殷钰冰　何婧婧　周翔鸿　李雪瑛　王浩源　廖启蒙
申宇昕　郑智尧　张艺琪　黄宇薇　储　金　于嗣民　李毓明　姚文墨　赖红历
杨舒婷　杨蒙竹　曾与恒　包婉莹　黄也茜　卓　樾　陈超越　杨　静　张许兵
陈馨韵　万若愚　谭慧玲　汪曼妮　常承婷　程一帆　李云环　卢雨菲　何雅琪
兰　澜

综合二等奖学金（89 人）

陈晗笑　许瀚月　邱　轲　郭佳隽　黄　玥　潘南方　张煜宸　朱师禹　李怡晔
孔令瑶　刘方钰　奇卓然　陈沫汐　周子琪　钟芮琪　张　雯　张佳玲　付晓渝
万方芳　罗珠羽　徐亦聪　陈惠铃　李　昕　姜　赢　涂仁元　李凡琳　黄伟嘉
严淳议　张耀文　高梓洋　张雨田　杨可艺　周圣梁　李经纬　武梦芮　郭心怡
纪鉴芮　张欣怡　陈雪峰　李　雅　潘　攀　张润冬　吕炘沂　张艺腾　周诗涵
陈晓烨　黄鹤枭　贺思宇　沈雁荣　罗紫月　严灵忻　曲昌兴　屈丙意　傅宇童
余可欣　刘豪阳　李欣橦　张　澍　周　琳　谭　薇　周晓涵　张丁月　孙婉婷
冯晓然　张　玉　孙立飞　李佳坤　夏　凡　王自琼　韩　鑫　张　扬　彭　锦
陶思蓓　程毅松　林啟研　张丽静　李明阳　曾星月　杜秋静　李　爽　徐文颖
和冬宁　黄霖霖　许力升　黄碧滢　李言言　游茗柯　刘雨欣　丁林芳

华西口腔医学院（391 人）

综合一等奖学金（19 人）

饶思晗　张　仲　陈格韵　蒋　宸　楼雨欣　郭子荐　潘珮玥　吴雨萌　陈　欣
林恺丰　马宇星　孙祎昕　白贺天　邓玖鸿　甘鑫琰　廖盛楠　包明哲　吕潇颖
丁若邻

综合二等奖学金（38 人）

高嫣孑　程俊鑫　花语菲　杨一凡　曾崇迈　李诗佳　赵家硕　张格铷　孙佳斐
蒲圆章　陈艺灵　孟佳缘　梁羽童　李玥天　温心言　张滨婧　韩睿盈　李琪婧
杨晓宇　杨雨青　梅宏翔　杨　阳　宋　薇　刘俊圻　王　蕊　夏梦莹　刘家琦
谢　雨　景钫淇　刘莹珂　林恒逸　王甲河　吕雯慧　钟永进　朱锦怡　黄欣然
田徐腾越　万紫千红

华西公共卫生学院（351 人）

综合一等奖学金（15 人）

梁艺颖　张英哲　邹俊怡　陈钧涵　吴雪琪　李金星　邵子伦　邱伶俐　王恬瑶
李思蒙　钟婉珍　李志爽　陈静远　张添艾　成姚漪莲

综合二等奖学金（31 人）

陈玲慰　林奕蝶　梁楷利　黄益曼　胡美婧　殷　韵　郭　易　于慧敏　李　瑞

刘越男 杨玉婷 唐明圆 赵洵颖 曲 霏 常 红 杨益嘉 周月阳 武 依
冯琬婷 薛怡婷 李佳蔚 李灵杰 蒋德诚 陈 馨 时叙远 丛 雪 张 璐
董思敏 郭 婕 张 震 王桃林

华西药学院（293人）

特等奖学金（1人）

王 蕾

综合一等奖学金（12人）

于 浩 古维隆 刘禄怡 潘 熠 陈芷倩 贾梦露 宋钰珺 洪 渝 袁子沐
李熙彦 唐 雪杜雨凡

综合二等奖学金（27人）

王渡阳 雷 蕾 林如怡 卢 意 杨瑞诚 王雨婷 韩瑶瑶 张臣宇 刘卢路
张苗苗 董姿雁 熊 坤 赵 恒 陈 盈 吴思娴 马洪波 黄天懿 陈玉园
张 玉熊子杰 蒋沛航 邹沛璇 曹明浩 胡紫娴 黄 璐 杨 倩 颜 佳

公共管理学院（468人）

特等奖学金（1人）

张巧洁

综合一等奖学金（21人）

强 甜 何国喜 胡玉玲 黄小宇 杜哲彦 张 敏 李 晴 韩 译 闫天霖
潘赛尔 曹 驰 吕奥博 吴昕阳 陈宜星 张晓宇 晋晓月 冯雨欣 杨舒雯
蒋思毅 戴宜畅 马晓玥

综合二等奖学金（42人）

陈俞霖 宋欣萌 林淑如 李彦可 姚瑞洋 吴 琼 赵梓钰 王雨心 徐晨晓
张雯馨 郭一帆 刘 煌 胡子帆 陈 龙 何依浔 张瑶瑶 杨蕴琦 冯宇强
刘嘉欣 黄佳鑫 朱 莲 郑欣桐 刘 妤 张承文 靳 铭 林娜娜 杨 丹
许强宁 刘思妍 王萱婕 肖 蔚 张雨婷 周璐晴 罗 引 唐 榕 高博雅
石 睿 杜小寒 徐 菲 徐淋楠 莫莹莹 陈 怡

商学院（598人）

特等奖学金（1人）

金 怡

综合一等奖学金（26人）

汪海倩 张洪江 余瑾雁 顾佳琪 邹宛谕 李文睿 陈婧怡 陈婷婷 张志群
谭润芝 张凌云 杨媛媛 王泽钰 钟一新 王欣妍 熊文琪 邹宇铭 李稚萱
周川琳 李英达 邓倩荣 孙嘉欣 李 祎 刘 冰 樊宸君 刘 露

综合二等奖学金（53人）

熊子悦 魏 莱 王思懿 伍志敏 周婷菲 张馨心 李思璇 徐淼淼 周若琦
王鸽谕 白雨帆 袁 泉 李灵儿 黄原源 魏怡君 刘 锦 赵云靖 卢嘉鑫
邓明君 李欣怡 温雅琪 张心童 陈天赐 王天慧 石 翔 张倩玥 袁 野
魏天舒 杨佳雯 刘雪婷 张毓雪 杨清月 卢慧如 蒋雪婧 林 熠 郭润凡

曹悦晴　唐佩秋　杜漪梦　熊俊铭　叶俏欣　陈欣蔚　涂鸣洲　王缬铮　钱昱伶
朱文慧　王天昊　王　凯　胡　捷　冯湘婷　程　曦　欧阳梦忆　友西康珠

空天科学与工程学院（80人）

综合一等奖学金（3人）

李泊立　李冰倩　苗江海

综合二等奖学金（9人）

刘文轩　魏振昱　代浩磊　余卫倬　戴之峻　苏翎菲　曹玥瑶　陈　旭　沈相达

匹兹堡学院（188人）

综合一等奖学金（10人）

徐梓杰　魏　岚　李泰赫　邢兆涵　伍　戈　冯佩芸　谭雨荷　尹一凡　刘　雨
张潇月

综合二等奖学金（20人）

曹子昂　李　鑫　朱奕霖　杜虹瑾　刘智涵　马金鑫　卢佩琳　金雨辰　余源盛
胡艺桓　陈园卿　詹霄阳　朱　昊　吴晨嘉　雷九洲　胡洸浩　陈禹七　杨田恬
杜　燚　孙珺松

国际关系学院（25人）

综合一等奖学金（1人）

胡可怡

综合二等奖学金（2人）

王宏宇　赵玮琦

网络空间安全学院（163人）

综合一等奖学金（6人）

陈奕静　吴怡欣　傅　康　景王沅　侯伊为　王沛然

综合二等奖学金（13人）

庞　博　郭文博　刘嘉镱　江禛钰　李丞浩　黄国宇　蔡易成　屈景诗　王海林
黄欣怡　谢传熙　张容川　崔于尧

生物治疗国家重点实验室（58人）

综合一等奖学金（3人）

陈智伟　李泓健　张瑞莲

综合二等奖学金（5人）

周　瑜　冯韵宇　张　阳　姜　越　郑永程

吴玉章学院（370人）

综合一等奖学金（22人）

李旭辉　戴　琳　郑昕然　蒋洪琳　黎雯瑞　俞　祎　舒泽扬　笪　成　张奕凡
蒋金佚　欧阳名　李殷韬　曾梓云　章誉倬　吴惠东　徐建军　唐俊哲　金　璐
何政鸿　袁雪纯　焦祎晨　薛思言

综合二等奖学金（40人）

吴佳晨　梁　颖　雷雅钦　陆韵晗　詹东林　束　钰　周洋帆　蔡涵颖　韩依琪

阮楠千　薛可非　高怡宁　张奕扬　张凯凡　张欣怡　王安娜　郭遇尔　韩　雪
陈家宝　陈可馨　周君栋　庄晓怡　白钊远　王茂旭　胡轩于　王子安　余瑞丰
程列新　张　朕　林琛果　唐　赫　赵文杰　毛璐露　万　劼　贾童童　程龙昊
吴　畏　莫了了　翁凡雁　尤佳程

四川大学 2018—2019 学年度优秀研究生、优秀研究生干部名单

经济学院（89 人）

优秀研究生（63 人）

刘　倩　张政杰　袁子棋　李云璐　张丽婷　陈未雨　李　想　夏誉芸　谈　娟
周　博　曾　妙　付海芸　罗　宸　白佳琦　易　伟　张鸿铭　张　恒　贾卓强
郭彦峰　张　龙　叶　琴　赵志涵　陈云飞　徐浩洋　张　航　罗运兰　刘濛志
张立祥　李凤鸣　李　蕾　周　星　彭馨菲　吴小清　马滢涵　曾　敏　李　黎
林久人　陈庆凯　徐　丹　蒋易颖　陈　丽　刘慧林　何倩倩　杨　骁　续乔波
王葭露　刘雪宁　李福平　舒　心　王　鑫　先　锐　秦雨桐　李志强　田　潇
吴　峰　王超玉　李　敬　李小瑜　王艳西　黄　志　喻海东　李　翀　陈钰晓

优秀研究生干部（26 人）

孟　佳　李　铮　王嘉帆　赵晓龙　佘楷文　赵洵彦　范静媛　张　莹　周　倩
董欣越　曾钰婷　袁继朵　杨翔岚　吕佰洫　王禄铃　苏　丹　吴青蔓　郭　香
廖　茂　余　鑫　贾志莉　张建羽　郭潇蔓　吴　林　陈俞颖　董诗琳

法学院（152 人）

优秀研究生（121 人）

陈佳文　侯思卉　王必行　张小冬　左　娅　刘　利　王　茜　赵丹阳　刘　尧
张凤丽　卢禹竹　颜丛波　龚婷婷　张　薇　李俊蓉　吴　涛　郑南希　申惠丹
邓中孟　朱蕾翰　刘　渺　马艺源　刘小稚　刘双燕　李　菊　罗震东　张三石
赵　鑫　严俊秋　钟林均　王　琴　廖国锦　曹　凤　杨碧莹　陆开顺　刘煜宇
郑黎琼　邹包平　何金伟　李冰凝　冯慧琳　朱琳琳　邓棋文　杨丽莎　唐晓芬
徐　璐　罗智浩　胡　玲　龙　伟　孙　慧　曾美婷　史晓慧　曹四宇　申　丽
刘益文　麦达新　伍　龙　刘腾肤　莫　皓　蒲劲宏　敖　靖　蔡芸蔓　成迪雅
王　荣　李善妹　刘诗意　廖　慧　赵任绘　张立宇　陈红秀　程雨锞　雷盈颖
王韫乔　成　润　陈倩茜　罗德轲　黄科荣　娄　云　王敏杰　李粼莉　曾　悦
杨　杰　白　芸　马金秀　邓　雪　杨　洋　钟芷馨　潘寒月　王曼茜　李　阳
李婧瑶　钟　鑫　闫静文　漆青文　唐兴琴　熊　鑫　张　兵　韦香怡　吕　敏
代　鑫　温大鹏　刘青松　高建梅　张毓菲　罗小燕　何雪梅　凌寿强　王元震
谭桂林　张久瑶　杨　昆　杜坤瑾　王　濛　周代宇　郭　晋　罗雅文　吕泽冰
周　秘　梁博文　陈　睿　欧阳辰虹

优秀研究生干部（31 人）

代冬冬 朱江洪 郑晶月 刘宏志 陈 玫 肖振雨 徐 壮 侯晓鸿 林福辰
汪 莹 李宗洋 向智玲 杨敏芳 楼宇帆 蒲劲宏 杨冰洁 李博文 魏书琴
李佩洁 崔九月 张 慧 贺泽章 黄 振 蒋 盼 景晓艳 谭明阳 宋 菡
吴磊城 卓佳琪 刘雅蓉 彭 昕

文学与新闻学院（239 人）

优秀研究生（190 人）

徐媛媛 周子雅 吕 婷 周鑫路 张亚朋 李凤洁 温晓萌 谢梦瑶 李美澄
刘 静 袁明月 黄安琪 李亚星 杨 丽 周 阳 陈丽琳 成丹彤 陈 娜
刘柳君 高竞秋 郝 静 易桑宇 周 林 李 先 贾子璇 彭 博 郭子桢
唐一可 李沁洋 邹心怡 翟 鹿 常 开 张鸿腾 成 博 陈彦宁 范岳亚
杨 婷 王锦依 杨仕宇 汤文莉 牟 丹 曹利飞 肖倩茹 姚 莹 叶 洁
姚亚娟 康 越 曾从清 涂 涛 方将来 张 楠 张梦依 孙 艳 李悦君
吴 舒 侯世文 朱晓莉 陈思瑜 马月媛 郝 爽 吴静思 强亚铣 王 婷
李 坦 黄思骏 徐瑾阳 杨 阳 龚昱文 胡 楠 罗 通 方 昕 王少华
张 园 汪夕铃 邓 颖 陈彦西 郑雪菲 李 洋 杨 桦 江 澜 贺子恒
郭 玉 秦佳阳 曾 思 任 立 王士春 昌 娜 张丽丽 刘 欢 胡余龙
李雨庭 高 敏 刘 楠 秦 萌 郑 格 王 妍 王 迪 邱子昊 赵 明
杜红艳 张帅东 高小珺 夏迪鑫 朱昊赟 郑思捷 郑 楠 周 怡 魏晓炜
陈 容 关若妤 刘淑婷 何汝贤 侯茜蓉 郭婷婷 杨 倩 李妍斐 李默涵
李 奥 蒋文正 朱晓媛 张舒艺 何京芮 杨 桥 龙 萧 陈 佳 吴少颜
顾镶瑶 姚 倩 夏 甜 潘鹏程 宋佳芮 冯子倪 林 丽 诸葛纯 徐子涵
陈翰衢 孙艺嘉 薛 奥 佘林恩 智晓婷 李思琪 段彦会 陈 谦 漆依依
罗 艺 蔡忻茹 刘伊辛 周雨虹 袁宇霄 高世玉 王昭月 陈 曦 原豆豆
杨文乐 宋倩倩 金 琳 吴雅雯 吴靖楠 龚朴玉 熊菡梅 黄川蓉 陶 伟
杨成玲 苟隽卿 姚 慧 朱 磊 宋信祺 田 媛 罗砚月 王轶澜 程 诺
刘予坤 崔雯婷 崔 璨 杜杨玲 尹 玲 杨 钊 张乐盈 曾 琦 陈 玉
胡逸鸣 吴明红 刘裴玮 邓 瑶 刘 婧 肖珊珊 李隽薇 金锐锐 欧阳言多
胡冬晴月

优秀研究生干部（49 人）

罗佳璇 李保军 雷秀红 杨尧尧 黄 麟 黄晶晶 于化龙 高雨霏 尹 彤
杨雨萌 刘耘巧 贾雨蒙 陈文娟 周盼华 王柯蒙 陈 雷 王梓力 田 昕
王 凡 黄海韵 闫超文 贺雨潇 林 正 魏云洁 邱子昊 王 迪 张佳奇
李函语 南春玉 赵 青 陈振鹏 丁 梦 邹莹露 马晓敏 张益智 任思雨
孙铭蔚 白兴平 刘娅蒙 刘 原 陈涵宇 王风珊 廖傲梅 史 肖 严晨瑜
金高阳 杨 凯 钟华隆 邓冰冰

外国语学院（74 人）

优秀研究生（59 人）

丁金莲 刘 铖 尹玉玲 赵 丹 赖 庆 陈 瑶 吴雪敏 李汶卿 薛 可
苏 婧 凌望晴 敖 翔 赵 沅 吴艺琳 唐荣忆 王雨缘 田梦芳 廖冬琼
何 婧 宋颖倩 彭小曼 李 茜 李永盛 许洪森 代滨莲 李沁怡 黄忠敏
梁方圆 王 璐 李 念 王 潇 王婷婷 陈婉静 熊 军 王 钰 谢淑婷
张方静 余 颖 魏 圩 戴 婕 宋抒彧 黎昭琴 胡 萌 谢 雯 张雨晴
曹韵竹 沈傲月 刘晓雨 李梦琳 艾雨鑫 陈聪聪 刘淑婷 赵萌萌 罗文静
赵 红 李果忆 周俊宏 黄 芳 张 攀

优秀研究生干部（15 人）

敖 翔 吴艺琳 何 婧 廖冬琼 胡曼曼 李青松 陈媛媛 李 念 王 潇
熊 军 王 钰 余 颖 魏 圩 黎昭琴 胡 萌

艺术学院（60 人）

优秀研究生（48 人）

白 洁 朱锦雁 黄 振 任娱肆 王绍涵 刘 娅 王思铁 段 婷 种婷婷
杨露瑶 褚 浩 田 雨 刘 倩 黄高翔 易文飏 高 原 袁 雯 许戈阳
丁小桐 苏美文 殷紫璇 袁 月 余智鸣 赵 庆 郭峙含 杜晓燕 王沁怡
居苏晋 张莞卿 王 馨 李 和 孙 硕 张荻薇 席鹏卿 陈 鑫 赵梦曦
陈 坚 孙 甜 肖茹娟 王宇偲 刘振朋 李源甜 杨艺璇 郭 映 谭 雪
张珊山 郭 婷 刘嘉桦

优秀研究生干部（12 人）

王 琦 叶丁源 易孝慈 黎 频 印 玺 向懿锦 李远杰 于 鹏 刘星月
谭榜眼 张 颖 粟婧雯

历史文化学院（110 人）

优秀研究生（88 人）

邓宏亚 高春留 崔 睿 庞 政 粟薪樾 许 娟 周 丽 舒皓羽 杨洪永
江超民 郭凌波 王文波 闫月欣 焦 阳 马驰浩 周 懋 胡 盛 刘美伶
席惠康 蒲晓娟 唐骏洲 唐 燕 袁 园 王可可 罗 君 蔡 睿 吴晨娜
邝峻熙 周紫旬 刘 婷 熊 畅 罗 汉 石西熙 王 畅 廖一洁 候晓宁
王玉霞 郑钦予 伍 欢 谭 庭 何小禾 王 颖 王胜宏 赵振中 姜 迪
向淑娟 杜沁沁 钱醒豹 王一凡 李艳娜 吴 霜 朱 莹 殷 欣 唐凤莲
金朦朦 宋贤钰 曾 晨 刘立宇 李宁馨 陈雅坚 马颖进 徐水萍 王艳琴
张义梵 杨楠楠 袁 盟 何晓婧 梁晓雅 刘志强 王 悦 刘雨曦 刘 磊
董 杨 周茜茜 谈北平 姜 伊 魏新柳 丁曼玉 张 钰 袁 欢 王 昊
欧修勇 孙 濛 朱 玮 罗 嘉 胡涛涛 王 瑞 吴牟江南

优秀研究生干部（22 人）

滕 昕 王 倩 王桂林 龚治全 任姝欢 王哲哲 康轶琼 余 丽 王景帆
刘雪健 谢 雯 巩艳艳 宋 丹 张恒锦 华 畅 张海涛 温 涛 冉惠文

曹豆豆　黄俊林　赵　悦　熊建慧

数学学院（46 人）

优秀研究生（37 人）

张　宇　张　高　张创亮　李　涛　刘海琪　范泽宁　张雪梅　陈　熙　耿晓琦
赵小彤　王　楠　王建威　王炷霖　李作恒　王　宇　刘宁华　卢　健　周　琳
段函言　谭理琴　吴　昊　谢奇伶　黄金丽　贾宇竹　张　颖　郝玉洁　杨钰晗
曹竹君　田佳鑫　张修竹　向多惠　于　拓　牟彦霖　代　维　罗庆祝　付方雯昶
刘杨杉山

优秀研究生干部（9 人）

刘　颖　陈荔靖　陈　聪　张栩琪　李　静　张建华　李晓薇　王鸣晖　杨本章

物理学院（86 人）

优秀研究生（69 人）

姚绍武　张帅康　夏嘉辰　张宇彤　曾媛媛　兰　帆　韩博逊　王　豪　张博峰
杨　秀　明　勇　赵双文　郭昌敏　谢玉娟　陶王莉　兰洋顺　岳灵君　张瑞杰
王　琳　赵贺旺　康栋梁　万中军　石　玲　熊正碧　王　霞　李　强　杨　静
张　峰　戢觅之　陈黎熙　袁向阳　尹　聪　刘　蕾　孙伟国　王青青　唐俊斌
杨　瑶　段君静　李　宇　赵朝阳　廖仲辉　曾　倩　曾　阳　朱昌达　郭旭明
宋琳琳　李志伟　陈小芳　高钰跃　何　柳　王晓霖　孔月月　侯逍遥　潘小龙
赵梦溪　张　陆　唐琦琪　曾　彦　江明全　王朝棋　周　瑜　师兰婷　邓　浩
石　柯　李　玲　陈志禹　马丹丹　陈伯乐　杨星霞

优秀研究生干部（17 人）

李　佳　杜　艳　何　宇　殷小双　张　磊　唐　禹　叶迪银　庞　军　林乐澎
王　颖　张　娜　王　桢　沈　苏　郑　江　金文媛　田　毅　郑祖骏

化学学院（107 人）

优秀研究生（85 人）

白琪瑶　陈慧君　陈　雪　董　秀　董雪华　杜相泽　范　君　范　煜　方再香
冯　洋　符爱苹　韩超英　韩　颖　何爱丹　何纪双　胡叶欣　胡祖娥　黄雅琳
贾蕴琬　贾志敏　江森洁　姜　乐　赖虹霞　赖潇潇　郎佳文　雷　宁　李德福
李相强　廖黎丽　林　潇　刘　欢　刘静莹　刘　雯　刘旭东　刘逸尘　龙曼成
罗贸兰　罗艳菊　罗玉琼　孟祥翔　庞振国　彭茜茜　屈　浪　饶　明　容　智
石　磊　唐　琼　王　芳　王睿涵　王　燕　魏玲玲　吴祎民　武家民　熊　骞
胥金秀　徐书浩　徐雪梅　徐志远　阎旭飞　颜思顺　杨俊霞　杨　莲　杨　娜
杨　晴　杨　玮　于　晗　余　园　袁成丽　湛玉荣　张丰才　张国浩　张　航
张　宏　张小波　张　雪　张依婷　张　莹　赵立兴　郑燕玲　周翠清　周珂瑶
周　倩　周英东　朱秋红　祝雨红

优秀研究生干部（22 人）

陈小栓　陈　雨　范诚杰　冯　蕊　高　友　江玉玲　雷雨霏　李　军　李　露
刘　欣　罗　曦　苏宇彬　谭　飞　谭小辉　田　俊　汪　婷　王学斌　吴小茹

杨 晗 雍 芳 张美成 赵蕊墨

生命科学学院（121 人）

优秀研究生（97 人）

郭先林 张 宇 王 颖 田 蕾 韩林利 白九元 李晓杰 李 岩 李 娟
高 雅 王 旺 王小东 张春燕 辜莞芹 魏 淋 罗 梅 张 政 肖燕萍
苏小乔 许大鹏 江 钠 朱芮佳 孙 双 何小清 高雪猛 周 敏 李梦雪
张 兰 周 洁 顾贵蓉 熊秀红 王晶金 朱云琦 杨恩来 罗 越 舒云菲
曾国权 孙 洁 唐小雅 许新锐 王德彦 李蒙蒙 张君琳 杨小丽 梁 聪
李 亚 王 焜 艾凡荻 王雪纯 马 航 苏丹美 熊佳威 雷 伟 杨茹画
杨 欣 韩 青 冯程程 翟熙雯 张啊康 李 萍 彭顶华 谭 航 侯思雨
谢先俊 苗翠翠 杨雅斯 万 霞 刘 华 郑茹潇 陈乔乔 毛 嘉 龙怡静
贾圣斌 涂洪梅 杨艳婷 马 瑞 王玉杰 杨斯茜 牟洋平 胡冬梅 邱国良
樊莉娟 李小川 江 雪 许晶晶 张 磊 卢秋霞 梅雪然 王 璨 魏福静
吴 斌 吴道艳 吴明葶 敖 娟 孙胜楠 周 闯 蒋 雪

优秀研究生干部（24 人）

憨宏艳 邱 洪 王 鑫 康新科 代玉烜 李 丹 黄 莉 罗 瑶 沈海波
陶文静 兰 月 邹佳伶 谢桂兰 孙 敏 张怡平 康壮壮 邱 瑶 李春成
熊海凤 石佳杏 祝梦怡 李 彦 赵长菘 王 韬

电子信息学院（147 人）

优秀研究生（118 人）

刘 壮 蔡 青 易倩玉 罗杰方 蔡皓天 周建华 郭伟林 牟文锋 赵 威
李国瑞 冯 苗 胡美富 陈梦娇 樊敏风 陈维锋 杨 蕾 王 露 丁星丽
庞 宇 陈 纯 郎 威 谢 丽 罗 菊 李承杭 彭 景 王 震 尹业超
邓启威 汪 艳 王 倩 代伟嵩 张培健 谢杨灏 黄勇韬 刘康凝 吴喜权
刘明明 董潇潇 王韦祥 钟 逸 胡鑫旭 王梓丞 宿丕强 陈俊龙 李建龙
王 航 陈 尹 丰兴理 孟伟华 周 鑫 苗荣臻 李 虎 邵琴琴 张澍霖
储 繁 王 璐 雍康乐 刘婵娟 冯一帆 周思锟 周祥屿 李佳阳 陈盛嘉
余 洁 朱栩毅 刘艳景 林铄金 李 强 李 爽 黄 斐 吴雅婕 吴 艳
雷佳佳 潘 婷 李 佳 邓 描 计浩浩 鲜 荣 茹梦圆 何俊岭 孙雪曼
张靖晗 柏梁泽 李轩檀 蔡 倩 叶书函 陈训敏 马子珺 许一宁 雷 静
冯 逍 陈黎辉 蔡宇恒 杨瑞双 高承睿 柴权珂 陈沁梅 朱 磊 张志成
江文豪 陈 锦 申庆浩 杜培德 卢 亮 段雪羽 崇闯越 袁大力 田莉兰
刘伊航 陈晓旭 李城梦 戚 磊 吴周杰 任 慧 陈潇杰 钟亚君 郭文博
张 津

优秀研究生干部（29 人）

王文君 杨振伟 程 玉 杨丰铭 刘 浩 郭文华 韩梦奇 李 赛 祝道强
周 俊 彭世亮 李 曾 郭钊汝 肖 聃 王金辉 陈 洁 何忠奇 高锦瑞
陈 然 李 波 廖崇蔚 李在润 何淼楹 李佳倩 赵 丽 刘肖萧 李奇生

曾丽丽　于雨田

材料科学与工程学院（72 人）

优秀研究生（56 人）

桑　瑞　张丽群　李清清　黄元钧　孔　明　张　博　王博雅　陶　杰　魏云虹
杨　科　赵纯林　李依凡　刘桓基　程　原　李振杰　王慧琴　朱林玉　张　楠
贺　锐　陈婷婷　李睿琛　韩继辉　蒋晓晴　万振西　邱小玲　鲜春香　殷潇寒
陈　柱　刘陶懿　史年丰　缪德强　罗　杰　刘　旭　钟　熠　廖乐乐　牛国栋
王亚栋　袁婷婷　郎　东　杜　壮　徐　娜　周称新　陶　红　黄艳莉　张雪梅
罗　航　杨　银　岳　成　彭凤超　郑　璐　钱平平　李　新　陈道颖　崔若莹
唐　海　胡正龙

优秀研究生干部（16 人）

保德玉　杨　碧　梁纯平　杨　康　毛振娅　杨方民　黄林森　丁　忆　赖华贵
李　创　张　杨　董涛生　唐际斌　陶智建　张　亮　苏思宇

机械工程学院（77 人）

优秀研究生（62 人）

廖　琪　刘　行　李文洋　万　浩　周虹伶　方　夏　刘艳芳　廖青林　秦　媛
王棕世　薛　令　付　磊　杨　键　李　强　刘光辉　王　黎　蒲耀洲　吴爱强
方　涵　夏　慧　李　波　张仕双　凌思彤　胡　涛　徐邦杰　李　哲　李孟葵
吴　杰　唐　昊　邱吉尔　陈加才　李存程　霍云亮　吴孟桦　胡　利　张杉杉
李　佳　樊明浩　康　慧　段长超　唐祥龙　谭朝元　易宗礼　彭　军　袁　靖
宋珂炜　刘剑歌　樊浩田　王友胜　何思奇　冯　涛　刘　建　徐炳辉　张智博
项章特　杜怡君　杜玉龙　黄　稳　柴斌斌　陈　诚　李　帅　包诗乐

优秀研究生干部（15 人）

刘俊波　陈海军　王晨丞　张　欣　张　坤　王晨妍　杨　洋　姚芳精　邬焕欣
邓　希　颜　虎　张世友　林智秋　肖　雅　邓　银

电气工程学院（118 人）

优秀研究生（94 人）

曾雪洋　李康乐　李健华　胡　帅　李明志　李旭翔　黄永禄　罗代军　汪先进
卢　俊　王　璐　杨皓钦　苏亚鹏　田洪江　陈君强　高云飞　谭　元　郭小龙
冯智慧　刘治凡　温正楠　王静雯　刘向龙　廖敏芳　禹华西　张振东　张明奇
周　杨　李俊松　邓佳颖　曹子恒　吴　庆　任文诗　陈郑波　喻　倩　彭安庆
蒋　悦　吴雅玥　陈秀敏　王熙月　韩路易　任厚桦　刘佳豪　宋健文　胡　怡
邓凌峰　过婷婷　江　琴　李诗雨　李泽瑞　林思衍　刘　坤　马宇航　倪扶瑶
饶显杰　施家博　吴　刚　李泽明　叶汉新　左　航　陈成森　李　斌　化文奇
付方玲　周立立　王明捐　何函洋　罗　浩　郑鸿儒　赵　亮　陈　杰　郜克强
寇　然　夏依莎　王俊翔　谭　瑞　胡胜杰　彭　杰　黄　河　袁　鑫　罗雍溢
崔嘉滢　孙　旭　王　星　黄金鑫　谢佳妮　万良彬　姚先禹　王冠贵　李　淼
彭宇锋　徐金鹏　张　宇　谢康胜

优秀研究生干部（24 人）

熊　敏　苏诗慧　柴雁欣　徐　浩　曹　庆　杨智宇　陈贤邦　黄　聪　贾楚蕴
马丽萍　贾梦瑶　王雪晴　罗　兰　尹　航　张颖梓　高文逸　张坤朋　周驭涛
邓紫荣　邓靖微　刘凯奇　商皓钰　张亢亢　杨晓丽

计算机学院（134 人）

优秀研究生（106 人）

杨明明　雷清桦　文湘兰　王　莹　朱飞扬　刘霄宇　刘　震　黄振宇　王艺璇
陈学超　姬云飞　曹梦琦　杨　艳　陆泽欣　张译丹　贾吾财　刘雨森　郭妍彤
李坤坤　代湖明　邓　赓　王　帆　王翔坤　黄　琪　黄永强　闫建荣　王　康
赖志宸　杨　婷　庞　潇　张飞扬　黄　苗　吴青松　赵杨玉　杨　洋　刘则元
高康康　畅　青　胡振国　秦蕊琦　徐　坤　邵志敏　李君怡　彭楚越　钟志鹏
陈珊珊　肖　扬　武思齐　张晓慧　刘　露　宋楷文　李文静　包　鹏　邱玉凯
程雯靓　陈思行　冉茂松　彭　第　夏　婷　苗文娟　高　翔　胡恒豪　胡宇佳
张玉田　周林颖　戴　强　洪伟杰　薛　凯　赵逸如　郭赛赛　陈　苗　李　伟
田　伟　李进凯　刘觅涵　罗开乾　高登峰　韩建胜　陈文倩　刘子桓　乐　璐
戴文鑫　仝　苗　傅　丰　汪明章　杨雪薇　刘春平　张　爽　张正之　冯晶明
刘胜杰　谢英杰　周　颖　李小庆　吴　冲　曾　笑　刘　宁　冷红梅　文瀚杰
郭孟夏　戴晓薇　胡　婷　胡俊杰　王　丹　肖　蓉　王　旭

优秀研究生干部（28 人）

高康康　徐　坤　彭楚越　陈珊珊　张晓慧　刘　露　崔艺婵　邱玉凯　杨　杰
南　颖　高　翔　苗羽中　胡宇佳　赵逸如　李　伟　张　爽　张正之　冯晶明
谢英杰　秦蕊琦　陈愚夫　郭妍彤　陈　钉　杨　婷　付菲菲　刘天瑜　朱龙闯
胡　婷

建筑与环境学院（95 人）

优秀研究生（76 人）

何永丽　田孜欣　刘　杨　方　雪　李虹妍　陈玉雯　陈灵珠　张明月　刘　凡
张少飞　史雪珂　谢冰心　胡永涛　韦金承　舒敬恒　李　鑫　郭仲薇　陈晓馥
刘欣童　宋世华　李春容　戴维维　郭舒睿　刘梓锋　周冠宇　方　晓　姜亚成
卢　丹　黄秋源　付艳婷　谢宛岑　李德生　李康璐　李亚静　罗　莹　曾　燕
张　平　张涵悦　刘栋仁　辛广智　徐孟娟　高悠娴　洪苡辰　廖盈盈　汤宇磊
宋晓敏　晏智翔　曹璐璐　刘　曦　王雨竹　郭　菊　谢于松　宋　远　万端莹
李　达　李　雪　王云天　应　鹏　李　伟　吴德民　杨涵宇　陈　杨　钟亚超
袁　芳　刘芸欣　胡七丹　李　君　孙明霞　王鹏辰　刘后静　于雅琪　廖　维
张　恒　曹　曦　卿　青　程　扬

优秀研究生干部（19 人）

李佳佳　冯浩然　甘凤丽　杨世利　张为珍　吴俣思　熊柱翔　赵家艺　代金芯
高　杰　李　杰　李龙腾　李欣悦　李玉坤　曾雪雯　赵茂强　沙心奕　陈　斌
游俊杰

水利水电学院（98 人）

优秀研究生（78 人）

卢永虎　蒋若辰　周贤良　何志强　夏成城　冀前锋　张百川　任宝良　向迁卿
王红艳　余　倩　李　兴　侯奇东　徐　昊　刘丽君　陈　端　张艺璇　魏晓玥
董林鹭　王　明　郝亚丰　胡宇翔　漆智鹏　覃　黎　刘　鑫　丁　锐　彭高友
王俊鸿　尹　霄　鲁义强　刘　俐　刘小莲　范　强　潘云文　王小凡　翟俨伟
胡瑞昌　何　川　张锦涌　闫泽霖　肖榆撷　郑芳芳　黄晓桦　黄　琦　谢荻雅
彭浩男　龚　静　张巨翼　李欣桐　薛睿瑛　王　瑶　杨　沙　王兴敏　潘祥东
彭方俊　张芮瑜　刘可心　杨　林　胡德茂　王晓东　汤荣才　刘洪里　朱安奇
刘小帆　朱载祥　徐　邓　郭广鑫　李　翔　杨仲康　鲁会军　徐志鹏　姜晓琼
张歆蒴　李文奇　刘清园　甘滨蕊　陈明亮　严天曈

优秀研究生干部（20 人）

罗　伟　苏　雨　刘亚萍　陈雨晴　陈雨晴　任　昱　强同超　王　之　于子健
龚思霞　郑兆强　袁星宇　赵洪彬　唐　凡　侯　杰　李雅琪　雷佳明　姜守政
李　昕　李孟芮

化学工程学院（139 人）

优秀研究生（111 人）

蒋　森　王计辉　彭振锋　仇博雅　徐　兰　李佩琪　王浩浩　温晓雨　侯梦曦
褚关润　周昶安　吴　康　陈　檬　张　浩　张华恋　潘　琦　毛新艳　陈　刚
蔡　刚　张　曼　罗丁元　向佳威　陈仕宇　石翠英　彭雨佳　万启东　张　俊
王正豪　孙　雷　刘　凡　何　阔　王　东　王亚赛　秦治峰　曲鹏飞　杨丽琳
贾　堃　殷　枢　吴　林　伍超众　才　淦　殷文泽　邱　浪　贺先华　冉雯仪
乔亮智　童文华　高星星　解晓芬　江品娴　杨　敏　蔡泉威　杨祖光　宋　磊
吴一凡　许德军　雷志良　柳朋浩　彭寒雨　陈建军　蔡　垚　邹　雄　王泓岚
郑　慧　徐佳佳　邓传富　张雨露　张　杰　陈宇佳　王　芳　李朝荣　曹　丹
曹红艳　任秀云　罗　利　王文静　张明慧　李新娇　邹林兵　吴　霞　梁思薇
陈　琛　苗育民　郝仁杰　林　庆　秦佳旺　李　龙　何　婧　龙　宇　舒弋芮
王　勇　刘　祥　陈　良　刘泽坤　徐文奇　周　慧　王　杨　苏　殊　韩　淼
肖　燕　蔺育菲　何　剑　蒙俊霖　刘敬芸　刘玉妹　刘小红　王玉滨　胡婉蓉
李晓鹏　孙晓慧　吴　阳

优秀研究生干部（28 人）

王宇阳　胡春波　文国宇　李鑫燚　张　漫　周　帅　王　婕　谭　鑫　曲丰成
何　川　王泽学　周建军　韩子柯　宋　永　张涛先　吴依凡　赵　宁　欧光玉
肖　勇　徐志朗　刘郭洁　王逸楠　王慧君　陈鼎山　夏志鹏　谢　艺　张瑞雪
邓　杰

轻工科学与工程学院（64 人）

优秀研究生（51 人）

秦　琴　陈　咪　林佳友　夏琼芬　胡明宇　严孙贤　刘　杨　郭　浩　柯　乐

李美梅　代金凤　段方娥　鄢　瑞　钟明叶　蒋肇样　杨　淏　孔茂竹　杨诗文
李建龙　游川锐　罗　婷　张　悦　杨　林　王　梅　舒　信　赵义红　陈利维
曾　慧　王　璐　陈　南　曾红棱　陈思崎　胡　瑶　周　荣　曹胜魁　侯科宇
黄俊僮　王星月　邱　文　张　康　杨长凯　姚尚杰　易玉丹　张美娜　肖　月
刘　雄　文嘉婷　徐　腾　孙　哲　卢云浩　党旭岗

优秀研究生干部（13 人）

高文伟　王定康　关心媚　李大飞　任炳熹　白津榕　林智贤　何雨静　杜　玫
邓子叙　叶蓝琳　刘　娴　王　双

高分子科学与工程学院（148 人）

优秀研究生（118 人）

邓　杨　杨　磊　刘　耀　李成凤　樊　坤　韩玲琳　秦　瑞　王相栋　何泰君
张　莉　雷楚昕　张　丽　梁　博　刘纪泽　王朝芝　陈丹丹　李蒙恩　张兰山
梁桂学　袁　尊　刘博瀚　刘　飞　丁奕同　姜　粞　贾礼洋　张　旭　孔　琛
蔡源博　王　倩　贺媛媛　肖柯岑　张　珏　钱一晖　雷栋钦　周子涵　周一存
张正民　许泽旺　徐　钊　肖志超　孙文金　李　磊　谷宣伯　陈　佳　高心蕊
冯　东　李珊珊　吴　博　袁　野　吴玲玉　张　帅　王华春　刘振伟　冯昌平
吴萍萍　陈历波　程　凯　战泽莹　刘天宇　张浩若　袁　斌　屈冰心　喻媛媛
袁安钱　杨　振　周　婷　胡志强　雷　元　王梦瑶　张慧丽　兰　伋　田圆芳
尹　倩　盘如萍　张　阳　薛　旋　徐若愚　杨　光　曾书龙　王　萌　傅　裕
刘　鑫　陈云妮　徐　进　张招娣　沈梦露　赵　星　冷　杰　刘明金　杜祖臣
乔嘉宁　谢泽祥　张云鹏　陈　超　王　晗　王　婷　赵登位　冯　媛　宋星颖
王艺霖　徐惠琳　达　祥　曹　杰　张思航　李瑞光　朱　勇　夏　添　谢　旺
丁　磊　廖洪辉　杨　成　纪海锋　王彦军　任　悦　宋莹楠　查湘军　张佳瑶
樊　茂

优秀研究生干部（30 人）

张　祥　张　昊　魏艳红　程　序　赵志新　陈少康　汪　远　董　园　陈　献
丁　超　戢文静　兀　琪　邵　艳　吴正中　陈　鸿　张铭丹　戢　元　黄　凤
姚　菊　聂子君　李川龙　高萍苹　陈程虹　周东旭　戴　宇　刘警峰　蒲俊宏
陈胜求　柯　翔　肖亚飞

华西基础医学与法医学院（34 人）

优秀研究生（27 人）

陈明媚　张建辉　马　越　田　甜　曹悦岩　朱　强　王雪尔　吴　畏　胡俊梅
杜春春　胡渝涵　黄雨果　尹　璐　周怡君　刘丽艳　王双双　鲁　婷　钱小钦
陶瑞旸　王守宇　张逸飞　马鹏娇　邹　星　王　倩　王萌鸽　屈胜秋　国琪伟

优秀研究生干部（7 人）

王书剑　王秋月　郑雨滋　宋英奇　李茂圆　宋梦媛　郑亚云

华西临床医学院（411 人）

优秀研究生（328 人）

孙勇康　李梦甜　黄庭萱　张　蒙　邹　松　李佳梦　杨　澜　雷文华　周睿曦

李文星　赖婉琳　杨　霞　焦　建　陈妍静　张思敏　李慧茹　熊子卿　周思私

李　珏　张立峰　孙　彤　杨金龙　宋琳琳　肖凯文　陈俊儒　廖鑫扬　王　鹏

杨博文　李思聪　周小涵　刘　旭　李　雪　叶雯雯　赖思可　罗　丹　孙　冉

杨雪薇　杨学飞　冯　敏　易小琳　韩宇宇　周灵妍　李竹月　胡智超　曾　臻

周有莲　查盼盼　吴　阳　阳长强　杨芸芸　季　婷　冯一洲　邵淑冉　代依灵

吕　灿　王耀丽　赵艳莉　叶　晨　周海燕　唐新月　祝　菲　陈皓田　陈文艺

周　怡　张可依　何翔宇　彭素华　张　鹏　王　健　李高伟　陈泽昱　易梦诗

李　琴　李　练　刘正欢　柳　梅　张富勋　黄　尧　王福强　董诗萌　徐　怡

徐金凤　周　颖　李毛毛　周思睿　彭晓林　姜　惠　张剑平　杨柯翼　罗春莉

刘　颖　曾圆圆　张梦曦　韩佳龙　关　慧　王静静　冉　娇　童　欣　闫伟东

王　霞　王　佳　张梦兰　曾　瑜　王珏玺　彭　冉　石　敏　田方芳　任　湘

王　茜　杨骐毓　肖　威　袁　玲　刘　伟　王小虎　吴红霞　张　怡　范　雪

左志良　唐教清　王　进　邓　刚　朱　波　陈祖德　杜冰清　范双民　耿英才

任青青　王进举　杨彦博　郑波波　徐焕基　杨春丽　李　晨　李　奎　曲　径

谢成霞　李　萍　刘　梅　向昕蓉　沈思岚　杨文豪　覃英杰　林隽羽　林　昕

李宛凌　李　蕾　肖洪奇　王　越　黄　延　汪雨佳　唐卓芸　杨靖国　刘　渊

赵　州　王竞成　胡　旭　卢　晨　史毅丰　万谦益　贺　涛　尹杨雪　胡晓意

刘　宇　唐　丹　杨　梅　刘添添　蒋子涵　马启智　郭映笠　张明月　谢运娟

梁泽军　谢苏杭　阳　锐　马爱佳　彭　丽　吴雯雯　周　兼　徐佩佩　胡　蕾

彭瑶瑶　李明霞　张星霞　张　英　卢思洁　贾瑞坤　林　桑　蒋　英　戴　璐

巫佳璐　刘玉杰　赵　明　覃　萌　杜竺蔓　马春香　左雍荻　靳雪莲　张宇雁

邓吉利　向玲亚　李超峰　林泰平　蒋　政　肖　月　华思瑞　王嘉玥　韩沛伦

田　甜　杨成敏　石　睿　李　倩　魏　鸿　陈　鑫　张东风　黄　阳　黄博文

莫似萍　陈秋和　杨　宇　李汶蔓　肖　宇　杨江萍　李俏琦　章　燕　丁　林

陈　璐　王　飞　杨　荣　吴秋月　谢静颖　王蒙蒙　张炳琪　张培川　苏雅娜

冯垠瑞　权　月　王一卓　黄　恋　张雪萍　栗晓亮　关梦龙　金　晶　余　何

王　杰　叶连松　魏甜甜　王一婷　吴鸿雁　刘钰琪　徐　菁　唐小琼　唐昌青

程亚军　朱丽娜　张灵语　李雨微　葛汾汾　薛　佩　谢　敏　游紫梦　王文佳

鲁　璐　苏筱芮　肖雪阳　罗　强　李亚梅　吴廷奎　罗泽宇　曾俊峰　赵　鑫

温定岢　赵劲歌　刘　彧　贺　庆　周宇婷　李根棚　赵　锐　尹晓南　杨　娥

杨　阳　孔维丽　许　洋　钟　兵　裴力皎　朱月婷　辛　娟　陈雅丽　郑碧鑫

费樱平　卜　暄　黄　丹　王　刚　李培艺　陈　飞　杨　丹　赵倩雯　熊于勤

高芸艺　张　琪　王成成　龚深圳　古　丽　聂　娇　张　乐　黎安琪　钟　箫

尚启新　宋铁牛　李　慧　王启光　牛小东　刘富均　杨玉帛　杨先伟　王军克

杜白雪　李　青　舒　佩　李　瑞　周科汛　侯婉婷　朱玲玲　姚　鹏　冯艳汝

王田田　欧阳国庆　麦吉么吾甲　欧阳淦露

优秀研究生干部（83 人）

高丽娟　徐源蔚　刘　洋　邱　霞　何　博　张夏维　王大松　陈　鹏　付淳曦
王　娜　刘越华　宋　馨　艾　源　梁嘉宇　杨杉杉　赵雪婷　沈梦益　魏士雄
马金芳　陈昱秀　韩　宁　王　可　王　玺　任　倩　向　巧　贾淑利　吴　倩
陈樾馨　高映雪　曾玉萍　孟妍明　吕梦媛　胡彦嘉　陈　波　徐　莉　王秋入
张　帆　张龄允　厉　喆　李玉璟　沈小杨　袁　爽　周年鑫　林　宇　文　巧
程丹妮　韩雪娇　王光宇　向小娜　叶　铮　资　刘　李　丹　赵颖楠　王　霞
李旻露　刘　颖　林　波　邱　桐　彭　景　尹长浩　吴友伟　宋　瑶　白亮亮
敬维维　牛　望　杨　钿　黄　宏　郭　琼　杨　朔　陶　欢　谭　丽　张菲菲
张帘青　韦诗友　向宇凡　赵文玲　陈晓航　杨　杰　苗艺凡　宋小海　沈嘉渝
陈代娟　涂　梨

华西口腔医学院（120 人）

优秀研究生（99 人）

毛陈晨　李松航　邵京京　张宏旗　王　斌　王　倩　魏宇昊　韩亚培　战雨汐
田　媛　何宇晴　刘　硕　陶慧骞　彭　琇　曾庆祥　苏志飞　林　赳　林岩松
王京楠　何梦婷　黄　土　卢　森　张蕴涵　李媛媛　孟亚军　何远丽　李　骋
郑　怡　刘　倩　卫　韡　郑　铮　张　舒　姜懿轩　付　钰　陈　稳　马文娟
陈柳菁　王如意　胡慧敏　李昕怡　李莹雪　张雨欣　谢雪萍　杨　肖　苟　敏
吕春晓　段晓波　黄鑫琪　胡杉杉　胡　筠　刘文静　史雪珂　汤博钰　王莎莎
谢旭东　张碧荷　石思容　黄美畅　万　婷　刁其林　苗　诚　张　梅　叶廷培
周玉兰　何　泽　阳　婷　秦　鑫　崔伟同　朱君瑶　杨　森　石宇超　熊开新
蔡林奕　郝　渝　刘扬帆　孙思露　孙国芳　刘　杰　刘曹杰　杨成位　徐静晨
许　琳　李彦静　罗俊元　吴虹乐　徐佳蕾　衣晓伟　赵　伟　陆洋宇　陈娅飞
胡　琛　邓程丹　张　琦　赵雨薇　蒋福林　孙　玥　王典日　张　博　方欣怡

优秀研究生干部（21 人）

许春梅　罗梦奇　王沛棋　丁隆江　杨　肖　武云舒　李奇文　张蕴涵　孙一民
邓涵丹　万　婷　徐静晨　胡慧敏　陈　稳　陈娅飞　王　倩　郑　怡　仇学梅
张宏旗　刁其林　崔伟同

华西公共卫生学院（61 人）

优秀研究生（49 人）

马新雅　杨　雪　赵慧佳　李燕君　侯富壤　郭琳雯　李斯怡　刁　莎　全华艳
张瑜杰　龚　杰　余　彬　岳午阳　朱雪娇　王文佳　黎隐豪　包骐林　王　丹
李嘉琪　鞠　珂　陈书巧　刘曼妮　龙志文　杨玉娟　刘慧珍　郑倩雯　李亚文
何方婷　孙东雷　陈静娴　何夏梦　吴　瑞　梁惠菁　乔　田　王礼群　范超楠
沈丹芸　陈　婧　吴　凌　田思成　吴念韦　余　勇　段若男　李晓蒙　尹　烁
刘思静　张子寒　许　欢　赵田禾

优秀研究生干部（12 人）

陈志余　周宗磊　柏宁培　孙涵潇　赵凯佳　孟　莎　张　露　姚　强　王　贺
韩雨桐　赵婉妤　范紫玮

华西药学院（94 人）

优秀研究生（75 人）

李　超　张　静　郭令姝　张裕沛　余雯绮　赖睿智　陈星怡　林　茂　杜佳恬
李林宏　龚盼竹　司梦鑫　刘　曼　徐莹莹　徐珊珊　岳慧杰　万丹丹　李志琳
刘冬梅　徐娟娟　赵　悦　秦　铭　黄诗琪　罗　意　刘艳昭　陈小燕　白瑜利
蒋　颖　何鹏辉　陈　健　刘　豪　秦　硕　李林洁　黄丽英　杨家桃　周红利
李　想　陈　丹　张奕聪　郭　蓉　刘　喜　郭晨琦　白淑婷　汪益妃　刘　贺
陈　蝶　李东果　戴　冰　周　黎　陈沁敏　逯　飞　李星影　薛　圆　陈　雪
何雪琴　赵　伟　曲明亮　刘馨阳　钟玉琴　聂瑞芳　冉光尧　王耀羚　肖本现
龙　洋　王璐瑶　余倩雯　贺　庆　雷进才　卢润鑫　向虹霖　向宇成　肖　维
薛　姣　杨倩倩　易小利

优秀研究生干部（19 人）

任克柏　杨宜靓　秦　琳　周　琪　李　冲　王雅施　张　艺　李　悦　邓　淼
王　逍　朱　丽　程　晓　王莹莹　杨　力　张钦燕　褚志文　郑雅娴　施月森
夏春玉

公共管理学院（181 人）

优秀研究生（144 人）

谢素萍　康飞飞　刘晓飞　张茹梦　曾　丽　王晨鹏　邱　杰　曾小玲　耿甜甜
向南霓　刘一萱　毕秀娟　邓　蓉　郭小英　余　沁　刘珈辰　杨　丹　钟吉惠
廖　余　陈思宇　何苗苗　邱　敏　张梦妮　高梦婷　李小培　连　达　严晓映
唐时荣　娄　宇　毛海燕　周　灿　韩梦娟　沈中雯　刘志颜　杨晓晓　张雨鸥
徐　咪　程　洋　周　敏　冯　月　万　易　李　佳　周志纲　梅梦娜　雷江霞
王杏蕊　李春雪　魏　艳　任文艺　孙鑫蓉　施诚刚　邓　乐　范佩佩　刘晓君
胡梦珠　唐迩丹　梁　琛　白宗军　龙卓明　何　蕾　宋雪傲　祁　鑫　马　莉
向思洁　杨雨舒　汤　薇　向致远　唐　晗　林　静　冯婷婷　时杨杰　何梦娜
李异凡　李　铭　任芮妮　张一帆　钟泽喆　谌晓律　刘雪梅　俞　杰　杨　琰
杨西茂　杜悦嘉　姜奕良　郭慧冰　李丹丹　韦会芳　伍小倩　马浩原　张文怡
杨　颖　黄佳敏　李明悦　陶阳阳　余　静　欧　皓　吴　敏　彭子玄　许德发
朱应方　史清悦　于　超　王振康　杨伟波　朱　杰　辛亚坪　黄燎华　徐焕斌
杨成虎　何亚亚　易哂忻　黄　琳　吴群英　任运月　徐丽新　石明玉　吴　静
王　澍　文传玲　李圣兰　林　泓　向洋伸　闫　璐　王彦君　刘　敏　林英英
刘浩然　沈玉娇　杨红宇　施秦生　范　芮　冉　灿　李雯婷　刘傲然　刘雪丽
付亚南　张　天　何晓婷　刘　晴　谭淋丹　康　健　王镱儒　张福容　刘泽巍迤

优秀研究生干部（37 人）

杨宜天　陈佳轮　郭　沁　唐　昊　丁钇文　张　杰　任舜禹　黄靖芸　郭欣雨

苟　雪　夏雨晨　蒋忠磊　于晓语　仲南乔　王禹栋　孟　群　史俊杰　王文静
周玉全　何　瑶　张　莉　郑晴予　张瀚东　范九江　杨　茹　徐苏琳　徐兴琼
符诗然　黄　冉　周泽龙　陈露梦　卢雨秋　王梦婷　甘信田　高大伟　董家鸣
徐校溪

商学院（97 人）

优秀研究生（77 人）

贾堰林　刘　创　杨　微　方译翎　景乔松　张　羽　汤韵嫣　吴思琦　熊　凯
谈夏维　王亚东　钟　余　朱梦媛　王　艳　兰　天　王宜青　肖　洁　田宇航
刘娜娜　叶　梦　王欣瑞　徐忠雯　宋聪敏　施厚雪　裴美霞　王　炫　潘　慧
罗鸿玥　丁　丹　舒　娅　徐晓婷　黄　茜　金雨佳　康晓岚　向华云　李　泳
欧光鑫　陈　风　瞿林霞　杨　斌　刘婷婷　张　雯　潘　丽　温丽君　朱曼卿
邓雅文　米晓妹　姜立生　方　然　钱　行　戴伊宁　何　佳　鄢勤琴　易佳佳
程婷婷　叶　菲　杨　丽　陈　春　王焜熠　张华平　刘温迪　张慧翔　黄　晴
王以勒　任茹雪　严福海　杨奥宁　刘懿锋　聂　松　薛俊锋　廖志强　刘　毅
曹　亚　宋　升　贺佳思　文　植　张杨静婧

优秀研究生干部（20 人）

张伶俐　金亚男　张　申　胡栩铭　郭玉博　王永祎　廖春燕　杜裕婷　侯　君
巩群喜　乐玮玮　丁　昕　宋路明　戴　威　温　娴　王婷婷　朱颖童　夏　鹏
蒲中敏　杨　壮

马克思学院（34 人）

优秀研究生（27 人）

唐华琼　游　玲　朱兵杰　安　雨　杨　倩　陶姝芮　肖　霞　陈家玲　李银桥
母丹丹　冷文益　赵赛仙　陈庆玲　王梦媛　刘聪慧　杜宛玥　尤思锦　苟　娇
赖珩瑗　杨　菲　王　欢　丁　郁　王小川　薛小平　苏彦玲　周宇晗　张阳丽

优秀研究生干部（7 人）

吴广川　李妮辉　马梅琳　张桃娟　刘汝如　常　璇　田向勇

体育学院（20 人）

优秀研究生（16 人）

刘爱萍　刘炬辰　胡　刚　徐　燃　杨俊辉　魏麟权　许晓瑛　熊若熙　邓发林
金彬彬　陈亭亭　郝铭聪　谭　凤　李　涛　巫前锦　杨莉莉

优秀研究生干部（4 人）

宋章龙　曾镜儒　李佳凌　王　耀

灾后重建与管理学院（13 人）

优秀研究生（10 人）

蒋佶良　黎秋杉　李阳辉　刘友能　黄　斌　黄　记　黄　涛　李佳莲　陈玉婷
单前程

优秀研究生干部（3 人）

许　然　杜　曌　董中涛

空天科学与工程学院（15 人）

优秀研究生（12 人）

王剑宇　蒋　京　付道勇　莫贞凌　时志奇　曾小飞　张　华　罗　冲　张比浩
汪宗正　李　爱　代文鑫

优秀研究生干部（3 人）

米雄伟　曾小飞　蒋汶君

国际关系学院（34 人）

优秀研究生（27 人）

袁　萍　张　鑫　史海燕　赵德泽　王　昊　龚重月　张姣玲　宋双江　周倩倩
肖　旭　吴慧元　范雪歌　朱　珠　杨晓会　秦卫娜　何　娟　袁迪嘉　张　婷
黄逢春　王　策　廖　娟　赵红梅　邹东岑　刘　甜　韩宇坤　郑映洁　雷　园

优秀研究生干部（7 人）

王紫东　刘　奇　周宇涵　袁晓姣　赵思睿　奂亚东　许凯杰

网络空间安全学院（40 人）

优秀研究生（32 人）

陈俊任　郭俣松　黄鑫月　李孟铭　潘岳镭　张瀚方　韩圣君　赵翠镕　章　航
田智毅　贾　丽　张启辉　唐　瑞　王丽娜　刘烊侨　李抒霞　陈里可　黄莉峥
赵珂雨　陈　扬　陈　佳　孙天放　苏　瑜　高　健　杨　悦　羊少帅　张与弛
许益家　文　奕　蒋　超　张红霞　蔡顺婉

优秀研究生干部（8 人）

古雪梅　张　磊　张文杰　王兴凤　孙天放　徐华露　高　健　蔡顺婉

生物治疗国家重点实验室（133 人）

优秀研究生（110 人）

刘　瑶　任　敬　罗小娇　钟鑫鑫　肖　杨　邹欣凯　丁旭隆　张　敏　任亚锋
曾从涛　陈彦娟　王雨琪　杨　静　杨　楠　王浩君　崔　雪　胡　希　李春根
韩茹霞　黄　丹　张佳美　贾凡凡　许韫韬　张　喆　唐　滔　邓德鑫　周　雪
宋梦潇　孙媛媛　叶　洋　万雪梅　刘　征　魏　瑞　单芸芳　欧春清　舒雅倩
孙　鳌　安　琪　张子婧　李媛媛　桑　纳　夏　林　于　艳　张　瑞　宋　娜
王丽苹　周田琳　陈秀丽　何利惠　杨　洋　张久盟　许　莹　袁利萍　张丽婷
周韦粼　唐　伊　冯中雪　刘馨雨　吴梦丹　曾丽诗　万国权　黄　冲　张　蓉
毛　鑫　周　霞　马　爽　杨　玲　黄玉兰　李开菊　郭银萍　严仕鑫　赵彬燕
贺欣龙　李　攀　刘　杨　苏兴萍　杨顺华　郑云华　宋　饶　周　悦　廖雪媛
乔婧昕　马加琳　李文镇　姚冬萍　张　洁　杨　闻　明　扬　罗　蕊　熊　亮
龚松林　黄　成　牟泽东　田　洋　陈　杨　王华丽　林良斌　刘　超　张　倩
兰　江　杨　涛　李越山　蒲春兰　冉　凯　吴文碧　刘芙蓉　闫　伟　张秀珍
马翠翠　高　升

优秀研究生干部（23 人）

苗　壮　李莎莎　刘　哲　陈思媛　陈雪兰　徐　鑫　刘　闯　耿　晓　胡梦诗

曹超国 陈秀丽 许庆嘉 赵盛炎 万国权 卓才丽 李开菊 李 攀 洪泽华
杨 闻 龚松林 黄 成 李琪琪 杨 涛

国家生物医学材料工程技术研究中心（38 人）

优秀研究生（30 人）

随俊慧 贺登峰 李 兵 廖春燕 朱 月 龙仕和 刘庆礼 周小熙 裴 玄
吴承恒 马博轩 潘晴晴 黄丹阳 张钧伟 姚 涯 付 茜 张 静 蔡忠源
王雅楠 陈翔宇 苏金磊 李国浩 罗昭聪 周雪映 江青松 李志宇 李梦叶
王 喆 李黎嘉 陈思瑜

优秀研究生干部（8 人）

卢 婷 王 璟 曾令婉 姚 涯 胡 洪 卢 艳 郭宇强 乔 子

分析测试中心（9 人）

优秀研究生（7 人）

侯 毅 黄金会 李显明 曾 文 姜晓芳 高 静 雷晓宇

优秀研究生干部（2 人）

邱孝涛 卞英曼

共青团四川大学委员会2019年度先进集体和先进个人名单

一、五四红旗团委

共青团四川大学商学院委员会
共青团四川大学华西口腔医学院委员会
共青团四川大学华西临床医学院（华西医院）委员会
共青团四川大学公共管理学院委员会
共青团四川大学建筑与环境学院委员会
共青团四川大学水利水电学院委员会
共青团四川大学文学与新闻学院委员会
共青团四川大学化学工程学院委员会
共青团四川大学电气工程学院委员会
共青团四川大学机械工程学院委员会

二、共青团工作单项奖

（一）基层团建优秀奖（2个）

共青团四川大学轻工科学与工程学院委员会
共青团四川大学药学院委员会

（二）宣传思想工作优秀奖（2个）

共青团四川大学华西公共卫生学院委员会
共青团四川大学化学学院委员会

（三）校园文化建设奖（2个）

共青团四川大学艺术学院委员会
共青团四川大学法学院委员会

（四）科技活动奖（2个）

共青团四川大学电子信息学院委员会
共青团四川大学经济学院委员会

（五）社会实践及志愿服务先进奖（2个）

共青团四川大学计算机学院委员会
共青团四川大学马克思主义学院委员会

（六）大学生创业工作优秀奖（2 个）

共青团四川大学历史文化学院（旅游学院）委员会

共青团四川大学物理学院委员会

（七）工作创新奖（4 个）

共青团四川大学生命科学学院委员会

共青团四川大学高分子科学与工程学院委员会

共青团四川大学华西基础医学与法医学院委员会

共青团四川大学华西第二医院委员会

三、团支部工作创新奖

（一）金奖

文学与新闻学院　2019 级新闻与传播 3 班硕士研究生团支部

外国语学院　2019 级法语专业团支部

数学学院　2018 级大类 3 班团支部

建筑与环境学院　2018 级环境科学 1 班团支部

华西临床医学院　2018 级护理 2 班团支部

华西口腔医学院　2018 级口腔医学（五年制）2 班团支部

（二）银奖

经济学院　2018 级经济专业 201 团支部

法学院　2019 级第三团支部

艺术学院　2019 级中国画团支部

化学学院　2018 级 302 班团支部

电气工程学院　2019 级第一团支部

高分子材料与工程学院　2019 级高分子材料与工程专业 1 班团支部

计算机学院　2018 级 7 班团支部

化学工程学院　2019 级绿色化工与生物医药专业 301 班团支部

轻工科学与工程学院　2017 级食品科学与工程 2 班团支部

华西药学院　2018 级药学 6 班团支部

华西公共卫生学院　2018 级研究生团支部

公共管理学院　2019 级公共管理大类专业 1 班团支部

商学院　2018 级人力资源管理 602 班团支部

空天科学与工程学院　2017 级航空航天工程团支部

四、五四红旗团支部标兵创建单位

经济学院　2019 级 203 团支部

法学院　2019 级第六团支部

文学与新闻学院　2019 级中文 3 班团支部

外国语学院　2019 级英语专业 3 班团支部

艺术学院　2019 级中国画团支部

历史文化学院（旅游学院）　2019 级历史 1 班团支部

数学学院　2019 级数学经济创新班 2 班团支部
物理学院　2019 级核工程与核技术第一团支部
化学学院　2019 级 401 团支部
生命科学学院　2019 级生物科学类 1 班团支部
电子信息学院　2019 级 7 班团支部
材料科学与工程学院　2019 级材料 5 班团支部
机械工程学院　2019 级机械类第十四团支部
电气工程学院　2019 级第一团支部
计算机学院　2019 级 2 班团支部
软件学院　2019 级第一团支部
建筑与环境学院　2019 级建筑学 4 班团支部
水利水电学院　2019 级 401 班团支部
化学工程学院　2019 级绿色化工与生物医药专业 304 班团支部
轻工科学与工程学院　2019 级服装与服饰设计 303 团支部
高分子科学工程学院　2019 级高分子材料与工程专业 1 班团支部
华西临床医学院　2019 级护理学 1 班团支部
华西口腔医学院　2019 级口腔医学（五年制）专业 2 班团支部
华西公共卫生学院　2019 级预防医学三合班团支部
公共管理学院　2019 级信管 2 班团支部
商学院　2019 级工商管理大类 2 班团支部
马克思主义学院　2019 级马克思主义理论专业团支部
空天科学与工程学院　2019 级航空航天类 201 团支部
国际关系学院　2019 级国际政治专业团支部
网络空间安全学院　2019 级网络空间安全专业 6 班团支部
吴玉章学院　2019 级 3 班团支部

五、五四红旗团支部

经济学院　2019 级 103 班团支部
2019 级 305 班团支部
2019 级 302 班团支部
2019 级 304 班团支部
2019 级 202 班团支部
2019 级 401 班团支部
法学院　2019 级第三团支部
文学与新闻学院　2017 级汉语言文学 103 班团支部
2018 级网络与新媒体学团支部
2019 级硕士新闻传播学 3 班团支部
外国语学院　2019 级英语专业 2 班团支部
2019 级英语专业 5 班团支部

2019 年级俄语专业俄语班团支部
艺术学院　2017 级视觉传达设计团支部
2019 级研究生团支部
历史文化学院（旅游学院）　2018 级历史基地班团支部
2019 级旅管 1 班团支部
数学学院　2017 级金融数学团支部
2018 级大类 5 班团支部
物理学院　2017 级微电子科学与工程 4 班团支部
2019 级物理学类 2 班团支部
化学学院　2018 级本科 101 班团支部
2018 级本科 103 班团支部
2018 级本科 205 班团支部
2019 级本科 302 班团支部
生命科学学院　2017 级生物技术专业团支部
2018 级江姐班团支部
电子信息学院　2018 级电子信息工程 3 班团支部
2018 级光电信息科学与工程团支部
2018 级电子信息工程 2 班团支部
材料科学与工程学院　2017 级材料物理团支部
2018 级材料物理团支部
2018 级新能源团支部
机械工程学院　2018 级机制第一团支部
2018 级机制第九团支部
2018 级工业设计第一团支部
2019 级机械类第三团支部
2019 级机械类第十九团支部
电气工程学院　2018 级第三团支部
2018 级第四团支部
2019 级第六团支部
计算机学院　2018 级 1 班团支部
2018 级 6 班团支部
2018 级 7 班团支部
软件学院　2019 级第一团支部
建筑与环境学院　2017 级城乡规划 2 班团支部
2019 级土木工程 3 班团支部
2019 级土木工程 7 班团支部
2019 级环境工程 1 班团支部
2019 级建筑学 1 班团支部

2019 级建筑学 2 班团支部

水利水电学院 2018 级水文与水资源 2 班团支部
水力学及山区河流开发保护国家重点实验室 2019 级研究生团支部
2019 级 301 班团支部
2019 级 401 班团支部

化学工程学院 2017 级制药工程 2 班团支部
2018 级安全工程 1 班团支部
2018 级制药工程 2 班团支部
2019 级动力装备与安全专业 205 班团支部
2019 级绿色化工与生物医药专业 310 班团支部

轻工科学与工程学院 2017 级食品科学与工程 2 班团支部
2018 级轻化工程 101 团支部
2018 级食品科学与工程 201 团支部

高分子科学工程学院 2018 级高分子材料与工程专业 1 班团支部
2019 级高分子材料与工程专业 2 班团支部
2019 级高分子材料与工程专业 12 班团支部

华西基础医学与法医学院 2018 级法医团支部

华西临床医学院 2014 级临床医学八年制 2 班团支部
2015 级临床八年制 1 班团支部
2017 级临床五年制 6 班团支部
2017 级临床五年制 1 班团支部
2019 级研究生第二团支部

华西第二医院 门诊二团支部
医学检验科团支部

华西口腔医学院 2015 级临床医学（口腔医学）专业团支部
2016 级临床医学（口腔医学）专业团支部
2018 级口腔医学（五年制）专业 3 班团支部

华西公共卫生学院 2017 级预防医学三合班团支部
2018 级预防医学三合班团支部

华西药学院 2018 级第九团支部
2018 级第六团支部
2019 级第五团支部

公共管理学院 2019 级档案学团支部
2019 级大类 2 班团支部
2019 级大类 3 班团支部
2019 级信管 1 班团支部

商学院 2017 级财务管理团支部
2018 级财务管理 1 班团支部

马克思主义学院 2019 级研究生团支部
体育学院 2019 级研究生团支部
空天科学与工程学院 2017 级飞行器控制与信息工程团支部
匹兹堡学院 2019 级第四团支部
国际关系学院 2018 级国际政治专业团支部
网络空间安全学院 2017 级网络空间安全专业 1 班团支部
2018 级网络空间安全专业 4 班团支部
哲学系 2019 级哲学专业团支部
生物治疗国家重点实验室 2017 级创新班团支部
吴玉章学院 2019 级 1 班团支部
华西卫生学校 2018 级护理 1 班团支部
2018 级护理 2 班团支部
2019 级护理 1 班团支部
校团委 少数民族预科班团支部
国旗班团支部
"青马工程"弘毅班（12 期班）团支部

六、团工作标兵个人

郑洪燕 商学院
张金军 华西口腔医学院
青杨媚 公共管理学院
王天泽 建筑与环境学院
龙 柯 化学工程学院
汤 博 电气工程学院
李 亮 水利水电学院
王志华 文学与新闻学院
寿刘星 机械工程学院
李佐红 经济学院
李 双 华西公共卫生学院
龙黎明 法学院
赵媛媛 华西药学院
纪智宏 物理学院
陈镜竹 艺术学院

七、团工作先进个人

刘 辉 计算机学院
来 俏 化学学院
徐源廷 高分子科学与工程学院
徐 雅 生命科学学院
陈维操 华西基础医学与法医学院

马丽娜　空天科学与工程学院
武清旸　历史文化学院（旅游学院）
李晓秀　轻工科学与工程学院
王　鹏　软件学院
何功明　外国语学院
陈　林　电子信息学院
余鹏飞　材料科学与工程学院
邢海晶　马克思主义学院
刘　玲　华西第二医院
吴　菁　校团委
周　宁　校团委

八、团员青年标兵

徐原宁　华西医院心内科医师
席旸玺　后勤保障部扶贫干部
魏　强　高分子科学与工程学院教师
姚　强　华西公共卫生学院 2018 级硕士研究生
宋　昕　高分子科学与工程学院 2017 级硕士研究生
武云舒　华西口腔医学院 2018 级博士研究生
吴佳乐　化学工程学院 2016 级本科生
孟　娇　马克思主义学院 2018 级硕士研究生
谭润芝　商学院 2017 级本科生
李殷韬　吴玉章学院 2017 级本科生

九、十佳团支部书记

王泓力　生命科学学院 2018 级江姐班团支部
王　婷　经济学院 2017 级财政学 402 团支部
吕同泽　华西公共卫生学院 2017 级预防医学一团支部
汪邦彦　空天科学与工程学院 2017 级航空航天工程团支部
何相霓　华西临床医学院 2018 级临床医学五年制 3 班团支部
赵宇兴　外国语学院 2019 级法语专业团支部
姜雅淇　文学与新闻学院 2018 级汉语言文学基地班团支部
唐子淳　法学院 2019 级第三团支部
黄文龙　华西口腔医学院 2018 级 3 班团支部
焦庆汇　商学院 2017 级财务管理团支部

十、优秀共青团干部（共 230 名）

经济学院（9 人）

闫睿怡　符　旭　李佳忆　侯志强　罗浩川　熊丝路　赵诗源　曾　阳　彭子锋

法学院（6 人）

陈明远 徐 雯 梁 智 汪佳媚 张 帅 夏岷镁

文学与新闻学院（12 人）

杨宜霖 赵惠茜 陈天麟 王雨枫 石秦一 蒋菡婷 赵家昂 刘 玏 王 薇 杨雨菲 张瑞雪 李 焱

外国语学院（4 人）

邓稚凡 韩若谦 孙钰贤 吴 未

艺术学院（6 人）

周嘉成 许宇航 姚睿远 杜文杰 杜卓然 谢嘉颖

历史文化学院（旅游学院）（5 人）

张可心 杨 倩 张若静 刘丝语 冉济华

数学学院（4 人）

谷飞扬 武 皕 曹玥洋 陈梓翔

物理学院（4 人）

姜 博 曾 绪 提 前 刘瑞洋

化学学院（6 人）

张 鑫 张 莜 门晓凤 李金乐 江戎蓉 苏思铭

生命科学学院（4 人）

杨晓彤 康新科 刘 晨 张 娜

电子信息学院（6 人）

赵 丽 李 咪 王治铭 张馨方 王伟丁 颜克凡

材料科学与工程学院（5 人）

陈 柱 肖闳畅 张鸿杰 高雨莎 梁潇阳

机械工程学院（8 人）

董晓妍 朱 炜 吕丞干 杨博翔 宋 芯 罗迎平 苏文卓 陈 喆

电气工程学院（10 人）

万安池 陈逸飞 郭 为 王康宁 夏婉婷 解蒙蒙 崔宇馨 于超凡 赵文焕 杨松齐

计算机学院（6 人）

李思颖 于宝凯 刘雨轩 王 瑄 杨煦晨 谢俊宇

软件学院（3 人）

王欣雨 李 丹 蔡明昊

建筑与环境学院（10 人）

于 潞 张成林 朋元媛 王琬琪 倪梦洋 赵 灿 张宇健 谢文君 魏增辉 单子祺

水利水电学院（7 人）

贾 旺 张钰瑶 王 堃 刘雨佳 朱鹏程 魏新宇 刘昊臣

化学工程学院（7人）

刘雅洁　蹇萍秋　刘红亮　蔺育菲　周明伟　廖绍松　周一山

轻工科学与工程学院（7人）

赵芮竹　胥瑞雪　侯静雯　龙昭汐　刘　娴　李静雯　史雅辰

高分子科学与工程学院（7人）

陈欣欣　高云菲　陈　鹏　张铭丹　刘祖瑞　申博帆　艾散江·依斯坎旦尔

华西基础医学与法医学院（3人）

陈劲宇　赵晨宇　徐子淇

华西临床医学院（16人）

刘　琦　袁昕怡　奚素菲　徐至晗　张心怡　李旻露　张卿义　张天杰　郑智尧
杨静怡　黄宇薇　崔茜南　申宇昕　谭松涛　张雅琳　刘泽涛

华西第二医院（4人）

张　平　罗　蔚　郭　馨　刘兴欣

华西口腔医学院（7人）

周馨怡　郭子荐　潘珮玥　梁羽童　徐静晨　扈　宁　罗　吉

华西公共卫生学院（6人）

张珂　范紫玮　吴祥瑞　李　玟　周鑫茹　李彦妮

华西药学院（5人）

王　逍　宋钰珺　刘绍宇　赵尹瑜　赵　恒

公共管理学院（10人）

杨蕴琦　杨　亚　吴秀涓　强　甜　苏文虹　郝梦媛　刘淞月　高振华　钟韵杰
葛露宾

商学院（9人）

杨文杰　刘泽来　任　毅　蒋雪灵　徐宝琪　石　翔　张笑然　阴忆晴　马　玮

马克思主义学院（2人）

冷文益　范　钰

体育学院（1人）

陈　兰

灾后重建学院（1人）

顾诗瑶

空天科学与工程学院（1人）

李冰倩

匹兹堡学院（4人）

陈九龙　陈潇羽　王婉卿　高　德

国际关系学院（1人）

邹偲梦

网络空间安全学院（2人）

梁艾青　卢永健

哲学系（1 人）

张鸣宇

生物治疗国家重点实验室（3 人）

全　源　汪明瑶　马　爽

分析测试中心（1 人）

雷晓宇

吴玉章学院（4 人）

段为刚　付　渝　息　睿　朱海林

少数民族预科班（1 人）

苏爱拜·艾克热木

华西卫生学校（4 人）

何　杨　曾　盈　赵钰萍　丁　敏

四川大学2019年度四川大学青年志愿者行动十佳志愿服务队、十佳志愿者、优秀班级服务队及优秀志愿者名单

一、十佳志愿服务队

1. 华西口腔医学院“微笑”青年志愿者服务队

2. 华西临床医学院“杏林风”青年志愿者服务队

3. 计算机学院“奔腾”青年志愿者服务队

4. 电子信息学院“腾飞”青年志愿者服务队

5. 华西公共卫生学院“爱心俱乐部”青年志愿者服务队

6. 商学院“工商潮”青年志愿者服务队

7. 建筑与环境学院“开拓者”青年志愿者服务队

8. 四川大学“五彩石”特色志愿者服务队

9. 四川大学校史馆“凤鸣”志愿者讲解队

10. 四川大学图书馆志愿者服务队

二、十佳志愿者

张佳奇（四川大学第十九届研究生支教团）

闫思宇（华西临床医学院“杏林风”青年志愿者服务队）

黄思杰（四川大学校史馆“凤鸣”志愿者讲解队）

益西卓玛（四川大学“解语花”藏族病患专属翻译陪同就医服务队）

孙　赟［历史文化学院（旅游学院）“晨曦”青年志愿者服务队］

魏增辉（建筑与环境学院“开拓者”青年志愿者服务队）

胡英达（机械工程学院“新科”年志愿者服务队）

张恩铭（经济学院“经济人”青年志愿者服务队）

张士民（四川大学“五彩石”特色志愿者服务队）

何俊辉（四川大学无偿献血志愿者服务队）

三、优秀班级服务队（15支）

艺术学院　2018级书法班志愿服务小分队

2018级视觉传达设计班志愿服务小分队

数学学院　2018级志愿服务小分队

物理学院　2018级核工二班志愿服务小分队

生命科学学院　2018 级五班志愿服务小分队
机械工程学院　2018 级机械五班志愿服务小分队
计算机学院　2018 级行政七班志愿服务小分队
建筑与环境学院　2018 级建筑一班志愿服务小分队
化学工程学院　2018 级化工与制药类十二班志愿服务小分队
华西临床医学院　2018 级临五三班志愿服务小分队
　　2017 级临五六班志愿服务小分队
华西口腔医学院　2018 级口腔医学（五年制）二班志愿服务小分队
　　2018 级口腔医学（五年制）三班志愿服务小分队
华西药学院　2018 级九班志愿服务小分队

四、优秀个人（202 人）

经济学院（10 人）

曾　阳　陈艺灵　樊思懿　韩　捷　刘　兵　邱昊宇　任思念　王雅墨　杨　靖　杨子瑜

法学院（8 人）

张苗苗　邓梦媛　曹丹阳　张　璇　马思敏　阮嘉禾　曹皓寓　李姝阳

文学与新闻学院（10 人）

郭怡然　张茗瑞　惠　政　王宇栋　冉诗媛　徐紫菱　况雨桐　赵柏屹　陈昭博　李佳琦

外国语学院（7 人）

王瑜婷　贾钰菁　曾　妮　张　稷　宋锐涵　邹新如　张艺琦

艺术学院（10 人）

张静怡　张　宁　刘佳佳　边子捷　易钥钏　徐佳山　许宇航　杜卓然　冯　婕　李泽罡

历史文化学院（旅游学院）（4 人）

马佳佳　刘　霞　孙玲敏　金正南

数学学院（4 人）

王雨雨　翟　琦　潘　玥　陈梓翔

物理科学与技术学院（6 人）

陈天怡　崔刘雨　颜循南　郝峻丰　王　鑫　杨海阔

化学学院（5 人）

李金乐　李　金　陈昱瑾　何　轶　张怡颖

生命科学学院（8 人）

杨昱鸽　周仁秀　刘思邑　肖渝霖　胡万龙　叶兰欣　张　琦　张俊辉

电子信息学院（9 人）

龚宇杭　李旭东　蔡　鑫　王玮琦　廖纪阳　兰　璇　李益源　张　涛　毛嘉辉

材料科学与工程学院（5 人）

程文宇　秦梓力　高心越　李星进　王　钊

机械工程学院（10人）

蔡良平　何金懋　黄浩铭　何　鑫　刘家伟　刘　童　罗迎平　吕丞干　于永洁　张　颖

电气信息学院（5人）

杜　婷　朱　月　陈依崭　胡　晓　刘颖杰

计算机学院（8人）

钟程澜　王佳宇　胡　镀　老冠璋　孙思雨　应宇恒　曹馨心　吴达文

软件学院（2人）

周　旺　刘雨轩

建筑与环境学院（9人）

成鑫玉　许　珂　方志华　岳东晓　贾适夷　任重德　唐嘉欢　寸芬贤　王熠泽

水利水电学院（6人）

周倖嘉　孙一冰　蒋婷婷　许　楠　石　磊　李际源

化学工程学院（9人）

黄　天　阴天宝　陈科宇　邓　杰　许皓岚　杨泽洲　岳　宇　张智非　任泽华

轻工科学与工程学院（4人）

陈桐羽　胡　玥　杨赏娟　盖若晨

高分子科学与工程学院（6人）

贾先祥　朱　昆　李　岩　黄镇东　杨旭东　文　洁

华西基础医学与法医学院（4人）

李　卓　冯　芊　宋亚兵　朱　梅

华西临床医学院（13人）

杨若宁　吴帅奇　王傲宇　陶梦娇　任如钰　彭益鸿　罗大双　张雅琳　李晓莹　李　芊　江　红　黄也茜　黄伟嘉

华西口腔医学院（6人）

黄凌依　王海溦　温心言　王若冲　申佳琪　白杨依瑶

华西公共卫生学院（6人）

张　震　何鹏刚　李运龙　陈俊涛　姚佳佳　钟婉珍

华西药学院（3人）

丁紫嫣　杨茜鸶　周　宁

公共管理学院（7人）

唐鹏程　李　晓　杨蕴琦　贾瑞琳　陈田雨　陈真琳　胡子帆

商学院（9人）

刘　锴　马　玮　陈天赐　张汉泰　邹宛谕　王鸽谕　郑征宇　陈丹阳　努尔艾合买提·努尔都尼

空天科学与工程学院（2人）

余卫倬　杜罗乐

匹兹堡学院（2 人）

赵子犀　王　卓

网络空间安全学院（2 人）

王清宇　黄欣怡

吴玉章学院（3 人）

万　劼　张奕凡　张　朕